中島圭一 編

十四世紀の歴史学

新たな時代への起点

高志書院刊

序　曲がり角の十四世紀
――中世解体の萌芽を探る

中島圭一

かつて松本新八郎が南北朝封建革命説を打ち出したように、あるいは網野善彦が十三世紀後半から十四世紀を「文明史的」「民族史的」な転換期ととらえたように、南北朝の内乱期を中心とする十四世紀をもって、大きな時代の画期と位置づける見方があった。そうした関心は、近年では十六世紀を中心とする中近世移行期へと完全に移ってしまったように感じられるが、だからこそ今、十四世紀という時期の歴史的位置を見直す必要があるように思われる。

実のところ私自身、十六世紀を挟んだ足掛け三世紀を、中世から近世へと時代が大きく変わっていく長い移行期ととらえており、そうした時代の転換が顕在化する契機としての応仁の乱が勃発するに至った社会経済的背景を追究してきた。その際、注目したのが、（この時代なりの）大量生産を目指す動きが陶器・石製品・木製品など様々な品目に確認できることで、さらに同様の方向性が農業生産などにも広がっているとみられることから、こうした生産方法の変革が引き起こす経済の変容を、応仁の乱の歴史的前提の一つとして位置づけたのである（拙稿「十五世紀生産革命論序説」『中世東アジアにおける技術の交流と移転―モデル、人、技術』科学研究費補助金（基盤研究(A)）研究成果報告書、研究代表者小野正敏、二〇一〇年）。そして興味深いのは、量産化の動きのいくつかが十四世紀後半まで遡ることで、やがて中世社会の解体を引き起こすに至る社会変動の起点が十四世紀にあるのではないかと考えるに至った。

院政期から鎌倉期にかけて形成され、発展してきた政治・経済・社会にわたる中世のシステムが、一つの到達点に行き着いたのが十四世紀と言ってよいだろう。そしてその十四世紀に、鎌倉幕府が滅んで南北朝内乱に突入するという形で、中世的な政治・社会体制は曲がり角を迎えるわけだが、最終的に中世を崩壊へと導く動きの萌芽を同じ時期に見出そうとする私見が仮に認められるなら、それは中世的なシステムの発展そのものの中から生まれたと考えられる。また、南北朝の内乱と戦国の争乱とがいずれも中世的システムの動揺・崩壊を示す事象だとすれば、その間に挟まれた十四世紀末〜十五世紀中期の「室町の平和」は、中世的システムの行き詰まりをとりあえず糊塗して、中世的秩序の延命を図った時代と位置づけられよう。

右のような編者の視点を伝えた上で、各執筆者には十四世紀に対するそれぞれの関心に基づいて自由に論を展開してもらった。

第1部「台頭する新たな力」には、時代の新しい要素に注目する七本の論文を収めた。

高橋典幸「悪党のゆくえ―荘園領主の動向を中心に―」は、十四世紀半ばを境として「悪党」が史料に見えなくなる事実を取り上げ、その背景に荘園領主や守護による悪党の取り込みと支配体制の変容を見出す。これに対して、海上世界にアプローチするのが関周一「海賊の跳梁と東アジアの政情」で、中世的自由を謳歌した東アジアの「海の勢力」が、十六〜十七世紀に陸の権力の統制下に組み込まれるに至る過程において、一つの画期として十四世紀に注目する。海を越えてやって来るものの中には学問・知識もあり、川本慎自「禅僧の数学知識と経済活動」は、十四世紀の禅宗寺院における漢学教育に数学・経済・医学・農学などの基礎知識が含まれていたことを明らかにし、それが十五世紀以降の禅宗寺院とその周辺の経済活動の基盤となり、また近世初頭の算学など体系的な学問を準備したと考える。

宗教に目を向けると、湯浅治久「東国仏教諸派の展開と十四世紀の位相」が、鎌倉など都市に誕生した中世仏教諸派が地域での展開を開始する時期として十四世紀を位置づけ、十五世紀における村落への展開の本格化とその後の近世仏教成立の始点をそこにみる。さらに七海雅人「板碑造立の展開と武士団」は陸奥国南部の白河庄から石川庄にかけての板碑の拡散と終焉を追いつつ、その背景に地域の在地領主の動向を見出し、落合義明「出羽の霊場と武士団」は、出羽成生荘周辺の宗教空間と在地武士や守護との関わりを丁寧に跡づけ、関東の霊場との相違を指摘する。在地領主のあり方とも関わる家の問題では、坂田聡「家論から見た十四世紀」が、近世以降につながる家の形成の起点を、十四世紀の公家・武家から百姓上層における家産と家名の成立に求め、十四世紀〜十六世紀末を日本の「伝統社会」の形成期とする。

続いて第2部「創られる由緒と秩序」には、由緒の創出と秩序の再編成に関わる六本の論文を収めた。五味文彦「『中尊寺供養願文』の成立」は、この願文が十四世紀における中尊寺の伽藍復興のため、十二世紀＝中世初めの由緒を持ち出して創作したものだと主張する。これを受けるように、苅米一志「創りだされる神々の縁起」は、十四世紀の戦乱状況の中で、地方寺社の檀越として重要な位置を占める武士層に仏僧が接近して「始祖と神との関わり」をアピールするとともに、軍神・武神の性格を強めていき、武士の神格化も進行する様子を描き出す。

武家の世界では、呉座勇一「武家文書の転換点」が、内乱期における文書偽作の盛行と、その背景にある成り上がり者の由緒創出を浮かび上がらせ、所領安堵における由緒の価値の低下によって、この転換期に形成された系譜意識がそのまま後世に継承されていく状況を描き出す。また、黒田智「足利尊氏像と再生産される甲冑騎馬肖像画」は、十四世紀の肖像画の特徴として、祖師に連なる肖像画、祖先や家に連なる肖像画、神仏に連なる肖像画、君臣像の制作と主君の肖像画の所持などを指摘したうえで、十五世紀後半の甲冑騎馬像に注目し、その祖型としての尊氏像と彼の武威に関する言説、そして勝軍地蔵信仰との関連を明らかにする。

室町幕府秩序の形成過程については、まず大薮海「室町幕府—権門寺院関係の転換点」が、十四世紀後半、権門寺院が室町幕府の支配に組み込まれ、朝廷を間に挟まずに直接交渉するようになるのを、足利義満の主体性によるものととらえる。その義満に注目する石原比伊呂「足利義満の笙と西園寺実兼の琵琶」は、秘曲伝授における十四世紀末の義満と十四世紀初頭の西園寺実兼との対比を通じて、笙に関わる義満の行動の非政治性を指摘するとともに、「室町幕府将軍とは、〈武家の長〉と〈前代における関東申次〉の役割を二つながらに兼ね備えた存在だったのではないか」という仮説を提起する。

第3部「広がる富と変わりゆく時代」には、当該期における生産と都市に関する六本の論文を収めた。

農業生産については、高橋一樹「畠田からみた十四世紀の農業生産」が、十五世紀の地域社会による大規模な畠田開発＝畠地の田地化の前段階に、十四世紀の個別経営による小規模な畠田開発を位置づける。そして、手工業生産や流通についても、中島圭一「中世的生産・流通の転回」が、律令国家の解体に始まる中世の商品生産と荘園制的流通について、その展開から解体に至るまでを跡づけ、十四世紀にターニングポイントを求める。

考古学の立場からは、まず村木二郎「擬漢式鏡からみた和鏡生産の転換」が取り上げる擬漢式鏡の生産において、十四世紀前半から中頃に京都の八条院町で行われていた段階では高い技術を維持していたのに対して、戦乱によって世紀半ばにこの地が荒廃し、職人たちが何処かへ移転(そしておそらく離散)すると、品質が低下してしまうことが明らかにされる。続いて、佐藤亜聖「石塔の定型化と展開」は、石塔の定型化の最初の画期を十三世紀における地域初期様式の形成にみるものの、その後の十三世紀第4四半期における畿内定型様式の成立を前提として、十四世紀に西日本各地で定型化様式が広範に確立して中世後期に続く安定した構造が完成する段階に最大の画期を置く。また、森島康雄「変革する土器様式」は、京都の中世土器編年の年代観を見直した上で、へそ皿の優越、赤土器・白土器の時代、土師器皿の法量分化などが始まり、瓦器碗・東播系須恵器鉢が消滅するという中世の前期と後期を分ける大きな変化が、鎌倉幕府滅亡と相前後してほぼ同時に起こったことを指摘する。

最後に古田土俊一「鎌倉の消費動向―陶磁器組成の変化を読む―」は、鎌倉出土の陶磁器を各遺跡の層位ごとに整理・分析し、十二〜十三世紀における鎌倉の都市的発展の過程と十四世紀以降の様相を実証的に提示するとともに、有力御家人と下層庶民とが混住する状況や、十四世紀前葉における輸入陶磁器の減少とその背景を論ずる。

以上の十九本の論文は、各々の視座と研究対象・フィールドに応じて重点の置き方は異なるものの、十二〜十三世紀に発展してきた中世社会が行き詰まりを見せ、十五世紀以降につながる新たな芽が生まれる曲がり角としての十四世紀の様相を浮かび上がらせてくれている。果たしてこの芽が、私見のように中世の解体と近世の形成へと直結するものと言えるのかどうか、本書をきっかけに議論が深まれば幸いである。

目次

第2部　創られる由緒と秩序

第3部　広がる富と変わりゆく時代

第1部　台頭する新たな力

悪党のゆくえ——荘園領主の動向を中心に——

高橋 典幸

はじめに

鎌倉時代後半から南北朝期にかけての、もっとも注目される社会現象として、悪党の活動が挙げられよう。中村直勝［中村 一九三九］や石母田正［石母田 一九四六］が注目して以来、この時期の悪党については数多くの研究が積み重ねられている。

近年、これまでの悪党研究の概観がいくつか試みられているが［小林 二〇〇一、櫻井 二〇〇六］、それらによれば、悪党研究の流れは大きく二つに整理されている。一つは、悪党を当該期固有の社会集団ととらえ、その存在形態や実体を追究していこうとする研究である。もう一つは、「悪党」が他称であることに注目し、それは当該期の国家権力（公武政権）への敵対者に対する統制標語であるとする研究である。前者が悪党を実体概念とみなすのに対し、後者ではそれは関係概念であるとされ、敵対者を「悪党」として排除していく国家権力の側に関心が寄せられる。

研究史を振り返ると、前者の実体研究が長らく悪党研究を牽引し、悪党の様々な存在形態や活動を明らかにしてきた。ただ、その結果、かえって悪党の実態がとらえにくくなったことも指摘されている。そうした中で新たに登場した山陰加春夫氏の研究［山陰 一九七七］は、研究視角の大きな転換を促した。すなわち、「悪党」を統制標語と見ることによって、その実体の如何にかかわらず、国家権力への敵対者が「悪党」として排除されていく構造が視野に入ってきたのである。その後、中世国家論の盛行も受けて、そうした構造を規定する当該期の国家権力（公武政権）の性格や政策が論じられ［海津 一九九四］、またそれによって析出された悪党を検断するシステム（悪党召し捕りの構造）が明らかにされている［近藤 一九九三］。

また最近発表された根ヶ山泰史氏の研究［根ヶ山 二〇一二］も注目される。根ヶ山氏は鎌倉時代における「悪党」の語義変化・用法を丹念に分析して、十三世紀初頭ごろまでは「悪人、悪人のなかま」という他の類義語と同様の語義・用法しかなかった「悪党」が、十三世紀半ばには鎌倉幕府検断の対象を指す法的用語として採用・定義され、さらに寺社本所や朝廷もそれを受容かつ積極的に利用した結果、幕府法に沿った「悪党」の用法が普及・定着していったことを明らかにした。この研究により、「悪党」が十三世紀後半以降の鎌倉幕府ないし公武権力による統制標語であることの蓋然性はさらに高まったと言えよう。

ただし、悪党を実体概念もしくは統制標語に二分し、そのいずれが妥当か、二者択一的に考察を進めることには、今少し慎重でありたい。

というのも、根ヶ山氏によれば、「悪党」が幕府の法的用語として採用されたのは、延応二年（一二四〇）二月から弘長二年（一二六二）五月までの間に求められ、かつその内容も夜討・強盗・山賊・海賊といった、もっぱら盗賊行為を意味していたとされるが、これは統制標語説に立つ既往の研究成果と若干のずれを見せているのである。たとえば海津一朗氏は、所領の一円領化を強力に推進する「得宗・治天体制」が、敵対者を「悪党」として排除していったとする見解を打ち出しているが［海津 一九九四］、それはモンゴル戦争後のことであり、根ヶ山氏が想定する法的用語としての採用時期とは十〜三十年ほどの時間差がある［根ヶ山 二〇一二］。また悪党事件として実際に取り上げられている事例の多くは、単なる盗賊行為にとどまらない、本所敵対行為であることも見逃すことはできない。

根ヶ山氏の丁寧な分析結果は、統制標語説の蓋然性を高める一方で、既往の統制標語説との間にもなお埋めるべきずれ(時間的なずれ、内容的なずれ)があることを明らかにしたと言えよう。海津説に立つならば、十三世紀半ばに成立していた統制標語「悪党」が、モンゴル襲来以後、「得宗・治天体制」の敵対者に適用されるようになるのはなぜか、あらためて問われる必要があろう。また盗賊行為を意味する統制標語「悪党」が、本所敵対行為に適用されるようになる経緯も自覚的に追及されなければならないだろう。

こうした問題については、これまた最近発表された木村英一氏の研究〔木村 二〇一六〕が示唆的である。木村氏は、近藤成一氏によって明らかにされた鎌倉時代後期の悪党検断システム(悪党召し捕りの構造)〔近藤 一九九三〕を再検討し、それは鎌倉中期以来の寺社紛争処理方式の実施範囲が悪党の追捕・処罰にまで拡大されたものと見るべきこと、その拡大は、公武権力の主体的な動きではなく、悪党の排除・所領支配の確保を求める荘園領主側の執拗にして徹底的な訴訟運動によってもたらされたことを指摘した。悪党の排除・所領支配の確保を求める荘園領主側の執拗にして徹底的な訴訟運動によってもたらされたことを指摘した。寺社紛争処理方式と悪党召し捕りの構造との連続性についてはなお検討を要すると思われるが、荘園領主の動きを重視する視点に注目したい。従来、ともすると荘園領主は悪党や悪党事件の被害者ととらえられがちであったように思われるが、木村氏の研究は、荘園領主が悪党問題に能動的な役割を果たしていた可能性を示唆している。右に掲げたずれを埋める要素として、今後は荘園領主の動きにも注意していく必要があろう。

ところで、従来の悪党研究では、実体説また統制標語説いずれにおいても、悪党の登場ないし成立について大きな関心が寄せられてきた。しかし、考察の対象時期を十四世紀に設定した場合、むしろ問題とすべきなのは「悪党のゆくえ」であろう。南北朝期に入ると、次第に悪党の所見が少なくなっていくことは、経験的に了解されることである。あれほど盛んに活動していた悪党、もしくは活発に取り組まれてきた悪党問題は、南北朝期以降どうなっていくのか、「悪党のゆくえ」についても、その登場・成立と同様に議論される必要がある。

従来、この問題については、内乱や、それに関わる守護支配との関連で言及されてきた。(1) 本稿ではこれを全面的に論じるには準備が不足しているが、先に得られた知見、すなわち荘園領主の動きに注目して、この問題を考えてみたい。悪党問題について荘園領主が能動的な役割を果たしていたとするならば、「悪党のゆくえ」についても、荘園領主の動きが何らかの手がかりを与えてくれることが予想されるのである。

以下、東寺領播磨国矢野荘を舞台にこの問題を検討する。

1　東寺領播磨国矢野荘の成立

(1) 前預所藤原冬綱

東寺領播磨国矢野荘（正確には矢野荘例名西方だが、以下「矢野荘」とする）は、「都鄙名誉悪党」(2) 寺田法念をはじめとする悪党関係の事例がきわめて豊富な荘園であるが、その歴史は意外に新しい。(3) 矢野荘の東寺領としての歴史は、正和二年（一三一三）に後宇多院が大覚寺統に相伝されてきた歓喜光院領矢野荘を東寺に寄進したことに始まるのである。後宇多院はさらに文保元年（一三一七）に重藤名・那波浦・佐方浦も東寺に寄進する。

あらためて注目しておきたいのは、それは単なる得分権の寄進ではなく、荘園領主権そのものの寄進だったことである。すなわち東寺領播磨国矢野荘の成立は、十四世紀における荘園領主権の移動・変更という興味深い事例でもあるのである。正和二年の後宇多院の寄進状に「預所職冬綱相伝地、而依レ為二便宜地一、立二替他所一、永所二施入一也」(4) とあるように、矢野荘寄進に際しては、それまで後宇多院の下で同荘の預所（史料によっては「領家」とも見える）を勤め、実質上の荘務権を握っていた藤原冬綱(5)に替地が与えられていることから、前預所（領家）の権限が接収される形で荘園領主権の移動・変更が行われたことがわかる。

この点で注目されるのが、「矢野例名庄庁御下文・安堵院宣・手継幷地下文書等正文目録」との標題を持つ文書目録[6]が東寺に伝来していることである。端裏書に「矢野庄文書目録　冬綱□□〔持分〕」とあることから、矢野荘に関して冬綱が所持している文書を書き上げたものであることがわかるが、それは次の三種類の文書から構成されている。まず①冬綱の祖藤原隆信が矢野荘預所に任じられた建久十年(一一九九)二月二十日八条院庁下文から、冬綱が矢野荘を安堵された徳治二年(一三〇七)十一月三十日後宇多法皇院宣に至る、歴代の女院・院による「安堵」六通、②隆信が祖母伯耆局から矢野荘を譲られた安元元年(一一七五)十二月十六日伯耆局譲状から、冬綱が養父範親から矢野荘を譲られた永仁三年(一二九五)十一月三日藤原範親譲状に至る、代々の「手継」五通、そして③「承久田畠官物事」や「正嘉正検田数幷畠・在家等目録」、「保延年中庄号以後、代々領家検注々文」など「地下文書」七巻と二通・一枚である(この他に「亀山院幷当御代御教書」六通がある)。興味深いのは③「地下文書」で、他に矢野荘の四至が示された「庄家絵図」なども見え、これらは矢野荘支配のための根本台帳類と見られよう。また「保延年中庄号以後、代々領家検注々文」は、立荘以来、領家(預所)が矢野荘の検注権すなわち荘務権を相伝してきたことを物語っている。

以上のような構成を考えると、この文書目録は、矢野荘預所の地位を相伝し(①②)、かつ荘務権を保持してきた(③)という藤原冬綱の地位・権限の根拠を示すものと言えよう。さらに、後宇多院のことが「当御代」と書かれていることから、それは後宇多院による東寺への矢野荘寄進に際して作成されたものと考えられる。すなわち荘園領主権の移動・変更というタイミングで、それまでの荘園領主(預所)藤原冬綱の地位・権限が文書目録という形で明確化されているのである。こうした文書目録が作成されていることからも、東寺領矢野荘の成立が荘園領主権の接収・移行を伴うものであったことが看取されよう。

問題はこの文書目録の作成目的で、荘園領主権の移行に際して前領主から新領主へ引き渡された文書の一覧とも考えられるが、文書目録の文面そのものからは読み取れない。むしろ現実には、冬綱から東寺へ速やかに関係文書が引き渡されなかった可能性が高い(7)。矢野荘の東寺領化、すなわち東寺への荘園領主権の移行は順調には実現しなかったのである。

〔史料二〕(8)

　請取　播磨国矢野例名文書事

　　合

一通　冬綱朝臣注進状〈当名田数事〉

一通　目六譲状案〈徳治二年七月十八日範親朝臣譲二長恵一云々、〉

三通　官人章任・章治・章房勘状案〈当名冬綱難二伝領一由事〉

一通　光浄拝領　院宣案

一巻　冬綱朝臣度々申状等案

二巻　当名田数注文

四巻〔二巻者有之〕　法念所進目安・具書等〈重藤名事〉

右為二沙汰一、所二給預一也、訴訟落居之時者、可二返進一之状如レ件、

　正和三年後二〔三〕月八日　　導智〈在判〉

右は矢野荘寄進の翌年、導智なる人物が、ある訴訟のために矢野荘の関係文書を借り出した預かり状である。導智は、後宇多院による寄進直後に東寺に所務請文を提出していることから(9)、〔史料一〕でも東寺側に立って訴訟に臨んでいることがわかる(10)。問題はこれが誰を相手とする、どのような訴訟かということであるが、右に掲げられている文書の多くが、嘉暦年間に東寺と藤原冬綱の訴訟の際に東寺側の論拠として用いられたものであることから(11)、右も冬綱を相手とする訴訟だったと考えてよかろう。

嘉暦の訴訟からは冬綱が矢野荘知行の回復を求めて運動を続けていたことがわかるが、〔史料一〕を踏まえれば、それは後宇多院による矢野荘寄進直後から進められていたことがわかる。すなわち、前預所冬綱は領主権の接収に応じず、新領主東寺と対立していたのである。実際、嘉暦の訴訟に際しては冬綱に矢野荘返付の裁許が下ったと見られている。[12] 東寺領として軌道に乗るのは、「旧院御起請符に任せて」、すなわち正和二年の後宇多院寄進が再び認められ、東寺に矢野荘知行を命じる後醍醐天皇の勅裁[13]が出された元弘元年（一三三一）以降のことと考えられている。

本項冒頭でも述べたように、東寺領矢野荘の歴史は後宇多院の寄進に始まるものであったが、それは一片の寄進状によって実現されるようなものではなかった。あらためて確認すれば、それは荘園領主権の移動・変更であり、権限を接収される前領主との間に深刻な対立を引き起こしうる事態であった。もちろん荘園制秩序（いわゆる職の体系）の建前からすれば、本所である後宇多院の命令を受けて、預所（領家）藤原冬綱がその権限を新領主東寺に引き渡すべきなのではあるが、現実は建前どおりに進むものではなかった。ましてや時代は十四世紀である。嘉暦の訴訟において十二世紀の伯耆局以来の「相伝由緒」を主張していたように、冬綱にとってもその権限を容易に手放すわけにはいかなくなっていたのである。

いずれにせよ、矢野荘においては東寺領化という事態そのものが、荘園領主権のあり方を明確化し、荘園領主間に深刻な対立を引き起こしたことを確認しておきたい。

（2）前公文寺田法念

前項で見たように、東寺領矢野荘の成立は荘園領主権の移動・変更、より直截には前領主の権限の接収を意味した。ここで注目されるのは、先に紹介した文書目録に③「地下文書」が書き上げられていたことで、東寺は前領主藤原氏と矢野荘の荘務権を争い、最終的に手に入れたと考えられる。

東寺領化以前、預所藤原氏が具体的にどのように荘務を執行していたか、その詳細は知りえないが、現地の公文寺田氏が重要な役割を果たしていたらしい。

寺田氏については周知のように、矢野荘の前身久富保の開発領主秦為辰の末裔を自称し、「重代開発私領」[14]として重藤名をおさえていた。矢野荘公文職も「重代開発私領」とされているが、いつから任じられていたかは明らかではない[15]。ただし鎌倉時代半ばごろから、矢野荘における公文や寺田氏の活動が知られる。文書目録等[16]によれば、「公文職事」に関わる仁治二年(一二四一)十二月十九日六波羅下知状や弘安九年(一二八六)閏十二月十八日付の「契約条々事、法念状」、また「法念送文〈矢野庄年貢事〉」「二巻　法念所進矢野帳」等があったことも知られる。また、矢野荘では預所(領家)藤原範親と地頭海老名泰季との和与により、永仁六年(一二九八)から翌正安元年にかけて下地中分が行われたが、預所側に立って実質的に交渉を進めたのは寺田法念であった[17]。現地における寺田氏の実力の程がうかがえよう。

藤原冬綱に代わって東寺が矢野荘に荘務権を行使しようとする時、右のような公文寺田氏をどのように処遇するかが問題になったであろう。実際、東寺が矢野荘を獲得して間もない頃、矢野荘の現地の様子を伝える書状[18]には、「公文をハてら田のほうねんと申候、その代くわんハ、おやけのしんひやうへかし候、ほうねんハたうしハ京都ニ候、定承候てハまいり候ハんすらん、このほうねんと申候はうつミ又下いほの東とハ□□〳〵さる中にて候、御心へあるへく候、(中略)ねんくハ十月の中ニ能する所にて候、さう田所ニて候、相構候ほうねんをすかさせ給候へ、公文をあらたて候てハ、いたんハわろく候」と記されている。矢野荘を経営していくためには、傍線部にあるように、公文寺田法念を「荒立て」ないことが肝要だというのである。

もちろん、寺田氏にとっても荘園領主の交替は重大な問題であったに違いない。その消息を伝える史料はないが、まずは新領主東寺の支配に協力する姿勢を示したらしい。前項で述べたように、正和二年(一三一三)後宇多院による寄進直後から東寺は前預所藤原冬綱と相論を行っていたが、前掲〔史料一〕によれば、東寺の主張を支える証拠文書として「四巻　法念所進目安・具書等〈重藤名事〉」が導智に貸し出されている。おそらく東寺の求めに応じて、寺田法念は「目安・具書案」四巻を提出していたのであろう。さらに、例名に加えて重藤名等が寄進された直後の文保元年（一三一七）六月、法念は次のような書状（実質的には請文）を東寺に提出している。

〔史料二〕(19)

播磨国矢野庄内例名・重藤・那波・佐方等、付二惣庄一有レ御二寄進東寺一之由、両通　院宣案幷五月廿六日寺家御下文案・同六月一日被レ下二沙汰人・百姓等一預所殿御文、同六日到来、謹承候畢、任下被二仰下一旨上、可レ致二其沙汰一之旨、相二触御庄民等一候畢、抑当年御地子麦、前司収納所レ残無、任二員数一、沙二汰‐渡此御使一候者也、又当御領済物注文事、忩可レ令二注進一候、更々不レ存二疎略一候、恐々謹言、

六月廿日　　公文沙弥法念（花押）

あくまでも文面の上でのことではあるが、法念は東寺の指示に従うことを表明している。わざわざ「公文沙弥法念」と署名していることから、自らの立場を顕示しつつ、なお東寺の支配に協力しようと喧伝する姿を読み取ることもできよう。さらに注目されるのは傍線部である。東寺は「両通　院宣案幷五月廿六日寺家御下文案・同六月一日被下沙汰人・百姓等預所殿御文」を現地に下して、新たに重藤名以下も東寺領となったことを伝え、その指示に従うべきことを命じているのであるが、「謹承候畢」とあるように、これらの文書は直接には法念に下されていたのである。すなわち、この段階では東寺も法念を現地の公文として認めていたと考えられるのである。

新たに矢野荘の領主となった東寺にとって、荘務執行のための手段や組織をどのように構築するかは喫緊の課題であったに違いない。〔史料二〕は鎌倉時代以来、公文を勤めてきた現地の実力者寺田氏をそのまま起用し続けるという選択肢も東寺にはありえたことを示していよう。

しかし、周知のように、結果として東寺は寺田氏を「整理」する道を選んだ。すでに法念は南禅寺領矢野荘別名方に乱入した「都鄙名誉悪党」であり、その捜査令状は東寺長者のもとにも届いていた[20]。このような法念を起用し続けることを東寺が嫌った可能性もあるが、より大きな原因は、先行研究も指摘する重藤名の問題であろう。先にも触れたように、重藤名は寺田氏の「重代開発私領」であったが、弘安七年(一二八四)以来、預所(領家)藤原氏を介さない別納が認められて寺田氏の権限がさらに強化されていた[21]。当初、重藤名は東寺への寄進対象に含まれていなかったが、文保元年(一三一七)に重藤名も獲得したことで、東寺はあらためて重藤名を効率的に支配する方策を検討することになったのであろう。その結論が寺田氏の「整理」であった。〔史料二〕の後まもなく、遅くとも文保二年十月までには法念は公文を解任され[22]、矢野荘の荘務からはずされたのである。

矢野荘に「法念已下悪党」が出現するのは、その直後のことであった[23]。以後、矢野荘は十四世紀半ばに至るまで寺田一族の悪党活動にさらされていくことになる。

東寺領化する前、寺田氏は荘務をめぐって、すでに預所藤原氏とも対立関係にあった〔小川二〇〇八〕ので、〔史料二〕で示された見かけ上の協力姿勢にもかかわらず、早晩、新領主東寺とも対立することになったではあろう。ただし、ここでは東寺の側が、その荘園支配を進めるために、寺田氏を「整理」するという行動を起こしたことにあらためて注目したい。

嘉暦年間には、前項で見たように矢野荘の領主権をめぐって東寺と係争中であった前預所藤原冬綱が、「当国名誉之悪党等」を語らって、重藤名の作麦を刈り取り、百姓家を追捕するという事件が起こっている[24]。この「当国名誉之悪党等」も寺田法念らであろう。東寺からすれば、前公文と前預所を同時に悪党にまわしてしまったことになるのだが、ここで興味深いのは、両者ともに、矢野荘の新領主東寺が荘務権を行使しようとしていく過程で、その地位や権限を接収ないし整理されていった存在だったことである。東寺領播磨国矢野荘の成立という事態が矢野荘に連なる人々に与えた影響、荘園領主東寺の主体的選択が悪党を生み出していった側面をあらためて確認しておきたい。

2　荘務組織と悪党

(1) 公文・田所と荘家警固

東寺領矢野荘の成立は、十四世紀における荘園領主権の移動・変更に際して、具体的にどのような手続きがとられたかを考える上でも、興味深い事例である。新たな開発や立荘とは異なり、すでに旧領主の下で荘園経営が行われていたのであるから、既存の荘務組織や方法をどのように継承したのか、新たにどのような手段を講じたか、そこに新領主のどのような意図を読み取ることができるかなど、いくつかの論点を引き出しえよう。

前節第1項で見たように、矢野荘前領主藤原氏のもとには荘務に関する文書が集積されていたが、それらが藤原氏から東寺に円滑に引き渡されたかはあやしい。先に取り上げた文書目録の③「地下文書」は預所藤原氏による荘園支配の根本台帳と見られるが、そこに書き上げられた文書は東寺伝来文書中には確認できない。矢野荘をめぐる藤原冬綱と東寺の争いを考えれば、東寺は荘務関係文書を藤原氏から直接は引き継げなかったと考えるべきだろう。また、東寺領化以前、矢野荘現地において公文寺田氏が荘務に一定の役割を果たしていたと推測されることは、前節でも指摘したことである。しかし、東寺は寺田氏を「整理」する道を選択している。

総じて東寺は荘務組織や方法を新たに構築していくことになる。その動きは建武年間以降本格化し、建武二年(一三三五)に初めて内検が実施され、その結果に基づいて田地の斗代が定められた(25)。さらに貞和元年(一三四五)にあらためて実検が行われ、翌年斗代が定め直された(26)。この後、定式化された年貢散用状が作成されるようになることから、東寺による矢野荘支配も軌道に乗り始めたと推測される[高橋 二〇一三]。ここで注目されるのは、これらの検注帳や斗代定目録、散用状が一貫して政所・公文・田所によって作成されていることである。彼らこそ東寺の荘務を支えた人々であり、その起用・編成に東寺の意図を読み取ることができよう。

先行研究等によってそれぞれの概要をまとめると、政所は預所・代官（給主代）・所務職などとも呼ばれ、東寺供僧・学衆が勤める給主によって選任された。もっぱら寺僧が起用され、年貢収納など必要に応じて現地に下向し、東寺と矢野荘現地を結ぶ役割を果たした。一方、矢野荘現地にあって日常的な荘務にあたったのが、「両沙汰人」とも呼ばれる公文と田所である〔小川　二〇〇〇〕。矢野荘に対する東寺の命令はしばしば「沙汰人・百姓中」宛で出されているが、前節で見た〔史料二〕では、「沙汰人・百姓」宛の東寺（預所）の指示を「公文」寺田法念が受けていることから、公文・田所は前公文寺田氏の立場を継承するものであったと考えられる。ただし、田所については東寺領化以前には所見がなく、東寺によって初めて設定されたようである。とすると、公文寺田氏が継承してきた地位・権限を新たに公文・田所に分割し、彼らを政所によって制御しようとする東寺の意図が読み取れよう。

ところで、前節でも見たように、矢野荘の東寺領化は前預所藤原氏や前公文寺田氏との対立を惹起し、東寺による矢野荘支配は「悪党」との対決の中で進められてきた。建武二年（一三三五）に内検を実施し、本格的支配の端緒とすることができたのも、同年の寺田悪党による乱入事件を撃退しえたからであった[27]。実は、公文や田所が整備されるようになったのもこの事件がきっかけらしく、寺田悪党撃退の功績により藤原清胤は公文に任じられている[28]。こうした経緯から、公文には特殊な役割が期待されることになった。

〔史料三〕[29]

補任
東寺領播磨国矢野庄公文職事
藤原清胤

右以レ人、所レ補二彼職一也、於二給雑免田一者、任二家仲法師之例一、可レ致二管領一、警固并御公事等、有限所役、不レ可
レ致二懈怠一之状如レ件、

建武二年二月廿九日　　公文法橋

権少僧都〈在判〉

（以下三名署名省略）

すなわち、公文藤原清胤は矢野荘の警固にあたるべきことが、その補任状で命じられているのである。実際、康永三年（一三四四）八月に吉川孫太郎が矢野荘に乱入しようとしているという情報を得た東寺は、公文清胤に対して「最初被レ補二当職一候事、如レ此之時、抽二忠勲一可レ致二庄家無為警固一之由、被二請申一之上者、急速可レ被レ廻二其計略一候」として、荘家警固にあたるべきことを命じている[30]。田所についても、その選任にあたっては「可レ為二地下警固潤色一之仁」が求められている[31]。

以前、悪党との対決の中で東寺の矢野荘支配が成立していく状況を論じて、そこに東寺と矢野荘の名主・百姓との共闘関係を見出し、それは具体的には沙汰人と名主・百姓らが一体となった荘園防衛体制（荘家警固）として現われると指摘したことがある［高橋 二〇〇三］。公文や田所にはそうした防衛体制をリードする役割が期待されたのである。そして、その戦費は、年貢米からの免除という形で荘園領主によって保障されていた。南北朝期の「荘家警固」とはまさに荘園領主・沙汰人・名主・百姓による共闘体制だったのである。

ただし、「荘家警固」は荘園領主・沙汰人・名主・百姓によって完結していたわけではなかった。矢野荘公文清胤のもとには他所から「見つきせい（見継ぎ勢）」が軍事支援に入っていたように、各地の荘園の沙汰人たちは荘園の枠組を越えた軍事ネットワークをもっていて、それで荘家警固に応じていたのである。こうした動員に対する戦費も荘園領主によって保障されていたと考えられる［高橋 二〇〇三］。すなわち、悪党事件が相次ぐ中、荘園領主は荘家警固

能力を備えた沙汰人を起用していたのである。

彼らの荘家警固能力、すなわち荘園の枠組を超えた軍事的ネットワークは、悪党結合と表裏の関係にあろう。前稿［高橋 二〇〇三］でも指摘したように、荘園領主は、いわば悪党を内に抱え込むことによって荘園支配を再編していたとみることができるのではないだろうか。

(2) 給主代と守護秘計

先行研究では、観応年間を境に東寺による矢野荘支配の変質、すなわち守護赤松氏の影響力の浸透が指摘されている。その端緒とされるのが給主職相論をめぐる観応元年の悪党乱入事件である［金子 一九九八］。矢野荘では公文藤原清胤・名主実円らによる荘家警固で撃退したのであるが、注目されるのは「守護方有縁之仁」として撫川伊勢房が上使として派遣されていることである。[32]今回の悪党事件は、矢野荘給主の地位を狙う東寺学衆深源の策動に、是藤名を狙う真殿守高、さらに矢野荘別名下司那波源三郎(海老名景知)らが与同するという複合的なものであったが、実は彼らの大半が守護赤松氏の関係者であり、「守護被官の権威を以て」乱入してきたのである。[33]そのため、「守護方有縁之仁」撫川伊勢房が起用されたのであった。

観応の擾乱前後の播磨国では国人らの守護被官化が進行していた。堀川康史氏はその過程を丹念に追跡し、観応の擾乱期に守護権限の強化、とりわけ所領給付権が守護に与えられた結果、国人たちは守護に接近し、守護権限に依拠して当知行の正当化を図るようになったことを明らかにしている［堀川 二〇一三］。たとえば、寺田氏没落後、その譲りを得て矢野荘重藤名に対する濫妨をくり返していた飽間光泰は、延文年間以降は赤松氏から兵粮料所として宛行われたことを根拠にするようになるという。海老名氏も同様で、文和二年(一三五三)、守護から矢野荘預職を拝領したと号して、海老名景知が矢野荘に乱入している。すなわち、鎌倉末期以来くり返されてきた悪党活動(矢野荘への乱入・濫妨)が、観応年間以降は守護による所領給付を背景に行われるようになったのであり、堀川氏はこれを「悪党の守護被官化」と位置づけている[堀川 二〇一三]。

「悪党の守護被官化」は悪党のゆくえを考える上で重要な指摘である。前節で見た荘家警固に取り込まれていく悪党がいる一方で、そこから排除された、もしくはそれとは敵対的な悪党がたどる有力なルートが「悪党の守護被官化」だったと言えよう。こうした事態に荘園領主はどのように対応したのだろうか。

観応の悪党事件以後、矢野荘では大規模な荘家警固は見られなくなる。たとえば、右でも触れた文和二年の海老名景知の乱入に際して、東寺は守護家人で東寺とも所縁のある有元将監や守護奉行人佐渡入道と相談・交渉して、「平和的」に解決している[伊藤 二〇一〇]。すなわち、悪党の変質に対応して、東寺は守護との交渉・工作(守護秘計)によって所領保全を図るようになっていったのである[山本 一九九〇]。

では、守護秘計には誰が当たったのであろうか。もちろん、それは東寺全体で取り組むべき課題であったが、新たに編成された荘務組織について言えば、給主代[34]が中心的役割を担ったとみられる。文和二年の海老名景知の乱入に際して、実際に守護方と交渉して「平和的」解決に動いたのは供僧方給主代秀恵であった。また、この事件の前後に学衆方給主代に任じられ、著名な永和の嗷訴により解任されるまで、その地位にあり続けた祐尊も守護秘計に力を発揮した。守護被官飽間氏におさえられていた重藤名や、同じく観応の擾乱以来守護被官小河氏らによって押領されていた公文職を東寺が回復することができたのは、給主代祐尊が守護周辺の人々とさまざまな交渉・工作を行った結果であった[伊藤 二〇一〇]。

給主代は、再編された荘務組織の中で、東寺と矢野荘現地を媒介し、東寺の指示を沙汰人(田所・公文)や名主百姓に伝達する役割を果たしていた。しかし、十四世紀半ば以降になると、彼らの役割はそれにとどまらず、守護秘計にも及ぶことになった。そして、それは荘務に占める給主代の地位をそれまで以上に高めることになったと考えられる。

その間の消息、給主代の守護秘計能力の由来など、なお検討を要する問題ではあるが、こうした荘園支配の変質をもたらした要因の一つが、「悪党の守護被官化」すなわち悪党対応であったことを確認しておきたい。

本項で何度か言及したように、文和二年の海老名景知乱入は給主代秀恵の守護秘計により解決されたが、その交渉経費「那波源三郎当庄乱入之時、有元将監使驚〔警〕固在庄之間飯酒幷雑事」「奉行佐渡入道雑掌、那波当庄乱入之時」「有元将監雑掌、代一貫文、那波乱入之時」は、その後年貢から控除されている。[35] これは前項でみた荘家警固の経費と同じ扱いである。すなわち、「悪党の守護被官化」についても、荘園領主は守護を半ば内に取り込む形で対応していたと言えるのではないだろうか。

おわりに

以上、悪党の問題について、とくに十四世紀における、その「ゆくえ」に関して、荘園領主の動向（荘務のあり方）と関わらせて考えてきた。荘務のあり方が、悪党を生み出す一方で、それを吸収する方向で変化していったことを論じた。取り上げた事例はもっぱら先行研究で指摘されてきたものであり、また荘園領主側の動きに偏した分析に終始した観は否めない。ただ十四世紀の政治・社会においては荘園領主も重要な構成要素であることから、その果たした役割について冷静に見定める必要は少なくないと考えられる。

ただ、守護秘計の事例にみられるように、その動きは「荘園領主」で一括りにできるような単純なものではなくなっていたこともたしかである。そうした意味では、荘園領主を視点に据えた本稿はあくまでも作業仮説であって、その内実をさらに丹念に「腑分け」して、十四世紀社会の実態・動向に迫っていくことが今後の課題となろう。

註

（1）佐藤和彦氏は、「悪党表現の減少」と「悪党の質的転換」を指摘していた［佐藤 一九七九］。

（2）「東寺百合文書ヲ二―一」正和四年十一月日南禅寺領播磨国矢野荘別名雑掌覚真申状案（『相生市史』第七巻編年文書五三号）。以下、同書よりの引用は『相生』⑦編年五三―一の如く記す。）

（3）以下、矢野荘の概要は『相生市史』第一・二巻に拠る。

（4）「東寺文書御宸翰四」正和二年十二月七日後宇多法皇宸筆荘園敷地等施入状（『相生』⑦編年四七）。

（5）藤原冬綱については［櫻井 二〇〇六］参照。なお東寺領化以前の矢野荘については［小川 二〇〇一a・b・二〇〇八］も参照。

（6）「教王護国寺文書」例名文書目録（『相生』⑦編年三一）。

（7）十四世紀の半ば、東寺はこれら①「安堵」六通および②「手継」五通を「不慮」に伝領し、御影堂に納めていたとされる（「東寺百合文書テ二七」貞和三年十一月日東寺申状案（『相生』⑧上編年一五五））。実際、①「安堵」六通は「東寺百合文書」として伝来している。また、②「手継」のうち、案文しか伝わらない「東寺百合文書よ一〇―一」安元元年十二月十六日伯耆局譲状案（『相生』⑦編年一八―一）を除く四通は、現在は「松雲寺文書」として伝来しているが、本来は「東寺百合文書」の一部であった（『相生市史』第七巻解説参照）。なお、東寺伝来文書中には他にも、①「安堵」六通の目録に伯耆局から冬綱に至る預所の相伝系図を付した文書目録（「東寺百合文書カ二三九」矢野荘相伝文書目録并系図『相生』⑦編年三〇）や、冬綱のもとに伝来した荘務関係文書を書き上げたと考えられる文書目録（「教王護国寺文書」例名文書目録（『相生』⑦編年四五））も伝来しており、これら相互の関係を検討する必要がある。

（8）「東寺百合文書カ二八」正和三年閏三（三）月八日導智例名文書請取状案（『相生』⑦編年四九）。細字は〈　〉で示した（以下同じ）。

（9）「東寺百合文書テ一四」正和二年十二月七日沙弥導智請文（『相生』⑦編年四八）。

（10）〔史料一〕は、東寺の重要書類を書き上げた「東寺百合文書の七五」東寺重書目録（『相生』⑦編年八六）にも「一通道智請文」と見える。さらに「同庄文書為沙汰、預置由事、出文書候間、返賜道智了」と注記があり、借り出していた文書をのちに導智が返却したため、〔史料一〕の正文は導智に返却されたことがわかるが、このことから、導智が訴訟

（「沙汰」）のため東寺から文書を借り出していたこともわかる。
(11)「東寺百合文書み九四」藤原寂願（冬綱）事書案幷具書案（『相生』⑦編年八一）・「東寺百合文書カ二四八」藤原寂願（冬綱）事書篇目（『相生』⑦編年八二）・「東寺百合文書カ二四九」東寺陳状案（『相生』⑦編年八三）・「東寺百合文書ケ三三一」東寺陳状案（『相生』⑦編年八四）参照。
(12)『相生市史』第一巻六七〇〜六七二頁参照。
(13)「東寺文書六芸書五―二」元弘元年八月二十日後醍醐天皇綸旨（『相生』⑦編年八五）。
(14)「東寺百合文書せ武家御教書幷達六」嘉元四年十一月七日六波羅裁許状（『相生』⑦編年二七）。
(15)「白河本東寺百合古文書八六」保延三年十月二十三日矢野荘立券文案（『相生』⑦編年二）には「公文播磨」が署名している。なお小川弘和氏は、十三世紀はじめに「領家下文」を賜わって矢野荘公文職を知行していた牛窓庄司六郎範国と寺田氏の系譜関係を想定している［小川 二〇〇八］。
(16)「教王護国寺文書」例名文書目録（『相生』⑦編年四五）、「東寺百合文書の七五」東寺重書目録（『相生』⑦編年八六）。
(17)「東寺百合文書ト二一六」寺田範長申状案（『相生』⑧上編年四九二）。
(18)「東寺百合文書テ二〇三」某書状（『相生』⑦編年九二）。
(19)「東寺百合文書京一三〇」（文保元年）六月二十日寺田法念請文（『相生』⑦編年五九）。
(20)「東寺百合文書カ二九」正和四年七月日摂津国御家人安威勝王丸代覚忍重申状案（『相生』⑦編年五一）、「東寺百合文書テ一六五」（正和五年）二月二十三日東寺長者御教書案（『相生』⑦編年五五）。
(21)『相生市史』第一巻五六一〜五六二頁参照。
(22)文保二年十月には新たな公文道法の活動が知られる（「東寺百合文書よ一二」文保二年十月日公文道法請文案〔『相生』⑦編年六五〕）。
(23)「東寺百合文書ヨ七九」文保二年二月四日信性矢野荘例名重藤名等預所職請文（『相生』⑦編年六三）、「東寺百合文書テ一五」文保三年二月十日源成就丸矢野荘例名預所職請文（『相生』⑦編年六八）、「東寺百合文書よ六六―一」康暦元年八月日是藤名名主実長申状（『相生』⑧上編年四〇七―一）。
(24)「東寺百合文書カ二四九」東寺陳状案（『相生』⑦編年八三）。

(25)「東寺百合文書サ六」建武二年十月日例名西方内検名寄取帳(『相生』⑦編年一〇六)、「東寺百合文書ロ四」暦応二年八月日例名西方田畠斗代定帳(『相生』⑦編年一二三)、「東寺百合文書ノ九」暦応二年十二月日例名西方供僧・学衆両方斗代定目録(『相生』⑦編年一二四)。

(26)「東寺百合文書み二五」貞和元年十二月八日例名西方田地実検名寄取帳(『相生』⑧上編年一三七)、「東寺百合文書ま三―二」貞和二年四月日例名西方田畠実検注幷斗代目録(『相生』⑧上編年一四六)など。

(27)「黒川古文化研究所所蔵文書」貞和三年十二月日恒末名名主実久言上状案(『相生』⑧上編年一五七)など。

(28)「東寺百合文書よ六六―一」康暦元年八月日是藤名名主実長申状(『相生』⑧上編年四〇七―一)。脇田昌範が田所に任じられたのは暦応二年(一三三九)とされるが(「東寺百合文書ヤ二三」暦応四年六月日西方田所昌範陳状『相生』⑦編年一二九)、昌範自身の活動所見は建武年間に遡ること(『相生市史』第二巻七九頁)から、彼も建武の悪党合戦に従軍した可能性がある。

(29)「教王護国寺文書」建武二年二月二十九日矢野荘公文職補任状案(『相生』⑦編年一〇〇)。

(30)「東寺百合文書天地二」学衆評定引付康永三年八月十一日条(『相生』⑦引付集二)。

(31)「東寺百合文書天地五」学衆評定引付文和元年三月六日条(『相生』⑦引付集一三)。

(32)「東寺百合文書ム二三」学衆評定引付観応元年九月十五日条(『相生』⑦引付集一〇)。

(33)「東寺百合文書ム二四」観応元年七月日東寺雑掌光信申状案(学衆奉行引付所収、相生⑦引付集一一)。深源の代官として乱入した垂水法橋は、のちに守護使として矢野荘に現われ(「教王護国寺文書」文和二年四月十三日矢野荘公田分学衆方年貢等散用状〔相生⑧上編年一九五〕)、真殿守高は前掲光信申状案に「守護被官人」と見える。海老名景知と守護の関係は〔堀川二〇一三〕参照。

(34)東寺が矢野荘支配機構の再編に取り組んだ当初は、第2節第1項でふれたように、この地位は「政所」と称されていたが、十四世紀半ばになると、もっぱら「給主代」「代官」「地下代官」などと呼ばれるようになる。この点については後考を期したい。

(35)「教王護国寺文書」文和二年十月日供僧・学衆両方夏麦散用状(『相生』⑧上編年二〇二)。

参考文献

石母田正　一九四六年『中世的世界の形成』伊藤書店
伊藤俊一　二〇一〇年『室町期荘園制の研究』塙書房
小川弘和　二〇〇〇年「南北朝期矢野荘田所職考」『日本史研究』四四九号
小川弘和　二〇〇一年ａ「播磨国矢野荘海老名氏考─鎌倉時代を中心に」『日本歴史』六三二号
小川弘和　二〇〇一年ｂ「播磨国矢野荘海老名氏考─鎌倉末〜南北朝期を中心に」『地方史研究』二九四号
小川弘和　二〇〇八年「鎌倉期矢野荘公文職考」『ヒストリア』二一〇号
海津一朗　一九九四年『中世の変革と徳政』吉川弘文館
金子　拓　一九九八年「南北朝期矢野荘をめぐる東寺学衆方と守護権力」『ヒストリア』一六一号
木村英一　二〇一六年「鎌倉後期の悪党検断方式に関する覚書」『鎌倉時代公武関係と六波羅探題』清文堂出版
小林一岳　二〇〇一年『日本中世の戦争と一揆』校倉書房
近藤成一　一九九三年「悪党召し捕りの構造」『鎌倉時代政治構造の研究』校倉書房(二〇一六年に所収)
櫻井　彦　二〇〇六年『悪党と地域社会の研究』校倉書房
佐藤和彦　一九七九年『南北朝内乱史論』東京大学出版会
高橋典幸　二〇〇三年「荘園制と悪党」『国立歴史民俗博物館研究報告』一〇四集
高橋典幸　二〇一三年「年貢散用状ノート」悪党研究会編『中世荘園の基層』岩田書院
中村直勝　一九三九年「荘民の生活(其二)」『荘園の研究』星野書店
根ヶ山泰史　二〇一一年「鎌倉期における「悪党」の語義変化」『史林』九四巻二号
堀川康史　二〇一三年「南北朝期播磨における守護・国人と悪党事件」『史学雑誌』一二二編七号
山陰加春夫　一九七七年「「悪党」に関する基礎的考察」『日本史研究』一七八号
山本浩樹　一九九〇年「南北朝期荘園における権力編成」『史学研究』一八七・一八八号

海賊の跳梁と東アジアの政情

関　周一

はじめに

本稿は、日本列島周辺海域から東アジア海域を見渡しつつ、十四世紀における海の世界の変化を提示する試みである。分析のキーワードとして、海賊に着目することから始めたい。本稿において海賊とは、暴力によって通行の安全を脅かし、略奪や密貿易などを行った人々を指し、瀬戸内海・九州地方などの沿岸や島嶼を根拠地とする。『日本国語大辞典』では、「①海上を横行して、航行する船舶や、時に沿岸の集落を襲ったりして、財貨を略奪する盗賊。海賊人(かいぞくにん)。②中世の水軍の呼称。海上で活躍する海の領主が結成した武力集団。海賊衆。」とある。[1]『鎌倉遺文』所収の文書など、鎌倉時代の用例をみる限りでは①の事例のみで、②の海賊衆は、主に戦国時代にみられる。

鎌倉時代後期における海賊の活動と、それに対する鎌倉幕府の禁圧については、網野善彦氏の研究がある。[2]佐伯弘次氏は、各時代の海賊の概要を整理している。[3]海上勢力については、網野善彦氏が使用した「海の武士団」という語[4]で呼ぶ向きがある。この点について、近年、黒嶋敏氏が、網野氏自身は「海の武士団」という言葉を使うことには慎重であったことに触れた上、「海の武士団」という言葉には概念規定が曖昧であるという本質的な問題があるとし、多様な人々が想定されていたとする。黒嶋氏は、海の民や海の領主をまとめて〈海の勢力〉と呼ぶことを提起する。[5]

海賊をはじめとして本稿で扱う人々は、異なる地域や多様な身分・階層にあたり、黒嶋氏の「海の勢力」という語で総括するのがふさわしい。そのような「海の勢力」について、1節において西国の海賊を扱った後、2節においては北方に目を移し、領主である安藤氏や、蝦夷《えぞ》と呼ばれたアイヌの動向を検討する。彼らは十四世紀前半において顕著な動きをみせるので、そのことを跡づけていきたい。ついで3節では西方・南方の東アジア海域に視野を広げ、十四世紀前半、貿易を担う海商に注目する。そして前期倭寇の活動に象徴される十四世紀後半の東アジア海域の変動に着目し、それに対する明朝の対応と、海域の変動に対処して琉球において三山(山北・中山・山南)が台頭していったことを見通していく。

1　海賊の活発化と海賊停止令

まず試みに、網野善彦監修、中世海事史料研究会編『鎌倉時代水界史料目録』(東京堂出版、二〇〇三年)をもとに、現存している鎌倉時代の文書のなかでの「海賊」の語の使用例をみておこう。(6)「海賊」の語がみえる文書は、十二世紀末が1例、十三世紀が28例、十四世紀(一三三三年まで)が28例、年未詳文書が6例になる。あくまでも現存している文書による数字であるが、十三世紀以降、海賊の使用例は急増していることがうかがえる。

内容をみると、十三世紀、とりわけ前半は、鎌倉幕府の法令や、幕府から守護に対する指示などの中に、しばしば海賊の語が使用されるケースが目につく。禁止する対象として海賊を位置づけているのである。

寛喜三年(一二三一)、鎌倉幕府は「海賊」に対する指令を出した。「一、西国海賊事」とあるもので、幕府は六波羅探題に対して、海賊を兵士役につかせようとし、対捍した輩については守護人の沙汰として交名を注進し、海賊の船をその咎により没収して、海賊を搦め進らす輩に与えよと指示している。(7) 網野善彦氏は、この法令を幕府による最初の本格的な禁圧令と解し、(8) 黒嶋敏氏は、「幕府側が統治者として〈海の勢力〉を従える姿勢で臨み、それを補完する存在として、守護が監督役とされていることに注意したい」と述べている。(9) 貞永元年(一二三二)の貞永式目(御成敗式目)第三条において、守護の大犯三カ条を規定した中で、「殺害人」に付けたりとして、「夜討・強盗・山賊・海賊」がある。(10) 海賊は、夜討・強盗・山賊と並んで検断の対象になっており、同様な規定は、しばしばみられる。(11) 寛元二年(一二四四)、幕府は、海賊のことは、国中地頭らに仰せて、船を用意して召し取るべきと定めている。(12)

十三世紀後半になると、西国においては、悪党の行動が活発になるのと呼応して、その用例が増加していく。そのため鎌倉幕府は、海賊を禁圧する法令を頻繁に発するようになる。弘安五年(一二八二)、近日、海賊船往反の船に「煩有る」との聞えがあるとして、幕府は、肥前国地頭御家人に対し、賊徒船を召し取り、平定することを命じている。(13) 永仁六年(一二九八)、幕府の評定は、西国海賊船はその咎により没収し、海賊を搦め参らせた輩に給うという旨を定めている。(14)

十四世紀になると、海賊の活動は一層活発になる。網野氏が指摘しているように、瀬戸内海を中心に、東は紀伊水道、西は豊後水道に及ぶ海域は、海賊の活動が激しかった。(15) このことは、徳治三年(一三〇八)、鎌倉幕府が発した次の命令からうかがえる。(16)

(押紙)「大仏陸奥守宗宣
　　北条相模守貞時」
西国并熊野浦々海賊事、近日蜂起之由、有其聞、早致警固、可搦進之状、依仰執達如件、
　徳治三年三月廿五日
　　　　　　　　　　陸奥守(大仏宗宣)(花押)
　　　　　　　　　　相模守(北条師時)(花押)

河野六郎《（通有）》殿

西国ならびに熊野浦々の海賊が、近日蜂起するという風聞があり、瀬戸内海の水軍領主である河野通有に対して、警固と捕縛が命じられている。翌年の延慶二年には、鎮西に居住する通有に対し、伊予国に帰り、西海・熊野浦の海賊を誅伐することを命じている。これは、次に掲げる『武家年代記』裏書、延慶二年条にみえる熊野悪党の蜂起に関連した指令である。

依熊野悪党事、東使南条左衛門尉上洛、被差向十五ケ国軍兵於熊野山了、

幕府は、北条氏の有力被官であった南条左衛門尉を上洛させ、一五カ国の軍兵を熊野へ差し向けたという。網野氏は、播磨国福井荘東保宿院村の地頭代澄心が、この時、恒例臨時御公事の一つとして、熊野発向と海上警固に動員されたことを踏まえて、山陽（伊予・播磨など）・南海両道一四カ国にあと一国を加えた一五カ国が、このときの動員の対象の範囲だったと推定している。[17]

その後も、西国の各地で海賊の活動が活発化している。正和三年（一三一四）、伊予国高市郷代官景房が、海賊人雅楽左衛門次郎を搦め取っている。[18] 元亨二年（一三二二）、東大寺衆徒らは、播磨国大部荘鹿野村地頭代白井八郎定胤の家人である円了法師祐真が、海賊張本の安志卿房らの「名誉悪党人等」を相語らって作稲を刈り取ったことを訴えた。[19] 嘉暦元年（一三二六）、摂津国では、灯爐堂の住持少輔房浄瑜が、海賊与党であるとの風聞があった。[20] 海賊が西日本の広範囲で発生している様子がうかがえる。

海賊の実態を詳細に示しているものに、元応元年（一三一九）、海賊が備後国尾道を襲った事例がある。備後国守護長井貞重の代官円清・子息高致らは、高野山領備後国大田荘の倉敷尾道浦に乱入し、仏閣・社殿数カ所と政所・民屋一千余宇を焼き払い、預所代らを殺害した。円清らは、大船数十艘を用意し、仏聖人供以下の資産雑物を悉く運び取った。円清は、「当浦名誉悪党」と号し、新預所の下部数輩を搦め捕った。また「西国名誉海賊」である医師兵衛入

道心覚らは、「守護代扶持之悪党」であり、守護は「名誉賊徒」を扶持し、賄賂を取った。(21) ここでは、「西国名誉海賊」と守護との結託がみえる。

正安三年(一三〇一)、幕府は、海賊鎮圧のため、①豊後国津々浦々の船に、在所・船主の交名を彫り付け、員数を注申すべきこと、②海賊の風聞があれば、守護・地頭・沙汰人らは、早船を構えて追いかけること、③追いかける時、知り及びながら合力しない者の交名を注進すべきことを命じている。(22) 元亨四年(一三二四)、阿波国海賊出入の所々に関する鎌倉幕府・六波羅探題よりの命に応じ、阿波国勝浦新荘・小松島浦の船紋を唐梅に定めて、海賊船と区別している。(23)

2 北方の流通と争乱

(1)安藤氏と蝦夷蜂起

ここで視点を北方に移してみよう。中世では夷島《えぞがしま》とよばれた北海道では、十四世紀にはアイヌ文化が成立していた。十四世紀の史料において「蝦夷」という呼称は、基本的にアイヌを指すものとみてよい。

津軽に居住・来航する蝦夷や、北海道南部から日本海にかけての流通を統括する役割を担っていたとみられるのが、津軽安藤氏である。(24) 鎌倉時代の津軽地方の地頭職は、北条氏が独占していた。安藤氏は、北条氏の被官(得宗被官)であり、津軽に居住・来航する蝦夷を統括する役割を担っていた。

安藤氏のもつ権限については、遠藤巌氏が指摘した東夷成敗権から理解されている。(25) 鎌倉末期に編纂された『沙汰未練書』(『中世法制史料集』第二巻、所収)には、武家の沙汰として三つの成敗を挙げている。第一に六波羅探題の洛中警固ならびに西国成敗のこと、第二に鎮西探題の鎮西九国成敗のことをあげたうえ、次のように記述している。

一　東夷成敗事　於関東有其沙汰、東夷者蝦子《エツ》事也、

東夷成敗権には流刑地である夷島管理の側面も含まれるが、近年、榎森進氏は、安藤氏の権限を次のように説明している。

　こうして津軽安藤氏は、鎌倉幕府の三大政務の一つである「東夷成敗権」を介して「夷島」流刑地の現地管理者という役割を担わされると同時に、津軽外ヶ浜や十三湊に交易のために渡来する「夷島」の住人も含めて、北方の「蝦夷」の居住地全体を統括する役割を担わされていたのであった。『諏訪大明神絵詞』は、津軽安藤氏を「夷」とも記しているが、津軽安藤氏が「夷」とみなされた最大の理由も、安藤氏のこうした性格にあったものとみられる。[26]

安藤氏の立場は、『保暦間記』の「元亨二年ノ春、奥州ニ安藤五郎、同又太郎ト云者アリ。彼等カ先祖安藤五郎ト云ハ、東夷ノ堅メニ義時カ代官トシテ津軽ニ置タリケルカ末也」という記事によれば、北条義時の時、彼の代官を安藤五郎が務めたことに始まる。『諏訪大明神絵詞』では「安藤太(五郎)」を「蝦夷管領」としたとしているが、榎森氏は、奥羽地方における得宗領支配のあり方を踏まえ、鎌倉幕府の東夷成敗権を現実に担当した役職である蝦夷管領は北条氏であり、「代官職」としてそれを現地で執行したのが津軽安藤氏であったと述べる。[27]

　安藤氏が執行する東夷成敗権の淵源は、榎森氏の理解が妥当と思われるが、引用した文章を読む限りでは、現実にどの程度まで執行できるかについて過大評価しているように思える。それは相次いで起きた蝦夷の蜂起と、蜂起の要因とからの疑問である。

　文永五年(一二六八)、津軽の蝦夷が蜂起し、蝦夷管領であった安藤五郎の首をとった。建治元年に書かれたとみられる日蓮書状には、「ゑぞ《(蝦夷)》は死生不知のもの、安藤五郎は因果の道理を弁へて堂塔多く造りし善人なり。いかにと頸をばゑぞ《(蝦夷)》にとられぬるぞ」とある。[28]別の日蓮書状には、「去文永五年の比、東には俘囚をこり、西には蒙古よりせめ

つかひつきぬ」とある。(29) 日蓮の書状において、「蝦夷」の蜂起と「蒙古」の襲来が同列に論じられていることは、同時に東西から日本国を襲う国難として認識されていたことをうかがわせる。

十四世紀に入り、再び蝦夷が蜂起する。青森県史の調査成果によりつつ、みておこう。

『鎌倉年代記』裏書によれば、元応二年（一三二〇）、出羽国の蝦夷が蜂起し、元亨二年（一三二二）には度々合戦に及んだ。蝦夷蜂起は幕府の要人たちを震撼させるものになり、『鶴岡社務記録』によれば、元亨四年（一三二四）五月十九日から、大守御邸において「蝦夷降伏」のため、五壇護摩を七日間行っている。鎌倉幕府は、蒙古襲来の際、異国降伏祈禱を五檀護摩法で執行しており（同、弘安四年七月三日条）、それと同様なことをさせていることは、幕府が蝦夷蜂起の調伏を蒙古襲来ほどの国家的行事と認識していたことを意味する。同じく『鶴岡社務記録』によれば、正中二年閏正月十二日より、鶴岡八幡宮の社頭において、「蝦夷降伏御祈」が行われた。その後については、次の史料からうかがえる。(30)

当寺祈禱事、蝦夷已静謐之間、法験之至、殊感悦候、謹言、

「正中二」（文保二）
五月廿一日　（北条）高時（花押）

称名寺長老（劔阿）

従来、右の文書は文保二年（一三一八）とみなされてきたが、青森県史の調査において原本観察が行われた結果、文保二年ではなく、正中二年（一三二五）であると判明した。(31) したがって正中二年五月以前には、蝦夷反乱は一応の終息をみていたことがわかる。『鎌倉年代記』裏書によれば、同年六月六日、蝦夷蜂起を惹起させた責任をとって、蝦夷沙汰代官職が安藤又太郎（季長）から安藤五郎三郎（季久、後の宗季）に交代している。

この交代を契機として、安藤季長と安藤季久との間の合戦―安藤氏の乱が勃発する。『保暦間記』には、以下のよ

うに記されている。

元亨二年ノ春、奥州ニ安藤五郎、同又太郎ト云者アリ。彼等カ先祖安藤五郎ト云ハ、東夷ノ堅メニ義時カ代官トシテ津軽ニ置タリケルカ末也。此両人相論スル事アリ。高資、数々賄賂ヲ両方ヨリ取リテ、両方へ下知ヲナス。彼等カ方人ノ夷等、合戦ヲス。

『鎌倉年代記』裏書によれば、以下のような経緯をたどった。嘉暦元年（一三二六）三月二十九日、得宗被官の工藤右衛門尉祐貞が「蝦夷征討」のために鎌倉を進発し、同年七月二十六日、祐貞は前代官の安藤季長を捕虜にして鎌倉に帰参した。しかし季長派の武士による合戦は続き、嘉暦二年六月、宇都宮五郎高貞と小田尾張権守高知が「蝦夷追討使」として津軽に下向した。嘉暦三年十月、「奥州合戦」は双方の和談というかたちで決着し、宇都宮高貞と小田高知は鎌倉に帰参した。

このように蝦夷の蜂起が起きたことから、安藤氏が強権的な支配をしていたことをうかがわせるが、同時に蝦夷を統制下におくことの困難さを示している。そして蝦夷沙汰代官職の交代が蝦夷蜂起の要因になったことから、安藤氏と蝦夷（アイヌ）とに深い結びつきがあることに留意したい。

(2)日本海交通の活発化

「蝦夷の沙汰」の実態を、日本海や北方航路の発展や、アイヌとの交易を踏まえて考えてみよう。

十三世紀以降、日本海交通が活発化し、北方と西国を結ぶ流通が活発になる。琵琶湖を通じて京都と結ばれている若狭国（とりわけ小浜）・越前国から東北地方、津軽や夷島にまで航路が延びていた。

こうした日本海の流通を得宗権力が統制していたとみられている。例えば、若狭国多烏浦の秦家には、北条氏から与えられた、文永九年（一二七二）二月日付の過所旗が伝えられた(32)（現在は、京都大学総合博物館蔵）。過所（過書）とは、元来、関所の自由通行を要請する文書のことを指すが、中世においては関銭免除の証文であった。「相模守殿(北条時宗)御領」すなわち得宗領であった「若狭国守護分」の多烏浦の船徳勝に対し、国々津泊関々において煩がない旨、すなわち関銭が免除される旨を保証している。旗の上部には、北条氏の三鱗の紋が描かれている。

嘉元四年(一三〇六)九月、「関東御免津軽船」二〇艘のうちの一艘が、越前国坪江郷の佐幾良《さきら》泊(現、福井県三国湊)に到着した。ところが「漂倒船」(漂着船)とみなされ、船と、積んでいた鮭などを差し押さえられるという事件が起きた。[33] この「関東御免」は、北条氏によって関銭を免除されるなどの特権を得た過所船と解され、「津軽船」は、若狭国小浜や越前国敦賀と津軽間を結ぶ船に対する、小浜・敦賀側からみた呼称である。[34]

(3)津軽十三湊

こうした日本海交通の拠点となったのが、津軽の十三湊《とさみなと》である。安藤氏は、十三湊を拠点とすることによって、日本海と北方とを結ぶ流通の要を押さえていたと考えられる。

十三湊は、日本海交通と、アイヌの活躍する夷島とを結ぶ要衝に位置している。[35] 十三湊遺跡は、青森県五所川原市(旧 北津軽郡市浦村)大字十三に位置し、十三湖の西側に半島状に発達した南北に細長く伸びる砂州上に位置している。十三小学校南側にある、東西方向に渡る土塁と堀によって、遺跡は南北二つの地区に区切られている。土塁は十四世紀後半に作られ、十五世紀前半に増強されたものとみられる。

榊原滋高氏によれば、遺跡は北側西の前潟湾に面した港湾施設地区、土塁の北側に位置する武家屋敷・領主館地区、土塁南側の町屋地区、さらに南端の檀林寺地区とに分かれる。榊原氏は、十三湊の都市構造や景観が大きく変化する二つの画期を想定し、次のように三つの時期に分けて十三湊の変遷を説明している。[36]

Ⅰ期　十三湊の発生と展開期(十三世紀初め〜十四世紀前半)

①「前潟地区」中央部における集落の発生（十三世紀初め〜十四世紀前半）
②「前潟地区」北側における集落の展開（十四世紀代）
③「土塁北側地区」における鎌倉期の方形居館の成立（十四世紀前半）

Ⅱ期　十三湊の最盛期（十四世紀中頃〜十五世紀前葉）
①大土塁と堀の建設（十四世紀中頃）
②「土塁北側地区」の都市化（十四世紀中頃〜十五世紀前葉）

Ⅲ期　十三湊の再編期から廃絶まで（十五世紀中葉）
①「土塁北側地区」の衰退
②「土塁南側地区」へ移動、檀林寺地区を中心とした再編
③中世十三湊の廃絶

十三世紀初め、前潟中央部において集落が発生していたが、Ⅱ期に港湾施設の中心部が前潟の北側に移行したものと推測される。その原因は、（１）でみた安藤氏の争乱にあるものと考えられる。そして十四世紀前半に形成された居館に安藤氏が居住したものとみられる。安藤氏は、交通・流通の拠点である十三湊に居館を持っていたわけで、交易を管轄していたことになる。

ここで改めて安藤氏の「蝦夷の沙汰」について考えてみよう。黒嶋敏氏は、正中二年（一三二五）九月の安藤宗季譲状[37]から、安藤氏の所領の内部構造を検討している。[38]宗季は、前述した安藤五郎三郎のことである。譲状は、「津軽鼻和の郡絹家島、尻引郷、片野辺郷、ならびに蝦夷の沙汰、糠部宇曾利郷、中浜の御牧、湊、以下の地頭御代官職」（原文はひらがな。漢字の比定は黒嶋氏による）を子息（嫡男）いぬ法師へ永代譲り与え、宇曾利郷の田屋、田名部、安島の浦を女子とら御前に一期相続させるというものである。黒嶋氏によれば、宗季の知行のうち、主体となるのは津軽

半島(津軽鼻和の郡絹家島、尻引郷、片野辺郷)、とりわけ日本海側に展開した郷であった。太平洋側(糠部宇曾利郷、中浜の御牧、湊)では下北半島の先端部に集中している。またいずれも外海側に展開している。

このような所領状況から黒嶋氏は、宗季は津軽海峡を舞台にした交易に経済基盤を置き、外海を航行する船に影響力を保持しており、日本海側から太平洋側へ展開していった〈海の勢力〉だと評価する。そして「蝦夷の沙汰」について、津軽鼻和郡の各所領の末尾に、糠部郡の所領の記述に入る前に記載されていることから、津軽鼻和郡に関する「蝦夷」をめぐる「沙汰」と解している。そのことは宗季の所領が陸奥湾に展開していないこととも関係する。陸奥湾西側に位置するのが、外ヶ浜である。外ヶ浜は、奥大道の終着点であり、中世日本では東の境界と認識されていた。[39]黒嶋氏は、安藤五郎家(五郎太郎家)、すなわち宗季の系譜は折曾関を拠点とし、津軽半島の陸上・海上交通に経済基盤を置き、蝦夷代官職を保持していた又太郎家は外ヶ浜内末部に拠点を置いていたとみている。

そして安藤氏内部の対立により、又太郎家から五郎家(五郎太郎家)である安藤宗季に蝦夷代官職が与えられた。その結果、幕府による「御下文」を根拠に前述した譲状が作成された。「十三湊を拠点に展開していた日本側と蝦夷の交易を前提に、安藤宗季はその流通路に食い込み、経済的な収益を上げていた」ものとみられ、それは「宗季自身が交易に手を染めるというよりはむしろ、本州と蝦夷島を行き交う船に対し、津軽半島西側を押さえたローカルとして、そこがナワバリの海であることを主張し、通行料を徴収していたもの」と黒嶋氏は想定している。[40]このように安藤氏は流通路に食い込んで通行料を徴収し得る地位にいたからこそ、(1)でみた争乱の要因でもあった安藤氏と蝦夷(アイヌ)との結びつきが生まれることになったのである。

3　東アジア海域の変動

ここで視点を日本列島の西部や南方に目を移して、海外との交流について考えてみよう。

（1）日元貿易――寺社造営料唐船

中世前期、南宋との間で頻繁に貿易船（唐船）が往来し、日中の禅僧がこの船に乗船していた。その関係は日本と元との間にも継承され、蒙古襲来以降、むしろ日元貿易は活況を呈していた[41]。榎本渉氏は、日元貿易は、日宋貿易と異なり、権門が海商を神人・寄人などの形で組織した形跡がないとする一方、権門が海商の請負によって派船する構造は日宋貿易と変わらないと指摘している[42]。その中でも十四世紀前半、博多～慶元（現在の寧波）という大洋路を主要航路とした、日本中世史研究において寺社造営料唐船と呼ばれる貿易船が交流の到達点といえる。

この寺社造営料唐船に関して、従来の研究では、公許船と評することが多かった。榎本氏が的確に整理したように[43]、寺社造営料獲得のために幕府が公許を与え派遣した船の総称として、森克己氏によって名付けられた[44]。森氏より以前にも、三浦周行氏が、天龍寺船や建長寺船について公許船と呼んだ[45]。

村井章介氏は、寺社造営料唐船は鎌倉幕府や朝廷によって公許された船とする見方を否定し、海商が日中間を往復させていた貿易船に、日本からの一往復に限って「造営料唐船」の看板を掲げさせて領海内の安全を保障し、そのみかえりに海商は利潤の一部を寺社の造営費用に拠出するというものだったという見解を提示した[46]。例えば、一九七五年、大韓民国全羅南道新安郡智島面（現在は曽島面）防築里の道徳沖で確認された新安沈没船は、中国で造られたジャンク船であったが、元応元年（一三一九）に火災に遭った東福寺（京都）再建のための寺社造営料唐船とみられる。村井氏は、東福寺は最大かつ「公的」な荷主ではあったが、あくまで多数の荷主の一人にすぎず、新安沈没船は、多数の荷主の荷を混載した「寄合船」とみている。[47] 高級品に偏さず、多様な階層の需要に応える商品を搭載していたのが、寺社造営料唐船の実像であったと考えられる。[48]

寺社造営料唐船についても海賊の襲撃を受ける危険性があった。鎌倉幕府は、寺社造営料唐船の警固を御家人に命じている。相田二郎氏が指摘しているように、建長寺船の往来については、地頭御家人に警固が命じられている[49](御家人役)。例えば、正中二年(一三二五)筑前国御家人の中村孫四郎が、「建長寺造営料唐船」の警固を一四日間命じられている。[50] この「唐船」は、博多から慶元へ向かうジャンク船であり、博多湾から五島列島あたりまでの警固を命じられたものと推測される。帰路については、嘉暦元年(一三二六)、「造勝長寿院并建長寺唐船勝載物」を京都に運送する「兵士」役は、薩摩国地頭御家人が催し進めることが仰せ下されているとして、同国御家人比志島入道殿(仏念、俗名は忠範)代官に対して早く用意をして参勤することを命じている。[51]「造勝長寿院并建長寺唐船勝載物」を、「唐船」から和船に積み替えて、京都まで護送させたものではなかろうか。[52]

網野善彦氏は、応長二年(一三一二)三月の播磨福井荘東保宿院村地頭代澄心陳状に、地頭が勤める「京都関東恒例臨時御公事」として「南都北京守護・熊野発向・海上警固・流人送迎等」があげてあることから、[53] こうした海上警固を、恒例臨時御公事の一つであったとし、瀬戸内海を中心として山陽・南海両道における海上警固が恒常化する萌しを見出している。[54]

(2)元末の「倭寇」

日元貿易が活発であった一方、十四世紀前半、倭人の海商(倭商)が、度々、元で暴動事件を引き起こしている。[55]

一三〇九年、慶元で最初の「倭寇」事件、すなわち元の年号を取って至大の「倭寇」と呼ばれる事件が起きた。虞集撰の慶元府玄妙観碑銘によれば、「島夷」は毎年のように土物を持って貿易に来ていたが、現地の吏卒が自分のものにしたため、怒りに堪えず、持参してきた硫黄を用いて城中を燃やし、「官府・故家・民居」がほとんど焼け、玄妙観もこの時燃えてしまったという。その後も慶元に来航した倭船による「倭寇」事件が起こり、元側は警備体制を強化した。

一三三五年頃、慶元に貿易に来た倭船は、慶元の「上官」に賄賂を贈った。しかし取引が思い通りに行かなかったためか、昌国で掠奪を行った。榎本渉氏は、彼らを元統(元の年号)の「倭寇」と呼んでいる。同年七月に確立した元朝(大元ウルス)のバヤン政権下で、倭船来航が禁止された。この結果、日元貿易は一三三五年から一三四三年まで断絶した。一三四二年に派遣された天龍寺船は、しばらく入港が認められなかったが、辛抱強く交渉した結果、翌年になって貿易が許可され、日元貿易は復活した。

(3)前期倭寇の隆盛

こうした倭人による掠奪は、十四世紀後半には東アジア海域において頻繁に行われた。朝鮮半島や中国大陸を頻繁に倭寇が襲ったのである。[56] 倭寇とは、被害を受けた朝鮮・中国側の呼称で、朝鮮半島・中国大陸で掠奪行為を行った人々を指している。日本の研究者は、十四〜十五世紀に活動した倭寇を前期倭寇とよんでいる。

一三五〇年二月、倭寇は、高麗の慶尚道南岸の固城・竹林・巨済を襲った。高麗の合浦千戸(合浦の管軍官。千戸は、軍人の職名)と、都領(合浦の軍卒指揮官)の梁琯らは倭寇と戦い、三百余級を斬獲している。このことを、『高麗史』や『高麗史節要』は、倭寇の侵入がここに始まったと記している。[57] 倭寇は、朝鮮半島南岸(慶尚道・全羅道)の港などを頻繁に襲撃し、租税を運ぶ漕船や、営という役所を襲っている。

一三五一年の秋以降、都のある京畿道の西海岸を襲撃する倭寇も現れた。一三五一年八月十日、倭船一三〇艘は、紫燕・三木の二島を襲い、盧舎を焼いた。同月十三日、倭が、京畿道の舟運の要所である南陽府・双阜県を襲っている。[58] 倭寇は、喬桐を何度も襲撃し、倭船を停泊させ、甲山倉を焼いている。『高麗史』は「京城戒厳」、すなわち首都の開京(開城)が戒厳体制に入ったことを記している。[59] 一三七三年六月、倭寇は、開京を挟んで、その東西を流れている東江と西江に集まり、陽川を襲った。そして漢陽府(ソウル)に至り、廬舎を焼き、人民を殺したり拉致し、数百里が騒然とした。京城は大いに震えたという。[60]

倭寇の侵攻の件数は、一三五〇〜九一年の間で、約三百件をかぞえる。侵攻のピークは、一三七六〜八五年の時期であり、一三七七年には29件、七八年には22件、八三年には24件の侵攻を確認できる。[61] ただし一つの集団が、移動しながら連続的に侵攻した事例も多い。李領氏は、倭寇集団という概念を提示し、一三五〇〜九一年における集団の数(延べ数)を一二六とみている。[62]

倭寇の中には、百・三百・五百艘などの大船団をくむものもあった。高麗の辛禑王の時代になると、内陸部まで侵攻する大規模騎馬集団も登場した。

そうした大規模騎馬集団の頭目(「賊将」)の一人に、阿只抜都《あきばっ》がいた。年齢は、一五、六歳で、「骨貌」は端麗で、勇ましさは他に類をみないものだった。白馬に乗って戈を舞して馳突し、向かう者は恐れてひれ伏し、あえて当たる者がなかった。高麗の将軍であった李成桂は、「荒山戦闘」(南原山城の戦いともいう)において、阿只抜都の率いる倭寇と対戦した。李成桂は、阿只抜都の兜を射落として、成桂の部下の李豆蘭が射殺した。倭寇は、大いに気をくじき、李成桂は、倭寇をうち破った。川の流れはことごとく赤くなり、六、七日間色が変わらず、人は川の水を飲むことができなかった。捕らえた馬は、千六百余匹にのぼった。[63] この勝利は、李成桂が台頭する契機になり、彼は、一三九二年に朝鮮王朝を成立させる。

また高麗の賤民である禾尺・才人も、倭寇をかたって、掠奪をした例がある。禾尺は揚水尺・水尺ともいい、牛馬の屠殺・皮革の加工を行い、才人は仮面芝居の集団である。『高麗史節要』には、「水尺・才人は耕種を行わず、坐して民租を食し、恒産なくして恒心なく、山谷に相集まり、詐って倭賊と称している」と記述されている。[64]

倭寇の主な掠奪品は、食糧(米)と沿岸の住民たちである。食糧については、租米を運ぶ輸送船や、それを備蓄する倉庫が攻撃の対象になった。彼らが奪った米や人などは、売買された。したがって、前期倭寇は、掠奪者(海賊)としての側面と、交易を行う商人(海商)としての側面とがあった。倭寇に捕らえられた人々（被虜人）は、案内人(諜者)として倭寇の活動に従事させる他、博多や壱岐・対馬や琉球の那覇などに商品として転売された。[65]

こうした前期倭寇の実像はどのようなものであったのだろうか。朝鮮王朝が「三島の倭寇」と呼んだ、対馬をはじめ、壱岐・松浦地方の人々が主な構成員であったとみられるが、高麗朝に不満をもつ高麗の人々も含まれている可能性がある。

この点に関して、村井章介氏は、倭寇を境界人と規定している。[66] 境界人とは、日本・朝鮮・中国などの境界を活動の場とし、国家や民族という枠をこえて活動する人々のことである。

村井氏は、倭寇と日本・朝鮮・中国の国家との関係を次のように説明する。「倭」とは「日本」とは相対的に区別される、九州西北地域を中心とする境界空間の名である。この空間に対して、日本中央政府たる幕府は、「守護」を介して支配しようとするも、中央集権官僚国家たる朝鮮・中国に比して支配力がはるかに微弱であり、「倭人」の統制は、地域支配者たる「領主層」に委ねられた。そのため「倭」の空間は、なかば自立した交易・海賊行為の基地となり、「領主層」は海賊たちの統制者となる場合も、援助者や加援者となる場合もあった。また済州島、朝鮮半島南辺、舟山諸島など中国沿海の海民たちの生態も、境界空間における倭人ときわめてあい似たものであり、朝鮮・中国の国家は、海島に逃れ海上を浮遊する人々を、完全に掌握できたわけではなかった。彼らを「倭人」「倭寇」と弁別することの困難さは、「仮倭」（前述した禾尺・才人の事例）「装倭」の動きによって加速され、両者が交じりあった状態が生まれる。そのため朝鮮・中国の国家は、民族的には異なる出自をもつ人々を、ひとしなみに「倭」「倭寇」の名で呼ぶことになった。

（4）明朝の海禁と「海の勢力」

中国大陸では、元朝末期の混乱を制し、一三六八年、朱元璋が明朝を建国して皇帝になった（太祖、洪武帝）。しかし洪武帝は、次に掲げる「海の勢力」の台頭に悩まされ続けた。

朱元璋のライバルであった方国珍や張士誠らの残党が、海賊行為をはたらいた。洪武帝は、軍隊を浙江省に派遣し、海上交通の掌握を図った。また倭寇（前期倭寇）が、中国大陸沿岸部を襲った。一三六九年に、倭寇による掠奪の件数が、8件みられる。同年正月、倭人が、山東半島の海浜郡県を襲い、男女の民を捕らえて去ったとあることが初見である。[67]その後は、一四〇六年に7件みられる他は、一年に1～4件程度の件数が、『明実録』にみえる。侵攻した地域は、山東・浙江地方がもっとも多く、福建・広東地方も襲撃した。[68]

一三六八年、舟山群島において蘭秀山の乱が起きる。蘭秀山は、「蘭山・秀山」とも呼ばれるが、一つの島である。乱は、舟山群島を根拠地とする「海の勢力」が蜂起したものである。[69]

こうした動向に対して、洪武帝は、モンゴル帝国（元朝）とは異なり、海域の自由な交流を制限する政策をとった。彼は、右に述べたような沿岸部の騒擾を平定し、国内の治安維持を図るため、沿岸の警備を充実させ、さらに海禁という政策を打ち出した。海禁とは、沿岸住民を海上勢力から隔離させ、一般の中国人が海上に進出することを一切禁止する政策である。洪武帝は、一三七一・八一・九〇・九七年というように頻繁に海禁令を発し、「下海通蕃」、すなわち外国人との交易を禁止した。[70]

そして洪武帝は、周辺諸国の国王に対して朝貢をよびかけた。朝貢使をおくった国王に対して国王号を与え（冊封）、大統暦（明の暦）と冠服を与えた。市舶司の一時的閉鎖（一三七四年）以降、明朝は、冊封をうけた国王の使節のみを応対した。こうして朝貢と海禁の二つの政策は、表裏一体の関係をもつようになった。[71] 皇帝に対する朝貢(進貢)とそれへの回賜、国家が附搭貨物を買い上げる公貿易、特権商人との私貿易の三つの形態で貿易が行われた。対外的な理念としては、明朝を「中華」とする国際秩序の形成を意図していたのである。

(5)琉球　三山の成立

明朝の朝貢の要請にいち早く答えたのが、琉球である。

十四世紀後半、沖縄本島では、中山・山北・山南という三つの勢力が形成されていた。一三七七年、琉球国中山王察度は、弟の泰期らを明に派遣して、馬十六匹と硫黄一千斤を献じた。[72] それに対抗して、一三八〇年には山南王承察度が、一三八三年には山北王帕尼芝が朝貢使を送っている。[73]

こうした速やかな対応が、なぜ可能になったのだろうか。

近年、琉球王家の陵墓である浦添ようどれの調査が行われた。人力で掘削した大きな洞窟内には、礎石建ちの高麗系瓦葺建物や漆塗板厨子が収められていた。十三世紀の白磁玉縁碗の破片がみられ、墓室内に安置されていた漆塗板厨子の飾り金具に、奈良県西大寺の金銅製透彫宮殿形舎利容器と同型式の花菱形笠鋲を使用している。これらのことから浦添ようどれの造営年代は十三世紀と考えられる。

こうした点を踏まえて安里進氏は、浦添ようどれが咸淳年間(一二六五〜一二七四)に造営されたとする『琉球国由来記』(首里王府編、一七一三年成立)の記事とも矛盾しないとする。そして『中山世鑑』(羽地朝秀著、一六五〇年成立)などにみえる英祖王権は従来、実在が疑われていたが、安里氏は、浦添ようどれはその実在を実証するものとする。十三世紀、浦添グスクに代表される大型グスクが出現する。それと英祖王権との対応をみる安里氏は、大型グスクは、各地の按司が独自に造営したのではなく、浦添グスクの英祖王権と政治的主従関係にあった各地の按司たちが浦添グスクと同型式の大型グスクを造営したのではないかと推測している。[74] こうして台頭した英祖王統は、十四世紀中頃には察度の王統に取って代わられ、中山が形成される。

このような国家形成の動きに、外的な要因が加わる。十三世紀後半以降、沖縄諸島の遺跡からは日本本土にみられない中国福建産の粗製白磁が出土するようになる。[75] 今帰仁タイプ、ビロースクタイプⅠ・Ⅱ類と呼ばれる碗・皿類である。[76] 琉球列島〜福建ルートの物流を示している。さらに前述したような、十四世紀後半の前期倭寇や、洪武帝の対抗勢力ら「海の勢力」の活発化が、このルートの重要性を一層増していくことになる。（1）で述べたように博多〜明州(寧波)という大洋路が日中間の主要航路であったが、肥後国高瀬津〜薩摩〜琉球列島〜福建という南海路が活発に使用されるようになったのである。[77]

十四世紀中頃、那覇には、中国人ら外来勢力の居留地である久米村が形成される。久米村は「唐営」と呼ばれ、中国人が明あての外交文書を作成したり、外交使節を務めた。一三九二年に渡来したと伝えられる福建の中国人たちは「閩人三十六姓」と呼ばれた。久米村の成立について、上里隆史氏は、中国沿岸海民が南洋方面へ移住したり、交易活動をする一環であったと評価している。そして彼らは、山北・中山・山南という現地権力に服属するのではなく、三山の政治対立と一定の距離を置いていたと解する。三山の王は、このように那覇に独自に居留地を形成していた外来の民間勢力を外交・交易活動に活用し、また那覇の港湾機能を整備していったと想定している。[78]

このように貿易をする条件を整えていった三山に対し、明は一三八五年に大型海船(ジャンク船)を下賜するといった支援をしている。[79] 岡本弘道氏は、琉球を有力な朝貢主体に育てることで、朝貢貿易体制の外にはじかれた海寇・民間交易勢力(本稿で「海の勢力」と呼ぶ人々)の「受け皿」として海域世界の秩序化を図ったと、明側の思惑を説明している。[80]

おわりに

十四世紀前半は、蝦夷ヶ島と日本海を結ぶ流通や、博多と慶元を結ぶ日元貿易が活発に展開した。だが元に渡った海商の一部は暴動を起こしたり、掠奪を行っていた。日本側史料にみえる西国の「海賊」や、交易に携わりつつ安藤氏と結んで争乱を引き起こした「蝦夷」（アイヌ）と、朝鮮・中国側史料にみえる「倭寇」とは、行動地域は異なるものの、身分や階層という点からみると重なり合うところがあり、いずれも黒嶋氏のいう「海の勢力」とみることができるであろう。(81) 十四世紀という時代は、日本列島周辺のみならず、東アジア海域において「海の勢力」が、多様な活動を繰り広げた時代だったといえる。(82)

こうした「海の勢力」の動きは、巨視的に見れば、十三世紀におけるモンゴル帝国の成立と、それにともないユーラシア大陸の東西で展開された物流の活発化が、十四世紀に日本列島周辺海域まで波及したものと評価できるのではなかろうか。それは既存の秩序を揺るがす要因になり、日本列島においては、鎌倉幕府の滅亡、建武政権の誕生と崩壊、南北朝の分裂と室町幕府の成立、そして南北朝内乱の長期化につながっていく。

十四世紀後半に顕著になる東アジア海域の変動に対して、明は海禁や冊封関係によって新たな国際関係や海の秩序を形成していく。それに見事に呼応したのが、琉球の三山や那覇久米村の中国人たちであった。一方、日本の国家や地域権力―室町幕府や九州探題今川了俊らは、倭寇の禁圧を求めて使節を日本に派遣してきた高麗や朝鮮王朝との間で通交関係を成立させた。しかし明に対しては、懐良親王が冊封を受諾することを回答する使節を洪武帝に派遣したものの、結局通交関係は成立できず、十五世紀初頭の足利義満の冊封まで待たなければならなかった。(83) 室町幕府は、明朝を中心とする国際関係への参入が、琉球三山よりも遅れたことになる。

中世社会の交流の特徴に「海の勢力」による自由さを見出すならば、十五世紀の新しい東アジア海域の国際関係はそれとは異質のものだった。主役は国家ないし地域権力であり、「海の勢力」の自由な活動を規制するものであった。十四世紀にみられる中世社会の解体の萌芽が、一層解体への拍車がかかったものと評価できるのではないだろうか。十六世紀になると、国家・地域権力による規制は行き詰まり、南シナ海や東シナ海において、中国人貿易商を主体とする後期倭寇や、ポルトガル人などの「海の勢力」が台頭する。十七世紀、彼らを規制するために、江戸幕府や明・清、朝鮮王朝は、厳しい通交管理体制である海禁(日本では十九世紀以降、「鎖国」とされる)を成立させる。こうした動向につながっていく「海の勢力」台頭の萌芽が、十四世紀にすでにみられたのである。

註

(1) 日本国語大辞典第二版編集委員会・小学館国語辞典編集部編『日本国語大辞典』第二版、第三巻(小学館、二〇〇一年)、二三〇頁。

(2) 網野善彦「鎌倉幕府の海賊禁圧について—鎌倉末期の海上警固を中心に」(『日本歴史』第二九九号、一九七三年。後、同『悪党と海賊—日本中世の政治と社会』法政大学出版局、一九九五年および『網野善彦著作集』第六巻　転換期としての鎌倉末・南北朝期、岩波書店、二〇〇七年に収録。以下の引用は、著作集に拠る)。

(3) 佐伯弘次「海賊論」(荒野泰典・石井正敏・村井章介編『アジアのなかの日本史』Ⅲ　海上の道、東京大学出版会、一九九二年)。

(4) 網野善彦「海の領主、海の武士団」(『朝日百科日本の歴史』別冊歴史を読みなおす8　武士とは何だろうか、朝日新聞社、一九九四年)。

(5) 黒嶋敏『海の武士団—水軍と海賊のあいだ—』(講談社〔講談社選書メチエ〕、二〇一三年)、二〇〜三一頁。

(6) 以下の記述は、関周一「海賊」(ことばの中世史研究会編『鎌倉遺文にみる中世のことば辞典』東京堂出版、二〇〇七年)に拠る。

（7）関東評定事書（近衛家本式目。『中世法制史料集』第一巻　鎌倉幕府法、追加法七二一条。鎌一九五七三号）。年次比定は、佐藤進一氏に拠る（『中世法制史料集』第一巻、四一〇〜四一一頁）。
（8）前掲註（2）、『網野善彦著作集』第六巻、二四〇〜二四一頁。
（9）黒嶋敏、前掲註（5）書、七七頁。
（10）関東御成敗式目（『中世法制史料集』第一巻　鎌倉幕府法、『日本思想大系』第二一巻　中世政治社会思想上、鎌四三四〇号）。
（11）仁治三年正月十五日付、新成敗式目（後日之式条、鎌五九七九号）・弘長元年二月二十日付、関東新制事書（式目追加条々、鎌八六二八号、『中世法制史料集』第一巻、追加法三六八条）。
（12）寛元二年十月九日付、関東評定事書（後日之式条、鎌六三八三号、『中世法制史料集』第一巻、追加法二二七条）。
（13）弘安五年十一月九日付、関東御教書案（肥前武雄神社文書、鎌一四七三五号）。
（14）永仁六年正月二日付、関東評定事書（近衛家本式目、鎌一九五七三号、『中世法制史料集』第一巻、追加法七二一条）。
（15）前掲註（2）、『網野善彦著作集』第六巻、二四四頁。
（16）徳治三年三月二十五日付、関東御教書（尊経閣所蔵古蹟文徴、鎌二三二二〇号、『中世法制史料集』第一巻、参考資料三四号）。
（17）前掲註（2）、『網野善彦著作集』第六巻、二四四頁。
（18）正和三年七月二十一日付、六波羅御教書写（小早川家文書、鎌二五一八一号、『大日本古文書』小早川家文書之一、小早川家證文、一四号）。
（19）元亨二年十月日付、東大寺衆徒解状案（東大寺文書、鎌二八二二二号、『兵庫県史』史料編中世5　東大寺文書―播磨国大部荘、一〇四号）。
（20）嘉暦元年九月十六日付、摂津長州厨領家寄進状（摂津大覚寺文書、鎌二九六〇九号）。
（21）元亨二年八月日付、金剛峯寺衆徒等解状（紀伊金剛峯寺文書、鎌二七五五八号）。
（22）正安三年三月二十七日付、鎮西御教書（島津家文書、鎌二〇七四四号、『大日本古文書』島津家文書之一、二〇二号、『中世法制史料集』第一巻、追加法七〇二条）。

(23) 元亨四年四月二十七日付、新田経家請文(紀伊小山秀太郎文書、鎌二八七三四号、『中世法制史料集』第一巻、参考資料五三号)。
(24) 安藤氏については、佐々木慶市「中世津軽安藤氏の研究」(『中世東北の武士団』名著出版、一九八九年)、大石直正「北の海の武士団・安藤氏」(網野善彦・大林太良・谷川健一・宮田登・森浩一編『海と列島文化』第一巻、日本海と北国文化、小学館、一九九〇年。後、大石『中世北方の政治と社会』校倉書房、二〇一〇年に収録)。
(25) 遠藤巌「中世国家の東夷成敗権について」(『松前藩と松前』第九号、一九七六年)、同「「北の押さえ」の系譜」(荒野泰典・石井正敏・村井章介編『アジアのなかの日本史』Ⅱ外交と戦争、東京大学出版会、一九九二年)。
(26) 長沼孝・越田賢一郎・榎森進・田端宏・池田貴夫・三浦泰之『新版　北海道の歴史』上　古代・中世・近世編(北海道新聞社、二〇一一年)、一六六頁。
(27) 前掲註(26)、一六六頁。
(28) 日蓮書状「種種御振舞御書」(『日蓮聖人遺文』)。
(29) (建治元年)六月二十二日付、日蓮書状(「三三蔵祈雨事」)(『日蓮聖人遺文』、鎌一一九三三号)。
(30) 五月二十一日付、北条高時書状(金沢文庫文書、鎌二六六八〇号、青森県史編さん中世部会編『青森県史』資料編中世3、青森県、二〇一二年、一六二八号)。
(31) 前掲註(30)『青森県史』資料編　中世3、二八〇頁。
(32) 文永九年二月日付、得宗過所船旗(若狭秦家文書、鎌一〇九八七号、熱田公編『京都大学文学部博物館の古文書』第二輯、若狭秦家文書、思文閣出版、一九八八年、一・二八頁)。
(33) 正和五年三月日付、越中放生津住人則房申状(内閣文庫蔵大乗院文書「雑〻引付」、鎌二五七九八号)。
(34) 大石直正「関東御免津軽船」(北海道・東北史研究会編『北からの日本史』二、三省堂、一九九〇年。後、大石『中世北方の政治と社会』、前掲註(24)に収録)。
(35) 十三湊遺跡については、国立歴史民俗博物館編『中世都市十三湊と安藤氏』(新人物往来社、一九九四年)、国立歴史民俗博物館編『企画展示　幻の中世都市十三湊─海から見た北の中世─』(国立歴史民俗博物館振興会、一九九八年)、石井進「港湾都市「十三湊」の発見」(同『日本の中世1　中世のかたち』中央公論新社、二〇〇二年)、青森県市浦村編『中世十三湊の世界―よみがえる北の港湾都市―』（新人物往来社、二〇〇四年）などを参照。

(36) 榊原滋高「国史跡・十三湊遺跡の調査成果について」（前川要・十三湊フォーラム実行委員会編『十三湊遺跡～国史跡指定記念フォーラム～』六一書房、二〇〇六年）に拠る。同「津軽十三湊の変遷」（菊池俊彦・中村和之編『中世の北東アジアとアイヌ―奴児干永寧寺碑文とアイヌの北方世界―』高志書院、二〇〇八年）も参照。同「奥州津軽十三湊」（仁木宏・綿貫友子編『中世日本海の流通と港町』清文堂、二〇一五年）においては、左記のような時期区分をしている。
Ⅰ期：「前潟地区」における集落の発生と展開（十三世紀初め～十四世紀前半）
Ⅱ期：十三湊の大土塁と堀の建設、「土塁北側地区」の都市化（十四世紀中頃～十五世紀前葉）
Ⅲ期：十三湊の再編から廃絶まで、都市機能の分散化（十五世紀中葉）

(37) 正中二年九月十一日付、安藤宗季譲状（陸奥新渡戸文書、鎌二九一九四号、『青森県史』資料編　中世一、南部氏関係資料、四三七号）。

(38) 以下の黒嶋敏氏の見解は、黒嶋前掲註(5)書、九八～一〇四頁に拠る。

(39) 大石直正「外が浜・夷島考」（『関晃先生還暦記念　日本古代史研究』吉川弘文館、一九八〇年。後、大石『中世北方の政治と社会』、前掲註(24)に収録）。

(40) 黒嶋敏、前掲註(5)書、一〇四頁。

(41) 村井章介『東アジア往還―漢詩と外交―』（朝日新聞社、一九九五年）、榎本渉『東アジア海域と日中交流―九～一四世紀―』（吉川弘文館、二〇〇七年）など。

(42) 榎本渉「宋元交替と日本」（『岩波講座日本歴史』第七巻　中世2、岩波書店、二〇一四年）、一〇〇頁。

(43) 榎本渉、前掲註(42)論文、一〇一頁。

(44) 森克己『新訂日宋貿易の研究』（新編森克己著作集編集委員会編『新編森克己著作集』第一巻、勉誠出版、二〇〇八年）三七二～三七三頁。同書は、一九四八年に国立書院から刊行され、一九七五年に『森克己著作選集』（国書刊行会）の第一巻に新訂版が収められた（一九八六年に再刊）。

(45) 三浦周行「天龍寺船」（同『日本史の研究』第一輯、一九二二年。初出は一九一三年）。

(46) 村井章介「寺社造営料唐船を見直す―貿易・文化交流・沈船―」（歴史学研究会編『港町の世界史』第一巻　港町と

海域世界、青木書店、二〇〇五年。後、増補して、村井『日本中世の異文化接触』東京大学出版会、二〇一三年)。
(47) 前掲註(46)に同じ。
(48) 関周一「香料の道と日本・朝鮮・琉球」(同『中世の唐物と伝来技術』吉川弘文館、二〇一五年)、七三頁。
(49) 相田二郎「中世に於ける海上物資の護送と海賊衆」(同『中世の関所』畝傍書房、一九四三年)。御家人役という点については、七海雅人『鎌倉幕府御家人制の展開』(吉川弘文館、二〇〇一年)、二三一頁。
(50) (正中二年〈一三二五〉)七月十八日付、恵雲奉書(豊後広瀬家中村文書、鎌二九一五五号)。
(51) (嘉暦元年〈一三二六〉)九月四日付、薩摩守護代本性奉書(薩摩比志島文書、鎌二九五九九号)。
(52) 関周一「武家政権と「唐船」―寺社造営料唐船から遣明船へ―」(山本隆志編『日本中世政治文化論の射程』思文閣出版、二〇一二年)、六~七頁。渡邊誠「平安・鎌倉期「唐船」考」(『九州史学』第一七〇号、二〇一五年)では、平安・鎌倉期の史料にみえる「唐船」は、基本的に「中国の船」、すなわちジャンク式の構造船を指すことを、豊富な史料の検討から明らかにしている。
(53) 応長二年三月日付、播磨福井荘東保宿院村地頭代澄心陳状(山城神護寺文書、鎌二四五五〇号)。
(54) 網野善彦、前掲註(2)、『網野善彦著作集』第六巻、二四四~二四五頁。
(55) 以下の記述は、榎本渉「元朝の倭船対策と日元貿易」(前掲註(41)書、所収)に拠る。榎本氏は、後述する高麗を襲った「庚寅以来倭寇」とは性格を異にするため、「倭寇」と表記している。また明代の中国において初期の倭寇と認識され、研究史においても初期の倭寇と紹介されているという事情にも拠った表記だと述べる(前掲註(41)書、一六二頁)。
(56) 以下、(3)(4)の記述は、関周一「明帝国と日本」(榎原雅治編『日本の時代史11 一揆の時代』吉川弘文館、二〇〇三年)、同「「中華」の再建と南北朝内乱」(荒野泰典・石井正敏・村井章介編『日本の対外関係4 倭寇と「日本国王」』吉川弘文館、二〇一〇年)に拠る。また日明関係については、村井章介(編集代表)・橋本雄・伊藤幸司・須田牧子・関周一(編集委員)『日明関係史研究入門―アジアのなかの遣明船』(勉誠出版、二〇一五年)を参照されたい。
(57) 『高麗史』巻三七、忠定王二年二月条・『高麗史節要』巻二六、忠定王二年二月条。
(58) 『高麗史』巻三七、忠定王三年八月丙戌、己丑条、『高麗史節要』巻二六、忠定王三年八月条。
(59) 『高麗史』巻三八、恭愍王元年(一三五二)三月庚申、巻三九、同六年五月戊子、同七年五月辛亥、巻四〇、同十二年四月己未条、『高麗史節要』巻二六、恭愍王元年三月、同六年五月、巻二七、同七年四月、同十二年四月条。
(60)『高麗史』巻四四、恭愍王二十二年六月丙申条、『高麗史節要』巻二九、恭愍王二十二年六月条。
(61)田中健夫『倭寇—海の歴史—』(教育社〔教育社新書〕、一九八二年)、二〇〇〜二〇一頁。後、村井章介氏の「解説」を付して、講談社〔講談社学術文庫〕から、二〇一二年に刊行(二一二〜二一三頁)。
(62)李領「高麗末期倭寇の実像と展開」(同『倭寇と日麗関係史』東京大学出版会、一九九九年)、二五四頁。
(63)『高麗史』巻一二六、辺安烈伝。
(64)『高麗史節要』巻三三、辛禑十四年(一三八八)八月条。
(65)関周一「被虜人の境遇と送還」(同『中世日朝海域史の研究』吉川弘文館、二〇〇二年)。
(66)以下の記述は、村井章介「倭寇とはだれか—一四—一五世紀の朝鮮半島を中心に—」(『東方学』第一一九輯、二〇一〇年。後、村井『日本中世境界史論』岩波書店、二〇一三年、所収)に拠る。
(67)明『太祖実録』巻三八、洪武二年正月是月条。
(68)田中健夫、前掲註(61)書。教育社新書は、二〇三〜二〇五頁。講談社学術文庫は、二一五〜二一七頁。
(69)藤田明良「「蘭秀山の乱」と東アジアの海域世界—十四世紀の舟山群島と高麗・日本—」(『歴史学研究』第六九八号、一九九七年)。
(70)檀上寛『明代海禁=朝貢システムと華夷秩序』(京都大学学術出版会、二〇一三年)。
(71)佐久間重男『日明関係史の研究』(吉川弘文館、一九九二年)。
(72)明『太祖実録』巻一一一、洪武十年正月是月条。
(73)明『太祖実録』巻一三四、洪武十三年十月丁丑条・巻一五八、同十六年十二月甲申条。
(74)安里進「琉球王国形成の新展望」(小野正敏・五味文彦・萩原三雄編『考古学と中世史研究1　中世の系譜　東と西、北と南の世界』高志書院、二〇〇四年)、同『琉球の王権とグスク』(山川出版社〔日本史リブレット〕、二〇〇六年)。特に後者に拠る。
(75)池田榮史「中世南九州と琉球国成立以前の琉球列島」(鹿児島県歴史資料センター黎明館企画・編集『南からみる中世の世界〜海に結ばれた琉球列島と南九州〜』、「南からみる中世の世界」実行委員会、二〇一四年)。

(76) 新里亮人「琉球列島における中国陶磁器―十一世紀～十四世紀を中心に―」(『貿易陶磁研究』第三五号、二〇一五年)。
(77) 橋本雄「肥後地域の国際交流と偽使問題」(同『中世日本の国際関係―東アジア通交圏と偽使問題―』吉川弘文館、二〇〇五年)、榎本渉「元末内乱期の日元交通」(榎本、前掲註(41)書)。
(78) 上里隆史「琉球の大交易時代」(前掲『日本の対外関係4 倭寇と「日本国王」』所収)・同『海の王国・琉球―「海域アジア」屈指の交易国家の実像―』(洋泉社〔歴史新書y〕、二〇一二年)。
(79) 明『太祖実録』巻一七〇、洪武十八年正月丁卯条
(80) 岡本弘道『琉球王国海上交渉史研究』(榕樹書林、二〇一〇年)。
(81) 関周一「一四世紀前半の南九州における海域交流の変容―相論と海賊を中心に―」(『宮崎県地域史研究』第三一号、二〇一五年)では、海賊を中心に、十四世紀前半における南九州の海域について考察している。
(82) 本稿と視点は異なるが、羽田正編・小島毅監修『東アジア海域に漕ぎだす1 海からみた歴史』(東京大学出版会、二〇一三年)では、第I部として「ひらかれた海 一二五〇年―一三五〇年」という章をおき、海域交流の担い手として海商に注目している。
(83) 関周一「明帝国と日本」(前掲註(56))、同「「中華」の再建と南北朝内乱」(前掲註(56))。

禅僧の数学知識と経済活動

川本慎自

はじめに

経済の面から中世社会の展開を見たとき、祠堂銭や酒屋・土倉による金融業の繁栄に顕著なように、室町中期以降に大きな変化が見られるのはつとに指摘されるところである。そのなかでも特記すべきは、五山系禅宗寺院の占めた位置の大きさである。禅院において経営面を担当した東班僧の活動は、荘主として寺領を経営する荘園経営や祠堂銭を主体とした金融に及んでおり、これらの収益が室町幕府の経済に環流していたことが指摘されている[(1)]。

これらの活動は十五世紀を中心とするものであるが、その直前である十四世紀において、どのような形で準備されたのであろうか。ここで注目したいのは、これらの経済活動の基礎となる数学知識である。荘園経営や金融活動においては、年貢収納における算用状作成、灌漑・開墾における測量、金融活動における利息計算など、様々な計算能力が必要とされていたことは論を俟たない。しかし、数学史の通史的叙述においては、十四・十五世紀の様相については五山文学のなかに見える九九や数学遊戯などに言及するにとどまることが多く、必ずしも経済活動に結びつくものとはされていない[(2)]。したがって、十四世紀の段階でどのような数学知識が伝授され、どのようにして計算能力が涵養されていたかをここで明らかにすることは、その後の中世社会の変革を位置づける上での基礎的作業として重要な意味を持つであろう。

そこで本稿では、中世後期の経済活動の拠点の一つであった禅宗寺院に視点をおき、そこにおける数学知識の伝達の様相を考えることによって、十四世紀から十五世紀にかけて起こった経済活動の上での変革がどのように準備され、どのように展開したかの手掛かりを探ることとしたい。

1　中巌円月の数学学習

十四世紀における禅僧の数学学習の事例として、ここでは中巌円月について取り上げてみたい。中巌円月は正安二年（一三〇〇）に鎌倉で生まれ、正中二年（一三二五）二十三歳のときに入元したのち、上野吉祥寺・豊後万寿寺・京都建仁寺などに住している。その生涯は自撰の年譜である『自歴譜』に詳細に記されており、幼時からどのような学習を行っていたかが年を追って確認できる。

その『自歴譜』のなかに、次のような一節がある。

［史料一］
応長元年辛亥
春、在二池房一、就二道恵和尚一、読二孝経・論語一、且学二九章算法一、秋帰二大慈寺一、冬十月二十六日、平（北条）貞時薨、其朝日無レ光而色赤、似レ血、予年少而先見二此恠一、甚奇、[3]

応長元年（一三一一）は中巌円月十二歳のときであるが、このとき道恵和尚に就いて「九章算法」という書物を学習している。この「九章算法」は、後述する中国・漢代の算書『九章算術』もしくはそれに続く一連の注釈書を指していると考えることができる。すなわち、中巌円月は幼時に数学を学習しているのであるが、ここで『論語』『孝経』

という、儒学の基本的文献とともに学んでいることに着目したい。中巌円月は、自らの意志で選択的に数学を学んだというよりは、基本的な幼学学習の一環として『九章算術』を学んだと考えられるのである。ではこうした学習は中巌円月だけの特殊なものなのだろうか。

堀川貴司氏は、南北朝期から室町期にかけての禅僧の幼学を分析して、夢窓派の地方寺院から優秀な僧童を京都に集め育成するシステムがあったことを、空谷明応・無求周伸などの例を挙げて想定している[4]。また春屋妙葩や義堂周信といった夢窓派を率いる「高僧」は、夢窓疎石との俗縁もある出自で、幼時からいわば「高僧候補」として相応の教育が行われていたことが見てとれる[5]。

中巌円月はこうした夢窓派の育成システムの成立の時期にはやや先行するが、春屋妙葩や義堂周信とあまり変わらない時期に教育を受けた人物である。ただし、その教育は夢窓派のシステムとはやや様相を異にする。中巌円月は鎌倉御家人土屋氏の一族の出身であるが、幼時に父母の手から離れ、外祖父などの親族の間を転々とする生活を送っていたことを『自歴譜』で述べている。そうした経緯から鎌倉の寿福寺・大慈寺にあった立翁□基のもとに僧童として入室したのであり、応長元年には池房の道恵のもとで『九章算術』を学んでいるが、再び大慈寺に戻り翌年には立翁のもとで得度している。この当時の中巌円月は、のちに十刹・五山住持と昇住してゆく際の嗣法と異なる門中にあり、また後に檀越となる大友氏との関係も見えない[6]。すなわちこの時点での中巌円月の教育には門派や檀越の意志が反映した形跡はなく、のちに「高僧」となることを前提としていない、一般的な沙弥・雛僧としての学問を修めていたと考えられる。したがって、中巌円月が『九章算術』を学んだことは特別なものではなく、禅宗寺院における雛僧教育において通常行われる、普遍的な教育の一環であったと考えることができよう。

このような数学教育が禅宗寺院において一般的なものであったことは、往来物と呼ばれる一連の幼学書からも確認できる。たとえば『異制庭訓往来』(百舌往来)には「継子立」「百五減」などの算法の名称についての記述があることが指摘されている。[7]『異制庭訓往来』には五山十刹の寺名、首座・蔵主・都寺のような禅宗に特徴的な役職名、祖師堂・卵堂・土地堂のような禅院伽藍の堂舎名などを列挙した部分があり、禅宗寺院における生活に不可欠なものであることから、南北朝期の禅宗寺院周辺で成立したものと考えられている。[8]『異制庭訓往来』に見える数学記述は算法の名称のみであるが、「百五減」という単語の文字だけを暗誦しても意味のないことは明白であり、往来物による学習の形態から考えて、実際の学習の場面では口頭による内容説明が付随し、実際の計算の基礎知識が補われていると考えてよいだろう。同様に暗誦を前提とした形式を持つ幼学書として『蒙求』があるが、『蒙求』本文は故事などを四字の簡単なフレーズで記述したもので、その学習にあたって暗誦とともに口頭による内容説明が伴っていたことは、『蒙求抄』などの抄物史料が示すところである。[9]以上を踏まえると、禅宗寺院の雛僧教育における数学・計算の学習は普遍的に行われていたものであるといえよう。

もちろん、数学教育は禅院のみに限ったものではなく、律院などにも共通したものと考えられる。たとえば金沢文庫旧蔵本『潤背』（尊経閣文庫所蔵）には、「九章算経」という書への言及がある。そこでは「九章算経」の成立の説明として「其書有二九巻一、黄帝時隷首所レ作也、故謂二之九章算経一」とあって、『九章算術』劉徽序の内容と一致する。また、「九章算経」の内容として『九章算術』の九つの章名が列挙されている。[10]こうしたことから、この「九章算経」は『九章算術』を指すと考えられる。

『潤背』は称名寺第二世長老劔阿の書状紙背に書写されたもので、鎌倉末期の成立と考えられる。[11]内容は内外の雑多な知識について問答体で筆録したものであり、『九章算術』のほかにも枡の容量についての規定など、数学や度量衡に関する記述が含まれている。[12]すなわち、十四世紀においては禅院のみならず律院の周辺においても数学知識の伝授が行われていたことをうかがわせるのである。中世の律宗については、中世前期から大工・石工などの土木技術者集団と密接な関わりを持っていたことが指摘されており、[13]禅宗・律宗という金融・土木と関わりのある門派において、ともに数学教育が行われていたということは、これらの数学学習が経済活動の基礎となっていたことを想定させるものであろう。

では、十四世紀の禅宗寺院における数学学習は、いかなる内容を持ち、いかなる技術へ発展してゆくのであろうか。中巌円月の学習した『九章算術』を分析してゆくことで、十四世紀における具体的な数学学習の内容とそのもたらしたものを考えてみたい。

2　数学知識の実用と発展

『九章算術』は、前節でみた『潤背』における「九章算経」の説明にもあったように、伝説的には黄帝のもとで隷首が作したものとされるが、起源を黄帝に帰するのは医書などの実学的典籍の通例であって、実質的には中国・漢代ごろの成立と考えられている。『漢書』芸文志にはその書名は見えないものの、『後漢書』馬援伝には馬援の姪孫馬続が『九章算術』を学んだことが記される。日本には平安期にすでに伝来し、『日本国見在書目録』にも見える。一方で中国においては南宋までにテキストは散逸していたが、慶元六年(一二〇〇)に鮑澣之が再刊し(南宋本)、楊輝によって注釈書である『詳解九章算法』が著されている。中巌円月が学習した「九章算法」は、「算術」ではなく「算法」と表記されていることから考えて、楊輝の『詳解九章算法』である可能性がある。ただし、宋元期には『詳解九章算法』以外にも『九章算術』から派生する算書が多数撰述・刊行されており、実際に中巌円月が手にした書物がそのいずれであるかは確定しがたい。これらの派生した注釈書はいずれも『九章算術』の例題を基としていることから、根本たる『九章算術』の内容を見ることで、中巌円月の数学学習の様相を考えることとしたい(14)。

『九章算術』は、その名のとおり九章からなる算書で、方田・粟米・衰分・少広・商功・均輸・盈不足・方程・句股という章名がつけられている。各章はそれぞれ数十題の例題で構成されており、たとえば実質的な最初の例題である第一章「方田」の第二問は次のような問題となっている。

[史料二]

又有レ田、広十二歩、従十四歩。問、為二田幾何一。

答曰、一百六十八歩。

方田術曰、広従歩数相乗得二積歩一。以二畝法二百四十歩一除レ之、即畝数。百畝為二一頃一[15]。

田の面積を求める問題で、ここでは 12 × 14 ＝ 168 という計算を行っている。問題と解答を示し、「術曰」以下でその解法を示すという構成となっている。加減乗除や九九といった計算の基礎はすでに習得していることを前提として、四角形の面積計算から始まり、三角形や台形、円形の面積計算、分数の計算などに進んでいく。さらに体積計算では、次のような例題がある。

[史料三]

今有レ隄、下広二丈、上広八尺、高四尺、袤一十二丈七尺。問、積幾何。

答曰、七千一百一十二尺。

冬程人功四百四十四尺。問、用徒幾何。

答曰、一十六人、一百一十一分人之二。

術曰、以二積尺一為レ実、程功尺数為レ法、実如レ法而一、即用徒人数[16]。

堤の上下の幅、高さ、長さを示して、堤防の体積を求める例題である。さらに、一人一日あたりの仕事量を示して、造堤に必要な人夫の数も求めている。例題自体は基本的な体積計算であるが、例題の題材は土量の計算と仕事量の配分からとられており、土木の実際を意識したものとなっている。

また、割合計算の例題を集めた第三章「衰分」では、次のような例題が収められる。

[史料四]

今有レ貸二人千銭一、月息三十。今有レ貸二人七百五十銭一、九日帰レ之、問、息幾何。

答曰、六銭、四分銭之三。

術曰、以二月三十日一、乗二千銭一為レ法。以二息三十一乗二今所レ貸銭数一、又以二九日一乗レ之、為レ実。実如レ法得二一銭一。[17]

一〇〇〇文の月利息が三〇文であったときに、七五〇文を九日間貸した場合の利息を問う問題である。基本的な利息計算である。

さらに、第七章「盈不足」では、同様に利息計算に題材をとった次のような例題がある。

[史料五]

今有三人持レ銭之二蜀賈一。利十三。初返二帰一万四千一、次返二帰一万三千一、次返二帰一万二千一、次返二帰一万一千一、後返二帰一万一。凡五返二帰銭一、本利倶尽。問、本持銭及利各幾何。

答曰、本三万四百六十八銭、三十七万一千二百九十三分銭之八万四千八百七十六。利二万九千五百三十一銭、三十七万一千二百九十三分銭之二十八万六千四百一十七。

術曰、仮令二本銭三万一、不足一千七百三十八銭半。令二之四万一、多三万五千三百九十銭八分。[18]

三割の利率の場合に、五次にわたって借銭を返済した額を示して、元金・利息を求める問題である。文中の「術曰」以下では、元金を仮に三万・四万と仮定して過不足を分配するという複雑な解法をとっているのでわかりにくいが、近代数学で求めるならば、示された答え（30, 468 $\frac{84,876}{371,293}$ ≒30, 468.23）は、最後の残額一万銭を利率三割で割り、順次返金額を加えてさらに利率で割ることによって導きだされる。すなわち、

10,000÷1.3 = 7,692.30
(7,692.30 + 11,000) ÷1.3 = 14,378.70
(14,378.70 + 12,000) ÷1.3 = 20,291.31
(20,291.31 + 13,000) ÷1.3 = 25,608.7
(25,608.7 + 14,000) ÷1.3 = 30,468.23

という計算となる(小数点以下第三位を四捨五入)。つまり例題に見られる商行為は、元金に利率三割を五回掛け合わせてその都度利息の配当を行っているのであり、例題は利息計算を行ってその残高から元金を求める問題なのである。なお、室町幕府追加法二六七には、利息が本銭の一倍を超えることを回避する手段として、元利を本銭に繰り込んで新たに借書を作る事例があり、これが実質的な複利計算となっていることが指摘されている。(19)［史料五］で行われているのはまさにそうした計算であり、厳密には複利計算とは言えないが、限りなくそれに近いことが行われていると言ってよいであろう。すなわち『九章算術』の例題には基本的な単利の利息計算から複利計算まで含まれており、金融活動の基礎となる計算能力の要求に応えるものとなっていたのである。

例題の題材は土木・金融にとどまるものではない。第六章「均輸」には、以下のような問題がある。

［史料六］

今有レ均二賦粟一、甲県二万五百二十戸、粟一斛二十銭、自輸二其県一。乙県一万二千三百一十二戸、粟一斛一十銭、至輸所二百里。丙県七千一百八十二戸、粟一斛一十二銭、至二輸所一一百五十里。丁県一万三千三百三十八戸、粟一斛一十七銭、至二輸所一二百五十里。戊県五千一百三十戸、粟一斛一十三銭、至二輸所一一百五十里。凡五県賦、輸二粟一万斛一。一車載二二十五斛一、与二僦一里一銭一。欲下以二県戸一輸レ粟令上レ費二労等一。問、県各粟幾何。

答曰、甲県三千五百七十一斛、二千八百七十三分斛之五百一十七。乙県二千三百八十斛、二千八百七十三分斛之二千二百六十。丙県一千三百八十八斛、二千八百七十三分斛之二千二百七十六。丁県一千七百一十九斛、二千八百七十三分斛之一千三百一十三。戊県九百三十九斛、二千八百七十三分斛之二千二百五十三。

術曰、以二一里僦價一、乗下至二輸所一里上、以二一車二十五斛除レ之、加以二斛粟價一、則致二一斛之費一。各以約二其戸数一、為レ衰。甲衰一千二十六、乙衰六百八十四、丙衰三百九十九、丁衰四百九十四、戊衰二百七十、副并為レ法。所レ賦粟乗二未并者一、各自為レ実。実如法得一[20]。

粟を年貢として課税するにあたって、戸数・粟の価格・輸送距離がそれぞれ異なる甲・乙・丙・丁・戊の五県について、五県全体の賦課量(一万斛)が決まっている際に、一戸あたりの負担(貢納と輸送費の合計)が同じになるように徴税するためには、各県に徴税量をどのように割り当てればよいかということを問う例題である。徴税事務に題材をとった、きわめて実際的な例題といえよう。

このほかにも、『九章算術』の例題には、比例問題においては米と雑穀類の交換、体積問題においては米の保管場所の容積の算出、といったように、具体的な荘園経営や農業技術に関わるような題材からとられており、とくに漢代の社会を反映したものであるという指摘がなされている[21]。

もちろんこうした例題はあくまで机上のものであって、実際の土木・金融活動や徴税事務の場面においてこうした計算がそのまま適用できるものではないことは言うまでもないが、その基礎となるべき計算技術、数学知識が『九章算術』には含まれているのである。難易度としては、第八章「方程」には方程式の内容があり、現代における中学校で学習する程度のものまで含まれていることとなる。こうした『九章算術』の内容を、中巌円月が学んでいたのである。

前述のように、『九章算術』を学んだ当時の中巌円月はいわゆる「高僧候補」ではないのであり、平僧たる中巌円月が『九章算術』を学ぶことができたということは、十四世紀においては多くの平僧、とくに雛僧にこのような数学学習の機会が開かれていたと考えることができる。これらの数学は禅僧の基本的な知識となっていたと位置づけることができよう。

こうして『九章算術』によって数学知識の基礎を学習した中巌円月は、こののち入元や十刹・五山への出世を経て、結果として「高僧」となってゆくことになるが、一方でさらに数学についての関心を深め、ついには自ら算書を撰述するに至る。中巌円月の詩文集『東海一漚集』には次のような目次が掲げられる。

［史料七］

一漚集綱目

自暦譜　賦〈巻一〉　詩〈二三四五六後集〉　記〈巻〉

表書〈巻〉　論〈鯤鵬論無始、道物論無終〉二丁

説〈巻、後集〉　已上卅四丁全備

雑著〈巻、無終〉六丁　序〈無〉　題跋〈無〉

疏〈巻、後集、無終〉　已上卅丁　祭文　銘〈共二十二巻〉

中正子

藤陰瑣細〈卅丁、無始無終〉

文明雑譚　上〈無始、十三丁〉　中〈九丁〉　下〈無終、八丁〉

觽耑算法

語録〈吉祥〉

同〈相万寿、龍沢、豊万寿、崇福〉

同〈京万寿、建仁、建長、秉払〉

同〈陞座、拈香、小仏事〉

同〈法語、頌古、偈頌、歌、真賛、自賛〉

共十六冊[22]

中巌円月の著作を列挙したものであり、『自歴譜』や『中正子』『藤陰瑣細集』『文明軒雑談』などの散文、疏・偈頌などが挙げられている。そのなかに、『觿耑算法』という書が見える。この書は綱目にその名が見えるのみで、本文は逸して伝わらないが、書名からみて明らかに算書である。そして、中巌円月の他の著作にも数理に関する記述が散見することから、中巌円月が数学についてどのような知識と関心を持っていたかをうかがうことができる。

たとえば、『中正子』治暦篇（外篇六）は暦を論じた章であり、『史記』に見える四分暦について、朔の計算方法などを具体的な演算を行いながら論じている。[23] これらの演算から見える中巌円月の数学理解は正確であり、元代の平均的知識人と同水準にあったことが指摘されている。[24]

また、中巌円月の晩年の随筆『文明軒雑談』には次のような文章がある。

［史料八］

唐武徳年、定二律令一而権二衡度量之制一正矣、北地秬黍、中者八黍之広為二一分一、分十為レ寸、寸十為レ尺、尺十為レ丈、由茲長短之度正矣、其黍一千二百之納為二一籥一、籥二為レ合、合十為レ升、升十為レ斗、三升為二大升一、三斗為二大斗一、大斗十為レ斛、又以二百黍之重一為二一銖一、二十四銖為レ両、即四分也、三両為二大両一、十六両為レ斤、又山東諸州、以二一尺二寸一為二大尺一、民間使レ用レ之、天宝九載（七五〇）、勅二除陌銭毎レ貫二十文一[25]

唐の高祖による度量衡の統一を記しているが、歴史的事実を述べるだけでなく、換算単位の計算について詳説する一方で、それが広く用いられたことの意味にも言及する。さらに唐代の天宝九載（七五〇）に導入された取引税制、除陌銭[26]について述べる。こうした経済政策についての言及はここだけではない。同じく『文明軒雑談』には次のような記述がある。

[史料九]

中正子《(中巌円月)》曰、用財之法、量入而出、樽節而用、用度無レ過、則富有不レ期而致焉、周之井田、秦之阡陌、国歩不レ難矣、二世発二閭左一、漢武税二舟車一、或亡或衰、可レ慨也、(27)

中国の故事を引いて「用財」の法について論じている文章である。周の井田制、秦の阡陌銭といった経済政策を引いており、数学的なものが社会に与える影響についての関心がうかがえる。さらに『文明軒雑談』には次のような記述がある。

[史料十]

仁宗時、以二鉄銭重一、蜀之民間、私為二紙券一、謂二之交子一、以便二貿易一也、以二富民一主レ之、其富有二漸衰一、不レ得レ還二所レ負之債一、争訟競起、大中祥符末、転運使薛由、請レ官置二交子務一、以搉二其出入一、益州交子務是也、由レ是大元始用二交子一、後用二関会一、今用二紙鈔一、置レ局、名二交鈔庫一、(28)

北宋の仁宗の時代、蜀（四川）で紙幣が発行されたことを挙げ、それによって貿易（経済活動）が活発化したことを論じている。『觽耑算法』の内容は直接に知ることはできないが、中巌円月の関心は、数学知識を基礎としつつも、度量衡、税制、通貨といった経済政策にまで及んでいたのである。

数学や経済への関心は中巌円月の個人的な資質によるものであることは言うまでもないが、その基礎をなす幼時の数学学習は中巌に限らず雛僧に普遍的な学習であったことから、こうした数学学習が禅宗寺院における経済活動の興隆の一端を担っていたと考えられよう。

3　数学知識の継受と経済活動

では中巌円月の持っていた数学・経済への関心と知識は、その後の禅林においてどのような形で受け継がれ、どのように禅院の経済活動へと結びついていったのであろうか。十五世紀の禅僧、桃源瑞仙による『周易』講義の記録である『百衲襖』巻五の記述から見てみたい。

[史料十二]

右閏月算者、已有二旧解一而尽レ美、然只有下積二朔虚一之一図上耳、余不レ能レ通二算術一、故就下明二其法一之人上以質レ之、毎二布一算一写以入レ図、雖二一乗一除之間一無レ不レ上レ図、而列二于各図之左一焉、使下不レ知二算法一者按中此図下、則一覧燦然矣、若夫精二其術一者、必有二求馬之謗一、以レ覆二醤瓿一亦所レ不レ辞也、又冠二其端一、以二算法源流・九九算法・置位加減因折法・下籌算法・細数之法等者一、以先諳二其法一而後施二其用一也、[29]

『百衲襖』は文明六年(一四七四)から九年にかけて桃源瑞仙が『周易』について行った講義を記録した抄物で、伝本によっては『易抄』と題するものもある。[30] 巻五は『易学啓蒙』下についての講義であるが、そのなかに閏月についての記述がある。そこで、閏月を算出する方法を講義しようとしたが、桃源瑞仙は算術に通じていないため、算術に明るい人物に尋ねて算法の図を得たという。「算術に通じていない」というのは謙譲の修辞とも考えられるが、室町期以降、禅院内において教学面を担当する西班僧と経営面を担当する東班僧が機能分化していったことも関係するであろう。[31] しかしむしろ、桃源瑞仙がそうした東班・西班の垣根を超えて知識を得ようとしていたことに注目すべきなのであり、身近に算法に明るい人物があって、すぐに算図を入手することができる環境にあるというのは、禅院総体としては引き続き数学知識が基本的なものとして共有されていたと考えるべきであろう。

さて桃源瑞仙が算法の解説のために引用したものが次ページに掲げる図版である。[32]『九九算法』などと題し、計算の基礎から算木の使い方を解説している。こうした算木の図解は、図版に示した丁以降、およそ三〇丁におよぶ。『百衲襖』にはこの部分以外にも随所に数学についての解説が見られ、『周易』を理解する前提として、易そのものとは関係ない、計算方法の基礎知識から講義していることがうかがえるのである。『百衲襖』のもととなった桃源瑞仙の周易講義の受講者は、中巌円月が『九章算術』を学んだ年齢に比べれば比較的高かったと考えられるが、十五世紀の禅僧も、十四世紀の禅僧と同じように、数学の基本的な知識を学ぶ機会があったと考えることができよう。

では桃源瑞仙およびその身辺にあった「算法に明るい」僧はどのようにこうした数学知識を得たのであろうか。［史料十二］および図版で引用された図は算法源流・九九算法・置位加減因折法・下籌算法などであるが、これらはいずれも宋代に編纂された日用類書『事林広記』算法類に収載されたものであり、『百衲襖』の多くの部分で『事林広記』の記述と一致することが指摘されている[33]。『事林広記』は算法以外にも幅広い内容を含んでいるが、当該部分は宋代以降、数学学習にも用いられており[34]、日本でも多く受容されている。『百衲襖』ではこの部分のほかにも『算法源流』を引く部分があり[35]、桃源は『周易』講義にあたって多くの部分でこれらの算書を類

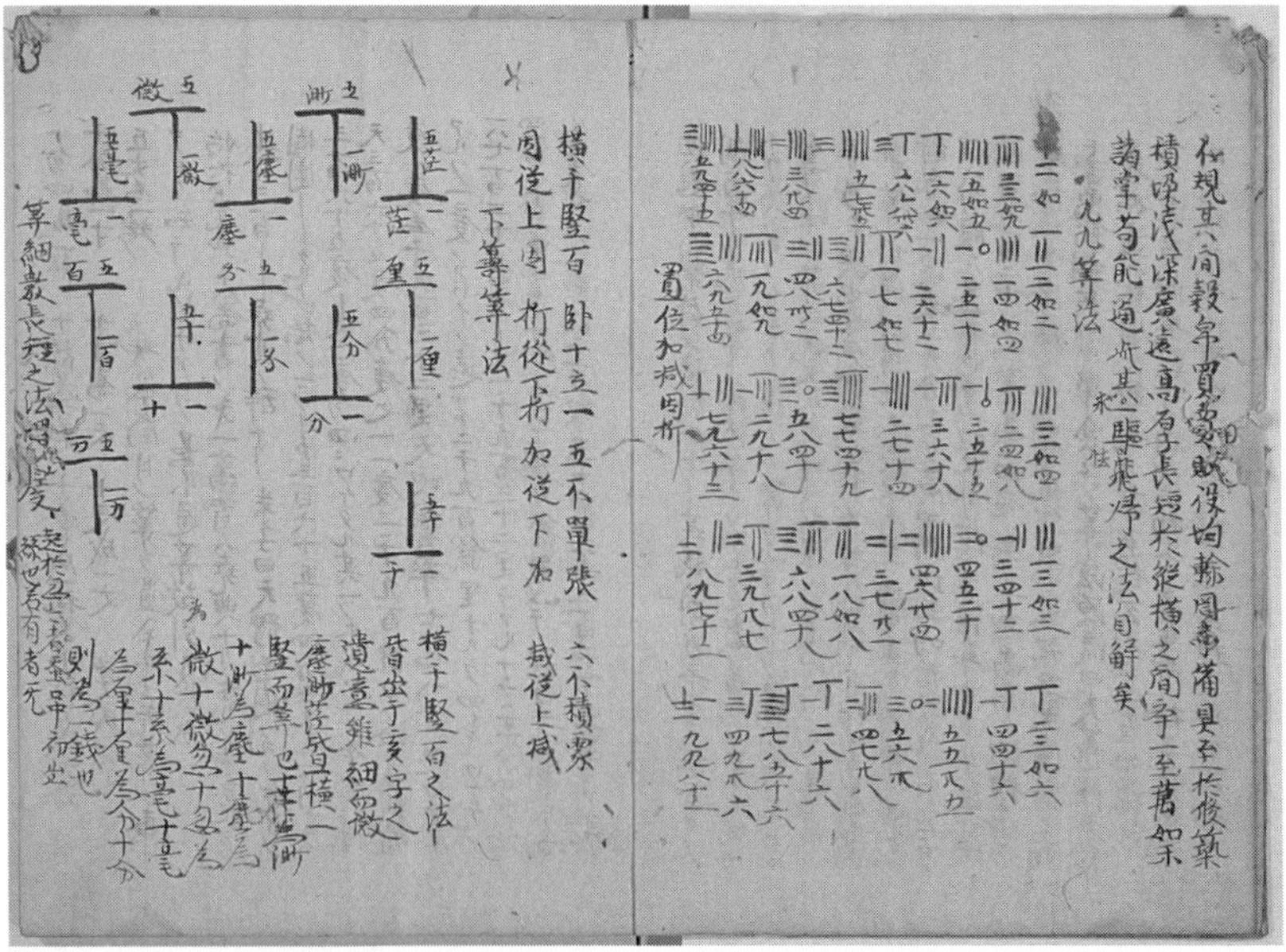

写真　『易抄』（京都大学附属図書館所蔵）

書経由で参照したものと思われる。

さらに、桃源の数学知識の源泉はこれだけではなかった。『百衲襖』巻八には次のような記述がある。

[史料十二]

此丁廼南禅聖徒(明麟)和尚伝二授命期訣於牧公(天岩)首座一之左証也、余二十年前有レ意レ学レ易、故売書郎嚢底、凡有二易之書抄一則無レ不二収取一焉、牧首座所レ抄者五冊、易上経乾伝第一、巻末有二聖徒花押一、正義序説并八論一策、大易断例并諸国一策、本朝平善甫(中巌円月)中正之所レ撰觿耑算法一策、及与命期訣也、(36)

巻八は『周易』命期経に関する巻で、その解説たる『周易命期略秘伝』が収められ、それに基づいて桃源瑞仙の講義が行われている。テキストにあたる『周易命期略秘伝』は聖徒明麟から天岩□牧に伝えられた写本を用いている。そして[史料十二]では、講義に用いた写本に聖徒明麟から天岩□牧への伝授の識語があることを述べた上で、桃源瑞仙がその写本をどのように入手したかが記されている。講義から二十年前に、桃源瑞仙は書肆から天岩□牧の旧蔵書を五冊購入したが、そのなかに『命期訣(周易命期略秘伝)』とともに中巌円月の『觿耑算法』が含まれている。ここに、桃源瑞仙が中巌円月の『觿耑算法』を学び、受け継いでいたことがわかるのである。

なお、ここでは、『周易』学習のなかで易書とともに継受されていることに注意しなくてはならない。『周易』のなかでも寿命の算出に関わる「命期経」はとくに数学との親和性が高く、その学習には計算知識が必要であった。桃源瑞仙に学芸を学んだ月舟寿桂が一柏現震『命期経軌数盈縮図』に寄せた跋文(37)のなかでも、「命期経」理解における数学の重要性を述べていることが指摘されている。(38) 中巌円月の『觿耑算法』は、『周易』に付随する易学書の一種のような形で受容されていたのである。

さて、桃源瑞仙の講義において、このように本来の講義目的を大きく逸脱して、雑談的に科学知識が盛り込まれるのは数学に限ったことではない。たとえば同じく桃源瑞仙が『史記』について講義した記録である『史記桃源抄』では、『史記』列伝における医師扁鵲・倉公の伝記部分の講義において、原典本文注釈をはるかに超えたきわめて詳しい医学知識が講義されている。(39) こうした桃源瑞仙の講義について、講者の関心は医学にあるのではなくあくまで『史記』本文の解釈にあったと指摘されるが(40)、本文解釈のために多くの医書を読み込み、参照した医書の内容をすべて盛り込んだ結果、『史記桃源抄』にはきわめて豊富な医学知識が含まれることになったのである。そうした桃源瑞仙の講義は、月舟寿桂など、医学を修める禅僧を多く生み出すこととなる。(41)

『百衲襖』における数学知識も同様のことが考えられるのであって、桃源瑞仙自身の関心は『周易』本文の解釈にあるが、その手段として、『事林広記』に引かれる算書をはじめ中巌円月の『鱗峕算法』など多くの書物を参照し、それを盛り込んでいくことによって、『周易』原典の本文注釈をはるかに超えた、豊富かつ過剰な数学知識が開陳されることになるのである。そしてその講義は、のちに五山で学んだ僧俗のなかに、数学を修める人物を生み出すことにつながってゆくと考えられる。(42)

そうした展開の例として、角倉・吉田一族と禅院との関わりを考えてみたい。角倉は嵯峨の土倉として金融業を営んだことで知られるが、一方で算書『塵劫記』を撰述した吉田光由が角倉・吉田一族の出身であることはつとに指摘されている。この一族は金融だけではなく土木とも関わりがあり、吉田光由は兄光長とともに嵯峨に角倉隧道を開削し、また角倉の土倉経営を受け継いだ角倉了以も大堰川開削などの土木事業を行っていた。そして、金融とならんで医業も角倉の家業の柱となっており、了以の父吉田宗桂は医師として知られている。(43)

こうした角倉・吉田一族の事業については、禅院との関わりのなかでその知識や手腕がもたらされた可能性が指摘されている。医業の側面を見ると、吉田宗桂は天龍寺妙智院の策彦周良と非常に近い関係にあり、『言継卿記』には「嵯峨角蔵吉田子桂蔵主」(44)とあることから、策彦のもとに入室して僧籍を持っていたとも考えられる。そして策彦周良が入明した際には同行し、『聖済総録』などの医書を請来している。(45) 妙智院は竺雲等連の開創した塔頭であり、策彦周良は竺雲等連から二世の法嗣にあたるが、一方で前述の桃源瑞仙も竺雲等連に学芸を享けており、竺雲等連の漢書講義などを受講していることが知られる。(46) 吉田宗桂の医学知識は、策彦周良を介して月舟寿桂などの禅僧との交流からもたらされていたのであり、前述のようにその源流は桃源瑞仙にあった。医師としての角倉・吉田家と桃源瑞仙の学問とは、策彦周良を介してつながっていたのである。

角倉と禅宗との関わりは医学の側面だけではない。土倉としての側面においても、桜井英治氏は天文十五年の『銭主賦引付』を挙げて、吉田宗忠の一類のなかに天龍寺塔頭華徳院・南芳院が見えることから、土倉角倉が人脈的に天龍寺の禅僧とつながっていることを指摘している。(47) 一方、加藤正俊氏は、龍安寺僧の伯蒲慧稜と寿珊が角倉家の出身(それぞれ角倉了以の従兄弟、吉田宗桂の弟)であることを明らかにし、とくに寿珊に関しては還俗して家を継ぎ、なおかつ還俗後も龍安寺真珠院における金融経営に関わっていたことを指摘している。(48) これらの例から考えると、天龍寺・龍安寺など、京都西郊における禅宗寺院の金融経営は、土倉角倉の経営とかなりの部分で一体化していたのであり、その知識や手腕は禅僧とのつながりのなかで形成・継受されていたと考えることができよう。

なお、角倉と禅宗との関わりは、角倉が嵯峨に本拠を置くという地縁的なものに大きく依拠すると考えられるが、その端緒として、貞和三年の『大井郷界畔絵図』に「吉田後家地」という記載のあることが原田正俊氏・野田泰三氏により指摘されており、こうした角倉と禅宗の関わりは十四世紀まで遡りうることが考えられる。(49)

こうした禅宗との関わりを踏まえると、角倉一族の事業が、金融・土木など、数学を基礎におくものを含むことが注目される。『塵劫記』を撰述した吉田光由自身は禅宗に入門したという記録があるわけではなく、直接的に禅院における数学知識が『塵劫記』に継受されたわけではないが、むしろ日常的に角倉一族が禅院との関わりで知識を得ており、家業が数学と関わる業種であったことに注目すべきであろう。医師吉田宗桂の事例と併せて考えれば、桃源瑞仙の講義に見られた「医」と「算」という知識が、双方ともに角倉・吉田の事業の根幹となっているのである。禅院からもたらされた基礎的な知識は医業、金融・土木事業、そして算書『塵劫記』を生み出す土壌となっていたと想定できるのである。

以上から考えると、中巌円月から桃源瑞仙へと継受された算書『髄峇算法』に代表されるような、十四世紀から十五世紀にかけての禅宗寺院における数学学習は、角倉や嵯峨の禅宗寺院において見られるように、金融や土木などの経済活動へと展開する基礎となっていたと考えられるのである。

おわりに

以上、十四世紀から行われていた禅僧の基礎的な数学学習が、十五世紀にかけて社会においてどのように継受され、とくに経済活動の分野でどのように展開したかを中心に考察を加えてきた。具体的には中巌円月が幼時に『九章算術』を学んでいたことに注目し、そうした数学学習が広く平僧に開かれていた点を位置づけた。そして、中巌円月の著した算書『髄峇算法』が桃源瑞仙によって受容されていることに着目し、数学学習は継続して行われていたこと、そして禅僧と土倉との学問上、人脈上のつながりのなかで、角倉一族などの具体的な経済活動に展開していくことを考察した。

本稿では数学知識の伝達について書物の継受を中心に考察を加えてきたため、中巌円月や桃源瑞仙のような、書物を撰述するに至った、いわゆる学僧が考察の中心となっているが、その背後には幼時から多くの僧に対して広く数学教育が行われていたことを随所に垣間見ることができる。十五世紀以降に広がってくる多彩な寺院経営を担った東班僧に具体的にどのような数学教育が行われていたかを個別に検討することはできなかったが、東班僧の間で財の継承が行われていたことは先に考察したところであり、そこには当然知識の継承も行われていたであろう。(50)こうした知識継承の源泉として、中巌円月の幼時に見られるような、十四世紀における禅僧の数学学習があったのである。

ここで注目すべきは、これらの数学学習は漢学学習の文脈のなかで行われていたということである。中巌円月の『九章算術』学習は論語・孝経とともに学習され、また桃源瑞仙の『髃耑算法』受容は、易書の一種として行われていた。数学学習は、漢学と不可分の関係にあったのである。こうした状況は数学に限ったことではなく、医学や農学に相当する分野でも同等に見られるのであり、こうした「実用的」知識の伝授の様相は、禅宗寺院などにおける漢学講義の記録である抄物史料に詳細に残されている。

十四・十五世紀の日本においては、農書や算書などの「実用的」な書物が撰述されることはなく、これらの種類の書が成立するのは近世を待たなくてはならなかったということが指摘される。(51) たとえば農書は土居清良『清良記』巻七がその嚆矢であり、近世初頭の成立である。(52) 医書については、在来の医学知識の延長線上に単発的な撰述の営みは続けられるが、体系的かつ公開性をもつ医書は近世初頭の曲直瀬道三の出現を待たなければならなかった。(53) 一方、算書については、中巌円月『髃耑算法』以降、吉田光由『塵劫記』や毛利重能『割算書』まで空白となるのである。すなわち、古代からの在来技術の書物が存していたとしてもそれらは中世前期までには途切れることが多く、十五世紀にはこれら実用系書物の空白期があると位置づけることができよう。

こうした状況はなぜ生まれるのか、そこに「実用的」な知識と漢学学習との関係が考えられよう。中世においてはこうした知識は漢学講義に付随して伝達されるものであり、それは独立して一書をなすものというよりは、漢学講義のなかで伝えられ、その記録たる抄物に載るべきものであったと考えられる。この漢学講義が活発化するのが十四世紀後半からなのであり、桃源瑞仙は仮名交じり抄物の最も初期の作成者の一人と考えられている。(54) 十五世紀の「実用的」書物の空白期は、漢学講義、抄物作成の盛行と軌を一にしているのであり、桃源瑞仙や月舟寿桂によって講義された『史記抄』の扁鵲倉公伝が、長く一種の医書として扱われていたことは象徴的である。そして、中世において、こうした漢学講義を組織的に行いうるのは、主として禅宗寺院だったのである。

こうした漢学学習の盛行は、榎本渉氏の指摘する十四世紀の「日本禅林の渡海ブーム」(55)を受けてのものであることはもちろんであるが、「実用的」知識においてはすべてこのときに宋元から伝来したものとは限らず、むしろ漢学講義という場で、宋元由来のものと在来の知識とが融合したことが、とくに技術の場面においては重要であったとも考えられる。(56)本稿で取り上げた数学知識に立ち戻って考えてみると、中巌円月は入元以前に鎌倉において数学の基礎的知識を学び、入元を経て、帰国後に算書を撰述している。そしてその数学知識は、桃源瑞仙の『周易』講義のなかで、類書による知識と融合され、天龍寺・龍安寺や土倉角倉の経済活動へと展開してゆくことになる。

このように、十四世紀における数学知識は、漢学学習に付随し包摂される他の「実用的」知識とともに学習され、その後十五世紀にかけて禅僧を中心として伝授されることによって、禅宗寺院とその周辺の経済活動の展開を準備することになるのである。中巌円月の数学学習は、禅宗寺院の経済活動の出発点であったとも言えるであろう。

註

(1) 藤岡大拙「禅院内に於ける東班衆について—特に室町幕府の財政と関連して」(『出雲学への軌跡』今井書店、二〇一三年、初出一九六〇年)、今谷明「室町幕府の財政と荘園政策」(『室町幕府解体過程の研究』岩波書店、一九八五年、初出一九七五年)、中島圭一「中世の寺社金融」(『新体系日本史15　宗教社会史』山川出版社、二〇一二年)、竹田和夫「五山僧の荘園経営」(『五山と中世の社会』同成社、二〇〇七年)。

(2) 『明治前日本数学史』一(岩波書店、一九五四年)、藤原松三郎『日本数学史要』(勉誠出版、二〇〇七年、初出一九五二年)ほか。なお、渡辺純成・安大玉・川原秀城「東アジアの数学と日本」(『関流和算書大成—関算四伝書』第一巻、勉誠出版、二〇〇八年)では経済活動との関連について言及されている。

(3) 『五山文学新集』四、六一二頁。

(4) 堀川貴司「五山僧に見る中世寺院の初期教育」(『続五山文学研究　資料と論考』笠間書院、二〇一五年、初出二〇一三年）。
（5）『空華日用工夫略集』元弘元年・二年・暦応四年条ほか。
（6）外山幹夫「大友氏と禅宗」（『九州史学』三二、一九六五年）。なお、大友氏はその所領相模長坂郷において竺仙梵僊や金剛幢下の僧と関係を持っており（芥川龍男「豊後大友氏と相模長坂郷」『日本歴史』三三四、一九七六年、上杉孝良「無量寺聖観音菩薩像とその周辺」『市史研究横須賀』五、二〇〇六年）、そのことが後に中巌円月の檀越となることにつながると考えられる。
（7）『日本教科書大系』四、二六〇頁。大矢真一「室町時代の数学的知識」（『科学史研究』二、一九四二年）。
（8）石川謙「解説・解題 第三 十二月往来型と拾要抄型との複合体」（『日本教科書大系』四、講談社、一九七〇年）、三保サト子「『異制庭訓往来』の制作法—『新撰遊覚往来』との重なりを中心に」（『島根女子短期大学紀要』四三、二〇〇五年）。
（9）『新釈漢文大系　蒙求』（明治書院、一九七三年）、『抄物大系　蒙求抄』（勉誠社、一九七一年）。蒙求抄の諸本については、鈴木博「蒙求抄について」（『抄物資料集成』七、清文堂出版、一九七六年）に詳しい。
（10）『改定史籍集覧』二七、三五九頁。東京大学史料編纂所架蔵謄写本（二〇〇九—一一）一〇丁ウ。
（11）関靖編『金沢文庫本図録』下（幽学社、一九三六年）。
（12）玉泉大梁『室町時代の田租』（吉川弘文館、一九六九年、初出一九一五年）。
（13）貫達人「極楽寺と忍性について」（『金沢文庫研究』一〇—一〇・一一、一九六四年）、三浦圭一「技術と信仰」（『技術の社会史』一、有斐閣、一九八二年）、松尾剛次「勧進の体制化と中世律僧」（『勧進と破戒の中世史』吉川弘文館、一九九五年、初出一九八二年）。
（14）以上の『九章算術』の成立と展開については、藪内清「宋元時代の数学」（『宋元時代の科学技術史』京都大学人文科学研究所、一九六七年）、藪内清編『科学の名著二中国天文学・数学集』（朝日出版社、一九八〇年）等による。
（15）郭書春匯校『九章算術 新校』上（中国科学技術大学出版社、二〇一四年）一一頁。
（16）『九章算術 新校』上、一六〇頁。
（17）『九章算術 新校』上、一〇七頁。

(18)『九章算術 新校』下、二九九頁。
(19)渡辺純成・安大玉・川原秀城「東アジアの数学と日本」(註(2)前掲)。
(20)『九章算術 新校』上、二二〇頁。
(21)小倉金之助「シナ数学の社会性─九章算術を通じて見たる秦漢時代の社会状態」(『小倉金之助著作集』第三巻、勁草書房、一九七三年、初出一九三五年)。
(22)『五山文学新集』四、三九九頁。なお、同書の底本たる史料編纂所本(四一三四─一二)はこの綱目を巻二末尾に載せるが、丹波法常寺本は巻一冒頭に掲げる(玉村竹二「中巌円月集解題」同書)。
(23)『五山文学新集』四、四一七～四一九頁。
(24)渡辺純成・安大玉・川原秀城「東アジアの数学と日本」(註(2)前掲)。
(25)『五山文学新集』四、四七三頁。
(26)井上泰也「唐代の除陌銭について」(『立命館文学』五三七、一九九四年)。
(27)『五山文学新集』四、四七三頁。
(28)『五山文学新集』四、四七四頁。
(29)『百衲襖』五(『大日本史料』八編之二十九、三六頁)。なお、『大日本史料』は東京帝国大学図書館旧蔵の焼失本(桃源瑞仙自筆本)を底本としており、本稿では京都大学本『易抄』七により校合を加えた。
(30)大塚光信「史記抄」(『抄物きりしたん資料私注』清文堂出版、一九九六年、初出一九七六年)。
(31)南北朝期においては東班僧と西班僧との区別が未分化で、人事的な交流もあったことは、川本慎自「南北朝期における東班僧の転位と住持」(『禅文化研究所紀要』二八、二〇〇六年)で考察している。なお室町期においても、中島圭一「中世京都における祠堂銭金融の展開」(『史学雑誌』一〇二─一二、一九九三年)では、長福寺の祠堂銭金融を担った僧紹鶴が西班位たる書記も歴任している事例を挙げ、西班僧も金融経営に関わることを指摘している。
(32)『易抄』七(京都大学附属図書館清家文庫所蔵、一─六二／エ／七貴)三丁ウ。この史料の存在については、宮紀子「モンゴル王族と漢児の技術主義集団」(小南一郎編『学問のかたち もう一つの中国思想史』汲古書院、二〇一四年)にて言及される。

(33) 宮紀子「對馬宗家舊藏の元刊本『事林廣記』について」(『東洋史研究』六七―一、二〇〇八年)。挿図も含めた一致から、桃源瑞仙は対馬宗家旧蔵本(長崎県立対馬歴史民俗資料館所蔵)系統の元刊本を参照していることが指摘される。
(34) 本田精一「宋代庶民の数学教育」(『アジア遊学』一八、二〇〇〇年)。
(35) 『易抄』七(京都大学附属図書館清家文庫所蔵)冒頭。なお、京大本巻七は、東京帝国大学旧蔵焼失本の巻五に相当する。
(36) 『百衲襖』八(『大日本史料』八編之二十九、三八頁)。
(37) 『幻雲文集』(『続群書類従』一三下、四一三頁)。
(38) 原克昭「年代論と命期説・術数学」(『中世日本紀論考―註釈の思想史』法蔵館、二〇一二年、初出二〇〇三年)。
(39) 亀井孝・水沢利忠『史記桃源抄の研究』本文篇四(日本学術振興会、一九七一年)一三〇〜一三八頁。
(40) 田中尚子「『史記抄』「扁鵲倉公伝」にみる桃源瑞仙の志向性―室町期の学者たちと医学・医書」(『古典遺産』六一、二〇一二年)。
(41) 柳田征司「医家の抄物」(『室町時代語資料としての抄物の研究』下冊、武蔵野書院、一九九八年)、小曽戸洋「幻雲の医界における交友関係」「幻雲から道三へ」(『『扁鵲倉公伝』幻雲注の翻字と研究』北里研究所東洋医学総合研究所医史学研究部、一九九六年)。
(42) 中世の『周易』学習には俗信から社会的制約があった(今泉淑夫「易の罰があたること―中世における周易学習をめぐって―」『中世日本の諸相』下、吉川弘文館、一九八九年)ことには留意しなければならないが、桃源瑞仙を中心とする禅宗寺院の易学はそうした俗信と距離を置いており、そのなかでの数学学習もある程度の一般性を持っていたと考えてよいであろう。
(43) 林屋辰三郎『角倉素庵』(朝日新聞社、一九七八年)、河内将芳「酒屋・土倉の存在形態―角倉吉田を中心に」(『中世京都の民衆と社会』思文閣出版、二〇〇〇年、初出一九九一年)。
(44) 『言継卿記』天文十九年閏五月三日条。
(45) 『大日本史料』第十編之十二、四四九〜四五三頁。新村拓「古代中世の医薬書とその流布」(『日本医療社会史の研究』法政大学出版局、一九八五年)。

(46)『漢書抄』第六冊(京都大学附属図書館所蔵、五―四三／カ／一貴)。『漢書列伝竺桃抄』(尾道短期大学国文研究室、一九六八年)にて影印刊行される。
(47)桜井英治「土倉の人脈と金融ネットワーク」(村井章介編『「人のつながり」の中世』山川出版社、二〇〇八年)。
(48)加藤正俊「角倉氏と竜安寺―伯蒲慧稜とその出自をめぐって」(『禅文化研究所紀要』八、一九七六年)。
(49)原田正俊「中世の嵯峨と天龍寺」(『講座蓮如』四、平凡社、一九九七年)、野田泰三・肥留川嘉子・朝比奈英夫「角倉一族の歴史と文化的活動について」(『京都光華女子大学研究紀要』五一、二〇一三年)。
(50)川本慎自「室町期における東班衆禅僧の嗣法と継承」(五味文彦・菊地大樹編『中世の寺院と都市・権力』山川出版社、二〇〇七年)、渡辺純成・安大玉・川原秀城「東アジアの数学と日本」(註(2)前掲)。
(51)古島敏雄「農業全書出現前後の農業知識」(『日本思想大系　近世科学思想　上』岩波書店、一九七二年)、深谷克己「農書の成立」(『深谷克己近世史論集』一、校倉書房、二〇〇九年、初出一九九六年)、桜井英治「中世の技術と労働」(『岩波講座日本歴史九 中世四』岩波書店、二〇一五年)。
(52)黒田日出男「開発・農業技術と中世農民」(『日本中世開発史の研究』校倉書房、一九八四年、初出一九八三年)、木村茂光「中世前期の農業生産力と畠作」(『日本古代・中世畠作史の研究』校倉書房、一九九二年、初出一九八五年)、伏見元嘉『中近世農業史の再解釈『清良記』の研究』(思文閣出版、二〇一一年)。
(53)服部敏良『室町安土桃山時代医学史の研究』(吉川弘文館、一九七一年)、町泉寿郎「曲直瀬流医学の伝承」・小曽戸洋「『啓迪集』に引用される典籍」(『曲直瀬道三と近世日本医療社会』武田科学振興財団、二〇一五年)。
(54)柳田征司『日本語の歴史 四 抄物、広大な沃野』(武蔵野書院、二〇一三年)。同書では桃源瑞仙に先行するものとして椿庭海寿や江西龍派を挙げる。
(55)榎本渉「元末内乱期の日元交通」(『東洋学報』八四―一、二〇〇二年)。
(56)川本慎自「禅僧の荘園経営をめぐる知識形成と儒学学習」(『史学雑誌』一一二―一、二〇〇三年)。

〔付記〕本稿脱稿後、森洋久編『角倉一族とその時代』(思文閣出版、二〇一五年)が刊行され、本稿の課題とも密接に関連する多くの論攷を得たが、本文に反映することはできなかった。お詫びするとともに併せて参照されることをお願いしたい。

東国仏教諸派の展開と十四世紀の位相
――律宗・禅宗・日蓮宗――

湯浅 治久

はじめに

仏教をはじめとする中世の宗教と社会の関係を考える際に、大きな画期は十五世紀という時代である。この時点で明確に姿を現す中世後期の自立的な郷村や町場を受容の母胎として、それ以前の宗教が本格的に地域社会に根付いてゆくからである。やがてそれは近世に引き継がれ、地域民衆に受容され、民衆の信仰として定着してゆくことになる。

これを宗教的教義や宗派(教団)の問題としてみると、いわゆる顕密仏教の展開と異端としての鎌倉仏教の展開、そして鎌倉仏教が戦国期(十五世紀以降)に地域に本格的に受容されるとする戦国仏教の展開という枠組みを如何に考えるかということになる。(1) しかも戦国仏教としての中世仏教の展開は、ただ単に鎌倉仏教の諸宗派のみでなく、顕密仏教にも変化を促し、地域住民への回路をいやがうえにも開いてゆくことになり、その延長上に近世の「日本仏教」としての融合・展開があることになる。

それでは、先行する十四世紀という時代は如何なる時代だろうか。この点、原田正俊氏は禅宗と国家の関係を軸に、顕密仏教の衰退を受け、中世仏教の再編期としてこの時代を捉えている。(2) 原田氏は国家レベルの変化を問題としたが、仏教と地域社会との関係を考えるならば、十四世紀とは、十五世紀の画期に向かい、その兆しが表面化する時代ということになろう。仏教の受容層としての村落や町場が未熟な段階において、宗教は如何なる対象をターゲットにして運動するのか。この点を考える必要があるだろう。それはやはり中世武士による関与のあり方を考えることになるが、当該期の武士団のあり方も一様ではなく、また南北朝内乱を契機としたその変容も考慮する必要があると思われる。本稿では、この問題を東国、特に南関東に事例を得て考察してみたいと考える。

近年、顕密仏教の堅牢な枠組みを批判し、新たな中世仏教の配置を提起した上島享氏は、十二世紀の中葉に権門寺院の周辺で遁世僧により編成された「結衆」が、十三世紀中葉より宗派化を強め、日本の仏教のあり方を変えてゆくという旨の発言を行っている。上島氏は受戒などにみられる権門寺院の影響から自由な「結衆」の展開に変化の兆しをみる(3)。本稿では、その動向が如何に十四世紀に推移し、やがて十五世紀の中間団体に受け入れられてゆくのかを問題としたい。これは教団レベルの諸宗派が地域で具体的にどのように展開してゆくかを追究することであり、各地域で多様な成果を得ているが(4)、東国で考察を加える場合は、特に武士団の動向を考慮することが不可欠である。

この点、近年菊地大樹氏は十三世紀初頭の武蔵の武士にして念仏者の熊谷直実の周辺に、念仏宗の「結衆」が形成されること、そしてそのエートスが熊谷氏の一族結合に引き継がれてゆくことを指摘している(5)。菊地氏の成果をより武士団と地域社会に即して描くことを目的の一つとしたい。また、東国社会の十四世紀の大きな特徴として、鎌倉幕府の滅亡という政治的な大変動があげられよう。政治的な環境の変動が地域における仏教の展開にしるす刻印にも留意すべきである。以上のような関心から、とくに真言律宗、日蓮宗、そして禅宗などを取り上げて考察を加えてみよう。

1　禅宗・律宗・日蓮宗の展開と東国社会

(1) 十三世紀中期、都市鎌倉における仏教諸派の動向

中世都市鎌倉における仏教[6]については、まず鶴岡八幡宮寺・勝長寿院・永福寺などの顕密仏教系の寺社が都市建設の当初から建立され、天台宗の園城寺の僧侶の登用や、東寺の真言密教を導入して法会や祈禱などの宗教政策が行われていた。この点は十三世紀中葉においても基本的には同じであり、執権北条時頼と護持僧隆弁の結びつきなどが特筆される。ただ、加えてこの時期には北条氏により臨済禅の保護、そして真言律宗の登用が見えてくることが特徴として指摘できる。禅宗においては栄西・道元の来訪や、山之内での建長寺や円覚寺の建立に象徴され、後者は大和の叡尊とその弟子忍性の東国下向に端を発する極楽寺の律宗への改宗が特筆されよう。極楽寺は北条氏得宗権力と結びつき、非人救済や浜地の管理など、鎌倉において幕府の施策に関与し、その影響力を増しつつあったという。

そしてこの時期はいわゆる鎌倉新仏教の諸宗派が、競うように都市鎌倉に参入してくる時期でもある。まず法然浄土教の影響を受けた念仏系聖が十三世紀初頭の源頼家将軍の時期から鎌倉に入っており(『吾妻鏡』)、さらに安楽坊遵西、西山派の智導、鎮西義の良忠らが鎌倉に来て活動していることが確認できる。

一方、法華経を重視する日蓮は建長八年(一二五六)頃に鎌倉入りして名越に居を構え、さらに蒙古襲来の不安を背負い、弘安五年(一二八二)には一遍が鎌倉入りを目指すが幕府に拒絶され、江ノ島で踊り念仏による結縁を行っている。日蓮と一遍の行動は、鎌倉に集住している北条氏を中心とした有力武士層との接触を期待したものだが、それだけではなく、都市鎌倉の住民の帰依を求めたものであった。

ここで問題となるのは日蓮の布教と律宗の動向である。一九八〇年代初頭、石井進氏は「都市鎌倉の「地獄」の風景」という論考[7]で、印象的にこの両者の鎌倉における活動と住民層の接触について論じている。石井氏によると、鎌倉の東西は、東の名越に日蓮の草庵があり布教を展開する一方、西には非人施行などを行う極楽寺を中心とする律宗の布教が盛んであり、それぞれ信徒の獲得に奔走していること、そして都市住民、とくに下層民など、その獲得対象は時に重なる場合があること、それにより、浄土宗門徒も含め、彼らの布教は競争的色彩を帯びていた、といったことなどが指摘されている。当時の鎌倉は経済発展が著しく、商業地区（町場）も広汎に展開し、商工業者（「道々之輩」）もかなり住んでいた。彼らとこれら仏教諸派の接触が、この時期に顕著であったことを照射しているのである[8]。

こうした鎌倉における状況は、その後、十三世紀後半から鎌倉幕府の滅亡に至るまでの間に、東国の各地に伝播していったものと推測される。ただ、鎌倉で下層の人々への布教を試みた点は、そのまま地域に展開したわけではなく、まずは武士層を中心に展開した点に留意すべきである。地域でより下層に教線が広がるのは、やはり十五世紀である。こうしたタイムラグは、鎌倉の都市としての早熟的な発展を示しているものであろう。

律宗と日蓮宗の場合を確認しておこう。まず律宗については、武蔵の金沢称名寺による東国各地の寺院の末寺化、寺領の獲得により、教線の隆盛がもたらされた。それは北条（金沢）氏の政治的動向とあいまったものである。とくに房総地方においては、宝治合戦で滅亡した三浦氏・上総千葉氏の大量の闕所地を取得し、さらに金沢氏が下総千葉氏と婚姻関係を結ぶことでひろまり[9]、また叡尊・忍性所縁の常陸国では、やはり北条氏所領を中心に展開し、かつ武蔵から江戸内湾をわたり北上する水陸の交通路にも沿ったものであることを特徴としている[10]。一方、日蓮以降の日蓮宗は、身延や駿河などいくつかの教団にわかれて発展してゆくが[11]、東国でも鎌倉を拠点として多方面で発展する。南関東では、千葉頼胤から出る胤貞流の下総千葉氏の支配地域を中心とした、いわゆる中山門流の発展が特筆される[12]。そこでつぎに、この両者の動向と接触を問題としてみよう。

(2) 十三世紀後半〜十四世紀、東国地域社会における律宗・日蓮宗の確執

律宗と日蓮宗は、当該期の地域においても競合する面を持っていた。この点がまず明確になるのは、武蔵国六浦周辺で、称名寺の拠点付近に千葉氏と中山門流の勢力が及んでくる。六浦はさきにふれた鎌倉と房総・常陸方面との水陸の交通上の結節点にあたり、ここで両者は競合するのであるが[13]、それはさらに、下総の内陸部にある千田庄へと及

んでいる。

千田庄は下総国匝瑳郡の荘園であり、荘園領主は不明だが、治承寿永内乱期には土着国司として威勢をふるった千田親正の拠点となり、千葉常胤が親正を滅ぼして以降、千葉氏の拠点となった荘園である。庄内の土橋郷には東禅寺が所在し、鎌倉末期、称名寺第三代長老の湛睿がここにしばしば止住し、教学の講義などを行っていた[14]。その前提には、さきに指摘したような北条氏・金沢氏による房総進出と、称名寺の地域寺院の末寺化の動向があった。

金沢氏と千葉氏の婚姻関係を確認しておこう。北条時頼の後室に「千田尼」がおり、彼女は千葉胤綱の娘で、兄弟の泰胤は「千田次郎」を名乗り、千田庄に在住していたものとみられる。泰胤の母は北条時房の娘であり、また泰胤の娘は金沢顕時に嫁ぎ、さらにその娘が千葉胤宗に嫁ぎ千葉貞胤を生んでいる。このように鎌倉中〜後期にかけて形成された千葉氏と北条氏・金沢氏との関係が、千田庄への称名寺の進出の契機となったことは確実である[15]。

湛睿が千田庄東禅寺に足跡をしるしたのは嘉暦元年（一三二六）で、この年に東禅寺長老として入寺したと考えられる。以降、東禅寺と称名寺を頻繁に往来する生活がはじまり、それは南北朝内乱の開始をはさんで暦応二年（一三三九）、前年に死去した劔阿のあとをついで第三代称名寺長老となるまで続いている。この間、各地の称名寺僧らとかわした大量の文書類があり、そのなかに千田庄における在地住民への布教活動の実態を窺わせるものが少なからず伝来している。それらから湛睿の千田庄における仏事の対象をみると、在地の武士として以下のような人々が抽出できる。

原氏（原四郎）・鼻和氏（鼻和五郎）・次浦氏（次浦殿）・井戸山氏（井戸山入道）・孫六殿・笹元氏（サヽ入道）[16]

原氏は千葉氏の一族で千田庄内の原郷の出身、次浦・井戸山氏も庄内に地名が確認できる武士で、鼻和氏も次浦在住の氏族と推定される[17]。鼻和五郎は正慶元年（一三三二）に死去し、孫六・次浦・井戸山氏等は元弘の乱で北条氏方として戦死している。湛睿が在住した頃、千田庄ではこれら在地武士の葬送・供養や忌日法要などの仏事を行うことで、東禅寺の安定化をはかっていたことがわかる。原氏をはじめ、彼らの多くは千葉氏の被官であり、次浦氏は元弘の乱の鎌倉攻めで死去した可能性が高い。千葉氏のみならず、こうした在地の武士層を檀越として取り込んでいたことは特筆に値する。

湛睿は教学だけの学僧ではなく、唱導の名人でもあり、六浦にも多くの檀越を獲得していた。その一人である中江入道は、六浦庄の蒲里谷（現、釜利谷）に住み商業や代官業にも携わる有徳人である。中江入道は、湛睿の依頼により、東禅寺の寺領に関する訴訟に介入し、その保護を行っている。こうして称名寺は東禅寺を事実上の末寺とし、有力な有徳人を檀越として獲得し、教線を延ばしていたのである。

では日蓮宗はどうだろうか。千田庄には中山門流がほぼ同時期に扶植される。その契機もやはり千葉氏の外護による。十四世紀初頭の正和三年（一三一四）、門流の寺領として庄内の牛尾郷権四郎名がみえ、千葉胤貞が第二世貫首日高の譲状に署判を加えている。これをかわきりに、元徳三年（一三三一）までには三谷（村。中村郷の一部）、原郷阿弥陀堂、中村郷、金原郷に堂免田と在家などの寺領が確認できる。千葉胤貞はこの時期、下総国府の近傍の八幡庄、臼井庄などの所領とともに、中山門流に多くの千田庄内の寺領を寄進していた[18]。

鎌倉末期から南北朝期の中山門流を主導したのは第三世貫首日祐である。日祐は千葉胤貞の猶子であり日蓮宗僧として中山門流を興隆に導いた。その活動を記した『一期所修善根記録』[19]などによれば、彼は永仁五年（一二九七）に生まれ、応安七年（一三七四）に七七歳で死去するまで精力的な活動を行っている。千田庄においては延文二年（一三五七）の「多古日忍阿闍梨御堂供養」、同四年の「千田荘原郷御堂供養」、貞治二年（一三六三）の「千田荘安久山堂供養」、応安二年（一三六九）の「千田荘多古日忍遺蹟堂供養」など、多くの「御堂」の建立を行っていることがわかる。それは八幡庄の本寺の教線が千田庄に伸びてゆく様を如実に表している。また中尾堯氏により、これらのうちの原郷の御堂については、現在の中村妙光寺（現多古町）の前身に、安久山堂については安久山円静寺（現匝瑳市）に発展してゆくることが指摘されている。[20] 千田庄における日蓮宗は、その後中世を通じて発展し、現在も多くの関係寺院が所在しているのである。

日蓮宗は十四世紀以降も興隆をみるが、東禅寺のその後は不明な点が多い。先学の研究においても、千田庄が享徳の乱の際の千葉氏の内紛の舞台にはなるものの、寺院としての存廃は不明な点が多く、その後の千田庄における仏教は、やはり日蓮宗が主役であることは否めないのである。しかし、東禅寺とその檀越の分布する地域には、日蓮宗の寺院が展開していないことには留意しなければならない。これは両者が鎌倉末期以来、千田庄にともに教線をはり、対抗していたことを示している。すなわちこれは、鎌倉中期に都市鎌倉でみられた事態のまさに延長線上にある事実であると言うことができよう。

ところで両者の対立の構図は、そのまま当該期の千葉氏一族の対立を反映したものであったことも指摘しておきたい。千葉氏の仏教信仰は天台宗、日蓮宗、禅宗など様々あるが、千葉頼胤の死去ののち、家督の交替劇をもとに大きく変容する。頼胤の嫡子である宗胤が本来なら家督を継承するべきところ、九州に下向することで影響力が薄れ、弟の胤宗が千葉介を継ぎ、その子息である貞胤がこれを継承する。さきに述べたように、貞胤の母は金沢顕時の娘であるから、胤宗―貞胤系は金沢氏と所縁をもち、称名寺と近い関係にある。これに対し、宗胤―胤貞系は「千葉(千田)太郎」を名のり、千葉介と拮抗する勢力を有していたとされる。そして宗胤―胤貞系は日蓮宗中山門流の熱心な檀越であった。つまりここにおいて両者の対立は、同時に日蓮宗と律宗という信仰の対立でもあったのである。[21]

また千葉介の本拠地はいうまでもなく千葉庄であり、これに対して鎌倉後期の宗胤―胤貞系の本拠地は、中山法華経寺のある八幡庄と国府(府中)と考えてよい。千葉には律院光明院もあり、称名寺の僧たちが盛んに往来していた。対する八幡庄と国府(府中)にはほとんどその痕跡はない。千葉庄と八幡庄・国府(府中)はともに千葉氏の本来的な本拠地だが、ここにおいて分裂の様相を見せていた。そこで問題となるのは千田庄である。千田庄において両者がどのような拠点を持っていたのかは明らかではない。しかし「千田」を名のる宗胤―胤貞ら、そして金沢氏と縁戚関係にある貞胤は、それぞれ所縁を持つのであり、この両勢力は千田庄では拮抗しつつ対峙していた可能性が高い。それが土橋郷の東禅寺と、それ以外の日蓮宗地域との「棲み分け」と関連すると考えることができるであろう。

しかし、彼らをただ単に宗教上対立していたとのみ見るのは正しくないだろう。彼らの一族や被官らは、それぞれ日蓮宗と律宗を選択していたのであり、両宗派は千葉氏という武士団とその被官層という同質の対象を、相互に競い合い檀越としていったのである。[22]

（3）南北朝内乱と仏教諸派

こうした状況のなか、鎌倉幕府が滅亡し、内乱が開始されることは東国の仏教諸派にいかなる影響をもたらしたのだろうか。まず一つには空白化した政治地図のなかで、新たな権力者の安堵・外護を求めて奔走することである。その過程で権力が集中する京都への求心性がたかまり、都鄙間の交流が活発化することは特筆される。[23]また一方で、寺院はいわば自力救済に努める傾向がみられる。有力な檀越を獲得することと、勧進などの方法で経営の基盤をさらに広くする。実際にはこれらは密接不可分に展開するものだが、そこにどのような特色がみられるのかを具体的にみてゆこう。

下総千葉氏は、建武二年に胤貞方と貞胤方により国内で紛争が惹起される。その様相を詳細に分析した小笠原長和氏によれば、[24]千葉介貞胤は当初新田方に、千葉太郎（千田大隅守）胤貞は足利方につき、建武二年、内乱の開始早々、胤貞方は相馬親胤とともに貞胤の「千葉楯」を攻撃、さらに月日をおかず千田庄の大島・並木・土橋などでも両者の間で合戦が行われたという。しかし、翌建武三年には胤貞が死去し、貞胤が北朝に降ったことで両勢力の対立は一応、解消したとされている。[25]

また、この対立のなか、胤貞方の一族の中には貞胤に味方する者も表れ、一族・被官レベルの角逐が繰り広げられたが、その後、胤貞の子息らについては、没落する者(胤平)、肥前小城に西遷する者(胤泰)を出し、最終的に下総における家督は胤継に継承される。この胤継系が、その後の下総における日蓮宗中山門流の外護者となる。胤継は胤貞の遺産を引き継ぎ、日祐の活躍もあり、中山法華経寺は室町幕府の祈禱所として安堵を受けるが、それは鎌倉府の政治の展開のなかで下総国守護として勢力を安定化させる貞胤系の一族に対する対抗手段でもあった。しかし胤継系一族は徐々に勢力を失い、十五世紀にかけて千田庄の一郷村である「多古氏」を名のる一族として逼迫してゆく。しかしそれゆえにこそ、強烈な日蓮宗信仰を一族で保持し、その動向を窺える史料を残してゆくのである。(26)

一方、貞胤方の信仰のありかたは残念ながら不明である。ここでは千田庄における東禅寺と湛睿をめぐるその後を確認しておこう。湛睿は暦応二年(一三三九)に称名寺住持として金沢に戻るまでは、東禅寺長老を兼ねており、その前後の関係史料においては、東禅寺など房総の寺領のある地域に関するものがあり、それがさきの千田庄における合戦の基礎史料となっている。しかしそれ以外にも、内乱における在地の状況と称名寺・東禅寺の直面した事態を窺えるものが存在しており、それらを参看すると、(27)寺院の存在する地域の危機に直面した学僧湛睿の生の肉声に接することができる。たとえば東禅寺の寺領の荒廃を嘆き、在所の作毛が実ればさらに物騒が増すという認識を示す。また房総とは限らないが、年貢の確保のためには百姓への方便が大事とのべ、荒廃した田が再び開かれたことをめでたいとする。

そのようななかで、上総東荘上代郷の年貢搬送について、近隣の在地住人である「くさかへ」の人々を雇仕するなどする。(28)一方、湛睿は東禅寺の安定化について、千葉介や笹元氏、円城寺氏らに書状を送るなどして、守護とその被官たちに援助を求めている。このなかには、湛睿により檀越となった人々の人脈も重なっていると見るべきだろう。

このように、華厳教学の大家である学僧でさえ、寺院と宗派の行く末について、地域社会の実態や世俗の縁に頼らざるを得ない時代が到来していたのである。本寺である称名寺自体、安定化には苦慮していたようで、湛睿以降の内乱期の長老である四代の実真や五代の什尊らも、足利氏、鎌倉府などに働きかけて安堵を引き出しているが、寺領はなかなか安定化せず、訴訟も進捗していない。称名寺にとってはまさに受難の時代の到来であったのである。[29]

さて、ここで禅宗の展開について言及しておく。鎌倉後期から南北朝にかけて、足利氏など有力武家の帰依を受けた夢想疎石を中心とした夢想派が東国で活躍する。円覚寺などの禅宗寺院の寺領が多く設定され、その経営には庄主という所領経営に長けた禅僧が各地で活躍している。[30] 一方、地域の武士層を中心に禅宗五山とは異なる私寺としての禅宗寺院（林下）が各地で発展をしている。東国では幻住派の復庵宗己が常陸に高岡法雲寺・小山長福寺、上総大多喜に円照寺を開き、臨済禅を発展させている。桃崎祐輔氏は、法雲寺などを事例とし、常陸で隆盛した律宗は、分家自立と個人主義の風潮に対応した禅・本覚思想の台頭で退潮を余儀なくされ、多くは禅宗に転化したとする。[31] また桃崎氏は弁天・毘沙門天や牛頭天王など福神信仰の普及による、民衆の現世利益の願望がその根底にあるとも指摘する。この問題については、小野澤眞氏が、伊勢・伊賀・近江・越前における律宗・時宗から天台宗真盛派への展開、河内などにおける律宗から融通念仏宗への展開を指摘する。[32] こうした律宗から禅宗や他宗への展開の様相を具体的に掘り起こすことは今後の課題である。

2　十四世紀東国仏教における「結衆」の性格

本節では視点をさらに地域に移し、前節で確認した諸宗派の動向をさらに検討してゆきたい。地域社会に「結衆」がどのように形成され、それはいかなる特色を持っていたのかを明らかにしてゆこう。

（1）下総大戸庄村田郷堀籠村興徳院と国分氏一族

ここでは律宗の地域への浸透を具体的に考える素材として、称名寺末の下総雲富寺、別名大慈恩寺とその末寺である興徳院の事例を取り上げたい。雲富寺（以下は大慈恩寺で統一）は、房総の称名寺末寺として、土橋東禅寺・三ケ谷永興寺などとならび称される寺院で、叡尊の弟子真源を開山とする寺院である(33)。真源は大慈恩寺に来る以前には、陸奥国好間庄の薬王寺の住持であり、好間庄の地頭である千葉氏庶流大須賀氏と関係を結び、大須賀氏の誘いにより、その所領である下総国大須賀保内に大慈恩寺を建立し開山となった。大慈恩寺には南北朝期に下総国の利生塔も設置され、その名は称名寺関係の史料に頻出する一方で、独自に文書を蓄積している。『大慈恩寺文書』と称されるその文書は、現在の千葉県成田市吉岡に所在する大慈恩寺が蓄積・保管した文書群であるが、そのなかの一通につぎのような文書がある(34)。

奉寄進下総国香取郡大戸庄村田郷堀籠村
池左久興徳院田地事、
田数坪付事、
参段　此内、二段、大井出又五郎作・守大夫作、一段、四郎太郎作、北町
壱段　池左久　日円作
参段　小高野　刑部作
参段　峯崎　検校三郎作
弐段　此内、一段、堀籠崎河辺頼心作、一段、左世作、
弐段　此内、一段、池左久、道願作、一段、平五田、南町
右寄進志趣者、奉為

妙心（花押）
平氏女（花押）
平胤朝（花押）
平胤頼（花押）
平師胤（花押）
平胤近（花押）

聖朝安穏、天下泰平、

御願円満、別為頼朝右大将以下、代々関東将軍・副将軍等御菩提、殊為武家安全、関東繁昌、兼為妙心并父母子々并平氏女、平胤朝、祖父子々、世々恩所雖皆与等、乃至普利法界衆生恩、為妙心并平氏女平胤朝并子孫等峴（現）当二世所願成就、且為子々孫々彼寺末代居住、限永代奉寄附以雲冨山慈恩寺為本寺、如彼寄進、以諸御公事等令賦子孫等之間、一同不輸、持斎之僧可令領知給者也、背此趣子孫等、永不孝仁也、不可綺妙心并平氏女平胤朝遺領劫石雖磷斯願、永存仏法僧宝天神地祇、悉知証明祈願成弁、為後日証文、寄進之状、如件、

正中二年乙丑十一月十一日

大慈恩寺[35]は、大須賀氏が大檀越であるとされていたことから、最も早い正中二年（一三二五）の年紀を持つこの文書の平氏らも、大須賀氏と考えられてきた。しかし外山信司氏の研究[36]により、この寄進状に署判している妙心以下平氏の人々は、この村田郷堀籠村を包括する大戸庄を領する国分氏の一族であることが確認された。外山氏によれば、胤朝・胤頼が『千葉大系図』など系図上に国分氏として所見があり、師胤・胤近はその兄弟と推測されるという。妙心と平氏女についてはは不明だが、おそらく彼らの祖母・母に相当する人物であり、内容から察するに、妙心と平氏女がこの一族の族長の立場で、惣領である胤朝を中心に一族の結束のため、田地を寄進したものであろう。彼らは小規模な一族レベルの結衆を構成していたのである。文書は形式的にはやや奇異な感を受けるが、住持に対して公事を負担させない形式の寄進のため、各自の持つ田地につき所有を明確にし、避文としての機能を持たせるために各自の花押が捺されているものと考えられる。

外山氏も指摘するように、国分氏は千葉氏の有力庶流であり、鎌倉から戦国期にかけて、系譜上さらに大きな同族の展開が確認できる氏族だが、ここに表れた一族は、大戸庄村田郷堀籠郷を基盤とした小規模な一族である。その一族が基盤とする郷村に池左久興徳院が建立され、そこに国分氏により田地が寄進されているのである。

ここからまず、鎌倉末期の段階で、大慈恩寺に末寺が形成されていること、そして小規模な武士の一族が末寺の基盤となる田地を寄進していることを確認したい。十四世紀初頭の段階で、律宗寺院がより地域に密着した末寺を形成していることは特筆されよう。また、この興徳院が国分氏一族の結集の核として機能していたことは確実である。おそらく鎌倉末期の不安定な状況のなか、小規模な一族であるからこそ紐帯が必要とされたのであり、それが律宗を受容する受け皿となったと考えることができるだろう。

ところで、大戸庄村田郷堀籠村と国分氏・興徳院については、外山氏らにより現地の景観の調査に即した実像が明らかにされている。(37)その成果を参照しつつ、興徳院のその後の展開について検討したい。興徳院については、さらに数通の史料が『大慈恩寺文書』に伝来している。それらを検討すると、国分氏の一族とみられる人物が堀籠村の田地を安堵ないしは寄進している。建武三年(一三三六)には国分氏とみられる朝胤が興徳院坊主に充て「雲富寺末寺分」の「堀籠村内壱町壱段」の寺領を安堵しており、(38)さらに貞治二年(一三六三)にはやはり国分氏とみられる大戸川胤村・平貞義が堀籠村内の「五郎衛門跡本知行分浮免所」を「御台所料所」として興徳院に寄進している。(39)

外山氏の指摘によれば、彼らはいずれも国分氏ではあるが、さきの一族とは系譜上やや距離があるようである。国分朝胤の安堵は一族の上級者による以前の寺領の安堵であろう。また大戸川胤村らは、「代官」として「御台御料所」をさらに寄進している。この「御台所料所」は、外山氏も述べるように鎌倉府の御料所であろう。新たな政治的枠組みが、この荘園の郷村に設定されたことになる。このように小規模な末寺でも政治的に疎外された存在ではなく、寺院を維持するために権力と連なろうとする政治的な姿勢を持つことは、あらためて注目されよう。

そしてさらに興味深いのは、平孝常による、応永十七年(一四一〇)の安堵と同二十一年(一四一四)の寄進である。(40)平孝常は、外山氏により国分氏に比定されている人物である。応永二十一年に寄進されているものは、「下総国大戸庄堀籠村薬師堂免田畠在家」の田五段と畠二ヶ所・屋敷である。この薬師堂免田などを、興徳院の「支配」するもの

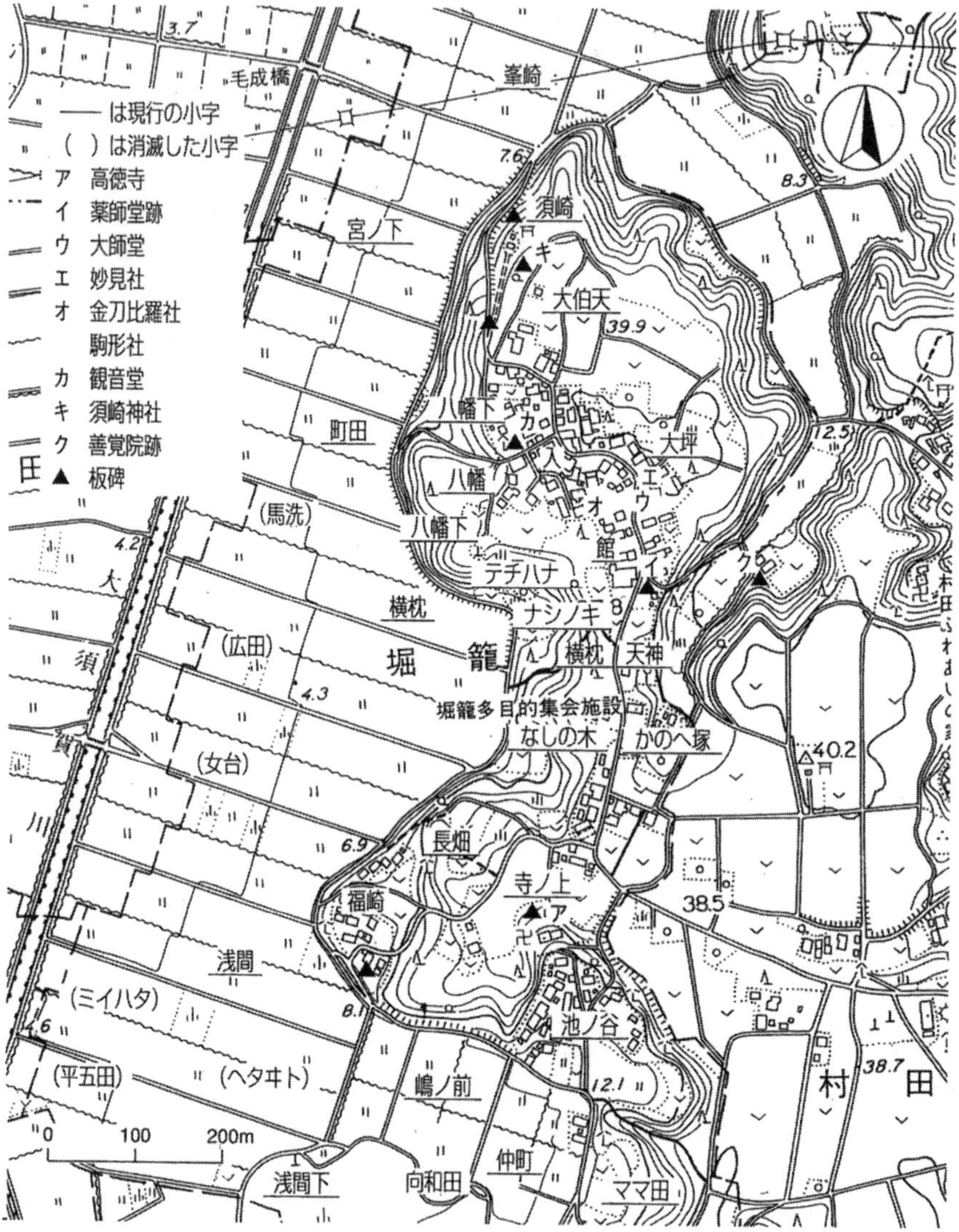

図１　堀籠の地形図（大栄町都市計画図を使用。外山信司氏作図。『大栄町史通史編 中世補遺』より）

として寄進している。また興徳院と薬師堂を「雲富寺末寺」である「律院」と位置づけ、その造営等の「支配」を雲富寺に認める内容である。

そこで十五世紀の初頭のこの寄進から、興徳院の性格を考えてみよう。まず薬師堂を興徳院に附属させている点だが、これは薬師信仰を興徳院が取り込んだことを意味しよう。現世利益的な薬師信仰を「律院」が取り込んでいることは、その変化を示すものと把握できる。東国における律宗信仰は、さきにみたように、十四・五世紀以降、福徳信仰などの取り込みにより現世利益的な様相を深めて変質し、やがて禅宗などに吸収されてゆくとの指摘が桃崎祐輔氏によりなされているが[41]、興徳院の場合、まさにこれに当てはまることになる。

興徳院・薬師堂と、郷村・領主の関係を知るために、つぎに堀籠村の景観についてみたい。図1は外山氏が作成した堀籠村の概略図である[42]。これによれば、開析谷に面して約四〇㍍の北総台地の台地上に村落が展開しており、南部には興徳院の後身寺院である高徳寺が存在している。台地のくびれ部分を経た北部には居住空間が展開している。これは房総の北総農村、とくに香取地方で確認できる台地上の集落形態の典型であり、基本的には中世以来のものとすることができる。その根拠として、館と薬師堂の痕跡が指摘できる。まず薬師堂だが跡地とされる場所があり(イ)、近世の石塔類とともに複数の板碑がある。ここを応永の寄進状にみえる薬師堂に比定してあやまりないだろう。また堀籠には現在も鎮守須崎神社や観音堂・妙見堂などの諸堂があり、地名からは天神・八幡・浅間の神社があったことが推測できる。堀籠村は諸堂社の林立した中世的な景観を有している。

つぎに館だが、外山氏が作成した図2によれば、堀籠には字「館」が存在する。そしてこの館は薬師堂跡(図中のA)に近接しており、土塁を持つ館跡を確認することができる。外山氏はこの館跡を、付近の字「入」周辺の土豪屋敷とともに、国分氏の館に比定している。表面観察からする館跡の年代比定は難しいが、少なくとも薬師堂と館の主の関係は明確であり、さらにそれが堀籠村の集落に近接して、堀籠村の内に存在している点は重要であると考える。

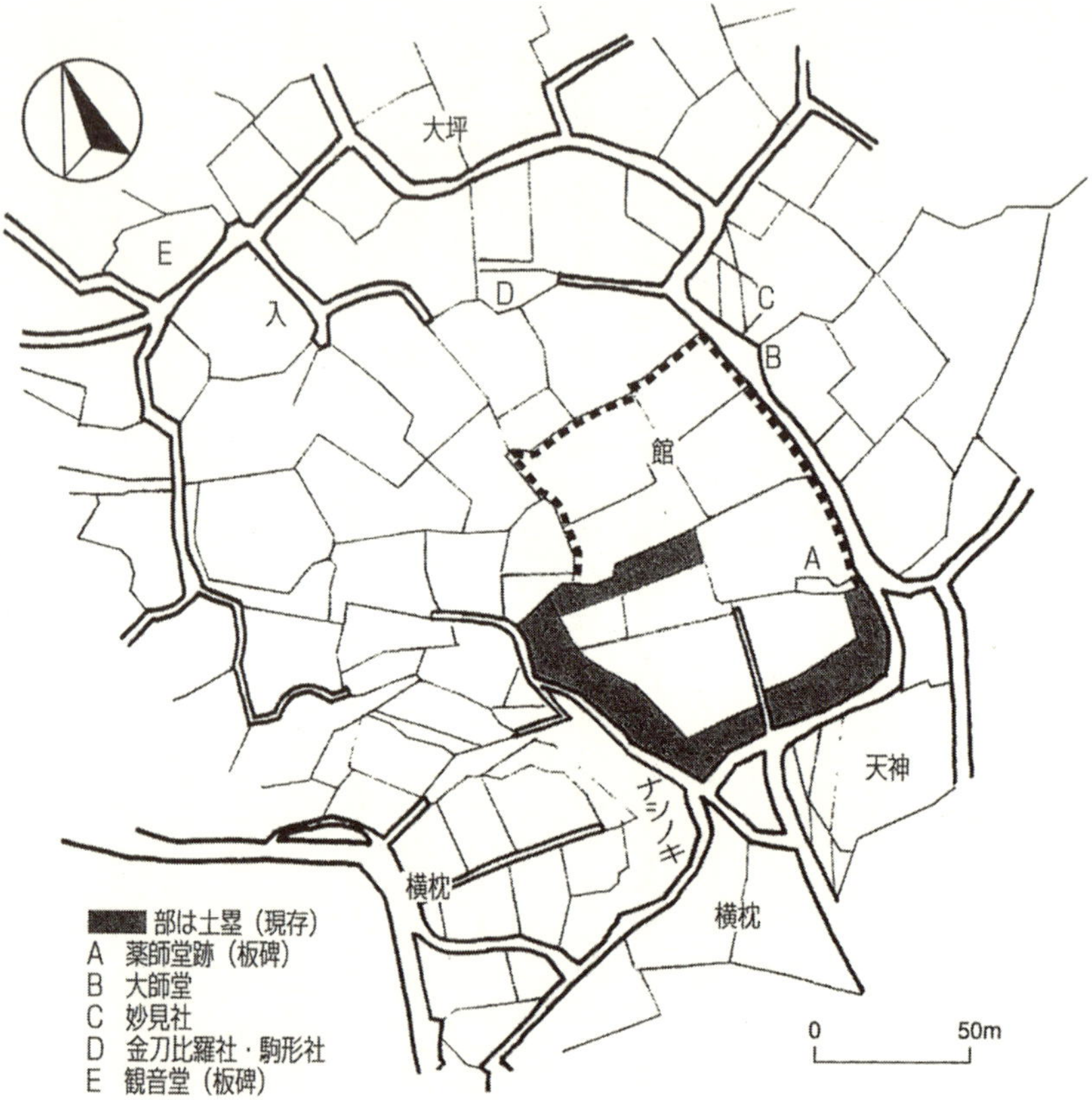

図2　堀籠字「館」付近の地籍図（外山信司氏作図。『大栄町史通史編 中世補遺』より）

これは十五世紀以降の段階で列島規模に確認できる、村落と一体となった土豪居館の一事例であろう[43]。館の主が国分氏、特に孝常である確証はないが、薬師堂が史料上に確認される十五世紀以降に、土豪（小規模な在地領主）により薬師堂が、さらには興徳院が維持されたと考えることは許されるだろう。つまり律宗寺院である興徳院は、現世利益を取り込み変質することで、土豪と村落により維持される村落レベルの地域寺院へと転成し、地域に定着したものとみられるのである。

この点でさらに興味深いのは、諸堂の周辺に所在する板碑の存在である（図1）。まず、さきにも指摘した薬師堂跡の板碑は貴重だが、加えて諸堂の周辺に板碑が確認できることは重要な意味をもつ。これらの堂が中世から存在していた確証はないが、妙見堂は千葉氏一族共通の信仰として国分氏段階からあったとしてもよいだろう。また阿弥陀信仰を中心として、堀籠村には一九基の下総型板碑が確認されている。そのなかには康永四年（一三四五）、貞治四年（一三六五）、応安四年（一三七一）の阿弥陀種子板碑、応永十八年（一四一一）の金剛界大日種子板碑がそれぞれ確認できる。(44) これらは文書で興徳院の動向が確認できる時期とほぼ同じであり、堀籠村に浄土教あるいは密教系の信仰が存在していたことを示唆している。(45) 土豪と村落住民は、興徳院とともに、こうした信仰も受容していたのであろう。ただ、こうした興徳院のような寺院を、もはや律宗寺院と呼ぶことは妥当だろうか。本来の釈迦仏への信仰や、戒律の重視などからかなり離れた存在となったからこそ、律宗寺院は地域に受容されたと考えるべきであろう。それは本来の律宗信仰の終焉への道であったのである。外山氏の調査によれば、興徳院は近世初頭に禅宗寺院に改宗されるというが、その前提はすでに十五世紀段階に準備されていたと言えよう。

（2）千田庄における題目板碑と「結衆」の展開

つぎに日蓮宗における「結衆」の展開を、千田庄を中心にしてみてみたい。この点についてはさきにもふれた中尾堯氏の豊富な研究蓄積があるが、(46) 在地領主層の動向に視点をおいて検討する場合、有効な史料となる板碑の銘文にあらわれた「結衆」の様態を検討してみよう。近年、阪田正一氏の研究により、千田庄を含めた下総の主要地域における題目板碑の情報が集成され、十四・五世紀における地域的な「結衆」のあり方が俯瞰的に追えるようになった。(47) 阪田氏によると、千田庄の領域における題目板碑は、ほぼ中山門流により造立されたものとしてよく、その造立趣旨と「交名」を中心に、造立過程と供養の作法の検討を目的として、千田庄、八幡庄、臼井庄という門流の顕著な地域別に集成が行われている。その結果、千田庄は六四基、八幡庄は五七基、臼井庄に九基の造立趣旨銘等を有する板碑が存在していることが判明した。

千田庄においては、暦応二年(一三三九)を皮切りに明応七年(一四九八)までの五八基が年紀をもち(年紀不明が六基)、およそ十四〜十五世紀にかけての造立主体が把握できることになる。阪田氏の集成から、「結衆」の具体像が確認できるものを抽出して作成した表を手がかりに、以下考察を加えてみよう。[48]

まず観応二年(一三五一)に造立された日本寺前新田墓地に所在する板碑が「結衆」の初見である。これは「為一結衆等、七分全得也」とあり、随願往生経や地蔵本願経に説かれているように、追福の善根により被供養者一分、供養者七分の得になるという思想から、「一結衆」が板碑を造立していることがわかる。つぎに安久山円静寺に所在する文和五年(一三五六)の板碑がつづく。この板碑からは、同様の思想のもと、僧覚侖と「一結衆」「一結講衆」による造立がなされたことがわかると同時に、その人数が「百二人」にものぼることが注目される。中尾氏によれば、円静寺はかつて金原郷の安久山堂と呼ばれ、旧仏教系の堂として千葉氏一族の金原氏の庇護のもとに存在していたが、中山門流の日祐の教化により日蓮宗に帰依し、堂を寺院としたのと同時に造立されたものがこの板碑であるという。ここにみえる覚侖は金原氏出身の僧侶であり、この後の貞治二年(一三六三)、日祐が安久山堂の堂供養を行ってから、本格的に中山門流に取り込まれてゆくことが指摘されている。[49][50]以上のことから、この板碑が安久山堂のもとに存在する日蓮宗の「結衆」により造立されたことは確実と言えよう。その後、十四世紀に確認できる「結衆」は、応安二年(一三六九)の法眼寺、そして同四年(一三七一)の妙光寺の板碑の「一結衆」となっている。

ところで、中尾氏は文和五年の「結衆」百二人の集団の性格について、金原氏、胤貞流千葉氏の一族により占められていたとするが、この点はどうだろうか。その根拠としては安久山堂が村堂ではなく、在地領主の氏寺的要素が強いことをあげるが、円静寺の立地や規模からは、むしろ村堂的な要素が強いように思われる。また何よりも一〇〇人を越える「結衆」の存在は、武士の一族のみならず、土豪や村落上層を包摂しなければ構成しえないレベルのものではなかろうか。

この問題点を考慮しつつ、その後の「結衆」をみてゆくと、明徳三年(一三九二)以降、明らかな変化を指摘できる。すなわち、明徳の妙光寺所蔵の板碑以降に表れる「一結衆」には、その構成を具体的に示す交名が存在すること、また「結衆」文言がなくとも、交名を有する板碑が出現するのである。ここにまず、十五世紀における「結衆」が、十四世紀のそれに比べ構成員としての「個」を意識した集団に変化したことを指摘することができると思われる。

この変化を促したものを明確に指摘することは難しいが、一つの仮説を示すために、十五世紀以降の板碑の「結衆」を示している交名を検討してみよう。すると、これらはおよそ三つのありかたに分類できる。まずA＝法名を含む農民的な名前を持つ者、「胤」を含む実名のみの者、名字を持つ土豪的な者が構成する結衆(21・23・24・29)、つぎにB＝Aに複数の日蓮宗の僧侶が加わっているもの(26・42・54・55)。この僧侶は板碑造立に際して、導師として供養など儀式を取り持ち、この「結衆」の紐帯の核としての役割を果たしている者であろう。しかしAにおいてこうした僧侶の関与が全くないことも想定できず、AとBの隔たりはそれほど大きくはない。そして最後に、C＝中山門流の歴代貫首ら教団の指導的な僧侶と、大檀越である胤貞流千葉氏一族の名前が列記されるもの(35・48)である。

千田庄に所在する板碑は、ほぼすべて下総型板碑であり、交名など文字を刻むスペースが広いことを特徴とするが、ここでは板碑の形態や大きさを考慮に入れず、交名の性格のみで分類をした。

表　千田庄の板碑にみる「結衆」

番号	所在地	年　号	交 名
6	日本寺前新田墓地	観応2年(1351) 11月日	—
7	円静寺	文和5年(1356) 2月日	—
11	法眼寺	応安2年(1369) 5月6日	—
12	妙光寺	応安4年(1371) 11月27日	—
21	妙光寺	明徳3年(1392) 10月日	A
23	日本寺前新田墓地	応永9年(1402) 12月14日	A
24	浄妙寺	応永12年(1405) 11月10日	A
26	妙光寺	応永15年(1408) 11月19日	B
29	妙浄寺跡	応永21年(1414) 1月	A
35	妙光寺	応永33年(1426) 9月17日	C
42	春日神社裏	永享6年(1434) 12月11日	B
48	東福寺	嘉吉2年(1442) 4月15日	C
54	徳成寺	長禄5年(1461) 7月19日	B
55	東福寺	寛正5年(1464) 9月24日	B

※「番号」は阪田注＊論考の表のもの。
※「交名」のアルファベットは本文中の分類に対応する。

しかし、ここからでも以下のような特徴を指摘できると考える。

まず、A・BはCに比べ、より地域的な信仰集団であり、その上部にCの教団的な集団が存在している、と考えられる点である。ここから、十四世紀末から十五世紀前半にかけ、日蓮宗信仰がより広範な地域住民に受容されつつあったことが理解されよう。そこには千葉氏一族の血縁に連なる武士や、非血縁の名字を持つ土豪(侍)層、そして村落の上層が確認される。これらの人々に日蓮宗が受容されつつあったことは確実であろう。

この点を確認した上で、さらに二点の板本尊の情報をこれに対比してみよう。板本尊は、文字どおり木製の本尊で当該期の中山門流に特有の形態であり、いずれも同じ北下総で作成されたものである。一つは応永九年(一四〇二)に香取郡小萱妙福寺の本尊として作成されたもの、もう一つは応永二十六年(一四一九)の円静寺が保管する本尊であり、いずれにも詳細な交名が認められる。[51] 一見して明らかなのであるが、この二つの本尊に結縁した人々は、中山門流の指導的な僧侶と胤貞流千葉氏一族、そして土豪層と百姓層であり、その数は前者が九〇名、後者は五七名を数える。つまり、これらの板本尊は、板碑の「結衆」であるABCをまさに総合したものなのである。

とくに小萱妙福寺の板本尊に結縁した九〇名とは、さきの文和五年の板碑にみえる一〇二人に匹敵する。円静寺保管の板本尊も五〇名を越える。これは「廿二日契約衆」と名のり、忌日法要を主体とする信仰集団であることも注目される。

この二つの板本尊は、板碑にみる小規模な信仰集団が、より総合され、重層化し一つの地域的な教団を構成していることを如実に示している。ここに十五世紀の仏教信仰の地域への定着の一つのモデルを見いだすことが可能であると思われる。そこで文和五年の板碑にみえる一〇二人の「一結衆」の性格について言及したい。以上の考察から、文和五年の板碑の「結衆」は、十五世紀の板本尊のそれとほぼ同レベルの人数を動員した造立であり、その内実も同様のものであったと考えることが可能である。しかしそれは、十五世紀の「結衆」ほど明確な自己主張にいまだ至らない集団であったのである。そしてほぼ半世紀を経て、「交名」が出現するのは、下層の人々も含めた構成員の自己主張が表に出てきた結果であろう。ここにおいて信仰集団の個々は、以前より自立的な存在として歴史の表層に表れてきたのである。こうした意味において、十四世紀の「結衆」とは、十五世紀に向かって萌芽的な性格を帯びたものであったと考えられるのである。

東国の板碑全般を俯瞰した千々和到氏は、十五世紀のはじめから半ばに至る時期に一つの大きな画期を認めている。(52) それは、「結衆」・「一結衆」などの集団により造立された板碑が増加することであり、その交名の中に無姓の百姓らの名も現れることをもって、村落の「結衆」の出現を読みとっている。千々和氏の指摘は正鵠を射ているが、下総千田庄の事例は、そこにいたるまでに武士団における信仰の展開がまずみられること、そしてそこから百姓が主体的に出現するプロセスを示していると思われる。武士団に包摂されつつも、そこから輪郭を明確にする百姓的な「結衆」は、まさに東国における武士団からの村落百姓の分離の過程と把握できるものと思う。

おわりに

以上、とくに十五世紀の仏教の展開を意識しつつ、十四世紀段階における東国仏教諸派である律宗・禅宗・日蓮宗の地域社会における展開を追ってみた。十三世紀に早熟的に鎌倉で根を下ろしたこれら仏教諸派が、地域勢力や武士団の受容とあいまって地域に展開するが、それぞれの宗派の特色故に個性的な展開を示すこと、そして地域の実態に即した個性的な「結衆」を生み出し、さらに下層の階層をまきこみつつ、十五世紀の村落レベルの展開を用意していったことなどを論じた。

最後に課題とするところを述べて本稿を閉じたい。それは律宗の展開で論じた現世利益との融合という視点である。

おそらく顕密仏教がその後展開する際には、こうした関係を不可欠とすると思われる。十五世紀に至って日蓮宗が直面するものがこれである。単なる顕密仏教ではなく、地域社会に密着するための展開がそこには存在したものと思う。その点をさらに追究することが、十四～十五世紀における仏教諸派の展開と相互の相克を把握するために有効である。この点を今後の課題として、ひとまず本稿を閉じよう。

註

（1）拙著『戦国仏教』（中公新書、二〇〇九年）、同「鎌倉仏教は鎌倉時代の仏教か」（『歴史の常識を読む』東京大学出版会、二〇一五年）を参照。
（2）原田正俊「中世仏教再編期としての一四世紀」（『日本史研究』五四〇、二〇〇七年）。
（3）上島享「鎌倉時代の仏教」（『岩波講座日本歴史中世1』岩波書店、二〇一三年）。
（4）枚挙にいとまないが、代表的なものとして石田善人『中世村落と仏教』（思文閣出版、一九九六年）、堤勝義『中世瀬戸内の仏教諸宗派』（探求社、二〇〇〇年）をあげておく。また近年小野澤眞「中世仏教の全体像」（『中世時宗史の研究』八木書店、二〇一二年）が当該期の宗派的展開を視野に入れた全体像の提起を行っている。
（5）菊地大樹「惣領制の展開と信心の継承」（『東京大学日本史学研究室紀要　別冊　中世政治社会論叢』二〇一三年）。
（6）以下本節はおもに納富常天『鎌倉の仏教』（かまくら春秋社、一九八七年）を参照。また石井進・貫達人編『鎌倉の仏教』（有隣堂新書、一九九二年）も参照。
（7）石井進「都市鎌倉における「地獄」の風景」（『石井進著作集』第九巻、岩波書店二〇〇五年所収。初出一九八〇年）。
（8）鎌倉の都市としての発展については拙著『蒙古合戦と鎌倉幕府の滅亡』（吉川弘文館、二〇一二年）参照。鎌倉の経済発展と律宗を含めたいわゆる鎌倉新仏教諸派の鎌倉進出との関連については、松尾剛次『中世の都市と非人』（法蔵館、一九九八年）にも指摘がある。
（9）荻野三七彦「鎌倉時代に於ける文化の地方伝播」（同『日本中世古文書の研究』一九六四年。初出一九五八年）、小笠原長和「武州金沢称名寺と房総の諸寺」、同「下総千葉氏と称名寺僧」。いずれも小笠原『中世房総の政治と文化』（吉川弘文館、一九八五年)所収を参照。また『千葉県の歴史　通史編　中世』(千葉県、二〇〇七年。以下『千通史』と略す)は、中世房総の政治史のみならず、社会経済、仏教など信仰面も含めた近年の到達点である。本論でも以下、その成果をしばしば参照してゆきたい。

(10)『中世の霞ヶ浦と律宗』(土浦市立博物館、一九九七年)、桃崎祐輔「中世霞ヶ浦沿岸における律宗の活動」(『中世東国の内海世界』高志書院、二〇〇七年)参照。

(11)湯浅前掲註1文献。

(12)中尾堯『日蓮宗の成立と展開』(吉川弘文館、一九七三年)、拙著『中世東国の地域社会史』(岩田書院、二〇〇五年)。

(13)註12に同じ。

(14)湛睿については、納富常天『金沢文庫資料の研究』(法蔵館、一九八三年)、福島金治「下総土橋東禅寺と鎌倉極楽寺・称名寺」(『千葉県史研究』一一号別冊、二〇〇三年)、神奈川県立金沢文庫編『学僧　湛睿の軌跡』(二〇〇八年)等を参照。

(15)『千通史』二七二頁(福島金治執筆)。

(16)前掲註14納富論文参照。括弧内は史料上の表記。なお「サゝ入道」は他に「竹元」(=笹元。笹(篠)本。ささもと)と出てくる武士と同名であろう。笹本氏は千葉氏の「侍所」として確認できる有力被官である。

(17)米本信吾「次浦雑記」(『金沢文庫研究』九三、一九六三年)。

(18)「中山法華経寺文書Ⅱ」(『千葉県の歴史資料編中世2』)№六「日高譲状」～一九「千葉胤貞譲状」など。前掲註12拙著参照。

(19)『千葉県の歴史資料編中世5』八四七頁所掲。

(20)中尾前掲註12著書。『千通史』二七四頁(福島金治執筆)。

(21)註12拙著。

(22)湛睿の檀越として出てくる名字のなかには、日蓮宗の檀越である人物も出てくる。胤貞・貞胤の一族・被官層の供給源は本来同一なのである。たとえば建武四年に施主として笹元氏の法要を営む「大島殿」とは、これ以後の中山門流の史料によれば本来胤貞のことを指すが、彼は建武三年に死去しており、同四年の「大島殿」とは別人の可能性がある。

その人物が湛睿の檀越であることをどのように理解するかである。「大島」とは、現在の多古町島のことで、ここには南北朝期には城郭が構えられる。建武四年の大島殿は貞胤流の人物のことを指すのであろうか。この点は今後の課題としておきたい。

(23) 当該期の都鄙間交流において、武士の交流が先細りとなるのとは対照的に、寺院間の交流はさらに活発となる。千葉氏と中山門流の場合について、前掲拙著『戦国仏教』参照。

(24) 小笠原「建武期の千葉氏と下総千田荘」(同『中世房総の政治と文化』吉川弘文館、一九八五年。初出一九六二年)。

(25) 小笠原前掲。なおこの動乱についてはその後暦応年間にも存在したとする遠山成一氏の説が提起されている(「建武期千田庄動乱の再検討」『千葉史学』三三、一九九八年)。なお鈴木沙織「東禅寺から香取海へ」(『青山史学』三一、二〇一三年)、同「下総東部における水上交通」(藤原良章編『中世人の軌跡を歩く』高志書院、二〇一四年)も参照。

(26) 前掲註12拙著。

(27) 「金沢文庫文書」(『千葉県の歴史　資料編県外文書1』)No.三・一四八・二六四・二七一・三一一・三一九・三四〇などの湛睿書状。また二一六・三〇九・三一九などにみえる下総国の在地状況など。これらについては稿を改めて論じたい。

(28) 遠山成一「内乱期下総国における寺領経営の一側面」(『千葉県の文書館』三、一九九七年)。

(29) 『動乱の金沢―南北朝から戦国時代まで―』(神奈川県立金沢文庫、二〇一四年)参照。

(30) 常陸・房総の庄主については網野善彦『中世東寺と東寺領荘園』(東京大学出版会、一九七八年)、植野英夫「中世下総国埴生庄と龍角寺」(『中世東国の地域権力と社会』岩田書院、一九九六年)、『千通史』七一二頁(盛本昌広執筆)などを参照。また当該期の円覚寺の動向については山内哲生「規式に見える中世後期の禅宗寺院の動向」(『地方史研究』三〇九、二〇〇四年)参照。

(31) 桃崎前掲註10論考。

(32) 小野澤前掲註4論考。

(33) 大慈恩寺とその文書については荻野三七彦前掲註9論考、同「寺から消えた古文書」(同『古文書研究』名著出版、一九八三年)を参照。

(34) 妙心等六名連署寄進状(『大慈恩寺文書』1。『千葉県史料中世篇　諸家文書補遺』所収)。以下『大慈恩寺文書』の引用は本書によるが、便宜文書名などを改めた箇所がある。
(35) 史料では「慈恩寺」と称されているが、十四世紀末より大慈恩寺と称されるようになる。本論では便宜上「大慈恩寺」で統一する。
(36) 外山信司「「大慈恩寺文書」の国分一族と大戸庄堀籠村」(『中世房総』七、一九九三年)、『大栄町史通史編　中世補遺』(大栄町、二〇〇三年)外山氏執筆分。なお以下の外山氏の研究はすべてこの二編による。
(37) 同右。
(38) 国分朝胤安堵状(『大慈恩寺文書』二)。
(39) 大戸川胤村・平貞義連署寄進状(『大慈恩寺文書』三)。
(40) 平孝常安堵状(『大慈恩寺文書』五)、平孝常寄進状(『大慈恩寺文書』六)。
(41) 桃崎前掲註10論考。
(42) 図1、後掲の図2とも、前掲『大栄町史通史編　中世補遺』より引用した。
(43) 拙稿「惣村と土豪」(『岩波講座日本歴史　中世4』岩波書店、二〇一五年)参照。
(44) 『大栄町史史料編Ⅰ　中世』所収。
(45) 川戸彰「大栄町の板碑」(前掲『大栄町史通史編　中世補遺』)参照。
(46) 中尾前掲註12著書。同「板碑にみる日蓮宗仏教儀礼の展開」(『日本古文書学論集10』吉川弘文館、一九八五年。初出一九七五年)など。
(47) 阪田正一『題目板碑とその周辺』(雄山閣、二〇〇八年)。
(48) 表は、阪田註47著書の一三六頁〜一五五頁所載の「第5表」から、結衆文言および交名を有する板碑の情報を抽出して作成した。なお阪田氏の表の情報は、既存の板碑の調査成果に氏自身による独自の調査を加味して作成された労作である。今回の分析にあたっては、この阪田氏の成果を前提として論述していることを銘記しておく。
(49) 中尾前掲註12著書一六三頁参照。
(50) 右同。

(51) 中尾『中山法華経寺史料』(吉川弘文館)三〇二頁・三〇七頁に所掲。
(52) 千々和到『板碑とその時代』(平凡社、一九八八年)。とくに「七　結衆の時代」を参照。

板碑造立の展開と武士団
——陸奥国白河庄・石川庄の事例から——

七海雅人

はじめに

①陸奥国における板碑の分布状況　東北地方の板碑研究の概要は、『中世奥羽と板碑の世界』によって通覧することができる(1)。そこで示された陸奥国(青森・岩手・宮城・福島県)における主な板碑群の分布について、南から北へ向かって俯瞰した場合、例えばつぎのようなまとまりを指摘することができるだろう。

[1]福島県の中通り南部一帯と奥大道・阿武隈川沿いの展開(宮城県南部へと続く)。
[2]福島県の会津。
[3]福島県の浜通り南部(岩城郡)。
[4]宮城県の太平洋沿岸中央部(多賀国府周辺・松島、宮城郡・名取郡)。
[5]宮城県の新・旧北上川・鳴瀬川の河口部(含む牡鹿半島)とその本支流沿いの展開(岩手県へと続く)。
[6]宮城県北部・岩手県南部の太平洋沿岸部(本吉郡・気仙郡)。
[7]青森県の津軽、日本海沿岸部(西浜)と奥大道沿い・岩木山の東側山麓。

これらのまとまりを一見すれば、板碑群の所在地点は、海岸部や河川、幹線道路沿いなど交通路に即して展開していることがわかる。そして、それぞれのまとまりについても、さらに内部の細かな地域区分に着目すれば、造立年代や銘文の配列、形状、石材などの特徴、ならびに霊場、参詣路、在地領主の拠点など立地点にも個性が見られ、板碑がより地域に密着した歴史資料であることをあらためて認識させられる。(2)

②地域史研究と板碑資料　それでは東北の中世史研究の中で、板碑資料はどのように活用されているのだろうか。例えば宮城県仙台市（多賀国府が所在した宮城郡の西側一帯と名取郡の北方に該当）の場合、板碑の特徴を見出し整理することによって、地域の内部の様相や差異を考えるための論点が浮かび上がってくる。この地域の板碑文化については、紀年銘がほぼ十三世紀後半から十四世紀半ばにおさまるため、中世後期まで続かなかったことが判明する。ただし、その石材の選択には大きな特徴がみられた。七北田川（中世では「冠川」と呼ばれた）、広瀬川、名取川の主要河川に沿って分布する仙台市の板碑群は、それぞれ地元の石材のみが利用され、その広がりは、宮城郡・名取郡北方の在地領主おのおのの所領範囲と一致するのである。またその中でも、青葉山と多賀国府岩切地区の板碑群だけは、複数の種類の石材や流通石材（石巻で産出される井内石）が用いられる特異な場所であり、これと銘文の分析を合わせることにより、有力在庁層と直結する特別な霊場であったことが推測される。さらに念仏講などの結衆板碑に着目すれば、その立地点が町場や市場など、いわゆる「都市的な場」であったこともみえてくる。(3)

③在地領主研究と板碑資料　また、在地領主（鎌倉幕府御家人）研究の場面においても、板碑資料を活用することができるように思われる。二つの事例を紹介したい。(4)一つは、深谷保（宮城県石巻市・東松島市）地頭長江氏の場合である。石巻市（旧・河南町）北村には、弘安元年（一二七八）の阿弥陀三尊板碑が所在する。碑面の風化により銘文の判読は難しいが、「（上略）末胤、鎌倉権五郎（景正）五代後葉、□受生於武家□□□菩薩心（中略）留不朽文、伝未来修覧、当于五七日敬立之」という一節は大いに注目される。鎌倉景正の五代後葉を強調する内容から、この板碑の被供養者は深谷保を相伝した長江氏一族の中でも中心的な人物であり、五七日供養に際して、おそらくはその墳墓の近くに立てられ

たものと推測される。この板碑の背面は近世の墓碑に転用されているため、原位置は不明とせざるを得ないが、深谷保の範囲内における他の板碑の出現時期（一二七〇年代）・銘文内容・所在地なども合わせて考えると、十三世紀半ば頃、長江氏の一族の中に相模国の本拠から奥州合戦の恩賞地である深谷保現地へと移住する者があらわれ、低丘陵部に構えた拠点を起点として、海岸部側に広がる低湿地の開発を進めていった様相がうかがえるのである(5)。

もう一つは、行方郡（福島県南相馬市）地頭相馬氏の場合である。福島県浜通りの板碑群については、いわき市にまとまって所在するものの、他は新田川下流部（南相馬市原町区下高平）にしか見出すことができない。ここで注目したいのは、陸奥国に定着する相馬氏一族の惣領重胤が行方郡へ移住したとされる年次（一三二一年頃）よりも、この板碑群の紀年銘の一つ嘉元二年（一三〇四）の方が古いという点である。新田川河口部には鎌倉時代の有力な在地領主の屋敷地が検出されており、その運営主体は相馬氏の庶流・有胤系勢力の可能性を指摘することができる。したがって、これと下高平板碑群の存在を結びつければ、この有胤系勢力は、相馬氏一族の中でもはやい段階から現地に移り、活動していたと考えることができるだろう。その背景には、相馬氏一族の間で起きていた散在所領の競合という問題が指定される。また南北朝時代初期、有胤系相馬氏は他の相馬一族と異なり、独自に南朝方へ与する動きをみせていたことにも気をつけてみたい(6)。

以上、右に示した事例からは、関東の武士団が陸奥国の所領に基盤を整える際、板碑文化もまた現地に導入されることがあった、という状況を考えることができる。したがって、陸奥国において板碑の造立が本格的に始まる背景については、十三世紀後半以降、関東の武士団ならびにそれと密接に関わる宗教勢力が、移住も含めて陸奥国の所領に直接関与するようになり、当該所領現地の社会や文化と接点を深めていくという様相も、示すことができるのではないだろうか。その場合、現地における板碑石材の調達や具体的な製作の方法、信仰のあり方などと、所領経営にともない地域への密着度を強めていく彼ら武士団の展開とは、どのように関係し整理できるのか興味をもつ。

③課題の設定　そして、このような地域史の中の板碑研究というテーマを課題とする時、千々和到氏が述べられた「東北地方の板碑を総体として何と呼ぶかという考え方はそろそろやめた方がいいだろうと思います。それではどうすべきか、といいますと、それぞれの地域でそれぞれの特徴をもった板碑をどういう形のものかという特質を究明していく仕事、それこそが今必要なのだと思います(7)」という提言が、大切な指針になる。本稿では、この千々和氏の言葉や上記の研究動向を意識しながら、一定の地域における板碑資料を集成し、それら板碑群の担い手について考える基礎的な作業を行いたい。具体的には、陸奥国南端部においてもっとも板碑が密集している地域、白河庄と石川庄を取り上げる。

文治五年(一一八九)奥州合戦の結果、白河庄については、下総国結城郡に本拠を置く有力御家人結城朝光が、源頼朝の新恩給与を受けるにいたった。また石川庄については、平泉藤原氏と親しい関係にあった石川氏一族のうち、鎌倉幕府方に付いた勢力が頼朝の本領安堵を受け、奥州合戦を越えて存続し得たと考えられる。それゆえに、鎌倉時代後半の御家人制において、結城氏は「鎌倉中」御家人、石川氏は「陸奥国」御家人という登録先の区別を確認することできる(8)。こうした対照的ともいえる二つの御家人が隣り合う地域において、板碑造立のあり方はどのような様相をみせたのであろうか。

図1 石川庄の板碑の事例(後掲表2 №.3)
＊『石川町史　第3巻』537頁より引用。

当該地域における板碑は、頭部や基部を加工・成形したものが大勢を占める。頭部を三角形に加工し、碑面上部の前面もしくは前面と両側面に二条線を施す。そして、その下側を額状に造り出すのが、典型的な形状である(基部正面も額状に造り出すものが多い)。石材のほとんどは、白河地方において「白河石」と呼ばれている石英安山岩質溶結凝灰岩である。また造立者や被供養者については、不明の点が多いものの、銘文の内容や造立地点などを見れば、結城氏・石川氏一族や在地社会に展開したその郎党・被官人層も関与していたことが考えられる(後掲表1・2の備考欄を参照)。

なお当該地域では、碑面に何も彫刻が施されていない板碑をまま見かけることがある。この点について、須賀川市の籾山遺跡において多くの墨書銘板碑が発見されたことなどを参照するならば[9]、本来、銘文は墨書されていた可能性もあると推測できるだろう[10]。以下、これら板碑の分布・年次に関する基本的な情報を紹介し、結城氏・石川氏の展開過程と合わせて地域の様相を復元したい。

1　白河庄における板碑造立の展開

(1) 鎌倉・南北朝時代の白河庄と結城氏

①白河庄の概要　白河庄は鎌倉時代初頭、白河領として所見する。そもそも領家職は藤原信頼の許にあったが、平治の乱を経て小松重盛へと移ったらしい。したがって平家滅亡後は、平家没官領として源頼朝の知行に帰す。その際、頼朝はこの庄園の本家について、後白河上皇が該当するのかどうかを照会している[11]。

庄園の内部は、阿武隈川とその支流泉川の流域を境として北方と南方に区分されたと考えられる。また庄内における郷村の分布から[12]、北方の北端は釈迦堂川流域、南方の南端は久慈川の源流水系(社川の支流)とみられ、阿武隈・那

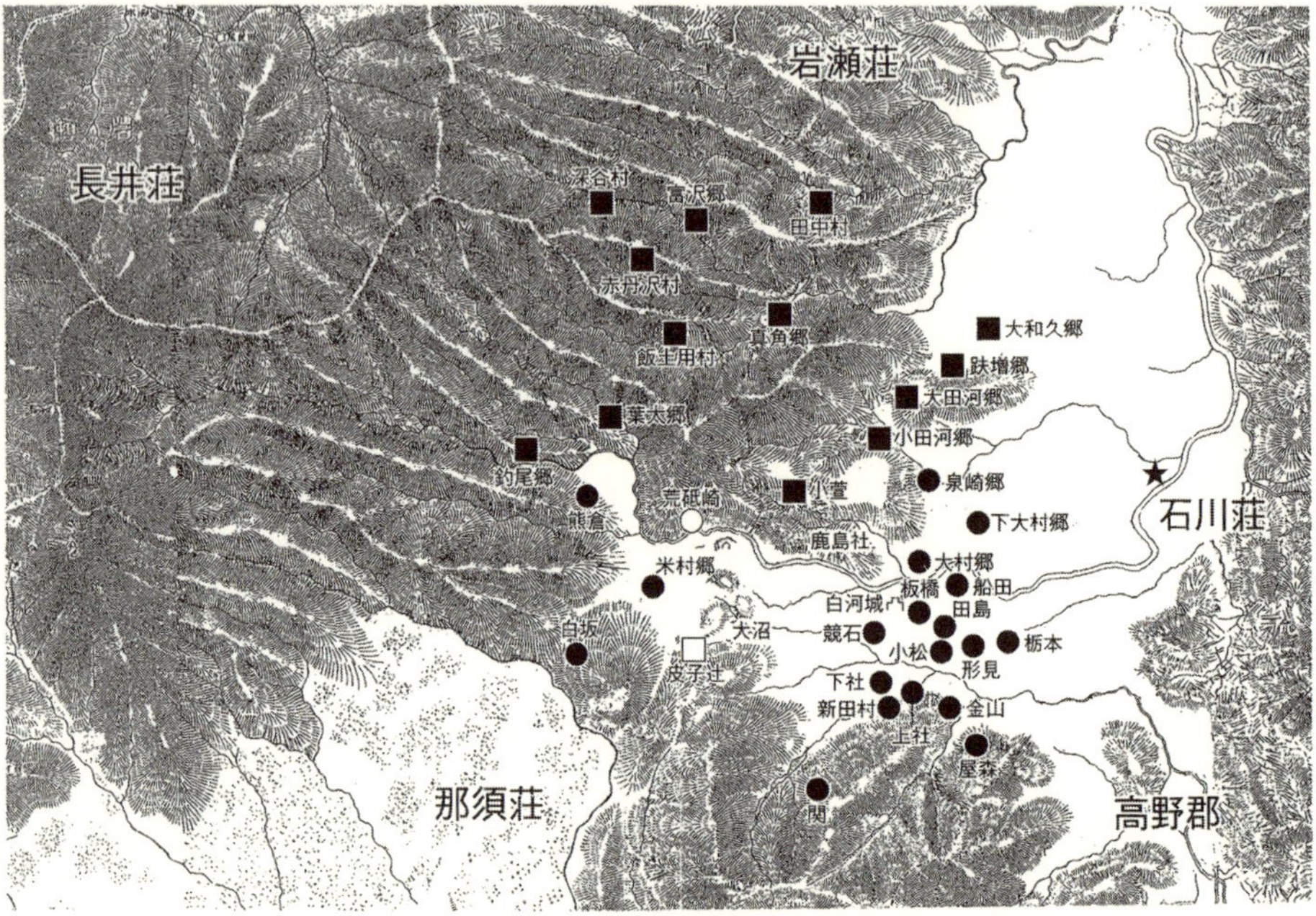

図2　鎌倉・南北朝時代白河庄の郷村
＊『白河市史　第1巻』345頁収載図に情報を書き加えた
■北方の郷村　●南方の郷村　○下総結城氏惣領家所領
□山河氏所領　★中島村滑津御城板碑群

須両山系に囲まれた庄園の範囲をおおよそ特定することができる(図2)。

②地頭結城氏の所領相伝　結城氏による庄内郷村の知行状況について瞥見したい[13]。奥州合戦において白河庄地頭職を得た結城朝光は、嫡子朝広に対して惣庄の地頭職を、庶子山河重光に対して庄内の皮子辻(南方に所在)を与えたと考えられる。その後、朝広は分割相続にあたり白河庄を南北に二分し、嫡子広綱に対して惣庄の地頭職と北方一円を、庶子白河祐広に対して南方の大半を、庶子関朝泰に対して南方の関を、庶子金山時広に対して南方の金山を譲った。

広綱による分割相続により、北方の内部は細分されていく。嫡子時広は北方荒砥崎村(ならびに惣庄の地頭職もか)を、庶子盛広は北方富沢郷・真角郷・大和久郷・葉太郷・大田河郷・小田河郷・鉄増郷・赤丹沢郷・田中村・釣尾村・飯土用村・深谷村を、庶子小萱重広は北方小萱を、庶子小田川泰親は北方小田河郷をそれぞれ譲与された。なお、小田河郷については盛広と泰朝が重なっているが、双方に分割されたものと理解したい[14]。

ところで、北方の多くの郷村を引き継いだ盛広は、文保元年(一三一七)十一月、富沢郷の宿所炎上により父広綱の譲状・証文等を紛失するという災禍に見舞われた。そのため翌年一月、従兄弟にあたる結城(白河)宗広から宿所炎上と文書紛失を証明する請文を得て、所領群に関する紛失安堵の関東下知状をあらためて入手する[15]。ここで注目されるのは、文保元年時点で盛広が富沢郷の宿所を拠点とし、父から得た譲状・証文等を保管していたことだろう。結城氏惣領家において、盛広が白河庄現地に下り、所領管理にあたる役割を担っていたことがうかがえる。

一方、南方の大半を獲得した祐広は白河を名のっていることから、やはり現地に下向し拠点を据えたものと推測される。祐広の子息たちは、嫡子宗広が南方の米村郷・大村郷・下大村郷・競石郷・船田郷・板橋郷・青沼・北高倉・熊倉・白坂・高奈良・栃本郷内田在家・荒野・狩倉を、庶子片見祐義が片見を、庶子田島広尭が田島を、庶子栃本広政が栃本を獲得していた。

以上が、鎌倉時代最末期における白河庄の知行状況である。なお、「鎌倉中」御家人として幕府首脳部との繫がりを深めたであろう結城氏は、北条氏との間にも親密な関係を築いていく。とくに宗広は、北方惣領家との対抗を意識してか、複数の北条氏所領(得宗領)の運営に携わっていたと考えられ、実態としては下総結城氏惣領を凌ぐ力を得るにいたった。その一方で、惣領側も時広以降は代々得宗の偏諱を受けるなど北条氏との結びつきを強め、朝高にいたっては得宗領糠部七戸の給主職を知行していたことも認められる。

③白河結城氏の白河庄掌握　さて、鎌倉幕府の倒壊にともない北条氏勢力から離反した結城宗広—親広・親光父子は、周知のとおり建武政権において重用され、宗広は多賀国府式評定衆にも名を列ねた。同時に白河庄の周辺域ならびに金原保など、元弘没収地の集積も進める。また白河庄内では、建武二年(一三三五)一月、南方金山郷新田村を新

図3　結城氏略系図　＊『結城市史　第四巻』二四六頁の系図、市村高男「白河結城文書の形成と分散過程」掲載系図をもとに作成。

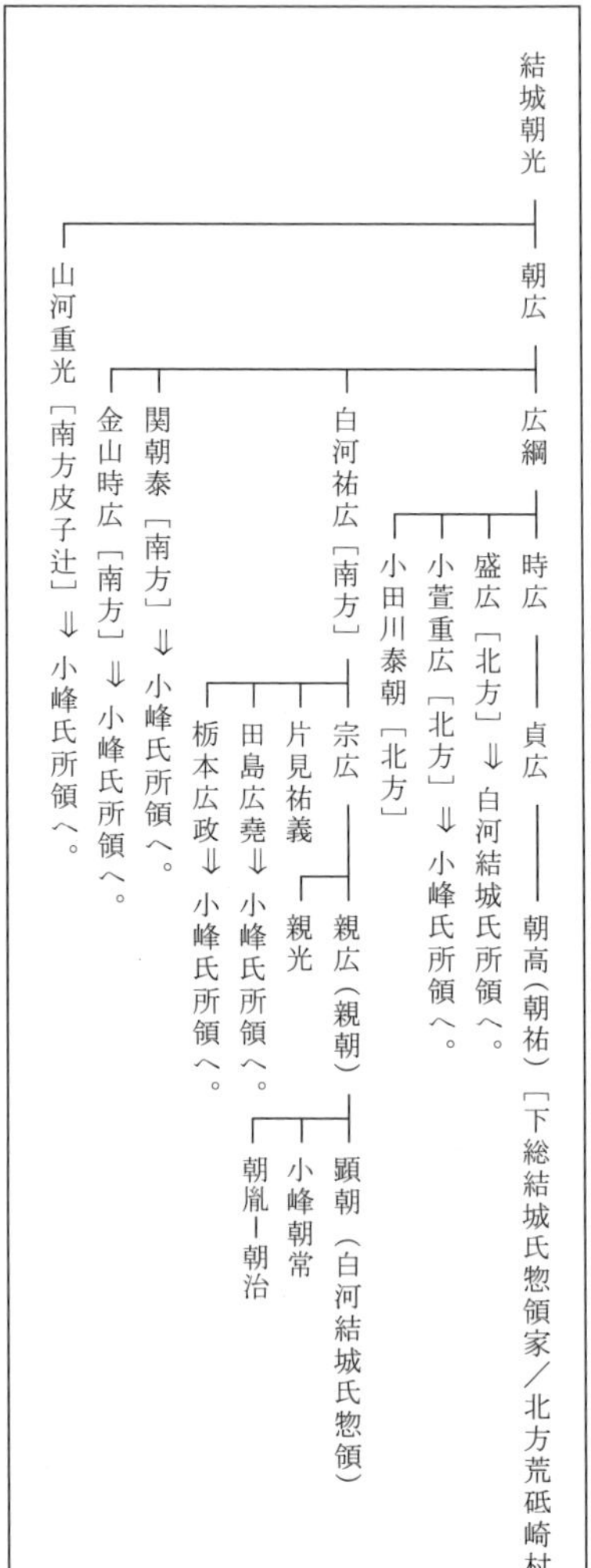

たに獲得している。これらの所領、すなわち依上保・金原保・白河庄金山郷については、建武二年十月、後醍醐天皇綸旨によりあらためて親朝へ給与される措置を受けた(16)。

しかし、こうした宗広の精力的な活動は、北方に拠る結城盛広との間に、溝を深める事態を招いていく。建武二年（一三三五）七月に発生した中先代の乱において、盛広の勢力は北条時行方へ合流するにいたり、結局、白河庄内における勢力争いに敗れ没落してしまう。こうして盛広等の所領群もまた、北方大和久郷を除いて宗広・親朝父子へ与えられることになった。ここに、白河結城氏による庄内全域の掌握が達成される。なお同年十月、白河結城氏は南方泉崎郷地頭代職を和知重秀へ給与したと考えられるから(17)、庄内南北の境目に位置した同郷もまた盛広勢力の下にあり、白河結城氏が新たに入手した可能性を指摘できるだろう。

白河庄全域を得た宗広は、延元元年（一三三六）四月、嫡子に擁立した孫顕朝に対して、南方知行分と北方結城盛広跡ならびに各国の散在所領を譲与した。また同年六月には、陸奥守北畠顕家から北方荒砥崎村を給与され、下総結城氏惣領が保持し続けた拠点をついに獲得する。これに対して親朝の方は、康永二年（一三四三）十一月、勲功賞として蓄積してきた白河庄□□郷金山・上社・下社・屋森・小松・田島・堰《関》和久□□本馬・小萱・管野・大和田・飯村・鶴□□□《皮》子辻・栃本・岩滑沢ならびに各国の散在所領を嫡子朝常に与え（□は古文書の欠損などにより判読不能）、新たな家が分立した。こうして白河庄では白河結城家（顕朝の系統）と小峰家（朝常の系統）が並立する基礎がつくられ、室町時代における発展へと続くことになる（図3）。

（2）白河庄の板碑

①板碑の分布　白河庄における郷村知行の展開をふまえた上で、つぎは庄内の板碑の分布状況を確認したい。各自治体史などに収録された板碑資料を集成し[18]、一部現地調査を実施した成果も合わせて、庄内の各郷村における板碑の点数を現在の地名表記によって提示する。また、中世の郷村周辺部に所在する板碑についても、白河庄の板碑として付記した。

［1］北方田中村　天栄村大字大里に六点（このうち典型的な形状とは異なり、いわゆる自然石の形状の板碑は三点）が所在。なお、田中村の北側に位置する天栄村大字白子に一点、同大字下松本に一四点（このうち自然石の形状は四点）、同大字上松本に六点（このうち自然石の形状は五点）が所在。また、田中村の東側に位置する天栄村大字小川に一点、矢吹町大字柿之内に一点が所在。

［2］北方富沢郷　白河市大信大字隈戸に三点（すべて自然石の形状）、同大字下小屋に四点（このうち自然石の形状は一点）が所在。なお、富沢郷の東側に位置する白河市大信大字上新城に三点（このうち自然石の形状は一点）、同大字中新城に三点、同大字下新城に二点が所在。

[3]北方飯土用村　白河市大信大字豊地に一点（種子に月輪、花瓶・香炉の荘厳を備える）が所在。

[4]北方葉太郷　西郷村大字羽太に七点（このうち自然石の形状は二点）が所在。

[5]北方大和久郷　矢吹町大字大和久に六点が所在。なお、大和久郷の北東側に位置する矢吹町大字須乗に三点が所在。北側に位置する矢吹町大字矢吹に一点が所在。

[6]北方趺増郷　泉崎村大字踏瀬に観音山磨崖碑群が所在（一九二六年の調査では三二六点の磨崖板碑・石造物類が確認されている。図4）。

[7]北方大田河郷　泉崎村大字太田川に二点（このうち図像板碑[19]が一点）が所在。なお、大田河郷の南側に位置する矢吹町大字松倉に二点が所在。

[8]北方小田河　白河市小田川に二点が所在。

[9]南方泉崎郷　泉崎村大字泉崎に七点（このうち図像板碑が一点）が所在。なお、泉崎郷の東側に位置する中島村大字滑津に二四点[20]・同大字二子塚に一点が所在（この地点は石川庄との境目に位置する。少な

図4　泉崎村観音山磨崖碑群

くとも滑津は、鎌倉時代、石川氏一族の掌握下にあった可能性がある(21)。また、泉崎郷の南側に位置する泉崎村大字北平山に八点が所在。

[10]南方堰和久　泉崎村大字関和久に一一点が所在。

[11]南方大和田　白河市大和田に六点(このうち図像板碑が一点)が所在。なお、大和田の西側に位置する白河市萱根に一点が所在。

[12]南方管野　白河市久田野に二点が所在。

[13]南方本馬　白河市本沼に二九点(このうち図像板碑が四点)が所在。

[14]南方大村郷・下大村郷　白河市中田に四点(このうち図像板碑が一点)、同藤沢山に八点、同鹿島に三点、同八竜神に三点、同北中川原に一点、同搦目に一点が所在。なお、大村郷の西側に位置する白河市鍛冶町に一点、同郭内に一点、同横町に一点(近世初期慶長六年(一六〇一)の紀年銘)が所在。

[15]南方競石郷　白河市双石に六点(このうち自然石の形状は一点)が所在。

[16]南方板橋郷　白河市板橋に一点が所在。

[17]南方船田郷　白河市舟田に六点が所在。

[18]南方田島　白河市阿弥陀前に二点(このうち図像板碑が一点)が所在。なお、田島の北側に位置する白河市借宿に三点が所在。

[19]南方栃本郷　板碑は未確認。なお、栃本郷の北側に位置する白河市東大字深仁井田に一点が所在。

[20]南方片見　板碑は未確認。なお、片見の東側に位置する白河市東大字千田に一点が所在。

[21]南方白坂　白河市白坂に二点が所在。

[22]南方熊倉　板碑は未確認。なお、熊倉の東側に位置する西郷村大字柏野に一点が所在。

	01		年	上27番地			
27	中島10	1332	元徳四年	中島村大字滑津字御城	ア	鎌倉時代は石川氏の知行地であった可能性。	
28	泉崎02—01	1333	正慶二年	泉崎村関和久木ノ内	ア	年号は墨書。	056.0
29	中島15	1334／11／25	建武元	中島村大字滑津字御城	不明	年号より上部欠損。汗かき地蔵覆屋の中に所在。鎌倉時代は石川氏の知行地であった可能性。	
30	中島13	1337	建武二二	中島村大字滑津字御城	アーンク	板碑を集めた覆屋の中に所在。『中島村史』未掲載。鎌倉時代は石川氏の知行地であった可能性。※北朝年号。	
31	白河54	1339	暦応二年	白河市双石字上日影双石大門	キリーク	板石の形態だが基部に額状突起あり。	105.0
32	白河63	1339	暦応二年	白河市旗宿字関ノ里	キリーク	「イッチョウボトケ」と呼ばれている。	081.0
33	白河17	1339／04／20	延元第四	白河市大字鹿島	曼荼羅	※南朝年号。	170.0
34	白河44	1339／11／13	延元二二年	白河市小田川字二ツ堂　武光地蔵	ウン	※南朝年号。	078.0（残存高）
35	西郷04—01	1343／03	康永二年	西郷村大字羽太字虫笠　湯泉八幡神社	ア		
36	白河34	1350～1352？	観応	白河市本沼字西ノ内	ア	月輪荘厳は墨書。	135.0
37	白河56	1351／10／06	辛卯二	白河市双石字堤山	サク	「辛卯二十六」を観応二年十月六日と解釈する。別の解釈は応永十八年二月十六日。	100.0
38	表郷07	1358／06	延文三年	白河市表郷大字番沢字桜下	不明	「覚法」の追善。小峰氏所領。	099.8
39	白河35	1359／06／08	□□(延文カ)四年	白河市本沼字西ノ内	阿弥陀如来二尊図像	光背彩色。紀年銘は墨書。小峰氏所領。	064.0
40	白河03	1359／10／02	延文四年	白河市　藤沢山	バク？	紀年銘は「延文四十二日」。12月日か、10月2日か。後者で解釈する。	042.0（残存高）
41	白河05	1360	延文五年	白河市　藤沢山	バク		042.0（残存高）
42	大信04	1362／02	康安二年	白河市大信大字下小屋字沢入	バク		120.0
43	中島11	1378／02／19	永和四年	中島村大字滑津字御城	アク	鎌倉時代は石川氏の知行地であった可能性。	
44	中島14	1382／04	永徳二年	中島村大字滑津字御城	アーンク？	同上。	
45	西郷04—02	1431	永享三年	西郷村大字羽太字虫笠　湯泉八幡神社	サ	自然石の形態、方柱状。	
46	西郷05—01	1445	文安2年	西郷村大字羽太字虫笠　湯泉八幡神社の下	アーンク		
47	白河71	1601	慶長六年	白河市横町　専念寺	バク・マン・アン	銘文「万部聖勧息徳庵行之／妙法蓮華経」。	

＊番号二重下線は白河庄北方所在碑、番号波下線は現・中島村所在碑。
＊自治体碑群番号は、各自治体史に収録された板碑資料の番号を参考にした。
＊ 〰〰 は鎌倉時代と建武政権・南北朝時代以後との境。
＊No.39の年号は不明だが、『白河市史　第4巻』1570頁における干支と年号二字目残画の解説から「延文」を候補として提示する。

表1　白河庄の有紀年銘板碑

番号	自治体碑群番号	年／月／日	年　号	所　在　地	種　子	備　考	高さ（cm）
1	大信14	1256	建長八年	白河市大信中新城字入塩沢	ア	「性海」の追善供養。	188.0（地上高）
2	天栄04	1265	文永二年	天栄村大里字深沢70番地	キリーク		100.0
3	中島01	1272／02／18	文永九年	中島村大字滑津字御城	キリーク	鎌倉時代は石川氏の知行地であった可能性。	
4	中島02	1276／02／01	建治二年	中島村大字滑津字御城	ア	同上。	
5	中島03	1278／08	弘安元年	中島村大字滑津字御城	キリーク	同上。	
6	天栄05	1278～1288	弘安	天栄村大里字南沢136番地	ア		093.0
7	泉崎01	1285	弘安八年	泉崎村泉崎村踏瀬観音山		観音山磨崖碑群の1つ。年号は墨書。	
8	中島04	1296／02／19	永仁四年	中島村大字滑津字御城	アク		
9	大信06	1306	嘉元四年	白河市大信大字下小屋字日籠	ア		200.0
10	大信01	1308／02／16	徳治三年	白河市大信大字隈戸字古三戸内	キリーク・サ・サク	自然石の形状。「孝子」による「慈父」の追善。	0125.0
11	白河21	1308～1311？	延慶年間か	白河市大字阿弥陀前	阿弥陀如来一尊図像	板石の形状。観世音菩薩往生浄土本縁経と観無量寿経疏の偈頌。	170.0
12	天栄10—03	1309／06／08	延慶二年	天栄村史下松本字池ノ上27番地	バイ	形状は自然石、頭部整形。「孝子等」による「妙阿弥陀仏四十九日」供養。涅槃偈。	086.0
13	中島05	1309／08／22	延慶二年	中島村大字滑津字御城	キリーク	「孝子」による追善。鎌倉時代は石川氏の知行地であった可能性。	
14	中島06	1316／07／10	正和五年	中島村大字滑津字御城	キリーク	「慈父」の追善。鎌倉時代は石川氏の知行地であった可能性。	
15	中島07	1316	正和五年	中島村大字滑津字御城	キリーク	鎌倉時代は石川氏の知行地であった可能性。	
16	表郷03	1317／11	保元元年	白河市表郷大字番沢字緑山	ア	「イッチョウボトケ」と呼ばれている。	117.8（確認高）
17	白河25	1319／07	元応元年	白河市大和田字月山	キリーク	磨崖碑（双碑の形態）。	113.0
18	大信02	1319／07／28	元応元年	白河市大信大字隈戸字古三戸内	キリーク	自然石の形状。双碑の形態。「慈父三十五日」と「悲母」の追善供養。	100.0
19	大信03	1321／05／24	元応三年	白河市大信大字隈戸字古三戸内	バン	自然石の形状。元応3年は2月改元。	115.0
20	中島09	1321～1324／10	元亨	中島村大字滑津字御城	キリーク	鎌倉時代は石川氏の知行地であった可能性。	
21	天栄07	1324	元亨四	天栄村下松本字甲州内	キリーク・サ・サク	自然石の形状。観無量寿経の偈頌。	075.0
22	中島08	1324／11／08	元亨四年	中島村大字滑津字御城	ア	「妙円」の名前あり、板碑造立者か。鎌倉時代は石川氏の知行地であった可能性。	
23	白河52	1327／02	嘉暦二年	白河市双石字上日影双石大門	バン	板石の形状。	152.0
24	白河39—03	1328／03	嘉暦三年	白河市本沼字西ノ内	サ	磨崖板碑群。	079.0
25	中島12	1330／01／30	元徳二年	中島村大字二子塚字天王山	キリーク		
26	天栄10—	1330／08	元徳二	天栄村史下松本字池ノ	アク	「養父教寛」の逆修。	064.0

［23］南方関　白河市旗宿に八点（このうち図像板碑が一点）が所在。
［24］南方小松　白河市表郷大字小松に一点が所在。
［25］南方上社・下社　白河市表郷大字社田に一点、同大字番沢に五点が所在。
［26］南方金山郷　白河市表郷大字金山に四点が所在。なお、金山郷の東側に位置する白河市表郷大字三森に一点が所在。

以上、白河庄において確認された板碑の総数は五四七点となる（観音山磨崖碑群を除いた単体の板碑数は二一三点）。このうち北方は三九二点（観音山磨崖碑群を除くと六六点）、南方は一五五点という結果を得た。この数字をみれば、白河庄全体における観音山磨崖碑群の存在が際立つことは明白である。したがって、この磨崖碑群については、当該地域における特別な霊場として別途検討する必要があるだろう。(22) しかし今の私には、その準備がまったくできていない。今後の課題とせざるを得ない。

②板碑編年と結城氏の動向　右に示した板碑のうち、紀年銘があるものは四七点を数える。そこで、つぎにそれら四七点の板碑を編年にならべて表1を作成した。年号については推測も含まれるが、十五世紀前半の№45・46を除けば、建長八年（一二五六）から永徳二年（一三八二）の間におさまるといえるだろう。四七点のうち、北方に所在するものは一五点（鎌倉時代一〇点、南北朝時代三点）、石川庄との境目阿武隈川沿いの現・中島村に所在するものは一五点（鎌倉時代一一点、建武政権・南北朝時代四点）、南方に所在するものは一六点（№47を除く。鎌倉時代七点、南北朝時代九点）となる。また十四世紀初頭までの状況をみると、ほぼ北方と現・中島村の板碑のみで占められている点が注目される。

以上の内容から、白河庄では北方の北部丘陵地帯から板碑の造立は始まり、一三一〇年代に入ると、南方にも板碑が立てられるようになる、という傾向がうかがえる。紀年銘の情報がほとんどないものの、泉崎村観音山磨崖碑群の存在も考慮に入れれば、白河庄の板碑文化は当初、北方が圧倒していた様相を指摘できるだろう。

この点は、白河庄における結城氏一族の動向とも関わってくると思う。白河庄への下総結城氏の入部については、二つの説が提示されている。一つは康元元年(一二五六)、北条時頼の出家にともない、それに倣って剃髪した結城朝広が次子祐広を連れて白河庄現地にくだった可能性であり、もう一つは『白河古伝記』の記述をもとに、正応二年(一二八九)、祐広が白河庄南方田島の「結城ヶ舘」に入部した可能性である[23]。いずれにしても祐広以降、白河結城氏は南方の現地拠点において活動を開始したことが示唆される。

しかし、板碑造立の様相だけをみるならば、むしろ北方における結城氏惣領一族の勢力の方が、より現地に根差した動きをはやくから展開していた可能性が浮かんでくる。先に示した文保元年時点における結城盛広の富沢郷宿所の炎上事件も、そのような状況にかなったエピソードといえるだろう。表1№1・9・10・18・19をみれば、鎌倉時代の白河庄における板碑造立の集中地点の一つが、富沢郷周辺であったことも注目される。

したがって、北条氏勢力へと積極的に連なった南方・結城宗広の活動は、庄内における右のような事情を前提とするならば、北方現地に展開した下総結城氏惣領家一族の勢力に対峙するための方策として理解することもできるだろう。南北朝時代、白河結城氏が白河庄全体の掌握を実現すると、北方の北部丘陵部における板碑の造立は明らかに終息へ向かう。このような板碑の分布・造立の展開のあり方も、庄内における武士団の動向と関連付けてとらえてみたい。そして、その後も南方では、依然板碑の造立は続くのだが、一三八〇年代頃に入ると陰りがみられ、庄園全体において連続的に板碑を製作し立てていくという行為は終わりをむかえるのである。

また阿武隈川西岸部、石川庄との境目地区についても、はやい時期から板碑造立が活発であったことが目立つ。この点は、つぎに述べる石川庄の板碑造立の状況を鑑みれば、石川庄からの連続としてとらえた方が理解しやすいだろう。板碑造立の面からみても、鎌倉時代の中島村滑津地区は、石川氏の勢力範囲であったと推測することができる。

2　石川庄における板碑造立の展開

(1) 鎌倉時代の石川庄と石川氏

①石川庄の概要　阿武隈川を挟んで白河庄の東側に位置する石川庄は、阿武隈川とその支流である社川、鮫川の分水嶺を軸に広がり、岩瀬郡・小野保・菊田庄・高野郡などに囲まれた山間の庄園である。水系を軸にして庄内を区分すれば、a北西部の阿武隈川左岸部（現在の鏡石町・矢吹町の東側）、b北東部の阿武隈川右岸部（現在の石川町北部と玉川村・平田村）、c社川の支流北須川・今出川・飛鳥川水系（現在の石川町）、d鮫川の上流域（現在の古殿町・鮫川村）に整理することができるだろう[24]（図5）。

②石川氏一族の展開と北条氏所領化　石川庄に拠った石川氏は、摂津国に拠点を置いていた源有光に始まる。有光は十二世紀前半に石川郡へ入部し、平泉の藤原清衡や常陸国の佐竹義業らと婚姻関係を結びつつ勢力を伸ばした。そして、源雅実・雅定父子のいずれかを本所として、石川庄の立庄を実現したと考えられる[25]。その後、石川氏一族は図6にみえるとおり、庄内の郷村の開発を進め、それを名字の地としていった。先述のとおり、文治五年奥州合戦に際しては、一族の分裂を経験するものの、陸奥国御家人として生き残る道を切りひらいていく。図5a地区とc地区には基光流石川氏一族が展開し、c地区東端部・d地区は光家―光盛流石川氏一族、b地区は光家流石川氏一族が広がった。

ところで十三世紀半ば以降、庄内d地区の蒲田村は、極楽寺流北条氏の所領に編入されていたことが確認される。また鎌倉時代末期、a地区の成田郷は伊具北条済時後家の所領として所見する。さらに鎌倉幕府倒壊後、c地区東部とd地区の「鷹《高》貫・坂地《路》・矢《谷》沢三ケ郷」は結城宗広が獲得し、a地区の「石河中畠・松崎」も同じく白河結城氏

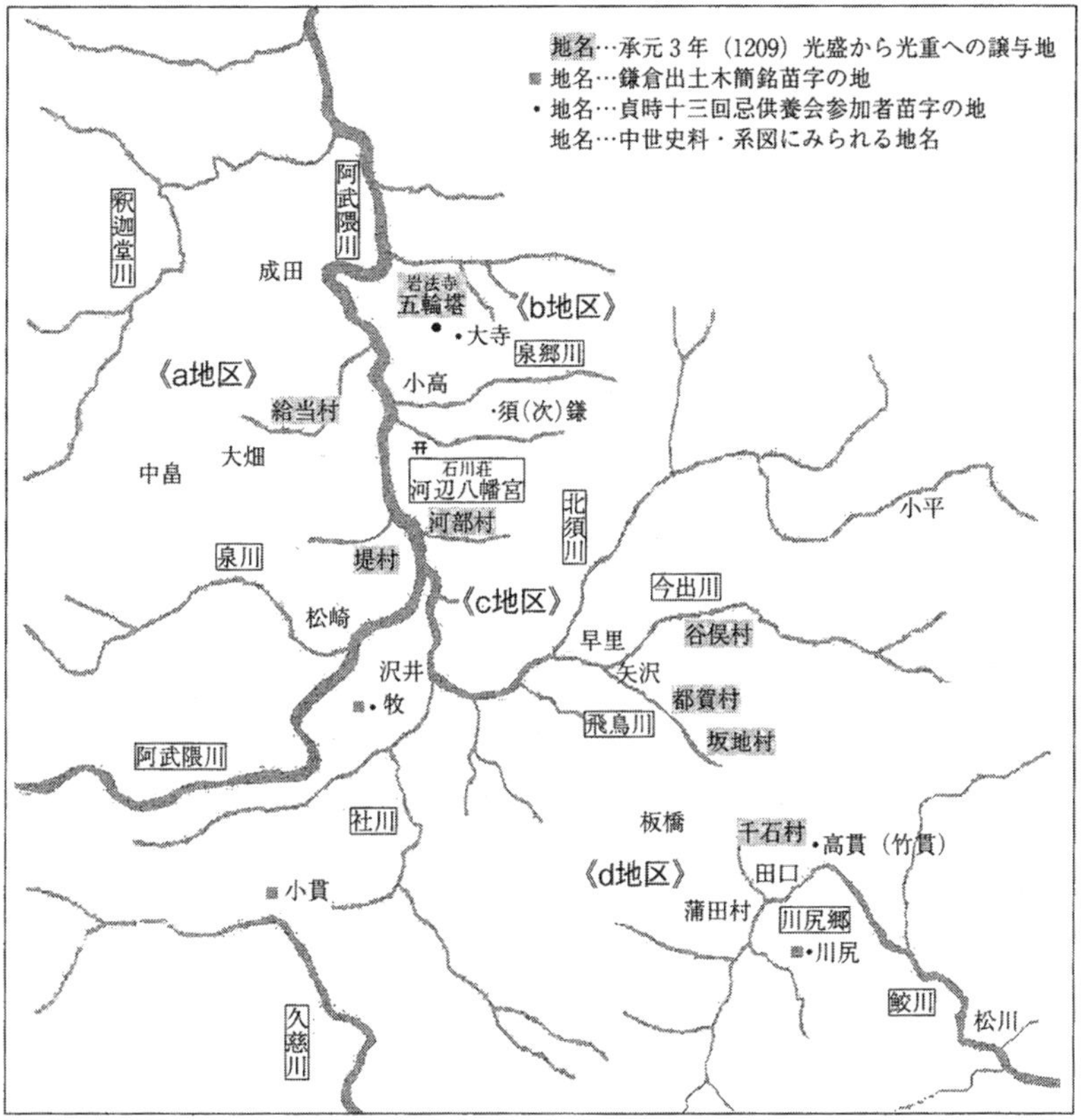

図5　鎌倉・南北朝時代石川庄の郷村

＊『鎌倉幕府と東北』112 頁より引用。岡田清一「石川氏と鎌倉時代」92 頁収載図に情報を加えた。

の手に渡った。これらは元弘没収地と考えられるから、やはり北条氏所領であった可能性が高いだろう。b地区・c地区西部についても、元亨三年(一三二三)十月に執り行われた北条貞時十三回忌供養会の役負担者の中に、これらの地区を名字の地とする石川氏一族が含まれていることから、北条氏所領となっていた可能性がある[26]。このように鎌倉時代後半、石川庄の大半は北条氏所領となり、陸奥国南端における北条氏勢力の拠点として機能するにいたったと推測される。そして、それら所領を現地において下支えしたのが、北条氏の被官となった石川氏一族であったといえるだろう[27]。

ただし、白河庄に展開した結城

氏一族と同様、鎌倉幕府の倒壊に際して、石川氏一族の中にもまた、北条氏勢力から離反する者があらわれる。彼らはむしろ積極的に反幕府方へ身を投じたと考えられるが、その中でも幕府からの西国出撃命令を無視し、かえって塩田北条氏の拠点安積郡佐々河城を攻撃した石川大炊(蒲田)光隆の姿は印象的である。(28)

(2) 石川庄の板碑

①板碑の分布　つぎに、石川庄における板碑の分布状況と確認数を提示したい。庄内各地区に沿って、現在の地名表記にもとづき情報をまとめる。なお、中世の郷村比定が未確認の板碑所在地についても、各地区内に付け加えて整理した。

《a地区　一一三点の板碑を確認》

[1]成田郷　鏡石町大字成田地区に一七点(このうち阿弥陀一尊図像板碑が二点)が所在。

[2]急当村・沢尻村　矢吹町大字三城目地区に三七点(このうち阿弥陀三尊図像板碑が三点)、矢吹町大字神田地区に三点が所在。なお、石川庄内のどの単位所領に帰属するのか未確認だが、矢吹町大字中野目地区に五点(このうち阿弥陀三尊図像板碑が二点)が所在。

[3]堤村　矢吹町大字堤地区に七点、矢吹町大字明新地区に五点が所在。

[4]大畑村　矢吹町大字大畑地区に五点が所在。

[5]中畠郷　矢吹町大字中畑地区に三四点が所在。

《b地区　一三七点の板碑を確認》

[6]岩峰寺周辺　玉川村大字岩法寺地区に二一点(このうち阿弥陀三尊図像板碑が二点)、玉川村大字竜崎地区に七点が所在。

[7]大寺・須鎌　玉川村大字北須釜地区に二九点(このうち阿弥陀三尊図像板碑が一点)、玉川村大字南須釜地区に一七点(このうち阿弥陀一尊図像板碑が四点)、玉川村大字吉地区に七点、玉川村大字山小屋地区に一点が所在。なお、石川庄内のどの単位所領に帰属するのか未確認だが、玉川村大字中地区に五点が所在。

[8]小高　玉川村大字小高地区に三〇点(このうち阿弥陀一尊、阿弥陀三尊図像板碑がそれぞれ一点)が所在。なお、石川庄内のどの単位所領に帰属するのか未確認だが、玉川村大字蒜生地区に二点が所在。

[9]川辺　玉川村大字川辺地区に一五点(このうち阿弥陀三尊図像板碑が一点)が所在。

[10]小平　平田村大字鴇子字三合に一点、大字東山字宮ノ田和に一点、大字北方字桃園に一点が所在。

《c地区　二八九点の板碑を確認(29)》

[11]石川庄内のどの単位所領に帰属するのか未確認だが、石川町大字母畑地区に二一点、石川町大字湯郷渡地区に七点が所在。

[12]曲木　石川町大字曲木地区に二六点(このうち阿弥陀一尊図像板碑が二点)が所在。なお、石川庄内のどの単位所領に帰属するのか未確認だが、石川町大字塩沢地区に五点が所在。

[13]藤田　石川町大字中野地区に一八点が所在。

[14]牧　石川町字渡里沢地区に三点、石川町字塩ノ平地区に三点、石川町字外国見地区に四点(このうち一尊図像板碑と二尊図像板碑がそれぞれ一点)、石川町字秋台地区に一点、石川町字新屋敷地区に三点、石川町字石塚地区に一点、石川町字前ノ内地区に一点、石川町字大内地区に五点(このうち阿弥陀三尊図像板碑が一点)、石川町字白石地区に一点、石川町字梁瀬地区に三点、石川町字和久地区に三点(このうち阿弥陀一尊図像板碑が二点、阿弥陀三尊図像板碑が一点)が所在。

[15]沢井　石川町大字沢井地区に七点(このうち阿弥陀三尊図像板碑が一点)、石川町大字新屋敷地区に七点が所在。な

お、石川庄内のどの単位所領に帰属するのか未確認だが、石川町大字赤羽地区に七点が所在。

[16]泉郷高田　石川町字一向屋敷地区に一点、石川町字下泉地区に五点、石川町字境ノ内地区に三点(このうち阿弥陀三尊図像板碑が二点)、石川町字高田地区に一点、石川町字鹿ノ坂地区に一点、石川町字大沢地区に一点、石川町字長郷田地区に一点(阿弥陀三尊図像板碑)、石川町字北町地区に二点(このうち阿弥陀三尊図像板碑が一点)、石川町字立ヶ岡地区に一七点が所在。なお、石川庄内のどの単位所領に帰属するのか未確認だが、石川町大字山形地区に五点、石川町大字北山形地区に一点、石川町大字南山形地区に一点が所在。

[17]草里　石川町大字双里地区に三点、石川町大字北山地区に三点、石川町大字形見地区に三八点が所在。なお、石川庄内のどの単位所領に帰属するのか未確認だが、石川町大字中田地区に三三点(このうち阿弥陀一尊図像板碑が一点)が所在。

[18]矢沢・戸賀　石川町大字谷沢地区に二九点が所在。

[19]坂地　石川町大字坂路地区に六点(このうち阿弥陀一尊図像板碑が一点)、石川町大字谷地地区に六点が所在。

[20]板橋　石川町大字板橋地区に四点が所在。

《d地区　二九点の板碑を確認》

[21]田口村　古殿町田口地区に六点が所在。

[22]蒲田村　古殿町鎌田地区に五点、鮫川村大字赤坂地区に一〇点が所在。なお、石川庄内のどの単位所領に帰属するのか未確認だが、高野郡北郷との境目地帯となる鮫川村大字西山地区に四点が所在。

[23]松川　古殿町松川地区に四点が所在。

以上、石川庄において確認された板碑の総数は五六八点となる。なお石材に関して、c地区(石川町)では石英安山岩質溶結凝灰岩の他に、地元産の石材による板碑の製作が認められる。東部の形見・谷沢・坂路・谷地・中田には、

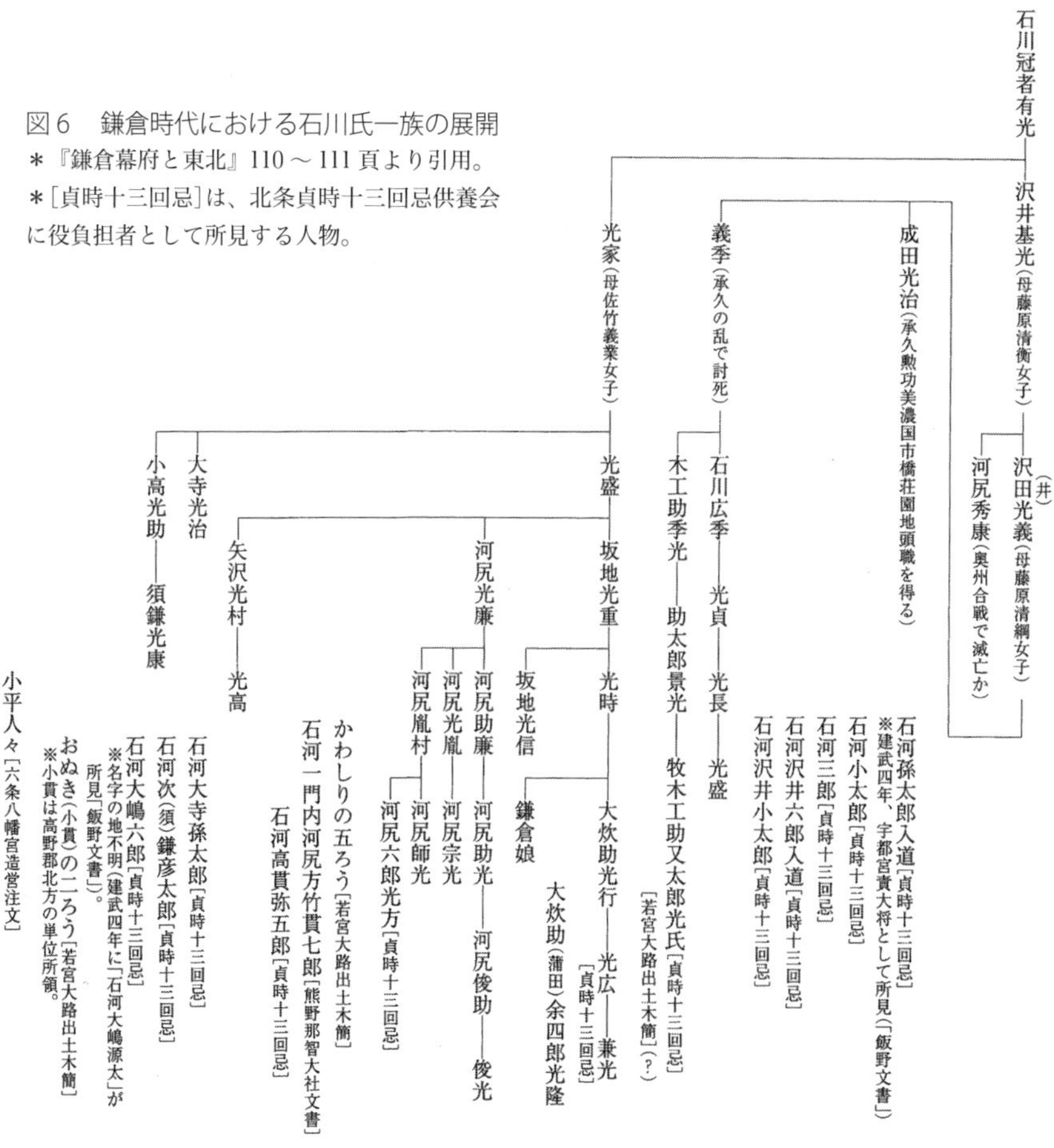

図6　鎌倉時代における石川氏一族の展開
＊『鎌倉幕府と東北』110～111頁より引用。
＊［貞時十三回忌］は、北条貞時十三回忌供養会に役負担者として所見する人物。

地元で産出される黒雲母片麻岩製の板碑が二九点存在し、谷沢字戸賀には地元産の蛇紋岩製板碑、中田字高野には地元産の安山岩製板碑（近世の墓碑へ転用）が一点ずつ存在する。この地域は、光家―光盛流谷沢氏・坂地氏の勢力範囲に含まれ、元弘没収地の対象にもなっている。板碑製作に独自の動きがみられる点は注目されるだろう。

他にも板碑が集中する場所については、c地区の牧から泉郷にかけての分布域が基光流石川氏一族の勢力範囲となる。さらに石川町の東側、いわき地方へ通じる御斎所街道（県道14号）・飛鳥川沿いに、形見大工内板碑群や形見古市場板碑群などが所

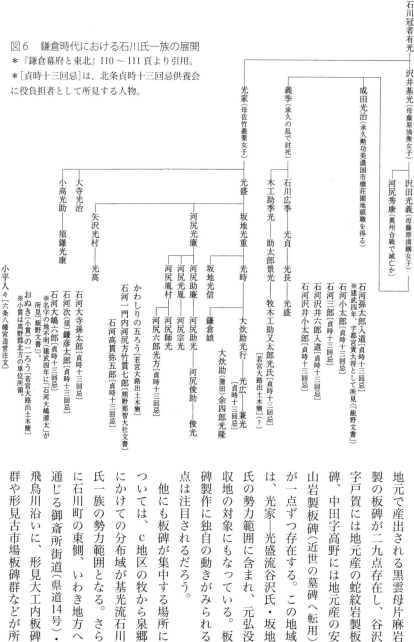

43	石川031	1329／02／08	嘉暦四	石川町大字形見字形見	ア	「花経」？の追善か。	82.8
44	矢吹２０―04	1331／03？	元弘元年	矢吹町大字三城目字三城目景政寺Ａ板碑群		元弘元年三月は存在しない。要検討。	86.0
45	矢吹２４―04	1331／10	□徳三年	矢吹町大字三城目字本城舘本城舘B	バン	年号を元徳に比定。	60.0
46	石川177	1331／10／23	元徳三年	石川町字立ヶ岡	ア	「悲母」の追善。	89.0
47	玉川050	1332／11／13	元弘二年	玉川村大字岩法寺　岩峰寺境内	アン・バーンク・マン	元弘二年十一月は鎌倉幕府のもとで使用されていない。要検討。	115.0
48	石川179	1333／10／12	元弘三年	石川町字立ヶ岡	バク	「主君」の追善。	151.6（確認高）
49	石川178	1335／10／29	建武二	石川町字立ヶ岡。	サ	「息」の追善。	100.4（確認高）
50	鮫川01	1336／12	建武三年	鮫川村大字西山字鬼越	キリーク		77.0
51	石川061	1338／06	延元三年※南朝年号	石川町大字谷沢字戸賀坂	アク	石材黒雲母片麻岩。この時は白河結城氏の所領。	63.0
52	矢吹４６―01	1339	延元四年※南朝年号	矢吹町大字中畑字平鉢（路傍）　平鉢Ａ板碑群	キリーク	建武元年以降、中畠は白河結城氏の所領。	90.0
53	矢吹４６―02	1339	延元二二・※南朝年号	矢吹町大字中畑字平鉢（路傍）　平鉢Ａ板碑群			70.0
54	石川202	1340／11／28	興国元年※南朝年号	石川町大字山形字岸久内	キリーク		109.0
55	鏡石１２―01	1341	興国二年※南朝年号	鏡石町大字成田諏訪町62	アク		115.0
56	石川106	1342／02／02	興国三年※南朝年号	石川町大字中田字高野	キリーク		131.8（確認高）
57	石川260	1342／11／11	興国三年※南朝年号	石川町字白石　白石（猫啼川向）	キリーク	「父」の追善。	76.0
58	矢吹２１―02	1343	延元八年※南朝年号	矢吹町大字三城目字三城目景政寺B板碑群	アーンク？	『矢吹町史　第２巻資料編Ⅰ』は「延元八」とする。自然石の形状。	101.2
59	矢吹４５―03	1346／02	貞和二年	矢吹町大字中畑字寺内東　寺内板碑群	不明		70.0
60	矢吹４２―02	1350／02	貞和六年	矢吹町大字中畑字寺内　寺内天王山板碑群	バク		70.0
61	矢吹４２―03	1350／02／18	貞和六年	矢吹町大字中畑字寺内　寺内天王山板碑群	ア		70.0
62	石川005	1354／11／10	文和三年	石川町大字形見字小原	バク	石材黒雲母片麻岩。貞治6年（1367）以降、形見地区が含まれる草里は白河結城氏の所領。	79.0
63	石川256	1361	康安元年	石川町大字湯郷渡字木戸ノ内	キリーク		100.0
64	石川207	1361～62／？／28	康□	石川町大字板橋字北浮庭	ア	年号を康安に比定。	77.0
65	石川249	1372	応安五年	石川町大字母畑字宮田	バク		72.0
66	石川174	1373／04／？	応安六	石川町字立ヶ岡	ア	「悲母」の追善。貞治6年以降、立ヶ岡地区が含まれる泉郷高田は白河結城氏の所領。	68.0
67	矢吹２４―01	1374／08／25	応安七年	矢吹町大字三城目字本城舘本城舘B	キリーク		150.0
68	石川087	1374／11／日	応安七年	石川町大字中田字山下	キリーク		56.0
69	石川048	1376／03／28	永和二年	石川町大字谷沢字坂ノ下	キリーク	石材黒雲母片麻岩。	97.0
70	矢吹４２―04	1376／08／03	永和二年	矢吹町大字中畑字寺内　寺内天王山板碑群	バン		70.0
71	石川068	1378／02／？	永和二二年	石川町大字谷沢字戸賀　（通称薬師堂）	キリーク	石材蛇紋岩。	56.5
72	石川070	1378／02／21	永和二二年	石川町大字谷沢字戸賀	バク	石材黒雲母片麻岩。	65.0
73	鮫川02	1378／11／15	永和四年	鮫川村大字西山字鬼越	キリーク		70.0
74	石川159	1379／08／25	永和五年	石川町字新屋敷	キリーク	この時は白河結城氏の所領。	127.0
75	石川127	1379～1381？	康暦□□	石川町大字曲木字南	阿弥陀如来一尊図像（※陽刻）		58.0
76	石川026	1381／03／20	康歴三年	石川町大字形見字古市場	キリークヵ	『石川町の板碑』は「康歴」と翻刻する。要検討。	41.0
77	石川180	1384／04／02	永徳二二年	石川町字立ヶ岡　大石地蔵尊（首切地蔵）境内	不明	「慈父徳阿」の追善。	68.0
78	石川210	1385	至徳二年	石川町大字南山形字折木	サク		60.0
79	石川289	1389／07／14	嘉慶三年	石川町字梁瀬	アク	「孝子等」による「妙禅」の七回忌。	97.5
80	石川022	1390／08／05	康応二年	石川町大字形見字古市場	サ	石材黒雲母片麻岩。	83.0
81	石川290	1395／02／20	応永二年	石川町字梁瀬	バーンク		87.0
82	玉川055	1396	応永三年	玉川村大字岩法寺字竹ノ内草野康次郎氏宅地内	バーンク		87.0
83	石川291	1396／02／03	応永三年	石川町字梁瀬	タラーク		105.1
84	矢吹２４―03	1396／10／03	応永三十三	矢吹町大字三城目字本城舘本城舘B	キリーク	応永三年十月三日の紀年銘と解釈。「崇道□（禅カ）門の三十三回忌。	100.0
85	玉川117	1490／06	延徳二年	玉川村大字小高池ノ入	キリーク	他の板碑の年号にくらべて突出して新しい。要検討。	80.0

＊No.58の年号について、『矢吹町史　第２巻資料編Ⅰ』は、年号に添えられた干支「癸未」も記しており、これは興国４年（1343）の干支と一致する。よって、この板碑の造立主体は興国年号を使用せず、延元年号を使い続け紀年銘に採用したことになる。2014年11月27日、現地調査をおこない、この板碑を実見した。碑面は剥離が激しく、紀年銘中央部も大きく剥離していたため、干支の文字は残っていなかった。ただし、「延元」と「八」は明確に読むことができたため、延元８年と刻まれていた可能性はあり得ると判断した。

表2 石川庄の有紀年銘板碑

番号	自治体碑群番号	年／月／日	年　号	所　在　地	種　子	備　考	高さ
1	矢吹44—01	1261／08／22	弘長元年	矢吹町大字中畑字寺内東　寺内阿弥陀堂板碑群	キリーク・サ・サク		198.0
2	矢吹33	1264／02	弘長二二年	矢吹町大字明新字明新下　明新A	ア	孝子による「信心」の追善。	150.0
3	石川137	1275／12／12	建治元年	石川町大字曲木字坂ノ下	アーンク	「源祐光」の追善。	156.0（確認高）
4	玉川028	1278	弘安元年	玉川村大字小高字向久保　佐藤忠氏宅地内	バク		115.0
5	石川141	1283／08／？	弘六	石川町大字曲木字坂ノ下	タラーク・ウーン・ウン		190.0
6	石川014	1284／11／30	弘安七年	石川町大字形見字大工内	ア	「亡姉」の追善。	97.5
7	玉川003	1289／11	正応二年	玉川村大字川辺字宮ノ前　八幡神社境内	バク		68.0
8	石川138	1291／02／14	正四	石川町大字曲木字坂ノ下	バク	「主□」の追善か。	113.0
9	石川013	1291／09／10	正四	石川町大字形見字大工内	キリーク	「父」の追善。	115.4
10	石川139	1293／03／27	正六	石川町大字曲木字坂ノ下	タラーク	「父」の追善。	115.0
11	石川148	1297／閏10／？	永仁五年	石川町大字曲木字坂ノ下	バク		77.0
12	石川153	1298／11／？	永仁六年	石川町大字塩沢字竹ノ内（山頂に立つ）	アク		230.0
13	石川143	1299／08／23	正安元年	石川町大字曲木字坂ノ下	アク	「平三郎」の追善。	135.8（確認高）
14	石川144	1300	正安二年	石川町大字曲木字坂ノ下	サ・サク	「信阿」の逆修善。	53.5
15	古殿06	1302／07／06	正安四年	古殿町田口西光寺	バク	「比丘尼見仏」の追善。	54.5
16	石川034	1303／05／日？	乾元二年	石川町大字形見字形見	ア		113.5
17	古殿02	1304／04／02	嘉元二年	古殿町鎌田松岩山	ア		185.0
18	石川258	1304／07／22	嘉元二年	石川町大字湯郷渡字五斗内	ア		105.0
19	石川122	1304／09	嘉元二年	石川町大字中野字悪戸　（薬師堂）	ア		63.0
20	矢吹30—01	1305	嘉元三年	矢吹町大字中野目字中野目東　中野目塚	阿弥陀如来図像（※線刻）・サ・サク		136.0
21	玉川080	1307	徳治二年	玉川村大字北須釜字竹ノ花　東光寺入口	ア		76.0
22	矢吹15	1308〜1311？	延慶□年	矢吹町大字三城目字三城目　三城目中町	キリーク		90.0
23	玉川025	1309／02	延慶二年	玉川村大字小高字向久保　十日森稲荷神社境内	キリーク		70.0
24	玉川061	1311	応長元年	玉川村大字竜崎字上代	イー		103.0
25	玉川021	1312	応長二年	玉川村大字小高字向久保　十日森稲荷神社境内	バーンク		90.0
26	石川251	1312／01／05	応長二年	石川町大字郷渡字木戸ノ内	キリーク・サ・サク		212.0
27	石川216	1312／01／20	応長二年	石川町大字沢井字東内打安養寺	阿弥陀三尊来迎図（※線刻）		110.0（確認高）
28	鏡石08	1313	正和二年	鏡石町大字成田字本町白山神社	アーンク		146.0
29	石川222	1313？／08／21	正和□（二カ）年	石川町大字沢井字上ノ原　郷清氏宅裏路傍	キリーク		152.0
30	矢吹19	1316	正和五年	矢吹町大字三城目字三城目　三城目行屋	ア		90.0
31	石川007	1318／？／20？	文保二年	石川町大字形見字大工内		「悲母」の追善。	39.0
32	玉川043	1318／5／15	文保二年	玉川村大字岩法寺字蕨ヶ岡	ア	「厳峯開山空谷禅師大和尚」の三年忌。	250.0
33	古殿12	1319／01／30	元応元年	古殿町松川荷市場			197.0
34	古殿07	1319／01／30	文保三年	古殿町田口西光寺	バン	「比丘尼光蓮」の追善。	95.7
35	玉川044	1321／01／21	応長二年	玉川村大字岩法寺字宮ノ前　倉謙徳三氏裏山	バン	「観念」による「沙弥□□」の追善。正面・左右側面に銘文あり。右側面に嘉元3年（1305）に薬師寺建立の旨を記す。	145.0
36	古殿08	1321／05／28	元亨元年	古殿町田口西光寺	キリーク		105.6
37	矢吹41	1322／01	元亨二年	矢吹町大字大畑字住吉　大畑地蔵尊	キリーク		140.0
38	石川230	1324／09／？	元亨四年	石川町大字母畑字高蔵内	バク	「慈父禅門」の追善。	91.0
39	玉川046	1325	正中二年	玉川村大字岩法寺　祇園八幡神社入口	バク		90.0
40	古殿01	1326／04／08	嘉暦元年	古殿町鎌田八幡境内	バン		98.0
41	玉川037	1326〜28	嘉暦［　　］	玉川村大字中字前作田　首藤辰雄宅地内	バーンク		70.0
42	矢吹23	1327／02	嘉暦二年	矢吹町大字三城目字本城舘　本城舘A			75.0

在する（[17]草里）。このルートと石川鴇子線（県道140号線）沿いとの間が、もっとも稠密に板碑が分布する地帯であり、基光流の勢力範囲と光家―光盛流谷沢氏・坂地氏との勢力範囲との境目をなす。単位所領の境界的な場所に板碑群が点在している様相がうかがえる。

②板碑編年と石川氏一族の動向　これら五六八点の板碑のうち、紀年銘が確認される板碑は八五点を数える。それを編年にならべたのが表2である。最後の№85を例外とすれば、年号は弘長元年（一二六一）から応永三年（一三九六）の間におさまり、石川庄の板碑はちょうど十四世紀の終了とともに、おおよそ製作もまた終わりを告げたと推測したい。

つぎに表2の内容から、石川庄における板碑造立の展開を跡づける。まずは、板碑造立が始まる時期について。この点は、阿武隈川左岸のa地区からスタートし、対岸の曲木地区やb地区において造立が広がる様子がうかがえる。また先述のとおり、白河庄の範囲に入る可能性があるものの、鎌倉時代は石川氏の掌握下にあったと伝えられる中島村滑津御城地区の板碑群も、石川庄における板碑造立の開始時期に含まれるとみなしてよい。すなわち、石川庄における初期の板碑群は、阿武隈川流域に集中していると理解することができる。

その後、街道沿いの東部形見地区においても板碑の造立は始まり、十四世紀に入るとd地区でも造立が確認されるようになる。なお、№5・8・9・10にみえる年号の一文字表記は、周辺に類例のない特徴的な紀年銘といえるだろう。この点は、関連するグループによる板碑の造立と銘文配置の共有と考えられるから、一二八〇年代から九〇年代前半にかけて、石川氏一族もしくは板碑文化を具体的に担う宗教勢力などの中に、独自の動きをみせる一派があらわれた可能性がある。また、曲木地区の板碑造立が、十三世紀いっぱいで一旦終了してしまうことも注目される。阿武隈川を越えて、いちはやく板碑文化を取り入れたと考えられる№3（図1）の被供養者源祐光の勢力（石川氏の一族だろう）であったが、何らかの事情により曲木地区を去らなければならない事態が生じたのであろうか。

南北朝時代に入ると、№51～58に南朝年号の板碑が連続する。石川氏一族は、一三三八年十一月頃から一三四三年九月頃にかけて南朝方として活動したことが知られ、最終的には白河結城氏とともに足利方へ降参するにいたった。[30]なお、先述のとおり高貫・坂地・谷沢は元弘没収地として結城宗広に与えられ、さらに子息親朝へ譲与されたが、延元四年(一三三九)、北畠親房によって高野郡伊香・手沢両郷との交換が行われている。[31]おそらくは、石川氏のもとへ戻されたのだろう。その一方で、貞治六年(一三六七)、泉郷高田・北炭窯《(須鎌)》・佐宇《(草)》里が小峰朝常の所領となり、永和三年(一三七七)までに沢井郷が結城朝治の所領となっていた。[32]

十四世紀後半は、板碑造立の中心がおおむね阿武隈川流域の右岸一帯(白河結城氏一族の所領となった地域と石川牧氏の拠点)に集約されていく傾向を示す。また板碑造立が終了する要因については、第一に地域における追善供養や、現地において板碑文化を具体的に担っていた宗教勢力のあり方に変容が生じたことが予想されるだろう。この波は、白河・石川両庄を含め、福島県の南部一帯を覆うものであったと考えられる。また、当該地域における政治史の状況に目を向ければ、応永六年(一三九九)、篠川殿・稲村殿が鎌倉から下向してくることも画期といえる。両御所への対応をめぐって、地域の在地領主層相互の立ち位置があらためて見直され、一揆契状にもとづく結合のあり方が前面に出てくる。このことと、連続的に製作されるようなあり方としての板碑文化が終焉をむかえる問題との関係はより慎重に考察しなければならないが、こうした地域社会における秩序の変化が、信仰や文化のあり方にまで影響を及ぼす可能性についても気をつけてみたい。

おわりに

以上、陸奥国の地域社会における在地領主層(鎌倉幕府御家人)の動向と板碑文化との関係という関心にもとづいて、白河庄と石川庄における板碑造立のあり方を調べ、基本的な情報をまとめた。

両庄における板碑造立の展開をあらためて見渡せば、その動きは、白河庄北方の北部丘陵地帯から始まるといえる。現在確認できる板碑の紀年銘のみを頼りにするならば、板碑の造立の波はそのまま東へと進み、一二七〇年代阿武隈川両岸一帯において活性化する。そして、白河庄南方・石川庄東部へと、その分布は広がっていくのである。このような動向の背景について、在地領主レベルの特徴を追うならば、「鎌倉中」御家人下総結城氏惣領家の一族が、白河庄北方の現地において、より地域に密着した活動を開始することや、石川庄における北条氏所領化の進展（石川氏一族の北条氏被官化）などが、影響を与えたのではないかと考えてみたい。

ちなみに下総結城氏の本拠地結城郡では、一二六〇年代から板碑の出現を確認することができる。[33] 白河庄における板碑の出現は、これと同時期か、むしろ先行している可能性もあるだろう。形状、石材、石工職人の加工技術や造立背景にある信仰（宗教勢力）の問題などは当然異なるわけだが、板碑文化の伝播のあり方を考える上では、こうした点もまた興味深い題材のように思われる。

今回の作業により、福島県南部の板碑密集地域における板碑造立の終焉が、ほぼ十四世紀末に重なるであろうことが明らかとなった。その社会的な背景について、現地における宗教勢力の考察など課題は多く残されているが、鎌倉幕府御家人制の秩序が終わりを迎え、当該地域が鎌倉府体制へと本格的に編入されていく社会的な変動期にあることは注目したい。同様の事態は、冒頭に記したとおり仙台平野においても観察することができるのであり、陸奥国における十四世紀／十五世紀の変化の問題は、より広い視野をもってクローズアップされることになる。[34] 仙台平野における政治史の画期は、岩切城合戦（多賀国府における観応の擾乱）にともなう留守氏の一次的な没落、ならびにあらたに赴任してきた奥州管領斯波氏が、「河内」地域（大崎平野）へ本拠を定めたことによる多賀国府の集権的な機能（陸奥留守職の役割）の終了であった。在地領主との関わりが想定される板碑には、地域密着型の資料という性格ゆえに、こうした政治的な秩序の展開・変容のあり方も、直接的に反映されるような要素が含まれているのではないだろうか。
本稿では、基本的な情報を整理するという課題を掲げながら、種子(図像)を含めた銘文内容の分析、庄園内部におけるより細やかな板碑の形状の分類や分布のあり方などの考察については、まったく手をつけることができなかった。また結びについても素朴な疑問の提示で終わってしまい、反省点は多い。一つ一つの板碑資料を大切に扱い、考えることが基本である。先行研究の方法論・成果をしっかりと学びつつ、地域史の中の板碑研究を続けていきたいと思う。

註

(1) 大石直正・川崎利夫編『中世奥羽と板碑の世界』(高志書院、二〇〇一年)。
(2) 千々和到『板碑とその時代』(平凡社、一九八八年)、同『板碑と石塔の祈り』(山川出版社、二〇〇七年)、佐藤正人「道々に立つ板碑」(菊池勇夫・斎藤善之編『講座東北の歴史　第四巻交流と環境』清文堂、二〇一二年)、佐藤弘夫「南奥羽の板碑と霊場」(入間田宣夫・菊地和博編『講座東北の歴史　第五巻信仰と芸能』清文堂、二〇一四年)。
(3) 大石直正「板碑にみる中世の仙台平野の地域区分とその背景」(『市史せんだい』八、一九九八年)。
(4) 七海雅人「鎌倉幕府の滅亡と東北」(同編『鎌倉幕府と東北』〈東北の中世史2〉吉川弘文館、二〇一五年)。
(5) 石井進編『考古学と中世史研究』(名著出版、一九九一年)二一三頁の千々和到氏発言部分、大石直正「板碑にみる中世奥羽の世界」(前掲(1)大石・川崎編著書所収)。石巻市北村・弘安元年碑の原位置について、佐藤雄一氏は北村の奥の院元高福寺本堂の裏の南斜面の可能性を指摘している(『河南町の板碑』私家版、二〇一五年)。
(6) 七海雅人「鎌倉御家人の入部と在地住人」(安達宏昭・河西晃祐編『講座東北の歴史　第一巻争いと人の移動』清文堂、二〇一二年)、櫻井彦『南北朝内乱と東国』〈動乱の東国史4〉(吉川弘文館、二〇一二年)、岡田清一『相馬氏の成立と発展』(戎光祥出版、二〇一五年)。
(7) 千々和到「石巻の板碑と『東北型』板碑の再検討」(『六軒丁中世史研究』三、一九九五年)。
(8) 大石直正「治承・寿永内乱期南奥の政治的情勢」(同『奥州藤原氏の時代』吉川弘文館、二〇〇一年)、七海雅人「鎌倉幕府と奥州」(柳原敏昭・飯村均編『鎌倉・室町時代の奥州』高志書院、二〇〇二年)、同「御家人の動向と北条氏勢力の展開」（前掲(4)同編著書所収）、前掲(6)同論文。
(9) 堀江格「中通り地方の板碑と供養」（前掲(1)大石・川崎編著書所収）。
(10) 七海雅人「石川の板碑」（『石川町史　第一巻通史編1』福島県石川町、二〇一二年）。
(11) 『吾妻鏡』文治四年三月十七日条。
(12) 高橋明「白河荘と結城氏」（『白河市史　第一巻通史編1』福島県白河市、二〇〇四年）。
(13) 市村高男「結城氏と鎌倉幕府」（『結城市史　第四巻古代中世通史編』茨城県結城市、一九八〇年）、同「白河結城文書の形成と分散過程」（村井章介編『中世東国武家文書の研究』高志書院、二〇〇八年）、前掲(12)高橋論文、渡辺正俊「宗広と親朝」（前掲(12)『白河市史　第一巻通史編1』）。
(14) 前掲(11)高橋論文。
(15) 「國學院大學白河結城文書」『鎌倉遺文』二六五四九号。
(16) 白河結城氏による金原保獲得の意義については、七海雅人『躍動する東北「海道」の武士団』（蕃山房、二〇一五年）参照。なお建武二年七月、結城宗広は後醍醐天皇綸旨により、勲功賞として宇多庄を給付されている（金原保と宇多庄は接続し、宮城県南部阿武隈川下流域・福島県浜通り北部という要衝をつくる）。この給付についても、結城盛広の勢力を逐ったことに対する恩賞であった可能性がある。
(17) 七海雅人「鎌倉・南北朝時代の伊具郡」（『東北学院大学アジア流域文化研究』Ⅶ、二〇一一年）、清水亮「在地領主の被官と南北朝内乱」（『埼玉大学紀要　教育学部』六三―一、二〇一四年）。
(18) 本稿における白河・石川両庄の板碑資料の蒐集は、『石川町の板碑』『石川町史』『表郷村史』『大信村史』『鏡石町史』『鮫川村史』『白河市史』『玉川村の板碑』『天栄村史』『中島村史』『西郷村史』『東村史』『平田村史』『平田村のすがた平成23年版統計書』『古殿町史』『目で見る泉崎村の歴史』『矢吹町史』、「玉川村の板碑追補メモ」（小豆畑毅氏から提供していただいた資料コピー）による。なお、自治体史間における資料情報の粗密差は否めなく、今後、当該地域の板碑については、写真・拓本・銘文翻刻・寸法などのデータをいかに統一的に揃えて記録していくかが最大の課題といえる。
(19) 図像板碑については、前掲(18)の自治体史・資料集に加えて、村田和義『福島県の阿弥陀来迎三尊石仏』（言叢社、一九八六年）、同『東国の図像板碑拓影集』（雄山閣、二〇一五年）も参照。

(20) 二〇一四年十一月二十七日、中島村滑津の代畑公民館に隣接する板碑群の調査を行い、「汗かき地蔵」がおさめられた覆屋の中に板碑二点、「汗かき地蔵」の覆屋の前に板碑一点、周囲から集めた板碑群を保護する覆屋の中に板碑一六点(曼荼羅碑や、キリーク部分を失ったと考えられるサ・サクのみの上部欠損碑が含まれる)・板碑の胴体部分と考えられる石材二点・板碑の頭部と考えられる石材一点、集合板碑をおさめた覆屋の前に板碑二点(一点は頭部のみ、これは覆屋の中の板碑と接続する可能性がある)を確認した。
(21) 『日本歴史地名大系7　福島県の地名』「滑津村」項(平凡社、一九九三年)。
(22) 観音山磨崖碑群の概要については、前掲(9)堀江論文参照。
(23) 前掲(13)市村論文。
(24) 遠藤巌「十二〜十三世紀の陸奥国石河庄」(『宮城教育大学紀要』三二、一九九八年)、岡田清一「石川氏と鎌倉時代(前掲(10)『石川町史　第一巻通史編1』所収)、七海雅人「御家人の動向と北条氏勢力の展開」(前掲(4)同編著書所収)。
(25) 前掲(24)岡田論文。
(26) b地区・c地区西部がd地区の蒲田村同様、元弘没収地になった形跡がないのは、当該地区を拠点としていた石川氏一族が、幕府の倒壊に際して北条氏勢力から離脱したためと推測される。
(27) 前掲(24)七海論文。
(28) 垣内和孝「鎌倉・南北朝期の二階堂氏」(同『室町期南奥の政治秩序と抗争』岩田書院、二〇〇六年)、前掲(4)(6)七海論文。
(29) 前掲(10)七海論文。
(30) ただし、蒲田村を獲得した石川兼光のように、終始足利方として活動した石川氏一族もいた(伊藤喜良「南北朝動乱と石川」〈前掲(10)『石川町史　第一巻通史編1』所収〉)。
(31) 「楓軒文書纂所収白河証古文書上」・「白河集古苑所蔵白河結城文書」『南北朝遺文　東北編』一四九・四七二号。
(32) 「阿保文書」・「結城神社所蔵文書」『南北朝遺文　東北編』一八七三・二〇二〇号。
(33) 峰岸純夫「石に刻まれた中世」(前掲(13)『結城市史　第四巻古代中世通史編』所収)。
(34) ただし、本稿冒頭に記した陸奥国における板碑の分布[5][6]地域では、十五世紀に入っても板碑造立が続いている。また、多賀国府に隣接する海に開かれた「霊場」松島の雄島においても、海底板碑群の調査によって、十五世紀には小型の板碑の製作や鎌倉・南北朝時代に立てられた板碑の改刻再利用などが行われていた可能性がでてきた（新野一浩・七海雅人「松島町雄島周辺海底採集板碑の報告㈠〜㈢」『東北学院大学東北文化研究所紀要』四四・四六・四七、二〇一二・一四・一五年）。これら十五世紀へと続く地域の板碑群展開の内実が、十四世紀から十五世紀にかけてどのように変容していくのかという問題、また仙台平野における板碑群との比較検討などが、今後の課題となる。

出羽の霊場と武士団——成生荘を中心に——

落合 義明

はじめに

鎌倉幕府や室町幕府が関東祈禱寺や五山制度をもうけるなど、宗教政策を通して統治を進めていったことはよく知られている。

一方、在地の中世武士と宗教との関係で注目されるのは、速水侑氏と齋藤慎一氏による観音信仰の研究である。すなわち、速水氏は、十二世紀以降、霊験ある観音像を本尊とする寺院(石山寺・清水寺・長谷寺など)への参詣がさかんとなり、巡礼の民衆化が促され、各地に観音の三十三身にちなんで三十三所霊場が成立する、という。西国では十二世紀、坂東では十三世紀、秩父では十五世紀に成立した、と指摘している。とりわけ坂東での観音信仰の始まりは、源頼朝・実朝の観音信仰が影響を与えていると言及している(1)。速水氏の研究を受けて、最近では齋藤氏が坂東三十三所について解明され、三十三所の多くは、古代寺院の系譜をひき、御家人との関与が指摘できる寺院が存在すると述べている(2)。ただし、鎌倉期から三十三所が固定されていたかどうかは定かではない。

それにしても、十三世紀末成立の『男衾三郎絵詞』に見られるように、殺生を業とする武士に強い信仰を抱かせたのが観音菩薩であった。また、坂東三十三所の初見史料が天福二年(一二三四)七月十九日付福島県棚倉町八槻都々古別神社十一面観音像台座銘(3)で、そこには都々古別神社成弁が三十三所観音霊場を修行していた途中、常陸国八溝観音堂に三百日間参籠したことが見える。これらのことから、速水氏らは鎌倉期に坂東各地にも観音霊場が形成されていたことは間違いないものと見る。こうした研究を受けて、筆者は、かつて武蔵国の岩殿観音・相模国の金目観音を題材にして武士との関係を探ってきた(4)。これまでは武蔵や相模という比較的政権所在地近くの国々を考察してきたが、本稿では、出羽国を取り上げてみたい。周知のように、源頼朝の奥州征討以後、鎌倉御家人の東遷が始まり、彼らは陸奥・出羽両国の地頭職を獲得していった。そうした関東武士の東北進出とともに地域の霊場はどうなっていったのか、そして南北朝期以降、霊場(とその周辺地域)と武士との関わりはどう変化していくのか、具体的に探ってみたいと思う。

1　若松観音の懸仏をめぐって

まず取り上げるべきは若松寺である。通称若松観音は室町期以降、出羽の三十三観音霊場一番札所として著名となった。寺伝によれば、八世紀、行基によって開かれたといい、貞観二年(八六〇)円仁が堂塔を整備したというから、古代以来の天台宗寺院であることがわかる。現在、同寺は山形県天童市大字山元に所在するが、当地は中世においては成生荘といわれていた。安元二年(一一七六)二月日付八条院領目録(5)に「庁分御庄」として「出羽国大山　成生」とあるのが初見で、鎌倉期を通じて皇室領であった。地頭は次の史料から、藤原氏であることが推測できる。

【史料1】若松寺金銅製聖観音懸仏銘(6)

　当庄《成生庄》御政所芳ノ比丘尼高木比丘尼

敬白　若松寺御宝前

図1　岩松寺聖観音菩薩坐像懸仏（山形県立博物館『図録特別展若松寺の歴史と遺宝』2007年）

奉㆑懸聖観音御正体
右志趣者為㆓一紙半銭結縁
助成之人々㆒現世者至㆓于七代㆒
令㆓守護㆒給後生者同成㆓蓮
花実㆒矣
弘長三（一二六三）季癸亥五月八日
大檀那藤原真綱敬白
　縁友藤原氏女
　三位氏女紀葉光

図1の懸仏は、径が七五・七センチという大型のもので、鏡板の中央に聖観音坐像が取り付けられている。技巧も優れていることから、鎌倉あるいは京都など中央で製作されたものと思われる。以下、鏡板の裏面にある銘文【史料1】を検討していこう。

まず成生荘の政所芳ノ比丘尼・高木比丘尼という二名の女性と、地頭と思われる大檀那藤原氏とその縁友たち、さらには「三位氏女」という女性[7]も懸仏奉納に関わったことがわかる。少なくとも四人の女性の名前が見え、女性たちによる作善であることは興味深い。おそらく彼女らは、日頃観音菩薩を熱心に信仰していたのだろう。

次に懸仏奉納の主旨を見てみよう。政所や檀那の呼びかけに応じた「一紙半銭」の結縁助成した人々が、現世では七代に至るまで守護され、来世では「蓮花実」を成すため（死後、極楽浄土に往生し生まれ変われる、というような意味合いだろう）に懸仏を奉納した、とある。銘文にはないものの、多くの効験を期待しての行為であることはいうまでもない。ただここには勧進僧の名はなく、果たしてどの程度助成した人たちがいたのかは不明である。実際には大檀那藤原真綱とその関係者が懸仏製作の経済的な支援を行ったのではないかと見られる。

このうち藤原真綱については、若松寺から北西へ約八キロメートルいったところに、字二階堂という地名が残っていることから、従来は鎌倉幕府の御家人二階堂氏と比定してきた。ただ真綱なる人物は二階堂氏には見あたらない。試みに、貞綱と読めば、二階堂頼綱（一二三九〜八三年）の子に貞綱がいるが、年代的に同一人物と断定することは難しい。『平戸記』仁治三年（一二四二）十二月二十五日条には、「藤原真綱」なる人物がこの日の除目で左衛門尉に任官したことが見え、年代的にはこの人物と想定して良いと思う。ただ、これ以上の史料を見つけることができなかったため、この真綱がどのような人物なのか詳細は不明である。ちなみに十三世紀以降出羽守（鎌倉・室町期の出羽守護は不設置）に任官したことのある鎌倉御家人で藤原姓といえば、二階堂氏以外には中条氏・小山氏・大友氏をあげることができる。その他、奥州征討以降、地頭職を獲得した藤原姓の御家人といえば、大泉氏なども加えることができるだろう。

本稿では、特に政所の女性に注目したい。天童市には大字高木という地名が残るので、まずはそこの住人が「高木比丘尼」ではないかと想定される。通常、「比丘尼＋○○（法名）」と名乗ることが多く、「地名あるいは名字＋比丘尼」と名乗るケースは少ない。例えば建長二年（一二五〇）七月十日付勝尾寺重書等目録に「粟生比丘尼真仏」と見え[(8)]、粟生は摂津国島下郡の地名あるいは名字であろう。よって、【史料1】の高木が地名であることも考えられるが、名字である可能性も捨てきれない。そこで、筆者は肥前の御家人高木氏関係者ではないかと思い、以下その可能性を探ってみることにする。

高木氏とは、藤原隆家の子孫として肥前に土着し在庁官人から武士化した氏族といわれている[(9)]。後述するように、成生荘に時宗（浄土宗）を広めたとされる一向俊聖は、十四世紀成立の『一向上人伝[(10)]』巻一によると、暦仁二年（一二三九)の生まれで、「筑後の国竹野庄西好田の人なり、父は藤原氏草野の太夫永平の弟冠四郎永恭、母は同姓兼房の女也」とあって、草野氏出身とわかる。実は草野氏は高木氏の庶流であって、母方の父藤原兼房を九条兼実の兄弟とすれば、彼は文治元年(一一八五)以前から出羽国の知行国主[11]であり、出羽国ゆかりの人物となる。ただし「草野系図」には草野永恭の名前は見あたらず、『一向上人伝』の記述をそのまま史実と認めるかは検討を要する。[12]

それにしても、俊聖の伯父草野永平は浄土宗鎮西派聖光に帰依し、筑後善導寺を建立した外護者であって、彼自身戒名を「永阿弥陀仏」といった。[13] 彼の息子には寛元四年(一二四六)に亡くなった「範阿弥陀仏」[14]や、宝治元年(一二四七)に亡くなった「作阿弥陀仏」[15]がいた。草野氏の信仰について、川添昭二氏は、「永平が天台系であったことは確かで、念仏信仰へ傾斜する因子はあったと思うが、永種(筆者注：永平の子)は天台か真言の信仰を保ちつつ聖光派の念仏信仰を受容したとも考えられる」と指摘している。[16] このように草野氏が浄土系の信者であったことは疑いないところである。「高木比丘尼」を草野氏関係者とすれば、彼らと「三位氏女」のような高貴な女性、そして地頭藤原真綱らが協力し、中央の工人に依頼して懸仏を製作・奉納したと考えたい。後に俊聖(その弟子行蓮)らは、懸仏のある霊場に自身の関係者が関わっていたこともあいまって、成生荘に下向し、布教しようと考えたのではないか。

図2　岩松寺阿弥陀如来立像（山形県立博物館『図録特別展若松寺の歴史と遺宝』2007 年）

ではなぜ真綱らは弘長三年という年にわざわざ遠隔地の霊場若松寺に懸仏を奉納したのだろうか。前年の弘長二年に鎌倉に阿弥陀の大仏ができあがっていたとの指摘[17]があり、この点との関係はないだろうか。懸仏を奉納した者たちと阿弥陀信仰(後述する善光寺信仰)を受容した者たちとが相互に関係している、と考えた場合、次の点は看過できない。

すなわち、若松寺(標高約四〇〇メートルに位置する)の子院で、西麓に位置する本寿院には、鎌倉後期の阿弥陀如来像が安置されている(図2)。牛山佳幸氏によると、この阿弥陀如来像は善光寺式阿弥陀三尊像の中尊のみ現存したものというが[18]、ここで注目したいのは、仏像の頭部が粒状の螺髪ではなく、筋状の渦を巻く清涼寺式釈迦如来像の形式をとっていることである。これは、清涼寺式と善光寺式を合体させた阿弥陀如来像ということになろう[19]。両像に共通するのは生身仏である、という点である。そうなると、懸仏が奉納された同時代、若松寺には善光寺信仰が流入していたことになる。しかも生身仏と値遇することが将来の極楽往生を約束する徴証と考えられたこの時代[20]、若松寺側の喧伝により、生身仏のいる霊場として広く知れわたり、多くの人々を寺へと呼び寄せていた可能性があろう。十三世紀中頃以降、山頂にある懸仏の聖観音像とは別に、善光寺信仰を受容した勧進僧や廻国聖たちが中心となって、麓の子院に善光寺式阿弥陀三尊像を奉納したとは考えられないか。そう考えれば、十三世紀の若松寺は、複数の女性たちの結縁に見るように、すでに特定武士が庇護する霊場ではなく、不特定の人々が集う霊場と化していたといえよう。

さらに、鎌倉期、善光寺の阿弥陀如来が東国の守り本尊と意識されていたことも加味すれば[21]、若松寺は成生荘の東の外れ、ひいては東国の外れの霊場と意識されたところであったかもしれない。

ところで【史料1】の「当庄政所」とはどこにあったのだろうか。次節ではその点に迫りつつ、山中の霊場とは離れて、政所周辺、いわば里(平地部。以下同様の意として用いる)の宗教的環境を探ってみよう。

2　成生荘における政所・仏向寺

成生荘は現在の天童市全域に当たるが、若松観音から西北へ約一〇キロメートルいったところ、市内大字大清水字

図３　成生荘関係図（成生庄と一向上人編集委員会『成生庄と一向上人』天童市立旧東村山郡役所資料館、1997年より）

二階堂には一二〇メートル四方、幅一二メートルの空堀が残っている。まさにここが政所の所在地ではないかと推定されていて(図3)、一部の発掘調査によれば、十四世紀後半の館の可能性が指摘されている。[22]

また二階堂から南へ約一キロメートルいったところには、堀・土塁で囲まれた成生楯なる館が存在する。楯の東にある竜頭神社には中世の蔵骨器が保管され、近辺から古銭が大量に出土したという。[23] 以上の館跡が政所跡の候補地といわれているところである。加えて、大清水地区は、最上川と南北に走る羽州大道に挟まれたところに当たるので、交通の要衝であったと推測される。

さて、二階堂から約二〇〇メートル南にいった高野坊遺跡からは「応長元　霜月」「御庄　政所　藤原」「施主　藤原入道　後藤和泉」「最上郡成生荘養観堂」「一向義空　勧進聖人　大願主行蓮　時　応長元暦」「出羽　成生　二十七年忌」などと墨書された一二七個の礫がみつかっている。[24] 石の大きさはまちまちで、一つの石には三から六文字墨書されている。

このうち「義空」とは、伝承では一向俊聖(一向派の祖)の別名として知られていた。そこで義空と俊聖を同一人物として、改めて出土した墨書礫を解釈すると、応長元年(一三一一)義空(俊聖)の二十七回忌に「大願主行蓮」たちが成生荘の養観堂で供養をしたこと、政所の藤原氏、あるいは後藤氏が施主だったことなどがわかる。墨書礫の「大願主行蓮」と後述する『一向上人伝』の「行蓮」は同一人物と考えられ、ついでに、後述する仏向寺には、「義阿／義空菩薩　永仁三年(一二九五)三月日」と陰刻されている鉦があり、すでに十三世紀末期には行蓮以外にも「義阿」なる弟子がいた可能性がある。[25]

なお、高野坊遺跡近くの小字寺中からは、念仏鉦、懸仏の残片が出土しており、かつて仏向寺という時宗寺院が存在していたという伝承がある(現在舞鶴山近く天童市小路に所在している)。[26] 仏向寺は、弘安十年(一二八七)一向俊聖が開山したと伝えられているが、『一向上人伝』によると、若干時期がずれるようである。すなわち、『同』巻四によると、弘安三年（一二八〇）美作国勝田郡で「江河刑部」なる者が、俊聖と出会い弟子となり、「行蓮」と名乗って諸国遊行に随従した。その後、「吾妻（東）」に下って所々で寺を開基したとある。『一向上人血脈譜』には行蓮聖の項に「下野宇都宮一向寺羽州藻《(最)》上郡仏向寺両処開山也[27]」とあるので、先の「吾妻」とは少なくとも下野国と出羽国のことといえよう。特に出羽の仏向寺の場合、「藻《(最)》上郡」内にあったとあるので、十三世紀後半から十四世紀初頭には、高野坊遺跡周辺もその候補地の一つといえる。よって、仏向寺周辺で二十七回忌を行い、その上、政所の藤原氏らが容易に法会を催せた、とすれば成生荘の政所も、仏向寺の近く、つまり字二階堂や高野坊遺跡近くにあった可能性が高いと見られよう。

ともかく成生荘の政所近くに、一向派（俊聖・行蓮ら）が寺院を築こうとした理由は奈辺にあったのだろうか。一つ目の理由としては、成生荘が当時交通の要衝で、多くの信者を獲得できると目されていたからだろう。二つ目の理由としては、一向派が山中の霊場（若松寺）よりは西方に位置し、日頃から参詣者が容易に集える里に寺院を築こうとしたからではないか。三つ目の理由としてあげたいのは、『一向上人伝』の次のような記述である。巻一には、俊聖と観音菩薩に関する記述があり、俊聖の母が俊聖を身ごもった際、母は観音菩薩が「貝葉一巻持来て口中に投入れ給うと夢」を見て、俊聖を産んだとあって、俊聖は観音の申し子ともいえる人物として記されている。また巻三には、一向俊聖が出雲国意宇郷の観音霊場に赴いた際の話があって興味深い。すなわち、観音の道場であるにも関わらず、俊聖は「弥陀のみ唱へ」、それを不思議に思った、後に弟子になる存阿が、その理由を問いただすと、俊聖は「此菩薩は阿弥陀仏左脇の大士に侍て其の大悲も本師弥陀如来の慈悲にて侍る」と述べ、「本師が御名を唱ふればおのつから観音の御意にも叶ひ侍る」と説いている。つまりここでの俊聖は、地方の観音霊場に現れて、念仏を唱え、阿弥陀信仰の布教を実践していた僧侶として看取されるのである。まさに、成生荘は草野氏関係者の故地で、荘内には多くの参詣者が集う観音霊場がある、という点から一向派が着目しないはずがなかろう。このような理由があいまって、一向派は成生荘までわざわざ下向してきたと推測するのである。

なお、墨書礫に「政所　藤原」と藤原姓が見えるが、【史料1】の藤原真綱と同族とすれば、彼らは成生荘地頭あるいは地頭代として本格的に支配を及ぼすようになったと思われる。また前述したように、【史料1】の政所高木比丘尼が藤原姓の草野氏関係者であれば、この「政所　藤原」は、真綱や高木比丘尼とも同族の可能性がある。さらに、「後藤和泉」と記された人物については、建長八年(一二五六)七月六日付北条長時書下案の宛所「後藤和泉守殿」の子孫であろうか。[28] この史料によると、後藤和泉守は、越後国後藤蒲原荘地頭あるいは地頭代であって、違乱を止めるように長時より命じられていることがわかる。後藤氏は越前守護に安貞二年(一二二八)から幕末まで在職していたことが確認されるものの、[29] 越後との関係はよくわからない。ちなみに後藤氏といえば、秀郷流藤原氏の系統で、鎌倉幕府においては官僚として活躍した氏族として著名である。[30] とりわけ、後藤基綱・基政父子は京都公家社会と密接な関係を保持し、京都文化を鎌倉に紹介する主導的役割を果たした人物との評価もある。[31] 墨書礫の「後藤和泉守」が幕府吏僚の後藤氏かどうか断定できないが、越後は出羽の隣国であって、そうした地縁や信仰の面から俊聖供養に参加したのかもしれない。ちなみに高野坊遺跡から北東に行くと、小字後藤原なる地名もある。

以上の考察をまとめてみたい。十三世紀後半から十四世紀初頭の成生荘においては、仏像や懸仏の奉納、そして法会も挙行されていた。そこに加わった藤原真綱の素性についてはよくわからなかったが、高木氏関係者や後藤氏ら他地域の武士団の協力、勧進僧や一向派(念仏聖)たちの働きかけのもと、法会が行われたり、工人への製作依頼によって懸仏が奉納されたりした。加えて、念仏聖たちが山中の霊場若松寺へと人々を誘う役割も担ったのかもしれない。

工人といえば、実は成生荘には特徴ある板碑があることで知られるので、板碑について付言しておこう。当荘の板碑の特徴とは、頭部が突出する形で、年号など刻銘がほとんどない点である。[32] 例えば、成生荘北東側に位置する原崎(天童市大字原崎字大仏)には凝灰岩製で四メートルほどの高さの板碑がある。種子はキリーク一尊であり、紀年銘はないが、鎌倉時代後期のものと考えられている。同じように大分県宇佐市の佐田神社にある阿弥陀一尊板碑も額部が突出していて、正慶元年(一三三二)八月十八日の年号とともに、「四十八日時衆八十人名敬白」「願主示阿」などという刻銘がある。まさしく「時衆八十人」による四十八日満願の日に造立された結衆板碑であることがよくわかる。[33]ちなみに、十八日は観音菩薩の縁日であり、偶然とはいえ、浄土系の信者が観音菩薩の縁日に板碑を建立したことになる。かかる大分県の板碑に浄土系の信者と観音信仰の関係がうかがえるのであるが、それにしても、遠隔地で形状の類似した板碑が見られるのはどうしてだろうか。工人との関係など今後に課題は残るものの、やはり武士団の広範囲な移動や新恩の所領獲得との関係が想定されるところである。例えば、十三世紀の豊後守護は大友氏であり、とりわけ大友頼泰は、康元元年(一二五六)以降、文永四年(一二六七)以前に出羽守でもあったので、豊後と出羽の関係はここに見られよう。その上、大友頼泰は筑後守護を文永九年(一二七二)から建治三年(一二七七)まで勤めており[34]、筑後出身の草野氏との関係もあっただろうか。後考を期したい。

3　成生荘の境界、庄外郷

ついでに、成生荘周辺の宗教的環境も見ておこう。取り上げるのは、出羽国最上郡庄外郷、現在の天童市大字清池地区で、成生荘政所(大清水地域)から南へ約八キロメートル行ったところにある。かつてそこに中世寺院があったらしいことは次の史料からうかがえる。

【史料2】横浜市千手院蔵金銅造阿弥陀如来像銘文[35]

奉㆓鋳移㆒善光寺本師一光三尊如来像

大願主　勧進聖人　西阿弥陀仏

文永三年（一二六六）大歳丙寅九月十五日
賦阿弥陀仏　生年卅五
奉二安置一出羽国最上郡府中庄外郷石仏

【史料3】千葉県清澄寺蔵金銅造観世音菩薩立像銘文(36)

庄外郷
文永三年丙寅九月十五日
石仏

これら二つの史料から、阿弥陀如来の縁日である十五日に、阿弥陀如来像と観音菩薩像が、庄外郷石仏にある寺院に安置されたことがわかる。【史料2】に「善光寺本師一光三尊如来像」とあるので、阿弥陀・観音の二体の像は、善光寺式阿弥陀三尊のうちの二体であって、元々は中央に阿弥陀如来、両側に観音菩薩と勢至菩薩という脇侍を配し、三体が一つの光背で覆われているという特徴を持つものであったのだろう。現在は阿弥陀と観音の二尊像が残ってそれぞれ別の場所に安置されているが、かつてはもう一体の像もあったと思われる。特に【史料2】では「西阿弥陀仏・賦阿弥陀仏」という僧名から浄土系の勧進聖人が関わったと見られよう。前述した若松寺本寿院の他にも善光寺信仰が入り込んできた様子がうかがわれるのである。

おそらくこの二体は、かつては浄土系の念仏堂（阿弥陀堂）、あるいは石仏寺なる寺院に安置してあったと推測される。現在石仏寺は、天童市高擶に所在するが、寺伝によれば、かつては庄外郷（清池）にあったらしく、文明年間（一四六九〜八七年）に寺院の移転とともに五体の石仏も移転してきたという。石仏の高さは一・三メートル〜一・六五メートルあり、凝灰岩の石材に舟形光背を持つ。阿弥陀如来や地蔵菩薩を表しているようだが、風化が激しく合掌する石像としかいいようがないのが現状である。寺伝では、五体の石仏は、弘安年間（一二七八〜八八）に一向俊聖が悪疫の退散を祈って彫らせたものと伝えるが、製作年代は定かではない。

以上、ここまで十三世紀の霊場としての若松寺や成生荘に関して考察を加えてきた。この地域では他地域出身の武士団らの姿を確認できた。しかし、庄外郷では宗教者の姿は見えたものの、在地武士団の姿は明確ではなかった。しかも十四世紀に至ると、管見の限り庄外郷に関する史料や、若松寺周辺(立石寺はのぞく。後述)でも在地武士団との関係を示す史料が発見できないのである。

ところで、【史料2】にある、「最上郡府中庄外郷」とは、最上郡に府中が置かれ、その場所が成生荘あるいは近隣の大山荘(現在の山形市)という荘園の外にある公領という意味から、庄外郷といわれたのではないかと思われる。

府中といえば、国府を想起するが、古代の出羽国府は現在の酒田市城輪柵遺跡とされる。十一世紀後半には酒田の国府は廃絶したといわれているので、以後出羽国府(府中)は日本海側の酒田市周辺から内陸の最上郡へと移転したことになる。ただ承久二年(一二二〇)十二月三日付関東御教書によると、鎌倉幕府は、出羽国両所宮(一宮大物忌神社)の修造を北目地頭新留守に命じたが、普請が進まないとの神主久永から訴えがあった。そこで、建保六年(一二一八)、幕府は雑色正家を派遣して社殿修造の催促をしたが、源実朝の暗殺事件により延引し、承久二年十二月に、今度は雑色真光を遣わして、再び北目地頭新留守に催促し、両所宮の修造を竣工するようにと命じたという(37)。よって、遅くとも十三世紀初頭まで両所宮のある遊佐荘(現在の遊佐町)周辺に留守所があって、この時期までは国府も遊佐荘近くに所在していたのかもしれない。その上、遊佐町にある大楯遺跡は、遺物から都市鎌倉との強い結びつきを持つ十三〜十四世紀の遺跡との評価がある(38)。国府機能が廃絶したとしても、日本海海運などを意識した鎌倉幕府勢力(北条氏など)の基盤は、依然日本海に面した酒田・遊佐あたりにあったことは疑いない。しかしその一方で、府中など都市領域を表す「中」という表現が、十三世紀中頃には史料上に見え始めるといわれており(39)、これを信じれば、出羽国の場合も承久二年から文永三年の間に内陸の最上郡に府中が移転し始めたのかもしれない。かつて日本海にあった府中周辺には一宮をはじめ羽黒山などの信仰拠点があった。内陸に移った府中周辺の場合はどうだろうか。次節では成生荘の近くと想定される最上郡府中の宗教的環境を探りつつ、武士との関係について考察していくことにしよう。

4　府中山形における寺院と斯波氏

かつて伊藤清郎氏は、古代の国府政庁周辺を引き継ぎながら中世の出羽国府、府中域ができあがっていき、散在していた寺社や町場の機能を取り込んで独自の政治空間ができてくると指摘している。具体的には鎌倉時代末に府中は最上郡に移転し、それを背景にして南北朝期に斯波氏が国府機能を掌握していくのではないかと述べている。[40] ただし、前述したように、十三世紀中頃には府中は最上郡に移された可能性があるものの、今のところ具体的な府中域を特定できていない。そこで本稿では当座、成生荘や大山荘に属さない公領部分を府中域としておきたい。ちなみに室町政権が設置した安国寺は現在の山辺町にあり、まさに両荘園の境界地域に相当する。安国寺・利生塔の設定は、建武五年(一三三八)から暦応二年(一三三九)頃行われ、とりわけ出羽の安国寺の場合は、延元四年(一三三九・暦応二年)とする指摘がある。[41] となれば、後述す

図5　成生荘・大山荘周辺図(国土地理院発行2万分の一「仙台」を基に加工)

る斯波兼頼の山形入部以前から、足利尊氏・直義兄弟によって、安国寺は山辺町あたりに設定されたことになる（既存の寺院を安国寺に指定したかもしれない）。つまり、鎌倉幕府滅亡後、比較的早い段階から府中域は北朝側の支配下にあったといえよう。

十三世紀の最上郡の府中については、前述した【史料2・3】以外には史料がなく、その実態はつかめない。同時期の出羽国には、事実上北条氏領となる所領があるらしく、例えば、伊藤清郎氏は、大山荘・山辺荘をあげている[42]。果たして、両荘の近隣、出羽府中にどれほど北条氏の支配が及んでいたのか、よくわかっていない。ただ、大山荘内（現在の山形市釈迦堂、山形城より東へ約八キロメートル）に所在する法来寺（かつては天台宗だが現在は曹洞宗）には、鎌倉期の清凉寺式釈迦如来像が安置されていて、建長三年（一二五一）北条時頼が同寺へ廻国してきたとする伝説も残る[43]。これらのことから、法来寺はかつて北条氏の庇護した律宗寺院であった可能性があろう。それはともかく、北条氏滅亡後、府中域や大山荘周辺が闕所地になったとすれば、出羽に進出する斯波氏にとって支配を及ぼしやすい地域になっていたと考えられる。

それでは南北朝内乱期の斯波氏と出羽国の関係について考察してみよう。周知のように、南朝・直義党・尊氏党と天下が三分に分裂していた十四世紀半ば頃、出羽国には尊氏党の斯波兼頼（?〜一三七九）が派遣された。それは永正十一年（一五一四）に成立した『余目氏旧記』には、「修理大夫兼頼と申候、大崎都より御下候て十一年後ニ、延文元（一三五六）年ニ大崎より出羽へ御越候て、守護ニ成給へ候[44]」とあるところから延文元年以降のことと見られる。また永正七年（一五一〇）より書き始められた『大泉庄三郎権現縁記』には、延文元年八月「国主出羽按察使修理太夫兼頼公、最上山形へ御入部有リ[45]」とあり、入部した場所は「山形」と明記されている。さらに、永和三年（一三七七）十二月二十四日付室町幕府管領奉書によると、幕府（管領細川頼之）は、斯波兼頼をして、諸役を円覚寺領出羽北寒河江荘に課すことを止めさせていることがわかり、すでに兼頼は出羽守護のような役目を負っていたと考えられる[46]。ただし近年の白根靖大氏の研究によれば、守護大名に匹敵する権限（軍事指揮権・官途推挙権・段銭推挙権）を行使する羽州探題が成立したのは、応永七年（一四〇〇）以降という。[47] となれば、出羽国には鎌倉期から守護が置かれないため、政治・軍事の拠点としての守護所はなく、斯波氏の本拠がそれに代用されていたと推測する。そうすると、最上郡山形が十四世紀の終わりから探題の本拠となっていただろう。まさに山形は、大山荘内（あるいはその周囲）にあたるので、府中域に相当する。兼頼はおそらく鎌倉幕府滅亡以後、府中の行政機能を継承するため、闕所地となっていた大山荘・成生荘の周辺、とりわけ山形を自身の本拠としたのだろう。兼頼の孫満直（一四一六年死去）の兄弟頼直は、天童氏を名乗っており、兼頼の孫の代には斯波氏は出羽の地名を名字とするようになっている。よって、十五世紀には、斯波氏の出羽支配は山形を中心に拡大されていたと考えられる。

ところで十五世紀以前の武士は、殺生を辞さない存在であるとともに、安穏を希求する存在でもあった。よって、彼らの館の周囲には寺社が配置される。[48] そう考えると、斯波兼頼も山形に入部するに当たって、館と寺院を本拠の中心に据えたと思われる。とりわけ兼頼の信仰した宗派として史料上明らかなのは、真言宗と時宗である。

そこでまず真言宗寺院を見よう。その寺院とは宝幢寺のことである。そもそも宝幢寺は、現在の山形市の西方、滝平（山形城より西へ約一〇キロメートル）に所在していた。延宝七年（一六七九）成立の『羽州最上宝幢寺縁起』によると、天平年中（七二九〜七四九）行基の開山とされ、「徒侶之衆及二三万一」んでいたが、次第に荒廃し、「延文丁西之年（一三五七）最上城主修理大夫兼頼」により山形城外の「潔浄之地」に遷されたという。[49] しかも「新造寺宇」として「仏殿十八間」があり、そこには高さ八尺の五体の仏像が安置されていた。また兼頼は、醍醐寺より道助を宝幢寺に招請したという。足利氏と醍醐寺との関係が密接であったように、同族の斯波氏も醍醐寺（真言宗）を保護することになったのだろう。さらに、注目したいのは、宝幢寺には九〜十世紀頃と推定されている像高五一・五センチの木造十一面観音立像があったことである（現在は山形市大字鮨洗の宝積院に移されている）。小像ではあるが、優れた彫刻技術の仏像といわれている。[50]兼頼は山形入部に当たって、周囲にあった古代寺院を積極的に自身の本拠に取り込み、古くから知られた寺院を再興することで、他勢力よりも出羽支配を優位に進めようとしたのではないか。なおかつ宝幢寺を斯波氏の祈願所となして、兼頼自身、密教の呪力に期待する真言寺院と位置づけたことだろう。宝幢寺は後に山形城内（城下町内）に移転され、最上氏の保護を受けた。

次に時宗について見ていこう。時宗の僧侶は、室町期に入ると、戦場において最期の十念を唱える陣僧として活躍した。とりわけ遊行派は室町幕府と密接な関係をもち、遊行の際には関所の自由通過を許されていたほどである。兼頼と時宗寺院についてはどうだろうか。

【史料4】斯波兼頼画像讃[51]

此御影者、出羽最上山形遍照山光明精舎開山其阿、出羽之国司按察使将軍兼頼也〈従㆓遊行第十代上人㆒請㆓其阿弥陀仏㆒也〉、清和天皇九代孫八幡太郎陸奥守義家ヨリ五代家氏之子宗家之二男家兼之御子也、始号㆓出羽大将修理大夫㆒〈人皇九十九代〉後光厳院御宇、延文元丙申稔八月六鳥（ママ）（日カ）山形江入部也、〈人皇百代〉後円融院御宇、康暦元年六月八日往生也、永和元年□康暦元年迄五年御隠居云々、

この史料によれば、兼頼は光明寺の開山で、遊行十代元愚に帰依したことにより「其阿弥陀仏」と称されるようになったという。その時期については、傍線部にあるように永和元年（一三七五）から康暦元年（一三七九）の間であることがわかる。また、『時衆過去帳』遊行十五代尊恵の項には、「其阿弥陀仏〈出羽大収[52]〉」とあり、この「出羽大収」に関して、誉田慶信氏は、「出羽大将」の誤りではないかと指摘し、なおかつ「出羽大将」とは〔史料4〕の点線部と同じ斯波兼頼のことであると結論づけている。[53]となると、遅くとも尊恵が活動した十五世紀初頭には兼頼は時宗遊行派の信者の一人と位置づけられていたことになろう。

その上、『時衆過去帳』の遊行十一代自空の項に、「康応元年（一三八九）六月廿六日　成生／梵阿弥陀仏[54]」とあり、元愚以降、

遊行派は成生荘にも信者を獲得していたことになる。前述したように、一向派が成生荘（現在の天童市）を中心に出羽南部では優勢であったが、斯波兼頼の山形入部以降、兼頼の遊行派への傾斜によって、遊行派の影響力は十四世紀末には成生荘にまで及ぶようになったと考えられる。付言すれば、斯波兼頼は本拠の建設とともに、遊行派[55]に帰依し、遊行派のほうも兼頼の権威を背景に成生荘に進出していったと見られる。武蔵国の例であるが、遊行二代真教以降、武蔵府中には国府道場が誕生し、遊行派は在庁官人たちに布教した結果、十四世紀末までに府中に時宗道場長福寺が誕生することが明らかになっている。時宗は積極的に地方の府中に進出して布教を展開した[56]、その姿勢の一端が、ここ出羽でも看取されよう。

ともかく以後、兼頼の保護した光明寺は、山形城の東大手口近くに移転し、後の最上氏時代にも厚く信仰されたといわれている。他方、一向派は室町中期頃まで近江、北陸方面にかけて教線が広められたが、江戸幕府の宗教統制により時宗教団に帰属させられている[57]。なお、斯波氏の館を含め、宝幢寺と光明寺の創建当初の位置については不明である。

ついでに前述した若松寺や近隣の霊場立石寺と斯波兼頼との関係についても見ておこう。残念ながら若松寺と斯波氏の関係を示す史料は残っていない。一方、立石寺内の根本中堂は兼頼の建立という伝承が残る。また北条時頼が禅寺に改宗したとの廻国伝説も残っている。その他、寺内には鎌倉期の仏像など多くの資料が残されているので、一部紹介しておこう。例えば、平安仏である根本中堂内の薬師如来坐像などが、元久二年（一二〇五）に修理されていたことが坐像底部の墨書からわかっている[58]。次に境内の円仁入定の木棺からは、建長八年（一二五六）・康元二年（一二五七）の銘を持つ木製の納経筒が発見されており、「熊野」という墨書銘から熊野からやってきた山伏との関係も想定される[59]。さらに境内外の千手院地区からは、十三世紀後半から十四世紀後半の年号を持つ石造物が確認されているという[60]。

立石寺と武士との関係で確実な史料を探すと、正慶元年（一三三二）十一月二十四日付関東下知状写や建武三年（一三三六)十二月八日付足利尊氏御判御教書写[61]がある。これらにより、鎌倉幕府と足利政権は、立石寺院主・別当両職を任命していることが見える。しかも同寺の麓、寺域の入り口部分には安養院という律院があって、隆盛を極めていたとの指摘もある。[62]周知のように律宗と北条氏との関係は密接であるので、ますます立石寺は鎌倉幕府との関係が強い寺院になったといえよう。ただし湯之上隆氏は立石寺を鎌倉幕府が認定する関東祈禱所であったとする見解には否定的で、むしろ南北朝期以降、立石寺は六十六部納経所の一つであったと指摘している。[63]ともかく、立石寺は開山以来納骨の場として、開山の円仁らの遺骨と結縁しようとする人々の信仰の対象であり続けた。加えて鎌倉期以降世俗の為政者たちとの関係が看取されるようになる。しかしながら、その他の中世武士との関係を示す史料には恵まれない。

そもそも霊場といっても、その在り方は多様なようで、時枝務氏の研究を参考にすれば、若松寺のような霊場は巡礼型であって非納骨型の霊場、立石寺の場合は参詣型(単数霊場への参詣)であって勝地への納骨型霊場といえようか。[64]とするならば、立石寺と対照的なのが若松寺となる。永享十二年(一四四〇)六月十七日、若松寺の板画像銘に「大旦那佐竹筑前」なる武士クラスの名前が見えるものの、文亀元年(一五〇一)九月吉日、天童住人「藤原長正」なる人物が西国三十三所へ巡礼したという巡礼札が若松寺に奉納されている。[65]以後、慶長十七年(一六一二)までの巡礼札が若松寺に奉納されていて、「山形」や「天童」の住人の名前も見える。まさに若松寺は十六世紀以降多くの人々が集うことができる巡礼の地となっていたのである。[66]ただ本稿1節を加味すれば、若松寺がこうした巡礼の地となったのは、遠隔地の武士団関係者や宗教者・女性の帰依という点から考えて、十三世紀からだった、といえるかもしれない。

ではなぜ十四世紀に山形へと進出する斯波氏は若松寺に関与しない、あるいはできなかったのだろうか。当該期、成生荘への進出が軍事的・政治的に困難を極めていたのかもしれない。例えば、文和三年(一三五四)六月、下大山荘内の石行寺(現在の山形市岩波)において書写された大般若経奥書には、「国々両方合戦不レ絶二飢渇一也」と記されている。[67]また兼頼が山形に入部した頃の延文六年(一三六一)にも、同所で書写された奥書には「此年諸国貴賤上下不レ嫌残人民死亡也」とある。[68]よって、南北朝期の山形周辺では戦乱に巻き込まれ、亡くなる人はもちろんのこと、飢餓により命を落とす人も多かったことがわかる。ともかく斯波氏はこうした戦乱状態の中、真言宗と時宗寺院を身近に配置した。すなわち、兼頼は自身の祈禱を依頼する宗派と、いくさにおける陣僧として、あるいは来世(浄土)へと誘う宗派を重んじることにしたのである。それに加えて、北条氏のいなくなった府中域をいち早く継承し、支配地盤を確固たるものにしたい、という狙いもあったことだろう。換言すれば、斯波氏は、成生荘の霊場にすがるよりは、上記二つの寺院を自らの信仰のよりどころと位置づけ、支配基盤山形という身近な場所に信仰拠点を築く、このことを最優先に取り組んだと考えられる。以後、斯波氏は遊行派の進出とともに次第に成生荘へも支配を及ぼしていくことになるのである。

おわりに

最後にまとめて終わりとしよう。以上の内容からすると、今までの拙稿とは異なる結果となった。すなわち、関東の霊場では、まず在地武士団、ついで鎌倉幕府吏僚クラスの御家人(実際は北条氏)が関与し、北条氏滅亡後、南北朝期には寺院側と鎌倉府との対立を経て、室町期以降、民衆のための霊場へという流れを解明してきた。しかし本稿の成生荘ではそうではなかった。特に若松寺においては、十三世紀には女性を含めた遠隔地出身の者たちと藤原姓の武士たちとの協同による厚い信仰の様子を看取できたものの、南北朝期になると、為政者たち(斯波氏)の関与は見られない。斯波氏は霊場への信仰よりも府中域に新たな寺院を配置することに執心した。よそ者であった斯波氏にとって、自身の支配基盤を強固にし、進出地出羽における支配の正当性を示すためには、古代寺院の再興と新たな寺院の建立は不可欠だったのだろう。

他方、山形から北に位置する成生荘には、十四世紀初頭になると、種子のある大型板碑が出現し、十五世紀には消滅してしまう。しかも一尊のキリークの種子が多数を占めるという。[69]まさに成生荘は、十五世紀の斯波氏進出まで、葬祭者としての性格が濃い里の念仏聖[70]や石工が活動する場所となったのだろう。また、現在天童市には四基もの鎌倉期以降に建てられた石鳥居が残っており、[71]その存在も注目される。すなわち、この鳥居は結界を想起させ、成生荘あるいは若松寺や立石寺という霊場への出入り口という意味も連想させる。南北朝期を過ぎ、十五世紀後半以降となると、成生荘の霊場は、今度は武士やその関係者以外の多くの人たちを受け入れる、巡礼の地となっていったのである。

ところで、十四世紀以降、霊場としての若松寺や立石寺は、それぞれ性格は違えども、山形(府中域)から見れば、北東の方角に位置している。実際、若松寺では江戸期に複数の毘沙門天像が造立されており、[72]周知のように、毘沙門天は鬼門に当たる北方を守護する神であり、城下町の成立とともに、両寺は鬼門封じの寺院としての役割を新たに担うことになったのかもしれない。

註

(1) 速水侑『観音・地蔵・不動』(講談社現代新書、一九九六年)参照。
(2) 齋藤慎一「東国武士と中世坂東三十三所」(峰岸純夫監修・埼玉県立嵐山史跡の博物館編『東国武士と中世寺院』高志書院、二〇〇八年)参照。
(3) 『福島県史第七巻資料編2』九五五頁。
(4) 拙稿「比企の観音霊場をめぐる武士たち」(前掲『東国武士と中世寺院』)、同「相模国金目郷と武士たち」(『三浦一族研究』十八、二〇一四年)参照。
(5) 『山形県史古代中世史料1』九二四頁、以下『山1』〇頁のように略す。
(6) 『山2』三二一〜三二二頁。
(7) 三位氏女を成生荘の当時の本家安嘉門院に仕えた女性とすると、藤原為継の娘安嘉門院大弐を候補にあげることができる（『尊卑分脈』第二編）。為継は弘長三年時、従三位であった（『公卿補任』第二編）。
（8）『大日本史料』五編三四、三八八頁。
（9）森本正憲「肥前高木氏について」（『九州中世社会の基礎的研究』文献出版、一九八四年）参照。
（10）時宗宗典編纂委員会編『定本時宗宗典下巻』（時宗宗務所、一九七九年）五二一〜五三六頁。
（11）『日本史総覧Ⅱ』一一四頁。
（12）『草野系図』については、藤本頼人氏の御教示。
（13）『大日本史料』五編二一、二五二頁。
（14）同右。
（15）『大日本史料』五編二四、二三二頁。
（16）川添昭二「筑後善導寺の建立と草野氏」（『筑後大本山善導寺』九州歴史資料館、一九八一年）三二頁。
（17）馬淵和雄『鎌倉大仏の中世史』（新人物往来社、一九九八年）参照。
（18）牛山佳幸「出羽における善光寺信仰の展開」（『山岳修験』三四、二〇〇四年）参照。
（19）類例については、神奈川県立金沢文庫『図録霊験仏』（二〇〇六年）参照。
（20）奥建夫「生身仏像論」（長岡龍作編『講座日本美術史第四巻造形の場』東京大学出版会、二〇〇五年）参照。
（21）高橋慎一朗「鎌倉時代の東国武士と善光寺信仰」（笹本正治・土本俊和編『善光寺の中世』高志書院、二〇一〇年）参照。
（22）財団法人山形県埋蔵文化財センター『山形県埋蔵文化財センター調査報告書二階堂氏屋敷遺跡発掘調査報告書』（二〇〇二年）参照。
（23）『角川日本地名大辞典山形県』五八七頁。
（24）天童市教育委員会『天童市埋蔵文化財調査報告書十五集高野坊遺跡確認調査報告書』（一九九六年）、同『天童市埋蔵文化財調査報告書十六集高野坊遺跡発掘調査報告書』（一九九七年）、成生荘と一向上人編集委員会『成生荘と一向上人』（天童市立旧東村山郡役所資料館、一九九七年）、小野澤眞「一向俊聖教団の展開」（『中世時衆史の研究』八木書店、二〇一二年）参照。

(25)『山2』三二八頁。
(26)天童市域における時宗については、竹田賢正『中世出羽国における時宗と念仏信仰』(光明山遍照寺、一九九六年)参照。
(27)『山2』二五八頁。
(28)『鎌倉遺文』八〇〇九号。
(29)『日本史総覧Ⅱ』二八二頁。
(30)細川重男「幕府職制を基準とする家格秩序の形成」(『鎌倉政権得宗専制論』吉川弘文館、二〇〇〇年)五七~五八頁。
(31)中川通夫「後藤基綱・基政(一)(二)」(『芸文研究』四八・五〇、一九八六年)参照。
(32)山口博之「成生荘型板碑の世界」(大石直正・川崎利夫編『中世奥羽と板碑の世界』高志書院、二〇〇一年)、同「板碑と木製塔婆」(藤原良章編『中世人の軌跡を歩く』高志書院、二〇一四年)参照。
(33)播磨定男『中世の板碑文化』(東京美術、一九八九年)一一一頁。
(34)『日本史総覧Ⅱ』二八五頁。
(35)『山2』三八九~三九〇頁。
(36)『山2』三九〇頁。
(37)『山1』四二六頁。
(38)伊藤邦弘「遊佐荘と大楯遺跡」(『歴史評論』五三五、一九九四年)など参照。
(39)五味文彦「中世都市の展開」(佐藤信・吉田伸之編『都市社会史』山川出版社、二〇〇一年)参照。
(40)伊藤清郎「中世出羽国における地方都市的場」(『中世都市研究』七、二〇〇〇年)参照。
(41)松尾剛次「安国寺・利生塔再考」(『日本中世の禅と律』吉川弘文館、二〇〇三年)参照。
(42)伊藤清郎「出羽国」(網野善彦・石井進・稲垣泰彦・永原慶二編『講座日本荘園史5』吉川弘文館、一九九〇年)参照。
(43)横川啓太郎『唐松観音とその周辺』(東沢郷土研究会、一九八〇年)三九頁。
(44)『山2』一五八頁。江田郁夫氏は、兼頼の出羽国最上郡入部は、貞治三年(一三六四)以前と指摘している(同氏「東北の南北朝動乱と奥州管領」白根靖大編『東北の中世史3　室町幕府と東北の国人』吉川弘文館、二〇一五年、六九頁)。
(45)『山2』一八二頁。

(46)『山1』九三五頁。
(47)白根靖大「南北朝・室町時代の動乱と出羽」(伊藤清郎・山口博之編『中世出羽の領主と城館』高志書院、二〇〇二年)参照。
(48)齋藤慎一『中世武士の城』(吉川弘文館、二〇〇六年)参照。
(49)『山形市史編集資料』十五、一二頁。
(50)『山形市史通史編』上巻、八〇二頁。
(51)『山1』二一二頁。
(52)大橋俊男編『時衆史料第一時衆過去帳』(教学研究所、一九六四年)一二七頁。
(53)誉田慶信「中世後期出羽の宗教」(伊藤清郎・誉田慶信編『中世出羽の宗教と民衆』高志書院、二〇〇二年)参照。
(54)『時衆史料第一時衆過去帳』五〇頁。
(55)遊行派については、陣僧としての役割が期待され、東国においても上杉禅秀の乱以降、鎌倉府と遊行派の関係は強固となるようである(拙稿「上杉禅秀の乱と東国の時衆」『湘南史学』十五、二〇〇四年)。
(56)小野一之「国府をめざす他阿真教」(武田佐知子編『一遍聖絵を読み解く』吉川弘文館、一九九九年)参照。
(57)高野修『時宗教団史』(岩田書院、二〇〇三年)参照。
(58)『山2』三〇九頁。
(59)『山2』三一〇頁。
(60)須藤英之「山寺立石寺」(東北中世考古学会編『中世の聖地・霊場』高志書院、二〇〇六年)参照。
(61)『山1』二四三〜二四四頁。
(62)誉田慶信「立石寺」(網野善彦・石井進編『中世の風景を読む第一巻蝦夷の世界と北方交易』新人物往来社、一九九五年)参照。
(63)湯之上隆「中世の廻国聖と「社寺交名」」(『日本中世の政治権力と仏教』思文閣出版、二〇〇一年)参照。
(64)時枝務『霊場の考古学』(高志書院、二〇一四年)一一〜一四頁。
(65)『山2』三二二頁。

(66) 延徳四年(一四九二)六月吉日付の巡礼札も若松寺には残っているが、「出羽国住人」の部分は明らかに追刻であり、文亀元年が初見と判断した。また、三上喜孝氏の研究によれば、十五世紀半ば以降、巡礼の民衆化・世俗化が進み、観音霊場へ巡礼札を奉納したり、十六世紀後半には堂内に直接落書を書いたりする人が増えてくるという(『落書きに歴史をよむ』吉川弘文館、二〇一四年)参照。
(67) 『山1』二二九頁。
(68) 『山1』二三八頁。
(69) 註(32)参照。
(70) 聖については、菊池勇次郎「阿弥陀聖」(『国史大辞典』一巻)三〇七頁、速水侑『日本仏教史古代』(吉川弘文館、一九八六年)二七二~二七五頁。
(71) 『天童市史上巻』(一九八一年)四五〇~四五二頁。
(72) 山形県立博物館編『図録特別展若松寺の歴史と遺宝』(二〇〇七年)参照。また立石寺には、平安期の毘沙門天立像が存在しているが、立石寺創建期に同像の位置づけがどのようなものであったか、今後検討してみたい。

家論から見た十四世紀

坂田　聡

はじめに

本論集のコンセプトを踏まえた時、私が担当することになった家をめぐる諸問題より、一体どのようなことが見えてくるのか。これまで私は、十六世紀（戦国時代）の歴史的転換の意義を、家論の観点――すなわち、先祖代々の永続を希求する家の、百姓レベルでの体制的確立といった観点――にもとづいてとらえ、これをプレ家社会が家社会化する転換期として位置づけてきた。そして、この転換をもって、日本の歴史を二分する決定的な転換期として把握する必要性を説いた(1)。ただ、こうした家が形成される歴史的な起点にあたる十四世紀の状況については、一定の見通しを提示したものの、必ずしも明確に論じてこなかった。

そこで、本稿においては十四世紀を起点とする家の成立過程を跡づけた上で、二分法的な時代区分論の観点から、十四世紀の歴史的位置について論じることにする。具体的には、十四世紀を近世以降にまで続く新たな社会形成の出発点として位置づける試みを行いたい。

右の問題を検討するにあたり、まずは家の成立期に関する研究史のおおまかな整理と、百姓の家の定義づけを行うことから始めたい。

1　家の成立期をめぐって

かつて拙著でも詳述したところだが、家の成立期をめぐっては、大きく分けて二つの立場から議論がなされている。第一は、古代史・中世史研究者の多くが賛同する立場であり、概ね十一世紀後半～十二世紀の院政期頃には、貴族・武士・百姓を問わず、家父長制的な家が確立するとみなす。もう少し詳しく述べれば、支配階級の場合、院政期になると古代貴族が組織していた氏《うじ》と呼ばれる族集団の内部に、門流や一家といった小集団が形成されるとともに、特定の官職の父子継承や、父系直系のラインをたどる祖先祭祀が一般化することによって、門流・一家よりもさらに小範囲からなる家が姿を現してくるという見解である。また、百姓の場合、院政期には家・在家等の用語が史料上に散見するようになり、この在家を対象とする在家役の賦課も始まったこと、ほぼ同時期に公的な土地台帳の世界から女性名が消え、家父長制的な家族形態が一般化したことの二点をもって、家父長制にもとづく家が成立したと考えている。[(2)]

そして、中世はその成立期から一貫して、家父長制的な家が身分・階層を問わず社会の基礎単位に据えられていた、文字通りの家社会であったとするのである。かつて石井進氏と大山喬平氏との間で展開された、在地領主のイエ支配と、それに対抗する百姓のイエの自立性をめぐる論争もまた、中世が家社会だということを大前提としたものだった。[(3)]

これに対し第二は、主に近世史研究者の立場である。こちらは必ずしも家の定義や家の成立過程に関する独自の分析を行っているわけではないものの、①単独相続制度の一般化にもとづく家産の形成、②家産を用いて営まれる家業の成立——といった、社会学等に見受けられる家理解を暗黙の前提としつつ、概ね十七世紀後半の寛文・延宝期あたり、地域によっては十八世紀に入りようやく、先祖代々永続する家が成立したとみなす。(4)かような家成立論の前提に、安良城盛昭氏の「太閤検地封建革命説」以来、近世史研究者の多くが共有する歴史認識、すなわち、十七世紀に至り大規模開発が進み、農業生産力が飛躍的に向上することによって、中世における不安定な隷属民の解放とその経営の安定化(いわゆる「小農の自立」)が進む——という歴史認識が存在することは、言うまでもない。

以上述べてきた第一の立場と第二の立場では、見てのとおり家の成立期に何と五〇〇年以上にも及ぶ開きがある。にもかかわらず、両者は何ら論争をすることもなく、互いに相手方の見解をまったく無視する形で、各々の内部において自己完結的な議論を展開してきたが、このような中、一九九〇年代の半ば以降、両者の見解対立を止揚する試みも、少数ながら現れ始めてきた。

具体的には、家の成立を二段階でとらえ、院政期に歴史上に登場した家が、十四世紀の南北朝内乱期に至り、家産・家業・家名等を有し、永続性を希求する家として確立したと考える所説がそれにあたるが、(5)近世史の家理解に一定程度歩み寄ったこれらの説にあっても、中世は一貫して家社会であるという第一の立場の見解を自明の前提としているため、結果として十四世紀は家社会形成の起点ではなく、終点とみなされていることに留意したい。つまり、そこにおいては中世後期の歴史的な変化に目が向けられておらず、その理解は私の立場、すなわち、家社会が形成される起点として十四世紀を位置づける立場とは異なると言わざるをえないのである。

では、これほど大きな見解の違いが存在する家の成立期をめぐる議論を水掛け論に終わらせないためには何が重要か。私見によれば、そのためにはそもそも家とはどのようなものかという定義を各人がしっかりと行った上で議論を深める必要があると思われる。

だが、第一の立場(古代・中世史研究の主流学説)の場合、貴族の家については一定の定義を行った上で議論を展開しているものの、百姓の家についてはそれを家父長制家族と同義とみなすか、はたまた在家という史料用語の登場をもって、それこそが百姓の家にほかならないとみなすかのどちらかであり、家を明確に定義づける作業はこれまでほとんどなされることがなかった。

一方、第二の立場（近世史研究の主流学説）の側では、「小農の自立」を前提とした永続的な経営体こそが百姓の家にほかならないとの認識が根強く、こちらもまた、一部の研究[6]を除くと、家について具体的な定義づけを何ら行うことなく、自明のものとしてこの概念を用いているケースがかなり見受けられる。

しかし、歴史学以外の学問分野に目を向けると、戦後しばらくの間は悪しき封建遺制として批判の的であった日本の家制度が、高度経済成長が進行することにより、ようやく崩壊の兆しを見せ始めた一九五〇年代末から七〇年代初頭にかけて、農村社会学や家族社会学、社会人類学、法社会学、民俗学等において、そもそも家とは何かということについて、さまざまな見解が提示され、活発な論争が繰り広げられてきた。この学際的な論争においては、高度経済成長の過程で衰退の歩みを早めつつある家とは日本独特のものか、はたまた世界の諸民族に普遍的に見られるものかといった論点や、そもそも家と家族は同義なのか、両者は異なるものなのかといった論点、さらには家父長制なる概念をいかにとらえるかといった論点等をめぐり、大きな見解の対立が存在したのである[7]。

このような議論は、石油ショックを契機に高度経済成長が終焉を迎えた一九七〇年代後半以降、肝心の家自体が歴史の表舞台からほぼ姿を消したことによって、しだいに下火となり今日に至っているが、過去に存在した家をめぐって歴史学的な考察を試みる際、右の論争から学ぶべきことは今もって多い[8]。

では、さまざまな面で見解の対立が見受けられるこれら諸説に共通することは何か。家が家産や家名を有し、家業を営む社会組織であったこと、さらには、世代を超えての永続を希求し、そのためには血縁関係にない者を養子にとることすらいとわなかったことなどは、共通点としてあげられよう。

それを踏まえ、ここで私なりの定義を示すと、「百姓の家とは、家名や家産、家業などを先祖代々継承することによって、世代を超えての永続を希求する社会組織（公的には領主や村に対する権利と義務の基礎単位、私的には一個の経営組織）である」ということができる。[9] つまり、家そのものは社会組織、経営組織であって家族とは異なるが、かような家運営の担い手として家長の家族が存在し、その家長の地位が父系直系のラインをたどって、父から嫡男へと代々継承されることにより、家の永続性が保たれるのである。

もちろん、当然ながら男児が生まれなかったり早世したりするなど、血縁関係にもとづく父子継承がままならないケースも世の常として存在したが、中国や朝鮮の家族とは異なり、日本の家の特徴は、そういったケースの場合、同じく東アジア文明圏に属するとはいっても、「他人養子」（血縁関係にない養子）をとることもいとわず、あくまでも家の存続を最重要視した点にこそ求められる。言い換えれば、日本の場合、家族の血縁的なつながり以上に、家という組織自体の永続を何よりも大事にしたのである。

そう考えると、そもそも分割相続が一般的であった中世前期の段階において、そのような意味での家が存在したとは到底思えないが、以下、家産と家名の問題をとりあげることにより、家の成立過程を明らかにしたい。

2　家と家産

まずは家産だが、家に固有の財産としての家産が成立するためには、何よりも嫡男一人による単独相続が一般化することで、分割相続による親の遺産の分散が防がれなくてはならない。つまり、家長後継者たる嫡男が遺産の大部分を一括継承し、それが彼の私産ではなく、家産として把握されることが必要不可欠なのである。

右の事実を踏まえた時、家産の成立過程は具体的にどのように把握することができるか。周知のごとく、武士や百姓の場合、中世前期の段階においては夫婦別財が基本であり、そこでは、家に固有の財産など存在のしようがなかったが、さらに言えば、当時、もっとも主要な財産であった土地をはじめとする父母各々の遺産は、娘も含む子息全員に分割相続された。もちろん、実際のところ完全な均分相続となるケースは稀で、息子の相続分よりも娘の相続分の方が少な目なケース、さらには息子の中でも嫡男がより多くの遺産を相続するケースが一般的だったが、たとえそうだとしても、そもそも分割相続制度にもとづく以上、世代が変わるたびに財産が分散することとなる訳で、かかる制度のもとでは先祖代々継承される家産など、望むべくもなかった。

こうした中、鎌倉時代の中期（十三世紀後半）になると、一期分と呼ばれる相続形態が見受けられるようになってくる。一期分とは自らの生存中に限り、親の所領を相続することができる権利であり、死去後はその所領を嫡男である兄弟に返却せねばならない。したがって、一期分においては、譲られた所領を売却・質入れする権利も、譲与する権利も存在しておらず、それは財産相続とはいっても、単に生存中の得分権（収入）のみが保証されたにすぎない、きわめて不完全な「相続権」であった。

周知のように、この一期分はまず、女性（娘）の相続形態として登場してきたが、これこそまさに、分割相続から単独相続への移行過程にあらわれた、遺産の散逸を最小限に留めるための相続形態だということができる。つまり、嫁取り婚がしだいに一般化することによって、娘に譲与した所領が、婚姻を機に夫方（婚家）の一族の所領として相続されてしまう危険性が高まり、そのリスクを回避するために、一期分という相続形態が考案されたのである。

いずれにせよ、十四世紀には一期分が一般化することになるが、女性の財産相続権に制約が加えられた十四世紀段階において、次なるターゲットは男庶子ということになる。この問題については、摂関家レベルの上流貴族の事例を具体的に検討した西谷正浩氏の研究が参考になる。[10]西谷氏によると、九条家の場合、十三世紀末、正応六年（一二九三）の九条忠教の遺産配分の際に、はじめて家督師教への単独相続が実施されたとのことである。ただし、これはあくまでも表向きのことであり、実際のところは、男庶子には一期分の形をとる所領が給付された。

右のごとき九条家のケースは比較的早い事例であって、西園寺家や勧修寺家の事例を参照すると、十四世紀初頭においてもなお分割相続が行われていた。したがって、鎌倉末の段階では、いまだ単独相続が一般化したとはいえず、その社会慣行化の時期は南北朝内乱期に求めることが妥当だと、西谷氏は結論づけている。

一方、武士の場合は概ね、鎌倉末・南北朝内乱期に単独相続への移行が始まり、室町期に一般化したとされるが、(11)してみると、やはり十四世紀を通じて単独相続の傾向が強まったとみて大過あるまい。

最後に百姓に関してはどうだろうか。百姓の場合、分割相続から単独相続への移行はいつ頃のことか、その実態を示す史料は管見の範囲では残念ながら見当たらない。貴族の場合は十四世紀前半、武士の場合は十四世紀を通じて単独相続制度が一般化したことからすると、おそらく、百姓についてては武士よりもやや遅く、十四世紀の後半以降、まずは上層百姓のレベルで単独相続化の方向性が見え始め、十五世紀から十六世紀にかけて、一般の百姓のレベルでもしだいに単独相続の傾向が強まったとみなすことができるのではないかと思われる。

時代は下るが、永禄七年(一五六四)四月、丹波国山国荘の公文にして土豪クラスの上層百姓であった鳥居河内守が隠居し、娘婿として迎え入れた丹波国の有力領主宇津長成の子息虎千世に家督を譲った際、婚約の条件をめぐって宇津氏と鳥居氏の間で「契約状」が交された。(12)この史料には、鳥居河内守の母親の後家分、結婚した彼の姉妹(あるいは娘)の化粧料、入寺して僧となった男庶子の相続分等が記載されているが、これらの所領はみな一期分の形をとっていた。それどころか、家督を譲った鳥居河内守の手に残された所領、すなわち隠居分ですら、今後河内守に実子が生まれなかったり、生まれたとしても女子だった場合には、河内守一期ののちには虎千世に返還することをも約している。(13)つまり、戦国期になると、百姓のレベルでも娘のみならず男庶子も含めて一期分相続が一般化していたのである。

その意味で十四世紀という時代は、貴族と武士のレベルでは嫡男による単独相続制度が広まった時期、百姓のレベルでは、単独相続化の方向性が徐々に進行しはじめた時期として位置づけられよう。

ところで、嫡男による単独相続が一般化すると、彼が相続した財産はしだいに彼個人のものではなく、家に固有の財産、すなわち家産として把握されるようになってくる。これまた丹波国山国荘における天正三年（一五七五）の一史料によれば、[14]同荘上黒田村の吹上家において、父より嫡男へ「跡式」と「名前」が譲与されたことがわかる。ここで「名前」とは家名を意味していることが明らかだが（三郎治郎という名の襲名）、一方、「跡式」は「跡職」とも記し、戦国時代に至り、すでに不動産物件からの得分権と化していた「職」の継承――といったニュアンスを持つ語であった。[15]父から嫡男へと代々継承される不動産物件とは、すなわち家産そのものだということができる。

右の事実は、十六世紀後半には百姓のレベルでも家産が形成されていたことを物語っているが、おそらく貴族や武士の場合、もう少し早い段階で家産が登場したのではないかと思われる。

以上より、十四世紀前半にまずは上流貴族の世界で一般化した単独相続の風習が、十四世紀から十六世紀にかけて、しだいに武士や百姓の世界にも広まっていき、それにともなって家産も形成されたこと、遅くとも十六世紀後半には百姓のレベルでも家産が成立していたことが明らかとなった。本書が検討対象とする十四世紀という時代は、まさしく家産形成の出発点にあたる時代だったのである。

3　家と家名

2節では家産の形成過程について展望してきた。本節においては永続性を持った家成立の今一つの指標となる家名に関し、武士と百姓の家名を考察の中心に据えて論じることにしたい。

まずは武士の苗字に関する加藤晃氏の見解に耳を傾けてみよう。従来の見解では、特定の地に継続的に住み続けたり、特定の官職を代々世襲したりすることによって、これらの地名や官職名が人名として継続的に使用されるようになり、それが苗字として定着するとみなされているが[16]、加藤氏はこうした通説的な理解に疑問を投げかける。加藤氏によると、地名や官職名の継承がただちに苗字と化すわけではなく、単なる地名・官職名が苗字化するためには、時間の経過だけでは済まない飛躍が必要とのことである[17]。

その飛躍とは何か。一般に鎌倉時代の武士は、北条、三浦といった苗字（名字）を名のっていたとみなされているが、北条の名にせよ、三浦の名にせよ、子々孫々に至るまで継承されたわけではなく、たとえば頼朝の挙兵に応じた三浦介義明の兄弟や子息の名は、筑井義行、和田義宗、大多和義久、多々良義春、長井義秀、杜重行、佐原義連といった具合で、父子兄弟が異なる地名を冠して呼ばれており、三浦という名が一族全体の名として継承されてはいなかった。同様に、北条についても、時政は北条を冠して呼ばれたものの、義時にせよ、泰時にせよ、時頼にせよ、時宗にせよ、みな自身の官職名の略称をもって呼称されており、実際には北条の名が代々伝えられるということはなかった。つまり、今日では苗字だと思われている北条や三浦のごとき鎌倉武士の上の名は、正確に言うと苗字ではなく、それは今日でも時おり見受けられる「八王子の叔父さん」、「函館の叔母さん」といった呼称と同レベルのもの、すなわち、地名を冠して個人を特定する行為に過ぎなかったのである。

では、このような「苗字もどき」が、家名として代々受け継がれるようになる、言い換えれば真の意味での苗字と化すのは一体いつ頃のことで、そこにはいかなる原因が存在したか。これまた加藤氏の研究によれば、九州の島津一族が、島津という名を一族の総称として明確に継承するようになるのは南北朝内乱期あたりのことであり、加藤氏はそこに、分割相続から単独相続へという相続形態の変化を見てとっている[18]。

先に2節でも触れたように、分割相続が廃れて長男単独相続が一般化することによって、家という組織に固有の財産＝家産が成立してくるが、この家産を父から一子へと代々伝える永続性を持った家が歴史上に出現すると、世代を超えての永続を希求する家という組織独自の名が必要となってくる。これこそまさに家名としての苗字であり、だからこそ、単なる地名が苗字化するためには、単独相続化の進展が必要であった。

ようするに、武士の場合、十四世紀が単独相続化の進んだ時期にあたるとした2節の結論は、十四世紀に家名としての苗字が成立したとみなす本節の結論と符合する事実だということができるのである。

次に、百姓の場合はどうか。いわゆる「苗字・帯刀の禁」によって、武士の面前や武士に提出する書類上では苗字の使用が禁じられていた近世の百姓が、村内では私的に苗字を用いており、それについて武士も半ば黙認していたことは、洞富雄氏・豊田武氏をはじめ、多くの研究により明らかだが[19]、丹波国山国荘に関する私の研究によれば、中世後期の百姓も苗字を名のっていた事実が判明する[20]。

まずは同荘における百姓の苗字の初見史料を掲げたい。

史料一　藤井為国田地売券[21]

売渡　私領田地事

（中略）

右件田地、藤井為国買得相伝私領也、雖而、依有直用要、能米七石、限永代相副本券文字亀夜刃（叉）御前、所奉売渡明白也、更々雖為後々将来、不可有他妨者也、仍為向後亀鏡、売券之状、如件、

建武四年丁午三月廿日　　売主　藤井為国（略押）
嫡子　藤井国宗（略押）
今安孫太郎（略押）
高室紀次郎（略押）

田尻信乃　（略押）
三和重景　（花押）

右の史料は、建武四年（一三三六）に山国荘の住民藤井為国が、棚見杣内の私領田地四五代を亀夜叉御前なる女性に売却した際の売券である。同売券の末尾には、嫡子国宗のほか、売買の保証人として四名の人物が連署しているが、これらの人物の人名に着目すると、興味深い事実が明らかとなる。

それはどのような事実か。末尾に連署している六名のうち、売主の藤井為国、嫡子藤井国宗、そして山国荘の荘官であった三和重景の三名は、姓と実名《じつみょう》を用いているのに対し、今安孫太郎、高室紀次郎、田尻信乃（信濃）の三名は、苗字と字《あざな》（仮名《けみょう》）を用いて署名しているのである。これまでたびたび述べてきたところだが、姓は源平藤橘に代表される古代的な氏集団の名、すなわち氏名《うじな》（天皇から与えられた公的な姓氏）にあたり、本来は実名と対応関係にあったのに対し、自らの意思で私的に名のった苗字は、先祖代々の永続を希求する家に固有の名、すなわち家名であり、こちらは字（仮名）と対応するものであった[22]。もちろん、山国荘の百姓が古代貴族の末裔だった訳ではなく、ここに見える姓は、地域社会でのみ通用する氏名にすぎなかったと思われるが、いずれにしろ、十四世紀前半の山国荘において、姓・実名による署名者に交り、苗字を用いる者がはじめて登場したのである。

なお、右の史料に記されている今安という苗字だが、約百年後にあたる応永三十四年（一四二七）の「田地譲状[23]」にも、今安右馬・孫太郎父子の名が記されており、家名として継承されたことがわかる。また、高室の苗字については、中世後期、近世はおろか、近代、それも今日に至るまで継承されていて[24]、家名としての永続性は何と七百年近くにも及ぶ。

今ひとつ、十四世紀後半の山国荘の史料を提示しよう。

史料二　比丘尼妙信田地譲状[25]

処分渡　私領田地事
（中略）
右件田地者、新井四郎先祖相伝之私領也、雖然彼四郎於未処分死去畢、而祖母比丘尼
妙信、於計字姫松女仁、限永代処分渡処実明白也、全後々将来、不可有他人妨、仍為
末代亀鏡処分帳之状、如件、
貞治五年十一月十九日
比丘尼妙信　（略押）
紀光延[26]　（略押）
藤井末永　（略押）

史料二は、貞治五年（一三六六）に比丘尼妙信が孫娘の姫松女へ、山国荘内有垣内の田地一五代を譲与した際の「譲状」である。同史料の末尾に目を向けると、証人の二人が紀・藤井という姓と実名で署名していることがわかるが、本文中に見える、妙信の子息で姫松女の父にあたる人物（故人）の名は新井四郎であり、ここでも姓・実名表記と苗字・字（仮名）表記が混在している。

ところで、史料二に登場する新井という苗字だが、永享十二年（一四四〇）の史料[27]には西新井右馬允・東新井掃部、天文二十一年（一五五二）の史料[28]には新井妙慶、さらに永禄六年（一五六三）の史料[29]には新井左近の名が記されており、一世紀後、二世紀後にも家名として継続的に使用されていることが判明する。

史料一の今安家・高室家・田尻家、史料二の新井家は、確かに山国荘の上層百姓であったものの、決して荘官クラスの土豪層ではなかった[30]。その後同荘百姓の新出苗字は、十五世紀段階に四〇、十六世紀段階に八六確認できるが[31]、これは、しだいに中層の百姓たちも苗字を用いるようになったことの証左だといえよう。

つまり、山国荘では十四世紀を通じて上層百姓のレベルで、十五世紀から十六世紀にかけて中層百姓のレベルで苗

字使用が一般化したのである。

では、百姓の苗字使用が確認できない地域についてはどうか。百姓の家名としては、苗字のほかに襲名があげられる。先に家産(「跡式」)の実例として触れた天正三年(一五七五)の山国荘上黒田村吹上家のケースでは、父から嫡男へ「跡式」とともに「名前」も譲り与えているが、[32]この「名前」とは吹上という苗字ではなく、三郎治郎という下の名前(字・仮名)だと思われる。これは、文字通り襲名慣行の事実を示す史料だといえる。

襲名に関しては、官途名に代表される同一の字(仮名)の継続的な使用がいつ頃から始まったかを精査することによって、その慣行が定着する時期を推定することができる。そこで、中世百姓の人名が数多く残されている近江国の著名な惣村菅浦の史料を網羅的に検討してみたところ、上層百姓のものと思われる人名は十四世紀あたりから、それ以外の百姓のものと思われる人名は十五世紀あたりから継続的に使用されはじめたことが判明した。[33]言い換えれば、同一人名の父子継承による襲名慣行の一般化、それにともなう個人名の家名化が、中世後期を通して進展したのである。

以上より、苗字にせよ襲名にせよ、十四世紀には上層百姓のレベルで家名にあたる名が登場し、十五〜十六世紀に至り、中層の百姓のレベルでも家名が用いられるようになったと結論づけることができる。

4 「伝統社会」の形成と二分法的時代区分論

2節と3節の考察により、中世後期を通じて永続性をもった家が歴史上に登場してきたことが明らかとなった。その事実を踏まえ、本節ではかかる歴史的変化の起点にあたる十四世紀の位置づけについて論じたい。

先に1節でも触れたように、十二世紀(院政期)にはすでに家社会が成立していたとする中世史の通説的な立場に立つと、十四世紀(南北朝内乱期)の歴史的変化など、まるで議論の対象とはならない。これに対し、家の二段階確立説、すなわち、十二世紀に成立した家がしだいに永続性を帯びるようになり、十四世紀に至って先祖代々続く家として確立したとみる立場に立てば、十四世紀は家の完成期にあたることになる。ただし、この説にあっても十四世紀にはすべての階層で家が確立していた訳で、そこから先、中世後期以降、近世へと続く歴史的な変化を見通すことはできない。

つまり、家論の観点より十四世紀の歴史的な転換を探ろうとした場合、十二世紀を起点とする進歩・発展の過程として十四世紀の事態をとらえてもだめで、逆に、近世的な家社会の歴史的な起源を原型遡及的に探るという手法をとり、その出発点として十四世紀を位置づけることが必要不可欠なのである。見てのとおり、本稿はまさにこういった立場から考察を進めた論稿だといえる。

では、かような見地に立った場合、十四世紀はいかなる時代とみなすことができるか。ここで問題にしたいのが、時代区分論としての二分法論である。かつて私は、一般に「中近世移行期村落論」として一括される藤木久志氏の見解[34]と、勝俣鎮夫氏の見解[35]とを比較検討した。そして、①前者が概ね十七世紀後半(寛文・延宝期)頃までを中世社会の延長線上でとらえており、文字通り「中近世移行期」論であるのに対して、後者は戦国時代、より幅を広くとると十四世紀から十六世紀にかけての中世後期の歴史的な転換期を境にして、日本列島の歴史を大きく二分することができると考えていること、②つまり、勝俣説は単なる「中近世移行期論」ではなく、二分法的な時代区分論を踏まえた、射程の長い議論であることを明らかにした[36]。

さらに、③勝俣説の立場に立って家論の見地から議論を進めると、日本社会の歴史を大きく二分するこの転換はプレ家社会から家社会への転換としてとらえられること、④それは、朝鮮史研究者の宮嶋博史氏、中国史研究者の岸本美緒氏らが提唱する「東アジア伝統社会論」[37]で述べられている、広く東アジア世界に共通する「伝統社会」の形成という議論とも関わる問題であることなどについても論じた。

「東アジア伝統社会論」の論者によれば、宮嶋氏の場合、十四世紀から十七世紀にかけて、岸本氏の場合は十六世紀から十八世紀にかけて、東アジアの各地域において一斉に、「伝統社会」と呼びうるような社会が成立したとのことである。その意味するところは、今日われわれが「日本の伝統」、「中国の伝統」、「韓国の伝統」などと考える生活文化や社会システム等が定着したのが「伝統社会」形成期であり、東アジアの長期社会変動を巨視的に見た時、歴史の最大の分水嶺は前近代と近代の間にではなく、「伝統社会」の成立以前と成立以後の間に求められるということだが、してみると、十四世紀を起点とし、十六世紀末まで続く家社会の形成期(プレ家社会から家社会への転換期)は、文字通り日本の歴史を二分する「伝統社会」の形成期にあたるとみなすことができよう。

家論の観点から見た場合、十四世紀という時代は、近世はもとよりのこと、はるか近代にまでも続く新たな社会システム形成の歴史的な起点として位置づけうるのである。

おわりに

本稿では家論の立場から十四世紀の歴史的転換について論じた。そして、すべての社会階層において永続的な家が形成された中世後期(こうした動きの起点としての十四世紀初頭から終点としての十六世紀末にかけて)は、日本の歴史を大きく二分する転換期としてとらえることができ、それは、本稿の立場からすればプレ家社会が家社会化する転換期、あるいは日本列島における「伝統社会」の形成期とみなせることを、縷々指摘してきた。この結論を踏まえ、最後に、中世前期ははたして家社会といえるかどうか、私なりの見解を提示することにしたい。

右の問題を貴族のレベルで見た場合、確かに、摂関家等の上流公家においては、十二世紀後半から十三世紀前半の段階で、近衛家、九条家といった形で一定の家筋が形成され、近衛・九条等の名が家名に近い役割をはたすようになっていた。また、不動産物件としての側面も持つ中世的な職《しき》の父子継承や、利権化した官職の父子継承をもって、中世前期における家産の形成を展望する見解があることも承知しているし、[38] 貴族の世界では中世前期に家を単位とする祖先祭祀がはじまったとする見解があることも、重々承知している。[39]

さらに述べれば、中世前期の諸史料には、確かに家という字を含む用語(たとえば、在家、家督、家室など)が散見しており、これら一連の事実を総合することによって、中世前期＝家社会説は、通説としてゆるぎのない地位を占めるところとなった。

しかし、公家や武家の場合でも分割相続があたりまえであった中世前期、たとえ特定の職については父子継承が存在したとしても、他の財産については分割相続がなされている以上、それは決して家産の形成には直結せず、そこに代々継承される永続性をもった家を想定することなど、不可能だといわざるをえない。いわんや、人口の圧倒的多数を占める百姓の場合、中世前期には家産はもちろんのこと、家名すらも成立しておらず、また、中世後期や近世のように、領主や村がこの家を権利と義務の基礎単位＝株として公的に把握している訳でもない。[40] かかる状況を踏まえた時、家なる語が史料上に見受けられるからといって、中世後期と同様に、中世前期も家社会だったとみなす訳にはいかないのではなかろうか。

一般的に言って、中世史研究者の多くは、古代の氏から中世の家へという理解のもと、古代との対比にばかり目を奪われて、中世前期には家社会が成立したという議論を組み立てている。だが、それは近世史研究者や隣接学問分野の家研究者との対話が不可能な、「内向き」の家論にすぎないのである。

私見によれば、中世前期はカッコつきの「家」(萌芽的な「家」)が徐々に形成されつつあったプレ家社会の段階にあたる。つまり、こうした永続性に乏しい「家」がいくら社会の基底に存在したとしても、そして、社会生活が一定程度、この「家」を単位に営まれていたとしても、中世前期に厳密な意味での家社会が成立していたことの証左とはならないのであって、近世はもとより、近代以降の日本の体質をも規定した家社会の成立期は、やはり十四世紀を起点とする中世後期に求めざるをえないといえよう。

本稿では中世前期を家社会とみなす通説的な理解を批判し、家社会形成の歴史的な起点を十四世紀に措定した。もとより、家とは何かという定義しだいで、家社会がいつ頃に成立したかという理解も大きく異なってくるが、少なくとも近世的な家をもって家の典型とみる立場に立つ以上、その原型はどんなに遡っても十四世紀までしか遡れないという事実を再確認して、本稿を閉じたい。

註

（1）拙著『家と村社会の成立』（高志書院、二〇一一年）等。

（2）中世社会の成立と家父長制的な家の成立とをコインの表裏の関係としてとらえ、それを院政期に求める見解は、一九八〇年代以降の中世史研究の通説的な位置を占めている。河音能平「中世前期村落における女性の地位」（女性史総合研究会編『日本女性史』二巻、東京大学出版会所収、一九八二年）、飯沼賢司「中世イエ研究前進のための試論」（『民衆史研究』二三・二四号、一九八二・一九八三年）、服藤早苗『家成立史の研究』（校倉書房、一九九一年）等はその代表的な研究としてあげられる。

（3）石井『中世武士団』（日本の歴史一二巻、小学館、一九七四年）、大山「中世社会のイエと百姓」（同著『日本中世農村史の研究』岩波書店、一九七八年所収、初出は一九七七年）。この論争においては「イエ支配」なる語句がキーワードとしてクローズアップされたが、その内実は主従制支配、あるいは主人権にもとづく支配といったものであり、そもそも家とは何なのか（なぜわざわざ片仮名書きするのかということも含めて）といった、家の概念規定に関する議論はまったくなされなかった。

（4）大藤修『近世農民と家・村・国家』（吉川弘文館、一九九六年）、渡辺尚志『近世の村落と地域社会』（塙書房、二〇〇七年）、戸石七生「百姓株式と村落の共同機能の起源」（『共済総合研究』六七号、二〇一三年）等。なお、歴史社会学者の平井晶子氏も、歴史人口学の手法を用いた「宗門改帳」の分析結果をもとに、永続的な家の成立期を十八世紀以降とみなしている(同著『日本の家族とライフコース』ミネルヴァ書房、二〇〇八年)。

(5) 高橋秀樹『日本中世の家と親族』(吉川弘文館、一九九六年)、明石一紀『古代・中世のイエと女性』(校倉書房、二〇〇六年)、西谷正浩『日本中世の所有構造』(塙書房、二〇〇六年)等。なお、これらの見解を前提にして、中世後期における公家の家について実証的な考察を行った研究として、後藤みち子『中世公家の家と女性』(吉川弘文館、二〇〇二年)があげられる。

(6) 前掲註(4)渡辺著書、前掲註(4)大藤著書等。

(7) 家と家族の関係をめぐる議論に関しては、有賀喜左衛門『家の歴史』(『有賀喜左衛門著作集』第一一巻、未来社、二〇〇一年、初版は一九七一年、初出は一九六五年)、同著『有賀喜左衛門著作集』第九巻(未来社、二〇〇一年、初版は一九七〇年)、喜多野清一『家と同族の基礎理論』(未来社、一九七六年)、中野卓『商家同族団の研究』(未来社、一九六四年)等を参照。なお、有賀説と喜多野説をめぐる研究史整理の作業としては、長谷川善計他『日本社会の基礎構造』(法律文化社、一九九一年)、鳥越晧之『家と村の社会学』(世界思想社、一九八五年、増補版一九九三年)、藤井勝『家と同族の歴史社会学』(刀水書房、一九九七年)、古川彰『村の生活環境史』(世界思想社、二〇〇四年)等があげられる。

(8) 最近、家族史に関する学際的な学会である比較家族史学会の第五七回研究大会(二〇一五年六月)において、久方ぶりに家をテーマとするシンポジウム(「家と共同性」)が催され、筆者もパネラーの一人として報告を行った。ただし、その議論は残念ながらあまり嚙みあったものとはならなかった。

(9) 前掲註(1)拙著における規定を若干補訂した。

(10) 「長子単独相続制の成立」(前掲註(5)西谷著書第三編第三章)。

(11) 武士のレベルでの相続形態の変化については、早く石井良助『日本法制史概説』(弘文堂、一九四八年)において論じられている。

(12) 野田只夫編『丹波国山国荘史料』四二号。

(13) 同史料の記載内容に関しては、拙稿「戦国期土豪の婚姻と相続」(前掲註(1)拙著第2部七章、二〇一一年、初出は二〇〇三年)において詳細な考察を試みた。

(14) 「吹上三郎治郎跡式・名前譲状」(『丹波国山国荘史料』一八四号)。

(15) 百姓の「跡式」に関しては、拙稿「氏連合的村落から家連合的村落へ」(拙著『日本中世の氏・家・村』校倉書房、一九九七年所収、初出は一九九〇年)、藤木久志「村の跡式」(同著『村と領主の戦国世界』東京大学出版会、一九九七年所収、初出は一九九一年)等を参照。
(16) 豊田武『苗字の歴史』(中公新書、中央公論新社、一九七一年)等。
(17) 「日本の姓氏」(井上光貞他編『東アジアにおける社会と風俗』『東アジア世界における日本古代史講座』一〇巻)学生社、一九八四年。
(18) 前掲註(17)加藤論文。
(19) 洞『庶民家族の歴史像』(校倉書房、一九六六年)、前掲註(16)豊田著書等。
(20) 前掲註(15)拙著、前掲註(1)拙著、坂田聡『苗字と名前の歴史』(吉川弘文館、二〇〇六年)等。
(21) 『丹波国山国荘史料』三一二号。
(22) 前掲註(20)拙著。
(23) 『丹波国山国荘史料』六九号。
(24) 現在、旧山国荘塔村(現京都市右京区京北塔町)にお住まいの高室美博氏は、史料一に見える高室紀次郎のご子孫にあたる。
(25) 『丹波国山国荘史料』八九号。
(26) 『丹波国山国荘史料』八九号によると、この人名は紀ではなく北となっているが、原文書(「河原林成吏家文書」)で確認したところ紀と判読できた。なお、一三七八年(永和四)の「比丘尼妙心山畑譲状」(「山国荘史料」一一二号)に登場する比丘尼妙心は、史料二の比丘尼妙信と同一人物の可能性がきわめて高いが、そこにおいて嫡子は紀光延と翻刻されている(こちらも原文書で確認したところ、間違いなく紀と判読できた)。通例、姓と実名がセットであることを勘案しても、同人の名は紀光延が正しい。
(27) 『丹波国山国荘史料』九五号・九六号。
(28) 『丹波国山国荘史料』一一二号。
(29) 『丹波国山国荘史料』一一三号。

（30）山国荘の荘官としては、水口・鳥居・比果・窪田の名があげられる。このうち、水口と鳥居は、明らかに土豪的な存在であった。
（31）前掲註（20）拙著の表2参照。
（32）『丹波国山国荘史料』一八四号。
（33）前掲註（20）拙著。
（34）『豊臣平和令と戦国社会』（東京大学出版会、一九八五年）、『戦国の作法』（講談社学術文庫、二〇〇八年、初出は一九八七年）、『新版・雑兵たちの戦場』（朝日新聞出版、二〇〇五年、初出は一九九五年）、『村と領主の戦国世界』（東京大学出版会、一九九七年）、『飢餓と戦争の戦国を行く』（朝日新聞出版、二〇〇一年）等。
（35）「戦国時代の村落」（同著『戦国時代論』岩波書店、一九九六年所収、初出は一九八五年）等。
（36）前掲註（1）拙著。
（37）宮嶋「東アジア小農社会の形成」（宮嶋他編『長期社会変動』東京大学出版会、一九九四年）、岸本「東アジア・東南アジア伝統社会の形成」（『岩波講座世界歴史』一三巻、一九九八年）、同「現代歴史学と「伝統社会」形成論」（『歴史学研究』七四二号、二〇〇〇年）。
（38）前掲註（2）飯沼論文等。
（39）前掲註（5）高橋著書等。
（40）百姓の家をもって、公的な権利・義務の基礎単位ととらえる研究としては、前掲註（7）長谷川著書、前掲註（7）藤井著書等があげられる。

第2部　創られる由緒と秩序

『中尊寺供養願文』の成立

五味文彦

はじめに

平泉の中尊寺に関する基本史料には、『吾妻鏡』に載る「寺塔已下注文」とともに、『中尊寺供養願文』がある。前者が編纂史料であるのに対し、後者は北畠顕家が書写したもので重要文化財に指定されたこともあって、内容については疑いないものと信じられ、その記述から中尊寺のあり方が探られてきた(1)。

筆者はかつて『吾妻鏡』に載る寺塔已下注文について検討する機会があったことから(2)、今回は『中尊寺供養願文』について検討することとする。というのも原本がないのでその真偽に疑問を呈したにもかかわらず、写本がいかにして成立したのかについて不正確な記述をしたことや(3)、最近、私論に対して入間田宣夫氏から批判が出されたことなどから(4)、それに対する責任もあり改めて内容を探るものである。

その際に注目したいのが目時和哉氏による『中尊寺供養願文』の史料としての性格についての検討であって、そこではこの願文が鎌倉時代後期になって手を加えられて成立したことが指摘されている(5)。この指摘や私論への入間田氏の批判を踏まえ、さらに願文の内容を詳しく検討し、その成立について考えてみよう。

1　供養願文への疑問

『中尊寺供養願文』は、「敬白　奉建立供養鎮護国家大伽藍一区事」と始まり、「弟子正六位上藤原朝臣清衡」が「天治三年三月廿四日」に記したという。その冒頭の部分をあげておこう。

敬白

　奉建立供養鎮護国家大伽藍一区事

　　三間四面桧皮葺堂一宇〈在左右廊廿二間〉

　荘厳

　　五彩切幡卅二旒

　　三丈村濃大幡二旒

　　奉安置丈六皆金色釈迦三尊像各一躰

右堂宇、則芝栖藻井、天蓋宝網、厳飾協意、丹雘悦目、仏像則蓮眼菓脣、紫磨金色、脇士侍者次第囲繞、

一見するとよくできた願文のようにも見えるが、これまでにも多くの疑問が出されてきている。そのうち最も大きな問題点は日付である。天治三年(一一二六)は正月二十二日に大治元年に改元されているので、そのことからすれば大治元年三月としなければならない。この願文の草案を作成したのは、奥書によって京にいる右京大夫藤原敦光であったというのであれば、こうしたことはありえないはずである。

この疑問については、平泉に送られてきた願文は草案であり、供養の日に備えられたのはこれとは違った正文であって、日付は後に記したものであるとして処理されてきたが[(6)]、これはあまりにも苦しい解釈というべきであろう。そ

れらを証明する根拠は全くない。しかも清衡は本文に「已に杖郷の齢を過ぐ」と記したというが、「杖郷の齢」とは還暦を意味しており、これは二年後の大治三年に清衡が七十三歳で死亡したという『中右記』の記事と矛盾する。

第二の疑問は、『吾妻鏡』に載る、次に掲げる平泉の「寺塔已下注文」との内容がほとんど一致を見ていない点である。

一　関山中尊寺事

寺塔四十余宇。禅坊三百余宇也。清衡管領六郡之最初草創之。先自白河関至于外浜、廿余ヶ日行程也。其路一町別立笠率都婆。其面図絵金色阿弥陀像。計当国中心、於山頂上、立一基塔。又寺院中央有多宝寺、安置釈迦多宝像於左右。其中間開関路、為旅人往還之道。次釈迦堂、安一百余体金容、即釈迦像也。次両界堂、両部諸尊、皆為木像、皆金色也。次(号大長寿院)二階大堂〈高五丈、本尊三丈金色弥陀像、脇士九体、同丈六也〉。次金色堂〈上下四壁内殿皆金色也。堂内構三壇、悉螺鈿也。阿弥陀三尊、二天、六地蔵、定朝造之〉。鎮守、即南方崇敬日吉社、北方勧請白山宮。此外、宋本一切経蔵、内外陣荘厳。数宇楼閣、不遑注進。

この注文は中尊寺の経蔵別当である心蓮が提出し、源頼朝によって安堵されたものである。編纂物の『吾妻鏡』に載るとはいえ、その信頼度は高く、他の史料の内容ともよく見合っている。ところがこの記事と『中尊寺供養願文』とで合致しているのは経蔵しかなく、肝腎の三間四面桧皮葺堂が注文に見当たらない。

金色堂の造営が天治元年であったことは、その棟札から知られているので、この堂はその後に建てられたことになるのだが、それがこの注文に記されていないというのも、いかにもおかしい(7)。

その相違については、「寺塔已下注文」と『中尊寺供養願文』とが何を目的に記しているのかの位相の違いであって、「寺塔已下注文」は伽藍における中心的な堂宇を書き上げて頼朝の供覧に備えたものであるから、願文の記事が注文に見えないのは当然、という理解がある。しかし注文は安堵を頼朝に願ったものであれば、全体像が示されねばならない。問題は注文にあるのに願文に見えない点である。

第三の疑問は、願文の趣意を述べた清衡の思いが次のように記されている点である(原漢文)。

その善根の旨趣は、偏へに鎮護国家のおんため也。所以は何ぞ。弟子は東夷の遠酋也。生まれて(このかた)聖代の征戦無く、長く明時の仁恩多きに属す。

このなかで清衡は自らを「東夷の遠酋」、後続の文章でも「俘囚の上頭」と記すなどへりくだった表現をしているが、果たして清衡はそう考えていたのであろうか。確かに当時の朝廷がそう認識し、後世においてもそう認識されていたにしても、清衡がこう自己認識していたのかは疑問である。実は筆者が供養願文に疑問を抱いたのは、この部分に疑問をもったからである。[8]

第四の疑問は、願文の作成に関わる問題である。願文を書いたとされる藤原敦光は著名な儒者で、『本朝続文粋』には敦光の多くの文章が載り、願文の文例も多く見える。なかでもその手になる鳥羽の勝光明院の供養願文は中尊寺のそれと性格がよく似ているので、これと比較してみよう。

これは「敬白」と始まって、「建立瓦葺二階一間四面堂一宇」と記しているので、この点からは中尊寺供養願文が願文の体裁を踏まえているといえるが、勝光明院の供養願文が「右、九重城南、万年県裏、築山以擬姑射、貯水以摸昆明」と始まり、その造営された鳥羽の地について詳しく説明しているのに、『中尊寺供養願文』にはほとんどそうした記述がなく、わずかに「四神具足之地」とあるのみである。そのためこの地がどのような地かわからないので、果たして中尊寺の供養願文であるのかさえも疑う見解が出されている。[9]

第五の疑問は、願文の清書をしたのが「中納言朝隆卿」であったとする点である。藤原朝隆が中納言になったのは保元元年(一一五六)で、大治元年にはまだ弾正少弼で従五位下、年も三十歳と若く、清書を依頼されるような身分や年とは考えがたい。後に能書と知られるようになった朝隆が清書したと見做されるようになったのであろう。

こうした疑問を考えると、今まであまりにもこの願文を素直に信じすぎてきたように思う。もちろん願文を最初から疑うのは問題ではあるが、以上の疑問を抱えたままで信じるべきではないのであって、むしろ後世に作成されたものと捉えて、その願文にどのような主張がこめられていたのかを考えるべきであろう。

2 願文にこめられた主張

『中尊寺供養願文』は、「鎮護国家の大伽藍」と記し御願寺となすことを語っているが、願主である清衡の存在が白河院政期においては謀反するものとして絶えず警戒されていたことを考えれば、こうした措置がとられたとはまず考えられない。京の動きについては、この時期には比較的、記録が豊富であるのに、『中右記』の記事などを見てもこのようなことは一切、話題にも上っていないのである。

次の鳥羽院の時代になると、毛越寺に円隆寺や嘉勝寺が造営されたが、その呼称は京の御願寺である四円寺や六勝寺に倣っていると考えられ、御願寺になった可能性はあるにしても、白河院の時期にはまだその可能性はなかったであろう。鳥羽院の時代の動きをさかのぼらせたものと考えられる。(10)

供養願文に記されている堂塔は、「三間四面桧皮葺堂一宇〈在左右廊廿二間〉」と「三重塔婆三基」、「二階瓦葺経蔵一宇」、「二階鐘楼一宇」などからなり、その他に「大門三宇、築垣三面、反橋一道〈廿一間〉、斜橋一道〈十間〉、龍頭鷁首画船二隻、左右楽器・大鼓・舞装束卅八具」や「千部法華経、千口持経者」「五百卅口題名僧」などが備わっていたとあるので、これらについて次に検討してゆこう。

まず中心の堂舎である「三間四面桧皮葺堂一宇〈在左右廊廿二間〉」を鎮護国家の大伽藍とするが、ならば瓦葺なのが普通であり、桧皮葺の屋根ではやや貧弱であろう。その割に左右に廊が二十二間もあるのも不釣合いである。丈六の皆金色の釈迦三尊像が安置されたとあるだけにやはり瓦葺の堂が望ましい。これは中尊寺の「寺塔已下注文」に「釈迦堂安一百余体金容、即釈迦像也」と記された釈迦堂とは明らかに違っており、このほかにもう一つの釈迦堂を造営する必要があったのかも問題となる。(11)

しかもこの「堂宇」についての説明が、「則芝栖藻井、天蓋宝網、厳飾協意、丹雘悦目、仏像則蓮眼菓脣、紫磨金色、脇士侍者、次第囲繞」としか記されておらず、これも主要な堂舎にしてはやや物足りない。

次の三重塔婆三基についてはどうか。果たして三基も必要とされたのかその理由がよくわからない。摩訶毘盧遮那如来三尊像、釈迦牟尼如来三尊像、薬師瑠璃光如来三尊像、弥勒慈尊三尊像が安置されたというのは、塔内の四方にそれぞれ安置されたものであろうが、これについても「右本尊、座前瑜伽壇上、置以供養之鈴杵、立以方色之幡幢、儀軌次第莫不兼備」としか記されていないのもいささか物足りない。

この二つの建物についてはすでに指摘したように『吾妻鏡』に載る中尊寺の寺塔注文には載っていないが、次の経蔵については「宋本一切経蔵。内外陣荘厳」として記されている。供養願文を見ると、「二階瓦葺経蔵一宇」とあって、ここには金銀泥一切経一部が納められており、等身皆金色の文殊師利尊像が安置されていたという。さらにこれについては次のようにやや詳しく記されている。

経巻者、金書銀字挟一行而交光、紺帋玉軸合衆宝而成巻、漆匣以安部帙、琢螺鈿以鏤題目、文殊像者憑三世覚母之名、為一切経蔵之主、廻恵眼照見、運智力以護持矣

この経蔵の記事の次に詳しいのが二階鐘楼一宇であり、そこには「廿釣洪鐘一口」が懸けられていることや、その

鐘の音は「一音所覃千界不限、抜苦与楽、普皆平等、官軍夷虜之死事、古来幾多、毛羽鱗介之受屠、過現無量、精魂皆去他方之界、朽骨猶為此土之塵、毎鐘声之動地、令寃霊導浄刹矣」と記され、とても詳しい。

経蔵と鐘楼が詳しく記されているのは注目すべきことで、それはこの願文の成立と深く関わると考えられる。続く大門三宇、築垣三面、反橋一道〈廿一間〉、斜橋一道〈十間〉、龍頭鷁首画船二隻、左右楽器大鼓舞装束卅八具については、三面を築垣でとりまき、そこに大門が開かれ、庭の池には反橋・斜橋がかけられ、龍頭鷁首画船二隻が浮かび、船には左右楽器大鼓舞装束卅八具が備えられているというものである。これらについては、次のような表現が認められる。

右、築山以壇地形、穿池以貯水脈、草木樹林之成行宮殿楼閣之中、度広楽之奏哥舞大衆之讃仏乗、雖為徼外之蛮陬、可謂界内之仏土矣、

経蔵や鐘楼より記事はやや少ないが、主要な堂舎ではないので、こんなところであろう。この苑池をめぐってはこれまで大いに議論が生まれている。それは中尊寺のそれか、毛越寺のそれかという問題に始まって、中尊寺にある大池がそれであるのかという問題へと広がり、そこから供養願文との一致を求めて研究が進められてきている[12]。ただこれまでに見てきたことからすれば、供養願文と苑池の発掘の一致をしいて求める必要はないであろう。

さらに「千部法華経、千口持経者」「五百卅口題名僧」についてであるが、次のように記されている。

千部法華経
千口持経者
右、弟子運志、多年書写之僧侶、同音一日転読之、一口充一部、千口尽千部、聚蚊之響尚成雷、千僧之声定達天矣、
五百卅口題名僧

右、揚口別十軸之題名、画掌餘巻之部帙、安手棒持開紐無煩、いささか過大であって、千口持経者を集めることができたのであろうか。これらの解説記事も著しく少ない。

以上の伽藍内容からうかがえるのは、明確に記されているのは経蔵と鐘楼のみであり、他の「三間四面桧皮葺堂一宇〈在左右廊廿二間〉」と「三重塔婆三基」の建物の記事は不十分というべきであろう。したがってこの記事から伽藍がかつてこのようであったとはとても考えられない。

すなわち『中尊寺供養願文』は、中尊寺の衆徒が中尊寺の復興と保護を願って後世に記した性格のものと見るべきである。平泉のこれまでの歴史をふりかえり、中尊寺の創建の趣旨はこういうものであった、として認めたのが『中尊寺供養願文』ということになる。

3　供養願文の成立

供養願文が後に作成されたものであったとすれば、どうして天治三年（一一二六）の時期が選ばれたのであろうか。その際に注目したいのは、翌日付の中尊寺経蔵別当職補任状案が、願文案を伝えた「中尊寺経蔵文書」に見える点である。それを引用しておこう。

鳥羽院御願

関山中尊寺金銀泥行交一切経蔵別当職事

僧蓮光所

所領骨寺〈岩井郡在之〉　御堂出入料田七段、屋敷壱所〈瀬原在之〉燈明料屋敷肆所内〈北谷赤岩両所麓在之、瀬原村在之、〉毎日御仏供料白米弐斗、可入銅鉢弐之、自高御倉可被取請之、毎月箱拭料上品絹壱疋白布壱段〈自御政所可被取請之、〉毎日毎御仏事請僧壱口可被請定、毎年正月修正三季彼岸懺法毎月文殊講、彼以骨寺田畠、一向可募之故也、是偏聖朝安穏、御祈祷無懈怠可令勤仕

右、件於自在房蓮光者、為金銀泥行交一切経奉行、自八箇年内書写畢、依之且為奉公、且為器量故、御経蔵別当職所定也、就中令寄進御経蔵蓮光往古私領骨寺、然而限永代、任蓮光相伝、致御経蔵別当并骨寺者、不可有他人妨、仍可令寺家宜承知之状、如件、

天治三年丙午三月廿五日　　俊慶〈在判〉

金清廉〈在判〉

藤原清衡朝臣〈在判〉　　坂上季隆〈在判〉

藤原清衡が経蔵別当に蓮光を任じ、骨寺村の相伝を認めたものである。それには蓮光が金銀泥行交一切経書写の奉行を八ヵ年かけて行ってきたことが記されているが、これも天治三年三月という未来年号であり、また「鳥羽院御願」とあるのも、本来は太上天皇とあるべきところである。

経蔵別当の由緒を伝える文書として作成されたこの補任状は、中尊寺供養願文と一具の関係にあったと見るべきであろう。すでに見たように供養願文では経蔵が重要な位置を占めていたこととも深い関係がある。では供養願文はいかに作成されることになったのであろうか。

平泉は源頼朝の侵攻により文治五年(一一八九)に滅びた後、葛西清重が地頭となって管轄した。しかしやがて嘉禄二年(一二二六)十一月八日に平泉の円隆寺が焼亡し、貞永元年(一二三二)十一月二十三日には吉祥寺が焼亡するなど相次ぐ火事にあい、平泉全体も衰退を迎えることになった。『吾妻鏡』にその修造記事は見られず、鎌倉幕府の平泉の寺院への保護がしだいに失われていったものらしい(13)。

その結果、文永元年(一二六四)十月二十五日の関東下知状によれば、中尊寺大衆と中尊・毛越両寺雑掌との間で、

破壊した堂塔の修理をめぐって争いがおきており、同じころから地頭の葛西宗清と中尊寺大衆の間でも争いが起き、嘉元三年(一三〇五)三月の中尊寺衆徒の訴状では供養願文が「朝隆清書願文竝清衡願文」として引かれている。(14)

すなわち葛西宗清の提出した陳状には「朝隆清書願文并清衡願文、所詮何事哉」と記されており、中尊寺一切経会についての疑問が呈されると、これに対して中尊寺大衆は清衡が一切経会を開いたことを強調している。

正和二年(一三一三)の中尊寺衆徒の訴状は前半を欠いていて全貌は明らかでないが、訴えが認められないならば、「鳥羽皇帝御願所金堂、釈迦堂、一切経蔵。金色堂以下の堂塔諸社伽藍」を残らず焼き払うことを議定した、と語っている。ここに供養願文の内容が見え始めるのである。

嘉暦二年(一三二七)三月にも中尊寺衆徒は堂舎修理を訴えたが、その時に「寺役以下堂社破壊註文」を添え、次のように破壊の事実を記している(原漢文)。

鎮守白山宮ならびに本堂〈大釈迦堂と号す〉未作の段、尤も御沙汰を経らるべきの上、金色堂は本朝無双の名堂也。而るに内陣の板敷・仏壇朽落ちて地に付く。弥陀・観音・地蔵・四天等顛倒して動座す。目を宛てられざる次第也。今においては無きが如し。当寺の衆徒の愁訴、併しながら此の一事に在り。争か猶予の御沙汰に及ぶべけんや。

本堂を大釈迦堂と称し、金色堂も破壊に及んでいると記しているが、供養願文は引用されていない。ところが、その翌年の嘉暦四年八月二十五日に、信濃阿闍梨が供養願文を前少納言藤原輔方に持参して「奥書・端書に及ぶべきの由」を依頼し、輔方が「筆を馳せ以て正文の写しとなした」といわれ、ここに初めて供養願文の全貌が見えてきた。その奥書と端書をあげておこう。

嘉暦四年八月廿五日、信濃阿闍梨被持来、可及奥書・端書之由、被命之間、馳筆以正本写云々

前少納言輔方(花押)

奥州平泉関山中尊寺、鳥羽禅定法皇御願、勅使按察中納言顕隆卿、願文清書右中弁朝隆、唱導相仁已講、
大檀那陸奥守藤原朝臣清衡

前少納言輔方であるが、これはすでに指摘されているように鎌倉幕府の将軍久明親王に仕えていた廷臣であり、[15]嘉暦四年正月二十四日の前将軍久明親王百ヶ日仏事布施取人交名に殿上人として「九条前少納言輔方朝臣」と見えている(『鎌倉遺文』三〇四九七号、佐伯藤之助所蔵文書)。

輔方は「勅使按察中納言顕隆卿」と記されている葉室顕隆の流れを引いているので、そのことから顕隆の弟の朝隆について「願文清書右中弁朝隆」と記すことになったものと考えられよう。

4 供養願文の効用

供養願文が整えられたことから、やがて鎌倉幕府が倒壊して建武政権が成立すると、建武元年(一三三三)八月に中尊寺大衆は金堂以下の造立を願った訴状を提出したが、その際に「一巻の当寺供養願文案〈朝隆卿清書〉」を副えている。そのなかで中尊寺について次のように語っている。

右寺者、鳥羽皇帝之勅願、鎮護国家之道場、所以者何、堀河天皇御宇、長治二年二月十五日、出羽・陸奥両国大主藤原朝臣清衡造立最初院〈本尊釈迦、多宝並座〉、嘉承二年三月十五日、造立大長寿院〈本尊四丈阿弥陀、脇士九体丈六〉之処、奉　皇帝之勅定、天仁元年建立金堂三間四面、左右廊二十二間〈本尊釈迦三尊半丈六并小釈迦百体、同四天〉、三重塔婆三基〈本尊等在願文〉、二階鐘楼・経蔵〈紺紙玉軸金銀泥行交一切経一部・唐本一切経一部、本尊文殊像者皇帝被下之〉、大門三宇并皆金色堂一宇〈一間四面本尊弥陀〉、以降、

ここには中尊寺がどのように造られていったのかが記されている。まず中尊寺は鳥羽皇帝の勅願であり、鎮護国家

の道場であるが、その所以についてこう説明する。

堀河天皇の時代の長治二年（一一〇五）二月十五日に出羽・陸奥両国大主である藤原清衡が本尊を釈迦、多宝如来とする最初の院を造り、続く嘉承二年（一一〇七）三月十五日に本尊が四丈の阿弥陀、脇士が九体丈六の大長寿院を造営したところ、皇帝の勅定に基づいて、天治元年（一一二四）に三間四面の金堂と左右廊二十二間〈その本尊は釈迦三尊半丈六、小釈迦百体、同四天〉、三重塔婆三基〈本尊等は願文に見える〉、二階鐘楼・経蔵〈紺紙玉軸金銀泥行交一切経一部・唐本一切経一部を納め、本尊の文殊像は皇帝から下された〉、大門三宇と皆金色堂一宇〈一間四面の本尊は阿弥陀〉であって、これ以降、様々な院が造営されてきたという。

ここから願文に求められたのは、中尊寺が鎮護国家の道場であること、最初、院や大長寿院が造営されるなかで中心となる金堂の存在を必要とされたこと、伽藍の整備がそれにともなって広く行われたことなどである。願文それ自体には「鳥羽皇帝の勅願」とはなく、また「三間四面桧皮葺堂一宇〈在左右廊廿二間〉」を金堂と記しておらず、供養の日付も天治三年とするが、そうした違いに拘泥せず、中尊寺の伽藍整備の根拠を供養願文に求めたのである。なお天治元年の日付は金色堂の造営の年であり、その金色堂については皆金色堂一宇〈一間四面の本尊は阿弥陀〉と付随的に記している。

この訴えに応じて建武元年九月六日の陸奥国宣は武士や甲乙人による濫妨の停止を命じたが、その時の国司は建武政権から派遣された北畠顕家で、顕家はその後も中尊寺を保護してゆき、鎮守大将軍に任じられると、かの供養願文を自ら書写している。その写本の奥書は次の通りである。

　件願文者、右京大夫敦光朝臣草之、中納言朝隆卿書之、而有不慮之事及紛失之儀、為擬正文、忽染疎毫耳、

　　鎮守大将軍（花押）

ここに供養願文は正文と同格に扱われるようになり、その後の平泉の保護における重要な証文となったのである。

おわりに

供養願文が後世の作成に関わるからといって、その歴史的な価値はいささかも減ずるものではない。何といってもこれを作成することによって中尊寺を守ろうとした大衆たちの動きがうかがえる。藤原清衡は平泉の世界をこう考えていたのであり、その平泉の世界を守ってゆかねばならぬという、平泉世界の主張がそこには明瞭に認められる。

鎌倉時代末期から南北朝期にかけての文書作成の動機や契機についても多くの知見を得ることができた。思い起こされるのは高野山の四至を描いた弘法大師空海手印の絵図が院政期に偽作され、鎌倉末期になって正文として認められ、それを手がかりとして高野山の所領が拡大していった事実である。

この時期、諸勢力が台頭するなか、諸寺諸山では大衆が自らの集団の正統性を示すべく、その拠ってきたる由緒を探し求め、己が主張を掲げるようになっていた。数多くの寺社縁起が作成されたのはそのことをよく物語るものであるが、そこでは神話や伝承、文章、絵画など多様な作品が援用されたので、なかには明らかな偽作も多かった。

絵巻『一遍聖絵』には、一遍が遊行した諸寺諸山の縁起が記されており、一遍は平泉にも赴いているので、その詞書を記した聖戒がこの地を訪れたならば、本稿で見た『中尊寺供養願文』に基づいて、中尊寺の縁起を書き記したことであろう。

註

（1）『中尊寺供養願文』についての研究は、『平泉町史　総説・論説編』（平泉町、一九六八年）に採録されており、川島茂弘「中尊寺供養願文と毛越寺の研究1～4」（『富士大学紀要』30―2～32―2、一九九七・八、二〇〇〇年）が研究史をまとめている。また基本史料は『平泉町史　史料編』（平泉町、一九八五年）にまとまって収録されている。そのほか

『平安遺文』『鎌倉遺文』にも収録されている。

(2) 五味文彦「『吾妻鏡』と平泉」(『中世社会史料論』校倉書房、二〇〇六年)

(3) 五味文彦『日本の中世を歩く』(岩波書店、二〇〇九年)、『日本史の新たな見方、捉え方』(敬文舎、二〇一二年)

(4) 入間田宣夫「中尊寺供養願文の偽作説について」(『平泉の政治と仏教』高志書院、二〇一三年)。私見への批判は専ら鎌倉後期に関わる部分へのものであるが、その点についての私見の不十分な説明を「3　供養願文の成立」で補っておこう。

(5) 目時和哉「伝『中尊寺落慶供養願文』再考」(『六軒丁中世史研究』一二号、二〇〇七年)

(6) 石田一良「中尊寺建立過程にあらわれたる奥州藤原氏の信仰と政治」(『日本文化研究所研究報告』別巻二、一九六四年)、斎木一馬「中尊寺供養願文の輔方本と顕家本との関係について」(『仏教史研究』九号、一九七五年)。ともに註1『平泉町史』に所収。

(7) 菅野成寛「中尊寺供養願文の諸問題」(『宮城歴史科学研究』四三・四四合併号、一九九七年)、同「天治三年『中尊寺供養願文』の伽藍比定をめぐって」(『日本史研究』四四五号、一九九九年)は二つの整合性を求め、寺塔已下注文を作成した心蓮らが「寺領事、清衡之時、募置勅願円満御祈祷料所」と語ったことから、中尊寺が鎮護国家の伽藍であるというが、これから中尊寺自体を鎮護国家の伽藍というのは疑問である。

(8) 註3五味著

(9) 中川成夫「いわゆる『中尊寺供養願文』の一考察」(『物質文化』五、一九六五年)、荒木伸介「奥州藤原氏造営寺院をめぐる諸問題」(『アガルマ』同朋社、一九八二年)、大矢邦宣「『中尊寺供養願文』伽藍再考」(『岩手の古文書』創刊号、一九八七年)、藤島亥次郎編著『平泉文化研究』(吉川弘文館、一九九五年)ほか。

(10) 前掲目時論文参照。

(11) 清水擴「平泉の仏教文化と鎌倉」(図録『平泉と鎌倉』一九九五年)。後に述べるが、二つを同一視する見方は、南北朝期の中尊寺の衆徒の主張に認められるものである。

(12) 平泉町教育委員会『特別史跡中尊寺境内内容確認調査報告書(Ⅲ)』一九九九年、八重樫忠郎「毛越寺庭園の新知見」(『中世社会への視角』高志書院、二〇一二年)ほか。

（13）鎌倉時代における中尊寺伽藍の状況については、入間田宣夫「鎌倉期における中尊寺伽藍の破壊・顛倒・修復記録について」（羽下徳彦編『中世の地域と宗教』吉川弘文館、二〇〇五年）が詳しいが、中尊寺供養願文の記載の内容をそのままに認めている。

（14）前掲目時論文は供養願文がこの時期にいかに登場してきたのかを詳しく論じているが、基本的に手を加えられて成立したもの、と願文に対しては慎重な立場をとっている。

（15）亀田孜「中尊寺供養願文雑事」（『日本文化研究所研究報告』別巻三、一九六五年）

〔追記〕本稿は『放送大学史学論集』（創刊号、二〇一四年）掲載論文に加筆・訂正したものである。

創りだされる神々の縁起
――戦乱状況との関連で――

苅米一志

はじめに

十四世紀が、蒙古襲来を前史にもつ内乱の世紀であることは言うまでもない。一方、神の存在が、それを生み出した社会の特質を何らかの形で表出するものであるとすれば(1)、社会の変動は大なり小なり神の性格を変質させるものと考えて良いだろう。それでは、長期の戦乱状況というものは、結果として神にどのような刻印・彫琢をもたらしたのであろうか。本稿では、十四世紀において変容する、神にまつわる縁起の構造、その創出過程と結果を分析・記述することとしたい(2)。なお、ここで言う神とはいわゆる神祇(天神地祇)であるが、実際には仏尊と互換可能な存在として現れることも多い(3)。ここではひとまず神について、現世肯定・現世利益的であり、仏尊と同等であるにしても、来世観にまでは立ち入らない性格のものと考えておくこととしたい(4)。

考察の前提として、鎌倉末期以降における宗教の一般的状況について、いくつか指摘しておきたい。第一に、蒙古襲来に対する調伏祈禱と神仏の験力の強調、その結果としての神国思想の定着という点である。特に八幡神の存在は絶対的であり、『八幡愚童訓』に顕著なように、三韓征伐における神功皇后の伝承が、八幡神と関連づけて再構成された。八幡神をめぐる様々な現象が、その験力の示現として認識され、「異国を撃退する神国日本」という意識が確立していく。これ以前にも武的性格を強調する神祇は存在したが、[5]それが蒙古襲来という状況によって、一般化・普遍化していった。異国調伏祈禱と鎌倉幕府の神領興行策が広まる中で、武的性格をもたなかった神についても、怪異や示現・託宣・夢告といった現象が報告されるようになるのである。[6]

第二に、南宋仏教の影響を受けた、禅律僧による新たな動きである。[7]特に西大寺流真言律は、異国調伏祈禱に絶大な役割を果たした。弘安四年（一二八一）九月の石清水八幡宮における祈禱では、西大寺叡尊による祈禱の後、社前の庭で弓の弦の音が響き、鏑矢の目（穴）が光を発して西方に飛んでいった。また、社壇の中から白色の光が輝き、三流の幡がやはり西を指して飛んでいった。幡にはそれぞれ「唯識三十頌」「妙法蓮花経」「大般涅槃経」と記してあった。これに続いて男山が鳴動し、「神火数千」が一帯を照らしたという。[8]神の示現の創出に、真言律僧が深く関わっていることが観察できる。

さらに真言律は、伊勢神宮をめぐる神道理論の形成にも大きな役割を果たした。すなわち、西大寺叡尊・東大寺円照などの弟子たちが、十三世紀後半に伊勢神宮と関わりをもつ中で、天照大神を大日如来と見なす理論が形成されてくるのである。[9]これは当初、異国調伏祈禱と関連して進められたらしく、弘安三年（一二八〇）三月に叡尊が伊勢内宮への参詣を果たした際、卜筮を得意とする巫女に「今度、為祈異国難并天下泰平仏法繁盛、雖企参宮、真実叶神慮、又成就所願之条、頗以不審云々」と尋ねたところ、巫女を通して託宣があり「我是牟山神也、此三箇日間、我君宮中召置、今度法施御随喜之趣、可奉告示之由、蒙詔勅也」との回答があったという。[10]蒙古襲来の危機感によって真言律僧が神宮へ接近し、神の託宣を引き出す形で、神官層による仏法忌避の言説を変化させていく様子が確認できる。

第三に、室町幕府の宗教政策は重要である。初期室町幕府の宗教政策の基調は、南朝の殲滅であり、そのための祈禱を軸に体制が構築された。[11]鎌倉末期にも増して、敵方への調伏祈禱は一般化するが、寺社の側も安堵や寄進を求めて、怪異や異国・敵方調伏の伝統を語るようになる。[12]長期の戦乱状況において、神仏の存在は盛んに吹聴・利用され、神そのものが軍神としての性格を強めていくのである。

右の状況を前提とした上で、以下では寺社縁起および周辺の資料にもとづき、神祇にまつわる言説がどのように創出され、結果としてその性格がどう変化していったのかを観察してみたい。

1 神々を語る縁起の創出

(1)「訴求」から「語り」へ

本節では、神を語る縁起の創出過程について考えてみたい。

まず注意すべき点だが、縁起における語りは、決して自然に生じるものではない。古代における寺院の「縁起流記資財帳」が、国家に提出された文書であるのと同様[13]、中世の寺社縁起も、明らかにその訴求対象をもっていた。例えば、「備前金山観音寺縁起写[14]」は平安末期、備前国司の源行家に提出され、さらに室町後期に守護代である浦上則宗に提出されたものである。二つの時期における古文書史料と照合すると、一度目の提出には、焼失した堂舎を造営するための免田寄進の訴求、二度目には、付近の村落との境界相論への訴求という事由があった[15]。時系列から言うと、上級権力に対して訴求すべき事情が先に存在し、それを達成するために寺社の側で上申文書が作成されたのである。そして、当初はこの文書の中に、寺社の由来や霊験が記されることが多かった[16]。つまり、縁起の源流の一つに、この上申文書が挙げられるのである。これらは喜捨・布施を求めるための文書であり、様式を度外視すれば、結縁を募るための文書、すなわち広義の勧進状と考えることができる。

この勧進状が独立した縁起として発展していく過程については、播磨国伊川上荘における太山寺の例が参考となる。まず、①承元三年(一二〇九)の勧進状写では、藤原氏の祖である海胤丸(宇合。不比等の子)を太山寺の開基とし、その創建を霊亀年間としている。②弘安八年（一二八五）の勧進状では、藤原宇合が病気治癒のため七仏薬師を安置したのが太山寺の創建とされ、本尊による治病の霊験が付け加えられている。③天延元年（九七三）の年紀をもつ「太山寺縁起」は、実際にはその文章からして、中世後期の成立と見られる。藤原鎌足の子・定恵が開山とされ、藤原宇合が摩耶谷の温泉で湯治をしたこと、本尊は海中の漁網にかかったものであること、などの説話を付け加えている。[17]②は①を参照しつつ、新たな要素を加え、③は同様に②を吸収しつつ、独立した縁起として作成されている。なお、③において開山・開基ともに藤原氏とされているのは、太山寺の所属する伊川上荘が西園寺家領だったからであろう。つまり、右の勧進状および縁起は、藤原北家の一流である西園寺家と太山寺を結び付け、かつ西園寺家を第一の読み手とする形で作成されたのである。その結果、太山寺は領家である西園寺家から度重なる免田の寄進を受けることができた。[18]

同様に、備前国西大寺においては、永享十二年（一四四〇）に勧進状、明応五年（一四九六）に化縁疏并序が作成されている。[19]後者は明らかに、備前守護である赤松政則とその関係者に読ませることを目的としており、[20]さらにこれを下敷きとして、永正年間に初の縁起絵巻が作成された。絵巻では、備前国の「守護」の妻である「藤原皆足」が西大寺本尊観音像の願主とされているが、これは時代を越えて、現実の守護の妻と重ね合わせる技巧であろう。「かつて守護の妻が寺院を保護したように、現在の守護の妻もそうしなければならない」と訴えているのであり、おそらくは赤松政則の後家である洞松院尼を第一の読み手に想定していると考えられる。[21]

以上を敷延すれば、縁起は勧進状を一つの源流とし、その性格を引き継ぐ形で、国司・守護や荘園領主など特定の訴求対象をもったということになる。以上の点は、十四世紀における寺社縁起の展開においても、留意すべきであろう。

（２）縁起の作成から受容

次に、縁起の作成から受容までの過程を考察してみたい。ここでは、①誰が作成するか(創作主体)、②どのように作成するか(創作方法)、③どこで、どのように表現するか(表現の場と方法)、④どのように受容されるか(受容過程)、の四点を考えてみよう。

ここからは神社縁起の問題に限るが、その創作主体(①)は十四世紀に入っても、圧倒的に仏僧であったと見なしてよい。いわゆる「中世日本紀」などの中世神話群は多くの場合、記紀神話を仏法の用語と思考法によって読み替えたものであり、現存する神道書の多くも神祇と深い関係をもつ寺院に所蔵されている。典型的な例として、伊勢・熊野・熱田神宮などと深い関連を有する尾張国真福寺の蔵書が挙げられよう。(22) 神道理論についても同様であり、例えば神と僧侶が灌頂を交わすという「互為灌頂」を考案したのは、大三輪神社を拠点とする初期三輪流神道である。しかし、その主体は同社別当の平等寺の僧侶らであり、鎌倉前期の常観房慶円を祖とする集団であった。(23) さらに同社若宮別当の大三輪寺は西大寺流真言律に吸収され、先に述べた天照大神に関する言説を創出する原動力ともなっている。(24) 伊勢両宮の対立を前提とする外宮神道などを除けば、いまだ神官層が神祇の世界を理論づける段階にはなかったのである。

創作方法(②)の問題は、難解である。まずは当該の神祇にまつわる記録・伝承を収集して記述するという姿勢が、基本的であろう。すでに鎌倉後期までには、『本朝諸社記』や『類聚既験抄』のような形で、一宮など日本国の主要な神祇について、横断的に情報を提供する唱導書も成立していた。(25) 一方、地方の神社の場合はどうであろうか。縁起を作成するのが仏僧であるとして、中央では名も知られぬ神祇について、彼らはどのように情報を収集・蓄積したのであろうか。

この問題については、十四世紀半ばに執筆された『峯相記』の記述が示唆を与えるように思われる。周知のように、『峯相記』は貞和四年(一三四八)頃、播磨国の峯相山鶏足寺に参詣した旅僧が、寺の老僧から聞き書きしたという体裁となっている。[26] 語る側の老僧は、かつて播磨国府に務めた在庁官人であったらしく、また延暦寺で修行していたこともあった。そのため、播磨国衙に関係深い国衙六箇寺(円教寺・随願寺・一乗寺・八葉寺・神積寺・普光寺)および一宮以下の八所大明神(伊和社・荒田社・酒見社・白国社・生石子社・高御倉社・垂水社・日向社)について、特に詳しく語られている。鶏足寺自体も天台系であり、かつ「国衙ノ祈禱」に携わっていた。また、寺の鎮守である峯相山麓の稲根明神についても「国衙ヨリ是ヲ祭テ」「国衙奉免田地、四至有リ」と言われている。国衙を中心として、播磨国内には天台末寺の連合と神祇との関係が存在したようであり、それは同記における次の記述からも裏付けられる。

A. 仁安三年(一一六八)、後白河院と平清盛の御願によって始められた書写山円教寺の一切経会については、「法花山・八徳山(前掲の一乗寺と八葉寺。筆者注)ニモ此会ヲ移セリ」と言われる。

B. 増位山随願寺について、「府中御願・最勝講等」は「此寺ヲ先トシテ書写山以下勤仕」と言われる。

C. 八徳山八葉寺の開山である寂心上人と書写山円教寺の性空上人とは「誠ノ契リ浅カラス、仍テ護法ヲ使者トシテ沐浴ノ湯釜ヲ送ラル」という。

D. 三宮である酒見大明神について「長寛二年二月一日、大般若経読誦ノ次ニ、五問一答論義講有、当国六箇寺碩学二十人、講師ハ巡年ノ役ニテ寺々ノ義勢(務。筆者注)、其器用、随一ノ碩才ヲ選フ、無双ノ重事也、今ニ絶ヘス」と言われる。

以上から、国衙と関連深い寺院について、僧侶の相互交流による法会の伝播、神祇への法楽に対する共同参加などが指摘できる。播磨国内の主要な天台寺院は、末寺連合を形成しており、また一宮以下の神祇と深い結びつきを有していたのである。[27]

さらに『峯相記』は、これ以外の多くの寺社についても、神仏による示現・託宣・夢告を述べており、それは当該寺社の縁起を摘出したものとなっている。鶏足寺の老僧がこうした寺社の縁起に詳しいということは、彼の個人的な資質や知識に帰すべき問題ではないだろう。おそらく、鶏足寺そのものに文書・記録などの形で情報が蓄積されていたのであり、それを目的として旅僧が同寺を参詣したとも考えられる。この時期、そうした情報提供の役割を果たした存在としては、「天台談義所」と称される場があった。つまり、鶏足寺そのものが「天台談義所」であったと考えられるのである。天台系の学僧らは、地方寺院に存在する談義所を移動しながら、異なる師僧のもとで学問を重ねた。各々の談義所には得意分野や特性があり、学僧はそれらを取捨選択する形で、自らの学問体系を構築していったとされる。(28) 当然ながら、それは当該寺院における聖教や文書・記録の存在によって支えられていたはずである。天台寺院の場合、先に見たような末寺連合の相互交流や法会への共同参加が、そうした資料群の蓄積を促したと考えられる。

十四世紀末から十五世紀前半における天台僧の活動を記した『鎮増私聞書』(29)を見てみよう。興味深いのは、談義所を巡る僧侶が、地方神社においても活動している点である。例えば、明徳元年(一三九〇)八月、慈伝和尚が播磨国に下向した際には、「又赤松方奉行ニ喜多野壱岐入道ト云者アリ、トテモ播州御下向候ハハ、上岡ノ八幡宮ニテ法花経ノ御談義ヲ所望申度候ト云間、九月中ハ彼ノ処ニ談義在之」とされ、さらに翌明徳二年の夏には「惣社」において「直談」を行ったと記されている。慈伝は喜多野という武士に招請され、上岡八幡宮で法華経の談義を行ったのであり、さらに播磨国の惣社大明神でも「直談」を行っている。弟子の鎮増自身も同様に、応永三十三年(一四二六)四月十四日から「府中惣社」で「直談」を行った。この際の願主は、赤松氏の被官で国衙目代を称する小川玄助入道という武士であった。また永享七年(一四三五)七月には、赤松氏が勧請した五社(熊野・八幡・住吉・神功皇后・天神)の神前で「直談」を行っている。

ここにおける「直談」とは、談義所で学んだ内容を、僧侶が世俗に対して分かりやすく語ることを指している。(30) 法華経を題材とするのが一般的だが、語られる場が神社であることを考えれば、当該の神祇にまつわる内容も語られたとするのが妥当であろう。そのためには、事前に神祇の由来と霊験を把握することが必要となるが、先の『峯相記』

の例を見れば、談義所自体がそうした情報を提供する重要な拠点となっていたと考えられる。右の流れは循環的なものであり、まずは神社の法会・唱導において必要とされたために、諸社の由来と霊験に関する情報が記録された。さらに、原形としての情報に仏法的な解釈が施されて、新たな情報を生んでいくことが推測される。

以上のような僧侶の活動を前提として、特に天台系の都鄙の寺院には、地方諸社についての情報が蓄積され、特定の縁起が記される際の参照材料となったと推測される。おそらく、このような過程を経て成立したのが、『神道集』における地方諸神社の縁起群であろう。これは廻国の僧侶による地方諸神社の情報収集を経て、安居院流の僧侶が、唱導の場で利用しやすいように手を加えたものと目されている[31]。無論、このような事態は天台に限った問題ではなく、修験者や六十六部廻国聖などによって情報の収集と蓄積がなされる場合も想定できるだろう（後述）。縁起の創作方法の前提および過程については、とりあえず以上のように考えておきたい。

表現の場と方法③については、ここまでの記述によって半ば解答が出ていると考えられる。原初的には神社における法会や唱導の場で語られたのであり、使用される機会によっては、それが定型的な文章となることもある。例えば、安居院流の唱導書である『転法輪鈔』第五帖・神祇上の「宇都宮一切経供養表白」は、宇都宮神社（下野国一宮）における一切経供養の冒頭に読みあげられた表白文である。後欠ではあるが、同帖の他の表白（熊野・稲荷・厳島）と比較すれば、欠落部分に宇都宮明神の縁起が仏法と関連づけて述べられていたと考えられる[32]。

受容過程④についても、半ばは解答が出ている。先に述べたように、訴求対象が限られる場合は直截に寄進・免除という結果を生み、広く一般に向けられる場合は、一紙半銭の喜捨・布施を受けることになる。受容する側の心意については難解だが、ここでは第一に、仏僧が主体的に語ったがために、神が仏法と関係深いものと意識されたこと、第二に神の霊験が示現・託宣・夢告など、目に見える形で語られたがために、受容する側にも神の姿や行為が生々しい現実性を帯びたものとして認識されたこと、などを指摘するにとどめよう。この段階に至れば、神々は古代的な

「目に見えない神」「祟る神」「人間に命じる神」から完全に脱却し、「目に見える神」「応じる神」

「人間の祈りが通じる神」という性格を完成させることになる。[33]縁起の作成から受容に至る過程は、こうした神の性格の変容を側面から支えるものであったと評価できる。

2 神々についての「語り」

(1) 神々の性格

前節で確認したのは、縁起にはそれを語る目的と場が存在するということである。そして、その語りには受容する側への忖度が多分に働くのであり、それが神の性格にも一定の圧力をもたらすことが推測される。先の『鎮増私聞書』によると、鎮増らは喜多野氏・小川氏の他にも、西播磨守護代である宇野氏の奉行・下村氏、国衙在庁系の英保氏、山名氏の被官である太田垣氏により招請され、法会を行っている。まずはこうした武家が、世俗の側の第一の聞き手として考えられよう。[34]それは、神の語りにどのような影響を与えるのであろうか。地方神祇の一例として、『神道集』巻第六―三四、上野国児持山之事を見てみよう。[35]その要旨は、以下のようなものである。

伊勢国阿野津(安濃津)の地頭・阿野権守保明が、子どもの誕生を伊勢大神宮に祈ったところ、伊勢神(天照大神)が示現して「児守明神」に祈るよう命じた。その通りにしたところ「女房」が懐妊し、持統天皇七年三月に「姫君」が誕生した。「姫君」は児守明神に因んで「児持御前」と名づけられるが、彼女が九歳の秋、母親が死去してしまう。その一周忌が済んでのち、阿野保明は伊勢国鈴鹿郡の地頭・加若太夫和利の娘を後妻として迎えた。児持御前が十六歳の春、加若和利の子息で継母の弟にあたる加若次郎和理(二十一歳)と婚姻することになった。

児持御前が二十一歳、加若和理が二十六歳の時、夫婦は伊勢内宮・外宮に参詣した。その際、児持御前を目にした伊勢国司の在間中将基成が彼女を恋慕し、父・阿野保明と夫・加若和理に彼女を譲るよう談判するが、二人ともにこれを拒絶した。そこで在間基成は父の「関白殿」に謀叛の罪を讒言して、二人を下野国の無漏(室)の八島に流罪とした。のちに阿野保明は許され帰国するが、加若和理は幽閉されたままだった。

児持御前は継母の力を借り、加若和理の甥にあたる上野国の目代・藤原成次と連絡を取ることとする。やがて、在間基成が阿野氏の館を急襲するという情報が入った。継母の機転によって児持御前は死んだこととされ、阿野津(安濃津)を逃げ出した児持御前は、乳母の子の侍従局だけを伴い、東国へ向かうこととなる。

途中、尾張国熱田社に立ち寄った際、二人は鳥居の外の「小家」に宿を借りた。この時、児持御前は妊娠していたが、宿の女房の好意により、ここで出産することになる。児持御前は熱田明神および本地仏の十一面観音に祈り、「若君」を出産した。ここを発った児持御前は、途中の東山道で二人の「殿原」に出会うが、彼らはいずれも彼女に同情し、東国下向に同行してくれた。上野国府に到着した児持御前は、目代の藤原成次が遷替し、山代荘の岩下というところに移住したことを知る。児持御前は同所を訪れ、藤原成次から下野国室八島へ向かおうという提案を受ける。これには、先の二人の「殿原」も同行した。

加若和理が幽閉されていることを知った二人の「殿原」は、「神通」を「現」じて、牢守を眠らせ、和理の身を奪還する。彼らは宇津宮(宇都宮)の河原崎へ向かったが、ここで四十歳ほどの「殿」が迎えた。この一人も加わり、一行は山代荘に下った。再会を果たした夫婦を前にして、東山道を同行した「殿原」の一人は尾張国熱田大明神、もう一人は信濃国諏訪大明神であると名乗った。両神は夫妻に「神道法」を授け、彼らを「神道身」すなわち神となした。さらに宇都宮河原崎で迎えた「殿」も、下野国宇都宮大明神であると名乗った。夫妻は、熱田大明神と諏訪大明神から、上野国群馬郡白井保の武部山に住むように勧められる。夫妻がここに住むようになったことから、武部山は児持山と名を変え、児持御前は児持明神となった。その本地は、如意輪観音であるという。

以下、侍従局は大鳥山北手向の羊手木鎮守(本地は文殊菩薩)、若君は岩下の鎮守・叓東宮《とつき》(本地・聖観音)、加若和理は見付山手向の和理大明神(本地・十一面観音)となった。さらに夫妻の神は伊勢国へ移り、伊勢大神宮の摂社の津守大明神ともなった。阿野保明夫妻は娘夫妻の神から「神道法」を受けて伊賀国鈴鹿大明神となり、熱田神宮の鳥居の外の「小家」の人々は鳴海浦の鳥居明神、児持御前の継母は阿野明神、藤原成次は尻高の山代大明神となったという。

持統天皇の時代の物語として設定されているが、伊勢国司、上野国の目代、安濃津・鈴鹿の地頭、上野国白井保などの要素を見れば、平安末期～鎌倉期における内容として無理なく理解できる。ここに見える所職・所領などから考えるに、阿野氏・加若氏は伊勢国の在庁官人および伊勢神宮領の荘官を兼帯する武士団として描かれていると推測される。その一族が、上野国の目代になっているということは、複数の国の受領を歴任する中下級貴族の下で、所務を行う人々も含まれていたのであろう。また、上野国白井保に加若和理と児持御前が居住したことは、中央または伊勢神宮からの荘官職の補任を思わせる。このように中央権門と結びつき、地方における所職・所領を獲得するあり方は、平安末期以降の武士団のものとして一般的である。(36)『神道集』が十四世紀に作成されたものとして、その内容は近く見積もって鎌倉期、すなわち当時からはごく近い過去の物語となっているのである。

そうであるとして、こうした縁起は、どういう場で語られ、どのような人々を聞き手としていると考えられるだろうか。伊勢・熱田・諏訪で語られた可能性も排除できないが、むしろ児持明神において語られる可能性が最も高く、それ以外では、右に列記された上野国内の神社、遠く考えれば縁起に登場する下野国の宇都宮や室の八島明神などの場が挙げられるだろう。地方の神祇の縁起は、まさにその地方の人々によって欲されるからである。

一方、主要な聞き手についてはどうであろうか。先の『鎮増私聞書』の例で考えると、地方神社における「直談」の檀越は、地方の有力な武士層であった。武士の一族の物語が述べられていることも考えると、これは上野国内の主要な武士団、特に白井保の内部および周辺の武士の一族を標的としていると考えられないだろうか。

右の縁起にも登場する、下野国宇都宮社の例を挙げよう。すでに鎌倉前期、同社の神宮寺では、社務職を兼帯した宇都宮朝綱によって、一切経会が営まれていた。これに際しては諸方から法楽奉納和歌が寄せられ、その詠み手には宇都宮一族とそれに近しい芳賀氏、下野国の足利氏、下総国の千葉氏、常陸国の小田氏などが含まれていた[(37)]。これらの中には、実際に一切経会を聴聞した人々も存在したであろう。こうした場において、神の縁起が語られるとすれば、「檀越(氏子)である武士の祖先が、なぜその神を祀ることになったのか」という内容になるのが最も適当であると考えられる。

そう考えると、『神道集』に東国武士の始祖伝承を語ったものが多いことも理解しやすい。例えば、同巻第八―四八、上野国那波八郎大明神事は「群馬郡地頭、群馬大夫満行」の子息の兄弟らにより、末子(八郎満胤)が殺害される場面から始まる。死んだ末子はやがて竜王・竜神の力を得て、生贄を要求する蛇神となり、その生贄に指名されたのが「尾幡荘地頭、尾幡権守宗岡」の一人娘「海津姫」であった。これを救ったのは、京都から奥州に下る途中、尾幡に立ち寄った「藤原朝臣宗成子」の「宮内判官宗光」である。宗光は蛇神に対して「法華経」を説き、これにより蛇神は改心して生贄を止めるよう約束する。やがて蛇神は、那波郡の八郎大明神となった。宗光と海津姫の婚姻により、その間に三人の男子と二人の女子が生まれた。子どもたちは、栄達と良縁を得て幸福に暮らし、やがて宗光、海津姫、その父母および群馬満行は神となったという。ここでは、群馬氏・尾幡氏という地方武士の始祖伝承が、蛇神の退治・鎮魂と絡めて語られているのである[(38)]。

これ以外にも、巻第七―四一、上野国勢多郡鎮守赤城大明神事では、上野国勢多郡の深栖郷に流された「高野辺大将家成」が、後妻として迎えた「信濃国更科郡地頭、更科太夫宗行娘」の姻族として、「淵名荘」の「淵名次郎家兼」、「大室宿所」の「大室太郎兼保」、「群馬郡地頭、有馬伊香保大夫伊保」などの武士が登場する。武士の生活についても詳しく描写されており、赤城山の「狩庭」で「七日巻狩」が行われたこと、京都から東国へ討手の軍勢が向けられた際、美濃国青墓宿、三河国八橋、駿河国神原宿、相模国足柄山を経て武蔵国府に到着したことなどが語られている。武士について、相応の取材があったと見るべきだろう。これと関連して、同巻―四二、上野国第三宮伊香保大明神事では、先の高野辺大将家成の三女が伊香保明神となったとされ、群馬郡白井保の児持山明神との関係も語られている。以上の縁起群は、上野国に本拠をもつ武士団の血縁・地縁的なつながりを念頭に置いて語られたと考えるのが妥当であろう。高橋修氏が指摘するように、地域社会にあっては武士こそが寺社の先導者であり、(39)「武士の祖先が苦難を乗り越えて神となった」と語ることは、唱導を行う僧侶にとっても必要な事項だったのである。

(2)神々の関連性

武士との接触という点以外に、『神道集』の縁起群において顕著なのは、他地域の神と神を関連づけるという志向性である。例えば、先の児持山の縁起においては、伊勢神宮から話が始まり、児持御前はやがて熱田・諏訪を経て、下野国宇都宮および室の八島に到っている。そして、彼女を外護するのが、熱田・諏訪・宇都宮の明神なのである。いずれも諸国の一宮級の神祇であるが、それが相互に関連をもつとされたことは、何を示しているのだろうか。まず、十三世紀末の状況に遡って考えてみよう。

実は、こうした神々の関連づけは、すでに蒙古襲来の直後から観察できる。『八幡愚童訓』諸本では、神功皇后が大将軍の立場にあり、その本地は阿弥陀如来であって、さらに彼女には天照大神が憑依したとされる。神功皇后には武内宿禰が仕えていたが、彼女の髪から現れた水神が宗像神、同じく竜神が厳島神となった。彼らが四王寺山に宿営した際、四天王と虚空蔵菩薩が降臨したが、後者は地神第五代の彦波瀲尊であり、かつ住吉大明神でもあるという。さらにその子の月神は高良大明神であるとされ、彼が使いとして安曇磯良や鹿島・春日大明神との仲介が果たされた。また神功皇后の妹には、宝満大菩薩と豊姫がおり、豊姫が使いとなって沙伽羅竜王の乾珠・満珠(如意宝珠)を入手した。こうした神仏の集まりに、さらに諏訪・熱田・三島の神が協力するのである。『八幡愚童訓』は、三韓征伐の際のこうした「神仏の編隊」が、蒙古襲来の際にもなされたとする。

神に対する本地仏の配当、また神と仏の境を越えた自在な組み合わせは、記紀神話からは遥かに逸脱しており、仏僧による神道理論の典型となっている。麦水文庫蔵の麦水甲本『八幡愚童記』では、文永の役に際して、東大寺戒壇院の円照と真言院の聖守を筆頭に「持戒ノ浄侶三十人」が石清水八幡宮で大般若経転読を行い、弘安の役では西大寺の叡尊が導師となって一切経の転読などを行ったとしている。(40) 彼らは真言律僧であり、冒頭で指摘したように、彼らの祈禱の直後、八幡宮ではさまざまな奇瑞が起こっている。おそらく、右のような神仏の編成についても、真言律の言説操作によるところが大きいだろう。(41) かつて神と神を関連づけることは、神々の間に優劣の序列をつけることにもつながり、平安末期の「長寛勘文」における熊野・伊勢同体説など、国家的にも困難な問題を生みだすことがあった。(42) しかし、ここではそうした一種の禁忌が乗り越えられ、融通無碍とも思える関連づけを生んでいる。蒙古襲来という危機的状況は、神々をめぐる言説的禁忌を突破する契機ともなったのである。

しかし、こうした理論操作や前節における情報収集の次元とは別に、より即物的に考えるべき問題も存在する。それは、諸国の神と神をつなぐ物理的な道筋(通路)はどのようなものであり、それを往来するのは誰か、という問題である。『八幡愚童訓』における諸神の関係は空間を飛び越えたものであるが、これは中央の仏僧によって理論的に構築することができる。一方、『神道集』の児持山の縁起では、児持御前の移動に伴って神が出現しており、聞き手の側からしても、具体的な旅とその経路が思い浮かべられていた可能性が高い。これは「信仰の道」という問題でもあるが、先の天台談義所における学僧の活動とは別の次元、すなわち世俗の側からの視点で考えてみたい。

寺社と寺社をつなぎ、世俗と接する存在として第一に考えられるのは、従来から指摘されるように、修験者の存在であろう。前掲した鎌倉期の『本朝諸社記』白山開闢の項では、「日本国九品浄土本山」として、大峯・葛木(葛城)・

日広（日光）・立山・熊野・比叡・伯州美徳・出雲鰐淵・伊与（伊予）石鎚が挙げられている。[43] これらは、修験者による廻国・回峯修行の具体的な場であると考えられる。同様な指摘はすでに、『神道集』巻第六―三十五、白山権現事についてもなされており、加賀白山の「五人王子」の本地は、山麓から最高峰の御前峰に至る「禅定道」沿いに配された王子に対応し、それを知り得た者、すなわち同道を踏破した者が情報をもたらしたと考えられる。[44] こうした知識は、理論的構築なのではなく、修験者たちの実践と経験に基づいたものであろう。

修験者の活動は、民衆的世界にも深く浸透していたと思われる。特に宿・市という場における活動は特筆される。中世後期、伊勢・熊野方面の修験者と商人が東国へ進出していく過程で作成された「商人の巻物」と通称される本地物の一群がある。國學院大學図書館蔵本「秤の本地」においては、天竺の摩訶陀国王が日本に渡り、熊野権現となった後、その眷属が山伏となり、さらにそのうちの四人が商人になったとする。四人は浅間殿・長明殿・浦戸殿・野々川殿と呼ばれ、このうち浅間殿は伊勢国朝熊山であって伊勢商人のこと、浦戸殿は常陸国信太荘佐倉郷内の浦渡宿のこと、野々川殿は近江国得珍保の野々川衆のことであると目されている（長明殿は不明）。[45] これらは、当時著名であった地方の宿・市場および商人集団を示す表象であり、その起こりが熊野との関係で語られた。熊野修験と商業は一体であり、後者の世界に仏教的な言説が持ち込まれたのである。

右の史料では、四人が大和の三輪に初めて市場を立てたとするが、この言説は市場の成立と由来を神との関係で語る市場祭文の世界とも通じる。実際には後世のものと思われるが、延文六年（一三六一）の年紀をもつ市場祭文写[46]においては、日本国に市場の創始された順序を、大和国宇陀郡の三輪市、摂津国の住吉浜、西浜（西宮）のゑびす、常陸国鹿島大明神、尾張国熱田大明神、下野国日光権現、出羽国羽黒権現、信濃国諏訪大明神、武蔵国六所大明神、同足立郡氷河大明神としている。前掲の『神道集』や『本朝諸社記』との神名の重なりに注目されたい。これらは神社の門前という性格をもつ一方、それぞれが修験者によって結ばれていたと見て良いだろう。[47]

こうした宿・市場においては、六十六部廻国聖も活動していた。山本隆志氏が復元した上野国新田荘世良田宿は、新田氏の氏寺である長楽寺を中心として四日市・六日市を有し、有徳人が結集して定期的に「読誦書写之法会」を営む場でもあった。中心となる長楽寺には、下野国日光山、同国宇都宮、越後国蔵王堂、武蔵国慈王寺(慈恩寺)などを巡って如法経を奉納した廻国聖も参詣していた[48]。彼らは諸国一宮を巡って経典を奉納したことでも知られ[49]、地方の諸神社を結びつける一方の存在として考えることができる。

地方寺社だけでなく、その近隣の宿・市という場においても、移動する宗教者たちは活動していたのであり、そうした場で地方と中央の神祇の関連が説かれた可能性は高い。「父母が伊勢の天照大神に子どもの誕生を祈ると、児守明神に祈るよう指示され、その結果生まれた子どもが児持御前であった。その児持御前は、やがて上野国に下向し、群馬郡白井保の児持明神となった」。こうした縁起が、実際に諸神社を結びつける存在によって語られた場合、他地域の神々は、より現実感のある存在として受容されたと思われる。

3　神々と「武」の系譜

(1) 合戦における神々の外護

戦乱状況の方向性を決定するのは戦士身分であり、その点で宗教者が彼らに接近していくのも当然であろう。前節で指摘したのは、そうした状況下において、神々についての語りの内容も変容していくのではないかということである。武士という存在の社会的重要性が増していくにつれ、武士の始祖伝承と神々を関連づける語りが現れる。それらは具体的に武士と関係深い寺社や周辺の宿・市などで語られ、民衆と神々をより強く結びつける役割を果たした。前代の仏法において、「下智下根の悪人」などと称された武士身分は、寺社権門からしても無視できない訴求対象となってきたのである。本節ではさらに、戦乱状況および武士身分と神々との関係について、具体的に検討していきたい。南北朝内乱は全国的に展開し、足利尊氏一人をとっても、その転戦の場所は関東から九州にまでわたる。南朝・佐殿方(直義・直冬軍)も転戦を重ねており、武士の祈禱を行う神仏も、戦線の移動・拡大から大きな影響を受けていると見られる。

この点を『太平記』によって見てみよう。(50) ここにも、神々の示現・託宣・夢告といった現象は横溢している。

①巻五、大塔宮熊野落事。護良親王が所持した北野天神護符の中に老松明神の図像があった。この図像が突然、汗をかき始め、その足に土が付いているように見えた。親王は、これを戦の吉兆と解釈した。

②巻九、高氏被籠願書於篠村八幡宮事。足利尊氏(高氏)が丹波の篠村八幡宮を参拝し、願書を奉納したところ、大江山を越えた際に、一つがいの山鳩が白旗の上を飛んでいった。この現象は、「是八幡大菩薩ノ立翔テ護ラセ給フ験也。此鳩ノ飛行ンズルニ任テ可向」と解釈された。

③巻十六、将軍自筑紫御上洛事、付瑞夢事。足利尊氏が鞆の浦を発つ前夜、南方から光明に輝く観音菩薩が飛翔して来て、船の舳先に立つという夢を見た。その姿は「眷属ノ二十八部衆、各弓箭兵杖ヲ帯シテ擁護シ奉ル体ニテゾ見給ケル」というものであった。夢が覚めてから見ると、山鳩が一匹、船の屋形の上に止まっていた。

④巻二十、奥州下向勢逢難風事。義良親王が奥州に下向する途次、遠江国天龍灘で暴風に逢った。すると「光明赫奕タル日輪、御舟ノ舳前ニ現」じ、船を伊勢国神風浜に吹き戻した。これにより、親王は奥州下向を中止し、吉野に留まることを決意した。

⑤巻二十九、光明寺合戦事、付師直怪異事。光明寺城中にいる愛曽伊勢守が召し使う童に「伊勢太神宮」が憑依し、閼伽井の中に浸かると、水が沸騰した。また赤松朝範の夢に、八幡山・金峯山から山鳩が飛翔し、翼についた水で城の火を打ち消す姿が見えた。

⑥巻二十九、小清水合戦事、付瑞夢事。武蔵五郎・河津左衛門氏明の夢に、金剛蔵王権現を大将とする軍勢が見えた。

⑦巻三十、直義追罰宣旨御使事、付鴨社鳴動事。観応二年（一三五一）九月七日、鴨の糺森の神殿が鳴動し、鏑矢二筋が東北方を差して飛行していった。この現象は、尊氏と直義の対立および合戦の兆しと解釈された。

⑧巻三十三、八幡御託宣事。足利直冬が石清水八幡宮に奉幣した際、「神子」に託宣があり、奉幣を受けない旨の和歌が下った。

⑨巻三十四、二度紀伊国軍事、付住吉楠折事。住吉社の神殿が鳴動し、庭前の楠が倒れた。この現象は、楠木軍の敗戦の予兆と解釈された。

戦争の当事者の前に神々は容易に訪れ、吉凶の予兆を示している。山鳩は神の乗り物と見られたらしく、その飛来・飛翔は神の移動の示現と解釈された（②③⑤）。光明（④）・鏑矢（⑦）の飛翔などの示現の他、夢告においては神仏の姿が具体的に語られ（③⑤⑥）、その可視性は圧倒的に高まっている。「時に応じて呼び出すことも、目にすることも可能な神」という性格は明らかであろう。その前提には、当事者の側の生存に関わる切実な願望が存在する。[51]ただし、これらは当事者の主観的な願望によってのみ、現象するものでもないだろう。寺社の側からも軍勢に対して、積極的に戦勝祈禱を持ちかけることもあったと思われる。戦況が好転すれば、祈禱に応じた示現・託宣・夢告などの現象は再評価され、寺社が安堵・寄進などを受けられる可能性もあったからである。

例えば、「備前安養寺文書」建武三年（一三三六）三月日安養寺衆徒等申状案[52]によると、安養寺の本尊は阿弥陀如来および観音菩薩、鎮守は日吉山王七社であり、鎌倉期から武家の祈願寺として崇敬を受けてきた。この年（建武三年）三月十七日、日吉社の社頭が鳴動して猛風が吹き、白旗三流が虚空に現れた。これは足利尊氏方が勝利する「冥慮」

の「瑞相」であるという。また、「北野神社文書」応安六年(一三七三)九月日北野宮寺祠官等解状写[53]は、北野社が筑後国河北荘の遵行を幕府に求めた文書であるが、それによると、この年(応安六年)六月、「大法」を修した夜に北野神の「御霊」が飛行し、「異方(敵方)」の「凶徒」が瞬時に退散したという。

　こうした戦闘への加担を究極的な姿で示すのが、いわゆる勝軍地蔵という仏尊である。これはインド・中国系の仏尊を逸脱し、ほとんど「和製の軍神」とも評価すべき存在になっている。一般には、合戦において守護すべき軍勢のため、矢を拾い集める働きをすることで知られる。その形成過程については黒田智氏の考察に詳しいが[54]、坂上田村麻呂伝承を媒介として、足利尊氏以降の室町幕府将軍によっても信仰されるようになった。したがって、「勝軍地蔵」は「将軍の地蔵」という意味をも帯びることになる。その縁起の一つとして、室町期のものと思われる「摂津国八部郡車村善福寺来歴事[55]」を挙げよう。摂津国兵庫南礒の天火堂の本尊・矢拾地蔵の由来を記したものである。

　足利尊氏が九州発向の際、「兵庫里民」にその由来を尋ねた。里民の話によると、神功皇后の三韓征伐の際に、夷敵が摂津まで攻め込んで来た。そこで日本国の大小神祇が立ち向かったが、なかなか勝負がつかなかった。そこへ一人の「法師」が現れ、落ちた矢を拾い集めて献上すると、矢数は「万倍余」となり、これを用いて神功皇后は勝利をおさめることが出来た。住吉明神が法師に素性を尋ねると「末世衆生不欣求仏道、忙然送日間、為引導来此界、然四方蒙古競来、不恐神国、欲妨仏法、四海逆浪不穏之故、拾御矢也」と答えた。さらに法師は「我是兵庫南礒天火堂住僧也」と答えたため、彼が天火堂本尊の地蔵の化身であったことが判明したという。尊氏はこの地蔵を信奉し、やがて多々良浜の合戦で、一人の法師を目にする。法師は「賦一之矢、成千之矢数」したため「余兵具亦復如是、敵数万騎討取之」った。のちには赤松資範もこの地蔵堂を信仰するようになったという。

　三韓征伐と南北朝内乱は重なり合うものとして観念され、勝軍地蔵はそのいずれにも協力したとされている。先に述べた示現・託宣・夢告は、あくまで神々による協力を暗示するものであったが、この場合にはそれを乗り越え、実際に戦闘に参加する様子が語られている。神仏の姿としては、極北のものであろう。祈禱の験力は戦勝という結果をもたらす前に、示現・託宣・夢告などの吉兆、さらには実際に戦う神仏の姿を必要とした。古代における「怪異」現象に対しては、神祇官・陰陽寮による卜占(亀卜・式占)が行われ、神意の解釈には難解な手続きが必要とされた(56)。しかし、この段階に至れば、寺社の側からも神意は明示可能なものでなくてはならず、この点で右のような言説は有効な訴求手段であった。従来から指摘されるように、中世における戦闘は一方で「神々の戦い」を伴うものでもあったが(57)、それはもはや祈禱修法を行う僧侶の観念の中にのみあるのでもなく、「仄暗い冥界」で行われるようなものでもなかった。戦闘に関わる神仏は、世俗にも解釈が可能な具現性・可視性を必要としたのである。

(2) 神々と「武」の系譜

前節に述べた武士の始祖伝承と神との関わり、また前項で述べた戦乱状況における武士の重要性、彼らから望まれた神の性格などの要素からは、「武士の神格化」という事態が予定されるように思われる。そして実際に、この時期の歴史叙述にもその片鱗が見えている。最後に、この点に言及しておこう。

『神明鏡』(58)は、南北朝末期に原型が成立し、その後、永享年間まで書き足されていった年代記である。ここには、歴史上の武士と神を関連づけようとする操作が見え隠れしている。例えば、第七十四代・鳥羽院の項には、能楽・室町草紙などで著名な玉藻(玉藻前)説話が語られている。宮中から逃亡した妖狐(玉藻)の退治を命じられた三浦介と上総介が、下野国の那須野に下り、苦心の末にその使命を果たす。討ち止めた狐の腹中には、金壺に納められた仏舎利があり、これは院に献上された。額には白玉があり、これは三浦介に与えられた。尾の先には二本の針があり、そのうちの赤い一本は上総介に与えられたという。

室町期の「源翁禅師伝」(59)ではこの時、那須野に下向したのが、三浦介義明・千葉介常胤・上総権介広常とされている。いずれも源頼朝の最有力御家人(三介)であり、彼らの存在は、源頼朝の登場を暗示していることになる。室町草紙「玉藻」「玉藻前」諸本には、狐の尾から出た白い針・玉が、やがて源頼朝の手に渡ったとするものがあり(60)、白という色から考えて、源氏の権力すなわち東国王権の成立を暗示しているようである。また、妖狐退治の舞台が那須野であることは、のちに源頼朝が那須野の巻狩りを行うことを暗示しているだろう。妖狐という一種の邪神が東国に下ることにより、征夷大将軍の登場が運命づけられたのである。

また、第八十代・高倉院の項では、三井寺の鐘の由来が語られている。かつて藤原秀郷が所領の近江国田原荘に下った際、大蛇(蛇神・竜神)が現れ、敵対する蜈(ムカデ)との戦闘への加勢を要請した。それに応じて秀郷は「蜈」を退治し、大蛇から甲冑・絹・米の他に、梵鐘を与えられた。彼の働きに対しては、神から「五代将軍ノ号有ヘシ」との予言があったという。『今昔物語集』巻二六第九、加賀国諍蛇蜈島行人助蛇住島語の内容を踏襲したものだが、ここでは将軍号の獲得が、蛇神・竜神との関係によって語られている。先の針・玉と合わせて、神から与えられた鐘は、いずれ成立する武家政権の宝器(レガリア)と考えることができるかも知れない。

南北朝期に成立した『源威集』第六、義家武勇ノ事(61)では、「一、此問答ノ始ハ、八幡源氏ノ祖神ノ事ノ次ニ、諸家ノ輩誰カ王孫ニアラサル、雖然御当家清和ノ御流、諸侍ニ仰カレ、代々朝家ヲ守、朝敵ヲ平給、頼義ノ御事ヲ拙キ詞ヲ以申モ有恐、□々三人ノ公達加冠事、三社ノ御前ニテ義家号八幡太郎ト、次男義綱〈号賀茂次郎〉、三男義光〈号新羅三郎〉、皆以テ神前ニテ加冠アリ」と記されている。

これは『尊卑分脈』において、源義家が「七歳春、於祖神社壇、依加首服、号八幡太郎」、義綱が「於賀茂社、令加首服、依号之」、義光が「於園城寺新羅大明神社壇、加首服、依号新羅三郎」したとされるのと同様である。先の例からすると、これは単に彼らの元服の場が神社であったということではなく、むしろ神から彼らに何らかの力を与えられたと解釈するのが妥当であろう。のちの彼らの活躍は、八幡神のもとでの賀茂神・新羅明神の活躍になぞらえられるのである。『神道集』において、武士はその死後、神となることが可能であるとされた。そこに「先祖が神から何かを与えられた」という語りが加わった場合、武家政権の統治者にもまた、天皇と同様に神格化されていく可能性が開かれるのではないだろうか(62)。

おわりに

以上、武士の存在に注目する形で考察を重ねてきた。

地方寺社の檀越として重要な位置を占めた武士層は、仏僧の側から「始祖と神との関わり」という語りを得ることに成功した。彼らこそが、世俗と神をつなぐ媒介項あるいは突破口となったとも言える。戦乱状況においては、彼らの欲求に応じて「戦争を外護する神」による示現・託宣・夢告が具体的に語られるようになった。その結果、神は軍神・武神の性格を強めていき、その後も武士からの祈願と保護を得た。さらに、歴史的に遡及して武士と神を関連づける言説も現れ、それが武士の神格化の道を開いていくようである。一般に、戦乱状況は圧倒的に武士が主導していくものであり、寺社権門もそれに対して相当の言説戦略を用いざるを得なかったということであろう。十四世紀における神祇の新たな性格を考える場合、この点を外すことは出来ないと考える。

以上はあくまで神性の変容の概観という程度のものであり、その時々の政治状況や段階差、僧侶・神官層による言説戦略との関係など、残された問題も多い。盛況を迎えつつある室町時代史研究の成果にも学びつつ(63)、今後も考察を重ねていくべきであろう。

註

(1) 櫛島次郎『神の比較社会学』(弘文堂、一九八七年)。
(2) 中世神祇史の研究として、桜井好朗『神々の変貌』(東京大学出版会、一九七五年)、同『中世日本の神話と歴史叙述』(岩田書院、二〇〇六年)、山本ひろ子『変成譜』(春秋社、一九九三年)、同『異神』(平凡社、一九九八年)、同『中世神話』(岩波書店、一九九八年)、小川豊生「中世神話のメチエ」(三谷邦明・小峯和明編『中世の知と学』森話社、一九九七年)、同「偽書のトポス」(『日本文学』四七―七、一九九八年)、同「儀礼空間のなかの書物」(『説話・伝承学』八、二〇〇〇年)、佐藤弘夫『神・仏・王権の中世』(法蔵館、一九九八年)、鍛代敏雄『神国論の系譜』(法蔵館、二〇〇六年)、井上寛司『日本中世国家と諸国一宮制』(岩田書院、二〇〇九年)、伊藤聡『中世天照大神信仰の研究』(法蔵館、二〇一一年)、斎藤英喜「日本紀講から中世日本紀へ」(伊藤聡編『中世神話と神祇・神道世界』竹林舎、二〇一一年)、原克昭『中世日本紀論考』(法蔵館、二〇一二年)、佐伯徳哉『中世出雲と国家的支配』(法蔵館、二〇一四年)など参照。なお寺社縁起についての基本的な考え方は、先行研究と合わせて、苅米「備前西大寺の古層」(『日本歴史』七四六、二〇一〇年)に述べている。
(3) 佐藤・前掲註(2)。
(4) 神と仏が、受け持つ分野を異にするという「神仏分離」の概念については、井上・前掲註(2)著書の意見に従っている。
(5) 例えば、「信濃諏訪大祝家文書」宝治三年三月日諏訪信重解状(『鎌倉遺文』七〇六一。以下、『鎌』)においては、「大明神者、日本第一軍神」であり、承久の乱および宝治合戦において大祝氏の戦闘を外護したという描写が見られる。
(6) 片岡耕平『日本中世の穢と秩序意識』(吉川弘文館、二〇一四年)。
(7) 大塚紀弘『中世禅律仏教論』(山川出版社、二〇〇九年)、船田淳一『神仏と儀礼の中世史』(法蔵館、二〇一一年)など参照。
(8) 西大寺蔵本、異国襲来祈禱注録(『大日本仏教全書』一一八)。
(9) 伊藤聡「天照大神・大日如来同体説の形成」(伊藤・前掲註(2)著書)。
(10) 「大和西大寺伊勢御正体厨子納入文書」弘安三年三月十七日、西大寺僧等結縁連署状(『鎌』一三八八五)。
(11) 大田壮一郎『室町幕府の政治と宗教』(塙書房、二〇一四年)。

(12) 片岡・前掲註(６)。
(13) 田中嗣人「流記資財帳の成立」(『国文学　解釈と鑑賞』六三(一二)、一九九八年)。
(14) 『岡山県古文書集』一。
(15) 苅米「備前金山観音寺縁起の形成」(『年報赤松氏研究』五、二〇一二年)。
(16) 十世紀末以降、末法・末代観にもとづき、寺社がその由来や霊験を織り交ぜ、上申文書を作成・提出したことについては、平雅行「末法・末代観の歴史的意義」(同『日本中世の社会と仏教』塙書房、一九九二年)参照。
(17) ①②は「太山寺文書」(『兵庫県史』史料編・中世二)、③は「太山寺縁起」(同前、中世四)を使用した。
(18) 苅米「荘園社会における寺社と宗教構造」(同『荘園社会における宗教構造』校倉書房、二〇〇四年)。
(19) 『岡山県古文書集』三。
(20) 苅米「明応五年備前国金岡県西大寺化縁疏并序の成立」(『年報赤松氏研究』三、二〇一〇年)。
(21) 川崎剛志・苅米一志・土井通弘編著『備前国西大寺縁起絵巻』(吉備地方文化研究所、二〇一三年)参照。
(22) 阿部泰郎『中世日本の宗教テクスト体系』(名古屋大学出版会、二〇一三年)。
(23) 苅米「初期禅律の前提と民衆的課題」(『吉備地方文化研究』二四、二〇一四年)。
(24) 伊藤・前掲註(９)の他、菅原信海『日本思想と神仏習合』(春秋社、一九九六年)、同『神仏習合思想の研究』(春秋社、二〇〇五年)など参照。
(25) 川崎剛志「『本朝諸社記』解題」、阿部泰郎「『類聚既験抄』解題」(国文学研究資料館編『真福寺善本叢刊　第二期４　中世唱導資料集二』臨川書店、二〇〇八年)。
(26) 『兵庫県史』史料編、中世四に所収のものを使用した。なお、その内容については、大山喬平「歴史叙述としての『峯相記』」(同『ゆるやかなカースト社会・中世日本』校倉書房、二〇〇三年)参照。
(27) 苅米「中世初期の国衙と寺院」(『就実大学史学論集』二二、二〇〇七年)。
(28) 渡辺麻里子「天台談義所をめぐる学問の交流」(阿部泰郎編『中世文学と隣接諸学２　中世文学と寺院資料・聖教』竹林舎、二〇一〇年)。
(29) 『兵庫県史』史料編、中世四。

(30) 宮崎円遵「中世に於ける唱導と談義本」(『宗学院論輯』二七、一九七六年)、広田哲通「直談の説話と『直談因縁集』の説話」(『唱導文学研究』二、一九九九年)、同「直談の説話と禅籍抄物の説話」(『駒澤大学仏教文学研究』三、二〇〇〇年)、渡辺麻里子「〈直談〉の位相」(『天台学報』四三、二〇〇一年)、大島薫「『直談』再考」(『日本仏教綜合研究』三、二〇〇四年)、藤井教公「室町時代における『法華経』の唱導」(『印度哲学仏教学』二〇、二〇〇五年)など参照。

(31) 著作となっている研究として、筑土鈴寛『筑土鈴寛著作集』四(せりか書房、一九七六年)、福田晃『神道集説話の成立』(三弥井書店、一九八四年)、松本隆信『中世における本地物の研究』(汲古書院、一九九六年)、大島由紀夫『神道縁起物語(二)』(三弥井書店、二〇〇二年)、村上学『中世宗教文学の構造と表現』(三弥井書店、二〇〇六年)、佐藤喜久一郎『近世上野神話の世界』(岩田書院、二〇〇七年)など参照。

(32) 『安居院唱導集』上。

(33) 佐藤弘夫「中世における神観念の変容」(伊藤聡編『中世文学と隣接諸科学3　中世神話と神祇・神道世界』竹林舎、二〇一一年)。

(34) 小林基伸「書写山円教寺の歴史　南北朝～戦国時代」(大手前大学史学研究所「中世山寺と地域社会」プロジェクト『播磨六箇寺の研究Ⅰ』二〇一三年)。

(35) 活字本は『神道大系』文学編一を使用した。

(36) 鎌倉佐保『日本中世荘園制成立史論』(校倉書房、二〇〇九年)、守田逸人『日本中世社会成立史論』(校倉書房、二〇一〇年)、山本隆志『東国における武士勢力の成立と展開』(思文閣出版、二〇一二年)など参照。

(37) 山本隆志「東国における武士と法会・祭礼との関係」(山本・前掲註(35)著書)。

(38) 前掲註(31)の他、有川美亀男「『神道集』甘楽郡の説話」(『群馬大学教育学部紀要　人文・社会科学編』二二、一九七二年)など参照。

(39) 高橋『中世武士団と地域社会』(清文堂出版、二〇〇〇年)では、氏寺を中核として宿・市を経営し、仏法興隆を心がける武士の姿が指摘されている。

(40) 小野尚志『八幡愚童訓諸本研究　論考と資料』(三弥井書店、二〇〇一年)。

(41) 『神道集』などの唱導書と、西大寺流真言律との関係については、阿部泰郎「総説」(前掲註(25)『真福寺善本叢刊第二期4　中世唱導資料集二』)を参照。

(42) 今井啓一「長寛勘文と熊野信仰」(『説苑』二(二)、一九五三年)、西岡虎之助「甲斐国八代荘をめぐる熊野神人と甲斐守藤原忠重との争」(同『荘園史の研究』下巻・一、岩波書店、一九五六年)、吉原浩人「大江匡房と院政期の伊勢・熊野信仰」(『日本文学』四二(五)、一九九三年)、川尻秋生「八代荘と『長寛勘文』」(『山梨県史』通史編、原始・古代、二〇〇四年)など参照。

(43) 川崎・前掲註(25)。

(44) 有賀夏紀『『神道集』の世界』(阿部泰郎編『中世文学と隣接諸学2　中世文学と寺院資料・聖教』竹林舎、二〇一〇年)。

(45) 久野俊彦・整訂「秤の本地」および同「商人の巻物にみる民俗」(国立歴史民俗博物館編『中世商人の世界』日本エディタースクール出版部、一九九八年)。

(46) 「武州古文書」十五、埼玉郡武助所蔵文書(『南』関東編、二九七四)。

(47) 修験者は、地方市場の住人である有徳人層を檀那にもつことも多く、応安(一三六八〜七五)頃と思われる熊野諸国檀那願文に、奥州白川荘大村の六日市場および十日市場の住人が檀那として見え、また永徳二年(一三八二)の熊野那智檀那職等配分目録にも、越後国三条七日市場、但馬国九日市場の住人が見えている。「熊野本宮大社文書」諸国檀那願文帳(『南』東北編、三五六七)。

(48) 山本「上野国新田荘世良田宿の存立構造」(山本・前掲註(36)著書)。

(49) 湯之上隆「中世仏教と地方社会」(『七隈史学』三、二〇〇二年)、小嶋博巳「六十六部縁起の諸本について(1)(2)」(『生活文化研究所年報』一五・一六、二〇〇三・〇二年)など参照。

(50) 『日本古典文学大系』三四〜三六。

(51) 義堂周信『空華日用工夫略集』永徳二年十月一日条では、饗庭氏直の回想として「足利尊氏が九州下向の途次、敵軍に追い詰められ、断崖絶壁に逃げ込むという夢を見た。その時、ある僧侶が地蔵菩薩に化し、尊氏の手を取って跳躍すると、味方の援軍が多数集っている平原に下りることが出来た。のちに九州を鎮圧した尊氏は、自ら地蔵菩薩像を描き、讃を作って礼拝した」との逸話が語られている。また、「長門忌宮神社文書」貞治六年六月日大内弘世忌宮遷宮願文写(『南』中国・四国編、三五四三)には、大内弘世の祈願として「闘戦之今者、開摧伏之道、衆敵屈散辛鋒之勢」、「長門住吉神社文書」応安三年三月十一日大内道階(弘世)願文写(『南』中国・四国編、三七八五)には「永払異賊於万里之外、閑戦義兵於八埏中」と記されている。

(52) 前掲註(12)参照。

(53) 前掲註(12)参照。

(54) 黒田智「勝軍地蔵の誕生」(加須屋誠編『仏教美術論集4　図像解釈学』竹林舎、二〇一三年)。

(55) 慶雲寺所蔵。『兵庫県史』史料編、中世四。

(56) 東アジア恠異学会編『怪異学の技法』(臨川書店、二〇〇三年)、同『怪異学の可能性』(角川書店、二〇〇九年)、同『怪異学入門』(岩田書院、二〇一二年)など参照。

(57) 平雅行『日本中世の社会と宗教』(塙書房、一九九二年)。

(58) 『続群書類従』二九・上。

(59) 『続群書類従』九・上。

(60) 『京都大学蔵　むろまちものがたり』五、七、一〇(臨川書店、二〇〇一~〇二年)などに所収。

(61) 加地宏江校注、東洋文庫六〇七、平凡社、一九九六年。

(62) 武士の神格化の具体的過程については、山田貴司「中世後期地域権力による武士の神格化」(『年報中世史研究』三三、二〇〇八年)参照。

(63) 近年の重要な成果として、大田壮一郎「足利義持の神祇政策と守護・地域寺社」(大田・前掲註(11)著書)を挙げておく。

武家文書の転換点
――「真壁長岡古宇田文書」を素材に――

呉座 勇一

はじめに

一般に武家文書と言った時、二通りの意味がある。一つは幕府や守護といった武家勢力が発給した文書の意、もう一つは武士の家が受給、保管した文書の意である。(1) 本稿で問題にするのは後者であるが、前者と密接に関わることは言うまでもない。

武士の家に残った文書群を編年で見ていくと、十四世紀を境に、訴状・陳状・裁許状など裁判関係の史料が激減する一方で、命令を通達する簡略な史料が増える傾向があることは広く知られている。(2) 鎌倉期に始まり戦国期まで続く武士の家が多く存在するにもかかわらず、一つの家の歴史を一貫した視座で捉えることが難しいのは、この〝転換〟に起因するところが大きい。十四世紀以前の文書と以後の文書の性質が大きく異なるため、単純な比較ができないのである。

右現象の最大の要因は、公武政権(「公方」)の訴訟制度の変容である。室町幕府においては、式日開催される評定や引付での披露・決済といった鎌倉期以来の方式は足利義満期に放棄され、奉行人や近習などの仲介者を通して室町殿に個別に伺いを立てる親裁方式が成立した。(3) この結果、訴陳を経ない形での裁許も多発し、室町殿との個別的な関係が重視された。室町幕府に提訴する「縁」を持たない武士は、守護権力や領主一揆に結集することで知行の回復・維持を図った。[4]しかも応永年間（一三九四～一四二八）に入ると、当知行安堵が次第に増加し、譲状や公験などの証拠文書に基づく安堵は減少した。[5]

室町幕府が所務関係の裁判窓口を限定化し、加えて証拠文書の審査を軽視していく情勢にあって、武士たちが訴訟関係の文書を蓄積する意義は失われていった。これは鎌倉後期における裁判の迅速化という流れの延長上にあり、鎌倉後期に国制史的変容（「公方」の「大法」の成立）が起こったと新田一郎氏が主張するのも故無しとしない。[6]

しかしながら、法制の転換に接した武士側の対応は一様ではない。十五世紀になっても申状を作成・保管する武士も存在する。[7]特に、過渡期である十四世紀においては、家ごとの違いは大きい。各家の固有の事情を考慮せず、残された文書を表面的に追いかけていると、実態と懸け離れた「家の歴史」を紡ぎ出してしまう虞がある。個別の文書群に対する伝来論的・機能論的検討が必要であろう。

本稿では常陸武士の古宇田氏の家蔵文書「真壁長岡古宇田文書」（以下、「古宇田文書」と略す）を題材に、十四世紀における武家文書の転換を考えてみたい。なぜなら、次節以下で詳説するように、この文書群は十四世紀の文書、しかも訴訟関係文書が大半を占めるという点で特異な武家文書だからである。

１　「真壁長岡古宇田文書」の概要

本稿で扱う「古宇田文書」は、茨城県筑波郡筑波町北条（当時）出身の古宇田伯明氏が所蔵していた古宇田家の家蔵文書で、『真壁町史料』の史料編纂の過程で、その存在が公にされた。[8]『真壁町史料　中世編Ⅱ』に全三五点が写真つきで翻刻されており、史料の基本的な性格も解明されている。以下、『真壁町史料　中世編Ⅱ』の解説に拠りつつ概

要を説明したい。(9)

古宇田氏は、常陸の有力国人である平姓真壁氏の有力庶家である長岡氏のそのまた庶流の氏族であり、戦国期には真壁氏の被官として筑波郡北条に進駐した。本宗家の真壁氏は主家佐竹氏の国替えに伴い出羽に移ったが、古宇田氏は北条に残ったようである。古宇田氏は江戸時代を通じて医業についた。

次に「古宇田文書」は現在、全六巻に成巻されている。覚書により享和三年(一八〇三)に現在の体裁になったことが分かる。紙質・法量など不統一な各料紙を整形し、全体として貼り継ぎに余裕のない表装を試行した。

また「古宇田文書」中、最も新しい文書は戦国期の芹沢伝長書状(『真壁町史料　中世編Ⅱ』所収「真壁長岡古宇田文書」三五号文書、以下『古』三五号と表記)であるが、これは必ずしも長岡氏・古宇田氏宛てとは言えず、文書群としてのまとまりを有するのは徳治二年(一三〇七)の関東下知状(『古』一号)から応永二十八年(一四二一)の古宇田幹秀譲状(『古』三四号)までの三四点である(うち三一点が十四世紀の文書)。『真壁町史料』は花押のある文書も含めて、全て案文とする。しかし筆勢など微妙な判定基準に拠っており、正文と見て良いと思われるものも少なからずある。(10)

諸本は中村秀太郎氏蔵「真壁長岡文書」(原本行方不明・東京大学史料編纂所に謄写本あり)・杉田達信氏蔵「真壁長岡文書」・長島尉信筆「真壁長岡文書解草稿」(内閣文庫蔵)・「真壁長岡文書小解」(彰考館旧蔵・戦災で消失・東京大学史料編纂所に謄写本あり)・色川三中旧蔵「真壁長岡文書　完」(静嘉堂文庫蔵)・「真壁長岡文書」(彰考館旧蔵・戦災で消失)・『安得虎子』所収「真壁長岡文書」(東京大学史料編纂所謄写本)・長岡ゆう氏蔵「真壁長岡文書」の存在が確認されているが、「古宇田文書」はこれらの祖本にあたる。

加えて、今から一〇年ほど前、清水亮氏が「古宇田文書」を利用して、鎌倉末～南北朝期の長岡氏について分析を加えている。(11)

こうした基礎的考察はすでに行われているが、なお検討すべき点が残されているように思われる。近年の中世文書論の深化は著しいものがあり、[12] 特に伝来論・機能論の視角から文書群全体の性格に迫る研究が蓄積されつつある。そこでは、現存する文書の作成目的・作成事情、入手経路、保存の意味、文書群全体の集積過程などが追究されてきた。[13]「古宇田文書」に関しても、右のようなアプローチが必要なのではないだろうか。

そこで本稿では、「古宇田文書」に伝来している文書が、誰によって、何のために、どのようにして作成・保管されたかを検討する。その上で、「古宇田文書」の〝転換点〟を探りたい。

2　長岡妙幹と「真壁長岡古宇田文書」

長岡氏内部では、鎌倉末期〜南北朝期において、所領をめぐる相論があった。「古宇田文書」の中核を占めるのは、この相論に関する文書であり(七〜一一文書、一八文書)、一族相論を通じて文書が集積されたことがうかがわれる。

(1) 相論の経緯

本相論の主な登場人物は、長岡政光の後家の妙心、政光嫡子幹政の後家の本照、政光庶子の宣政・妙幹である。彼らの関係は非常に複雑である。

まず長岡氏の惣領である長岡政光が元徳元年(一三二九)七月に息子の幹政・宣政などに所領を譲り、同年九月二十九日に妻の妙心に置文を与え、十月五日に没した。[14]

しかし嫡子の長岡幹政が男子を得ないまま元徳二年閏六月二十九日に急死すると、幹政の後家である尼本照は元徳二年閏六月二十二日の幹政譲状を鎌倉幕府に提出し、元徳三年五月二十日付で外題安堵を得た。[15] ところが幹政の弟の宣政がこの決定に異を唱え、幹政跡の相続権を主張した。

表 「真壁長岡古宇田文書」所収文書一覧

文書番号	年月日	文書名	差出	充所	備考
1	徳治2（1307）.04.17	関東下知状	北条宗宣・北条師時	吉田次郎六郎頼幹	妙幹による買得カ
2	正和2（1313）.09.10	関東下知状	北条熈時	土師次郎泰胤	妙幹による買得カ
3	嘉暦2（1327）.04.26	鎌倉幕府奉行人連署召符	左兵衛尉・沙弥	伊予阿闍梨御房	妙幹による買得カ
4	元徳1（1329）.10.30	平氏某譲状	たいらのうち	おば法性	妙幹による買得
5	元徳3（1331）.03.27	長岡宣政売券	平宣政・尼阿妙	*舎弟了珍房（妙幹）*	妙幹の取得文書
6	元徳3（1331）.06.27	長岡郷鹿島社造営用途注文案			妙心の提出文書カ
7	元徳3（1331）.08.28	結城朝高遵行状案	左衛門尉朝高	真壁又次郎殿（長岡宣政）	妙心の提出文書
8	元徳3（1331）.12.13	八木岡高政遵行状案	藤原高政	長岡又二郎殿（宣政）	妙心の提出文書
9	元徳4（1332）.04.	尼妙心言上状	尼妙心		妙心の提出文書
10	（延元2年カ）	長岡郷田在家以下相論文書目録断簡			妙心の提出文書
11	（元徳4年3月カ）	尼妙心代頼円言上状	頼円		妙心の提出文書
12	（興国元年カ）	尼妙心譲状	妙心	*了珍房妙幹*	妙心→妙幹
13	年未詳	沼尾幹重嫡女平氏代家重言上状案	家重		妙幹による買得
14	建武2（1335）.01.18	長岡宣政譲状	平宣政	*舎弟了珍房（妙幹）*	妙幹の取得文書
15	建武2（1335）.01.25	長岡郷内田在家坪付	平宣政・尼妙心		14号文書に関連ヵ
16	建武2（1335）.10.13	沙弥某奉書	沙弥	長岡又二郎殿（宣政）	
17	延元1（1336）.05.03	長岡宣政軍忠状	真壁又二郎宣政		
18	延元2（1337）.11.	尼妙心申状	尼妙心		妙心の提出文書
19	延元3（1338）.11.09	遠江権守某奉書	遠江権守	*長岡了珍御房（妙幹）*	妙幹の取得文書
20	興国1（1340）.07.15	長岡妙幹譲状	*僧妙幹*	女子松若御前	妙幹の発給文書
21	興国1（1340）.07.	長岡妙幹譲状ならびに言上状	*長岡妙幹*	嫡子平慶虎丸	妙幹の発給文書
22	興国1（1340）.07.	長岡妙幹言上状土代（前欠）	*（長岡妙幹）*		21号文書とほぼ同文
23	貞和2（1346）.07.	某申状土代	（妙阿カ）		
24	貞和3（1347）.04.02	長岡妙幹置文	*僧妙幹*	某寺	妙幹の発給文書
25	文和2（1353）.08.23	沙弥法昌軍忠状	沙弥法昌	御奉行所	
26	文和2（1353）.08.23	沙弥法昌軍忠状案	沙弥法昌	御奉行所	25号文書とほぼ同文
27	文和3（1354）.07.02	長岡妙幹置文	*僧妙幹*	まん寿丸母	妙幹の発給文書
28	明徳2（1391）.09.	長岡但馬入道聖亨代政長言上状土代	政長		
29	明徳2（1391）.10.	長岡但馬入道聖亨代政長言上状	政長		
30	明徳2（1391）.10.	長岡但馬入道聖亨代政長言上状案	政長		29号文書とほぼ同文
31	応永5（1398）.01.16	長岡政長譲状	まさなか	しそくいぬほうし丸	
32	応永24（1417）.01.	真壁古宇田大炊助幹秀軍忠状	古宇田幹秀		
33	応永24（1417）.01.	真壁古宇田大炊助幹秀軍忠状案	古宇田幹秀		32号文書とほぼ同文
34	応永28（1421）.06.18	古宇田幹秀譲状	幹秀	しそく松王丸	
35	年未詳.06.18	芹沢入道伝長書状	芹沢入道伝長	真壁殿	

真壁長岡氏略系図

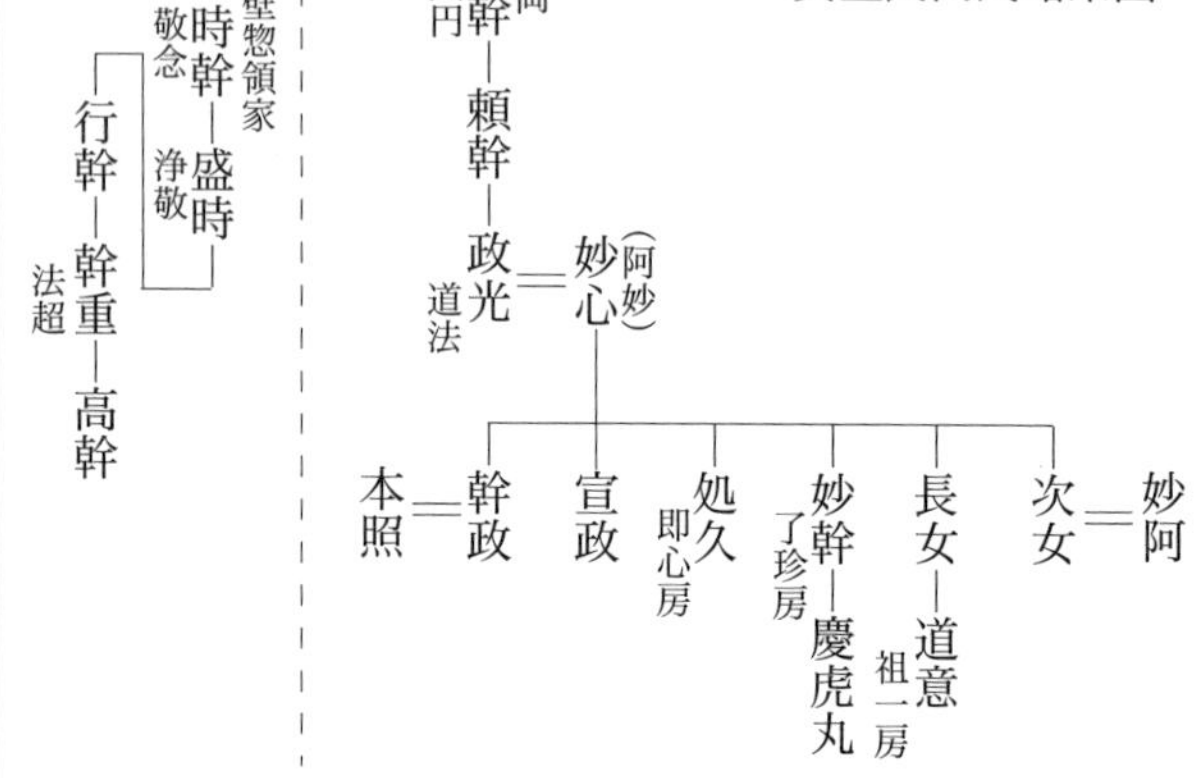

すると本照が「外題安堵を受けたところ、母尼阿妙（妙心）の子息宣政が狼藉をした」と本解を提出した。[16] 幕府は本照に対して元徳三年八月四日付で関東御教書を発給した。[17] 幕府派遣の「本御使」結城朝高・小栗円重（本照の義兄）が元徳三年九月十一日に入部する旨、同年八月二十八日付で宣政に通知したところ、[18] 宣政は「（この論所は）母の妙心の知行だ」と反論した。[19]

そこで本照が使節を結城朝高から八木岡高政（本照の舎弟の小舅）に替えて、彼が元徳三年十二月に入部しようとしたところ、[20] 今度は妙心が使節の催促に対抗したため紛糾し、再度相論になった。[21] これにより幹政跡をめぐる争いは、本照と宣政との相論から、本照と妙心との後家同士の相論に移行した。

元徳四年三月、妙心が幕府の「一具の御沙汰」を得るべく言上状[22]を提出し、自身の知行の正当性を主張すると共に、一番引付方奉行斎藤基連への賦を要求した。幕府は両者の言い分を聞くため両使の入部を中止し、元徳四年三月二十八日付で本照に召喚命令を出した。[23]

妙心は奉行への披露を待っていたが、彼女が鹿島社造営役に従事している間に両使が入ったと聞き、本照側から「非拠の注進」があったと判断し、元徳四年四月に再度申状[24]を提出した。

斎藤基連の死後、奉行は島田甲斐二郎に変更されたが、鎌倉幕府滅亡により訴訟はうやむやになってしまった。[25] 長岡氏は南朝方として各地を転戦した。建武二年（一三三五）〜延元元年（一三三六）段階では、妙心―宣政―妙幹の提携関係が見られ(26)、本照を圧倒したようである。

ところが延元二年、宣政が南朝方から北朝方に転ずるに至って、状況は激変する。延元二年十一月、妙心は北朝方についた宣政から所領を悔い返し、南朝に安堵を申請した。さらに興国元年(一三四〇)、妙心は所領を妙幹に譲った(27)。

その後、妙心・妙幹と宣政の対立はどう展開したのか、残念ながら現存史料からは十分に明らかにし得ない。この問題はいったん保留した上で、次項では妙心と妙幹の関係について考察したい。

(2) 妙心・妙幹の提携と「古宇田文書」の形成

さて宣政は何故、母である妙心に背いて北朝に属したのか。この問題については清水亮氏が推論を提示している。清水氏によれば、了珍房妙幹は義兄弟の妙阿を通じて鹿島社神宮寺関係の宿坊経営に関わり、鹿島地域で金融活動を展開した有徳人的存在であり、父政光が売却した所領も多数買い戻している。したがって妙心はその経済力に期待して、宣政を切り捨て、宣政の弟である妙幹を長岡氏の惣領にすべく支援し、宣政はこれに反発したのではないか、というのだ(28)。傾聴すべき見解であろう。

この妙心と妙幹の提携は、「真壁長岡古宇田文書」の構成に反映されている。【表】に見えるように、「古宇田文書」の大半は妙心・妙幹に関わる文書であり、彼らによって文書が集積されたことが分かる。

特に妙心から妙幹への文書の流れが見られることが興味深い。清水氏が指摘するように、政光所領の買得者たちから回収された売券は妙心を経由して妙幹の手に渡った(29)。ここから類推するに、相論関係文書も、訴訟の当事者が妙心から妙幹へと移るにあたって、妙心から妙幹へと譲られたものと思われる。

そして文和年間以降の文書は、妙幹の子孫に関わるものである。先行研究が指摘するように、「古宇田文書」を残した古宇田氏は妙幹の系統である(30)。

よって「真壁長岡古宇田文書」は、妙心・妙幹が集積した文書を基盤としつつ、妙幹の子孫が集積した文書を順次加えていくことで成立した文書群と言えよう。

(3) 残された相論関係文書

「真壁長岡古宇田文書」のうち、一号文書から一五号文書、および一八号文書(計一六通)は、鎌倉末～南北朝期の一族相論に利用された文書と見られる。しかし、そのほとんどは証拠能力を持たない文書で、保管していてもあまり役立ちそうにない。安堵状や裁許状などとセットになっているならともかく、そうした恒久的効力を持つ文書が抜け落ちている以上、中状・言上状や手続文書(七～一一文書、一八文書)だけ保存しておいても、相論が終結してしまえば無意味なはずである。にもかかわらず、現実には今に残されている。その理由を考える必要があろう。

この点で注目したいのが、先ほど紹介した清水氏の推定である。それによれば、了珍房妙幹は真壁氏関係寺院か鹿島のいずこかの寺院に属する「僧形の武士」であるという。清水氏は武士団内部の分業関係という視点から、妙幹が都市鹿島における長岡氏の活動拠点を提供・管理する重要な役割を担っていたことを高く評価する[31]。だが、いかに経済力があるとはいえ、本来なら表舞台に出るはずのない傍流であったことは疑いない。妙幹は幹政跡をめぐる相論が展開する中で、長岡一族の中心に躍り出たのである。

このような事情を勘案すると、一見無意味な相論関係文書の意外な機能が見えてくる。長岡妙幹がいかにして登場したかを語る上で相論関係文書は欠かせないのである。

すなわち妙幹は、自らの来歴を語りうる文書を集積し、自己の正当性を明らかにしようとした。そして妙幹の子孫は、妙幹台頭の過程を示す右記の文書群を保管したのである。

一方、「古宇田文書」には知行の正当性を示す、鎌倉期以来の先祖代々の手継証文が残されていない。現存しないとはいえ、かつては手継証文が存在したことは間違いない。では、その手継証文はどこへ行ったのか。

ここで注目したいのが南北朝期の妙幹言上状に見える記述である。そこには「当郷大円以後、頼幹・政光二代相伝手継状等、宣政捜二取之一、雖レ令二他所一、云二本主所レ給仁治三年安堵状一、云二御方参候一、以下当知行不レ及二御審一歟(不脱カ)」[32]とある。大円とは妙幹の曾祖父である実幹の法名である。頼幹は妙幹の祖父、政光は妙幹の父である。

妙幹が確保しているのは実幹が賜った仁治三年(一二四二)の安堵下文(現存せず)だけで、頼幹や政光が得た安堵下文などの「頼幹・政光二代相伝手継状等」は宣政の手元にあることが分かる。本照との相論を制した後、長岡氏の惣領の座についたのは宣政だろうから、宣政が手継証文の大半を所持したのは当然である。この点で、宣政と対立した妙心―妙幹は不利だった。

以上のように、権利文書ではなく申状・言上状が中心を占めるという「古宇田文書」の構成は、後家の妙心と「僧形の武士」妙幹という、文書集積者の特異な属性に規定されている。

3　道法置文と惣領制

(1)　道法置文と法超預状

実は「古宇田文書」には、一つ重要な〈失われた文書〉がある。それは長岡政光(法名道法)の置文である。妙心・妙幹は「本主道法置文」を根拠に、知行の正当性を主張した。

妙心・妙幹によれば、元徳元年(一三二九)、真壁弥太郎政光入道道法(長岡政光)は自らの死に臨んで、置文を惣領の真壁入道法超(真壁幹重)に預け、法超に加判してもらっており、案文を妻の妙心に与えたのだという[33]。実際、妙心は証拠文書として「道法置文案」と「法超預状」を提出している[34]。

鎌倉期における武士団の惣領制という観点から同置文に着目した石井進氏は、「鎌倉末期に長岡氏の家の譲状・置文には惣領である真壁氏の当主が承認の花押を書き加えたうえ、これを預かっているところをみると、本宗家である惣領の支配下に従属していることがわかる」と論じている[35]。

しかし鎌倉期にこれほど強固な惣領制が果たして存在したのかどうか、筆者は懐疑的である。管見の限りでは類例は見当たらない。この点、再検討が必要だろう。

（2）置文の内容と真壁氏・長岡氏の関係

道法の置文そのものは残っていないが、その内容は尼妙心の二通の言上状に引用されている。しかし両者を比較すると、内容が異なるのである。

まず鎌倉末期の元徳四年に作成されたと思われる妙心の言上状には、以下のように引用されている。

無二幹政男子一者、宣政可レ知二行彼跡一、無二宣政男子一者、以二此分一幹政可レ知二行之一、皆以為二一腹一之上者、妙心一期之間可二知行一、[36]

道法の所領は将来的には子息の幹政・宣政に譲られるが、それは妙心の一期知行の後だという。すなわち道法→妙心→幹政・宣政という流れである。幹政跡をめぐって、幹政後家の本照と争っていた妙心―宣政ラインに極めて有利な文面であることが見てとれる。

次に南北朝期の延元二年（一三三七）に作成された妙心の申状に引用されたものを見てみよう。

任二本主素意一、又太郎幹政□(無カ)二男子一者、又次郎宣政彼跡お可二知行一、宣政無二男子一者、幹政此分お可二知行一、但男女子皆一腹之上者、(1)妙心一期之間者、可レ為二彼計一、遺領知行輩□(背カ)二此命一者、彼跡お別子孫等仁妙心可二譲与一、(2)為レ止二向後之煩一、惣領仁置文お書加世末以羅勢申、加レ判奉二預置一、[37]

前出の置文と比べると、⑴道法跡を知行している者が置文に違反した場合は、妙心が所領を没収し、別の子息に与える、⑵置文を真壁惣領家に預け加判してもらった、という内容が新たに加わっている。

⑴は、宣政と対立した結果、宣政の所領を没収して「別子孫」たる妙幹に譲与することにした妙心にとって、何とも好都合な規定である。妙心が自分に都合の良いように置文の中味を改変したことは明白だろう（もっとも最初の置文も妙心の偽作かもしれないが……）。

⑵に関しても、南北朝期、延元二年の妙心の申状で初めて「真壁入道法超に置文を預け」たという主張が飛び出してくるのは奇妙である。元徳段階で、〈道法置文に法超が花押をすえた〉という事実があったかどうか、極めて疑わしくなってくる。そこで本宗家真壁氏と庶流長岡氏の関係を見てみたい。

鎌倉期の真壁惣領家と長岡氏の関係は不明である。少なくとも強固な惣領制が成立していた徴証は、他の史料からは見られない。だが南北朝期になると状況は一変する。

妙心譲状に「れうちん《了珍》房めうかん《妙幹》、そうりやう《惣領》にはなれ《離》申さす、御かた《方》にてちう《忠》をいたす《致》」[38]、妙幹言上状に「限㆓妙幹一身㆒、自㆓最前㆒参㆓御方㆒、至㆓于今㆒惣領相共致㆓軍忠㆒」[39]とあるように、長岡宣政が北朝方（足利方）に転じたのに対し、妙幹は真壁惣領家と共に南朝方に留まり[40]、惣領法超の指揮下で戦ったのである。要するに、長岡妙心・妙幹が真壁法超と密接な関係を持つようになったのは、「戦時」になってからなのである。

ここから以下の推定が成り立つ。妙心は長岡氏の現惣領である宣政から所領を悔い返し、妙幹に所領を譲るにあたって、後家としての所領処分権を強調するため、道法置文の内容を改竄した。また置文に権威を持たせるため、頻々な共同軍事行動によって関係が密になっていた惣領家の真壁法超に加判を頼み、道法置文案と法超預状を南朝法廷に提出した[41]。

よって元徳元年当時は道法置文に惣領家の花押はなく、南北朝期になって付け加えられたと見るべきである。妙心は南北朝期に入ってからの惣領家との関係を、鎌倉末期にまで遡らせた。その作為を見極めず、「鎌倉末期から長岡氏は真壁惣領家の従属下」と解釈してはならない。そのような強固な惣領制は幻影でしかない。

(3) 妙幹の方針転換

尼妙心の高齢化にともない、相論の主役は妙心から妙幹に移行した。すると、妙幹は安堵獲得のためのロジックを変更した。

延元二年(一三三七)、妙心が南朝に安堵を申請した際には、元徳年間から始まった相論の経緯を事細かに説明している。妙心は幕府法廷の判断に逐一言及し、「先代滅亡」(鎌倉幕府滅亡)によって訴訟進行が止まってしまったことを強調している。あたかも中断された訴訟を、南朝法廷で引き継いでほしいと要請しているかのごとくである。妙心は文書の理非によって知行の正当性を証明しようと考えており、ゆえに前述の道法置文を前面に押し出したのである。

むろん妙心は、宣政が足利方であること、妙幹・妙阿らが南朝方であることも指摘している。だが全体として、妙心は由緒に基づいて安堵を得るという鎌倉期的な価値観になお拘束されていた。

妙幹は違った。興国元年(一三四〇)七月、妙幹は嫡子慶虎丸に長岡郷惣地頭職を譲るにあたって、南朝に譲与安堵を申請した。そこには、鎌倉末期の訴訟の経過は記されていない。道法置文には触れているが、とりたてて重視している印象は受けない。むしろ、次男宣政は足利方、三男の即心房処久は中立、後家の妙心は高齢で活動不能という状況にあって、妙幹のみが南朝のために戦っていることを強調し、「大将軍御一見状」を証拠文書として提出している。(42)

妙幹の方針転換の背景には、妙心との主導権争いがあると考えられる。妙心は本主であり、その妙心から所領を譲られた自分こそが正当な知行人であるという論法をとる限り、妙幹は妙心の風下に立たされる。妙心の長女の子息である道意や次女の夫である妙阿も妙心と親しく(『古』一八号)、妙幹の立場は盤石ではなかった。ゆえに妙幹は、後家妙心の所領処分権を証明する道法置文ではなく、自身の戦功を根拠に譲与安堵を得ようとしたのだろう。

だが、妙心との対立だけが要因ではなく、外部環境の変化も見逃せない。延元三年(一三三八)九月、北畠親房が常陸神宮寺城に入ると(後に小田城に移る)、常陸は南北朝の戦いの最前線になった。親房は東国武士を味方につけるため、積極的に所領安堵を行った(43)。南朝への貢献に基づき知行の正当性を主張する妙幹の申請は、証文よりも軍忠を重視する内乱期の安堵方式(44)に適応したものだったのである。

以後、道法置文に言及する文書は「古宇田文書」の中から見えなくなる。興国元年七月は、「古宇田文書」の転換点だったのである。

おわりに

本稿で明らかにしたように、妙心・妙幹は宣政との所領争いに勝利するため、〈真壁惣領法超の花押つき道法置文〉を偽作した。実は南北朝時代は、武家文書の偽作が相次いだ時代でもあった。いくつか事例を挙げておこう。

石見益田氏の場合、惣領家の地位を継承した益田兼見は所領支配のために室町幕府の権威を必要としたが、庶子家出身ゆえに鎌倉期以来の重書を持っていなかった。そこで、これを紛失(居館焼亡に伴う焼失)したことにして、偽文書と紛失状を作成、守護大内氏を通じて将軍足利義満の袖判安堵御教書を獲得した(45)。

周防平子(仁保)氏の場合、庶子家の平子重房が南北朝内乱に乗じて惣領に取って代わった。正当化のため、自身の先祖である重有が父親の重親から仁保荘内五箇郷地頭公文両職を譲渡されたとする譲状を偽作した。重有は実際には上領の浅地という仁保荘の外れに居館を構えていた庶子にすぎなかったが、これを重親の嫡子であったかのように偽装することで、重房は平子氏嫡流の立場を確保したのである(46)。

近江山中氏も建武五年(一三三八)、北畠顕家の鈴鹿侵入によって、家蔵文書を紛失した。そこで山中弁房道俊は暦応四年(一三四一)に紛失状を提出したが、この際、鎌倉幕府の「関東御下文案」などを偽作した[47]。道俊はもともと柏木御厨内宇田を名字の地とする非御家人の橘姓宇田氏であり、鈴鹿の山中村を本拠とする御家人の平姓山中氏とは別の一族だった。道俊の母が山中氏俊の姉妹であった関係から、道俊は山中氏に養子入りし、橘姓山中氏となった。橘姓宇田氏は高利貸業を通じて土地を集積していった有徳人的存在であり、その経済力を活かして御家人である山中氏の名跡を獲得したと考えられている[48]。この点で、弁房道俊は了珍房妙幹に類似している。けれども、道俊が紛失状や案文群と共に提出した系図では、道俊は山中氏の嫡流に位置づけられており、右の事実は隠蔽されている。

南北朝内乱期には敵方による火攻めによって文書が焼失する事態が続発した。前代と比較して、文書を失うリスクが高かった時代だったことは事実である。だが、文書紛失を口実にして偽文書を作成する武士も少なくなかった。それは、惣庶関係の流動化によって、イレギュラーな相続がしばしば行われたからである[49]。由緒に問題を抱える成り上がり者は、相伝文書を偽作することで知行の正当化を図った。

前述の通り、幕府や南朝など上部権力から安堵を得る上で、由緒は次第に役割を低下させていく。それゆえ、十四世紀に〝創造〟された由緒や系譜が、長く参照され続けた。一例を挙げれば、南北朝期に成立した紀伊国隅田荘の「廿五人の地頭」(隅田党)という枠組みは、中世を通じて維持され、近世の「隅田組拾五人」の前提となった[50]。前述の山中氏の場合も、南北朝期に成立した「両惣領」という特異な一族結合が戦国期まで存続している[51]。

良く知られているように、現存する在地領主の系図の多くが十四世紀以降に成立しており、十三世紀に遡るものは少ない[52]。十四世紀には系図が集中的に作成され、しかも伝承ではなく文書や記録に基づくと思しき詳細な記載が散見されるようになる。網野善彦氏は十四世紀を「系図の世紀」と呼んでいる[53]。おそらく武士の系譜意識はこの時期に転換し、そのまま定着したのである。そのことは武家文書の転換にも影響を与えたと予想されるが、本格的な考察は後考を期したい。

註

（1）本稿では「武家様文書」とは何か、そのような区分は適切か、といった様式論的問題は検討の対象としない。この点に関しては、さしあたり富田正弘「古代中世文書様式の体系・系譜論に関する先行研究」（同『中世公家政治文書論』吉川弘文館、二〇一二年）に従っておく。戦前以来の武家文書中心の文書様式論に問題があるのは上島有氏が指摘する通りだが、上島氏の様式分類にも問題点はあり、佐藤進一氏の分類が意味を失ったわけではない。
（2）佐藤進一『新版　古文書学入門』（法政大学出版局、一九九七年）一九七・一九八頁など。
（3）山田徹「室町幕府所務沙汰とその変質」（『法制史研究』五七号、二〇〇八年）五七頁、吉田賢司「室町幕府論」（『岩波講座日本歴史』第8巻、岩波書店、二〇一四年）一八・一九頁。
（4）拙稿「松浦一揆研究と社会集団論」（拙著『日本中世の領主一揆』思文閣出版、二〇一四年、初出二〇一〇年）一一三、一一八・一一九頁。
（5）松園潤一朗「室町幕府の安堵と施行」（『法制史研究』六一号、二〇一二年）七二・七三頁。
（6）新田一郎「中世社会の構造変化」（同『日本中世の社会と法』東京大学出版会、一九九五年）、同「中世社会の構造転換」（水林彪ほか編『新体系日本史2　法社会史』山川出版社、二〇〇一年）。
（7）拙稿「鎌倉府軍事制度小論」（『千葉史学』六五号、二〇一四年）四九～五一頁。
（8）糸賀茂男氏は「伝来史料の背景」（『年報三田中世史研究』二号、一九九五年）に、東京都の古宇田家で「真壁長岡古宇田文書」と邂逅した時の感動を記している（三頁）。
（9）『真壁町史料　中世編Ⅱ』（真壁町史編纂委員会、一九八六年）所収「真壁長岡古宇田文書」解説（小森正明・糸賀茂男氏執筆）。
（10）編纂者の一人である糸賀茂男氏も、後に見解を修正している。糸賀前掲註8論文、三頁を参照のこと。
（11）清水亮「了珍房妙幹と鎌倉末・南北朝期の常陸国長岡氏」（『茨城県史研究』八九号、二〇〇五年）。
（12）主な研究動向については、大村拓生・高橋一樹・春田直紀・廣田浩治「中世文書論の現状と課題」（河音能平編『中世文書論の視座』東京堂出版、一九九六年）、佐藤雄基「古文書学の現状と課題」（同『日本中世初期の文書と訴訟』山川出版社、二〇一二年）を参照されたい。

(13) 代表的な業績として田中克行『中世の惣村と文書』（山川出版社、一九九八年）など。武家文書の個別研究では、「相良家文書」における清水久夫「武家文書の伝来と惣領制――『相良家文書』をめぐって」（『古文書研究』一三号、一九七九年）、服部英雄「軍忠状の彼方に」（『史学雑誌』八九編七号、一九八〇年）、「青方文書」における吉原弘道『青方文書の研究』（服部英雄研究室、一九九九年）などの研究が重要である。

(14) （元徳四年三月ヵ）尼妙心代頼円言上状（『古』一一号）。なお、文書名は『真壁町史料　中世編Ⅱ』のままではなく、私意により一部改めている。以下同じ。

(15) 元徳四年四月日尼妙心言上状（『古』九号）。なお、幹政が二十九日に死去したというのは本照の主張であり、妙心は「幹政は二十二日に亡くなっており、幹政の所領は未処分である。本照が提出した幹政の譲状は謀書である」と反駁している。

(16) 延元二年十一月日尼妙心申状（『古』一八号）。

(17) 『古』九号。

(18) 元徳三年八月二十八日結城朝高遵行状案（『古』七号）。

(19) 『古』九号。

(20) 元徳三年十二月十三日八木岡高政遵行状案（『古』八号）。

(21) 『古』九号。

(22) 『古』一一号がこれにあたると考えられる。

(23) 『古』一八号。

(24) その申状が『古』九号である。

(25) 『古』一八号。

(26) 建武二年正月十八日長岡宣政譲状（『古』一四号）、建武二年正月二十五日長岡郷内田在家坪付（『古』一五号）、建武二年十月十三日沙弥某奉書（『古』一六号）、延元元年五月三日長岡宣政軍忠状（『古』一七号）。

(27) （興国元年ヵ）尼妙心譲状（『古』一二号）、『古』一八号。

(28) 清水前掲註11論文、一四～一六、二〇頁。

(29) 清水前掲註11論文、一五頁。

(30) 榎原雅治・服部英雄・藤原良章・山田邦明「消えゆく中世の常陸」(『茨城県史研究』四一号、一九七九年)二一頁。
(31) 清水前掲註11論文、二〇頁。
(32) 興国元年七月日長岡妙幹譲状ならびに言上状(『古』二一号)。
(33) 『古』一二、一八、二一号。
(34) 年未詳長岡郷田在家以下相論文書目録断簡(『古』一〇号)。『真壁町史料』は同史料が元徳年間の相論時に作成されたと推定するが、疑問である。後掲註41を参照のこと。
(35) 石井進『中世武士団』(小学館、一九七四年)一八一頁。
(36) 『古』一一号。
(37) 『古』一八号。
(38) 『古』一二号。
(39) 『古』二一号。
(40) (興国四年)卯月五日沙弥法超書状(「白河集古苑所蔵白河結城家文書」『南北朝遺文　関東編』一四〇一号)。
(41) この時に南朝法廷に提出した文書のリストが『古』一〇号であろう。ちなみに肥後の下相良氏の場合、南北朝期には惣領が庶子分も併せて軍忠・安堵を申請しており、安堵下文や譲状など庶子家の根本文書を惣領家が管理することもあった。服部前掲註13論文、二四〜二七頁参照。
(42) 『古』二一・二三号。なお清水亮氏は、二一号文書について、妙幹の嫡子慶虎丸宛ての譲状として作成された文書を、言上状に仕立て直したものと推測している。清水前掲註11論文、二二・二三頁。
(43) 拙著『戦争の日本中世史』(新潮社、二〇一四年)一九六〜二〇〇頁。
(44) 「証文」と「軍忠」の相克を端的に示す史料として、応永七年四月二十八日足利義満御判御教書(「菊大路家文書」『大日本古文書　家わけ第四　石清水文書』六巻、一二三頁)を挙げておく。
(45) 福田栄次郎「石見国益田氏の研究—中世における領主制の展開とその特質」(『歴史学研究』三九〇号、一九七二年)四頁。
(46) 服部英雄「周防国仁保庄の荘園地名」(同『景観にさぐる中世』新人物往来社、一九九五年、初出一九八一年)三八・三九頁。

(47)　福島金治「近江国柏木御厨と金沢北条氏・山中氏」(鎌倉遺文研究会編『鎌倉時代の政治と経済』東京堂出版、一九九九年)二一五～二一七頁。
(48)　久留島典子「甲賀山中氏に関する二・三の問題」(佐藤和彦編『中世の内乱と社会』東京堂出版、二〇〇七年)、吉田賢司「山中両惣領家の活動」(『甲賀市史』第二巻、二〇一二年)。
(49)　拙稿「南北朝～室町期の戦争と在地領主」(前掲註4拙著、初出二〇一二年)三三二・三三三頁。
(50)　拙稿「隅田一族一揆の構造と展開」(前掲註4拙著、初出二〇一〇年)八九、九三頁。
(51)　石田晴男「両山中氏と甲賀「郡中惣」」(『史学雑誌』九五編九号、一九八六年)一一・一二頁。
(52)　峰岸純夫・入間田宣夫・白根靖大編『中世武家系図の史料論』上・下(高志書院、二〇〇七年)。
(53)　網野善彦「系譜・伝承資料学の課題」(『網野善彦著作集』第十四巻、岩波書店、二〇〇九年、初出一九九九年)三七〇・三七一頁。

足利尊氏像と再生産される甲冑騎馬肖像画

黒田 智

1　変身の世紀

十四世紀は、肖像画に革新をもたらした時代であった。

数々の似絵の名品を生み出した鎌倉時代は、「肖像画の時代」といわれている。「肖像画の時代」が過ぎ去ったのちの室町時代の肖像画は、より形式化がすすんだ衰退期と目されている。両者の端境期にある十四世紀は、その評価がきわめてあいまいで、かつて相対的に前後のいずれの時代とも認めがたい作品を放りこむブラックボックスであった。

一九九五年、米倉迪夫氏は、神護寺三像のうち源頼朝像とされてきた肖像画が、康永四年(一三四五)に制作された室町幕府初代将軍足利尊氏の弟直義のものであるとする説を発表した。それ以後、研究者たちによってさまざまな検証がつづけられてきた。二〇年をへて、おおむね米倉説を補強する論考があいつぎ、「源頼朝像」として掲載する歴史教科書は姿を消しつつある。(1)

後醍醐天皇像や天皇列影図など、すでにこの時代に制作されたことが明らかな作品に加えて、神護寺三像もまたほぼ同時代に位置づけられることになる。ならば、十四世紀とは、前代の枠組みを大きく逸脱した破格の肖像画が数多く生み出された、実に豊かな「肖像画の時代」の一部として再評価することができるのではあるまいか。(2)

あらためてこの「肖像画の時代」をいろどる作品群をみわたしてみれば、単独像よりも複数の人物を描きこんだ集団肖像画が意外なほど多いことに気づかされる。しかも、こうした十四世紀の肖像画の多くが神・仏・人に連なるものとして制作され、消費されていった点で重要である。あるいは、単独像であっても、複数の肖像画や仏神像がセットで掲揚される事例は枚挙に暇がない。さらに、別の神仏や人に見立てられ、擬せられた肖像画も少なくない。肖像制作とは、いわば描かれた像主や制作者、消費する人びとが他の神・仏・人とどのような関係をとり結んでいたかをたしかめる行為であった。

たしかに、中世日本は、神と仏と人とがたがいに変身の鎖によってつながれていた時代であった。

一九八〇年代以降、中世日本紀をはじめとするおびただしいテキストの発掘とその考察から浮かび上がってきたのは、中世神道説が仏教宗派をこえて連環しあいながら、社会に広範な網の目を張りめぐらしていたという事実であった。神と仏と人との関係は、より複雑で自在なものとなり、多種多様な言説を次々と生み出していた。しかも、どの言説も他の言説を否定するのではなく、ゆるやかであったり、あるいは緊密であったりしながら、多中心的で多元的なネットワークをつくり上げていたのである。日本中世とは、比喩的なイメージに満ちあふれ、ほとんど無際限に交換可能なマルチ・イメージの時代であった。

ある種の歴史的事実がなぞらえられ、再現《リプレイス》されたように、ある種の歴史的身体は変態《メタモルフォーゼ》をとげて、再来する。「本地垂迹」や「前身」「後身」、「再誕」、「一体分身」といった言説のもとに、ほとんどありとあらゆる神と仏と人とが時空をこえて多中心的に複雑にむすびあっていた。十四世紀に登場する神・仏・人が〈連なる肖像画〉は、こうした変身の思想を背景に登場していたのである。

2　連なる神・仏・人

十四世紀を特徴づける〈連なる肖像画〉について、具体的にみてみよう。

第一に、祖師に連なる肖像画である。

そもそも僧侶の肖像画は、真言八祖像や浄土五祖図のように、当初からおのおのの祖師たちからの相承関係を可視化することに自覚的であった。

たとえば、親鸞は、『選択本願念仏集』の書写を許され、師である法然の肖像画を描いたとき、「是れ専念正業の徳なり、是れ決定往生の徴なり」と記している(『教行信証』)。十四世紀以降、浄土真宗寺院では善導や法然、親鸞らに連なる高僧連座像が多様な展開をみせながら描きつがれていった。嘉暦元年(一三二六)の序題をもつ「一流相承系図」は、新しいタイプの絵系図で、祖師を追慕し、女性や子どもをふくむ名もない門徒たちの相承の系譜をあらわしている。

また、宋・元代の題画詩の流行は、日本における禅宗文化の浸透をうながし、禅僧たちの肖像画に賛がそえられた頂相という形式の肖像画を生み出した[3]。この頂相もまた、禅宗における法脈相承の証として授受された。とりわけ像主みずからが賛を付す自賛頂相は、主として鎌倉時代の渡来僧たちによって自派の教線拡大や思想表明に活用され、頂相という肖像画のモデルを定着させた。そこでは、像主と注文主、絵師、賛者、請者(賛の依頼者)、さらにはその肖像画の所有者との関係が、相承関係を担保するものとしてきわめて重要なものと考えられた。特に賛文を考案し、みずから筆を染める賛者は、像主をとりまく人的ネットワークのなかから選ばれ、その名望が重んじられた。

第二に、十四世紀は、祖先や家に連なる肖像画が制作されはじめた時代でもあった。

「若狭国鎮守神人絵系図」は、垂迹した若狭彦姫両大明神との神約により禰宜となった初代節文にはじまる笠氏の子孫たちが、一代ごとに神と人を輩出してゆく血脈を示した絵系図であった。「多武峯曼荼羅」は、藤原鎌足とともに定恵・不比等という二人の子息を配した親子像で、彼らに連なる摂関家藤原氏の子孫たちがこの絵を仰ぎみたとき、一種の系図として機能していたと考えられる。(4) 康永四年(一三四五)の「足利直義像」「足利尊氏像」は、兄弟という珍しい二人を向かい合わせて安置して二頭政治の安寧を祈願するため、二幅セットで制作されたものであった。

第三に、神仏に連なる肖像画が数多くつくられている。

藤原重雄氏は、仏画のなかに描かれた肖像画について約一〇〇点ほどの作例を紹介している。(5) このうち阿弥陀来迎図に往生人やその存在を示す屋形として描かれたものが約半数、ついで涅槃図の会衆あるいは説法を聴聞する人びととして描かれた肖像画も多いという。垂迹画では、「熊野曼荼羅」をはじめとする修験道関係の絵画に散見する。

中原師守の両親の忌日供養の場には、両親の肖像画が阿弥陀三尊の絵像とともに掲げられた(『師守記』貞和三年〈一三四七〉正月二十三日・二月五日条)ように、肖像画と仏画はきわめて近接した消費のあり方をもっていた。後深草院を普賢十羅刹像(嘉元三年〈一三〇五〉七月十日「伏見上皇願文」)、光明法皇を地蔵菩薩像(『看聞日記』応永二十三年〈一四一六〉六月八日条)として描くなど、肖像画のかわりに仏画を造形する事例も指摘されている。こうした集合画群は、肖像画と仏画、垂迹画といった近代的な分類をこえて、このころから大量に制作されはじめていたのである。

3　家臣が主君の肖像画を所持すること

そして、第四に、十四世紀の俗人肖像画では、君臣像が制作されるようになる。

天皇や摂関・大臣たちを描いた列影図は、両統迭立から南北朝内乱にいたる天皇制の危機のなかにあって、後期院政期の治天の君たちによっていくどとなく描き換えられながらくり返し制作された[6]。それは、歴代の天皇や朝廷内の要職についた者たちの絵系図であるとともに、天皇とそれを輔佐する廷臣たちという君臣肖像画としての性格も合わせもっている。

「勝鬘経講賛図」は、講賛する聖徳太子の前に蘇我馬子・小野妹子・恵慈・五徳博士・山背大兄皇子を配し、奈良東大寺所蔵「四聖御影」は聖武天皇とともに行基・良弁・菩提遷那を配す。京都大徳寺所蔵「後醍醐天皇像」は、老境を迎えつつある侍臣と相対する君臣肖像画で、後代にさかんに制作された武家の君臣肖像画へ接続する早い例といえるだろう。

こののち、武家の君臣肖像画は十六世紀に花ひらく。東京国立博物館所蔵「伝名和長年像」や新潟常安寺所蔵「上杉謙信像」、石川長齢寺所蔵「前田利春像」、島根円成寺所蔵「堀尾忠晴像」、「武田二十四将図」など、近世にまでつづく君臣肖像画の作例には枚挙に暇がない。十七世紀に入ると、京都瑞泉寺所蔵「豊臣秀次像」や岩手大安寺所蔵「留守政景像」、京都龍光院所蔵「松浦隆信像」、福岡県立美術館尾形家資料「黒田隆政像」など、主君と殉死者を一幅に描き込むタイプの君臣肖像画が制作されるまでになる[7]。

主従関係の証となるのは、君臣肖像画の制作ばかりではない。どうやら十四世紀に入ると、主君の肖像画を家臣が所持し、追善することで主従関係を再確認し、家臣の家の由緒を示すことが行なわれはじめたらしい。

中世日本社会においては、「三世の契り」である主従関係は、「一世の契り」である親子や「二世の契り」である夫婦より最重要視すべき関係であった。家臣たちにとって、主君の肖像画こそが「三世の契り」＝主君との絆の証であったからにほかならない。

こうした肖像画制作と所持のかたちを示す確実な例は、十五世紀初頭の足利義満像にみることができる。

足利義満の肖像は、史料上では一四二〇年代と八〇年代に集中して登場し、死後に制作された遺像しか存在しない。

また義満像の賛者や請者や所持者は、大内盛見、山名時煕、細川満元、愚中周及、惟肖得厳らであり、彼らは、義満よりもむしろ義持と親密な関係にあった守護大名や禅僧であった。義持自身も、応永十五年(一四〇八)に相国寺鹿苑院の義満像に著賛し、同十七年(一四一〇)にも同勝定院に父の肖像を安置している。足利義持は、みずからの寿像とともに父義満の遺像を制作・下賜することで、後継者としての地位を確固たるものとして、政権の正当化・安定化をはかろうとする政治構想をもっていたと考えられる。(8)

『蔭涼軒日録』寛正三年(一四六二)九月十八日条によれば、足利義政が諸寺院に納められている父足利義教の肖像画を徴してみると、数十幅もの数におよんだという。このうち、妙興寺所蔵「足利義教像」には、義政の花押が存在する。末柄豊氏は、義教から恩顧をこうむった者たちが義教の非業の死を慰霊する目的で肖像画を制作し、所持していた可能性について指摘している。(9)そのほか、文明十一年(一四七九)には某美濃守信為が主君である益田兼堯の肖像画を描かせているし、大内義隆が将軍足利義稙の肖像画を制作していたことも指摘されている。

こうした主君の肖像画の利用は、十六世紀末の豊臣秀吉像の制作にいたって極点を迎える。秀吉は、死後ほどなくして豊国大明神として神格化され、慶長期(～一六一五)には秀吉の肖像画が大量に制作され、全国の豊臣恩顧の大名や寺社に下賜された。(10)これらの秀吉像には、「豊国大明神　秀頼八才」と書かれた嫡子豊臣秀頼の自筆の書がセットで下賜されていたと考えられる。それは、秀吉亡き後、遺児秀頼こそが豊臣政権の後継者であることを示すひとつの文化戦略だったのである。

それは、そのまま東照大権現徳川家康像の頒布と東照宮信仰、全国各地の藩祖たちの肖像画へと受け継がれてゆくことになる。さらに、こうした肖像画の政治的機能は、のちに明治国家の形成に大きな役割をはたす明治天皇の肖像画＝「御真影」という装置にまで発展してゆくのである。(11)

4 再生産される甲冑騎馬肖像画

十四世紀に誕生し、十五世紀末以降に再生産されてゆく新しい肖像画のひとつに甲冑騎馬像がある。十五世紀末からわずか二〇年ほどの間に一〇点近い甲冑騎馬肖像画があいついで制作されている。[12] 以下にあげておこう。

A **足利義尚像** 延徳元年(一四八九)の義尚死没後に、狩野正信によって三点の甲冑騎馬肖像画が制作された。この原本あるいは模写本が、愛知地蔵院や長母寺に現存している。[13] また『翰林葫蘆集』に景徐周麟、『翠竹眞如集』に天隠龍澤の画賛が掲載され、『補庵京華集』には横川景三が著賛したことが書き記されている。

B **織田敏定像** 『蔭凉軒日録』延徳二年(一四九〇)八月十三日条にみえ、賛者である益之宗箴が死去する長享元年(一四八七)以前に制作されていたと考えられる。

C **武田文秀像** 『雪樵独唱集』所収の蘭坡景茝の賛文がある。長享二年(一四八八)以降で、蘭坡が死去する文亀元年(一五〇一)までの間に著賛された可能性が高い。

D **細川澄元像** 永青文庫に現存する。澄元が死去した永正四年(一五〇七)に景徐周麟が著賛している。

E **赤沢朝経像** 『大圓禅師語録』にみえ、朝経が没した永正四年(一五〇七)から程なくして制作された可能性が高い。

F **大内義興像** 『翰林葫蘆集』に永正八年(一五一一)の景徐周麟の賛文が記載されているものの、原本は現存しない。山口県立山口博物館と京都市文化館に模写本が伝えられている。[14]

G **浅見知忠像** 月舟寿桂の『幻雲文集』に賛文がみえ、大永八年(一五二八)に知忠が戦死した内保河原合戦について顕彰されている。

加えて、尊氏が騎乗した河原毛の馬を描いたH「尊氏愛馬之図」は、足利義澄が将軍在位中(一四九五〜一五〇八)に描かせたもので、やはり景徐周麟によって著賛されている。

ただし、甲冑騎馬肖像画は、こののち半世紀以上にわたって制作されることはない。十六世紀末になると「益田元祥像」「福原貞俊像」、十七世紀に入って寛永元年(一六二四)の福岡市博物館所蔵「黒田長政像」や狩野探幽筆「成瀬正虎像」「伊達政宗像」などがふたたび制作されることになる。[15]

これまでの研究成果をひもとけば、これらの肖像画は、ある特定の合戦における活躍を顕彰するためにつくられたメモリアルなものであった可能性が高い。また、A・D・Fに著賛しているのは横川景三と景徐周麟であり、狩野正信・元信をはじめとする狩野派の絵師たちによって制作されていたことも指摘されている。

さらに、これらの肖像画の規範となったのが、京都等持寺に秘蔵されていた足利尊氏の甲冑騎馬肖像画であったこともよく知られている。等持寺にあった尊氏甲冑騎馬肖像画は、寛正元年(一四六〇)に突如として史料上に登場し、なかば偶然のようにして再発見されたものであった。[16]

〔史料1〕『碧山日録』寛正三年(一四六二)十月八日条

十月八日、等持寺主細川讃州之守叔父也、諱稽、号原古、年少時、以風流見称、向来只甘閑而禅余嗜文字、近作施食要集、心経註解、如東岳瑞渓等諸尊宿皆称之、此月以趙関之命、赴於等持、與原古相会、又趙関在其座、揖茶為礼、粗約相過、以嘗道腴也、原古命其下、出将軍尊氏甲冑之像、朝衣之像、蓋知欲余之宿見之也、又掛地獄変相、皆山門重鎮也、遂開宝殿、見尊氏命工所刻六十萬体地蔵、又入講堂、見釈尊自出胎入涅槃之諸行像也、日既落矣、辞西翁而退、

傍線部によれば、寛正三年十月八日、東福寺の雲泉太極は、細川成之の叔父とされる等持院の院主原古志稽のもとを訪ねて、等持寺宝殿に秘蔵されていた「将軍尊氏甲冑之像」を閲覧した。これ以降、将軍足利義政と、無類の絵画

収集家として知られる義尚父子の目にとまるところとなり、たびたび観覧した記事が散見されるようになる。「御出陣尊像」（『蔭涼軒日録』）、「等持院殿御影」（『親元日記』）とばらつきのあった呼称は、文明十七年（一四八五）ころを境に「甲冑御影」に統一されてゆく。

これらの十五世紀末にあいついで制作された甲冑騎馬肖像画の賛文やその来歴を子細にみてみると、神話化された足利尊氏による室町幕府草創の記憶とともに、尊氏の肖像画制作の事績がちらついている。十五世紀末の武士たちの甲冑騎馬肖像画は、みずからの姿を主君たる尊氏の甲冑騎馬像になぞらえることで、ダブルイメージをもつ一種の君臣肖像画としての機能をもっていたと考えられる。

5　十五世紀の「甲冑御影」

十五世紀後半に再発見された尊氏の甲冑騎馬肖像画は、急速に武家社会の間で崇敬の対象となり、潤色された物語をまとってゆくことになる。神話化された等持寺の「甲冑御影」の特質をあげてみよう。

第一に、「和歌御影」とセットで秘蔵されていた。

「和歌御影」は和歌を著讃した「朝衣之像」で、きわめて特異な肖像画であったといえそうである。というのも、画幅の上部に仮名書きで和歌を書き込む和歌賛に平安後期につくられた屏風絵があげられるものの、あくまで例外的で、仮名文字画賛の爆発的流行は近世に入ってからのことだからである。

志賀太郎氏によれば、足利義尚は、六角征伐のためにみずから近江鈎の陣に出征するとともに、『打聞集』の撰集を進めるなど、文武兼帯による幕府権威の回復を企図していたことが指摘されている。A「足利義尚像」の賛文では、義尚が近江鈎の陣中にて孝経や左氏伝を聴聞する一方、勝軍地蔵に兜と剣を修飾したことをもって「文武兼脩」と謳われている。等持寺のふたつの尊氏像は、義尚の政治構想とも合致して、文武兼帯の象徴とみなされるようになったと考えられる[17]。

第二に、尊氏の数々の戦歴のなかでも、とりわけ建武三年（一三三六）の九州西走から京都凱旋にいたる挽回譚にまつわる図像として説話化されている。

たとえば、C「武田文秀像」の賛文によれば、尊氏の甲冑騎馬肖像画は、建武三年三月の多々良浜合戦で勝利した際のものとされている[18]。またH「尊氏愛馬之図」では、京都等持寺南門に凱旋した様子を描かせたものとされている[19]。建武三年は、九州敗走という苦境を挽回して京都を制圧し、室町幕府開府への道を開いた記念すべき年であった。こうした尊氏の挽回譚を顕彰するものとして、尊氏甲冑騎馬像が語り返されているのである。

第三に、中国の英雄になぞらえられて賛美されている。

C「武田文秀像」では、多々良浜合戦で長刀を提げて疾駆する中国蜀の武将関羽が尊氏を勝利に導いた英雄として登場し、その武がことほがれている[20]。H「尊氏愛馬之図」では、漢の高祖（劉邦）が四〇〇年の王朝の基礎を築いたことが、室町幕府を創業した尊氏の事績に重ね合わせられている。

またその際、「馬上」というレトリックが多用されている。「馬上」は、『史記』「酈生陸賈列伝」のなかの「馬上を以て得たらんも、馬上を以て治むるべけんや」を典拠とすると思われる。

実際、H「尊氏愛馬之図」には『史記』が引用された上で、「悉くこの馬上より創業す」と記されている。D「細川澄元像」では「馬上に倚りて天下を定む」、周麟のA「足利義尚像」では「馬上に天下を握り」としている。一連の甲冑騎馬肖像画をめぐる言説のなかで、「馬上」であることが特別の意味をもって語られている。「馬上」とは、尊氏の武威が室町幕府開創の物語として語り返される際の常套句となっていたのである[21]。

ちなみに、十四世紀になると、『平家物語』や『曽我物語』に題材をとった絵馬や扇絵がさかんに制作された[22]。また十五世紀末以降、牧馬図や厩図屏風がさかんに制作されている。甲冑騎馬肖像画ブームは、こうした馬図や合戦図絵の流行とも無関係ではあるまい。

第四に、尊氏の甲冑騎馬肖像画は、等持寺本以外にも複数存在し、いくつかのバリエーションをもっていた。そもそも足利尊氏の肖像は、実に大量に残されている。(23) 管見のかぎり、その数は二〇点をこえる。同一像主の肖像がこれほど大量に制作された例は、弘法大師などの高僧像、聖徳太子や菅原道真、藤原鎌足といった神像的肖像をのぞくと、きわめて例外的で、先駆的なものであった。しかも、高僧像や神像的肖像がいずれも死後数百年をへて制作されたものであるのに対して、尊氏像は生前あるいは没後ほどなくしてつくられたと考えられる。(24) 十四世紀になると、同時代の俗人あるいはある特定の俗人の寿像や遺像が複数制作されるようになっていたのである。

なかでも尊氏の甲冑騎馬像は、少なく見積もっても五点存在したことが史料からわかる。以下に紹介しよう。

❶**等持寺本**〔史料1〕の『碧山日録』寛正元年(一四六〇)を初見とするが、現存しない。

❷**神奈川県立歴史博物館本**「従一位贈左大臣征夷大将軍源朝臣尊氏卿 延文三年」の注記があり、江戸後期の模写と考えられている。『考古画譜』所収の狩野本、稲葉丹後守本と同系統のものと推測され、狩野本は巨勢惟久の作とされている。

❸**京都国立博物館本** 守屋家旧蔵。昭和九年(一九三四)十一月の東京美術倶楽部入札目録によれば、小堀鞆音氏旧蔵本も絹本著色でほぼ同じ法量をもつが、上部の賛はない。東京大学史料編纂所本は、大正五年(一九一六)に護城鳳山が模写したものである。

❹**大内本** 現存しない。『防長風土記』所収の年未詳八月十九日「大内政弘書状」によれば、大内政弘が在京していた応仁元年(一四六七)から文明九年(一四七七)までに、洛中から尋ね出して持ち帰り、乗福寺に寄進したものとさ

れている。

❺朝倉本　現存しない。天文八年(一五三九)ころとおぼしき『室町家御内書案』によれば、「武家渇仰(将軍が篤く崇拝する)」の「等持院甲冑尊像」が、朝倉教景から大覚寺門跡義俊を介して将軍足利義晴に寄進されたとされている。

これらの史料に記載された図様を比較すれば、馬の毛色について❸京博本は黒毛、❷神奈川県博本は白馬で、❺朝倉本・❶等持寺本は栗毛であった。また甲冑について、❸京博本は赤糸威に対して、❶等持寺本・❺朝倉本は青糸威であると記載されている。❸京博本は冑をかぶらず、❶等持寺本・❺朝倉本・❷神奈川県博本はいずれも鍬形の前立ての冑を着す。さらに武器では、❸京博本のみ大太刀を持し、そのほかは重藤の弓矢をもつ[25]。これらの図様のちがいは、尊氏甲冑騎馬肖像画が複数のバリエーションをもち、複数制作されていた可能性を示している。

第五に、❹大内本では大内政弘が戦乱のなかからさがし出し、❺朝倉本では朝倉教景が将軍に献上したように、尊氏甲冑騎馬肖像画は守護大名たちによって所持されていた可能性が高い。これらもまた、十四世紀以降にみられる家臣が主君の肖像画を所持する事例のひとつに加えることができるだろう。

第六に、これらの甲冑騎馬肖像画は、像主である尊氏みずからが生前に発注した寿像であると語られてきた。H「尊氏愛馬之図」では「画師を徴してその容を写す」とされ、C「武田文秀像」では「工に命じてわが像を写す」、D「細川澄元像」には「郎君画図を工に命ず」とあり、尊氏みずからが発注したことをことさらに明記している。また、❺朝倉本を献上された足利義晴は、「寿像(生前の肖像)」が到来したことをわざわざ明記している。

十五世紀後半の尊氏甲冑騎馬肖像画の再浮上は、この時期にあらたな尊氏像が制作されたことを意味しない。それは尊氏本人が生きた十四世紀の肖像画であることに重大な意義があったのである。

6　十四世紀の甲冑騎馬肖像画

とはいえ、十五世紀に語られていたとおりに、尊氏の甲冑騎馬肖像画が十四世紀に尊氏自身によって制作されていたことを論証するのは難しい。

ただし、❷神奈川県博本や稲葉本には、尊氏の没年である「延文三年」の銘がある。また❸京博本の上部には室町幕府二代将軍足利義詮の花押があり、延文三年（一三五八）ころのものと推定されている。(26) さらに、天文八年（一五三九）ころの『室町家御内書案』に書かれた❺朝倉本の上部にも、義詮の花押があったと記されている。これらの像主が足利尊氏であったか否かはともかく、甲冑騎馬肖像画が足利義詮の死去する貞治六年（一三六七）以前に尊氏・義詮の周辺で制作されていたという事実は揺るがない。

しかも、これら肖像画の上部に据えられたやや大ぶりの義詮の花押は、それ以前の肖像画の歴史からみてきわめて特異なものといえる。それは、一種の肖像画賛とみなすことができる。

十四世紀は、新しい肖像画賛が登場した時代でもあった。(27) たとえば、画面上部に名号や題目、本地仏を描いた円相や梵字をあらわすのは、特定の仏に連なる証であり、かたちをかえた賛であった。清浄光寺所蔵「後醍醐天皇像」の上部の神号や、神護寺所蔵「足利義持像」の画面上部に描かれた日輪もまた、一種の賛とみなすことができる。(28) それまでの常識をうち破る比較的自由な肖像画賛が生み出されていた十四世紀に、尊氏・義詮の周辺で甲冑騎馬肖像画が制作されたことは一応首肯できるだろう。

もともと像主が騎馬する絵画には、古くは神社の随神像があり、十三世紀に近衛府の随身を描いた「随身庭騎図」があり、甲冑騎馬の武者たちの図像は数々の合戦絵巻の伝統がある。それでも、ある特定の人物の甲冑騎馬像が単独で仕立てられた肖像画は、当時の人びとの目にきわめて新奇なものとして映ったにちがいない。こうした新奇な形式の肖像画を生み出した季節は、やはり「肖像画の時代」たる十四世紀なのではないか。

7　勝軍地蔵像と「甲冑御影」

手がかりは勝軍地蔵にある。

十五世紀末に「甲冑御影」がまとった物語は、尊氏が崇敬した勝軍地蔵信仰をめぐる言説と酷似しているからである。(29)

第一に、勝軍地蔵像もまた尊氏が制作し、甲冑騎馬肖像画とともに等持寺に秘蔵されていたものであった。ふたたび〔史料1〕の波線部をみてみると、寛正元年(一四六〇)にはじめて尊氏甲冑騎馬像が披見されたとき、等持寺にあった尊氏の念持仏とされる六〇万体の地蔵像も合わせて閲覧されていた。しかも、このときも「尊氏、工に命じて」六〇万体の地蔵を刻ませたとあり、甲冑騎馬肖像画とよく似たレトリックが採用されている。

第二に、勝軍地蔵像の賛文にも「馬上」が使われている。たとえば、『補庵京華新集』梵字地蔵には、山中右馬允橘守俊なる者が横川景三に依頼した勝軍地蔵の法語が載せられ、「われ三尺を提げ天下を馬上に定」めて、「工に命じて造る願王は十萬体」におよぶとあり、尊氏甲冑騎馬像と同じ言い回しが採用されている。また『翰林葫蘆集』によれば、長享二年(一四八八)に足利義尚が等持寺に命じて勝軍地蔵像に兜・剣・幡を修飾させて供養したとき、この地蔵像の由来として「元弘・建武の間、仁山大相公、馬上に天下を取」り、「工に命じて勝軍地蔵尊像を修飾」した故実が思い起こされている。

勝軍地蔵像が造像されるとき、「馬上」「三尺」「命工」というレトリックを通して、つねに尊氏の武威が呼び起こされてきた。尊氏甲冑騎馬肖像画は、軍神たる勝軍地蔵への信仰ともあいまって、十五世紀末の室町武家社会の間で急速に浸透していったのである。

なお、尊氏の武功をたたえる際、当初は「三尺」の修辞が使用されていた。この「三尺」は、通常よりも長い大太刀に分類される刀剣をさし、『史記』高祖本紀の「吾布衣を以て三尺の剣を持して天下を取る」を典拠とするのであろう。

たとえば、『智覚普明国師語録』所収の春屋妙葩の足利尊氏像画賛では、「三尺の剱を乾坤に座して鎮める」とあり、同書所収の貞治三年(一三六四)の尊氏七回忌法会における拈香でも「三尺を提げ以て泰平を致す」とする。先に挙げた横川景三の『補庵京華新集』梵字地蔵では「われ三尺を提げ天下を馬上に定む」とあり、「三尺」と「馬上」が併用されるようになる。横川は、足利義尚像賛でも「三尺の剣を提げ、乾坤を定む」としている。ところが、これ以後は「三尺」文言は消え、景徐周麟の像賛ではもっぱら「馬上」が使用されることになる。(30)「三尺」から「馬上」へと、尊氏の武威を表象するレトリックは変化していたのである。

第三に、勝軍地蔵の霊験も、九州西走から京都凱旋にいたる建武三年(一三三六)の挽回譚として説話化されている。『空華日用工夫略集』永徳二年(一三八二)十月一日条は、尊氏が九州に向かう途次でみた夢について書き記している。すなわち、敵に追われて登った山頂の断崖に、地蔵の姿をしたひとりの僧があらわれて、手をとりあって飛び降りた。すると、絶壁と思われた断崖が坦々たる平原にかわり、家族や兄弟らが数千の軍勢とともに迎えに来たのがみえて夢から醒めたという。この逸話は尊氏が地蔵菩薩を夢中感得した起源譚とされており、後述するように、尊氏がはじめて夢中感得の地蔵像を描いた貞和五年(一三四九)以前ということになる。

また十四世紀半ばには成立していたとみられる『東宝記』によれば、建武三年(一三三六)六月三十日、新田義貞が率いる後醍醐天皇方の軍勢が、京都東寺の東大門まで押しよせ、寺内にたてこもった尊氏軍は苦境に立たされた。そのとき、東寺鎮守八幡宮の神殿から流鏑が敵陣に飛び、たちまち雲霞の軍兵を打ち破ったと伝えている。建武三年(一三三六)の挽回譚は、いち早く十四世紀半ばには尊氏の夢想として登場していた。貞和五年(一三四九)ころ成立の『梅松論』でも、九州在陣中の尊氏軍に数多くの奇瑞があったことが書き記されている。それはまた、C「武田文秀像」やH「尊氏愛馬之図」で語られていた甲冑騎馬肖像画の縁起譚とも合致するのである。

尊氏の勝軍地蔵信仰は、尊氏甲冑騎馬肖像画と同根の説話を紡いでいた。十四世紀に甲冑騎馬肖像画が制作されたとすれば、こうした勝軍地蔵の造像の動向と軌を一にしている可能性が高いのではあるまいか。

8　尊氏の勝軍地蔵

足利尊氏が勝軍地蔵信仰に傾斜してゆくのは、康永・貞和年間のことであった。尊氏の信仰の足跡をたどってみよう。

尊氏の地蔵信仰は、康永二年(一三四三)十二月二十二日の亡母上杉清子の一周忌に際して、弘法大師作とされる地蔵菩薩像の点眼供養を行なったことにはじまる。実母の死は、尊氏・直義兄弟を信仰へと誘ったようで、その直後から社寺への寄進・奉納や夢想の記事が目立つようになる。[31]

康永四年(一三四五)七月、弘法大師の作とされた木造地蔵菩薩像が、讃岐国府形寺から京都に送り届けられた。約一年後の貞和二年(一三四六)六月二十二日、地蔵像は三条仏師尭円による修復がほどこされて、尊氏の右筆である安富行長(道行)が奉行となって京都東寺に安置された。貞和六年(一三五〇)二月二十一日、足利義詮は、この地蔵像を本尊としてはじめて京都東寺実相寺にて勝軍地蔵法による天下静謐の祈禱を命じ、その後も応永六年(一三九九)の義満、応永十五年(一四〇八)の義持へと引き継がれてゆくことになる。

加えて、貞和四年(一三四八)十二月二十三日には、尊氏が母上杉清子の七回忌法会のために勝軍地蔵像を描いたとされる。ついで、貞和五年(一三四九)正月下旬に乾峯士曇のために描いた夢中感得の地蔵像が、鎌倉浄妙寺に残されている。このときの夢想こそが、先述した九州西走にまつわる地蔵霊験譚であったと考えられる。この浄妙寺本を初見として、その死の直前の延文二年(一三五七)まで、一〇点ほどの自画賛の地蔵像が現存している。(32)

勝軍地蔵は十三世紀に生まれた和製の軍神《いくさがみ》で、十四世紀はいまだ信仰の黎明期であった。康永・貞和年間における尊氏の勝軍地蔵信仰は、その流布の火付け役となってゆく。(33)

たとえば、東寺の木像や尊氏の自画賛像といった十四世紀の勝軍地蔵像は、いずれも立像の菩薩形であらわされていた。勝軍地蔵が甲冑と兵仗をまとう像容であることをはじめて明記したのは、良助法親王撰『與願金剛地蔵菩薩秘記』であった。同書は、良助法親王から秘法を伝授された安富道行の手をへて、尊氏の目にふれていた可能性が高い。その成立は早ければ貞和五年(一三四九)にさかのぼり、尊氏の勝軍地蔵信仰の高揚期とも重なっているのである。(34)

尊氏の信仰を起点にして、こののち愛宕神との習合をはたした勝軍地蔵信仰が、将軍足利氏周辺からしだいにより広範な大名・武士層へ受容されてゆくことになる。ただし、勝軍地蔵が実際に甲冑をまとったのは、長享二年(一四八八)の足利義尚による等持寺勝軍地蔵像の修飾が初見で、甲冑騎馬像へと図像変容をはたすのは十六世紀後半を待たなくてはならない。ともあれ、両者は、相似の物語をまとって甲冑騎馬という共通する像容を獲得してゆくことになるのである。

また勝軍地蔵という軍神が登場する背景には、十四世紀に京都という王城をめぐる境界観念が形成され、地蔵がその境界を守護する機能をはたすという観念があったと考えられる。(35)

たとえば、『源平盛衰記』巻六では、僧西光が「七道の辻」に六地蔵を安置して「廻り地蔵」とよび、同巻一六では、延暦十三年(七九四)二月に京都東山に甲冑と弓矢をまとった巨大な土人形が埋められて将軍塚とよばれたという。

『田邑麿伝記』や『日本王代一覧』によれば、征夷大将軍坂上田村麿は、その死に際して立ちながら甲冑兵杖を帯びて葬られたという。勝軍地蔵は、「征夷大将軍」の神話ともあいまって鎮城護国の神という性格を帯びて登場した神格でもあった。あるいは甲冑騎馬肖像画もまた、同様の役割を期待されたものではなかったか。

9　豊臣コレクションのなかの尊氏甲冑騎馬像

足利尊氏の甲冑騎馬肖像画は、十四世紀に制作されてから約一〇〇年の空白をへて、突如として再登場をはたすことになる。この一〇〇年の間、尊氏像はどうなっていたのだろうか。

ここに『豊臣御数寄屋記録』と称される一冊の記録がある。[36]『豊臣御数寄屋記録』は、天正年間に大坂城西の丸宝蔵に納められていた豊臣家の絵画コレクションの一部を示す目録である。大坂落城後から安永、文化年間といった十八、十九世紀までの宝物の伝来についても記載がある。その一部を引用しよう。

〔史料2〕『豊臣御数寄屋記録』

一、尊氏馬上図　竪幅彩色　土佐

正長元申年、赤枩満祐所持之、嘉吉二年戌二月、佐々木四郎兵衛光綱(満カ)秘之、文安五年義政将軍江献之、足利代々傳之、

各軸

天正九年於姫路被秘之者也、

元和元年九月石崎道永持之、

尊氏之像

元和三年尾州寺方所持後
松平加賀守殿所持之、

〔史料2〕は、天正期の大坂城の豊臣コレクションのなかに、もうひとつの尊氏甲冑騎馬肖像画(❻)があったことを伝えている。

この絵は、①正長元年(一四二八)には、播磨国守護であった赤松満祐のもとにあったという。この年、満祐は赤松家の家督を継承しているから、尊氏像は、満祐の家督継承にともない、入手されたものと考えられる。それは、祖父則祐が義詮から下賜され、義則、満祐へと赤松嫡宗家に相伝されたものではなかったか[37]。

嘉吉元年(一四四一)、満祐は将軍義教を暗殺し、自焼没落ののち、播磨で自刃してしまう。この騒擾のさなかに、尊氏像は②近江国守護であった六角満綱のもとに秘蔵されることになったという[38]。義教の暗殺によって勢力を失った満綱もまた、一族の内紛のなかで自刃し、数年間の流伝をへて③文安元年(一四四四)に足利義政のもとに献上されることになる。この年、義政は元服し、将軍任官を目前にひかえていた。その後の戦国の争乱のなかで、④天正九年(一五八一)には姫路に秘蔵され、毛利戦争のために下向し、本能寺の変後に天下人となった⑤豊臣秀吉が落手することになる。こうして豊臣家の宝物コレクションに加えられた尊氏像は、⑥大坂落城後の元和元年(一六一五)九月には、御数寄屋衆のひとりとおぼしき石崎道永なる者の手にわたったという。

もとよりすべての事実を鵜呑みにするには、史料の吟味が必要である。とはいえ、この甲冑騎馬肖像画(以下、❻赤松本)の来歴には、これまで知られなかったまったく新しい情報が盛り込まれている。

第一に、寛正三年(一四六二)に突如として再浮上をはたした❶等持寺本以前の甲冑騎馬肖像画の来歴を記すきわめて貴重な史料となる。それは、等持寺で再発見される以前に、尊氏甲冑騎馬肖像画が存在したことを示す唯一の記録なのである。

第二に、❻赤松本は、俗体像とセットで伝来していた可能性がある。セットになっていた尊氏像は、元和三年（一六一七）には尾張のある寺院にあったが、やがて加賀藩五代藩主前田加賀守綱紀が入手したとされている。(39)松平定信の『集古十種』によれば、加州家＝加賀藩に尊氏の肖像画があったことが書き記されている。セットになっていた俗体像は、この加州本であった可能性が高い。延宝九年（一六八一）の「津田太郎兵衛覚書」によれば、前田綱紀は、甲冑騎馬肖像画である「細川澄元像」を天龍寺真乗院より買い入れ、元禄四年（一六九一）には尊氏・直義自筆の「宝積経要品」を高野山金剛三昧院より黄金三〇〇枚で入手している。(40)尊氏像もまた、これらと同様の経緯で伝来したものと思われる。

第三に、「土佐」は、土佐行秀あるいは行広である可能性が高い。これまで❷神奈川県博本が巨勢惟久とされ、十五世紀末以降の甲冑騎馬肖像画が狩野正信・元信の手になるとされてきたが、❻赤松本をはじめとする先行する甲冑騎馬肖像画の制作に、土佐派が関与していた可能性が開かれてくるのである。十五世紀末の甲冑騎馬肖像画は、狩野派によって昇華された絵画様式として復活をはたしたものかもしれない。

第四に、赤松、六角といった守護大名たちが主君である尊氏の肖像画を所持していた事実をあらためて示している。十五世紀末の❹大内本や十六世紀前半の❺朝倉本に先行する事例であり、主君や祖先の肖像画を所持するひとつの先例として位置づけることができるだろう。

赤松氏のもとに尊氏甲冑騎馬肖像画が伝存していたというのは、まったく根も葉もない作り話ともいいがたい。『山城名勝志』四「等持寺」には、『磧礫集』なる書を引いて、嘉吉の変で将軍義教が赤松満祐のために暗殺されたとき、等持寺方丈にあった尊氏の肖像画の面色が変じて眼から血が流れ出て、その翌月には忽然と姿を消したとする怪異を記し伝えている。(41)尊氏像と赤松満祐の関係を伝えて興味深い。

また満祐死後に断絶していた赤松家を再興した赤松政則は、九代将軍足利義尚の甲冑騎馬肖像画の制作を依頼し、領国内の播磨白旛城に安置していた。『翠竹眞如集』「常徳院殿悦山大居士尊容賛」によれば、「金華洞の円心」が「尊氏将軍」を輔佐したのが天下を一統する起こりであり、「白旛城の則祐」が「天山相公」義満を守護したのが再入洛をはたした起こりであるとして、尊氏と円心、義満と則祐との故実が想起されている。加えて、みずからを中国漢の功臣張良になぞらえ、円心・則祐が尊氏・義満を輔佐して天下を統一したように、政則が義尚の尊像を前にして「運籌の時」であると記している。またしても『史記』の「籌策を帷幄の中に運《めぐら》す」を引用して、高祖(劉邦)たる尊氏を強く意識しながら、張良たる赤松家が足利将軍を輔佐することを賛美しているのである。

『蔭凉軒日録』文正二年(一四六七)閏二月六日条によれば、赤松一族の間で『太平記』を読み、中興の祖と仰ぐ円心の功績をたたえていた。(42) 赤松家にとって、将軍足利氏との関係こそが重要な故実であった。長享元年(一四八七)十月二十二日条によれば、近江長寿寺に陣をかまえた赤松政則の老臣浦上則宗は、勝軍地蔵像を安置していた。

そして第五に、「尊氏馬上図」なる作品名称は、甲冑騎馬肖像画を語る言説のなかで「馬上」というレトリックが頻用されていたことをあらためて確認させる。❻赤松本を所持していた豊臣家では、愛知妙興寺所蔵「豊臣秀吉像」の画賛に「馬上を天下に定める功、漢家を安んずるがごとし」と記して、秀吉を漢の高祖になぞらえていた。また、仙台博物館所蔵「伊達政宗像」には、政宗自作の「馬上少年過」にはじまる漢詩が書き載せられ、別に甲冑騎馬肖像画も伝えられている。

甲冑騎馬肖像画という十四世紀の遺産は、「馬上」という十五世紀の再生産の記憶とともに、その後もその来歴のよすがをとどめていたのである。

註

(1) 米倉迪夫『源頼朝像』(平凡社 一九九五年)、石垣孝芳・黒田智「教科書のなかの源頼朝像」(『金沢大学教育実践センター紀要』四一　二〇一五年）。

（2）黒田智「「肖像画の時代」の肖像画」（加須屋誠編『日本美術全集』八　小学館　二〇一五年）。

（3）朝賀浩「肖像画賛の展開」（大阪市立美術館特別展『肖像画賛』二〇〇〇年）。

（4）黒田智『中世肖像の文化史』（ぺりかん社　二〇〇七年）。

（5）藤原重雄「仏画のなかに描かれた肖像・覚書」（1）～（5）（『東京大学史料編纂所画像史料解析センター通信』三二・三四・三五・三六・三七　二〇〇六・七年）。

（6）黒田日出男「院政・似絵・後醍醐」（網野善彦・樺山紘一・宮田登・安丸良夫・山本幸司編『岩波講座　天皇と王権を考える』六　岩波書店　二〇〇三年）。

（7）門脇むつみ『寛永文化の肖像画』（勉誠出版　二〇〇二年）。

（8）黒田智「とり違えられた肖像」（『鹿島美術研究』二四　二〇〇八年）。

（9）末柄豊「足利義稙の肖像画」（『日本歴史』六二二　二〇〇〇年）、末柄豊「東京大学史料編纂所所蔵足利義教像について」（『MUSEUM』五七五　二〇〇一年）。

（10）北川央「豊臣秀吉像と豊国社」（黒田日出男編『肖像画を読む』角川書店　一九九八年）。

（11）多木浩二『天皇の肖像』（岩波新書　一九八八年）。

（12）志賀太郎「ボストン美術館蔵伝宗祇像の像主考」（『美術史論集』六　二〇〇六年）、志賀太郎「室町時代に於ける狩野派肖像画の基礎的研究」（『鹿島美術研究』二〇　二〇〇三年）。

（13）並木誠士「狩野正信の肖像画制作について」（『京都芸術短期大学紀要　瓜生』一三　一九九一年）、池美玲「地蔵院蔵本伝足利義尚像をめぐって」（『仏教大学大学院紀要』文学研究科篇三七　二〇〇九年）。

（14）森道彦「室町期における尊氏甲冑像の受容と肖像画制作」（『朱雀』二五　二〇一三年）。

（15）宮島新一「騎馬武者像と甲冑像」（『武家の肖像』日本の美術三八五　至文堂　一九九八年）、影山純夫「益田元祥甲冑騎馬像について」（『国華』一一一〇　一九八八年）。

（16）前掲註（12）志賀論文、前掲註（14）森論文参照。

（17）前掲註（12）志賀論文。

(18) 多々良浜合戦については、武田昌憲「多々良浜合戦における足利方の活躍小考」(『茨城国文』三 一九九一年)、市沢哲「『梅松論』における建武三年足利尊氏西走の位置」(『神戸大学史学年報』一六 二〇〇一年)、武田昌憲「多々良浜合戦・新考」(『軍記と語り物』二三 一九八七年)、吾妻真由美「合戦譚から読む『太平記』」(『日本文化研究』一三 二〇〇一年)。

(19) 当時の等持寺南門が凱旋にふさわしい場であったのかは、検討の余地を残す。細川武稔「足利氏の邸宅と菩提寺」(『京都の寺社と室町幕府』吉川弘文館 二〇一〇年)。

(20) 田中尚子「関羽顕聖譚の受容」(『三国志享受史論考』汲古書院 二〇〇七年)。そのほか、長尾直茂「江戸時代の漢詩文に見る関羽像」(『日本中国学会報』五一 一九九九年)、長尾直茂「江戸時代の絵画における関羽像の確立」(『漢文学解釈与研究』二 一九九九年)、長尾直茂「中世禅林における関羽故事の受容」(『漢文学解釈与研究』五 二〇〇二年)、益田欣『中世文芸比較文学論考』(汲古書院 二〇〇二年)。

(21) その後の五山文学や『蔭凉軒日録』などでも多く使用されることとなる。

(22) 『太平記』巻二九「将軍上洛事 付阿保秋山河原軍事」によれば、阿保忠実と秋山光政の一騎討ちの場面が、手向け扇のバサラ絵の画題として流行したとされている。

(23) 足利尊氏がブームである。小松茂美『足利尊氏文書の研究』や上島有『足利尊氏文書の総合的研究』によって、尊氏発給文書の整理が進んだ。また二一世紀に入ると、毎年のように関連本が刊行されて、尊氏とその家族たちの人物像にあらたな光があてられつつある。二〇一二年には、栃木県立博物館では特別企画展『足利尊氏 その生涯とゆかりの名宝』が開催された。小松茂美『足利尊氏文書の研究』(旺文社 一九九七年)、上島有『足利尊氏文書の総合的研究』(国書刊行会 二〇〇一年)、瀬野精一郎『足利直冬』(吉川弘文館 二〇〇五年)、櫻井彦・樋口州男・錦昭江編『足利尊氏のすべて』(新人物往来社 二〇〇八年)、峰岸純夫『足利尊氏と直義』(吉川弘文館 二〇〇九年)、大澤伸啓『樺崎寺跡』(同成社 二〇一〇年)、峰岸純夫・江田郁夫編『足利尊氏再発見』(吉川弘文館 二〇一一年)、栃木県立博物館特別企画展『足利尊氏 その生涯とゆかりの名宝』(二〇一二年)、千田孝明『足利尊氏と足利氏の世界』(随想舎 二〇一二年)、田中大喜編『下野足利氏』(戎光祥出版 二〇一三年)、清水克行『足利尊氏と関東』(吉川弘文館 二〇一三年)。

(24) 同様に、後醍醐天皇像もまた複数現存している。『蔭凉軒日録』長享三年(一四八九)五月十二日条によれば、延文四年(一三五九)に足利義詮によって高野山安養院への尊氏像の寄進が行なわれたことがわかる。

(25) 京博本の下絵には、弓矢が描かれていたとする修理報告書がある。修理者協議会編『美の修復』京都国立博物館文化財修理保存所創設一〇周年記念報告書(修理者協議会　一九九〇年)。

(26) 京都国立博物館所蔵「騎馬武者像」の像主を伝承のとおりに足利尊氏とすることは疑問視されてきた。左胸の据文金物や黒馬の赤い厚総の金具に描かれた輪違紋から、輪違紋を家門とする高氏一族、なかでも高師直や高師詮とする説が出された。ところが、近年、輪違文の金具に後補があることが指摘され、新説について再検証が必要になってきた。高島晶彦「史料編纂所所蔵模写本騎馬武者像と付属資料について」(『東京大学史料編纂所画像史料解析センター通信』六二　二〇一三年)。研究史については、黒田日出男「騎馬武者像の像主」(黒田日出男編『肖像画を読む』角川書店　一九九八年)を参照。細川武稔「東岩蔵寺と室町幕府」(『京都の寺社と室町幕府』吉川弘文館　二〇一〇年)、米倉迪夫「足利氏の肖像画　宝篋院蔵足利義詮像を中心に」(栃木県立博物館特別企画展図録『足利尊氏』二〇一二年)は、別の尊氏像についての最新成果である。

(27) 前掲註(3)朝賀論文参照。

(28) 前掲註(8)黒田智論文。同じように上部に日輪を描く肖像画に、三重浄眼寺所蔵「北畠政郷像」、尚古集成館所蔵「島津忠久像」もある。十六世紀末に「豊臣秀吉像」とセットで下賜された豊臣秀頼の自筆神号もまた、独創的な賛といえるだろう。さらに、中世後期の武家肖像画になると、先祖たる像主の生涯をたたえ、家の来し方を物語る長文の賛が加えられ、その肖像を所持する子孫たちのアイデンティティを保証していた。

(29) 黒田智「勝軍地蔵の誕生」(加須屋誠編『仏教美術論集』四　図像解釈学　竹林舎　二〇一三年)。

(30) 「三尺」は、『保元物語』や『平家物語』でも使用例があるのに対し、「馬上」は確認できない。

(31) 康永三年(一三四四)九月、直義は、夢想により高野山金剛三昧院に「宝積経要品」を奉納している。十月には『夢中問答』が開版されている。翌康永四年(一三四五)四月十五日には、直義は、神護寺に兄弟の肖像画(「伝源頼朝像」「伝平重盛像」)を安置するなど、奉納や夢想の記事があいつぐ。そのさなかの康永三年十二月十五日、尊氏は夢想により「左兵衛督直義・尊氏かい《(祈)》のりのために」、祇園社宝殿に重代の組糸の鎧一領と太刀一振と弓矢を奉納し、二十一日には十一面観音像を奉納した。これも亡母の忌日供養を兼ねていた可能性があるだろう。ところが、後年になって、この鎧は奉同社執行法印静晴によって盗み出され、南朝方に献上されてしまったことが判明している。そのためか、翌年正月六日には、直義邸と尊氏邸の双方で安置の剣の鞘が抜け、鎧がぐらぐら動くという怪異が起こっている。『八坂神社文書』応安元年(一三六八)五月十二日「文書目録」によれば、「一通　静晴御勘気御教書　貞和四、二、一」とあり、貞和四年(一三四八)には盗難が発覚していたことが分かる。なお、同じ十二月十五日には、直義は長門忌宮神社の霊験を感応して和歌を奉納している。忌宮神社は、多々良浜合戦を目前にした建武三年(一三三六)に尊氏が願文と法楽和歌を奉納した神社であり、このとき直義は建武三年の事績を想起していたことになる。尊氏による甲冑の奉納は、貞和二年(一三四六)の日吉社、三宝院賢俊への布施物などを確認できるが、「重代」とされる鎧は祇園社の一例のみである。あるいは重代の鎧の不在が、甲冑肖像画を制作した背景にあるとも考えられないだろうか。

(32)　尊氏自筆の地蔵像は、①鎌倉浄妙寺のほか、②駿河清見寺、③尾張地蔵院、④鎌倉荏柄天神社、⑤鎌倉宝戒寺、⑥鎌倉高徳院、⑦京都熊野若王子社、⑧京都縁成寺、⑨栃木県立博物館、⑩秋元氏蔵、⑪個人蔵、⑫栃木県立博物館蔵「日課聖観音地蔵像」がある。上島有『足利尊氏文書の総合的研究』(国書刊行会　二〇〇〇年)参照。

(33)　小松茂美『足利尊氏文書の研究』(旺文社　一九九七年)の「足利尊氏日録」を参考にした。勝軍地蔵が甲冑を着すとした『與願金剛地蔵菩薩秘記』は、早ければ貞和五年(一三四九)の成立と考えることができる。実際に勝軍地蔵像が甲冑や剣を修飾されたのは長享二年(一四八八)、騎馬像になるのは十六世紀半ばの石川七尾美術館所蔵長谷川信春筆「勝軍地蔵像」や山梨円光院所蔵「木造勝軍地蔵像」までくだる。

(34)　現存する『與願金剛地蔵菩薩秘記』は、応永三十四年(一四二七)秋十三日と宝徳元年(一四四九)十一月十一日書写の奥書をもつ。ただし、本書は、嘉元元年(一三〇三)の幕吏による捕縛から「六十年」、「齢九旬」となった良助法親王が「地蔵尊擁護の禅門安富道行」に伝えた『蓮華三昧経』の秘法を伝授した書であった。とすれば、嘉元元年(一三〇三)の頓死から「六十年」の余命を保ったとすれば貞治二年(一三六三)となり、良助が文永五年(一二六八)の誕生から「齢九旬(八一～九〇才)」になるとすれば貞和五年(一三四九)から延文三年(一三五八)ころとなる。前掲註(29)黒田論文参照。

(35)　河内将芳「中世京都「七口」考」(『中世京都の民衆と社会』思文閣出版　二〇〇〇年)。前掲註(29)黒田論文参照。

(36)　黒田智「史料紹介『豊臣御数寄屋記録』」(『金沢大学人間社会学域学校教育学類紀要』八　二〇一六年刊行予定)。
(37)　赤松氏の研究については、濱田浩一郎『播磨赤松一族』(新人物往来社　二〇〇九年)、播磨学研究所編『赤松一族八人の素顔』(神戸新聞総合出版センター)、渡邊大門『赤松氏五代』(ミネルヴァ書房　二〇一二年)、『年報赤松氏研究』など近年さかんであるが、尊氏像に言及したものは見当たらない。
(38)　佐々木哲『佐々木六角氏の系譜』(思文閣出版　二〇〇六年)。
(39)　〔史料2〕中の「各軸」は、東京芸術大学図書館所蔵本によるが、東京大学史料編纂所謄写本では「右軸」となっている。編纂所本が正しければ、「尊氏之像」以下の部分も同一の肖像画の来歴を示すものと解釈することができるのかもしれない。加賀藩旧蔵本の発見を待ちたい。
(40)　財団法人前田育徳会『国宝宝積経要品』(勉誠出版　二〇一一年)。今後、加州家本の原本や新たな甲冑騎馬肖像画が発見される可能性もあるだろう。
(41)　『磧礫集』は、十九世紀に伊佐治重光によって書かれた随筆である。現存する諸本のうち、国会図書館本には該当箇所はなく、静嘉堂文庫本については未見である。
(42)　渡邊大門氏のご教示による。『蔭凉軒日録』には、赤松氏三尊像のほか、居城石積山城におけるさまざまな芸術作品、赤松氏の芸術活動に関する記事が散見される。

室町幕府―権門寺院関係の転換点
――康暦の強訴と朝廷・幕府――

大薮　海

はじめに――権門寺院にとっての十四世紀――

南北朝期が過半を占める十四世紀は、次に続く室町期の仕組みが形成された時期と位置付けられる。そのことは南北朝期の公武関係を検討する中で明らかにされているところではあるが、公武関係以外については、南北朝期と室町期の連続性は充分に意識されてはいないのではなかろうか。あるいは、意識されてはいても、検討があまり進んでいないのが実情といえよう。そのような実情を踏まえて本稿では、室町期にすでに築かれていた室町幕府と権門寺院の関係がどのように形成されていったのかを検討する。(1)(2)

両者の関係については、国家的祈禱の主宰権が応安～永和（一三六八～一三七八）頃に朝廷から幕府へと移行したことがすでに指摘されており、それにともなって権門寺院も幕府に従属したと考えられている。(3)国家的祈禱を指標とみることについては異論もあるが、(4)永徳三年（一三八三）に足利義満は、本来勅許が必要な修法を、その手続きを経ることなく伝奏を介して権門寺院の僧侶を動員して実施している。(5)このことから、遅くとも一三八〇年代初頭には、幕府は権門寺院に対する命令回路を構築していたといえよう。そのことを、他の点からも確認しておきたい。

権門寺院の一つである延暦寺に対して、室町期の幕府は山門使節を執行機関として機能させていた。この山門使節の設置は康暦元年(一三七九)頃と推定されている。[6] また、洛中の山門配下の土倉からの徴税を目的とした、幕府による馬上方一衆の創設は、至徳年間(一三八四〜一三八六)とみられている。[7] これらの幕府側の施策により延暦寺による強訴は抑えられ、その状況は嘉吉元年(一四四一)以降に始まる山門使節・馬上方一衆制度の瓦解までおおむね継続する。[8] さらに、延暦寺の末社である祇園社は、至徳二年を境として、天台座主や祇園社別当を頂点とする体制から将軍御師職に補任された執行を頂点とする体制に実質的に移行したと考えられている。[9] いずれも一三八〇年前後に寺社内の制度に大きな変革があり、幕府が延暦寺や祇園社を間接的に統制するシステムが築かれていたことがわかる。

延暦寺と並ぶ権門寺院である興福寺でも同様の事態が進行していた。延暦寺による「山訴」とともに京の人々から恐れられた興福寺の強訴は康暦元年を最後に消滅し、康暦二年以来対立していた興福寺六方衆と衆徒は、幕府の命により永徳二年(一三八二)に和解した。その後は興福寺が幕府に抵抗した様子はみられず、至徳二年および明徳二年(一三九一)の足利義満による春日社参を迎えることになる。これは、朝廷を支配下に収めた幕府に対して、興福寺も屈服したためとみられている。[10] このような状況は、義満が「大和国主」となり、興福寺はその代官となったとも表現されている。[11]「大和国主」なるものについては充分議論が尽くされたとはいえないが、興福寺がそれまでの幕府への反抗姿勢を一変させ、幕府の命令を受けて大和国内を統治する姿勢に変化していたことは確かであろう。このように、延暦寺や興福寺といった権門寺院にとって十四世紀末は、室町幕府の体制内に取り込まれていく時期であり、その後の幕府内での位置付けが確定した時期でもあったのである。

右でみてきたようなことが実現した背景には、幕府内での大きな変革があったことがこれまでに指摘されている。すなわちその変革とは、康暦の政変である。

康暦の政変とは、室町幕府三代将軍足利義満を補佐していた細川頼之が、諸大名らの反感を買って失脚した政変であり、これを契機に義満は自立を遂げたとされている。[12] 後述するように、この政変で頼之が失脚したことにより、幕府の対権門寺院政策が一八〇度転換し、権門寺院の幕府への従属化が急速に進展したと考えられているのであるが、その頼之の政策については、二つの相反する評価がなされている。

一つは、禅宗には統制と抑圧で厳しく臨む一方、旧仏教の権門寺院に対しては宥和政策を採用していたとする見解である。そしてその宥和政策が諸大名らの反発を招き、康暦の政変へと繋がったと考えられている(13)。そしてもう一方は、頼之は「宗門の不法な圧力に屈せず、正しい政道を貫こうとした」ため強訴の要求を認めず、権門寺院に対しては強硬的な姿勢で臨んだとするもので(14)、前者の見方と全く異なる評価がなされているのである。ただ、頼之が失脚した康暦の政変が、幕府の対権門寺院政策の大きな転換点であったとする点については一致している。

しかしその結論は、幕府内の情勢の変化を論じる中で得られたものであり、強訴そのものを検討して導き出されたものではない。たとえ康暦の政変が幕府の対権門寺院政策に影響を与えたとしても、それが本当に政策を転換させるほどのものであったのか、また具体的にどのような影響を与えたのか。本稿ではこの点を、政治史を検討する視点からではなく、あくまで幕府と権門寺院の関係を検討する視点から考察する。とくに、康暦の政変をはさんで起きていた興福寺による強訴(以下、康暦の強訴と称す)の過程を検討することで、幕府による対権門寺院政策の変化、あるいはその変化の有無について明らかにしたい。

1　神木動座から康暦の政変まで

(1)神木動座と幕府の対応

永和四年(一三七八)十月九日、春日社神木が興福寺金堂前に動座された。国民十市遠康の討伐を朝廷と幕府に求めてのことである(15)。このことについてその前後の事情も含めて詳細に記しているのが、次に掲げた史料である。

【史料一】[16]

十月九日、神木金堂遷座、和州国民等凶徒、神事・法会之料足、諸談義米、諸坊・諸院領等令押妨之間、致興行之沙汰、先最前ニ本社神人幷参(散)所神人・白人神人・中綱・仕丁等数百人、十市入道遠康法師許へ被付之処、不令叙用之、出向路次、帯武具、杖擲刃傷神人等了、悪行尤越常篇者歟、仍訴　公武、為加治罰、十月九日夜、神木金堂前ニ御遷座、

同十一日、学侶・六方等下向内山堺、廻治罰之計略、歳暮月迫ニ成之間、依無処于沙汰、十二月上旬比、先上洛了、

この史料によれば、「和州国民等凶徒」が神事・法会の料足や所領を押領しているので、それらを回復するための対策が練られ、まず春日社神人等数百人が国民十市遠康の許に派遣された。しかし十市側は、彼らに従わないばかりか彼らに危害を加えるという行為に及んだ。興福寺側(興福寺・春日社)はこれを朝廷や幕府に訴えるため、十月九日に神木を金堂前に動座した。そして十一日には興福寺学侶・六方衆が「内山堺」(内山永久寺付近ヵ)まで下向して治罰の計画を練っていたものの、歳末になってしまったため引き上げてきたのだという。

「和州国民等凶徒」の濫妨行為について十市氏が討伐対象とされたのは、そうした国民等の行為を十市氏が主導していたと興福寺側がみなしたためであり、実際そうであったのであろう。同年七月に「為十市悪行対治」五大堂五壇護摩が挙行されていることから[17]、すでにその頃には十市氏の行為が興福寺内で問題化していたことがわかる。法会の執行や神人の実力行使によって十市氏の濫妨行為を鎮めようとしていたが、興福寺側の手に負えない事態に陥り、朝廷や幕府の援助を求めるべく神木動座の挙に及んだとみられる。

それでは、この興福寺側の要求に対して、朝廷や幕府はどのような対応をしたのであろうか。明確な時期は不明ながらも、幕府は討伐軍の下向を興福寺に対して約束し、出陣はなされたようである。しかし形ばかりのものであったらしく、興福寺側は実効性のある大規模な軍勢の派遣を求め、もしそれが実現されなければ、十二月十五日に行われ

る予定であった後円融天皇の六条殿行幸への、藤氏公卿の供奉を中止するよう藤氏長者（九条忠基）に申し入れを行った。[18]しかしこの行幸は、紀伊国で南朝方と交戦していた幕府軍が敗北したとの報を受けて立腹した足利義満が自らの出陣を決定したため延期となり、最終的には中止となった。[19]そのためこの申し入れは宙に浮いた形となったが、奈良には討伐軍として土岐頼康等が派遣された。しかしこの軍勢は「彼境」にすら到着していないという状況であったため、興福寺は、今度は朝廷への藤氏公卿の出仕停止を求めて藤氏長者に事書を提出するに至った。[20]

この「彼境」がどのあたりを指しているのかははっきりしないが、幕府軍がかなり緩慢に移動していたため、事書が提出されたとみられる。しかも、神木動座の上に藤氏長者への申し入れがなされたことによりようやく派遣された軍勢が、この体たらくであった。幕府が十市氏討伐に非常に消極的であったことがよくわかる。

なぜ幕府はそのような対応をとったのであろうか。実はこの前年にも幕府軍の派遣を求めて神木動座があり、幕府はその要求に応じて南都に向けて軍勢を出陣させているが、軍勢が実際に南都まで下向する以前に神木帰座が実現した。[21]そのため、今回も軍勢を形ばかりに出陣させれば、事態は終息すると幕府側が考えた可能性はある。しかし当時の政情を考慮すると少し異なった見方もできる。その政情とは、康暦の政変直前の状況である。

年が明けてすぐに、再び奈良に軍勢が派遣された。その軍勢は六人の大将（六角満高・富樫昌家・赤松義則・吉見氏頼・土岐康行・斯波義将）を擁するものであり、これまでとは異なりかなり大規模なものであった。[22]しかし十市氏討伐の合議は行われるものの「無実儀」きため、軍勢は奈良に駐屯したままであった。このような状況の中で興福寺は、一乗院・大乗院の両門跡と東金堂・西金堂に賦課して楯を一八〇〇帖も幕府軍に提供して実戦に備えたが、[23]幕府軍がそれ以上進軍することはなかった。そして二月になって土岐頼康の討伐が取り沙汰されると、奈良に派遣されていた軍勢は京都に召還され、その途次に斯波義将・土岐康行が出奔する。[24]その後、斯波義将・土岐頼康の赦免で事態は収束するかに思われたが、閏四月十四日に細川頼之は出家ののち四国への没落を余儀なくされ、幕府内では斯波義将が再び台頭することになる(康暦の政変)[25]。

右に概観した康暦の政変と幕府軍の南都下向との関係で注目されるのは、のちに細川頼之を追い落とす原動力となる斯波氏与党の軍勢が、南都下向軍の中心を構成していたことである。果たして意図してそのようになったのかどうかはわからないが、これにより斯波氏与党は軍事クーデターを実行する可能性、あるいはそのための下準備の機会を手にすることができたといえる。永和三年以来、細川頼之と斯波義将との対立は周知の事実であり、いつ直接対決が起きても不思議ではない状況にあった[26]。そうした中で義将は、南都下向の機会を利用して軍事クーデターを起こすことを狙っていたのではなかろうか。十市氏討伐は義将にとって結果的に兵を集めるための口実となったのであり、情勢が康暦の政変へと動く大きな契機ともなったといえるであろう。

(2)神木動座と朝廷の対応

神木動座に対して幕府は、非常に消極的ではあったものの、興福寺の要求に従って(実際に交戦することはなかったが)南都に軍勢を派遣した。それでは、朝廷はどのように対応したのであろうか。

前節で触れたように、興福寺は永和四年十二月二十九日に藤氏公卿の出仕停止を要求する事書を、藤氏長者である九条忠基に提出した。ただ、翌々日の康暦元年一月一日には「旧冬南都衆徒可抑留氏公卿出仕之由雖捧事書、依被誘仰無子細云々」とあるので[27]、藤氏公卿の出仕自体は可能であったようである。しかし神木動座中であることに変わりはなく、朝廷行事の多くは中止せざるを得なかった。

そのため、通常一月五日に開催される叙位儀もあらかじめ中止が決定されていた。ところが、開催予定日であった前日に「永仁・文和例」にならって急遽開催が決定されたのである[28]。

先例とされた「永仁・文和例」とは、永仁四年(一二九六)と文和五年(延文元年、一三五六)に挙行された叙位儀をさすとみられる。いずれも神木動座中に行われており、そのために今回の先例とされたのであろう。ただ、永仁四年の時は、前年の永仁三年時も神木動座中で叙位儀は中止となっており、永仁四年も中止にしてしまうと二年連続で不開催となってしまうが、それは嘉禎の例があるので不吉であるからという理由であった。一方の文和五年時も、神木動座中のため前年の叙位儀が行われておらず、二年連続不開催という事態になってしまうことを忌避したためであった[29]。ところが、今回の前年にあたる永和四年に叙位儀は執り行われており[30]、先例とされた「永仁・文和例」の時とは状況が異なる。つまり、正確には先例とは言い難いものを根拠として急遽強行されたのである。どうしてそのようなことが起こったのであろうか。

【史料二】[31]

叙位事、依神木動座就流例可被停止之由被仰出之処、右幕下《足利義満》参内見物邂逅儀也、有叙位之時、節会叙列以下其儀厳重之間、被准永仁・文和例、明日可被行之由、俄被仰下、

右に掲げた【史料二】は、その疑問に答えてくれる史料である。傍線部には、室町幕府三代将軍足利義満が参内をして「見物」する予定であるが、それは滅多にない機会であり、叙位儀が行われるのであれば「節会」の際に叙列などが行われて立派な儀式となるので、永仁・文和の先例に準拠して叙位儀を明日執り行うことが急遽決定されたとある。

当時右近衛大将の地位にあった足利義満は、准后二条良基の指導の下で朝儀を習熟中であり、このときも良基から「七日御参会あるへき事」と言われていた[32]。七日には、馬寮の御監を兼任する近衛大将が役を務める場面がある白馬節会(＝「節会」)が予定されており、拝賀前のため役を務めることはないとはいえ、将来的なことも考えて良基は義満に「見物」を勧めたのであろう。つまり、今後の参考とするため白馬節会を見物に来る義満に、多くの人が出仕して壮麗な儀式の様子を見せるために[33]、今回の叙位儀は強行されたのである。

叙位儀と並ぶ重要な年中行事である県召除目の開催・不開催についても、一騒動あった。神木動座中に県召除目を

行うことについて事前に検討がなされたらしく、両局(局務中原師香・官務壬生兼治)は先例が不詳であると回答していた。ところが、「只可被行之由」沙汰があり、県召除目は開催されることに決定した。これについて興福寺側は、藤氏長者九条忠基に出仕しないよう求め、もし出仕するのであれば「恨申」すべしと事書を送った。これを受けて、除目当日に執筆を務める予定であった二条師嗣が、忠基が出仕するのであれば自身も出仕できるが、もし忠基が出仕せずに内々での伺候にとどまるのであれば自らも出仕するわけにはいかないと主張したため、結局、開催予定日の前日になって県召除目は中止された。[34]

右でみたような神木動座中にもかかわらず朝儀を強行した、あるいは強行しようとした動きは、朝廷が興福寺の強訴に対して強気に出た結果ともとれるが、近衛道嗣が「凡神木御座金堂之時、叙位・除目停止勿論歟、兼日之沙汰不審々々」と述べているように、[35]公家衆の中には神木動座中は朝儀を行うべきではないとの考え方が根強かった。しかし、叙位儀開催の経緯に明らかなように、足利義満のため朝儀を正常な状態で催行しようとする動きがあり、その主体となっていたのが二条良基であった。[36]以後の朝廷・幕府―興福寺の関係は、この良基を軸として展開するようになる。

2　康暦の政変以後の神木帰座交渉

(1)神木入洛

前節では、康暦の政変に至るまでの幕府・朝廷それぞれの神木動座への対応を検討した。従来の研究では、この政変を契機として幕府の対応に変化がみられるとしているが、果たしてそうであったのであろうか。

今回の神木動座では、前節で指摘した十市遠康の討伐のほかに、摂津国寺社領への違乱状態を放置し続ける摂津守護細川頼基の更迭も求めていた。[37]康暦の政変時に頼基は罷免され、代わって斯波氏与党の渋川満頼が補任されたと考えられているが[38]、状況に変化はみられない。この幕府(守護)の対応に業を煮やした興福寺は、強訴を次の段階に進めることにした。神木入洛である。

康暦元年(一三七九)七月十四日、藤氏長者九条忠基のもとに興福寺から事書が提出された。そこには、事態が一向に改善しないことへの興福寺側の苛立ちが書かれており、このままの状況では神木入洛を行わざるを得ないことが記されている。この事書提出と機を同じくして、興福寺の在京雑掌が「不及承勅答」として奈良に下向しており、興福寺は交渉窓口を自ら閉ざして朝廷・幕府との対決姿勢を鮮明にした[39]。

このような興福寺の動きは、朝廷を通じて幕府にももたらされた。このときは幕府が厳密な尋沙汰をするとすぐに約束したため[40]、神木入洛は回避されたかにみえた。ところが、幕府による尋沙汰が行われなかった(あるいは、行われても効果が上がらなかった)ため、神木入洛は決行されることになる[41]。

(2)二条良基による神木帰座工作

神木入洛の翌月になると、神木帰座に向けての活動が明らかになってくる。その活動の中心にいたのが、二条良基であった。

【史料三[42]】

伝聞、去比南都雑掌頼賀、含武命下向云々、其故者、大軍進発事、任申請可有沙汰、其上者、神木即有帰座官軍等可令供奉乎、将又官軍下着南都之後即帰座両様之間、寺門所存無相違者、悉可有其沙汰、於自余題目者、一々裁許不可有子細之趣也云々、然而、衆徒不見凶徒退治者帰座難義《儀》之由申之云々、

【史料四[43]】

召頼賀相尋南都下向事之処、申云、先日下向、非含武命之分候、形勢不審之由或仁被申候之間下向候処、於旨趣

者如風聞云々、或云、是自准后(二条良基)内々被下遣歟云々、

右に掲げた史料は、いずれも『後深心院関白記』である。『後深心院関白記』記主近衛道嗣は、次のような噂を聞いた。すなわち、興福寺在京雑掌である頼賀が、幕府の命によって南都に下向した。その理由は、興福寺の要望通りに南都へ幕府の大軍を派遣しようと思うが、神木帰座の方法にはその官軍（幕府軍）に供奉させる形と幕府軍が南都に下着してから帰座するのと二通りあるので、どちらが良いのか回答してほしい、その他の懸案事項（摂津国内の興福寺領に対する遵行問題であろう）についてはすべて要求通りに裁許しようと幕府から興福寺に伝えるためであったという。この幕府からの提案に対して興福寺は、幕府軍の下向だけでは不充分で、十市軍の退治まで達成されなければ神木帰座は難しいと返答したという（【史料三】）。この噂の真偽を確かめるべく、翌日になって道嗣は頼賀を召し寄せた。頼賀によれば、幕府の命令を受けたというのは事実ではなく、「或仁」が情勢が怪しくてよく分からないというので南都へ下向したのであるが、下向した用向きなどは噂の通りであるとのことであった（【史料四】）。

これらの記事で注目されるのは、頼賀を南都に派遣した「或仁」の存在である。頼賀は明言しなかったようであるが、道嗣はその人物が二条良基であったとの噂を書き留めている（傍線部）。これらの記事の翌月には、神木帰座について話し合うため興福寺一乗院・大乗院の両門跡から一人ずつ僧綱が京都に召し寄せられているが、これも良基の籌策であったと噂されている[44]。

良基が神木帰座工作を主導していたことは、摂津国内の興福寺・春日社領について幕府から裁許が出されることになった際に、興福寺側が「今度寺訴早々御伝達、随而大樹(足利義満)厳密下知、併依殿中(二条良基)御籌策、寺門定可開眉歟之由」を述べていることからも明らかである[45]。興福寺からの訴訟を、おそらく唯一解決できる人物である足利義満に、良基が交渉した結果といえよう。

しかしここで注意しておかねばならないのが、良基がどうしてそのような活動をできたのかという点である。

【史料三】で興福寺側に提示されたとみられる内容は、南都への軍勢派遣や所領問題の裁許といった内容を含んでおり、良基が独断で約束できるものではない。【史料四】で幕府の命令であることを否定しているが、興福寺側に提示された内容は事前に幕府から何らかの内諾を得たものであり、それを携えての交渉を良基が内々に行っていたと考えるべきであろう。また、摂津国内の興福寺・春日社領に関する幕府からの命令が出されたことが興福寺側に通達された場所は二条良基邸であり、その場には幕府からの使者である三須道喜と門真周清も同席した。(46) その場における良基の立場は、幕府と興福寺の仲介者であったとみることができる。

さらに康暦元年十一月になると、「南都発向人数」として駿河今川氏以下各国守護六名の名前が挙げられている。(47) 摂津国内興福寺・春日社領回復の命令獲得と討伐軍の編成決定により、このまま神木帰座問題は解決に向かうかにみえたが、良基の努力は結局実らなかった。なぜならば、またもや幕府が軍勢派遣を渋ったからである。

(3)幕府による神木帰座工作

康暦元年十一月末、「大軍下向事」を含む事書を帯して、幕府の使者が南都から帰洛した。良基は、軍勢派遣以外は「すでに決着が付いていること」としてあまり問題視していない様子であったが、(48) 興福寺側は対決姿勢を崩しておらず、十二月一日に父義詮供養のために義満が開催した法華八講も欠席した。(49) 事態解決の契機を逃した幕府は、次に掲げた史料にみられるような決定を興福寺に通達した。

【史料五(50)】

神木帰座事、正月十五日以後早々可下遣軍士、年内先可有帰座之由、被仰南都云々、帯公家綸旨・武家事書等、雑掌頼賀下向云々、国民等悉屈伏寺門之間、於今者帰座不可有子細歟之由有其説、仍重及此儀云々、

つまり、「来月十五日以後、できるだけ早く軍勢を派遣するので、まずは年内に神木を帰座させるように」と命じ

たのである。「公家綸旨・武家事書」とあるので、今回は良基による内々の工作ではなく、朝廷や幕府が正面に立って興福寺と交渉していることがわかる。これは実際に軍勢が派遣されることを要求している興福寺側にとって到底受け入れられない内容であったが、そのような通達を出したのは、【史料五】にあるように、「国民等悉屈伏寺門之間、於今者帰座不可有子細歟」という「説」があったからであった。すなわち、「興福寺に反抗していた十市ら国民たちはすでに興福寺に恭順の意を示しているので（実際に軍勢を派遣して討伐する必要はもはやなく）、神木帰座も問題なく実現するであろう」という見通しがあったからである。

しかしその見通しは、興福寺衆徒が条件の承諾を拒絶したことによって脆くも崩れ去った。幕府側の見通しの甘さに加え、摂津国内の興福寺・春日社領について下された幕府の命令も実効性を伴っていなかったということからは、[51]幕府が神木入洛という異常事態の解決に真剣に取り組んでいたのか疑問にさえ思えてくる。

この時点で注目しておきたいのは、直前まで幕府と興福寺との間を仲介していた二条良基の姿が、両者の交渉の過程に一切現れないことである。本項冒頭で触れたように、良基は事態がこのまま解決するとみていた節があるので、「国民等悉屈伏寺門之間、於今者帰座不可有子細歟」という「説」の出所も良基であった可能性はある。しかしこれまでのように幕府—興福寺の交渉ルートへの良基の関与がみられず、朝廷や幕府が寺門雑掌を通じて興福寺と直接交渉している点は、交渉が新たな局面に入ったことを示しているといえよう。さらに、康暦二年一月には幕府奉行人が使者として南都へ複数回下向している。[52]幕府と興福寺の直接交渉は、二条良基を仲介とした交渉から寺門雑掌を経由したものとなり、さらには幕府側の者が南都に下向して交渉をするという複数の段階を踏んで実現したものであったことがわかる。[53]

興福寺から神木帰座を拒絶された幕府は、「悉可有帰座、猶申子細者可有厳密之沙汰」と強い口調で興福寺に対して神木帰座を再度迫った。[54]この幕府の強硬姿勢は、翌月に迫った義満の直衣始に藤氏公卿を参仕させるためと理解されているが、[55]同月に後光厳上皇七回忌供養のための宸筆御八講も予定されており、[56]こちらも無事に開催したいとの思惑があったのかもしれない。しかし興福寺は承知せず、翌康暦二年一月に再び「神木廿日以前帰座事」が幕府から言い渡されたものの、それも拒否した。[57]良基を介さない、興福寺と幕府との直接交渉も失敗に終わったのである。

その後は、幕府が同年八月頃に興福寺の強訴を容れて軍勢を派遣したとの記事もあるが、それも宇治止まりであり、本格的な討伐には至らなかったようである。[58]そのため神木は前年八月以来在洛したままであったが、同年十二月に突如として帰座が実現した。

【史料六】[59]

抑今日春日神木御帰座日也、一乗院前門主実玄僧都、蒙　公家・武家免、還任之間、六方・学侶以下異儀也、大衆等隠居、寺社未静謐之儀、為武家推而張行、奉勧帰座、軍卒等発向南都、致警固、其間事、兼日沙汰之次第、難尽筆端者也、

右の史料では、「武家」すなわち幕府が強引に神木を帰座させたとあるが、その直前には、前一乗院門跡の実玄が朝廷と幕府の赦免を得て門跡に復帰したことや、それに対して学侶・六方衆が反対していたことが書かれている。実玄はかつて応安四年の強訴時に学侶・六方衆等から朝廷・幕府に対して改替の要求を出され、門跡を更迭された人物である。[60]つまり幕府は、自ら解任した人物を復帰させ、その人物に軍勢を付けて強引に神木を帰座させてしまったのである。神木入洛という異常事態は、ここにようやく終息した。

3　新たな室町幕府—権門寺院関係の創出

幕府の強行により、神木は春日社に帰座した。しかしそれは、極言すれば神木を洛中から元の場所に移動させただ

けであり、興福寺側の要求を何ら満たした上のものではない。必ずしも神木を帰座させようと熱心に取り組んできたわけではない幕府が、突如として、しかも正式な手続きを経ることなく神木帰座を強行したのはなぜなのであろうか。このことを考察する前に、それ以前に幾度となく繰り返されてきた神木動座（とくに神木入洛）に対して、これまで政権はどのような対応を取り、またその中で幕府はいかに対応してきたのかをみておきたい。

鎌倉期に神木動座など寺社の強訴の処理に当たったのは治天の君である院であった。在京の御家人も、幕府ではなく院の命令を受けて僧兵等の入洛を防いでいる。六波羅探題成立以後は、院が御家人へ直接命令することはなくなったものの、動員の指示は院から出されていた。[61] こうした際に鎌倉にある幕府が何らかの形で関与していた形跡はみられない。たとえば、建保二年（一二一四）の強訴では神木が木津まで動座したが、「勅定」を奉じた在京の武士たちが僧兵と神木の入洛を防いだ。このとき幕府へは、事後に報告がなされただけであった。[62] こうした状況に変化が生じるのは寛喜二年（一二三〇）三月以降で、六波羅探題が朝廷と連携して紛争解決に当たり、探題が独自に活動する様子もみられる。

しかし、幕府そのものは紛争解決に消極的であった。石清水八幡宮神人が春日社神人を殺害したことに端を発する嘉禎元年（一二三五）の強訴は異例で、六波羅探題の後藤基綱が「関東御使」として僧侶等と面会して説得し、神木帰座が実現した。[63] この一件については、武家権門たる鎌倉幕府が国家的武力として対処し、解決に導いたと評価されているが、[64] 九条道家の説得も大きかったとみられ、[65] 幕府の関与は限定的で一時的なものであったと考えられる。

弘安四年（一二八一）の神木入洛でも鎌倉から使者が派遣されている。しかしこのときは神木入洛を防ごうとした武士たちの処罰を約束しただけで、「於惣事者可為聖断」として積極的な介入は避けている。[66] 神木帰座が実現したのも、院宣と長者宣の発給を受けてのことであった。[67]

一方、幕府の積極的な関与がみられる強訴もある。永仁元年（一二九三）に一乗院門跡である覚昭とその弟子の信助の対立が表面化した。これには摂関家内の対立を背景とする大乗院門跡内の争いも絡んでおり、信助側に大乗院慈信が付くなど、事態は両門跡間の抗争にまで発展した[68]。こうした状況に、六波羅探題から調停の使者が派遣され、興福寺内には警護のため大和近国の御家人が配備された。この御家人による警護は半年ほどで解除されたが騒動は収まらず、一乗院・大乗院双方の使者が六波羅の法廷の場で対決している。永仁二年九月に一乗院覚昭の流罪が幕府の使者の奏聞により決定されたが、この処分撤回を求めて神木が木津まで動座した[69]。神木はそのまま越年し、幕府内では「南都事」の評議が重ねられた[70]。結局幕府は、「条々雖及強訴、先度被宥流刑之上、於今者不及許容」と決定し、一乗院門跡の後継者選定の方法も併せて指示した。つまり、すでに覚昭の流罪を撤回しているので、それ以上の条件(＝覚昭の門跡復帰)までは認めず、別の人物を新門跡に立てるように命じたのである[71]。しかしこの命令によっても事態は収束せず、一時的にではあるが一乗院領に地頭が設置される事態にまで陥った[72]。

以上みてきたように、鎌倉時代の強訴は、当初こそ朝廷主導で対処がなされていたが、時代が下るにつれ六波羅や幕府の関与が目立ち、永仁の強訴では幕府側の裁定がそのまま勅裁となり、なおも反抗した興福寺に対して軍勢の派遣や寺領(一乗院領)への地頭の設置までなされた。十四世紀にさしかかる頃の強訴への対応は、表向きは朝廷が担うも実質的には幕府が鎌倉で評議を重ねて行っていたのであり、それは幕府主導ともいうべきものであった。

南北朝期の強訴への対処も、鎌倉期と同様に形式上は朝廷が主導していたと考えられている[73]。しかし、康暦の強訴が従来の強訴と同じように朝廷主導で対処されたものではなかったことは、これまで述べてきた通りである。とはいえ、幕府も事態解決に向けて積極的に動いた様子はみられない。これは鎌倉期の幕府の対応と比較して大きく異なる点である。さらにこのときには、形式的とはいえ事態収拾に向けて動くべき朝廷でも、神木入洛を無視するかのような朝儀実施の方針が二条良基によって進められていた。そしてその良基の行動は、先にも指摘したように、足利義満に正常な状態での朝儀を経験させることを最優先事項としてなされたものであった。

良基による神木帰座工作が失敗に終わった後、幕府が前面に立って興福寺と交渉するようになる。しかしそれは根本的な問題の解決を意図したものではなく、義満の直衣始に藤氏公卿を出仕させるためであり、かつて鎌倉幕府が担ったその役割とは全く異なるものであったといえる。そのことを象徴するかのように、藤氏公卿の出仕を今回の直衣始のみ認めるという条件を興福寺から引き出すことに成功した幕府は、その後神木帰座に向けての工作をとくには行っていない。

そうした状況が急変したのが、康暦二年（一三八〇）十二月の神木帰座である（【史料六】）。この帰座がかつて処罰された実玄を復帰させて行われた強引なものであったことは先に述べた。それではなぜ幕府は突然そのような強硬手段に出たのであろうか。

【史料七】[74]

神木御帰座、寺家方衆等大略離去間、大衆不及上洛、但一乗院方御門徒一方有之、今度上洛云々、三百余人歟云々、二条殿下（良基）以下卿相雲客供奉、洛中雨、当山今夜大雪也、宇治迄神幸、翌日南都御帰座云々、是今月廿五日、右大将家（足利義満）御着陣之間、藤家出仕之料、御帰座事、自武家押而被勧申之、一乗院門主（実玄）今度御還住也、御忠節如此雖其沙汰、惣寺衆徒悉離散、野心之間、自武家軍兵押下之、奉守護神社云々、

右の史料の傍線部を読むとその理由が判明する。すなわち、同年十二月二十五日に足利義満の着陣が予定されており、その際に藤氏公卿が出仕できるようにするために、幕府によって神木帰座が強行されたのだという。

これは、先述の直衣始のときと全く同じ構造である。直衣始の際も、その儀式の直前になって幕府は神木帰座を興福寺に対して強く勧告し、同儀式への藤氏公卿の参仕を実現させた。そして今回の義満の着陣においても、開催の前月に非常手段を講じ、藤氏公卿が出仕できるようにしてしまったのである。いずれの場合も、長期的な展望や確固たる政策に基づくものというよりは、足利義満が主役となる朝儀を無事に正常な状態で執り行うため、期日に迫られて

行ったものであり、そこに朝廷の指示や幕府の対権門寺院政策の影響を読み取ることはできない。先述の朝廷における二条良基の活動も、足利義満のためになされたものであった。つまり康暦の強訴とは、興福寺の思惑とは裏腹に、すべて義満の行動に左右されて展開し、終息した強訴であったということができる。そしてその過程で生まれた幕府と興福寺の直接対話方式は、形を少し変えながらも以後に引き継がれ、[75]新たな両者の関係が成立することになるのである。

おわりに

以上の検討により、幕府の興福寺に対する政策は、康暦の政変を契機として変化したのではなく、政変後の足利義満の朝廷内における行動により決定・左右されていたことが明らかとなった。また、幕府と興福寺との交渉の初期段階においては、二条良基が大きな役割を果たしており、それがのちに幕府と興福寺が直接対話するための素地となっていた。康暦の政変により、義満が細川頼之の影響下から脱して主体的に行動できるようになったことは間違いない。しかし今回の神木帰座問題に関しては義満の主体性を考慮するだけでは不充分であり、二条良基のような仲介者がいてはじめて事態が解決に向けて動き出したと考えるべきなのである。

最近の研究でも、足利義満による対権門寺院政策の変更が神木・神輿の入洛強訴を解消させたとの指摘がなされている。[76]しかしその「変更」には、対興福寺政策に限定するならば、根本的な問題の解決を先送りにして、義満が参加する朝儀の正常化が目的として存在した。つまり、幕府と興福寺の関係をどうするかが第一に考えられていたのではなく、義満が主役となる朝儀を無事に執り行うことが最重要の課題としてあり、その課題遂行のために行われた数々の行動が結果的に幕府の対興福寺政策となったのである。

今回の検討では興福寺の事例しか取り上げることができなかったが、興福寺以外の権門寺院と幕府との関係が形成された過程についても、改めて考えてみる必要があるのではなかろうか。幕府の対権門寺院政策の存在を前提とするのではなく、義満とその周辺の動きを念頭に置いて再検討することにより、これまでそのように呼ばれてきた「政策」の実態を明らかにすることができると考えられる。

註

（1）本稿で指すところの権門寺院とは、強訴を通じて朝廷や幕府に自らの要求を実現させようとした寺院のことであり、南都北嶺と並び称される延暦寺や興福寺を代表的な例として想定している。

（2）同様の視点から検討を行ったものとして、三枝暁子『比叡山と室町幕府―寺社と武家の京都支配』（東京大学出版会、二〇一一年）がある。同書で三枝氏は、公武関係論に包含されて埋没してしまっている幕府と寺社の関係を検討することの必要性を説き、延暦寺を頂点とする山門系寺社勢力と室町幕府の関係を追究している。

（3）富田正弘「室町時代における祈禱と公武統一政権」（日本史研究会史料研究部会編『中世日本の歴史像』創元社、一九七八年）、同「室町殿と天皇」（久留島典子・榎原雅治編『展望日本歴史一一　室町の社会』東京堂出版、二〇〇六年、初出一九八九年）など。

（4）大石雅章氏は、応安～永和期における国家的祈禱の変化は、それを実施する場所が朝廷から幕府へ移っただけであり、祈禱の実施手順については変更がなく、幕府単独で祈禱を主宰・遂行することは不可能であったとして、国家的祈禱の開催方式の変化をもって権門寺院の幕府への従属化と捉えることに否定的な見解を示している（大石「寺院と中世社会」『岩波講座日本通史』第八巻中世二、岩波書店、一九九四年）。

（5）上野進「室町幕府の顕密寺院政策―祈禱政策を中心として―」（『仏教史学研究』四三―一、二〇〇〇年）。

（6）下坂守「山門使節制度の成立と展開―室町幕府の延暦寺大衆政策をめぐって―」（同『中世寺院社会の研究』思文閣出版、二〇〇一年、初出一九七五年）。

（7）瀬田勝哉『洛中洛外の群像―失われた中世京都へ―』（平凡社、一九九四年）。また、馬上方一衆の設置の目的が洛中の土倉に対する課税を実現するためであったことは、下坂守「延暦寺大衆と日吉小五月会（その2）」（前註下坂氏著書）参照。
（8）下坂守『京を支配する山法師たち 中世延暦寺の富と力』（吉川弘文館、二〇一一年）、同「「山訴」の実相とその歴史的意義—延暦寺惣寺と幕府権力との関係を中心に—」（同『中世寺院社会と民衆—衆徒と馬借・神人・河原者—』思文閣出版、二〇一四年、初出二〇〇四年）。
（9）三枝暁子「室町幕府の成立と祇園社領主権」（前掲註（2）三枝氏著書、初出二〇〇一年）。
（10）稲葉伸道「南北朝時代の興福寺と国家」（『名古屋大学文学部研究論集』一三一（史学四四）、一九九八年）。
（11）永島福太郎「下剋上の世」（奈良市史編集審議会編『奈良市史』通史二、奈良市、一九九四年）。
（12）佐藤進一『南北朝の動乱』（中央公論社、一九七四年）。
（13）前註佐藤氏著書、前掲註（10）稲葉氏論文など。
（14）小川信『細川頼之』（吉川弘文館、一九七二年）一七八頁、前掲註（6）下坂氏論文、前掲註（11）永島氏論文など。
（15）『大乗院日記目録』（『続史料大成』）・『細々要記』（『続史籍集覧』）・『細々要記抜書』（『大日本仏教全書』）など。
（16）『神木御動座度々大乱類聚』。翻刻は上野麻彩子・北村彰裕・黒田智・西尾知己「『神木御動座度々大乱類聚』の翻刻と紹介」（『早稲田大学高等研究所紀要』三、二〇一一年）による。
（17）『細々要記抜書』永和四年七月二十四日条。
（18）『後深心院関白記』（『大日本古記録』）永和四年十二月十二日条。
（19）同右永和四年十二月十五日条、『後愚昧記』（『大日本古記録』）永和四年十二月二十七日条。
（20）『後深心院関白記』永和四年十二月二十一日・二十九日条。
（21）『後愚昧記』永和三年九月二十七日・十一月二十六日条。
（22）『細々要記』康暦元年（一三七九）一月六日条。
（23）『細々要記』康暦元年一月条。
（24）『後深心院関白記』康暦元年二月二十二日・二十三日条、『迎陽記』（『史料纂集』）同日条。
（25）前掲註（12）佐藤氏著書四〇四～四〇六頁。

(26)『後愚昧記』永和三年八月八日条。
(27)『後深心院関白記』康暦元年同日条。
(28)『迎陽記』康暦元年一月五日条。
(29)『中院一品記』(『大日本史料』)暦応四年一月六日条、『園太暦』(『史料纂集』)延文元年一月六日条。嘉禎の先例が不吉とされたのは、幼くして不慮の事故で亡くなったとされる四条天皇の治世中であったためと思われる。
(30)『後深心院関白記』永和四年一月五日条。
(31)前掲註(28)に同じ。
(32)『迎陽記』康暦元年一月三日条、小川剛生『足利義満 公武に君臨した室町将軍』(中央公論新社、二〇一二年)。
(33)七日早旦に行われた「加叙」は、同日に開催される白馬節会への参仕者と叙列への列立者の減少を防ぐ目的があったと指摘されている(畑中彩子「加叙の成立～摂関期における政務としての叙位の変遷～」『学習院大学文学部研究年報』五五、二〇〇九年)。そのような手段を講じねばならないほど、白馬節会への参仕者は少なかったようである。
(34)『迎陽記』康暦元年三月二十五日条。
(35)『後深心院関白記』康暦元年三月二十六日条。
(36)県召除目の開催を強行しようとした人物については不明であるが、白馬節会を強行したのが良基であったことは『後深心院関白記』康暦元年一月七日条に記述がある。
(37)『後深心院関白記』永和四年(一三七八)十月十日条。なお、今回の強訴は摂津守護の更迭(摂津国内での興福寺の権益拡大)実現が目的で、南都への軍勢派遣の要求は表向きのものであったとする見方もある(前掲註(14)小川氏著書)。しかし、前掲註(23)に引用したように興福寺側は兵具まで準備して合戦に備えており、その後も幕府に対して軍勢派遣を要求し続けているので、守護更迭・軍勢派遣のいずれも興福寺側にとっては重要な案件であったと考えるべきである。
(38)佐藤進一『室町幕府守護制度の研究 上』(東京大学出版会、一九六七年)。
(39)『後深心院関白記』康暦元年七月十四日条。
(40)『後深心院関白記』康暦元年七月十六日条。
(41)『細々要記』康暦元年八月十三日条、『後深心院関白記』康暦元年八月十四日条、『春日神木御入洛見聞略記』(『続群書類従』第二輯 神祇部)など。
(42)『後深心院関白記』康暦元年九月十七日条。
(43)『後深心院関白記』康暦元年九月十八日条。
(44)『後深心院関白記』康暦元年十月十一日条。
(45)『迎陽記』康暦元年十月二十二日条。
(46)前註に同じ。
(47)『迎陽記』康暦元年十一月二十二日条。
(48)『迎陽記』康暦元年十一月三十日条。
(49)『後深心院関白記』康暦元年十二月一日条。
(50)『後深心院関白記』康暦元年十二月九日条。
(51)『後深心院関白記』康暦元年十二月十六日条。
(52)『花営三代記』(『群書類従』第二十六輯 雑部)康暦二年一月十六日・二十一日・二十五日条。
(53)この時点の両者の交渉は、「これまでの強訴の歴史にはみられない」直接交渉であったと評価されている(前掲註(10)稲葉氏論文一〇頁)。しかし、応安の神木入洛時も幕府の使者が南都に直接下向して神木帰座を説得しており(〈応安四年同五年即位宣命使並神木在洛中法会文書〉『応安四年、一三七一〉十二月六日付洞院公定書状『後愚昧記』附帯文書)、この時点が初めてのものではない。
(54)『後深心院関白記』康暦元年十二月二十三日条。
(55)『史料稿本』(東京大学史料編纂所大日本史料総合データベース)康暦二年一月十九日条。
(56)『迎陽記』康暦元年十二月二十七日条。
(57)『迎陽記』康暦二年一月四日条。このような興福寺側の態度にもかかわらず宸筆御八講は強行開催される予定であったが、直前になって中止となった。ただ、義満の直衣始への藤氏公卿の参仕は、今回限りという条件で興福寺が承諾したため実現している(『後深心院関白記』康暦二年一月十九日・二十七日条)。
(58)『春日神木御入洛見聞略記』康暦二年条。

(59)『公豊公記』(東京大学史料編纂所架蔵写真帳、請求番号六一七三―八五)康暦二年十二月十五日条。
(60)実玄や応安の強訴については、安田次郎「実玄とその時代」(同『中世の興福寺と大和』山川出版社、二〇〇一年)参照。
(61)木村英一「鎌倉時代の寺社紛争と六波羅探題」(同『鎌倉時代公武関係と六波羅探題』清文堂出版、二〇一六年、初出二〇〇八年)。以下の鎌倉期の記述も同論文を参照した。
(62)『吾妻鏡』(『国史大系』)建保二年八月十三日条。
(63)『吾妻鏡』嘉禎二年二月二十八日・三月二十一日条。
(64)前掲註(4)大石氏論文。
(65)『春日社司祐茂日記』(『大日本史料』)嘉禎二年二月十四・十五・二十日条。
(66)『勘仲記』(『史料纂集』)弘安五年一月二十九日条。
(67)『勘仲記』弘安五年十二月十五日・二十一日条。
(68)この永仁年間の興福寺内での争乱については、安田次郎「永仁の闘乱」(前掲註(60)同氏著書)が詳細に論じている。以下の争乱に関する記述は同論文を参照した。
(69)『興福寺略年代記』(『続群書類従』第二十九輯下 雑部)永仁二年十月五日条。
(70)『永仁三年記』(『続史料大成』)永仁三年一月十六日・二十日条。
(71)『永仁三年記』永仁三年一月二十五日条。
(72)『興福寺略年代記』永仁五年六月十四日・十月十八日条。
(73)前掲註(10)稲葉氏論文。
(74)『春日神木御入洛見聞略記』康暦二年十二月十□日条。
(75)室町期の幕府と興福寺との交渉は、南都伝奏や南都奉行を介して行われた。拙稿「室町幕府と興福寺」(同『室町幕府と地域権力』吉川弘文館、二〇一三年)参照。
(76)前掲註(32)小川氏著書、大田壮一郎「室町殿と宗教」(同『室町幕府の政治と宗教』塙書房、二〇一四年)。

足利義満の笙と西園寺実兼の琵琶

——十四世紀における公家社会の変容を考えるための一視角——

石原比伊呂

はじめに

本稿において考えたいのは十四世紀における「公家社会(1)」の変容である。具体的には足利義満と雅楽器である笙との関係を素材とする。

十四世紀最末期の将軍であり、太政大臣でもあった足利義満は笙にも造詣が深く、その関係については、一九九〇年前後の時期、坂本麻実子氏(2)・豊永聡美氏(3)・三島暁子氏(4)などによって研究が進められた。しかし、早く松永和浩氏が指摘したように、これら一連の論考は、当時一世を風靡していた今谷明氏による「王権簒奪計画説(5)」の圧倒的な影響を受けており、現在の研究状況において、もはやそのままでは成り立たない(6)。

そもそも「王権簒奪計画説」は、義満の「王権簒奪」を空前の出来事として描き出しており、必然的に義満を他時代の権力者とは根本的に相違する存在として位置付けている。その結果、前後の時代の権力者との比較検討を欠いたまま、義満を絶対的権力者として肥大化させる傾向にあるのだが、本論でおいおい明らかにしていくように、義満と笙に関する諸論考も、同じ陥穽に陥っているといわざるをえない。

それでは、足利義満と比較されるべき権力者とは誰か。その点を考えるにあたって参照とすべきは、大田壮一郎氏による指摘である。(7)大田氏は今谷氏が「大法は国家的仏事を意味する」という想定のもと、「天皇祭祀権」奪取の一事例と位置づけた北山殿大法について、実際には鎌倉期の藤原道家・西園寺公経なども私修している事実を摘出し、「義満の絶大な権勢や財力を象徴するものである」が、「王朝側の権限奪取の結果」として評価することは不可能だとした。つまり、前代における権力者である西園寺家と同じ行動であるならば、それに「絶大な権勢や財力を象徴するもの」以上の評価はできない、ということになるのである。そして、室町期において天皇家の楽器は笙であったのに対し、鎌倉期における天皇家の楽器は琵琶であったのだが、実は、その琵琶における天皇家の師範こそ西園寺家であった。(8)なかでも西園寺実兼は、その権勢においても、琵琶の実力者という意味においても、義満と比較するのに好適な人物である。(9)しかも義満が十四世紀末葉を生きたのに対し、実兼が活躍したのは十四世紀の初頭である。自ずと、両者を比較することが、十四世紀における公家社会の変容を明らかにすることとなろう。以下、本稿では、笙における足利義満の諸営為について、西園寺実兼の事例を意識しつつ考察することで、「王権簒奪計画説」に引きつけて評価する先行研究の理解に再検討を迫りたい。

1　天皇の笙始と義満

「王権簒奪計画説」の影響を受け、足利義満が空前絶後の権勢を誇っていたことを、雅楽の面から強調する言説に次のようなものがある。

永徳二年三月二六日、義満は自分が立ち会って、豊原信秋に後円融天皇へ「蘇合」の伝授を行なわせ、笙によって、義満は天皇より上位にあることを見せつけた。

右は坂本麻実子氏による叙述であるが、(10)この指摘には問題点がある。それは、伝授に立ち会うことが「上位にあることを見せつけ」ることを意味したとする根拠が一つも提示されていない点である。

そこで、まず、氏が参照としたであろう史料を取り上げよう。『體源鈔』の「禁裏御笙代々御例」(後円融　永徳二年三月二十六日)である(波線部については後に触れる)。

禁裏蘇合御伝授也、兼日内々被仰下之、而秉燭之程着衣冠参内、亥刻計英秋、藤秋、定秋、氏秋、量秋同着衣冠相従、有御伝授之義出御朝餉、将軍家有御参被上御簾、次将軍御着座、信秋軒廊下儲打板其上敷畳着座、次召英秋、信秋左方庭上敷円座祗候、英秋吹盤渉調音取、次主上被遊出蘇合序、御器二千石、英秋令御共吹之、次四帖始五手英秋仕之、次主上又同五手被遊之、次英秋持参御奥書、頭中将殿取之被進将軍家被召之被進御前、此御奥書、蘇合万秋楽両曲書載之、旧院両曲一度御伝受之間、以佳例如此書進上、但今夜蘇合斗御伝授、万秋楽追可有練習之由申入畢、信秋病体不能取器之、而以今案之儀如此申沙汰畢、次自台盤所妻戸御簾下被押出御衣、将軍家有起座被取之、被懸下信秋、次又自同所被出御衣、同将軍家被召之給頭中将殿、頭中将殿召英秋被下之、在所同前、次将軍家有御参被垂御簾、次入御、次将軍家御退出、次将軍家内々被召英秋今夜之儀厳重併御申沙汰之故也、定令自愛歟之由可伝仰信秋之由被仰下了、云当座為後代面目之至無比類者也、

おそらく坂本氏は、御師範の豊原信秋のほかに義満が「御着座」したという記述(破線部)をもって、「立ち会って」「上位にあることを見せつけた」と解釈したものと思われる。ここで注目したいのは、このときの義満の役割は、奥書を伝受者(後円融)に取り次ぐことと、給禄の仲介であったことである(傍線部)。この二つの役割については、別の史料から、義満の「荒序」伝受に際して山科教言が担ったものと同じであり、そのときの教言が「御着座」と表現されていることが確認される。(11) すなわち、後円融の蘇合伝受における義満の立ち居振る舞いについては「御着座」の語(あるいは役割)に注目する必要がある。

実は、義満は後小松の笙始儀においても「御着座」と表現される役割を担っているのである。

丑尅許其儀有之蔵人左少弁殿宣俊御奉行也、先　出御于朝餉、次室町殿様御着座、次左少弁殿有御参被巻御簾歟半斗、御笛筥兼被置儲歟、御笙太子丸、次被召左少弁殿量秋可召之由被仰、弁殿降中門可参進之由被仰、仍量秋参上着座、次室町殿様御気色有之、先吹平調音取、次吹万歳楽只拍子三手、次　主上取御笙同三手被遊之、次量秋退出、次入御云々、[12]

波線部にあるように、御師範の豊原量秋のほかに義満が「御着座」として臨席しているのだが、そのときの義満の行動は、御師に合図(「御気色」)を送るというものだった(傍線部)。そして「御気色」については『體源鈔』に最初に掲げた、坂本氏が参照したであろう史料の直前に並べられた記述が参考となる。そこには、一条実材や中御門(松木)宗泰もまた、義満と同じように天皇の御前において「気色」を発し、笙師範の豊原氏へと合図を送っていることが記されており、彼らはそれぞれ「御参着御前」「着座公卿」と表現されている[13](ゆえに「御着座」は「着座公卿」と同義であると判断できる。本稿では、以下、「着座公卿」を用いる)。

以上の検討をまとめると、室町期の天皇や将軍の笙伝授には、御前にて笙師範に「気色」を送る役割を担う「着座公卿」という存在があり、後円融の蘇合伝受における義満は、「着座」と表現されているだけでなく、「気色」に関する叙述こそ確認できないとはいえ他の役割においても共通することから、「着座公卿」という役割において、後円融の蘇合伝受に「立ち会っ」たということになるだろう。

ただし、ここで確認しておかなければならないのは、このような「着座公卿」の存在は、鎌倉時代における天皇や上皇への秘曲伝授などの場面では確認されない、という事実である[14]。そもそも、秘曲伝授の場において師範以外の人物が臨席するというのは、極力、避けられるべき事柄であった。

今日予伝受琵琶秘曲、此事日比可遂此節之由、雖存、被妨忩忙、自然馳過、而師匠孝頼自去春臥病床、仍忩所伝也、予雖未極三曲且依師匠命受之、

（略）

次師匠来、先之師弟前置比巴各一面、予比巴末濃也、師匠比巴象丸也、此間刑部卿局退入、人々遙可立去之由示了、是為令弾秘曲也、次取比巴、授曲、(15)

右は西園寺実兼が藤原孝頼から秘曲伝授されたときの事例であるが、傍線部から、秘曲ゆえに人払いがなされていることがわかるだろう。伝授されるのは秘曲なのだから、本来的に伝授の場には伝授者と伝受者の二者以外が存在してはならないのである。しかし、いわば「公然の秘密」のようなかたちで秘曲伝授の場に臨席する人物が、鎌倉期においても存在していた。それが、他ならぬ西園寺実兼なのである。

此日可令伝受琵琶秘曲啄木日也、

（略）

次大将伺目取比巴、余同取比巴、先調返風香調、大将弾七撥、余同弾七撥、次弾撥合先大将弾之、余相共又弾之、次聊改調、弾啄木以撥弾之微音、入内之後入道相国申曰、比巴音猶高聞ユ、又大将以詞授申其声猶高、不可然云々、伝受之間入道相国候寝殿北面方、(16)

右は、後伏見天皇が西園寺公顕（「大将」、実兼の子）から秘曲（啄木）を伝受したときの事例であるが、ここで実兼は後伏見に対し、「楽器の音量や声量が、まだ大きすぎます」とアドバイスしている（傍線部）。必然的に実兼は、師範でないにもかかわらず寝殿北面の音が聞こえる範囲に祗候していたことになる。では、なぜ、実兼は琵琶の音声が届く範囲に祗候することが容認されたのであろうか。それは、秘曲伝授についての難点を指摘していることからも明らかなように、実兼自身が最秘曲に至るまでの伝授を受けた、琵琶系図上の人物だったからであろう。秘曲を伝受している存在である以上、実兼に秘曲の詳細を秘す必要はなかったのである。なお、後伏見天皇に啄木を伝授したのが実兼でなく公顕であったことは、後に触れる。

話を「着座公卿」に戻そう。右の西園寺実兼のような例外はありつつも、鎌倉期の秘曲伝授においては伝授者（師範)と伝受者(天皇)以外の人物は人払いされていた。にもかかわらず、なぜ、室町期に至り、天皇や上皇に対する秘曲伝授への場面において「着座公卿」なる存在が新たに必要とされるようになったのであろうか。

そこで、天皇に対する、鎌倉期の琵琶伝授と室町期の笙伝授の相違について改めて考えてみよう。私見では、その最大の相違は、鎌倉期の琵琶師範が西園寺家という堂上の名門貴族であったのに対し、室町期の笙師範が家格としては地下にすぎない豊原氏であったという点であろうかと思う。天皇の楽器が南北朝期を境に琵琶から笙へと変化したこと、及び、その背景については、すでに多くの研究が蓄積されているところなので、ここで繰り返すことはしない[17]。重要なのは、南北朝内乱の混乱のなかで、なかばなし崩し的に笙が天皇家(厳密には北朝後光厳流)の楽器として定着したという歴史的過程である。

動乱期という現実が故実作法に先行する状況のなか、既成事実として笙の師範を地下楽人である豊原氏が独占するような体制ができあがっていった。しかし、豊原氏は地下である以上、本来ならば殿上して天皇に笙の伝授を行うことは、故実上の資格として不可能であったはずである。そこで、おそらく、「実際は殿上しているが、名目上は殿上していない」ような体裁によって笙伝授が実施されるようになっていたのではなかろうか。当然、笙師範である地下楽人の豊原氏と被伝授者の天皇とが、直接的な意思疎通することは許されない。ここに、堂上貴族が間に入る必要性が発生したのであろう。すなわち、合図(「気色」)を職掌とする「着座公卿」の慣習化である。

しかし、本来ならば秘曲伝授などの場においては人払いがなされなければならない。となれば、「着座公卿」の必要条件とは、先の西園寺実兼の例のように、「すでに秘曲を知っているもの」ということになり、「着座公卿」には笙に習熟した公卿が選ばれることとなるのである。そして、後円融の蘇合伝受における義満は、そのような「着座公卿」としての資格を完璧に満たしていた。このときの義満の臨席というのは、「着座公卿」として、当時の慣習に沿った上での行為だったと考えられよう。坂本氏は、義満が天皇や上皇の笙始儀や秘曲伝受において臨席するという行為を、「義満は自分が立ち会って」「天皇より上位にあることを見せつけた」と、特に根拠を示すことなく位置付けた。しかし、西園寺実兼の事例などを参照しつつ史料により実態を総合すると、義満の臨席は「着座公卿」としてのあり方の範疇を超えるものではなく、義満の特殊性、あるいは義満と天皇家の力関係を推測するための素材にはなりえないことは明らかであろう。

2　後円融の笙習得

既存の室町期雅楽史研究においては、足利義満の笙の習熟速度と、後円融のそれを比較することで、前者の後者に対する優位性を強調する。やはり「王権簒奪計画説」の影響が強いことは明らかであるが、例えば、三島暁子氏は次のように述べる。

笙の兄弟子であった後円融天皇を驚異的な速さで追い抜いて習得していった。そして、義満自身が御師範として後小松天皇に笙を伝授するに至るのである。笙の相承において、義満が師として天皇家の上位にたった。(18)

この指摘の問題点は、笙の習得を追い抜くこと、天皇の笙の師範となることを「師として天皇家の上位にたった」と評価してよいのかどうかの妥当性である。

この点についてては、坂本氏も趣旨の似た言及をしている。

義満が康暦元年二月の笙始から「蘇合」伝授まで、五ヵ月もかかっていないのに比べて、後円融天皇は、永和元年八月の笙始から「蘇合」伝授まで、何と八年以上もかかっている。(略)後円融天皇の笙の稽古は、なぜか進んでいない。あるいは義満と豊原氏の申し合わせがあったのだろうか。(19)

右の坂本氏の意見に対しては、すでに池和田有紀氏による「義満に、坂本氏のいわれるような、天皇よりも優位に立とうとする意図があったかどうかは明らかでない」との批判が加えられている[20]。

ここでは、義満の笙習得が後円融よりも速かったことについて、実態的に再検討したい。この件に関する最大の論点は、「果たして、習熟の速さと秘曲伝授の速さは比例するのか」という基本的な部分である。

例えば、義満が「皇帝団乱旋」の伝授を受けたときの記事を見てみよう。

将軍家、皇帝団乱旋御相伝於上御所在之、
（略）
皇帝破陣楽幷団乱旋所奉授将軍家也、聊隆為早速云御器量云御数寄抜群之上、信秋尤病又就期日之間授申入者也[21]、

傍線部より、義満に対する団乱旋の伝授が実現した最大の要因は、師範豊原信秋の余命がわずかであったことにあったとわかる。つまり、豊原信秋が義満に伝授したかったから、伝授が実現したのである。では、なぜ信秋は義満への伝授を望んだのか。それは次の『體源鈔』「将軍家御笙沙汰記」永徳元年八月二十七日と二十九日より明らかになる。

荒序御伝授之儀在之（二十七日）
自御所俸禄御馬被置鞍被引下、所領一所御下文拝領、丹波国籾井下司職也、先立万秋楽御相伝之時、為彼賞摂津国少所二ヶ所拝領名当知行也、（二十九日）

右の史料に明示されているように、義満への秘曲伝授には所領の下賜が伴った。豊原氏の立場からすれば、義満の師範たる資格を有した信秋が存命中にできるだけ多くの秘曲を伝授しておく必要性があったのである。義満の急速な秘曲伝授の背景には、師範である豊原氏の利害が存在していた。

義満と豊原信秋の事例から、そもそも「習得者の技術が向上すれば、それに応じて秘曲伝授が実施される」という前提そのものが危ういことが理解されるだろう。そして、そのような、見方によっては「逸脱」とも受け取れる現実

は、何も義満という個性によって招来されたものではない。すでに鎌倉期において「習得者の技術が向上すれば、それに応じて秘曲伝授が実施される」という原則など存在しなかったことを示す史料が存在する。

今日予伝受琵琶秘曲孝博流、啄木、此事日比可遂此節之由、雖存、被妨忩忙、自然馳過、而師匠孝頼自去春臥病床、仍忩所伝也、予雖未極三曲且依師匠命受之、(22)

文永九年の五月、西園寺実兼は「未極三曲」（「三曲」とは「流泉」「啄木」「楊真操」のこと）という状態であるにもかかわらず、「師匠孝頼自去春臥病床」という理由で、「秘曲」（三曲のなかでも最秘曲である啄木）を伝授されているのである。もちろん、右の叙述は実兼本人によるものであり、謙遜も多分に含まれているだろうが、それを勘案しても、やはり実兼の秘曲伝受が本人の習熟度によるものではなく、師範である藤原孝頼の健康状態、極言すれば個人的事情により実現したものだという事実は動かないだろう。「習得者の技術が向上すれば、それに応じて秘曲伝授が実施される」という芸道における観念上の理想型など、現実には存在していなかったのである。後円融が秘曲伝受の速度において義満の後れを取ったのは、「天性の素質において義満より劣ったから」といった安易な解釈で片付けるべき事柄ではなく、もっと様々な要素が絡まり合った結果とみるべきだろう。では、その様々な要素とは何か。私見では、それは非常に単純な要因に帰するように思う。

晩頭参内、前内府、侍従中納言伴参、於常御所有一献、此時分大樹参内、先以教冬朝臣被伺機嫌、前内府祇候、有一献之由告之、仍大樹自門前被退出、此子細按察祇候之間、教冬朝臣申之、則申入、御仰天、前内府即退出、侍従中納言以勅書向武家、乗物以下已退散、再三令申之間、侍従中納言同車被参内、於御湯殿上有御酒宴、主上笙御所作事、為被申也、分明可有御沙汰之由、不被仰出之間、大樹聊無本意之躰也、尤無勿躰、万里小路中納言参仕、余役送勤之、(23)

右は最近、翻刻された『史料纂集　迎陽記』の一節で、義満が参内して、一悶着ありながらも、御湯殿で後円融と酒宴を開いたという内容である。ここで注目すべきは、義満が後円融に笙の所作を提言しながらも(傍線部)、後円融が色よい返事をしなかった(波線部)というやりとりである。後円融の返答に、義満はたいそう立腹したらしい(破線部)。時期的に、まだ義満と後円融の関係が決定的に険悪なものとなる前の出来事であることを踏まえるならば、これは義満に対抗せんがために笙の所作を拒否したというよりも、そもそも後円融に笙を習得しようとする意欲が欠いていたことを示しているだろう。嗜好性の問題として後円融は笛を好んでいたようである。(24)

そして、笙師範である豊原氏の側が、義満に遠慮して後円融への秘曲伝授を躊躇したとも考えがたい。先に二九九頁で『體源鈔』「禁裏御笙代々御例」(後円融　永徳二年三月二十六日)を引用した。そこの波線部には「此御奥書、蘇合万秋楽両曲書載之、旧院両曲一度御伝授之間、以佳例如此書進上、但今夜蘇合斗御伝授、万秋楽追可有練習之由申入畢」とあった。ここからわかるのは、後円融は「万秋楽追可有練習」との条件を付された上で蘇合とともに万秋楽も伝授されているという事実である。簡単にいうと、習熟度不足を度外視して、師範である豊原英秋側の働きかけにより、なかば無理やり後円融への万秋楽伝授が実現したのである。構図としては、「後円融への秘曲伝授を望む豊原氏に対して、それに消極的な後円融」ということになる。

習熟度と伝授の速度は、そもそも必ずしも相関関係にあるものではなく、師範側の意向など、種々の事情に左右されるものであった。また、後円融の伝受が遅かったのは、単純に後円融本人の笙秘曲伝受に対する姿勢が消極的だったからだと考えるべきだろう。ただし、ここで、何よりも強調しておかなければならないのは、消極的であったことの理由を義満との関係性に求めうる明確な根拠史料は、管見の限り全く存在しないという点である。

先行研究においては、「義満の秘曲伝授が後円融天皇より速かったこと」を、「笙を通じて後円融より上位にあることを見せつける義満の政治的行為」だとした。とはいえ、その評価が成り立つためには、「楽器(笙)の習熟速度と公家社会における権威は比例関係にあり、それゆえ、義満と後円融は笙の習熟を競い合った」という前提がなければならない。しかし、実態として、秘曲伝授の速度は伝授する側の師範の都合に左右され、笙の習熟度をそのまま反映するものではなかった。「後円融より義満の方が秘曲伝受が速かった」という事実からは、「笙師範の豊原氏が天皇家よりも、具体的恩賞を期待できる将軍家を優先していた」ことの証明にはなるが、そこから、「義満が自己の上位を後円融に見せつけようとした」との評価を導くことは難しいように思われる。なぜなら、基本的に後円融は笙の習得に消極的で、最終的に、習熟度不足にあるにもかかわらず、なかば強引に秘曲伝授を押しつけられているからである。笙の習得の速さが両者の社会的地位を表現するものであり、後円融もそのことを意識していたとするならば、後円融が一貫して笙の習得に消極的だったことを説明できない。「笙の習得の速さと社会的地位には相関関係はなかった」と考えるか、「少なくとも後円融にダメージを与えるようなことはなかった」と考えざるをえないのであり、先行研究の見解は、笙の持つ政治性に対して、余りにも非現実的な過大評価を与えているといわざるをえない。

3　足利義満と西園寺実兼

第1節と第2節では、鎌倉期における西園寺実兼の傍証なども用いながら、「王権簒奪計画説」の影響を強く受けた既存の雅楽史研究における足利義満への評価が、不当に高いことを指摘した。西園寺実兼の事例が足利義満を考える傍証となるということは、すなわち、足利義満と西園寺実兼には共通する部分が多かった可能性を浮かび上がらせる。本節では、そのような可能性を念頭に、引き続き室町期雅楽史研究の不審点について検討していきたい。つまり、足利義満の事例を、西園寺実兼の事例を参照しつつ再検討するわけであるが、それによって、見直しが迫られることになる先行研究の不審点は二つある。まず一つ目は、坂本麻実子氏による、次の指摘である。

後小松天皇は、一一月三日、義満の後見で笙始の儀式を行なった。義満は、八月二一日、豊原英秋の遺児、量秋に「荒序」を相伝しており、弟子の量秋を後小松天皇の師範に起用した。したがって、後小松天皇は義満の孫弟子である。もはや義満は笙の第一人者なので、初心者の後小松天皇に、いちいち指導しない[25]。

ここで問われなければならないのは、「義満は第一人者だから後小松に指導しない」というロジックは成立するのか、という点である。少なくとも、坂本氏は根拠を何一つ提示していない。

不審点の二つ目は、豊永聡美氏による、次の指摘である。

永徳三年に後小松天皇の大嘗祭における御遊が催されたが、このとき(略)義満が曲目の変更を強要している[26]。また、応永元年になされた常楽会では(略)かつては天皇が選定してきた所作人を義満が選定している。

ここで筆者が疑問に思うのは、曲目変更や所作人の選定への関与が義満に固有の現象なのか、という点である。また、そもそも、そこに関与することが義満に何をもたらすのかについても不明である。豊永氏は「天皇が独占してきた楽会所作人選定行為を、足利義満が史上初めて介入し、そのことが義満権力に何らかの利益(権威の誇示など)をもたらした」と評価していると判断されるのだが、その是非を問いたいのである。

これら先行研究による二つの指摘についても、ともに「王権簒奪計画説」の影響が顕著であるが、まず、一つ目の不審点から考えていく。参照とすべきは西園寺実兼と後伏見天皇の関係性である。

三〇一頁で予め指摘しておいたように後伏見天皇に啄木を伝授したのは西園寺実兼ではなく、子息の公顕(「大将」=前右大将)であった。では、実兼が後伏見の琵琶習得に対してノータッチであったかというと、そうではない。

早旦遣家相朝臣於北山第、秘曲伝受事委仰合入道相国、条々又有申旨等、即又遣前右大将第、有仰合事等、今日安倍淳宣、秘曲伝受日次、内々注風記進之、今月中十一日外無吉日云々、十一日以外卒爾也、猶末サマニ可択申之由、重仰了[27]、

伝授儀に先だって、後伏見は実兼(「入道相国」)と相談を経た上で、公顕との打ち合わせを行っている。実兼は「御

師範」でなくとも、実質的には深く関与しており、そのことは次掲史料に顕著である。

奏事以後及申刻幸北山、是秘曲伝受事条々為仰合也、女院同車、女房一人令乗車後、忠兼・教行等朝臣有共、小時入道相国参対面、比巴秘曲間事、数刻言談、於此第南屋寝殿可有此儀、御装束之様可載次第、其間事委令伺申、又任度々例当日可被進御馬於妙音堂之由申之、又可存知事等、余委曲問之、其次返風香調長撥合近日以本譜練習了、今日入道相国相共弾之、委細令伝受了、又返風香調爪調、少々有不審事之間、同委令伝受了、次内々有御遊習礼、(28)

傍線部に明瞭なように、当時の琵琶の第一人者であった西園寺実兼は御師範ではないにもかかわらず、後伏見に対して、琵琶の演奏法を指導している。ここから、まず、坂本氏が「義満は笙の第一人者なので、初心者の後小松天皇に、いちいち指導しない」と述べたような雅楽上の慣習は存在しなかったことが理解されよう。「第一人者」と「指導の有無」に何ら相関関係は成立しないのである。また、右の事例からは「第一人者が御師範をつとめる」という慣習も存在しなかったことも理解される。「楽器習得中の天皇との関係のあり方」に「第一人者」という要素の規定性は見出せないのである。坂本氏は「第一人者」という言葉を用いて、義満と後円融の関係を描き出したが、「第一人者」という要素を持ち出すこと自体が、そもそもナンセンスといえるだろう。また、ここでは、「師範でないにもかかわらず、公然と天皇の楽器習得に影響を与えうる権力者」という意味において西園寺実兼と足利義満のあり方が共通している点を強調しておきたい。

次に二つ目の不審点、曲目変更や所作人の選定への関与が義満に固有の現象であったかについて検討したい。まず、義満による禁裏雅楽の所作人選定に対する影響力行使が、どのような実態を持つものであったかについて確認するため、具体的な事例を紹介しておこう。

抑今日荒序所作、量秋為当病不及出仕、定秋氏秋為御不審ノ(ママ)自不及出仕也、然者他流国秋令所作歟之由存処、当日伝奏以日野大納言殿資教代官一人可進上之由被仰下、仍頼定進上承之、今日舞御覧大曲荒序必定令出仕者所作之事雖不可有異儀、当病之上者無力次第也、当流殊更被思食間、当流所作事以代官之儀可計申由被仰出、眉目之至難尽筆端、御返事於当流者、定秋氏秋両人之外大曲相伝輩無之候、彼等者御不審之物候、御免候而可被仰付候歟之由申上、神妙被思食、両人之内又可計申之由被仰、宿老之事候之間定秋可被仰付之由同申上、仍被仰付、[29]

大曲（荒序）の所作人について、豊原家嫡流に適任者がおらず、庶流の人物が候補に挙がった（傍線部）。それに対し、義満は豊原氏嫡流の人物であるべきだと提案した（破線部）。それにより、それまでは義満から突鼻状態にあった嫡流の定秋が宥免されて所作人に選ばれることとなった（波線部）。右は、禁裏舞御覧に関する事例であり、天皇主催の楽会における所作人を義満が差配した事例と言える。この事例において押さえておかなければならないのは、義満の所作人選定口入が、義満の主体的な意志によるものではなく、背景に「他流」（庶流）と「当流」（嫡流）の豊原家内部の問題が存在しており、[30] 傍線部の「然者他流国秋令所作歟之由存処」という表現から推測するに、おそらく豊原氏側からの働きかけがあり、それを受けての関与であったと思われる点である。そして、このような義満の関与は、何も義満の政治家としての個性に帰するような事柄ではない点にも留意が必要である。

今度大曲所作事、上首人々再三雖有所望、嫡流不可有余儀上者、可為景親幸秋、向後縦雖有不慮之指合、各可計申代官者也、曾庶流不可致競望之由将軍家被仰出訖、正儀之御沙汰為道為家面目不可過之、珍重珍重、且此段自仙洞叶正理之条目出之由、以勅書被申之間、彼御返事正文幷仙洞御奉書被副下畢、公武時議之忝存之、子孫重宝納箱底者也、彼両道安写遣景親方訖、[31]

右は大曲所作をめぐって豊原氏内部で対立が起きていたことを示す記載である。「将軍家」（傍線部）と「仙洞」（波線部）の「公武時議」により嫡流優先の方針が決せられたことがわかるが、注意すべきは、右の事例が応永二十六年のものであるという点である。応永二十六年時点の「仙洞」は後小松であり、そして「将軍家」は義満ではなく義持である。つまり、義持もやはり、所作人選定に直接的な影響力を行使しているのである。そして、この場合の「公武時議」の実態は重要である。

抑今度大曲所作事宿老上首雖有数輩、就家嫡被仰幸秋之由兼日以伝奏、自仙洞被申将軍家之間任理運宜為聖断之上者御意得ノ由被申遂其節畢、道之冥加家之眉目何事加之哉、可悦可仰矣(32)

傍線部より明確なように、義持の口入は、後小松が相談を持ちかけた結果としてもたらされたのである。要するに、将軍による禁裏雅楽の所作人選定行為は、義満に固有の現象でもなければ、公武の対立(天皇権限の簒奪)でもなく、豊原氏内部の嫡庶争いが上位権力を呼び入れたことの結果として現出した現象だったのである。当然、将軍が主体的に「選定する〝権限〟」を簒奪しようとしたといった評価が不適切であることに多言は不要だろう。

このように、義満の雅楽所作人選定への影響力行使は、義満に固有の現象ではなく、また「王権簒奪計画説」とも無関係であることがわかった。その上で、もう一つ付け加えておきたいのは、西園寺実兼との類似性である。実は、雅楽の所作人決定に影響力を行使したのは室町期の将軍家だけでなく、西園寺実兼もまたしかりなのである。

『公衡公記』永仁六年十一月二十二日条には、清暑堂御遊の所作人が列記されており、その「比巴」の部分には詳細な割注が施されている。次に掲げよう((A)以下は筆者による。以下、同じ)。

玄上、公顕卿、今度洞院前内府・左大将等競望(A)、公顕卿為三代御師範之正統、当代之御師範也、大臣殿令加内挙給、可謂傍若無人(B)、然而上首両人競望之上者、於今度者可在時宜、於後闕者更不可渡前之由、可被仰下之由令申給、是顧時宜存穏便之故也(C)、而前内府前官所作其例皆以不快、(略)

先日前槐参大臣殿種々申請之間、前官不有苦者、大臣殿猶可令許給歟(D)、然而如此懇望之上者、前官不可被憚者可去与之由被仰了(E)、前内府罷其望之上者、可為左大将之処、当道事一向大臣殿御弟子也、公顕卿被加内挙之上者更不可及相競、只可弾箏之由太閤・摂政被申之、仍無異儀可為公顕卿之由被仰下了(F)、誠妙音天之感応、

当道之冥加、仰而可信者歟、

内容を要約すると、このときの清暑堂御遊では、琵琶の所作について西園寺公顕（実兼の子）・洞院前内府（公守）・左大将（鷹司冬平）が競望した（A）。そのうち、公顕は、代々天皇家の師範であり、大臣殿（実兼）の内挙もあったのだが（B）、実兼（あるいは公顕）は「上首が競望してきたから、今回は時宜に任せますが、今後は宜しくお願いします」との対応をみせた（C）。また、洞院公守については前官であることの是非を実兼に相談し、予め許可を得ていたが（D）、所作人争いの泥沼を危惧したのか、実兼は「ただし競望者（冬平）がいるとなれば、前官の問題を考慮しなくてよい者に与奪したほうがよい」と公守に忠告した（E）。さらに鷹司冬平は琵琶において実兼の弟子なので、「公守が辞退した以上、同じく琵琶は自粛せざるをえない」と、箏を所作することとし（F）、最終的には公顕が所作人と決した。

右の琵琶所作人決定のプロセスから言えることは、三人の競望が、事実上、実兼の掌中でコントロールされ、実兼の思惑通り子息の公顕に決定したということである。別言すれば、実兼が決定権（のようなもの）を掌握していたということである。そして周囲の人々も琵琶の所作人選定に実兼が決定的な影響力を持つことを認識していたのである（D）。

西園寺実兼が、楽会の所作人選定に決定的な影響力を有していたことを示す事例が、もう一つある。長くなるが引用する。

一、教定卿所作事重々兼有沙汰、景光平申子細、其趣弘安九年・正安二年有万秋楽曲之時、藤井流一人モ不接其座、且相伝不審之由所訴申也、而自春宮平被挙仰之、被出御当流之系図、於弘安・正安者強不及所望之間、不接其座歟、御当流相伝何可及余儀哉（a）、且為法皇御弟子、教定卿携其芸之上者、不可及子細之由被仰之（b）、仍入道殿重々被誘仰景光之間、申下御教書可寛宥之由申之（c）、仍両通被書下之、但不可及披露之由能々被誡

仰了、

（御教書二通略）

一、大神秀賢兼入笛人数了、而景光申云、於万秋楽曲者、彼秀賢相伝極以不審、正安家雅卿吹此曲之時、景政訴申、而以別儀為持明院殿御門弟之儀従其節、景政猶雖貽鬱訴、向後彼卿可為景政門弟儀之由承諾了、於秀賢者頗以沙汰外事也、先年常楽会之時、相語南都衆徒吹此曲、自由之至、于今訴申之最中也、更不可被聴其曲之由申之（d）、就之入道殿被召覧本譜奥書之処、

（本譜奥書略）

此譜之躰於事髣髴、云序三帖、云五帖、条々秘曲一々不審之間、入道殿重々分篇令問答給之処、強無申述之路（e）、秀賢以家雅卿祖母禅尼訴申持明院殿之間、自法皇有御口入（f）、而入道殿御不審之次第委以実躬卿被申入之処、代々奥書与今奥書旨趣誠相違、入道殿御不審尤有其謂（g）、所詮式賢以孝道比巴説、受蘇合四帖只拍子、五常楽破只拍子等之、准拠在之、早以入道殿比巴説可授賜旨、自法皇被仰秀賢、秀賢又申領状了（h）、仍被下院宣、

（院宣略）

秀賢為伝受昨日参北山、而可持参本譜、裏ニ可加奥書、且式賢本譜裏ニ孝道加奥書之条有所見、任彼例可致沙汰之由被仰含之処、本譜預置鷹司禅尼、早可遣召之由申之、而又申云、件本譜禅尼抑留之間不進之、力不及之由秀賢申之（i）、法皇頗有逆鱗、此上者不可参、不可所作之由、被仰含了、秀賢泣退出了（j）、於今者諸秘曲不限景光之一流、至笙以下吹合秀賢之条定難治歟、秀賢可謂生涯、不便〻〻、委旨不及記、(33)

要約を示す。永仁六年の藤原貞子十三回忌において、笛の所作人には藤原教定が点定された。しかしそれに対し、大神景光が異議を唱えた（a）。景光の異議については、「法皇の弟子なのだから問題ない」として（おそらく実兼によ

り）却下され（b）、入道殿（実兼）が景光を説得し、御教書も発給された（c）。他方で景光は、大神秀賢が笛の所作人に選定されたことに対しても、「秀賢は万秋楽を伝授されていないはずだ」とクレームをつけていた（d）。それについて実兼は、秀賢が秘曲伝授を遂げているかどうか本譜を精査したところ、不審点が多数あった（e）。秀賢は花山院家雅の祖母である「禅尼」が伏見法皇に頼み込んだ結果として選ばれていたので（f）、実兼は不審点を伏見法皇に報告した（g）。伏見法皇は、「では、実兼から伝授を受けて、不審点を解消するように」と秀賢に指示した（h）。しかし、実兼から伝授を受ける当日、秀賢は所持しているはずの本譜を持ってこなかった（i）。さすがに業を煮やした伏見法皇は、ここに至って秀賢を突鼻した（h）。

雅楽の所作人に関する訴訟は、実態として、実兼の圧倒的な裁量下にあったと言えるだろう。もちろん、本事例が、藤原貞子（実兼の祖母）の法事における案件であったという要素も勘案すべきであろうが、伏見法皇が贔屓にしていた大神秀賢に対しても厳しい態度で接していることから、実兼の裁量が、天皇権力から一定の独立性を確保していたことがわかる。もちろん、その一方で、伏見の意向を尊重している様子も、右の事例から伝わってくる。実兼は、伏見法皇の意向を最大限に尊重しつつ、所作人選定に対する決定的な影響力を行使していたのである。

実兼の、このようなスタンスは、「天皇（上皇）以外が影響力を行使すること」と「天皇（上皇）の権限を侵害すること」が、そもそも一致しないことを我々に伝えてくれる。先行諸研究の、義満の所作人選定口入行為を「王権簒奪計画説」に沿って位置付ける評価は、「〈本来的に天皇（上皇）が判断すべき事象に対して、それ以外の人物が影響力を及ぼすこと〉は、そのまま〈天皇権限の浸食〉を意味する」との前提に立ってこそ導き出されるものであるが、その前提が、そもそも成立しないのである。

以上、本節の内容をまとめる。先行研究においては、「義満は第一人者だから後小松に指導しない」であるとか、「義満が曲目の変更を強要している。また、応永元年になされた常楽会では（略）かつては天皇が選定してきた所作人を義満が選定している」などといったことが論じられているが、前者については、実態を精査すれば「第一人者」という要素と「後小松に指導しない」という現象に何ら連関性がないことを論じた。また、後者については、すでに西園寺実兼の時代において所作人を「天皇が選定して」いたとは言い切れない実態にあったことを指摘した。そもそも、楽会における所作人選定が本源的に天皇に帰する事項ではあったところで、そこに実兼や義満の意向が強く影響したとしても、ただちにそれが「天皇という存在が蔑ろにされていた」ということにはならないことは明らかである。

おわりに

以上、秘曲伝授・笙始儀への臨席、後円融よりも早い習得、あるいは所作人決定への関与など、笙における足利義満の行動の多くは、西園寺実兼（鎌倉期）の事例を踏まえると、必ずしも特別な政治的意図が想定されるようなものではないことを述べてきた。

笙に関する足利義満の諸営為が、西園寺実兼の事例によって多く説明できるとするならば、次のような仮説が立てられよう。すなわち、「足利義満は西園寺実兼の政治的地位を継承していたのではないだろうか」という仮説である。議論に大幅な飛躍があることは自覚しているが、本論の考察を進めるなかで、さらに一般化して、「室町幕府将軍とは、〈武家の長〉と〈前代における関東申次〉の役割を二つながらに兼ね備えた存在だったのではないか」との推論が思い浮かぶに至った。鎌倉幕府の首班は関東申次の西園寺家を介して公家社会と接していたが、室町幕府将軍は、そのような仲介者の役割さえも自らの属性に含み込んでしまっていたとは考えられないだろうか。室町幕府将軍（足利将軍家家長）は公家社会との関係性において、外部仲介者を必要としない存在だったのであり、「室町殿の公家化」といわれる現象もその脈絡で理解されよう。

推論に推論を重ねることになるが、ここでさらに筆を滑らせて、森茂暁氏による武家伝奏論について付言しておきたい[34]。森氏は、公武の交渉役を「関東申次・武家執奏（西園寺家）から、義満の息のかかった武家伝奏へ」との構図で描き出した。しかし、本稿の理解に引きつけて位置付けるならば、武家伝奏は武家執奏（西園寺家）の後継的存在ではなく、西園寺家と天皇家の間を往復していた伝達役の後継的存在だったのではなかろうか。そして、武家執奏と武家伝奏との相違こそ、十四世紀における公家社会の変容を象徴的にあらわしているように思われるのである。鎌倉期における武家執奏（西園寺家）の機能とは、鎌倉幕府への窓口役を一元的に担うことであった。西園寺家は、そのような武家執奏としての役割を果たすために、一応なりとも、公家社会の意見を集約した上で、少なくない裁量をもって幕府と折衝していたものと思われる。つまり、「武家社会」に対する「公家社会」の交渉代表者であったということである。それに対し、室町期における武家伝奏の役割とは、将軍と天皇（＋摂政）の間を往来し、互いの意見を伝達（調整）することにあった。武家伝奏は、「公家社会」としての意見を集約した上で将軍と折衝するのではなく、「公家社会」としての意見を集約するために天皇・将軍間を往来していたのである。伝奏本人の裁量は、強調すべきほどのものではなく、その職掌は、意見の伝達、指示の下達、諮問に対し先例を勘進することなどが主なものであった。ゆえに、武家伝奏には、西園寺家に比して家格が低く、かつ実務を家職とした名家層が選ばれたのではなかろうか。

この変化を「公家社会」の側から捉え直すと、「武家」としての性格を帯びた足利将軍家家長の存在なしに、「公家社会」としての意見を集約・形成できなくなったということである。十四世紀初頭の「公家社会」は、一応、「武家」とは別個の存在として独自の意思形成を行う集団であった。しかし、十四世紀末葉の「公家社会」は、「武家社会」の首班を自らの意志決定プロセスに構造的に組み込むようになった。いわば「武家社会」に対する「公家社会」としての自立性を放棄するに至ったのであり、十四世紀において「公家社会」におきた変容とは、このようなものだったと考えたい。そして、そこには単なる公家社会のマイナーチェンジにとどまらない画期性があるように思われる。

中世前期までの公家社会は、律令国家(あるいはそれ以前)以来、自律的な存在であり、経済基盤も含めて武家政権からも相応に自立した存在であった。他方、近世(以降)の公家社会は経済基盤も含めて武家政権(あるいは近代国家)の庇護下に置かれる存在へと変容していたものと思われる(門外漢ゆえ認識に誤りがあるかもしれないが)。そのように考えたとき、公家社会(より日本史上の位置付けを明確化するならば「天皇家」とした方がわかりよいかもしれない)のあり方は、十四世紀を契機に、大きな旋回を遂げたということになるだろう。西園寺実兼の段階(十四世紀初頭)では、公家社会は自立した存在だった。しかし、足利義満の段階(十四世紀末葉)における実態は、公家社会が武家の庇護下に置かれる存在へと変容を遂げるプロセスの最初の大きな一歩を踏み出していたことを示している。周知のように、南北朝期に日本史上の画期を置こうとする見解は、戦後歴史学において間欠泉的に大きな注目を集めてきた。[35]本稿の内容を、それらの研究に直に引きつけようとは決して思わないが、十四世紀という時代が、公家社会(あるいは天皇家)にとって、歴史的転換点であったということは言えるのではあるまいか。

その当否はともあれ、「おわりに」においては乱暴な議論に終始した。大方のご叱正を甘受したいと思う。

註

(1) 「公家社会」の語の定義は、現在の筆者の手には余るので、本稿では漠然としているが「公家(社会)」を「朝廷を第一義的な拠り所とする人々(による集団)」の意で、「武家(社会)」を「幕府を第一義的な拠り所とする人々(による集団)」の意で用いる。

(2) 坂本麻実子「15世紀の雅楽界」(『MLAJ NEWSLETTER』五〜七の六 一九八四〜一九八五年)。「天皇と宮廷音楽生活」(『季刊邦楽』四九、一九八七年)・「十五世紀の宮廷雅楽と綾小路家」(『東洋音楽研究』五一、一九八七年)・「15世紀における御遊」(『人間文化研究年報』一四、一九九〇年)・「足利義満と笙」(小島美子ほか編『日本の音の文化』第一書房、一九九四年)・「戦国時代の御遊」(『桐朋学園大学研究紀要』二三、一九九七年)など。

(3)　豊永聡美『中世の天皇と音楽』（吉川弘文館、二〇〇六年）。
(4)　三島暁子『天皇・将軍・地下楽人の室町音楽史』（思文閣出版、二〇一二年）。
(5)　今谷明『室町の王権』（中央公論社、一九九〇年）。
(6)　松永和浩「室町期公武関係論の現状と課題」（『室町期公武関係と南北朝内乱』吉川弘文館、二〇一三年、初出二〇〇七年）、五頁。
(7)　大田壮一郎「足利義満の宗教空間」（『室町幕府の政治と宗教』吉川弘文館、二〇一四年、初出は二〇〇七年）。
(8)　豊永前掲註(3)著書。
(9)　西園寺実兼の琵琶に関する事績については豊永前掲註(3)著書の他に相馬万里子「琵琶における西園寺実兼」（福島和夫編『日本音楽史論叢』和泉書院、二〇〇一年)などがある。
(10)　坂本麻実子「足利義満と笙」（小島美子ほか編『日本の音の文化』第一書房、一九九四年）、五二七頁(前掲)。
(11)　『體源鈔』「将軍家御笙沙汰記」（康暦二年八月二十七日、永徳元年八月二十七日)。
(12)　『體源鈔』「禁裏御笙代々御例」（後小松　明徳三年十一月三日）。
(13)　『體源鈔』「禁裏御笙代々御例」の延文三年八月十四日(後光厳)と永和元年八月二十八日(後円融)。
(14)　例えば、西園寺実兼による伏見天皇への秘曲(上原流泉・石上流泉)伝授など(『琵琶秘曲伝受記(西園寺実兼記)』正応四年十一月三十日条)。
(15)　『琵琶秘曲伝受記』（西園寺実兼記）文永九年五月八日。
(16)　『琵琶秘曲伝受記』（後伏見院御記)正和二年十二月二十二日条。
(17)　豊永氏前掲註(3)著書など。
(18)　三島氏前掲註(4)著書。
(19)　坂本氏前掲註(10)論文、五二九頁。
(20)　池和田有紀「調査報告　当部新収水谷川家旧蔵本について」（『書陵部紀要』五八、二〇〇七年）、一八頁。
(21)　『體源鈔』「将軍家御笙沙汰記」（康暦二年八月二十七日）。
(22)　『琵琶秘曲伝受記』文永九年五月八日(前掲)。

(23)『迎陽記』康暦二年八月七日条。
(24)池和田氏は、舌の健康上の問題として笛を好んだと指摘する(池和田氏前掲註(20)論文)。
(25)坂本氏前掲註(10)論文、五三〇頁。
(26)豊永氏前掲註(3)著書、一四三頁。
(27)『代々琵琶秘曲伝受記(後伏見院御記)』正和二年十二月四日条。
(28)『代々琵琶秘曲伝受記(後伏見院御記)』正和二年十二月十五日条。
(29)『體源鈔』「代々公私荒序所作事」(応永二年六月十八日条)。
(30)豊原氏内部における嫡庶争いについては、三島氏前掲註(4)著書に詳しい。
(31)『體源鈔』「代々公私荒序所作事」(応永二十六年九月十二日条)。
(32)『體源鈔』「代々公私荒序所作事」(応永二十六年七月二十八日条)。
(33)『公衡公記』正和三年十月一日条。
(34)森茂暁「第四章　北朝と室町幕府」の「第一節　公武関係の諸側面」(『増補改訂　南北朝期公武関係史の研究』思文閣出版、二〇〇八年、初出は一九八一年)・「第二節　足利義満政権と伝奏」(同、一九八四年)。
(35)桜井英治「非農業民と中世経済の理解」(『年報中世史研究』三二　二〇〇七年)

第3部　広がる富と変わりゆく時代

畠田からみた十四世紀の農業生産
――畿内近国を中心に――

高橋 一樹

はじめに

日本中世の後期社会における農業生産は、おおむね十三世紀後半からの発展の帰結として、二毛作の普及にともなう新たな耕地の追求にその特徴が見出されてきた。すなわち、峰岸純夫氏は、十五世紀前後を「土豪層による開発の時代」ととらえ、湿田から二毛作可能な乾田への安定耕地の移行をもたらす、人為的な耕地条件の変化に注目したのである。(1)

峰岸氏はその具体例として、史料上に「島田」「島畑」「畠田」などと表現される耕地をあげた。とくに現在も大・中河川の氾濫原などにその地名を残す「島田」は、築堤および用水施設の修復・再開削・管理にもとづく微高地上(自然堤防など)の(再)開発水田をさす。(再)開発の規模が大きいと同時に、灌漑困難地への引水を含む用水の(再)開発が行われる点で、土豪を中心とした地域住民の集団的参加をともなう当該期の量と質を兼ね備えた耕地開発の様相をよく示すものと考えられている。

さらに「島田」については、紀伊国荒河荘や遠江国蒲御厨・初倉荘、山城国上野荘などをフィールドに、畠地優位の耕地に用水の(再)開発を通じて水田化をはかる、という実態が明らかにされてきた。(2)これに対して、「島畑」のように、低湿地で土壌を掘り上げ、田と畠を集約的に営む耕地も同じ東海や関東などで注目を集めている。[3] 田に先行する畠の二毛作の広がりを示すとされる「畠田」とともに、中世後期の農業生産における畠作と稲作との関係、それをふまえた耕地の存在形態は、まだまだ深化させるべき研究段階にある。

近年、木村茂光氏は、峰岸氏の指摘をふまえ、あらためて事例と論点の整理を行うなかで、中世社会における畠地の水田化という方向性をさらに強調した。[4] その典型的な存在形態として、木村氏は「田畠」という耕地に着目している。

この「田畠」というのは、田ならびに畠、という並列的な表記ではなく、十二世紀半ばの大和国飛驒荘において、畠地のなかで年貢賦課の基準となる「定畠」と区別された地目であり、木村氏はこれを畠地が水田化された耕地であると指摘している。さらに、十三世紀初頭の伊賀国黒田荘において、「定田」とは別に丈量されている「麦畠新作」という田地も飛驒荘の「田畠」と同じ実態をさすものと捉え、どちらも年貢額が「定田」の半分である事実を、畠地の水田化の途中にあるがゆえの優遇措置と理解している。

木村氏が「田畠」という地目を論じた意図は、「畠田」と同様に年貢額も半減される不安定な耕地とみる、従来の見解を克服しようとするところにあった。水利条件などに規定されて田地と畠地を反復する状況をことさらに強調するのではなく、それを畠地の水田化という耕地開発の流れに位置づけようとしたのである。

黒田日出男氏は木村氏による方向づけをふまえて、「畠田」に関する十四世紀の史料分析にもとづき、水田開発の前提に畠地がある事実をより重視するためにも、「田畠」ないし「畠田」の不安定耕地としての性格をあらためて論じる必要性を提起した。[5] これに対して原田信男氏は、「畠田」を畠地の水田化という方向性だけでなく、多様な地形環境のあり方にも留意して、掘上田と島畠のように水田と畠の混在する集約的な耕営とのかかわりからも分析すべきことを主張している。[6] さらに最近の高木徳郎氏も、紀ノ川流域荘園の十四世紀における検注帳の緻密な分析などから、「田畠」と表現される耕地の不安定性を否定し、むしろ水田と畠作が混作される耕地としての実態を論じている。[7] 議論は木村氏の意図する以上に、あるいは水田と畠地との二項対立的な図式を乗り越えて、二毛作にのみ収斂しない稲作と畠作との関係性に踏み込んでいる。その実態認識を提供する地目こそが、「田畠」と「畠田」であった。

ここまでの経過をふりかえってみると、木村氏が十二世紀を中心とした中世前期の開発に個々の事例を位置づけていたのに対して、その後の研究は十四世紀以降の事例分析に立脚している。中世社会における農業生産、とりわけ耕地の問題に焦点をすえて研究史をたどると、そこには時期と素材のうえでズレが生じていることを認めざるを得ない。

木村氏の重視する、畠地の水田化という方向性は、高木氏が別の角度から論ずるように大枠では継承すべきものであるが、中世後期に即した研究はまだ緒についたばかりで、そのプロセスには環境史的（さらには生業史的）な視点を組み込んだ分析が不可欠となる。

高木氏はこのような立ち位置から、「田畠」という耕地の存在形態に農業生産上の積極的な意義を見出している。しかし、かつて峰岸氏が畠の二毛作の進展の指標として注意をはらい、さらに畠地の水田化をあとづける素材として黒田氏が注目した「畠田」については、鎌倉時代後期から畿内近国を中心として中世史料に登場するものの、これまで本格的な分析がなされたことを寡聞にして知らない。

本稿は、以上のような研究状況をふまえて、畠地の水田化という要素を含む鎌倉時代後期からの農業生産とその展開をとらえる視点のもとに、まさに一三〇〇年前後の史料から散見するようになる「畠田」の実態とその展開を具体的に検討することを通じて、中世後期における農業生産の一特質を素描するものである。

1　地目としての畠田

耕地としての「畠田」は、古代から近世にいたる史料で断続的に確認できる。そのうち中世社会においては、十四世紀の土地売買文書に「はたけた」と仮名で表記された例がある。[8]もちろん「はただ」という音訓も排除できないが、中世では一般的に「はたけ・た(だ)」と呼称されていたことが知られる。

では、古代における「畠田」はいかなる史料から登場するのか。現在は写本のみが残されている、天平七年(七三五)十二月十五日の年紀をもつ「弘福寺領讃岐国山田郡田図」(以下、「山田郡田図」と略称する)である。

おもに古代荘園図研究の成果にもとづき、この「山田郡田図」をみてみよう。旧河道をとりまく自然堤防性の微高地にあたる「畠」と連なるところに、「畠田」「畠成田」「今畠墾田」という耕地の存在が表現されている。これらは、彩色の有無や彩色した場合の色の違いでも視覚的に区別できるようになっている。

金田章裕氏は、「山田郡田図」の比定地における発掘調査の成果を組み込みつつ、この「畠成田」を「畠に成った田」の意とみて、田から畠への地目変更が行われた耕地と理解している。[9]「今畠墾田」についても、ほんらい「田」とは認定されていなかった部分をのちに「墾田」とし、それが同図作成の近い時期に「畠」となったものであるとして、「畠成田」と同様に「山田郡田図」作成段階では畠地の範疇でとらえている。実際に同図では、「畠成田」「今畠墾田」に田租の記載がなく、かつ彩色がなされていることを確認できる。

これに対して、田租の記載があって彩色がなく、立地範囲も広い「畠田」に関しては、金田氏らの論及はないものの、「山田郡田図」では同様の表現方法をとる田の範疇に含まれていたと考えることができる。つまり、「畠成田」とは逆に、「畠」から「田」に地目変更された耕地という可能性が高まる。

ただし、この「畠田」が一般的な「田」と区別される理由は、まさに「畠」が水田となったもの、またはその過程にある耕地だからであり、田租とは別に田・畠いずれにも弘福寺から賦課される直米額(賃租料)を比較した金田氏の指摘からも、それを推測することができる。すなわち、「畠田」は「畠」よりも高額で「畠成田」とほぼ同額であるが、ほかの「田」よりは低額となっており、田とも畠とも区別される独自な地目なのである。

このような古代史料からの知見を前提に、中世史料を通覧すると、八世紀の「山田郡田図」にあらわれたのと同じ「畠田」「畠成田」に加え、それらの性格を考えるうえで比較対象となる「田成畠」という表記も確認できる。いずれも十三世紀後期から史料上で散見できるが、圧倒的に事例が多いのは「畠田」である。しかも十四世紀以降の紀伊や摂津・山城といった畿内近国の土地売券・寄進状や地域の寺社領に関する帳簿類がその大半をしめる。つぎに掲げる文書は、土地寄進状の一例である(10)。

奉寄進　私領田畠事

在山城国愛宕郡八坪侍従御池御領内七段畠内畠田也

四至　限東巷所　限西村殿畦　限南溝　限北堤

右件畠田者、沙弥宗心童名千歳丸相伝私領也、而為後生菩提、相副本券、限永代、所奉寄進于先師南浦和尚塔頭龍翔寺実也、但本所当者、麦壹斗捌升御庄升定令備進于葉室浄住寺処也、雖後々末代、更不可有佗妨者也、仍為後日亀鏡、寄進之状如件、

正和六年正月廿七日　沙弥宗心在判

沙弥宗心が後世菩提のために「畠田」を寄進しているが、それは「七段畠」のうちにある「畠田」だという。つまり、もともと「畠」であったものが水田化された耕地であり、その証拠に「本所当」は麦で納めることとなっている。寄進地の四至で北境が「堤」となっており、この耕地が河川流域の自然堤防らしき立地条件にあるらしいことも、もとは畠であったことを推測させる。ただし、水田化されたのちも麦を負担している事実は、この「畠田」において麦と稲の二毛作が行われていた可能性をも示唆する。

中世社会における「畠田」の性格については、これまでいくつかの解釈が提示されてきた。すなわち、①「地目としては畠であるが、年次によっては、田成畠として稲作可能の耕地(11)」であるとか、②「水田になったり畠になったり

する不安定耕地」[12]、逆に③「田畠」と同様に「田から畠になった耕地」[13]あるいは④「年荒田の畠地利用」[14]というものである(傍線はすべて高橋)。しかし、これらは、いずれも不十分な理解ないし完全な誤解とせざるを得ない。

八世紀からの延長線上にある中世の「畠田」が、畠とは区別されるようになった田であることは、右掲の沙弥宗心寄進状に加え、元亨三年正月廿日上久世庄地頭代宛行状案[15]に「檀上畠田半十五歩幷畠一反事」「辻垣内畠田幷畠一反半事」とあって、畠田が畠と近しい関係で把握されながら、両者が区別されていることからも明らかである。また、田ではあるが田地一般には解消されない地目でもあることは、たとえば貞永元年六月十九日僧玄尊田地去状[16]で「田壹町」のなかに「畠田」があえて計上されていることからもうかがえる。

中世社会における畠田とはこのように、畠地の水田化という方向性のもとに稲作が行われるようになった田であり、「田」「畠」と区別される独自の地目であるが、そこで麦作などの畠作が行われることもあった耕地、とみるべきであろう。

このような地目としての畠田と田・畠との関係は、黒田日出男氏が挙げた紀伊国和佐荘の歓喜寺と薬徳寺に伝わる寺領田畠の注文に明らかである。以下にそれを抄出しよう[17]。

紀伊国和佐庄内歓喜寺下村田畠等坪付事

一、本田

(六十歩から二段までの二二筆は省略)

已上二町二段大十歩

二、畠田

(九十歩から一段までの五筆は省略)

已上三段三十歩

三、畠

（半から六段半までの一四筆は省略）

已上二町八段三十歩

嘉暦二年九月三日改之　　沙弥智性（花押）

大伴実員（花押）

薬徳寺本免田畠等注文

一、本田斗代段別石代

（大から二段三百歩までの一〇筆は省略）

已上一町五段六十歩

二、畠田

（大から一段六十歩までの三筆は省略）

已上六段大六十歩

三、畠斗代夏麦三斗五升代　秋麦大豆二斗代　此外段別胡麻三升在之

（一段から五段までの一〇筆は省略）

已上二町三段三百歩

正応四年二月二日改之

歓喜寺領と薬徳寺領のいずれも、地目は「本田」「畠田」「畠」の三区分となっている。そして歓喜寺領のなかで「本田」の耕地一筆ごとにある割注をみると、三カ所に「本畠」の注記があり、これらの田地も畠地が水田化したものであるにもかかわらず、「畠田」とは明確に区別されて「本田」に登録されている。これとの比較から、「畠田」は

黒田氏のいうとおり、[18]いまだ畠地の水田化プロセスにある地目と推定されよう。

とりわけ薬徳寺領の注文では、歓喜寺領にはなかった年貢の斗代が記されているが、「本田」の米や「畠」の麦などに対して、「畠田」には斗代の記述がない。このことも、賦課基準の定着した田と畠の中間に位置する、十三世紀後半段階の畠田の性格をよく示している。

黒田氏はこれらの史料から、中世社会の畠田について、①畠地から水田化しつつある耕地としての実態、②荘園制的収取と連動した定田・定畠と区別される地目、以上の二点からなる性格規定に見通しをつけたといってよい。これは前述した古代からの連続面でとらえることができるが、黒田氏の挙げた史料が十三世紀末から十四世紀初めの状況を示すこともふまえ、異なる地域の例も参照して、畠田の性格をより明確にすることとしよう。

まず②から考えてみたい。同じ紀伊国の禅林寺に寄進された「畠」は、北と東を河川に囲まれ、現実には米を納物とする「田」となっていた。[19]実態は畠田に重なるが、しかし畠田とは表現されていない。畠田という史料表現は、後述する田成畠という語ともかかわって、たんに実態を反映しただけではないことがわかる。

十四世紀前半の丹波国大山荘と領主東寺とのあいだでは、年貢の散用状において、「畠田成等地子」が独自に計上されている。[20]これは畠田に「成」った耕地が定田・定畠と区別されていたことを意味する。畠田は収取のうえでも独立した地目なのである。

さらにそのことを如実に示す史料として、「紀伊中家文書」中の文書をつぎにかかげる。

下　長谷郷沙汰人百姓等事

可早任先規、西垣内畠田所当幷公事免除田事

右、件田地、自先年之比大旱損、□年一切不令耕作者也、所詮、可被成畠之由、精憲歎申之、尤有其謂、仍被成畠畢、若又有子細、可弁申之由、依法印御房之仰、下知如件、

建長二年七月廿八日　　法眼（花押）

紀伊国那賀郡の長谷郷にある西垣内の畠田について、領主側から建長二年（一二五〇）に発給された文書である。[21]これによると、畠田は「田地」であり、「先年」からの「大旱損」によってまったく「耕作」ができなくなった。このため、「畠」に成されるように申請があり、それを許可して「所当」「公事」が免除されている。つまり、旱魃による用水不足を要因として、畠田が畠成になったわけだ。

もともと畠であった耕地が水田化され、畠田として収取の次元でも登録されたものが、旱魃などで再び畠に地目変更される。これは荘園制的な収取にもとづく地目として、畠と畠田とが賦課内容を含めて明確に区別されていたことを示している。

2　畠田の立地環境

中世の土地制度にもとづく収取関係からも地目として位置づけられていた畠田は、現在も地名として各地に残っている。その立地環境は、たとえば北九州市若松区畠田や岡山県備前市畠田、奈良県王寺町畠田などのように、山地や丘陵の裾野にあたる緩傾斜地であることが多い。実態は「畠田」と表記される河内国高向荘の畠地が「井尻」に立地したように、[22]河川からの揚水と用水が不可能ないし困難で、そのかわりに谷地形の最奥部などにため池を造成するなどして水がかりを確保しうる地点に、畠田の開発が進められたことは十分に想定できる。

用水確保が困難という点では、河川の自然堤防なども見逃せない。東大寺大仏殿に寄進された「畠田壹段」のうち、半分の見作に対して半分は「河成」となっていた。[23]また、紀伊国和佐荘の南方にある「畠田」二段が「中島」に作られていた。[24]十三世紀後半からの畿内近国における畠田の開発地がそれなりの割合をもって、水利の困難な河川の自然堤防や中洲のような環境にあったことがわかる。

瀬戸内海に面した備前国豊原荘の一画をなす東大寺領南北条村は、十二世紀末以来の築堤による耕地開発がよく知られているが、十四世紀に入って初めて「畠田」が「堀田」とならんで東大寺側に把握されている。[25] 堀田が原田信男氏のいう低湿地における掘上田だとすると、掘上田と畠田の密接な関係を示すようにみえる。しかし原田氏は、掘上田と島畠のセットを畠田の一実態と考えようとしており、[26] その発想を生かすと南北条村では掘上田と結びつく島畠をさらに水田化したことになり、不自然さがつきまとう。

同村の内検目録によれば、四二町余りの「堀田・畠田」のうち、「常荒野」「本河成」「堤敷」および数か年ごとの「流」からなる除田一八町余が計上され、さらに損田として「畠成」「新堤敷」「新流」などが挙げられている。河川流域の低湿地にある自然堤防などの微高地上に畠地が営まれ、それを水田化したのが畠田であったと考えることもできる。

このように中世史料における畠田は地目の表示であって、水利が困難という共通点を除くと、意外に多様な立地環境を想定せねばならない。したがって、当然のことながら、畠田の開発形態も立地環境の違いに応じていくつかのパターンを想定する必要が生じてくる。とくに低湿地での畠田に関する検討が研究史上の課題でもある。

そこで、内検目録のみ伝わる備前国南北条村と同様な地形環境（河川流域の低湿地）で、より詳細な土地台帳の分析が可能になるフィールドとして、河内国河俣御厨の畠田を検討してみたい。その故地（現在の東大阪市川俣周辺）は、かつて河内平野の広大な入江であった草香江に古大和川（長瀬川）が北上して河道を分かちながら注ぎ込むエリアにあたる。

内蔵寮領河俣御厨には十五世紀の史料が集中して伝来しているが、内蔵頭を世襲する山科家の実質的な家領として、山科家の文書や古記録に関連史料が残されたことによる。[27] ちなみに『教言卿記』をみると、応永十二年（一四〇五）九月には請切の代官職が天王寺の僧侶である良誉法師に宛行われ、同十一月に次年分の請負額を決定する交渉も行われており(同月十五日条)、天王寺々僧の関与も知られる。

文明四年(一四七二)八月日で作成された内検帳・目録をみると、御厨内の検注対象は、早田・畠田・下田からなり、それぞれの地目ごとに取帳と目録が作成されたようである。この数か月前、山科家は御厨の半済分をめぐり室町幕府に訴訟を提起していたが、内検帳等の作成理由はそれではなく、前年夏から畿内とその近国を襲った例年にない深刻な大旱魃に起因するものであったと考えられる。作成主体はいずれも下司代の性実だが、前述した請切代官との関係は時期もずれるため判然としない。

ただ、半済分をめぐる訴訟で幕府発給の論人に対する召文が山科家からの使者によって現地に直接届けられ、しばらく御厨に滞在していることから、[28]応永期の請切代官は文明四年段階にはおらず、山科家による直務として同家の青侍などに下司職を与え、実際の現地支配を下司代官に任命した御厨の有力者に委ねる、というシステムがとられたのではないだろうか。同じ六月に年貢麦の代銭が山科家に納められ、「御飯米」が下行されている事実[29]も、そうした支配方式を裏付けるように思われる。

取帳・目録の内容にもどると、田地のなかで最も面積の大きいのは下田だが、それにつぐ畠田と大差はない。さらに、麦年貢の設定と対応するように文明七年卯月日の長大な夏麦内検帳が伝来することから、この御厨の土地利用は畠作優位であったことが読み取れる。

ただし取帳によると、早田・畠田・下田からなる田地は「向」「敷地入」および「五名」という分類がなされているのに対し、夏麦内検帳は「中嶋入」「西嶋入」「敷地入」の区分になっている。五つの名《みょう》という意味の「五名」を除くと、そのほかは一定の区画(中嶋と西嶋はまさに古大和川流域の島状の土地なのであろう)をもった地名をさすようであるから、田地と夏麦(夏に収穫して年貢を納める)[30]の耕地が重なるのは「敷地入」というエリアしかない。下田の取帳は伝来していないので、目録から一反半二歩の合計面積しか判明しないが、それ以外の早田・畠田の取帳および夏麦内検帳における「敷地入」部分を以下に抄出してみよう。

注進　河俣御厨庄早田内検取帳之事

合

（中略）

敷地入

国貞　本道　小四十歩内　地□□　　　国貞三郎五郎　九十歩内　損廿歩

国貞　七郎　小内　不三十歩　得□□歩

以上

右、注進如件、

下司代

文明四年壬申八月　日　性実（花押）

注進　御厨庄畠田内検帳之事

合

（中略）

敷地入

半五十歩　得六十歩　七郎　　四十歩　いそん　道善

小　得三十歩　道正　　小　得三十歩　十四二郎

百十歩　東坊　　小　得三十六歩　大五郎

九十歩　いそん　大二□
小　いそん　寺
九十歩　いそん　東坊
半　得六十歩　五郎□□
半　いそん　東坊
半　いそん　大郎二郎
小三十歩　不作　九十歩　道全
半五十歩　得五十歩　寺
半　損三十歩　いそん　□□
大四十八歩　得六十歩　公文方
一反大四十八歩　得小　公文方
一反　不作半　寺
大　不作　寺
一反　不作半　□二郎衛門
半　得六十歩　道祐
小　寺
半　寺
大　満法
三百歩　杣方

三十六歩　ハン　道善
小　得三十歩　公文方
五十歩　いそん　公文方
半　得三十六歩　公文方
三百三十歩　いそん　公文方
大　得六十歩　道全
小四十歩　不作六十歩　道正
半廿五歩　得三十六歩　公文方
小三十歩　いそん　道祐
小四十八歩　得四十歩　□同
三百廿四歩　得六十歩　□□
六十歩　得三十歩　大夫五郎
一反　不作半　□五郎
百歩　得三十歩　□二郎衛門
半　得六十歩　道全
大三十　道祐
小三十歩　大郎二郎
三百歩　新坊
六十歩　道妙

小　　　弥五郎　　　大　　　□五郎
大三十歩　　□二郎衛門
（中略）
已上
右、注進如件、
下司代
文明二年八月　日　　性実（花押）

注進　御厨庄夏麦内検取帳之事
合
（中略）
敷地入
国貞　七郎　小　　国貞　□□□　九十歩　得三十歩　□□歩
国貞　道妙　九十歩　得三十六歩　　国貞　本道　四十歩
国貞　政所屋敷　一反　　国貞　大内　道妙 道正　得
国貞　半十歩内　道祐 道正
已上
右、注進如件
下司代

文明七年乙未卯月　日　　性実(花押)

まず肝心の畠田についてみると、省略した部分も含めた取帳全体の状況では、八六筆(その約九割はこれまでみてきた畠田の事例と同様に一反に満たない面積)において、「いそん(已損)」「損」「不作」の耕地は半数以上にのぼり、得田においても作付面積は検注で把握された一筆ごとの耕地面積の五割にも満たない。右に抄出した「敷地入」の畠田でもその傾向はほぼ変わらず、とくに最大の面積を誇る一反大四十八歩の畠田は公文方とあるのに得田はわずかに「小」となっている。これは前年の文明三年からの大旱害が河俣御厨の畠田を用水不足に陥れた結果と推測される。

畠田取帳で早田や夏麦の帳簿にはある収取単位としての名《みょう》が一筆ごとに付されていない理由は不明だが、早田の取帳と夏麦内検帳には名と作人らしき名前、一筆の面積、得田または損田の面積が記されており、名については「敷地入」に関する限りすべて「国貞」名で、作人らしき七郎や本道といった人名にも一致した例がみられる。

そこで、「敷地入」において国貞名に属する七郎の早田と夏麦を比べると、面積はいずれも「小」で一致しており、早田と夏麦が同一耕地で作付けられた二毛作の可能性を示す。しかし、その他の耕地は面積が近似するものの一致しておらず、もちろん確定はできない。

さらに名《みょう》は不明だが、同じ七郎とかかわる畠田の情報を含め、早田・夏麦・畠田の情報を列記してみると、つぎのようになる。

早田：国貞　七郎　小内　不三十歩　得□□歩
夏麦：国貞　七郎　小
畠田：半五十歩　得六十歩　七郎

これだけをみると、七郎は「小」の耕地で早稲種の稲作と夏麦の二毛作を行い、それと重なるか隣接するかは不明なものの、ほんらい畠地だった二三〇歩を水田化した(ただし約三分一の得田)、というミニマムな景観を想定できそうではある。

河俣御厨の故地を含む河内平野では、少なくとも近世初期から「半田」とよばれる掘上田と島畠のセットによく似た耕地（ただし綿作）が発達しており、[31]それとの連続性の有無も検討課題となる。しかし、右掲の帳簿三点を見比べれば明らかなように、「敷地入」に限定しても、畠田の面積は早田や夏麦より圧倒的に広く、しかも作人とおぼしき人名の重なりもほとんどみられないことから、十五世紀段階で早田・夏麦と畠田との有機的な関係、とりわけ掘上田と島畠のセットのような形態の耕地状況を畠田と結び付けて積極的に見出すことはできない。

むしろ重視すべきなのは、畠田の一筆ごとの面積にバラつきがあり、最大の一反半をこえる耕地をはじめとして、公文とのかかわりを有する畠田が多いことである。ちなみに、同じ「敷地入」には政所屋敷（国貞名の名主がもつ屋敷か）があることも注意をひく。

宝永元年（一七〇四）の大和川付け替えはこの地域の地形環境を一変させたが、中世における河俣御厨は古大和川の分岐点に立地しており、低湿地ゆえに用水の確保に難点を抱えて、田地は下田の比重が高く、それ以外では自然堤防性の微高地における畠作が中心とならざるを得なかったのであろう。そうした状況のもとで、現地では畠地の水田化に力を注いできた結果、下田の総面積にも拮抗するような畠田の増加をみたと考えられる。

その動きを公文らの荘官層が主導した集団的な開発と推測したい。前年からの暴風雨つづきにより、[32]文明七年三月に御厨内の堤が切れて耕地に「入水」した際、総計で一万三九六〇人分、二〇九石四斗の巨額に達する堤修復の人夫料足が領主側に要求されたが、その文書には下司代性実の署判に加えて「沙汰人・百姓等」「御厨庄御百姓等」の文字もあり（中世の損免要求文書にみられる定型的な記載方法であるとはいえ）、御厨百姓らの集団的利害となった耕地復興・保全の動きが確認できることも、畠田開発の様相を類推するうえで重視すべきであろう。

ここまで河俣御厨の十五世紀における畠田の立地環境をみてきたが、それらの前提にある畠地の水田化の実態については、まったく史料を欠いており、特定の地形条件（河川流域の低湿地）に規定された開発形態を想定し得るにとどまる。地目としての畠田の開発とその実態、すなわち黒田日出男氏が見通しをつけた前述の問題①にアプローチすることがつぎの課題となる。

その点とかかわって留意すべきなのは、ここまで取り上げた史料にあらわれる畠田が、定田や定畠に比べて面積が小さく、しかも「辻垣内畠田」「西垣内畠田」などのように、百姓の屋敷地や集落との密接な関係が読み取れることである。開発時期の問題も含めて、次節で検討してみよう。

3　畠田の開発と実態

紀伊国北部の和田川流域における丘陵部を含む和田荘の四つの郷々では、元応二年（一三二〇）に領家と地頭のあいだで行われた下地中分の結果を示す「領家一方帳」が残る。(33) そこから郷ごとに名単位での「畠田」と「畠」（在家畠と山畠）の面積比が知られる。

それによると、「畠」に対する「畠田」の面積比が概して高いのは、各郷のなかで丘陵部を包摂する割合の高さに概ね比例しているように見受けられる。さらに同じ郷内でみると、名ごとに「畠田」と「畠」の面積比は大きく異なっている。

たとえば、朝日郷においては、武直名で畠田と畠がいずれもほぼ二町であるが、宗友名では畠田二反小に対して畠は大、逆に利守名は畠田小なのに畠が五反、という具合である。これは、名ごとに含まれる耕地の立地条件のバリエーションだけでなく、それぞれの耕地に対する百姓経営単位ごとの開発度合いの相違があらわれていると判断すべきであろう。少なくとも、各郷ごとに百姓たちが共同して用水開発を一律かつ集団的に行っていれば、このような数値のバラつきはみられないはずだ。

丘陵部周辺における畠田の検討からは、低湿地とは異なる百姓の個別経営に依拠した開発途上のようすが浮かび上がってきた。これが和田荘下地中分一方帳の作成された一三二〇年代を含む、十四世紀の時期的特徴であることをいくつかの事例で確かめてみよう。

東寺に豊富な関係史料が伝来した播磨国矢野荘のうち、供僧方(西方)とされた部分について、「定田」「定畠」とは別に「畠成田」の散用状が作成され、その原本が応永十三年(一四〇六)分から東寺に伝来している[34]。

このうち、応永十四年や同十五年の「畠成田」散用状では、内訳のひとつである「延永名分」を「畠田」と記すのに対して、応永十八年の散用状などでは同じ箇所を「畠成田」と書いている。矢野荘では一四〇〇年初頭に畠田が「畠成」になったために、「畠成田」として把握される耕地があったことになる。

この「畠成田」は年貢賦課の対象地目としては田地(畠田を含む)であるが、応永二十八年(一四二一)分の散用をまとめた翌年二月九日散用状[35]をみると、「近年、用水なきに依りて、去年より井ヲせキカケ候」とあるように、用水の枯渇による畠成という事態をうけて、応永二十八年から百姓たちが井堰を再開発しはじめ、その経費の年貢からの控除を「百姓等一同」が要求したことが知られる。つまり、十五世紀前半における畠田の畠成という事態を百姓たちは黙認せず、再び用水を確保して畠田への復興をめざしている。十五世紀になると、過酷な自然環境の変化[36]にさらされても、畠田は畠にもはや後戻りさせない地目なのである。

矢野荘供僧方の年貢散用状に「畠成田」の記載があらわれるのは応永十三年分からである。「畠成田」独自の散用は、十五世紀に入って始められたとみてよい。したがって、矢野荘供僧方の延永名に含まれる畠田はそれ以前、少なくとも十四世紀までに畠から水田に重点を移した地目として出現・定着しており、矢野荘の史料で延永名が十四世紀前半に初見すること[37]も勘案すると、同名における畠田の開発は十四世紀中に行われた可能性が高い。

これは、さきにふれた丹波国大山荘の年貢算用状で、「畠田成地子」が十四世紀前半から登場することと軌を一にしている。同じく前述した紀伊国長谷郷の事例もふまえると、中世社会の畠田はおおむね十三世紀後半以降、まさに鎌倉時代後期から、地域住民の利害にもかなう地目として、畿内近国を中心に領主側が把握するようになった、という経過を想定することができよう。それは、おおむね十三世紀後半から活発化した地域住民たちの開発にもとづく畠田の増加という状況の反映なのではあるまいか。

古代から区別される畠田と畠成田は、簡略に表現すれば、前者が畠の水田化であり、後者は畠となった水田(38)である。ゆえに畠田は畠成田の逆、つまり田成畠ともいうべき地目になるが、じつは「田成畠」という史料表現も実際に確認できる。それらは十三世紀末からみられるようになり、しかも事例の大半は冬場の耕作が不可能な北陸の荘園である。

A　弘安十年(一二八七)越前国河口荘田地引付(39)
B　延慶二年(一三〇九)加賀国得橋郷内田数目録(40)
C　延慶二年(一三〇九)加賀国笠間東保内検田数目録(41)
D　元応元年(一三一九)越前国坪江上郷公私納物注文(42)

河口荘は興福寺領、得橋郷・笠間東保は南禅寺領、坪江上郷は興福寺大乗院領で、それぞれの史料も各寺院に伝えられた。なお、加賀の得橋郷・笠間東保には同じ延慶二年のE内検名寄帳案(43)もあり、そこにも名ごとの耕地片について「田成畠」の注記がみられる。

Aは河口荘を構成する本庄郷・新郷・王見郷・兵庫郷・大口郷・関郷・溝江郷・細呂宜郷上下の単位ごとに公文の注進する検田目録からなり、各郷の惣田数が「田成畠を除く」数値であることを示す。ただし王見郷・兵庫郷・大口郷には、この注記がないため、同じ荘域内でも田成畠が偏在していた可能性が高い。

最終的に当該年の定田年貢額(当時の河口荘では米)を算出するAで田成畠を除外しているのは、田成畠の年貢額を定田とは異なる基準で別に計算していることを示す。その具体像を示す史料は河口荘にはないが、B・Cの得橋郷・笠間東保では田成畠について定田のような分米の規定はなく、直接に銭が賦課されており、それゆえに田成畠は「銭田」とも言い換えられている。

銭の賦課は定畠にもあるが、一段ごとの分銭額が異なっており、田成畠は段別三百文、定畠は段別二百文で、田成畠のほうが高い。また、Bの得橋郷のうち北佐野村で確認できるように、田地のうち「公田」と「銭田」には加徴米が賦課されるものの、その額はともに段別一斗で共通している。畠地には加徴米賦課はない。つまり、田成畠はもともと畠地であったために、段別に銭が賦課されるものの、水田化の要素が加えられたゆえであろう、賦課額が畠地より高く、その一方で水田としての賦課（加徴米）をうける田地でもあった、ということになる。田成畠がこれまでみてきた畠田とほぼ同一の実態をさすことは明らかだが、正和五年（一三一六）七月の和泉国近木荘検畠目録案[44]に、「惣畠」七十八町余から「田成」三町五段余や除畠が差し引かれて、「定畠」が算出されているのをみると、田成畠は畠から畠田に地目変更される途上の状態が把握されたもの、と考えることもできよう。

十四世紀初めを中心に北陸などで田成畠が広く見いだされる状況に注目してきたが、田成畠を独自に計上する理由には、用水（再）開発をともなう畠の水田化であるがゆえに、その生産と収穫の不安定さが相対的に高い点もあげられる。

Aとかかわる嘉元三年（一三〇五）の越前国興福寺領諸荘算用状引付[45]に記された河口荘の項をみると、田地のなかで「新田成畠」が「常荒」を加える数値で記載されていることは示唆的である。すなわち、畠につくられた新田は、「常荒」とされる荒地にも近似する認識をもたれていた。それゆえに、Dの坪江上郷では、元応元年分の「不作河成無田」や「井料」などとならんで、田成畠の「免米」、つまり田成畠に賦課される年貢米の免除分として四石弱も計上せねばならなかった。

十四世紀初頭の北陸（越前・加賀）荘園の田成畠にみられる、こうした開発途上ゆえの不安定性は、ほぼ同時期の神護寺領播磨国福井荘における畠田でも観察できる。

十三世紀末の同荘検田目録の断簡(46)によると、畠田はやはり定田とは区別されており、定田の一般的な斗代と畠田の斗代を比較すると、前者の段別約四斗に対して、後者は段別約二斗二升というように、畠田の年貢額は定田の約半分になっている。これは木村茂光氏が指摘した、十三世紀の伊賀国黒田荘における定田と麦畠新作田との関係に重なる現象である。そして、十三世紀末における福井荘の畠田でも、三割から四割の耕地が複数年にわたり「不作」となって、年貢の収取ができていない。

そうした畠田をめぐる状況は、嘉元二年(一三〇四)九月の秦経光畠地売券(47)にみえる山城国の例でも変わるところがない。同国河島郷の桂安養寺にある畠地二段半は、十四世紀初頭の現状が畠田であり、本年貢は麦となっているものの米に換算して計上し、さらに年貢額の一割強を「毎年損」として控除している。

このような畠田(田成畠)の耕地としての不安定性は、前述のような畠田(田成畠)の立地条件と無関係ではない。さらに畠田の開発や生業のあり方については、高木徳郎氏が紀伊国の事例で注視する、おもに集落をとりまく水田と畠作の混作状況も考える必要がある。

紀伊国に伝来した禅林寺文書の至徳元年(一三八四)九月八日沙弥法円畠田寄進状(48)は、忌日の仏事料足として幡河寺に「畠田九十歩」を寄進したものだが、その条件として「夏麦者、公方仁沙汰申候」とあり、そのうえで「秋分米壹斗五升」を幡河寺に毎年沙汰することを記している。この畠田では冬以降に麦をつくり、夏に収穫したのちに稲を植えて、秋に収穫していたわけで、畠地の水田化と二毛作が両立している姿が浮かび上がる。

立地環境が判明する事例としては、嘉吉三年(一四四三)十一月六日天神寺賢竺畠田売券(49)がある。それによると、大野郷幡川口に所在する「畠田」(面積の記載なし)の所役は、「夏麦二斗一升二合、同小麦一升五合、秋大豆二升五合、胡麻八合五勺、白米二合九勺、代廿五文」であった。代銭額は「白米」の分と考えられるから、この畠田はすでに稲作が行われていなかった可能性もあるが、ほんらいは夏麦などの畠作と稲作がやはり同じ耕地で行われるものであったとみてよい。

十五世紀半ばのこの売券では、父親から譲得した売主が「本券三通」（傍点は高橋）を副えて買主に渡すとあるので、畠田としての売買開始は十四世紀にしか遡らない。紀伊の禅林寺文書に、こうした畠田の売券や寄進状が十四世紀後半以降にあらわれることもふまえると、畿内近国を中心とした百姓レヴェルの小規模な畠田開発（一反に満たないような畠地の水田化）は、十四世紀前半にひとつの到達点を迎えていたことを示唆していよう。

そうした小規模な用水開発のもたらした畠田の事例として、つぎの嘉元三年（一三〇五）橘正久畠田売券[50]を検討したい。

謹辞　売渡畠田事
　合田小・畠五十歩者
在紀伊国名賀郡大塔御領　字名手庄江河村
四至　東限門井溝　西限乙三郎作
　　　南限乙三郎作　北限道
右件田畠ハ、橘正久先祖相伝私領也、而ヲ今依有直用要、銭六貫文ニ、限永代、乙三郎ニ売渡事実也、若此地ニ違乱出来時、可返本直、仍為後日証文、相副本券弐通、新券文放状如件、
　嘉元三年乙巳二月二日　　正久（略押）
「此田ニ山田ノ新池水一付了、トウエイカイトノ水也」

紀伊国名手荘の江河村にある「畠田」を橘正久なる人物が売却している。買主はこの畠田の西と南で隣接する耕地をもつ乙三郎。売られた畠田は田地が小、畠地が五十歩の面積からなり、その記載部分の紙背には、売券の筆跡とは異筆で「畠五十歩除畢」と記されることから、田地のみが売却され、畠地が売主側に残されたことがわかる。

売券の本文を作成した時点では、もともと一筆であったと思われる畠田と畠地をあわせて売買するはずであった。しかし、のちに畠地だけがその対象から外れていることからすると、これは面積も小さい畠地が畠田よりも生産性・収益性の低い耕地として買主側から除かれた可能性がある。

まさに畠地に水田を開いてきた畠田の出現プロセスが読み取れる。売られた畠田の東には門井溝が通っており、それを活用した水田化であったのだろうが、用水の不足からか、「トウエイ」垣内のために山田という地点で構築された新しい池がかりの用水がこの畠田のさらなる開発に不可欠であったことが売券の奥書から知られる。

集落とかかわる「〇〇垣内」と畠田の関連に注意を促し、また開発途上にある田成畠・畠田の不安定性をみてきたが、一三〇〇年前後の各史料から読み取れる畿内近国の畠田開発は、おもに緩傾斜地では小規模な用水開発と不可分に進捗する百姓たちの個別経営に大きく依存するものであったと推測される。[51] その一方で、百姓の個別経営に立脚した畠田の開発に、別の垣内＝百姓の屋敷地ないし集落との連携が十四世紀から芽生え始めている様相もみえてきた。

十三世紀後半からの延長線上に、畠田の開発はそうした担い手側の変化をともないながら、十四世紀を通じて本格化し、地目としての定着をみたのである。その達成のうえに、十五世紀には畠田を畠地(畠作のみの耕地)に後戻りさせないことが百姓たちの集団的な利害となって、維持・拡大されるべき耕地となった。そこには、水田化への強い指向性(ただし水田単作ではない)があることを、やはり見逃すべきではない。

おわりに

本稿は、木村茂光氏による中世社会での「多毛作体系」構想と畠地二毛作の重視をふまえ、とりわけ畠地の水田化を中世後期の農業生産における時期的特徴をよく示す一要素ととらえて、畠田の地目としての位置づけと耕地としての実態を具体的にあとづるなかで、十四世紀の状況を考えてみた。

中世社会の畠田は、荘園制的な収取関係では定田と定畠のあいだに位置して、畠地の水田化過程にある不安定性が払拭できないという古代以来の社会的な認識ゆえに、年貢ないし地子の額が定田よりも減免されている。それゆえに、地域側にとって大きなインセンティブにもなる畠田は、二毛作の安定的確立を前提とした水田開発の持続的拡大をささえる、最適かつ独自な地目であったということができる。

これまで注目されてきた水田二毛作とは逆に、畠地の水田化による二毛作の展開を考えてみると、水田以外の耕地に対する稲作の導入・拡大がなぜもとめられたのか、という問題があらためて浮上してくる。そこには、地味の維持・上昇をはじめとする農業技術の問題はもとより、十五世紀の畿内近国で確認される地域レヴェルでの麦・大豆の価格に対する米価の優位性(52)、そして気候変動を視野に入れた自然災害のリスク分散(53)など、多面的な要素が絡み合っているに違いない。畠田を追いかけてきた本稿の作業を前提に、今後さらに検討を深めてみたい。

註

（1）峰岸純夫「十五世紀後半の土地制度」（竹内理三編『土地制度史Ⅰ』山川出版社、一九七三年）

（2）大山喬平「15世紀における遠州蒲御厨地域の在地構造」（『オイコノミカ』三―一・二、一九六六年）、黒田日出男『日本中世開発史の研究』（校倉書房、一九八四年）、湯浅治久「遠江蒲御厨と蒲検校地域における「社会的権力」の実像」（高橋慎一朗編『列島の鎌倉時代』高志書院、二〇一一年）

（3）金田章裕『微地形と中世村落』（吉川弘文館、一九九三年）、原田信男『中世村落の景観と生活』（思文閣出版、一九九九年）

（4）木村茂光『日本古代・中世畠作史の研究』（校倉書房、一九九二年）

（5）黒田前掲註2著書

（6）原田前掲註3著書、同著『中世の村のかたちと暮らし』（角川選書、二〇〇八年）

(7) 高木徳郎「紀ノ川流域荘園における混作と出作」(『日本中世地域環境史の研究』校倉書房、二〇〇八年、初出二〇〇六年)
(8) 永和四年三月十九日礼仏畠田寄進状、『和歌山県史』中世史料二、「禅林寺文書」一九
(9) 金田章裕「弘福寺領讃岐国山田郡田図」(『古代日本の景観』吉川弘文館、一九九三年)
(10) 『大日本古文書』大徳寺文書之一
(11) 峰岸前掲註1論文
(12) 高重進『古代・中世の耕地と村落』(大明堂、一九七五年)
(13) 木村前掲註4著書
(14) 大石直正「一一・一二世紀の土地の種類とその利用耕営の状態」(豊田武編『体系日本史叢書10 産業史Ⅰ』山川出版社、一九六四年)
(15) 東寺百合文書を、『鎌倉遺文』二八三〇九(以下、鎌二八三〇九のように略記する)
(16) 東大寺文書『大日本古文書』東大寺文書之八、六四一号
(17) 歓喜寺領和佐荘下村田畠等坪付注文『和歌山県史』中世史料二「歓喜寺文書」三八、薬徳寺領本免田畠等注文『和歌山県史』中世史料二「薬徳寺文書」一
(18) 黒田前掲註2著書
(19) 永和二年正月廿七日沙弥正法畠地寄進状、『和歌山県史』中世史料二「禅林寺文書」一八
(20) 東寺百合文書外、丹波国大山荘年貢散用状写、鎌二六八二〇
(21) 紀伊中家文書、建長二年七月廿八日法眼実承下文、鎌七二一六
(22) 金剛寺文書、文永五年三月日妙法畠地売券、鎌九九〇八
(23) 東大寺文書、弘安六年六月廿一日実専置文、鎌一四八七九
(24) 紀伊薬徳寺文書、嘉暦二年八月三日恵性田畠寄進状、鎌二九九一三
(25) 東大寺文書、嘉元二年備前国南北条村堀田・畠田内検目録、京都大学所蔵、鎌二二〇七五
(26) 原田前掲註6著書

(27)　文明年間の河俣御厨に関する史料(山科家の古記録を除く)は、文明四年の内検帳・目録と、文明七年の堤切修復関係文書二点(高橋一樹「畠田を通じてみた15世紀の畿内近国における農業生産」中島圭一編『中世を終わらせた「生産革命」―量産化技術の広がりと影響―』科学研究費補助金基盤研究B報告書、二〇一五年)および夏麦内検帳からなる。前者では、早田内検帳が成簣堂文庫に所蔵されており、その内容は『布施市史』第二巻(布施市役所、一九六七年)に掲載される写真で確認した(原本は未見)。同じく畠田内検帳・畠田読合目録・下田目録は、国立歴史民俗博物館に「田中穣氏旧蔵典籍古文書」(歴博田中本と略称する)の一部として所蔵されている。後者も歴博田中本に含まれており、これら歴博所蔵分は原本および同館の「中世古文書データベース」の文書画像で内容を確認した。歴博田中本には山科家旧蔵の文書・記録類が多数含まれていることから、河俣御厨関係の帳簿等も山科家から流出したものと推定される。成簣堂文庫所蔵の早田内検帳も同様である可能性が高い。なお、河俣御厨の研究史については、小西瑞恵「中世の大阪―水走氏・渡辺党を中心に―」(『大阪樟蔭女子大学研究紀要』第1号、二〇一一年)を参照。

(28)　『教言卿記』文明四年六月三日・十二日条

(29)　『教言卿記』同十九日条

(30)　高橋貢「中世における夏麦をめぐって―鶴岡社領を通して」(『川口市史調査概報』第五集、一九七九年)

(31)　『布施市史』第二巻(布施市役所、一九六七年)

(32)　藤木久志編『日本中世気象災害史年表稿』(高志書院、二〇〇七年)

(33)　国文学研究資料館所蔵「本居家所蔵「紀伊続風土記」編纂史料」

(34)　東寺百合文書れ

(35)　東寺百合文書れ

(36)　伊藤俊一「応永~寛正年間の水干害と荘園制」(海老澤衷・高橋敏子編『備中国新見荘の環境・構造と地域社会』勉誠出版、二〇一四年)

(37)　東寺百合文書ロ、貞和元年十二月八日矢野荘西方畠幷栗林実検名寄取帳

(38)　木村茂光氏や高木徳郎氏が取り上げた「田畠」というのは、畠田の逆に、水田で営まれるようになった畠地(つまり畠成田)という方向性からも検討してみる必要があろう。

(39) 鎌一六四四三〜五三
(40) 鎌二三七一三〜四
(41) 鎌二三七一五
(42) 鎌二七三五五
(43) 鎌二三七一一
(44) 高野山文書、鎌二五九〇一
(45) 成簣堂文庫所蔵「大乗院文書」、鎌二三三六一
(46) 「古田券」、正応三年四月日福井荘検田目録、鎌一七三三七。「輯古帳」六、正応五年二月十九日福井荘検田目録、鎌一七八二七
(47) 鹿王院文書、鎌二二〇〇一
(48) 『和歌山県史』中世史料二、「禅林寺文書」一八
(49) 『和歌山県史』中世史料二、「禅林寺文書」六〇
(50) 「高野山文書又続宝簡集」、鎌二二〇九二
(51) ちなみに十四世紀後半の東国においても、畿内近国にやや遅れて畠田(田成畠)の開発が有力百姓の居屋敷(居薗であろう)で進むようすを伝える史料が武蔵国佐々目郷にある(高橋貢前掲註30参照)。
(52) 小早川裕吾『中世後期日本貨幣史の再構築』(金沢大学博士学位論文、金沢大学学術情報リポジトリ https://hdl.handle.net/2297/42329、二〇一五年)。
(53) 磯貝富士男『中世の農業と気候』(吉川弘文館、二〇〇二年)、高木前掲註7論文など。

〔付記〕 本稿は、科研費にもとづく研究成果の一部をまとめた前稿(高橋一樹前掲註27論文)をもとに、本書のテーマである十四世紀に焦点をあわせて大幅に改稿したものである。重複する部分も含むが、成稿の経緯をここに銘記して、諸賢の諒解を得たい。

中世的生産・流通の転回

中島圭一

はじめに

さきに私が、十四世紀後半〜十五世紀の様々なモノの生産において、集約化・量産化を特徴とする変革を見出して「生産革命」と呼んだのに対し[1]、桜井英治氏は生産物を「領主的消費財」と「民衆的消費財」の二つに分けた上で、「中島が一五世紀に認めた変化とは、一三世紀後半にはじまる、民衆的消費財を中心とした長期的な技術革新と、むしろ一六世紀にピークをもつ、領主的消費財を中心としたもうひとつの技術革新の二つの波が合成されたものではないかとの心証」を示した[2]。十四世紀後半〜十五世紀における技術革新の実例として私が挙げたのは、桜井氏の言う「民衆的消費財」がほとんどであり[3]、「領主的消費財を中心としたもう一つの技術革新」とどのように関わり合うのか不明なので、そちらはひとまず措き、本稿では「民衆的消費財を中心とした長期的な技術革新」について考えてみたい。

桜井氏がその出発点を十三世紀後半に置くのは、「主として禅僧を介しておこなわれた中国からの技術導入」と「この時期におきた年貢の代銭納制の普及」を契機と考えるからである。このうち、当該期における中国からの技術導入の具体例としては大鋸《おが》と結桶・結樽を挙げるが、実はいずれも扱いが難しい。大鋸はたしかに十三世紀に大陸から持ち込まれた可能性があるが、普及したのは十五世紀と考えられており、結物《ゆいもの》の技術に至ってはすでに十一世紀には博多へ伝わっているなど、技術の伝来とそれを用いた新たな生産方式の広がりとの間にあまりにも大きな年代的懸隔があり、因果関係を想定しにくいのである[4]。また、各時代における先進的な技術を追いかけるような意味での技術史ならばともかく、経済や社会への影響に注目する生産史・産業史の立場からは、技術の移入・改良、あるいはその新技術を用いた製品の生産が細々と始まった時点よりも、むしろ新しい製造方法が広まった時期の方を重視したい。したがって、大鋸による製材は十五世紀、結桶・結樽の場合も出土点数が増える十四世紀や急速に普及する十五世紀の方が重要だと考える。

もっとも、桜井氏の議論の中心は「代銭納制の普及」の方にある。それまで年貢として納められていた絹・塩・鉄などの非水田的生産物が、代銭納化により厖大な量の商品となって市場に放出され、商品流通量が貢納による物流量を上回って市場経済社会が成立し、その結果として「民衆的消費財」生産が促進される中で、長期的な技術革新の時代に入ったというのが桜井氏の論理である。貢納や商品流通を通じて生産のあり方を考えようとする視点には学ぶところが多いが、その一方で素朴な疑問をいくつか抱かざるを得ない。

もし代銭納化によって商品流通量が飛躍的に増えたとすれば、例えば京都の商人の活動にも顕著な影響が現れて然るべきだが、桜井氏自身が中世の商人を通史的に描いた文章を見ても[5]、十三世紀後半を境に商人のあり方が変わった様子は読み取り難く、むしろ印象付けられるのは中世前期を通じての連続性である。そもそも代銭納化以前においても、荘園領主の自家消費分を除く年貢は中央の市場で交易されていたのであり[6]、代銭納化に伴い、年貢として送る銭を入手するために荘園現地で生産物が交易されることで、商品流通がどのように変化するのか、説明が不足しているように感じられる。

また、代銭納化によって仮に商品流通量が増大したとしても、どのようなメカニズムで「商品作物生産と、それと結びついた手工業生産も促進」することになるのだろうか。代銭納化されれば、貢租として納める銭を入手する手段は自由になり、米より有利な商品作物の栽培を生産者が選ぶようになると、桜井氏は考えているようである。[7] しかし、代銭納化以前も、鉄や絹の年貢は水田に賦課されており、生産した米を近隣の市で交易して、指定の品目を入手・送進することが制度的前提とされているので、米が賦課された水田においても、もし有利な商品作物があるならそちらを生産して、これを市で交易して米を入手し、年貢として納めることが可能であったろう。桜井氏の論法に立って十三世紀後半に画期性を見出そうとするなら、十三世紀前半までの生産者が商品作物を栽培できなかった、あるいは積極的でなかった事実や、十三世紀後半に商品作物栽培が広がった徴証を示す必要があるのではないか。

桜井氏の議論に右のような問題点が生じた原因は、何よりもまず「民衆的消費財」の生産に関する史料が乏しく、実証的に論ずるのが難しいこと、そしてそのような弱点を抱えているにもかかわらず、代銭納化が流通・生産に及ぼす影響に関する論理的検討が必ずしも十分に行き届いていないことにあろう。そこで本稿では、考古学の成果なども援用して史料の不足を補いつつ、生産と流通のあり方を代銭納成立以前の中世初頭から丁寧に再検討することで、生産技術の変化の過程を改めて考えてみたい。

1　中世的生産の成立

桜井氏は農業技術における古代の到達点の高さにも言及しているが、実は極めて早い段階で生産技術が一定の完成度に達している方がむしろ一般的であったと言えば、意外に思われるであろうか。例えば漆工では、ウルシノキの栽培・掻き取り・精製・下地・上塗り・漆絵・赤色顔料の利用などはもちろん、刻苧《こくそ》漆・焼き付け漆・螺鈿装飾・木地の樹種の選択・器形のバラエティなどに至るまでの基本的な技術が、縄文時代には一通り出揃っていた。[8] もう少し遅れて、弥生時代もしくは古墳時代に朝鮮半島から伝わった製鉄に関しても、鉄鉱石を用いる朝鮮半島の円形炉をもとに、古墳時代後期に砂鉄も利用できるよう開発された円筒形自立炉から、七〜八世紀には炉の容積を増やした長方形の箱型炉が成立する。(9)この箱型炉が中世の中国山地で普及・改良され、さらに近世に入って高殿鉧《たたら》の炉に発展することで、いわゆるたたら吹製鉄の技術が完成することになるが、古代の箱型炉も長さ〇・六〜〇・八メートル、幅〇・四メートル程度という小型のものが主流であったというだけで、砂鉄製錬の技術そのものはすでに実用段階にあった。

八世紀以降、そうした技術が蓄積された場や職人集団の多くは、律令国家の官衙と密接な関わりを有していた。漆工の場合に即して言えば、中央では初め漆部司《ぬりべのつかさ》が置かれ、九世紀初頭に内匠寮に統合されて、そこに漆塗工や轆轤《ろくろ》工が所属していたことが知られ、飛鳥池遺跡や平城京右京八条一坊十四坪の出土遺物から彼らの活動を確認することができる。地方でも、陸奥・常陸・下野・丹波などの国衙付属の漆工房に比定される遺跡が見つかっており、さらには新潟県長岡市の八幡林遺跡のような郡衙関連の遺跡からも漆工遺物が出土している。そして、古代の人々が用いていた食器が、土師器もしくは須恵器や黒色土器の椀や皿であり、漆器を用いたのは宮廷や中央・地方の官衙・寺院のほか、せいぜい一部の高級貴族層だけであったことに注意しておきたい。(10)漆器を初めとする様々な分野の職人は、律令国家の需要に支えられながら各種の物品の生産に携わっていたのである。

しかし、その律令制の枠組みが十世紀を境に急速に解体に向かうとともに、工房の維持は難しくなる。制銭の発行が途絶えて存在意義を失った鋳銭司が分かりやすい例だが、各種の制度や儀礼が廃止あるいは簡略化されると、それらに関係するモノの生産は落ち込まざるを得ず、また大内裏や大宰府・国府政庁などの廃絶に伴って、什器の更新の必要も大幅に減じてしまう。中央・地方ともに財政規模が縮小し、役所の機構が全体としてコンパクトになる中で、国家にとっての必要性が薄れた官営工房やそれに近い形態のものは存続が困難になり、所属の職人たちは自立を強いられ、生活のための新たな道を探すことになるのである。

職人たちがこの苦境をどのように切り抜けようとしたのか、いくつかの生産分野について見てみよう。漆工の場合、十一〜十二世紀の在地領主の屋敷などに製造作業の遺構が見られるようになるなど、新たな生産拠点を官衙の外に設けていることが確認されるが、特に注目されるのが渋下地の漆器の出現である。伝統的な上質品が、下地として鉱物粒子や炭粉を生漆に混ぜたものを塗り、その上に何層も漆を塗り重ねて製作されるのに対し、こちらは柿渋に炭粉を混ぜたもので下地塗りを済ませた上、上塗りも一〜二層だけの廉価品で、木地の樹種も伝統的なケヤキより廉いブナやトチノキなどを用いるようになる。その史料上の初見とされるのが、木曽義仲が猫間中納言光高をもてなす際に「クボク大ナル合子ノ、帯引付テ渋ヌリナルニ、黒々トシテ毛立チタル飯ヲ高ク大ニ盛リ上テ」出す『平家物語』[11]の有名なシーンであることを考え合わせると、在地領主＝武士向けの普及品として開発された商品だったのであろう。そして、東北・北陸・関東などの東日本から広まった渋下地漆器は、黒色漆地の上に赤色漆などで文様を描いた華やかさも手伝って、十三世紀には西日本でも使用されるようになる。

他方、陶器の生産において、古代・中世を通じて国内最大級の産地であり続けた東海地方では、古代の灰釉陶器の技法が十一世紀末をもってほぼ一斉に放棄され、無釉の山茶碗の生産に転換する。これは碗・小碗（小皿）・片口鉢を主体とする日常雑器で、出土分布も東海地方一円に集中しており、在地向けの普及品であったとみられる。十二世紀末から施釉の古瀬戸が出現するが、十四世紀前葉までの出土分布が鎌倉及び鎌倉に関係の深い遺跡（十三湊・瑞願寺境内・草戸千軒・博多など）に集中しており、器種が輸入陶磁器の壺・甕・盤類などを真似たものが中心であるのに鑑みれば、こちらは幕府御家人とその周辺の都市住民のために高級調度品のコピーを（相対的に廉価で）提供したものであろう。[12]

また、先に触れた中国地方の製鉄でも、十一〜十二世紀に大きな画期が訪れる。古代の一般的な箱型炉に比べて長さを二倍以上、炉内容積を七〜九倍に拡大しており、生産の量と効率を向上させていることがうかがえるのである。[13]おそらく鞴《ふいご》の技術革新がなく、炉の中心部まで酸素を供給するには幅を広げるのが不可能という制約の中で、廉価に大量の鉄を生産するための方策として、炉を長くしたのであろう。ここにもコスト重視の商品生産の意識を見て取ることができる。

このように見てくると、十一～十二世紀以降、職人たちが自ら作った製品を販売して生計を立てるため、廉い普及品の生産に乗り出していく傾向が読み取れる。古代との対比で浮かび上がる中世的生産の最も基本的性格は、こうした商品生産への志向性だと言って良かろう。そして、律令国家に代わる顧客として、最大のターゲットとなったのは新興の武士層であった。特に武士たちが新たな政権を築いて鎌倉に集住するようになると、御家人が好む商品が相次いで開発され、生産を伸ばしていく。古瀬戸や箱根安山岩製の五輪塔・宝篋印塔などがその好例で、他にも漆器に文様をスタンプで捺して彩った型押漆絵は鎌倉の特産品となり、供養塔として関東一円に普及した緑泥石片岩製の武蔵型板碑は、十四世紀にかけて全国各地で地元の石材を用いてコピーされている。桜井氏の言うのとは性格が異なるが[14]、領主的消費財と呼んでよい商品に、中世初期における生産技術の進化の焦点が当たっていたのである。

2　荘園制的流通と代銭納化の影響

中世の職人たちは本質的に商品生産者であったが、この時代の社会・経済を支える最も基本的なシステムである荘園制がそもそも交易を必須の要素として成り立っていた以上、それほど意外な話ではない[15]。年貢としての賦課は、非水田的生産物の場合も田地を単位として行われるので、所定の品目と収穫物たる米とを在地において交易することが論理的に前提とされており、実態としても十二世紀には市の存在が各地で確認され、荘園の年貢・公事物の調達先として利用されていた。また、領主の許に届けられた年貢は自家消費分を遥かに超えており、余剰は京都の市やその近くの陸揚港などで交易された[16]。

古代の律令国家は中央と地方の国家機構を駆使して、貢納品の徴収・輸送や必要物資の調達などを実現していたが、中世の公武の領主においては家政機構が貧弱で、多くを外部委託《アウトソーシング》して賄わざるを得なかった。権門寺院の場合は内部の人材が豊富で、様々な職人まで抱え込むなど比較的恵まれていたが、それでも市場における交易は不可欠で、年貢の輸送に外部の梶取《かんどり》等を雇うことも少なくない。十三世紀初期、文覚の弟子で紀伊の湯浅党出身の行慈が、同国桛田庄からの「米十石、便船にさしてまいらせ候」と神護寺に書き送っていることは(17)、そのような実態を物語ってくれるとともに、依頼に応じて十石程度の貨物を便乗させる余剰スペースをもつ船が行き交っていたことも知られる。実際、建永元年(一二〇六)頃には和泉国大鳥郷の沖を「廻船之商人」が往来していたようで、郷内の高石正里浦(歌枕として著名な高師浜)にも稀に来着していたという(18)。

中央と地方の市における交易や都鄙間の物流などといったシステムは、もちろん荘園制が展開し始めた当初から整っていたわけではなく、家政機関の能力の及ばない部分を補う役割を担った人々が、貢納品の輸送や交易に関わる活動を徐々に広げていく中で、荘園制の発達とともに少しずつ梶取や商人としての位置づけを確立していったのであろう。このように荘園制が構造的に必要とし、荘園制を基盤として成長した中世の流通システムを、荘園制的流通と呼んでも不当ではあるまい。

その荘園制的流通システムの下で、商品流通が十三世紀中期までに大きなプレゼンスを確立する。例えば、暦仁二年(一二三九)の鎌倉幕府法は、陸奥の「沙汰人百姓等」が本来の「年貢絹布」納入に代えて「銭貨所済」つまり代銭納を推し進めるのを抑えるため、「白河関以東」の「銭流布」を停止したが(19)、興味深いのは、具体的措置として陸奥に下向する「商人以下」が銭を持ち込むのを禁じていることである。「公損之基」となる代銭納が領主側の意向に反して広がるのは、商人による絹の買い付けが原因だというのが幕府の認識で、都鄙間の商品流通と貢納とが競合状態にあって、前者が後者を圧迫しつつあったことがうかがえる。

この後、十三世紀後半にかけて代銭納が全国に広がるわけだが、アウトソーシングを宗とする荘園制の性格からみれば、必然とは言わないまでも、ごく自然な方向性と言える。領主にとって、近隣の商人から必要な物資が入手可能である限り、貢納品の売却を荘園側に委託して、交換手段たる銭貨で年貢を受領する方が利便性は高い。和市の有利・不利をめぐるトラブルが少なからず発生しても代銭納が一般化していく背景には、右のような荘園制の本質があったと考える。また、絹・布・油・鉄などの年貢・公事の代銭納が、米のそれより先行するのも(20)、前代から交換手段として用いられてきた絹・布には品質のばらつきがあり、油・鉄などに至っては交換手段として用いられた歴史がなく、いずれも商品として扱う方が合理的である一方、米は交換手段としての地位を長く保ったため、銭貨との交換を領主が外部に委託する必要性が薄かったのが原因の一つであろう。

右のように代銭納化の意味をとらえ直してみると、桜井氏の強調するような、十三世紀後半段階における商品流通量への直接的影響は限定的に考えざるを得ない。代銭納を実施する場合、荘園の近隣の港町や市で銭貨に換えた貢納品は、一部が地元住民によって購入・消費されるとしても、多くは巨大な需要をもつ京都や鎌倉などの消費都市に商品として送られ、領主を含めた都市住民の利用に供されたはずである。最終的に物資が消費される場所が変わらない以上、代銭納化の前後における相違は、在地と都市の間を貢納品として運送するのか、商品として移動するのかに過ぎないというのは言い過ぎであろうか。もちろん商品輸送システムの一環として、京都でも荷受問屋などが整備されるとしても、「それまで年貢として荘園領主に納められていたそれらの生産物を厖大な量の商品に変え(21)」たのが都鄙間物流の局面に限られるとすれば、代銭納化の影響もそうした実態に対応したものとなろう。

そこで地方の港町に注目すれば、その成長の画期をまさしく十三世紀後半に求めることができる。例えば草戸千軒町遺跡は、十三世紀中頃に集落が成立し、十三世紀後半から十四世紀初頭に道路や溝で区画された町へと発展した(22)。同じ備後の尾道の場合も、大田荘の立荘に伴って「尾道村」が倉敷地として設定されたのは十二世紀後半だが(23)、港町の「尾道浦」としての所見が急増するのは十三世紀後半で、文永七年(一二七〇)以前に津料の徴収が確認され(24)、元応元年(一三一九)には「船津依得其便、民烟富有」であることから守護勢力に狙われて襲撃を受け、「仏閣社殿数箇処幷政所・民屋一千余宇」が焼き払われたという[25]。中世日本の北辺にあたる津軽の十三湊も、十三世紀初めに成立した後、十三世紀後半から十四世紀前半にかけて柵・塀で区画された町域を拡大させていく[26]。十三世紀後半を境に市の史料的所見が急増することもあわせて考えれば[27]、在地における貢納品の売却が増加したために、それを担う人々が集う地方の港市が発展したものと考えて間違いあるまい。

各地の流通拠点が成長すると、それらを核とする地域の経済が活性化し、港市を互いに結ぶ流通ネットワークも発達する。いわゆる「都市的な場」の住民の増加は、村落のままの状態に比べて大きな商品需要を生むことにもなる。そのような意味で、代銭納化が十三世紀後半から一定の経済成長をもたらしたのは間違いなく、後にみる地域経済圏の樹立につながる第一歩を画したと言っても的外れではない。しかし、流通する商品のラインナップに及ぼした影響は限定的であった。

例えば古瀬戸の場合、十三世紀前半までごく一部に印花文があるだけで、原則として無文であったが、十三世紀後半の前Ⅲ・Ⅳ期には壺・瓶類や皿・盤類に櫛描き文が普遍的に施されるようになり、十三世紀末期〜十四世紀第1四半期の中Ⅰ・Ⅱ期には櫛描き文・印花文・画花文・貼花文などの文様の最盛期を迎え、中国の黒褐釉陶器を模倣した鉄釉の使用も始まる。出土分布からみても、幕府御家人と鎌倉の都市民に輸入陶磁器のコピーを提供するという基本線を守り、幕府と鎌倉の発展に対応して装飾化を推し進めただけであり、十三世紀前半までと比べて方向性の転換はない。十四世紀後半に後述のような変容を見せる石塔や板碑も同様で、領主層を顧客とする従前の生産の延長上に、十三世紀末から大型の優品の最盛期に入っていく。少なくとも出土遺物として確認できるモノから十三世紀後半をみれば、中世の幕開けとともに始まった領主的消費財の生産が、武家権力の伸長に伴ってひとまずピークを迎えた時代と位置づけられよう。

なお、桜井氏は結物が十三世紀後半から瀬戸内以東に拡散することに注目するが、草戸千軒町遺跡の遺物に即してみれば、十三世紀後半のⅠ期後半から十四世紀初頭のⅡ期前半の段階で確認できるのはごく少量で、安定した量が出土するのは十四世紀前半のⅡ期後半まで下り、急速な普及を見せる画期は十五世紀後半のⅣ期前半である。[28]一般消費者向けの商品生産が十一世紀末～十二世紀に始まった鉄鍋の場合は、安定的に生産されて普及するのが十三世紀後半～十四世紀前半とされているので、[29]桜井氏の想定する年代的枠組みに適合的なようだが、中世前半の鋳物師の集落がいずれも十四世紀半ばに操業を終えていることから、むしろ十四世紀の方に画期がある可能性がある。いずれにせよ、代銭納化に後押しされて十三世紀後半から商品作物の栽培が広がり、手工業生産を促進したという桜井氏のシェーマを裏付けるような事例を提示するのは難しい。

3　中世的生産の転換

十四世紀の、特に後半に入ると、生産の様相に変化が見られる。前節で触れた石塔の場合、十二世紀末に来日した宋人石工に始まる伊派や大蔵派が製作した優品は十四世紀第3四半期をもって姿を消し、[30]箱根を中心とする大型の五輪塔や宝篋印塔で知られる西相模では第4四半期から石塔の小型化が進んだことが確認できる。[31]武蔵型板碑も、十四世紀後半を通じて碑面の磨き工程の省略や薬研彫りの簡略化が進行し、あわせて板碑そのものが小型化しながら造立数を急増させる。[32]さらには古瀬戸も、十四世紀中葉の中Ⅳ期以降、碗・皿・鉢・盤などといった日常の生活道具に生産の中心を移しており、技術面でも同第1四半期の中Ⅱ期まで刷毛塗りが中心だった施釉に、中Ⅲ期以降、器物を持って釉薬に直接浸す漬け掛けが増えてくる。[33]製品の小型化と粗製化、量産化に適した技法の導入などといったコストダウンの方向性、そして日常品の製造から想定されるのは、領主的消費財から「民衆的消費財」への転換である。もちろん、前節で触れた東海地方の山茶碗のように、日常雑器の生産は中世の初めから存在したが、領主層を対象としていた消費財まで「大衆化」の方向に舵を切ったのが十四世紀後半の特徴と言える。

石塔や板碑、古瀬戸が幕府御家人とその周辺を顧客としていたことに鑑みれば、背景に一三三三年の鎌倉幕府滅亡があったことは間違いあるまい。実際、中Ⅳ期以降の古瀬戸は鎌倉での出土が激減しており、また第1節で触れた鎌倉の型押漆絵も姿を消している[34]。ただし、関東に多くの作品を遺した大蔵派に続いて断絶する石工の伊派の活動の中心が畿内西国であったり、能登の西川島遺跡群出土の食漆器の用材の中心が、鎌倉後期までの伝統的なケヤキから、室町時代には廉価なブナへと移ったり[35]などといった徴証の広がりからみて、変動の規模は全国的であったとみられる。鎌倉御家人を初めとする各地の武士層の間で、鎌倉幕府の崩壊と南北朝の全国的内乱の過程で大幅な勢力交代と構造変化が起こり、中世の初めからの購買層の少なからぬ部分が没落してしまった結果、職人たちは新たなターゲットを意識した製品の開発を進めたのであろう。

さらに廉価な商品の製造という方向性からみて、新規に開拓した顧客が従前の武士たちより経済力の劣る階層であったのは間違いない。その候補として最初に思い浮かぶのは、一般に消費レベルが高い都市住人であろう。京都・鎌倉などといった中央の都市だけでなく、地方の港町が発展の一途にあったことは前節で述べた通りで、特に草戸のように文献上の所見が少ない無名の港町にも、漆工・鍛冶・番匠などの職人がいた形跡が見出されるのは注目される。ただし、その一方で草戸千軒町遺跡では漁業や農業に関わる道具も出土しており、村落との社会的距離が近いことにも留意する必要がある[36]。十六世紀の城下町である越前の一乗谷に比べると確認できる職種も少なく[37]、都市的発展の度合いは抑制的に考えるべきかもしれない。中世の港町として有名な堺も、一三九九年の応永の乱で焼けた範囲は紀州街道沿いの、摂津・和泉国境(大小路)から宿院(住吉社御旅所)付近までの三〇〇メートル程度の範囲に集中しており、当時の町の規模は十五~十六世紀に比べて遥かに小さかったとみられる[38]。

そこで村落に目を転じてみると、十四世紀以降の武蔵国比企・大里・児玉郡における板碑の造立に、それ以前からの在地領主に加えて農民上層も一結衆として参加しているという千々和到氏の指摘が興味深い[39]。先に述べたごとく、十四世紀後半に粗製化・小型化が進んだ板碑を購入したのも同じ階層の人々であったのは疑いなく、小型化した五輪塔・宝篋印塔も同様であろう。製品の新たな販売先を確保する必要に迫られた職人たちは、村落の上層を販売のターゲットに加え、彼らの手が届くような廉価品を大量に生産するため、コスト削減と量産化を追求したのではないか。

ではどのようにして村落の上層が、武士に代わる購買層の一つとして注目されるほどの経済力を身につけるようになったのであろうか。畿内近国では、個別百姓レベルの小規模開発が十四世紀までに限界に達し、十五世紀には地域社会の集団的参加を伴う大規模な開発が広がっていく[40]。辺境でも、武士が適正な規模に所領を分割相続することで田畠の開発を推進する方策が曲がり角を迎え、十四世紀に入って逆に婚姻等の手段を用いて一族の所領を惣領の下に再結集しようとする動きが現れており、旧来の手法で可能な範囲の開発の完了と、新段階の大規模開発への志向性を見て取ることができる[41]。各地で耕地開発が飽和状態に到達するまでに進んでいたとすれば、それに見合った労働人口の増加と生活水準の向上が想定され、そこに新たな商品需要が生まれる余地があろう。

発展を続ける都市や町だけでなく、村落にまで販路を広げつつ、量産化を推し進める動きは、十五世紀に入るとさらに明確になる。

例えば結物は、分布が関東甲信越地方まで拡大し、遺跡数も飛躍的に増加する[42]。それを支えたのが、従前の鉇《やりがんな》に代えて台鉋や鏟《せん》を用いる技術革新である[43]。榑板《くれいた》の側面を密着させる精密な加工が容易になったことで量産が可能になり、それまでの結桶に加えて、固定した蓋をもつ結樽も出現する。京都には「湯桶師」「ゆいおけゆい」「結桶師」などと呼ばれる専門の職人が十五世紀のうちに成立しており、結桶・結樽の生産の広がりが見て取れる。

製材においても、大鋸という新しい道具の導入により、従来の打ち割り法では扱えなかった樹種や小口径の材も含めて、容易に、かつ無駄なく、材木から角材や板材を取ることができるようになって、量産化への道が開かれたことが知られている。使用痕が確認された建築部材としては十四世紀末のものがあり、「大鋸」「大鋸引」が史料に登場する十五世紀中期までには広く普及していた。(44) 大鋸による縦挽き製材は、鉋より平滑な表面を容易に得られる鐁や台鉋による加工を可能にし、前述の結物に対してもそれに適した榑《くれ》材を供給することによって普及の基盤を整えるなど、波及効果が大きかった。

陶器の生産における画期は、少し下って十五世紀末期となる。東海地方では、窖窯《あながま》の古瀬戸に代わって、窯を地上に移して大型化した大窯が登場し、日本海側では越前焼が地中の窖窯のまま、やはり窯を大型化して、量産化を進める。(45) 同じ頃、小田原の石工は、中世前期の優品と同じ箱根中央火口丘の安山岩を材料に選びながら、箱根の山中に採石に行く代わりに、小田原近くの河口まで川が運んで来た転石を用いることでコストを下げ、石塔や石臼を大量生産している。(46) 陶器においても、石造物においても、先に見た十四世紀後半の変化とは年代的間隔があるが、いずれも日常品や廉価品を数多く製造・販売するという方向性の延長上の変革なのは明らかで、その意味において一連の動きと考える。

とはいえ、方向性は同じでも、十四世紀と十五世紀とで性格には違いがある。十四世紀の場合、古瀬戸は窯の構造や規模を変えずに生産の重点を日常品に変更し、石塔や板碑は小型品を量産し、特に板碑は粗製化が目立つなど、いずれも既存の技術の範囲内で新しいターゲットに合わせた製品の生産を志向していた。これに対して十五世紀に入ると、製材・木工であれば大鋸や鐁・台鉋の類、陶器であれば大型の窯、石製品であれば良質な石材の効率的な採取法というように、新しい道具の導入や方法の工夫などの技術革新によって、量産化を本格的軌道に乗せていくのである。したがって、十五世紀における量産化の規模に比べると十四世紀はまだ萌芽段階と言わざるを得ず、一連の変革を私がかつて「十五世紀生産革命」と呼んだ所以もそこにあるのだが、しかし中世的生産の転換が始まったのが十四世紀なのも確かである。

4　荘園制的流通の解体とその影響

本稿では手工業生産以外には深く立ち入らなかったが、農業においても、十五世紀には地域社会が共同して集団的に行う大規模な新田畠開発が進んだ[47]。また、製塩においては、入浜式塩田が伊勢に登場するのが、やはり十五世紀である[48]。生産の大規模化と合理化は時代のトレンドとなり、増産された食料品に、購買層の拡大によって成長する手工業製品、そしてその原料となる商品作物も加わって、この時期にこそ商品流通量の大幅な増加が実現したのではないか。

中世後期の畿内に多くの農村商工業座（「田舎座」）が出現し、その中には都市に進出するものだけでなく、「農民的需要に支えられて農村部におもな活動の場をみいだしていったものも多い」という桜井氏の指摘[49]は、十四世紀後半から十五世紀、都市だけでなく村落の需要も当て込んで普及品の量産化が進行したという本稿のシェーマとも整合的である。出土遺物から確認される量産品には、例えば大窯段階の瀬戸・美濃は尾張・美濃を中心に、小田原で量産された小型の石塔は西相模を中心に、明確な地域性をもって分布するという特徴があり[50]、この点も「田舎座」の商品の流通範囲のイメージと重なり合う。購買力を高めた幅広い層を販売のターゲットとするのに伴って、面的に広がる地域的流通圏が成立し、地域経済の発展の礎が築かれるのである。

他方、京都を一方の極とする荘園制的流通のネットワークには異変が生じている。早くも十五世紀半ばまでには、日本海側の港町の中に、津軽の十三湊や加賀の普正寺遺跡のように衰亡するものが現れる。十三湊の廃絶には、この地を本拠とする湊安藤氏が南部氏との抗争で敗北したという政治的事情が絡んでいるが、もし十三湊が北方と京都方面とを結ぶ中継地としての重要性を保ち続けていれば、勝利した南部氏もここを利用し続けたに違いない。近隣荘園の倉敷地であったとみられる普正寺遺跡の場合は、年貢収取の低調で利用されなくなった可能性があろう。いずれにせよ、背景には京都の公家・寺社による所領支配の後退と、彼らの経済力低下に伴う商品需要の変化があったと考える。前述の農村商工業座を含めて、十五〜十六世紀に座の所見が増えるのも、地域的流通の成長に伴って座の形成が進んだことの反映であるとともに、先細りの荘園年貢に代わる収入源を必要とした権門領主たちが商業課税へと奔ったためであろう。

この段階で港町の衰亡が限定的であったのは、室町幕府が置かれた京都に守護大名や奉公衆が集住し、鎌倉時代より大きくなっていた武家側の需要によって補うことができたためである。したがって、応仁の乱後に大名たちが下国してしまうと、京都に向かう物流ルートは大打撃を受けることになる。東日本の太平洋側の港町のうち、一四九八年の明応地震で津波に襲われた後に復興が試みられなかった伊勢の安濃津や遠江の元島遺跡などは、すでに物資の中継地としての価値が下がっていたのであろう。十五世紀末に港町の機能を失い、十六世紀初頭をもって完全に廃絶する草戸千軒町遺跡の例は、さらに分かりやすい。また、一箇十貫文という定額の送金手形で、一定の流通性を有した割符が十六世紀初頭をもって姿を消すのも、(51) 中央の商人によって振り出され、地方での商品買い付けに用いられた後、荘園年貢等の送金という形で中央に還流するというサイクルが、京都の商品需要の低迷と荘園支配の解体によって断ち切られてしまったためであろう。さらに、流通構造の変容はその担い手の交代も促したようで、十五世紀に活躍した品川の鈴木道胤などの有力商人の子孫の活動は十六世紀の史料に見出しにくくなる一方、京都の角倉《すみのくら》吉田氏や博多の神屋氏などといった近世初頭の豪商の系譜は十五世紀まで遡ることができない。

生産と流通にわたって、経済構造のこれほど大きな変化が起こったとすれば、それが政治構造に影響を及ぼさないはずはない。最終的には応仁の乱の後、室町幕府を中心とする秩序が崩壊して、地域の経済・社会に密着した権力である戦国大名が生まれ、彼らの角逐の中から近世の社会と政治の秩序が形成されることになるが、そもそも応仁の乱を引き起こす要因の一つにも経済の変動があったと考える。明徳の乱や土岐氏の乱に典型的に見られるように、十四世紀末から十五世紀前半の三代将軍義満から六代義教の時代にかけて、幕府はしばしば守護家の内紛に介入し、その一方を没落に追い込んで勢力の削減を進めたが、十五世紀半ばの八代義政以降、同じように干渉して守護家を分裂させると、一旦は敗者となった側も没落したままで終わらず、領国で力を蓄えて他日の反攻につなげるようになる。すでに京都を中心とする秩序が揺らぎ始め、大名たちが地域権力としての色彩を強めているのは明らかで、生産の伸長による地域経済の活性化がその基盤となったに違いない。その意味で、十四世紀後半から十五世紀が、近世社会の形成に直結する最初の一歩を画したと言えよう。

おわりに

本稿では、中世を通じての生産・流通史のごく粗いスケッチを試みたに過ぎないが、その作業を通じて感じるのは、十四世紀が中世経済のターニング・ポイントであったことである。

荘園制に内在するアウトソーシングの方向性を突き詰めていくと、所領支配を総体として家政機構の外に委託してしまう代官請負制に行き着く。したがって、これを荘園制の最も進化した形と位置づけることができようが、寺社本所領も含めて荘園の代官請負が広く一般化するのが十四世紀後半であった[52]。また、一件あたり数万枚以上の大量出土銭が急増するのも十四世紀第４四半期を中心とする時期であり、渡来銭を用いた中世貨幣の流通の最盛期が十五世紀第４四半期まで続くことになる[53]。本稿で追ってきた生産の面では、律令国家の解体に対応して始まった領主的消費財の生産が、鎌倉幕府滅亡と南北朝内乱によって行き詰まる十四世紀前半までは、成長の一途にあった。

右のように諸々の中世的システムが到達点を迎えた十四世紀の、特に後半から、第３・４節で述べたように量産化の初期段階が始まり、またすでに遠江の大井川下流域では大規模な新田開発の開始が確認できるなど、[54] 中世を終わらせる動きの最初の萌芽が生まれたのである。こうした方向性の延長上に、十五世紀における本格的な生産拡大と地域経済の発達が実現し、応仁の乱の社会経済史的前提が形作られることになる。

十三世紀後半の代銭納化の影響を桜井氏は高く評価するが、あくまでも貢納手段の変更に基づく荘園制的流通の拡大であるがゆえに、この時期に成長した港町の少なからぬ部分が荘園制の後退によって十五世紀末ないし十六世紀初頭までに淘汰されてしまうなど、時代を変えるパワーには限界があったと言わざるを得ない。地方の港市の発展が十五世紀以降の地域経済の確立に向けた最初の種を蒔いたのは確かだが、生産の主軸を「民衆的消費財」に移させるには力不足で、十四世紀に入って旧来の顧客層が没落し、職人たちの経営が危機にさらされなければ、なかなか進まなかったのではないかと考える。

最後に、「領主的消費財を中心とする」と桜井氏が表現する十六世紀の技術革新についても、若干の見通しを示しておきたい。

十一～十二世紀に箱型炉の長さを二倍以上にすることによって生産量を上げ、商品生産を推し進めたとみられる中国地方の製鉄の場合、中世を通じて地下構造の改良が重ねられてきたが、中世末に至って明らかな技術革新が観察される。炉壁片から製鉄炉が復元された出雲西部の大志戸Ⅱ遺跡3号炉は、炉の幅が〇・七メートルと広く、鞴の送風能力に格段の進歩があったことがうかがえるほか、地下構造の乾燥段階における構築方法も近世の高殿鉧と共通するなど、次代に直結する技術の導入が確認され、十九世紀～二十世紀初頭の高殿鉧の製鉄炉と比べても五〇～七〇％に達する容積を実現して、生産量を大きく伸ばしている。[55] 遺跡の年代はC14から一四八一～一六四〇と推定されており、十六世紀とみるのが穏当なところであろうが、十五世紀末に遡る可能性もある。[56]

製鉄の原料となる砂鉄の採取に関しては、十六世紀末に史料上の所見が複数ある鉄穴《かんな》流しの導入によって、[57] 戦国期までに大規模化が進んでいたとみられる。金属の生産では、銅が十五世紀前半から、金が十五世紀末期から、銀が十六世紀前半から生産量を伸ばすことが知られており、[58]このうち金については鉱石を破砕する臼の導入などが確認され、銀については灰吹法の導入による製錬効率の向上が想定されるが、銅についてはおそらく硫化銅の製錬を可能にした技術革新があったと推測されるものの、具体像は明らかになっていない。

もう一つ、陶磁器のケースにも触れておきたい。良く知られているように、文禄・慶長の役に参陣した九州の大名が自国に連行した朝鮮人の陶工によって連房式登窯《のぼりがま》が導入され、十六世紀末には九州各地で生産が始まり、さらに例えば瀬戸・美濃地域にも十七世紀初めに伝えられて、大窯に取って代わっている。

たしかに桜井氏の言うように、築城技術や鉄砲・火薬の導入を初めとして、大名などに向けた軍需品や奢侈品の技術革新が十六世紀には目を引くが、右のような汎用品や「民衆的消費財」も無視するわけにはいかない。そして、後者に注目した時、直ちに気づくのが「十五世紀生産革命」との連続性である。

製鉄の場合、遺跡からは地下構造しか判明しないので、技術革新の画期となる年代を示すのが難しいが、十一～十二世紀に始まるコスト重視の商品生産の中で地下構造の改良が重ねられてきたのは明らかで、そうした動きを受けて十五～十六世紀に鞴の改良（おそらく踏み鞴の導入）[59]を実現して炉の幅を広げ、その延長上に十七世紀末の高殿鈩の成立をみることになる。鉱山の開発も一般に大名権力は直接コミットせず、基本的には山師が経営する民営方式だが、銅・金・銀と年代を追って開発が進められていくのを見ると、十五世紀前半に銅山を開く過程で蓄積された探鉱技術の応用で、その後のゴールド／シルバーラッシュが実現した可能性があろう。陶磁器の場合も、窯の大型化で量産を推し進める過程で大陸の技術に接し、直ちにそれを導入したのが明らかである。

すなわち、江戸時代の豊かな消費社会を支えた、十六～十七世紀に始まる近世的生産は、十五世紀の量産化の延長上に実現したものであり、その意味において十四世紀は近世に向けた動きが芽生えた時期と言えるのではなかろうか。

註

（1）中島圭一「十五世紀生産革命論序説」（『中世東アジアにおける技術の交流と移転―モデル、人、技術』科学研究費補助金(基盤研究(A))研究成果報告書、研究代表者小野正敏、二〇一〇年）

（2）桜井英治「中世の技術と労働」（『岩波講座　日本歴史』第9巻　中世4、岩波書店、二〇一五年）

（3）中島圭一「十五世紀生産革命論再論」（『国立歴史民俗博物館研究報告』掲載見込）

（4）国立歴史民俗博物館編『時代を作った技―中世の生産革命―』（歴史民俗博物館振興会、二〇一三年）四六頁、鈴木康之「港湾集落における木材加工技術」（小野正敏・五味文彦・萩原三雄編『木材の中世―利用と調達―』高志書院、二〇一五）九九頁。大鋸の場合、十三世紀末～十四世紀初頭とされる極楽寺本「六道絵」に描かれているのが初見だが、文献史料に「大鋸」「大鋸引」などが登場するのは十五世紀中期まで下り、十四世紀末の建築部材に残る大鋸の跡を重視して、先行する「木引」「小引」が大鋸を使用したと考えるとしても、史料上の初見は十四世紀中頃である（渡邊晶『日本建築技術史の研究―大工道具の発達史―』中央公論美術出版、二〇〇四年、一五一頁・一九六頁）。結物の普及も、十四世紀では基本的に中国地方までだが、十五世紀になると分布が関東甲信越地方まで拡大するとともに、遺跡数も飛躍的に増加することになる（鈴木正貴「出土遺物からみた結物」小泉和子編『桶と樽―脇役の日本史』法政大学出版局、二〇〇〇年）。

（5）桜井英治「中世・近世の商人」（桜井英治・中西聡編『新体系日本史12　流通経済史』山川出版社、二〇〇二年）。

（6）桜井英治「中世の商品市場」（前掲註（5）書所収）二〇七頁。

（7）桜井英治「足利義満と中世の経済」（『ＺＥＡＭＩ―中世の芸術と文化』04、二〇〇七年）六九頁。

（8）四柳嘉章『漆』Ⅰ・Ⅱ（法政大学出版局、二〇〇六年）、同『漆の文化史』（岩波書店、二〇〇九年）。以下、本節における漆工・漆器に関する記述は、すべてこれらの諸書による。

（9）角田徳幸『たたら吹製鉄の成立と展開』（清文堂、二〇一四年）。なお、古代においても、後述する中世の箱型炉とほぼ同規模の長さ二・五～二・六メートル、幅〇・四五メートルに上る大型製鉄炉が近江を中心に造られ、そこで定型化された炉の様式が東北南部から九州北部にかけての各地に広く移転されたが、技術的な信頼性が不十分だったらしく、中国山地では小型の箱型炉が併存し、むしろ後者が長らく主流であった。また、中国山地以外では箱型炉そのものが定着せず(海外でも近世の朝鮮半島のみ)、東日本も中世にかけて主に竪型炉が用いられた。
(10) 前掲註(4)『時代を作った技—中世の生産革命—』八頁。
(11) 『延慶本平家物語』巻第八—十八(小番達・櫻井陽子編『校訂延慶本平家物語』(八)、六一頁)
(12) 『愛知県史』別編　窯業2　中世・近世　瀬戸系(愛知県、二〇〇七年)第一章(藤澤良祐執筆)。
(13) 角田前掲註(9)書。なお、註(9)参照。
(14) 桜井氏の言う「領主的消費財」は「高級衣料品や美術・工芸品などのいわゆる奢侈品や、あるいは軍需品」(前掲註(2)論文)であり、前後の文章からみて院政期の院周辺や織豊期の織豊政権周辺を需要者として念頭に置いていると思われるので、むしろ権力的消費財とでも称するのが適当である。以下、中世前期における御家人を中心とする武士層を主たる需要者とする消費財を、(「　」なしの)領主的消費財と本稿では呼ぶことにする。
(15) 桜井前掲註(6)論文二〇六〜二〇七頁。
(16) 以下で用いる領主という語は、貴族・寺社権門などのいわゆる荘園領主に、京都・鎌倉などに居住する武家領主を加えた、都市領主とでも呼ぶべき存在を指す。遠隔地の所領からの貢納を経済的基盤とする点で存在形態が共通しており、特に貢納や代銭納の問題を考える上では、荘園領主と右のような武家領主を区別せずに扱った方が適当と考える。
(17) 年未詳八月五日行慈書状(『鎌倉遺文』＝以下『鎌』＝五巻三二七三号)。行慈の没年が嘉禄二年(一二二六)なので、それ以前の文書ということになり、『鎌倉遺文』は貞応三年(一二二四)に係ける。なお、こうした船の往来がどのくらいの頻度だったかは不明だが、少なくとも「便船」という言葉が一般的に用いられる程度にはあったのであろう。
(18) 建永元年(一二〇六)九月日和泉大鳥社神人等解案(『鎌』三巻一六四一号)
(19) 鎌倉幕府法追加九九条(佐藤進一・池内義資編『中世法制史料集』第一巻　鎌倉幕府法)
(20) 松延康隆「銭と貨幣の観念」(『列島の文化史』六、一九八九年)一八三〜一八六頁。
(21) 桜井前掲註(2)論文三〇二頁。
(22) 鈴木康之『中世瀬戸内の港町・草戸千軒町遺跡』(新泉社、二〇〇七年)
(23) 仁安三年(一一六八)十月日備後国大田荘下司幷沙汰人等愁状(『平安遺文』三四七八号)

(24)文永七年(一二七〇)十二月二十一日大田荘桑原方所務和与状(『鎌』十四巻一〇七五七号)
(25)元応二年(一三二〇)八月日金剛峯寺衆徒等解状(『鎌』三十六巻二七五五八号)
(26)榊原滋高「十三湊の都市構造と変遷　発掘調査一〇年の成果から」(市浦村編『中世十三湊の世界―よみがえる北の港湾都市―』(新人物往来社、二〇〇四年)
(27)桜井前掲註(6)論文二〇七頁。
(28)鈴木康之「桶・樽の発展と中世社会」(小野正敏・萩原三雄編『戦国時代の考古学』高志書院、二〇〇三年)五二一頁。実年代は前掲註(4)鈴木康之論文による。
(29)村木二郎「中世鋳造遺跡からみた鉄鍋生産」(小野正敏・五味文彦・萩原三雄編『金属の中世―資源と流通―』(高志書院、二〇一四年)
(30)山川均『石造物が語る中世職能集団』(山川出版社、二〇〇六年)、同『石塔造立』(法蔵館、二〇一五年)
(31)佐々木健策「西相模における石塔の加工と変遷」(『小田原市郷土文化館研究報告』四五、二〇〇九年)
(32)國井洋子「武蔵型板碑の製作技法からみる生産の画期―上野国新田荘世良田の板碑を中心に―」(前掲註(28)所収)
(33)前掲註(12)書第一章。
(34)四柳前掲註(8)『漆の文化史』一一八頁。
(35)同書一二〇頁。
(36)鈴木康之前掲註(22)書五七~六二頁。
(37)小野正敏『戦国城下町の考古学』(講談社、一九九七年)
(38)嶋谷和彦「中世・堺の環濠をめぐる諸問題」(『中世都市研究15　都市を区切る』山川出版社、二〇一〇年)一〇五~一〇八頁。
(39)千々和到『板碑とその時代―てぢかな文化財・みぢかな中世―』(平凡社、一九八八年)一一六頁。
(40)高橋一樹「畠田を通じてみた15世紀の畿内近国における農業生産」(『中世を終わらせた「生産革命」―量産化技術の広がりと影響―』科学研究費補助金(基盤研究(B))研究成果報告書、研究代表者中島圭一、二〇一五年)、同「畠田からみた十四世紀の農業生産―畿内近国を中心に―」(本書所収)

(41) 五味文彦「領主支配と開発の展開」(『史学雑誌』七七―八、一九六八年)、近藤成一「鎌倉時代の社会と領主制」(近藤成一編『日本の時代史9　モンゴルの襲来』吉川弘文館、二〇〇三年)
(42) 鈴木正貴前掲註(4)論文三七頁。
(43) 鈴木康之前掲註(4)論文。
(44) 前掲註(4)渡邊書一九六～一九九頁。
(45) 前掲註(12)書第一章、小野正敏「戦国期の都市消費を支えた陶器生産地の対応―越前焼を例に―」(『国立歴史民俗博物館研究報告』一二七、二〇〇六年)
(46) 佐々木前掲註(31)論文
(47) 高橋前掲註(40)論文。
(48) 渡辺則文「中世の製塩技術」(『日本塩業大系』原始・古代・中世(稿)、日本専売公社、一九八〇年)二五五頁。
(49) 桜井前掲註(5)論文一二五頁。
(50) 中島前掲註(1)論文三七頁。
(51) 桜井英治「中世の貨幣・信用」(前掲註(5)書所収)六三頁。
(52) 永原慶二「荘園解体期における請負代官制」(網野善彦・石井進・稲垣泰彦・永原慶二編『講座日本荘園史　4　荘園の解体』吉川弘文館、一九九九年)
(53) 鈴木公雄『出土銭貨の研究』(東京大学出版会、一九九九年)第一部第三章。
(54) 黒田日出男『日本中世開発史の研究』(校倉書房、一九八四年)第一部第三章第一節。
(55) 角田前掲註(9)書四一頁・六三頁。
(56) 島根県教育庁埋蔵文化財調査センター『大志戸Ⅱ鈩跡　遺構編』二〇〇九年。
(57) 角田前掲註(9)書七二頁。
(58) 橋本雄「中世日本と東アジアの金銀銅」(前掲註(29)書所収)
(59) 「鼎談　金属から見た中世」(前掲註(29)書所収)二五五頁。

擬漢式鏡からみた和鏡生産の転換

村木二郎

はじめに

日本古代の鏡作りは、中国の鏡を模倣し、さらにまたその模倣品を踏返すことで成り立っていた。九～十世紀の遺跡からは、こうして生産された唐式鏡が発見される。また福島県いわき市番匠地遺跡や、鳥取県倉吉市伯耆国庁跡といった官衙関連工房からは、これらを鋳造した際の鋳型が出土しており、当時の鏡生産は民間ではなく官主導で行われていたと考えられている。これが中世になると、様相を一変する。

中国・宋代の鏡に影響を受けたとされるものの、鏡背に花鳥風月の和風文様が自在に描かれた、いわゆる「和鏡」が平安時代後期に登場する。その最古の鋳型として注目されるのが、平安京左京八条三坊九町跡から出土した花枝蝶鳥方鏡鋳型である。ほぼ完形のこの鋳型が出土した土坑からは十一世紀末段階の土器が共に見つかっており、この時期には和鏡の生産が始まっていたことが明らかである［古代文化調査会 二〇〇七］。「七条町」と呼ばれたこの地域からは、鏡や仏具、刀装具などの鋳型が多数発見されており、中世に活躍する官から離れた職人たちの活発な動向を読み取ることができる。職人町はさらに南へと拡大し、のちに「八条院町」と呼ばれる地域をも包摂していく。十二～十三世紀にかけて、広く全国に流通した和鏡の大半はこの七条町・八条院町で生産されたと言っても過言ではなく、時代と共に新たな文様や鏡式を、新しい技術を織り込みながら生み出していった。

鎌倉時代後半になると、これまでの和鏡文様とは一線を画した新たな鏡が登場する。それが、いわゆる「擬漢式鏡」と呼ばれる鏡群である。鏡の文様面に巡らせた界圏の外側を外区と呼び習わしているが、そこに中国・漢代の鏡に見られた鋸歯文帯や輻線文帯を配したこの鏡背文様は、これまでの自由闊達な和風文様と違い、やや窮屈な印象を与える。そのため擬漢式鏡は、芸術的には窮まった、和鏡史上の最後の努力のように低く評されることが多い。しかし、その新展開はむしろ時代の要請とも受け取れ、それを巧みに表現した職人の技量こそ見過ごすことはできない。精緻な文様表現は、和鏡製作の到達点ともいえる技術の粋を見せているのである。もしも当時の人びとによって、擬漢式鏡の文様が奇異で下卑たものと捉えられていたなら、その後も十六世紀に至るまで綿々と製作され続けた理由が解けない。擬漢式鏡が和鏡の黄昏のように位置付けられるのは、その鏡式ゆえではなく、表現がパターン化し技量的にも劣ったものが目につくからである。しかしそれらは十四世紀後半ないしは十五世紀以降の資料であり、それ以前の擬漢式鏡には当てはまらない。

本稿では、生産技術に裏付けられた右肩上がりの和鏡生産が、十四世紀半ばに大きく転換した事情を、擬漢式鏡を手掛かりに考えてみたい。

1　擬漢式鏡の研究史

(1)擬漢式鏡の系譜

青銅鏡の研究が、弥生・古墳時代を中心に進展したのに比べ、中世の和鏡研究はマイナーな分野であった。そういったなかで、和鏡研究の基礎を築いた広瀬都巽氏は擬漢式鏡を次のように位置付けている。

「禅宗が渡来して日に興隆せるに因し、該宗一流の清楚閑寂にして而かも気骨のある風潮が、澎湃として来りしより、之が影響を受けて、文学に芸術に建築に将た遊技の如きに至るまで、所謂禅味即ち支那式の復興されしより、鏡背文様も亦之を避くる能はず、一部漢式文様の復活さるる所となり、稍久しく南北朝時代に及んだのである。次で室町時代に至ては、更に唐式手法さへ摸倣して葡萄鏡式のものを、また形似上に於て葵花・菱花式の如きも鋳作されたが、却て堕俗の観を認めるのである。」〔広瀬 一九二八〕

すなわち、鎌倉時代に禅宗の影響で各種の文物に中国様式が復興するなか、中国・宋代に作られた復古調の漢式鏡が新味の鏡背文様要素として導入され、和鏡の外区に鋸歯文帯や輻線文帯を巡らせたものが登場した。さらに中国・唐代の海獣葡萄鏡のように外縁が曲線状に立ち上がる鏡式も現われたが、これまでの和鏡のような芸術性は見られなくなった、と言うのである。擬漢式鏡の成立契機が、時代の風潮に沿ったものという理解はその後も一貫しており、「擬漢式文様鏡」「擬漢式鏡」といった用語を用いた『扶桑紀年銘鏡図説』〔広瀬 一九三八〕においても、「この種の（擬漢式鏡の〔筆者註〕）図様は従来曽て見へない所であるが、想ふにこは久しく襲用し来た純和式に厭きた所へ、新たに渡来せし禅宗の影響により、再び漢式芸術の復興して加味され茲に折衷式を生んだ。実に鏡背文様の大変革と云ふべきである。(1)」と評価しており、卓見と言えよう。

この考え方はその後の擬漢式鏡研究でも支持されており、擬漢式鏡の文様は日本に伝わった漢鏡から編み出されたという意見はなく、宋代以後に中国で作られた仿製漢式鏡の影響〔中野 一九七九〕、貿易や禅僧の往来によって高まった「唐物」への嗜好〔久保 一九九九〕といった位置付けを得ている。

(2) 擬漢式鏡の編年研究

広瀬氏の和鏡研究で紀年銘鏡が悉皆的に示されて以降、長らく擬漢式鏡の編年研究は行われてこなかった。初めてこの問題を正面から扱ったのは佐藤直子氏である［佐藤　一九九六］。佐藤氏は法隆寺西円堂に奉納された四六八面の擬漢式鏡をもとに、外区文様を基準にしてⅠ～Ⅲ期に分類した。「漢鏡の模倣から始まったデザインが和鏡の流れの中にいかにして吸収され、消滅していくか」という流れで擬漢式鏡全体を理解しようとしており、実際の資料とはやや齟齬をきたす部分がある。しかし、これをⅠ～Ⅲ類と捉え直して、それぞれの出現期に着目するということであれば、佐藤氏の解釈も成り立ちうる。このなかで、擬漢式鏡の様式が整うⅡ―C期は十四世紀半ばであり、形骸化・省略化されていくⅢ期の資料はそれ以降に位置付けられている。

こういった一系列での捉え方に対し、擬漢式鏡をⅠ～Ⅳ類に分類し、紀年銘鏡を根拠にそれぞれの変遷を捉えたうえで全体の編年案を組んだのが青木豊氏である［青木　一九九七］。やや詳しく見ておこう。

Ⅰ類は鋸歯文帯と輻線文帯を備えた典型的な擬漢式鏡で、内区の意匠は従来の文様を引き継いだ和様である。擬漢式鏡のなかで最古の紀年銘を有する鹿児島県始良市蒲生八幡神社所蔵の嘉元三年（一三〇五）銘松竹双雀鏡（図1―1）を基準とし、それよりさかのぼると想定される資料を示したうえで擬漢式鏡の出現を十三世紀末としている。

Ⅱ類は界圏が花形の「窠文形界圏《かもんけい》」のものである。この界圏は当初は明確な入り組みをもった花形を呈するが、次第に円形に切り込みを入れただけの略化したものになる、と理解している。最古の紀年銘をもつ資料は、個人蔵の正和三年（一三一四）銘蓬莱双雀鏡（図1―3）であるが、この鏡の界圏はすでに略化しており、紀年銘よりは新しい鏡と考えている。(2) それに代わる基準となる資料に、一三二三年に沈没したとされる韓国新安沈没船から見つかった住吉鏡を挙げているが、これは擬漢式鏡ではないためふさわしくない。(3) そうすると、明確な花形界圏をもつ紀年銘資料は、千葉県香取市香取神宮所蔵の延文五年（一三六〇）銘梅樹双雀鏡（図1―4）を待たねばならず、やや下りすぎており基準となる紀年銘資料は不安定である。

Ⅲ類は広瀬都巽氏が「葡萄鏡式」と呼んだ、外縁が曲線状に立ち上がる独特の鏡式で、内区の意匠も当初は唐様で

1. Ⅰ類(1305 年)

2. Ⅰ類(1331 年)

3. Ⅱ類(1314 年)

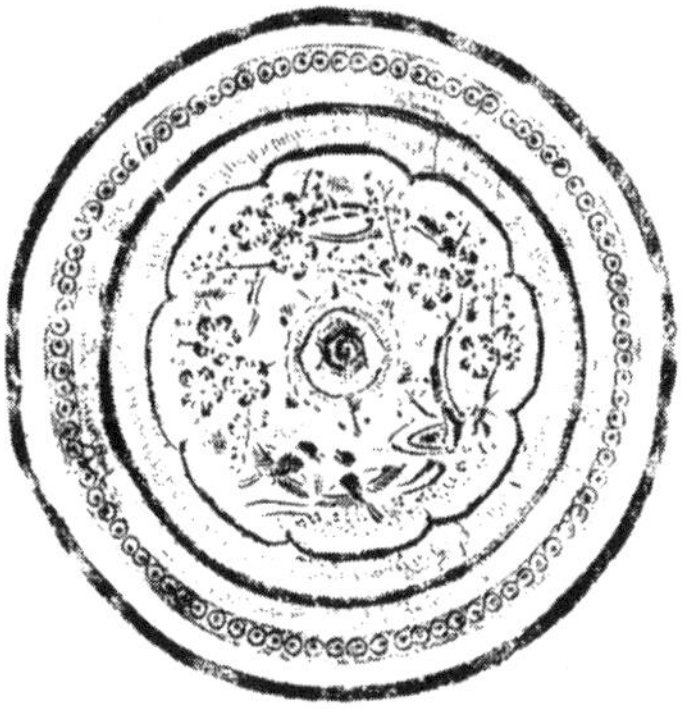

4. Ⅱ類(1360 年)

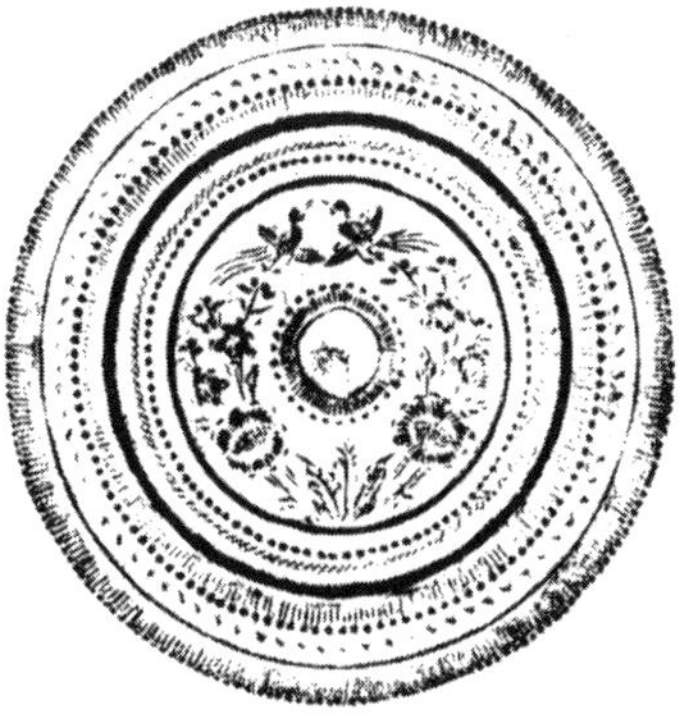

5. Ⅲ類(1315 年)

6. Ⅳ類(1343 年)

図 1　紀年銘擬漢式鏡(広瀬 1938 より)

ある。青木氏は「擬漢式鏡ではなくむしろ擬唐式鏡と呼称すべき鏡群」とも述べておりⅠ・Ⅱ類とは一線を画すが、広瀬氏が『扶桑紀年銘鏡図説』のなかでこのタイプも擬漢式鏡と呼んでおり、擬漢式鏡の範疇で語られてきている。紀年銘鏡は「湖州昌卿造／延祐二乙卯春」と刻まれた個人蔵の瑞花双鳳鏡（図1―5）が最古である。この鏡は大正七年（一九一八）に上海で購入されて日本に里帰りしたもので、延祐二年は中国・元の年号で一三一五年にあたる。鏡の生産地として名高い湖州の昌卿という人物が製作した、と主張しているように解釈でき、ご丁寧に鏡縁を湖州鏡のように内傾に削り込んでいる。しかしもちろんこの鏡は日本製であり、十四世紀前葉に中国へもたらされた後に改変されたのであろう。中国の鏡生産が斜陽であったこの時期、作鏡技術が最盛期の日本鏡が珍重されて偽刻されたのであろうか。いずれにせよ、Ⅲ類の基準となる年代を示してくれる資料である。

Ⅳ類はⅠ～Ⅲ類の要素を集約したタイプとし、蒲生八幡神社所蔵の康永二年（一三四三）銘龍胆唐草双雀鏡（図1―6）が最古の紀年銘鏡として挙げられている。しかし点数としては先のⅠ～Ⅲ類に比べて少なく、しかも短期間の生産と考えられている。

紀年銘資料の多くは奉納されて伝世した鏡であり、そこに記された年代は奉納年や、あるいは奉納者に何らかの由縁のある年など様々な可能性が考えられ、あくまでも年代決定のための参考に留まるものである。さらにそれを基準に鏡背文様から無紀年銘資料を位置付けていくため、どうしても細かな編年体系を組むには無理があるのはやむをえまい。ただそういった限界を考慮しながらも、十四世紀前半の精緻な文様構成や新鮮な創意に対して、十四世紀後半以降に急激に作行に行き詰まりが出てくるという変化は首肯できる。このことは、佐藤氏の議論とも共通する。なお、青木分類のとくにⅠ～Ⅲ類は明快で妥当であると考え、本稿でもこの分類に基づいて論を進めることとする。

もうひとつ見逃せないのが、久保智康氏の年代観である［久保　一九九九］。多種類のヘラを用いたヘラ押し表現の変化や、部分型押し製笵技法によって擬漢式鏡の細密なパターン文様が鋳型に刻まれていると考え、製作技法の変化に

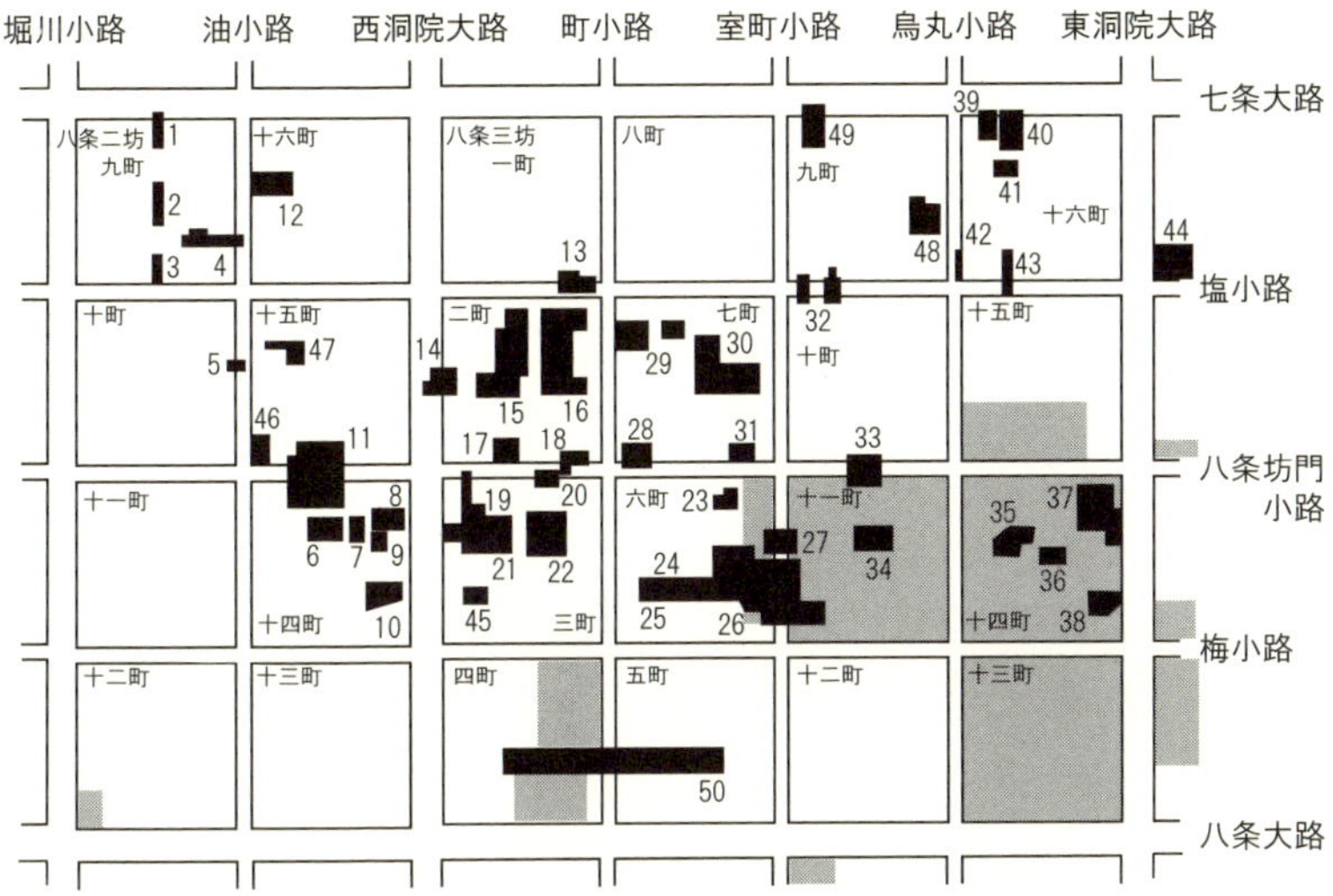

図2　七条町・八条院界隈発掘調査地区
（網掛けは「院町十三箇所」）（山本2006に加筆）

沿って擬漢式鏡の変遷を捉えており、傾聴に値する。

2　八条院町の鏡工房

(1)七条町・八条院町界隈と金属製品生産

中世に七条町・八条院町と呼ばれた界隈は、職人町として知られていた。十一世紀後半に成立した『新猿楽記』に、七条以南の保長として「姓は金集、名は百成、鍛冶・鋳物師并に銀金の細工なり」と出てくる人物をはじめとして、十二世紀前半の『今昔物語集』巻第二十「仏眼寺仁照阿闍梨房託天狗女来語第六」の「…七条辺ニ有ケル薄打ツ者ノ妻ノ女ノ…」や、十三世紀前半の『宇治拾遺物語』巻第一の五「随求陀羅尼、額に籠む法師の事」の「…あれは七条町に、江冠者が家の大東にある鋳物師が妻を…」、あるいは同巻第二の四「金峯山薄打の事」の「今は昔、七条に薄打あり。」などといった記述は、フィクションとはいえ当地に金属製品生産に関わる職人が多数所在したことを示していよう。また、『吾妻鏡』文治二年(一一八六)二月廿五日条の「称北条殿下知。欲押取七条細工鐙。就訴申。」は史実を伝えており、上記のことを裏付けてくれる。

事実、ＪＲ京都駅北側周辺の再開発に関連して実施した発掘調査によって、十一世紀末から十四世紀前半の金属製品生産、とくに青銅製品の鋳造に関わる遺構が多数見つかっている（図2）。そこからは様々な製品を作った鋳型が見つかるが、最も多いのが鏡の鋳型である。中世前期に鏡の鋳型が見つかっているのは、平泉、鎌倉、京都白河、博多、大宰府といった都市遺跡と、鋳物師集落と考えられている埼玉県坂戸市金井遺跡Ｂ区くらいであるが、いずれも一〜二点程度で大規模な生産体制は見出せない。それに対して七条町・八条院町界隈で見つかった鏡鋳型の数は、例えば二〇〇五年に調査された平安京左京八条三坊三町跡（調査地区45）の土壙94と井戸130からだけでも一三九五点（粗型五〇六点、真土《まね》八八九点）が報告されている。中世前期に日本全国に流通し、中国や朝鮮半島にまでもたらされた和鏡のほとんどが、七条町・八条院町界隈で生産されていたと言っても過言ではない状況である。

(2) 擬漢式鏡生産の鏡工房

このなかに、擬漢式鏡の鋳型がまとまって出土した地区がある。網伸也氏らの論考に沿って、それらについて詳しく見ていくことにする［網　一九九六、網・山本　一九九六］。まずは平安京左京八条三坊六町・十一町・室町小路にまたがる調査地区26である（図3）。十一町は十二世紀後半に八条女院庁が置かれた場所で、室町小路沿いの六町も十四世紀に東寺に施入された際の院町十三箇所に含まれている。

室町小路に沿った六町域では、十四世紀前半の小礎石を伴う建物がある程度復元されている。室町小路に面して一直線に並んだ礎石からは、小路沿いに間口が三〜五メートル程度の建物がびっしりと並び立つ様子がうかがえる。建物の奥行きは九〜一〇メートル程度だが、それぞれの建物によって裏手は出入りがある。さらにその奥は空閑地になっており、井戸や廃棄土坑が見つかっている。六町の南北中心には柵列で囲まれた舗装道路が通っており、その南側

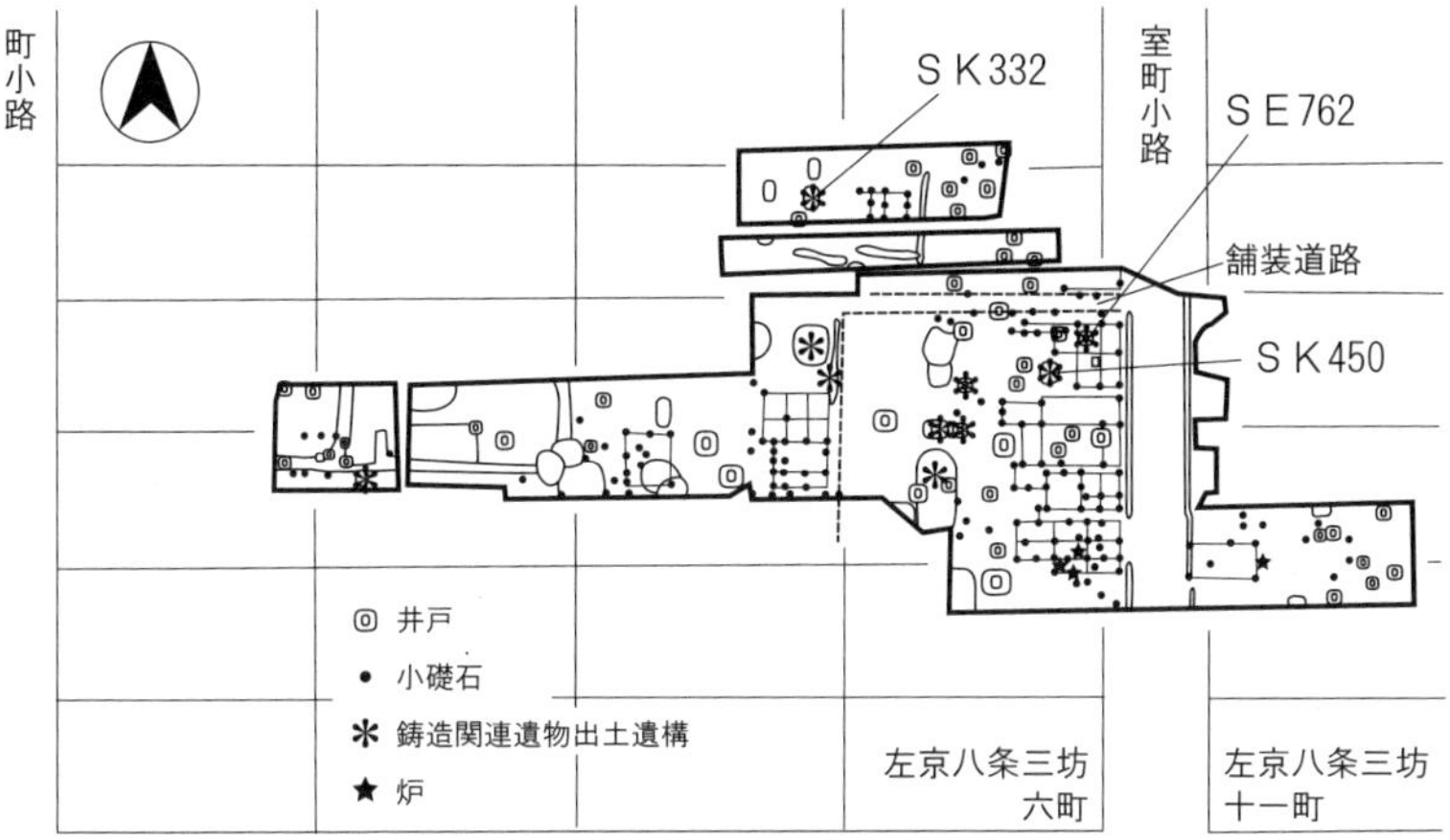

図3　調査地区24・25・26（網・山本1996に加筆）

柵列が室町小路から約三〇メートルの地点で南に折れている。これは、小路に面した屋地の奥境となるものである。すなわち、室町小路沿いの人々は、間口五〜六メートル、奥行き三〇メートルほどのウナギの寝床のような敷地に、小路に面して奥行き九〜一〇メートルほどの建物を建てて暮らしていたと考えられよう。

この建物のなかに相当する地点から、数基の炉跡が見つかっている。直径〇・五〜〇・七メートルの不定形な穴に粘土と砂泥を交互に敷き詰めたもので、表面が焼けている。これは金属を溶解した炉と考えられ、建物内で鋳造作業が行われたことが分かる。室町小路を挟んだ向かいの十一町側でも建物内に炉跡が見つかっており、このあたり一帯は鋳物師町であった。井戸や廃棄土坑などから見つかる鋳型には仏具や懸仏のものもあるが、圧倒的多数は鏡の鋳型である。

調査地区26からは鏡鋳型の良好な一括資料群が出土した。六町内に入る舗装道路より北側の方形竪穴遺構ＳＫ332の床面直上から、フイゴの羽口や坩堝片と共に鏡鋳型が見つかっている。スサや砂礫を含んだ粗い土からなる粗型の上に、きめの細かい真土を薄く塗り、そこにヘラや型で菊花散文、亀甲地文を刻んでいる。これらは平安時代後期以来の系譜をひく和鏡であり、擬漢式鏡の鋳型は見られない。共伴した土器から、十三世紀前半のものとされ、まだこの時期には擬漢式鏡の生産は始まっていないことが分かる。

室町小路に近い方形縦板組井戸ＳＥ762と、その南西付近の土壙ＳＫ450からは、鏡背文様がよく残った鋳型が多数発見された。共伴する土器からそれらは十四世紀前半に位置付けられるが、そのほとんどが擬漢式鏡の鋳型である。状態のよい洲浜秋草双鳥鏡鋳型は界圏より外側を欠失しているが、同工の秋草双鳥鏡鋳型の周囲には鋸歯文帯と輻線文帯が残り、これは擬漢式鏡Ⅰ類であることが確実である（図４―１・２）。また、山吹文、牡丹文、双鳥文の鋳型には、界圏の内側に細かな列点文帯、珠文帯、輻線文帯、鋸歯文帯が巡っており、擬漢式鏡Ⅲ類であることが分かる（図４―３〜６）。これらの鋳型はＳＫ332の一群に比べて真土が厚く、文様部分で一センチメートルくらいになる。縁が高く鏡胎が厚い鏡を製作するためには、こういった真土部分の改良が必要となった。

この地区では十三世紀前半には従来の和鏡を生産していたが、十四世紀前半になると新しいタイプの擬漢式鏡を製作するようになった。しかも同一工房でⅠ類とⅢ類が同時に作られていたことも判明した。「擬唐式鏡」とでも呼べるようなⅢ類をも「擬漢式鏡」の範疇でとらえていた広瀬都巽氏の目は、まさに慧眼であった。そして、消費地からの不安定な年代ではなく、生産地において擬漢式鏡の確実な年代を把握できたことが重要である。

平安京左京八条三坊三町跡の調査地区22からも擬漢式鏡の鋳型が見つかっている。調査区は町小路・八条坊門小路から奥まった場所で、道路に面して立ち並んでいた建物の裏手に相当する。そのなかの井戸ＳＥ566と土壙ＳＫ１４２４から鏡鋳型がまとまって出土した。これらはすべて擬漢式鏡Ⅱ類の鋳型である。共伴する遺物から十四世紀中頃の資料と想定されている。

非常に残りの良い菊花双雀鏡鋳型は、花形界圏の内側に列点文を巡らせたもので、亀甲散双雀鏡も同様である（図４―７・８）。亀形鈕はいずれも甲羅が正円形になっており、形骸化している。菊花文を型押で表現するほか、双雀の羽も菊花文の型を部分的に押付けて表しており、工程の合理化を図っている。また、花形界圏は円形界圏に太いへ

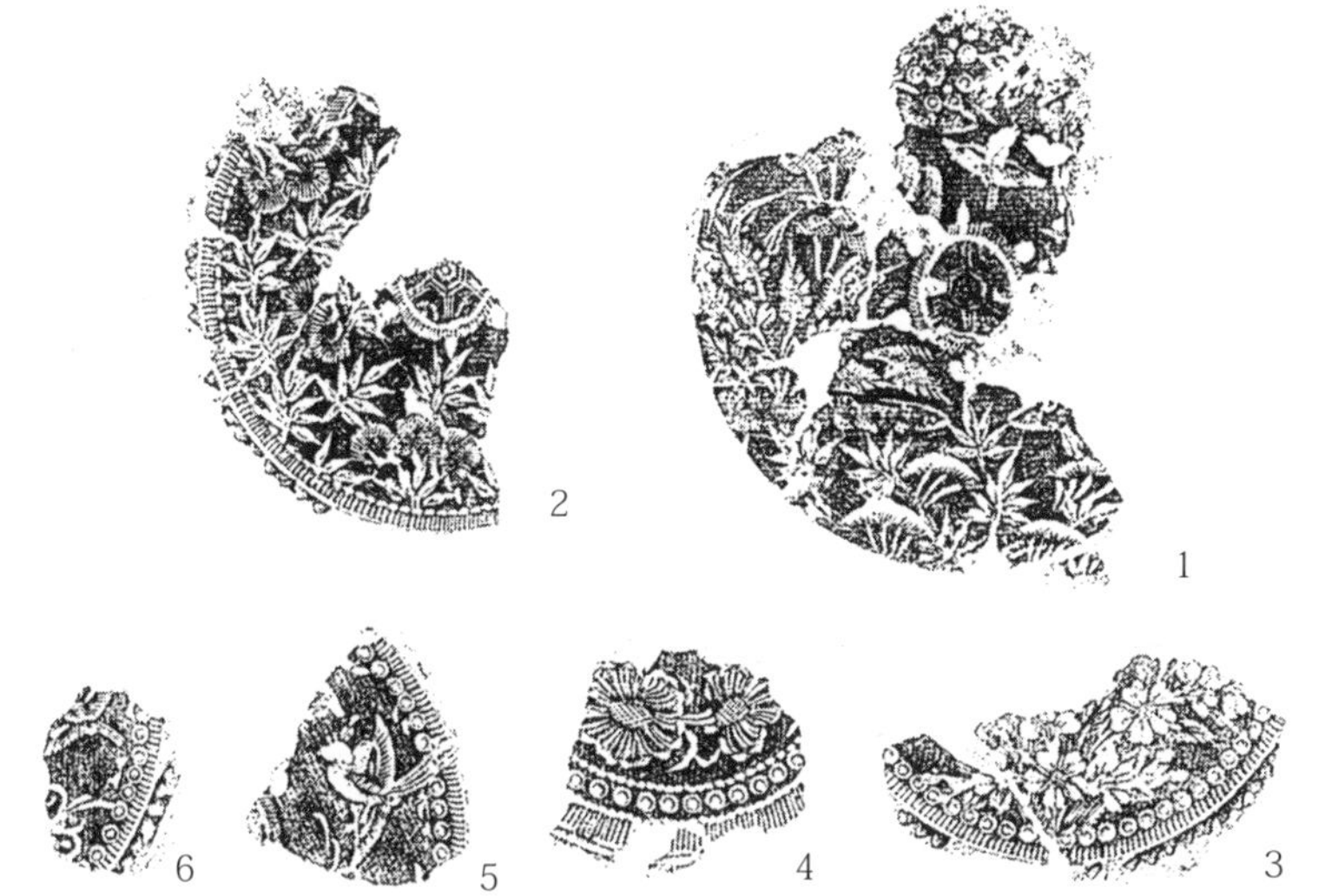

調査地区 26 出土鏡鋳型(1，2：Ⅰ類　3～6：Ⅲ類)

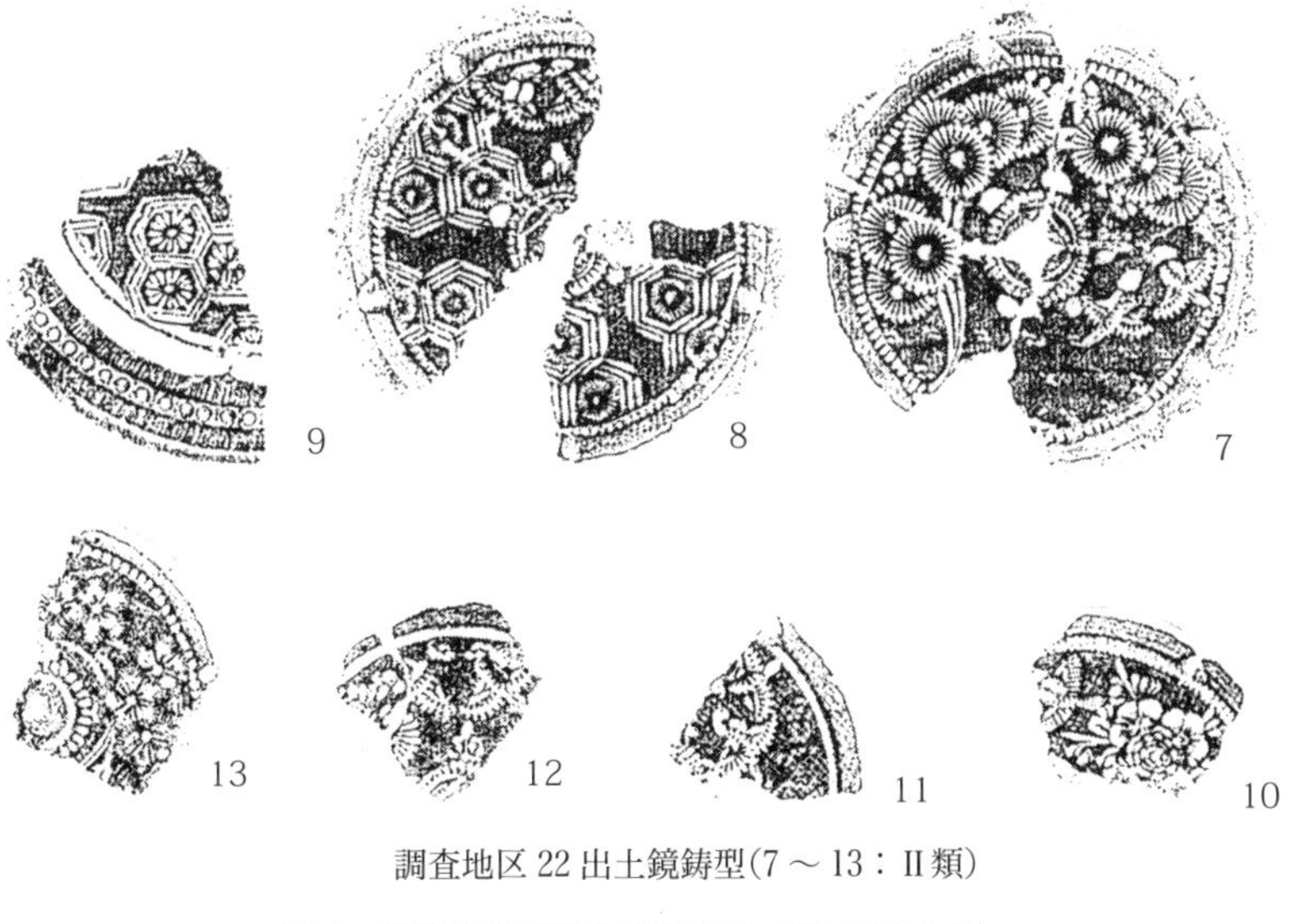

調査地区 22 出土鏡鋳型(7 ～ 13：Ⅱ類)

図 4　擬漢式鏡の鋳型(縮尺 1/2)（網 1996 より）

ラを当てて五区に分割したもので、省略化が進んだものである。他の小破片にも同じように省略化した花形界圏、型を半押しした双雀が見られる(図4―9〜13)。ただし、輻線文帯の細かさや緻密な珠文帯、多種類のヘラを駆使した巧緻な文様表現など、これらには依然として高い技術が見られ、十四世紀後半以降の低品質の鏡とは一線を画している。

これら二つの調査地区から見つかった擬漢式鏡の鋳型群は、十四世紀前半に同じ工房でⅠ類とⅢ類を、十四世紀中頃に別の工房でⅡ類を生産していたことを示した。現況では、鏡のタイプの違いは工房差を反映していることになる。また、調査地区22で生産されたⅡ類に関しては、花形界圏の省略化が進んでおり、Ⅱ類の生産が始まってからある程度の期間がたったものと考えられる。これを勘案すると、Ⅱ類の初源も十四世紀前半にさかのぼると想定できる。

3　八条院町 職人町の消長

八条院町は、十二世紀後半に鳥羽上皇の娘である八条院暲子内親王の所領として形成されたあと、様々な相伝を経て、正和二年(一三一三)十二月に後宇多法皇から東寺に施入された。その時に作成された「八条院院町在所注文」(4)によると、左京八条三坊十一・十三・十四町の全域とその周辺を合わせた「院町十三箇所」が列記されている。さらに年貢帳などが残っていることから、具体的な住民の姿や町の消長も追うことができる。

本稿に関連する地域としては、調査地区26に関わる室町小路に面した八条坊門小路以南・梅小路以北(梅小路室町)が院町十三箇所に含まれている。この地域について、詳しく見ていこう(表)。元応元年(一三一九)六月「八条院町年貢帳」(5)には、通りに面して年貢負担者の名前と年貢額、納入年月日(あるいは未納)が図示されている。年貢は通りに面した間口に応じて課されたと考えられており、これに基づいて当時の宅地配置もある程度復元することができる。建

表　梅小路室町の変遷

	八条院町年貢帳　1319年	年貢額	人物	間口	八条院町年貢帳 1338年	年貢額	人物	間口	八条院々町 下地検知注進状 1357年	年貢額
西頬	又次郎	60	○	○	又次郎／今左衛門二郎	140	○	○	又二郎入道	140
	※号祖／妙蓮	80								
	性心	100		○	左近三郎	100	○	○	左近三郎	100
	※彦三郎	140		○	木藤三郎／今又次郎	140	○	○	又二郎	140
	又三郎	200		○	成寛	200	○	○	成寛	200
	覚法	80	○	○	覚法	80		○	伊与	80
	理証尼	100	○	○	理照	100	○	○	理照	100
	文勧入道	200		○	木手六／今又三郎	200	○	○	又三郎	200
	号尼／経阿弥	100		○	五郎三郎	100		○	弥五郎	100
	西心	150	○	○	西信	150			源内	100
									又五郎	44
	長春	170		○	又四郎	170	○		又四郎	65
	善仏	200			ヒコ太郎	123	○		彦太郎	163
	覚心	200	○		※覚信	157			源内	130
	与三	200	○		※与三	135			九郎	90
	伊与	260			ヒコ三郎	138				
	智阿弥	250			左近五郎	250	○		左近五郎	250
	東ノツラノ番匠ノ許ニアル物敷又次郎	94	○		又次郎／今左衛門二郎	210			三郎	280
	善阿弥	200		○	七郎／今右衛門三郎	200			戒心	204
	又了意／妙阿弥	190		○	見三	190			五郎	106
	大進房	200	○	○	大進	200			平太郎入道	200
	善願	100		○	藤三郎入道	100			同	200
	右馬允	300			トウ御前	100			道念	200
	四郎大郎	120			仏成	100				
	戒心	150			馬入道	200				
	右兵衛尉	200			馬太郎／今カフ阿弥	135				
					馬次郎	140				
					レン正	120				
	教阿弥	200	○	○	教阿弥	200				
	修賢	200	○	○	修見	200				
	総額	4444			総額	4278			総額	3092
東頬	戒阿弥	490			大夫三郎	110			又六	110
					与一	140			同	100
	刑部次郎	220	○	○	形部二郎	220			蓮法	150
	願阿弥	400			九郎二郎	136			左近太郎	100
					トウ次郎	234			又六	100
	アクリ女	230	○		アクリ	270			同	200
	刑部三郎	400			善信	350			道念	150
	左衛門次郎	350			道念	378			左近五郎	130
	助三郎	200			五郎太郎	266			又六	100
	又五郎	300			トウ六	266			又二郎	100
	後家尼	300			石御前	400			左近五郎	100
	円心	400			右衛門五郎	266			源内入道	100
	又猪熊下人名／石井女	600			シ阿弥	266			右衛門四郎	300
					九郎	366			■(能？)六	260
	薄屋	200	○		ハクヤ	418			又二郎	250
	※蓮阿弥	200	○		レン阿弥	260			左衛門二郎	300
	※阿念	250			左衛門四郎	300			又二郎	250
	※美濃法橋	250	○		ミノ法橋	300			南無阿弥	300
	又蓮性トモ云／本阿弥	300	○	○	本阿弥	300			源内入道	200
	蓮法	500			左近五郎	240			同	340
					チクセん	330			清太郎	300
	孫太郎	300	○	○	孫太郎入道	300			道念	500
	観法	400			随性アト	280				
					同(四郎五郎入道)	220				
	平七後家／法阿弥	200		○	四郎五郎入道	200				
	又石	300	○	○	又石	300				
	号番匠入道／蓮暁	300	○		蓮教	340				
	丹屋	300	○	○	ヘニヤ	310				
	孫次郎	300	○	○	マコ次郎	310				
	行妙	360	○		行妙	310				
	総額	8050			総額	8386			総額	4440

（○は人物、間口が前代と同じ場合。人名は基本的に資料の並び順で記すが順序を入れ替えた者には※を付した。）

武五年（一三三八）「八条院町年貢帳[6]」には図面はないものの、同内容のリストが書き上げられている。元応三年年貢帳と同名の者も多く、三町側（西頬）、十一町側（東頬）とも南から北へ記されている。約二〇年を隔てたこの両者の資料を比較すると、西頬では年貢負担者が二七人から二八人になり、そのうち修賢（修見）・教阿弥・西心（西信）・理証尼（理照）・覚法など一〇人は変わらず登場する。東頬も二五人から二九人に増え、行妙・孫次郎（マコ次郎）・丹屋（ヘニヤ）・又石・薄屋（ハクヤ）・アクリ女（アクリ）など一二人が合致する。名前が変わっている者も、宅地割をそれほど大きく変更することなく世代交代しており、「南北朝内乱突入時、院町の各頬の請人たちの定着率はかなり高い」［仲村一九六八］と指摘されているように、十四世紀前半のこの地域は、安定した生活空間であったことが分かる。また、丹屋（紅屋）、番匠、薄屋（箔屋）といった職人が確認できるが、職名を記さない人びとのなかにも、職人とくに金属製品生産に従事した鋳物師や銅細工たちが多く含まれていると考えられる。

次にこの地域の様子が分かる資料は、延文二年（一三五七）四月十三日の「八条院々町下地検知注進状[7]」である。これにも年貢負担者の名前と額が記されている。しかし、建武五年年貢帳と比べてあまりにも変化が著しく、西頬は北から南へ記されていることが分かるが、東頬はほとんど名前も宅地割も合致しない。西頬は二〇人（源内は二度出てくるので同一人物とすると一九人）に減っているが、左近三郎・成寛・理照・又四郎・左近五郎など前代と合致する名前も九人ある。とくに北側の又二郎入道から弥五郎までは宅地割に変化がなく、年貢負担者七人のうち五人までが合致している。しかし南側は宅地割が大きく変わっているうえ、「新開」と注記されているところもあり、大きな変動があったとみられる。年貢総額も四二七八文から三〇九二文に減少している。東頬にいたっては、負担者が一九人記されているが、又六・道念・左近五郎・又二郎・源内入道は複数回出てきており、これらを同一人物とみると一二人に減少していることになる。ほとんどが「新開」とされ、前代の宅地割はまったく消滅してしまっている。道念・左近太郎の二名は建武五年年貢帳にも見られるが、宅地は変わっている。そもそも「新開但去年冬より麦」という注記があるように、すでに宅地ではなく畠地になってしまったようである。年貢総額も八三八六文から四四四〇文に半減してしまっている。

観応元年(一三五〇)の「洛中動乱」(8)や、文和四年(一三五五)の「此動乱」によって百姓の住屋が壊されたり焼き払われたりした事件(9)は、ちょうどこの建武五年から延文二年の八条院町の変化に対応している。そして、『学衆評定引付』貞治六年(一三六七)四月七日・二十四日・二十七日条(10)に見られるように、銅細工・白粉焼・紺屋等の跡地が畠になっており、産業汚染で土地が荒れてしまっているので年貢を減免してくれるよう百姓が訴えている。このように文献記録からは、八条院町は十四世紀前半は職人たちの安定した在所であったが、南北朝の動乱で十四世紀半ばに一気に荒廃して銅細工等の職人たちは町を去り、そのあとは耕作地と化してしまった様子が伝わってくる。

発掘調査による成果もそれを裏付けている。八条二坊十四町で鏡鋳型が大量に出土した調査地区11では、十四世紀前半代の遺物をもって下限としている[鈴木 一九九九]。八条三坊三町の、鏡鋳型が千点以上出土した調査地区45では十四世紀半ば以降の遺物は激減し、十五世紀になると遺構・遺物とも消滅する[東・布川 二〇〇五]。そして八条三坊六町の調査地区26でも、これまで見てきたように十三世紀から十四世紀前半の遺構は豊富だが、後半になると極端に減少してしまうのである[網ほか 一九九六]。

十一世紀末から始まった七条町・八条院町の職人町の歴史は、十四世紀半ばをもって終焉したのである。そして、常に時代の先端を求めて競い合ってきた鏡作り職人たちもこの地を離れ、その所在を晦ませてしまう。

おわりに

十四世紀後半以降も、和歌山県新宮市熊野速玉大社神宝鏡のような高品質の鏡も製作されたが、おおむね品質の低下した鏡が流通するようになったことは否めない。海外にまで誇った京都ブランドの和鏡の歴史は急降下し、「堕俗」化して美術的に低い評価が下されるようになってしまうのである。しかし、石川県七尾市七尾城跡シッケ地区遺跡や埼玉県加須市騎西城跡から鏡鋳型の出土が報告されているように、十六世紀になると地方の城下町でも鏡が生産されるようになる。作行のほどは分からないが、技術が拡散して工人層が広がったことは、美術的な面とはまた別に評価すべきであろう。

鏡の製作技術が最も高まった十三世紀末から十四世紀に登場し、短期間で形骸化するという特徴をもった擬漢式鏡に視点を据えて、和鏡の歴史の転換点を見てきた。日本各地で出土する、あるいは伝世した和鏡をもとに、これまで紀年銘や美術工芸史的観点から十四世紀後半以降、和鏡は品質が低下すると言われてきた。これには漠然と鎌倉時代の精良品、室町時代の粗悪品というイメージがオーバーラップして、無条件に受け入れてきたきらいがある。そしてそれは大きくは外れていなかったと言えよう。しかしその要因を探るにあたっては、必ずしも明瞭ではなかったと思う。

七条町・八条院町以外にも職人町はあったであろうが、これほど大規模なものは今のところ見つかっていない。なかでも鋳物師や銅細工、薄打といった金属製品生産に携わる職人層の厚さは圧倒的で、出土鋳型が示すように当時の鏡のほとんどがこの地で生産されていたという考えを否定する材料はない。そうすると、十四世紀半ばに起こった戦乱によって八条院町の職人町が壊滅したことは、鏡生産の歴史に決定的な影響を与えたであろう。もちろん、職人たちが消滅したわけではなく、彼らは他所へ移って生産活動を再開したであろう。しかし三百年近い歴史を有した職人町の消滅は、これまでのような活動を保障してくれず、彼らの離散を招いたり、何らかの方針転換を迫ったであろうことは想像に難くない。これをもって、鏡生産が転換した重要な要因と考えることとする。

註

（1）『扶桑紀年銘鏡図説』「四四、嘉元三年松竹双雀鏡」の項目で述べる。なお、同書「四六、正和四年瑞花双鳳鏡」は広瀬都巽氏の言う「唐式手法」の「葡萄鏡式」であるが、この項目で「擬漢式鏡」と位置付けており、その後の研究史上においてこの理解が当然のごとく受け入れられる。青木豊氏がこの点に疑義を挟んだが［青木 一九九七］、本論で示すようにこの鏡式は擬漢式鏡の製作工房で作られており、広瀬氏の理解は妥当である。

（2）広瀬都巽氏は『扶桑紀年銘鏡図説』「四五、正和三年蓬萊双雀鏡」の項目のなかで、鏡面に墨書で「□□□明心来順定位、正和三年五月午日」と記された銘文は法名のようで位牌のように祀ったのかと推定している。文様表現が「堕落的」であり「足利期に属する様式」と紀年銘より新しい鏡の可能性に触れるものの、銘文内容から故人の使用品もしくは新鏡に記すべきと考え、紀年銘と製作時期はあまり隔たっていないと結論付けている。

（3）新安沈没船から見つかっている擬漢式鏡は、青木分類Ⅰ類の松葉唐草文鏡である［（韓国）文化財庁・国立海洋遺物展示館 二〇〇六］。この資料によって、遅くとも一三二三年にⅠ類が存在していたことは確実である。また、中国から日本へやってくる船に積まれていたことから、擬漢式鏡が十四世紀前葉には中国に渡っていたことも分かる。

（4）赤松俊秀編『教王護国寺文書』巻一―二五五号。

（5）『東寺百合文書』へ函三八号。京都府立総合資料館が公開している「東寺百合文書WEB」（以下、WEB）では文書名は「八条院々町地子帳」へ函二一号とされている。

（6）『東寺百合文書』へ函五四号。WEBでは文書名は「八条院々町地子帳」へ函三六号。

（7）『東寺百合文書』ケ函四八号。WEBでは文書名は「八条院々町下地検知注進状」ケ函四八号。

（8）『東寺百合文書』ム函二六号。『学衆評定引付』観応二年（一三五一）五月十三日条。

（9）『東寺百合文書』ム函二九号。『学衆方評定引付』文和四年（一三五五）四月二日条。

（10）『東寺百合文書』ム函四三号。

参考文献

青木　豊　一九九七年「所謂擬漢式鏡に関する考察」『国学院大学考古学資料館紀要』一三

東洋一・布川豊治　二〇〇五年『平安京左京八条三坊三町跡』京都市埋蔵文化財研究所発掘調査報告二〇〇五―一〇
網　伸也　一九九六年「和鏡鋳型の復原的考察―左京八条三坊三町・六町出土例を中心に―」『研究紀要』三　京都市埋蔵文化財研究所
網伸也・山本雅和　一九九六年「平安京左京八条三坊の発掘調査」『日本史研究』四〇九
網伸也・東洋一・南孝雄・百瀬正恒・清藤玲子・桜井みどり・真喜志悦子　一九九六年「平安京左京八条三坊2」『平成六年度京都市埋蔵文化財調査概要』京都市埋蔵文化財研究所
上村和直　二〇〇二年「京都「八条院町」をめぐる諸問題―出土漆器を中心として―」『研究紀要』八　京都市埋蔵文化財研究所
川嶋将生　一九九二年「東寺領八条院町の構造と生活」『中世京都文化の周縁』思文閣出版
（韓国）文化財庁・国立海洋遺物展示館　二〇〇六年『新安船 THE SHINAN WRECK』Ⅲ
久保智康　一九九九年『中世・近世の鏡』日本の美術三九四　至文堂
古代文化調査会　二〇〇七年『平安京左京八条三坊九・十町―七条町の調査―』
佐藤直子　一九九六年「法隆寺西円堂奉納の擬漢式鏡について」『MUSEUM』五四四
鋤柄俊夫　二〇〇八年『中世京都の軌跡―道長と義満をつなぐ首都のかたち―』雄山閣
鈴木廣司　一九九九年「平安京左京八条二坊2」『平成九年度京都市埋蔵文化財調査概要』京都市埋蔵文化財研究所
中野政樹　一九七九年『和鏡』日本の美術四二　至文堂
仲村　研　一九六八年「京都八条院町の成立と展開」『文化史学』二五
広瀬都巽　一九二八年「和鏡」『考古学講座』二　雄山閣
広瀬都巽　一九三八年『扶桑紀年銘鏡図説』大阪市立美術館学報一
山田邦和　二〇〇九年『京都都市史の研究』吉川弘文館
山本雅和　二〇〇六年「八条院町の生産」『鎌倉時代の考古学』高志書院

石塔の定型化と展開

佐藤亜聖

はじめに

石塔の定型化は石塔の普及ともかかわる重要な課題である。

「定型化」は「一定の決まった形にする」という意味であり、石塔の定型化とは文字通り石塔の形が一定の形状に特定されてくる現象を示す。そういった意味では石塔の定型化を「ある一定の時空間において型式的連続性をもつ安定した新形式石塔群の成立」と位置づけることが可能だが、この定義に関しては「一定の時空間」をどう取るかにより、「定型化」石塔の内容が決まってくる。

本稿では畿内、中国、四国の十三・十四世

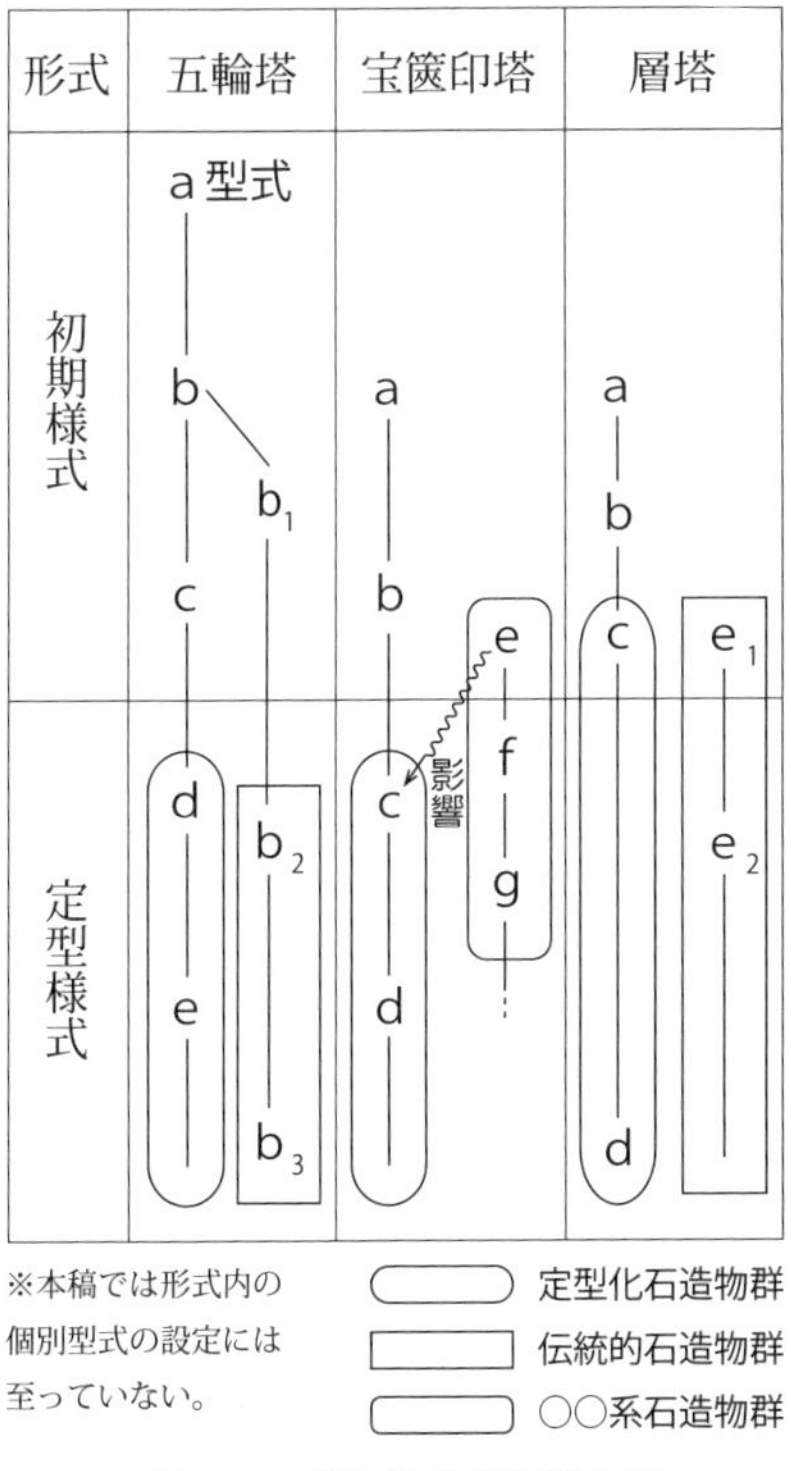

図1　石造物様式構造概念図

紀において、中世後期へ繋がる地域相の成立を「定型化」の指標ととらえ、石塔の定型化過程とその後の展開を把握したい。なお、本稿では石造物を様相でとらえるにあたり、宝篋印塔や五輪塔などの石造物種類を「形式」、形式内の地域差や時間差による差異を「型式」、同一地域・同一時代における石造物群の集まりを「様式」として扱う。

また、様式のうち定型化以前の石造物で構成される畿内様式を「畿内初期様式」、定型化以降の石造物で構成される畿内様式を「畿内定型様式」、地域における独自の様式を「地域様式（地域名を付けて○○様式）」とし、定型化以前のものを「地域初期様式」、以後を「地域定型様式」とする。また、ある様式内に存在する石造物の中で、ある一定のまとまりをもつ形式群を「石造物群」として扱い、畿内定型様式の影響で形成された、新様式成立以降に残存する旧来型の石造物群を「伝統的石造物群」と呼称する。また、他地域産石造物の模倣品や、搬入品であることを断定できない非在地型石造物については祖形のある地域名称を用いて「○○系」と呼称し、明らかな搬入品を○○産とする。

1　畿内における層塔・宝篋印塔・五輪塔・板碑の展開

（1）宝篋印塔

宝篋印塔の有紀年銘最古資料は正嘉三年（一二五九）銘奈良県生駒市輿山往生院塔であるが、京都市高山寺宝篋印塔を一二三九年没の明恵供養塔にあて、規格が類似する北村美術館所蔵旧妙心寺塔を高山寺塔と同時期とする意見がある［山川 二〇〇六］。畿内における宝篋印塔の地域型については岡本智子氏による整理があり［岡本 二〇一二］、それによると畿内の宝篋印塔は6類型に分類でき、大和・京都・近江の地域型が十三世紀後半〜末頃には確立するようである。これについては筆者も大和における宝篋印塔の展開を分析する中で大和の地域型は十三世紀中葉に成立し、十三世紀後半に確立することを確認している［佐藤亜 二〇一一a］。

ここで、あえて型式細分せずに、その構成要素の変遷から定型化について整理したい。畿内の宝篋印塔は十三世紀前半に遡ると考えられる京都市高山寺宝篋印塔（1）をルーツとして、京都においてはその写しである文永二年（一二六五）銘京都市為因寺塔が建てられるが、京都においては十三世紀代の宝篋印塔造立は低調であり、近江においてもいくつかの資料を除き一二九〇年代まで資料数は非常に少ない。大和では高山寺塔の基礎無地、基礎上および屋根上下段形、隅飾り無地延べ造りの要素を引き継いで生駒市輿山往生院塔（2）が製作される。大和ではこれが大和型宝篋印塔の基準作となるが、十三世紀中葉段階の大和では文応元年（一二六〇）銘大和郡山市額安寺塔（3）や弘長三年（一二六三）銘高取町観音院塔など輿山往生院塔とは石材の分割形態や装飾の異なる多様な宝篋印塔が存在する。ここで注目したいのは、後に京都・近江で強く発現する基礎格狭間や基礎上反花などの要素が一二六〇年代の大和で成立している点である。同じく一二六〇年代のものと考えられる奈良国立博物館塔（4）では三弧隅飾りも出現している［狭川二〇一五］。これらの要素はその後大和では傍流となるが、京都・近江において地域的特色として発現してゆく。

大和におけるその後の展開を概観すると、一二六〇年代には形態が定まらず、一二七〇年代は資料が不明である。その後、弘安十年（一二八七）銘京都府和束町湯船塔（21）を嚆矢とする二弧輪郭巻隅飾りを持ち、基礎無文で高いものが一弧輪郭なしのものと併存して大和の独自性を形成してゆく。その成立時期は一二八〇年代後半～一二九〇年代と考えられる。

近江では弘安二年（一二七九）銘野洲市江龍寺宝篋印塔基礎に三面格狭間が存在し、後に京都・近江の規範となる基礎形態が成立している。残念ながら基礎のみの残欠であるため、この段階で地域型が確立しているかどうかは判断できない。近江における地域型が成立するのは「隅飾り輪郭巻」「隅飾り三段目接続」「基礎上反花」「基礎格狭間」「格狭間内三茎蓮」が完成する永仁五年（一二九七）銘米原市徳源院京極氏信塔（22）あたりからであり、一二九〇年代を画期として想定できる。

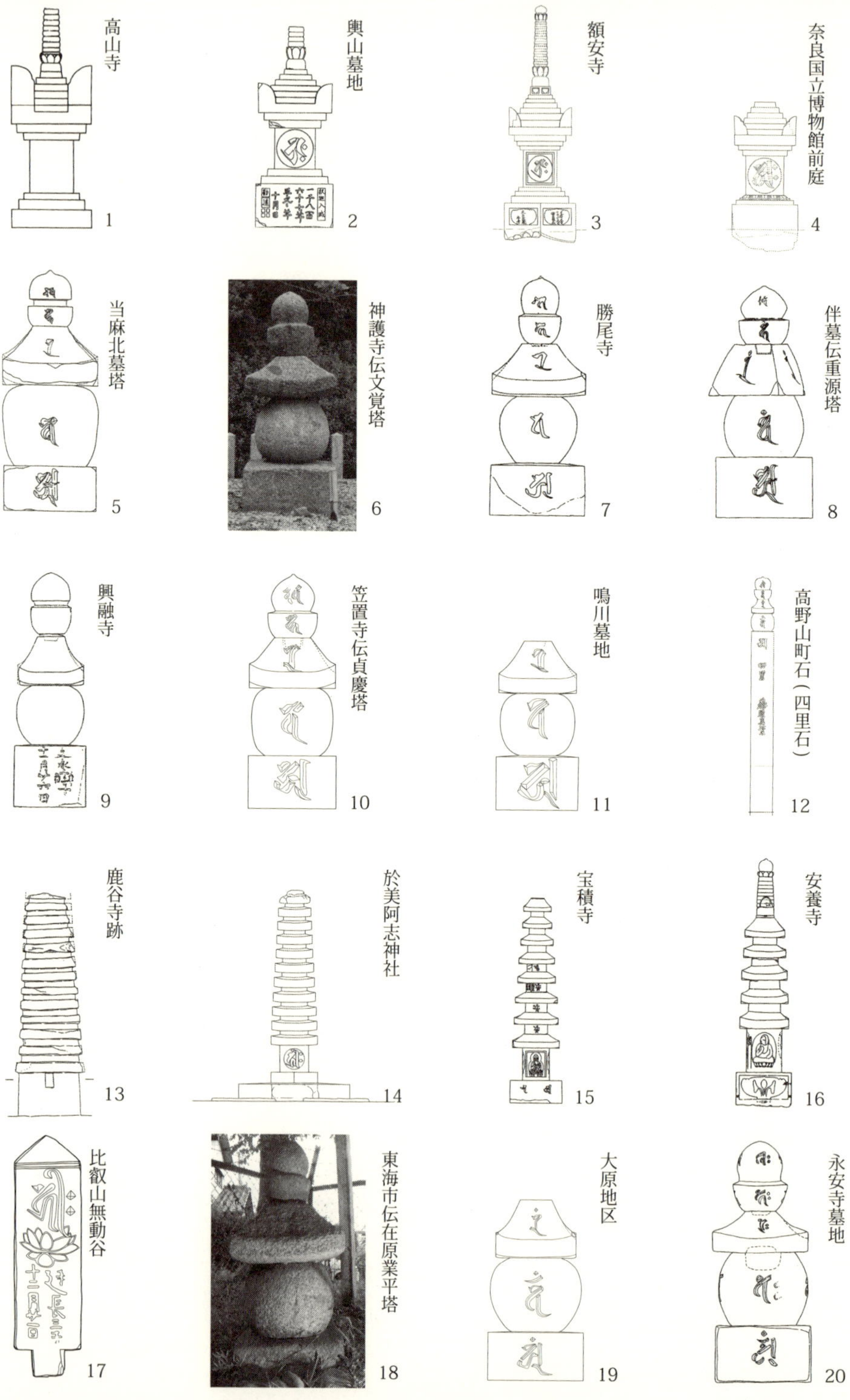

図2　畿内及び周辺の初期様式及び折衷型石造物

湯船熊野神社 21

徳源院（氏信塔） 22

誠心院 23

清涼寺 24

御所芝 25

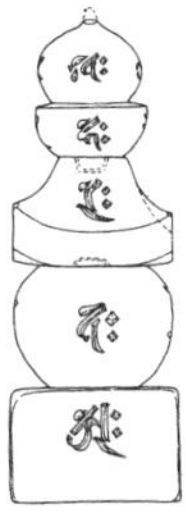
文永寺 26

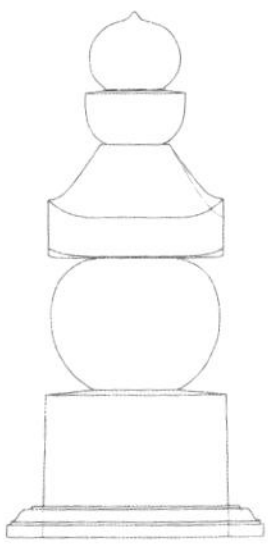
西大寺奥院1号塔 27

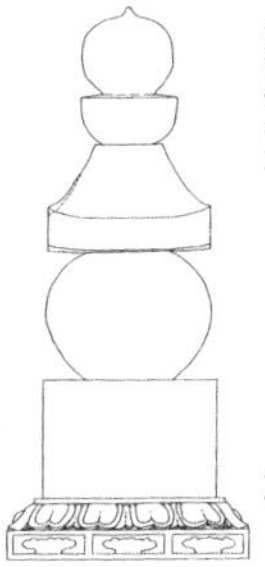
粟殿墓地 28

大蔵寺 29

般若寺十三重層塔 30

旧馬町 31

宇治浮島 32

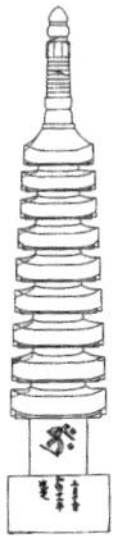
丸山九重層塔 33

門真市天満宮 34

天王極楽寺 35

【図出典】

1・21　山川　均　2008 日本史史料研究会選書 2『中世石造物の研究 - 石工・民衆・聖 - 』日本史史料研究会／ 2・33　福澤邦夫　2012『福澤邦夫石造文化財拓本集』(4) ／ 3　大和郡山市教育委員会　2011『額安寺宝篋印塔修理報告書』／ 4　狭川真一　2015「奈良の古式宝篋印塔実測記『元興寺文化財研究所研究報告 2014』／ 5・9・28　元興寺文化財研究所　1993『五輪塔の研究』／ 6　筆者撮影／ 7　辻　俊和　2012「近畿＜五輪塔＞」『中世石塔の考古学』／ 8　狭川真一　2005「伴墓三角五輪塔実測記」『元興寺文化財研究所研究報告 2004』／ 10・35　筆者・狭川真一氏実測／ 11・19　筆者実測／ 12　狭川真一　2004「高野山周辺の噛合式五輪塔をめぐって」石造物研究会第 5 回研究会資料『高野山中世石造物の実態を探る』／ 13　藤澤典彦　1993「大和の層塔 - 二上山周辺 - 」『近畿文化』523 ／ 14・30　山川　均　2011『日本石塔資料集』／ 15・16・22・23　福澤邦夫　2009『福澤邦夫石造文化財拓本集』(3) ／ 17　筆者・本田　洋氏・佐藤利江氏実測／ 18・24・29・31　筆者撮影／ 25　巽　三郎・愛甲昇寛編著　1974『紀伊国金石文集成』／ 20・26　松井一明　2009「東海地域における中世石塔の出現と展開」石造物研究会第 10 回研究会資料『東海地域における中世石塔の出現と展開』／ 27　狭川真一　2003「西大寺奥院五輪塔実測記」『元興寺文化財研究所研究報告 2002』／ 32　山川　均氏撮影／ 34　筆者ら実測

図 3　畿内定型化様式の石造物

京都では一二六〇年代に大和で使用された基礎上、屋根石材の分割、三弧別石造り隅飾りを引き継いだ、いわゆる「誠心院型宝篋印塔」が成立する。このタイプは正和二年（一三一三）銘京都市誠心院塔(23)を標識とするが、隅飾りの幅が狭く、高さのある京都市清凉寺塔(24)などはさらに先行する可能性があり〔岡本二〇一二〕、一二九〇年代末～一三〇〇年代ごろには成立していると考えられる。また、誠心院型宝篋印塔とともに、「隅飾り二弧」「基礎上段形もしくは反花」「基礎格狭間」を持つ一群も京都および近江において多量に存在する。その初見は永仁六年（一二九八）銘和歌山県高野山奥の院御所芝塔(25)であるが、この時期の高野山の石造物には京都の影響が強く見られることから、本塔も京都産と考えてよく、このタイプも一二九〇年代後半頃に成立してくると考えられる。

以上のように、十三世紀前半に成立した宝篋印塔は、十三世紀中葉（主に一二五〇～六〇年代）の大和において様々な形態が模索される。その後、一二七〇～八〇年代前半の空白期間が存在し、一二九〇年代後半には近江、京都、大和の地域型が成立する。

（2）五輪塔

五輪塔については奈良県葛城市當麻北墓五輪塔(5)のように十二世紀に遡ると考えられる凝灰岩製のものが存在する。畿内の五輪塔は十三世紀前半には大半が花崗岩製に転換するが、十三世紀後半～十四世紀前半に中心を置く中世墓である奈良県高取町タニグチ古墓出土品などのように、十三世紀後半～十四世紀前半ごろまで残存する凝灰岩製五輪塔が複数ある。これら凝灰岩製五輪塔は花崗岩製五輪塔とは形態的共通性を持たず、古式の形状を残し続ける。この一群を「伝統的大和型五輪塔」と仮称する。

十三世紀第3四半期以前の五輪塔は、空風輪形状や各輪の幅、水輪の形状などにばらつきが多い。京都では京都市神護寺伝文覚墓塔（一二〇三年没：(6)）に代表される地輪・火輪が低く、空輪が縦長で、風輪との接点の抉りが小さいものが主流を成す。この形状はその後、十三世紀半ばと考えられる大阪府箕面市勝尾寺塔(7)などへ引き継がれ、近隣地域へも一定の広がりを見せる。この系統の五輪塔は後に主流となる畿内定型五輪塔(後述)の影響をうけつつも、京都・近江地域に定着し、愛知県東海市伝在原業平五輪塔(18)のように地方展開してゆきながら最終的には中世後期まで残り続ける。こうした一群を「伝統的京都型(系)五輪塔」と仮称する。

大和においては一二〇六年に没した重源の供養塔とされる奈良市伴墓塔(8)など、他に類例のない形状のものが散見される。こうした形態的不安定性は文永十年(一二七三)銘生駒市香融寺塔(9)に見られるように十三世紀第3四半期まで続く。こうした状況下、注目すべき塔として京都府木津川市笠置寺伝貞慶塔(10)がある。本塔は重量感のある棗型の水輪や低い地輪などに古式の要素を色濃く有するが、火輪・水輪・地輪の幅が揃い、空風輪が大振りで、火輪の軒が厚く、降棟が直線であるなど、後述する畿内定型五輪塔の要素を色濃く含んでいる。奈良県平群町鳴川墓地五輪塔(11)は笠置寺塔と火輪の高さ以外はほぼ類似した形態を呈し、十三世紀前半〜半ばに笠置寺塔を祖形とする一つの系列が存在したことを示唆する。

さて、こうした多様な五輪塔が十三世紀後半には安定した形状に落ち着いてゆく。筆者はかねて、その重要な契機となったのが文永二年(一二六五)〜弘安八年(一二八五)にかけて行われた高野山町石の造営であったことを指摘した[佐藤亜二〇〇六b]。要点を整理すると、①空輪幅が大きい、②地輪・水輪・火輪の幅が比較的よく揃う、③空・風輪の幅が揃う、④空輪が丸みを持った宝珠状を呈する、⑤火輪軒厚が比較的厚い、⑥水輪がほぼ真円もしくは若干壺形を呈する、といった要素を持つ一連の五輪塔(本稿ではこれを「畿内定型五輪塔」と位置づける)の形態祖形を、弘安四年(一二八一)銘高野山西南院五輪塔に求め、さらにその淵源を高野山町石(12)に求めた。すでに狭川真一氏が指摘するように[狭川二〇〇五]、高野山町石の空風輪には様々な形態のものがあり、空風輪噛合タイプが一定量存在することから、町石造営には各地の石工が動員され、なかでも東大寺復興を行った重源が組織した東大寺系大和石工が大きな役割を果たしたと考える。そして、その背景に南都復興を担った東大寺大勧進職と、高野山金剛三昧院の結びつきを想定した。

さて、前稿ではこの町石の形態祖形までは言及しなかったが、先に述べたように畿内定型五輪塔の基本要素は十三世紀前半と考えられる笠置寺伝貞慶五輪塔にすでに備わっており、伝貞慶五輪塔を畿内定型五輪塔の祖形とすることが可能と考える。そういった意味では畿内定型五輪塔の形成には、南都系石工集団の影響が色濃く見出せよう。

このように高野山町石造営を契機として畿内定型五輪塔が成立するが、西南院五輪塔は噛合式一石彫成五輪塔であり特殊品である。四石彫成で畿内定型五輪塔最古のものとしては、南都系石工菅原行長による弘安六年（一二八三）銘長野県飯田市文永寺石室内五輪塔(26)があり、これに続くものとして弘安十年（一二八七）銘京都市安楽寿院五輪塔が挙げられる。安楽寿院塔は各輪の規模にばらつきがやや大きく、不安定な要素を残しているものの、同時期の他資料に比して明らかに定型化の要素が明白である。この一群の形状がその後畿内における主流となり、その後各地へ波及してゆくこととなる。

ところで、こうした畿内定型五輪塔の出現と並行して亜流も存在する。弘安九年（一二八六）銘京都市大原来迎院区五輪塔(19)は、一見すると畿内定型五輪塔の属性を有するが、地輪の低さが著しい。同様の傾向は同時期と考えられる京都府知恩院五輪塔などにも見られるが、これらは地輪の低い初期様式京都型五輪塔との折衷型と位置づけられる。こうした折衷型五輪塔は、滋賀県長浜市大浦観音堂塔や静岡県磐田市永安寺墓地五輪塔(20)など東日本方面へと展開してゆく。

もう一つの亜流の五輪塔として、いわゆる「西大寺様式五輪塔」を挙げておこう。「西大寺様式五輪塔」は桃崎祐輔氏により提唱された用語で［桃崎 二〇〇〇］、山川均氏や馬淵和雄氏によって一定の概念整理が行われており［山川 二〇〇二、馬淵 二〇〇四］、筆者もこれを参考にこの用語を使用してきた。しかし、狭川真一氏が指摘するように畿内定型五輪塔との区別をあやふやにしたまま使用したため概念規定が混乱し、「律宗系五輪塔」という用語と相乗りして各地に混乱を生み出している［狭川 二〇一二］。この点について近年松田朝由氏は、大和の五輪塔の地域的特色として、「西大寺様式五輪塔」の特徴に加え、降り棟が直線的で端部のみ反る形態であることを指摘する［松田 二〇一三b］。これは西大寺奥ノ院1号塔五輪塔（叡尊供養塔）（27）に始まる特徴であり、「西大寺様式五輪塔」の特徴とも言える。そうすると、「西大寺様式五輪塔」はあくまで西大寺奥ノ院叡尊五輪塔を標識とした、畿内定型五輪塔の中の一類型として位置づけるべきであり、畿内定型五輪塔全般を取り上げて「律宗系五輪塔」や「西大寺様式五輪塔」とするのは誤りであると言える。また、「西大寺様式」という用語は本論の様式規定にそぐわないため、以後「西大寺型五輪塔」と呼称する。この西大寺型五輪塔の展開については後ほどもう一度整理しておきたい。

（3）層　塔

層塔については旧稿において屋根部と軸部の形状から、軸幅が狭く、軸高が高いもので、一部もしくは全層の軸部を屋根と別石で組み合わせるもの（Ⅰ類）、Ⅰ類同様に軸部が狭く軸高が高いが、軸部を屋根と一石で組み合わせるもの（Ⅱ類）、軸部と屋根部を一石で彫成し、軸幅が広く軸高が低いもの（Ⅲ類）、の三分類を行った（図4）［佐藤亜 二〇一一b］。Ⅰ類は天平勝宝三年（七五一）銘奈良県明日香村竜福寺層塔を始め、古代の層塔に淵源を持つが、同時にⅢ類層塔についても大阪府太子町鹿谷寺十三重層塔（13）のように古代の層塔にその要素は内包されていたと考えられる。奈良県明日香村於美阿志神社十三重層塔（14）は、凝灰岩製で軸部が低く、屋根と一体で成形され、屋根の軒は厚く重厚な造りであるというⅢ類層塔の完成された形態を有している。本塔は地下より平安時代後期の褐釉四耳壺が出土しており、おおむね十二世紀後半の年代が考えられているが、この形態はその後、延応二年（一二四〇）銘奈良県宇陀市大蔵寺十三重層塔（29）、建長五年（一二五三）奈良市般若寺十三重層塔（30）へと引き継がれてゆく。こうして大和（南山城

表１　畿内における層塔一覧

名称	年代	初層軸	場所	笠形態	層数
宗徳寺層塔	鎌倉前期	舟形光背半肉彫り仏像	三重県亀山市	Ⅲ(特殊)	3
東門院五重塔	鎌倉前期	舟形光背弥陀・薬師像	滋賀県守山市	Ⅰ	5
大蔵寺十三重塔	1240	金剛界四仏種子	奈良県宇陀市	Ⅲ	13
金輪寺五重塔	1240	舟形光背半肉彫り坐像	京都府亀岡市	Ⅰ	5
宝積寺九重塔	1241	二重光背四方仏半肉彫り	大阪府大山崎市	Ⅰ	9
水尾神社残欠	1241	舟形光背四方仏半肉彫	滋賀県高島市	不明	?
金剛定寺塔	1252	舟形光背仏坐像半肉彫	滋賀県日野町	Ⅱ	?
般若寺十三重層塔	1253	線刻顕教四仏	奈良県奈良市	Ⅲ	13
法明寺塔	1262	顕教四仏種子	大阪府大阪市	Ⅲ	?
松尾寺九重塔	1270	舟形光背四方仏半肉彫	滋賀県米原市	Ⅱ?	9
天神社十三重塔	1277	二重光背形仏坐像半肉彫	京都府山城町	Ⅲ	13
法泉寺十三重塔	1278	二重光背四方仏半肉彫	京都府京田辺市	Ⅲ	13
宝山寺十三重塔	1282	金剛界四仏種子	奈良県生駒市	Ⅲ	13
逆瀬川十三重塔(清盛塚)	1286	無地	兵庫県神戸市	Ⅲ	13
宇治浮島十三重塔	1286	金剛界四仏種子	京都府宇治市	Ⅲ	13
西徳寺七重塔	1287	舟形光背四方仏半肉彫	滋賀県木之本町	Ⅱ?	7
地黄丸山九重塔	1288	金剛界四仏種子	大阪府能勢町	Ⅲ	9
安養寺跡五重塔	鎌倉中期	舟形光背顕教四仏半肉彫	滋賀県近江八幡市	Ⅱ	5
最明寺五重塔	鎌倉中期	舟形光背仏坐像	滋賀県守山市	Ⅲ	5
宝厳寺五重塔	鎌倉中期	舟形光背四方仏半肉彫	滋賀県びわ村	Ⅱ	5
来迎院三重塔	鎌倉中期	素面	京都府京都市	Ⅰ	3
祇王寺層塔	鎌倉中期	舟形光背四方仏半肉彫	京都府京都市	Ⅰ	3
宝林寺九重塔	1291	舟形光背四方仏半肉彫	京都市亀岡市	Ⅲ	9
満願寺九重塔	1292	四方仏種子	兵庫県川西市	Ⅲ	9
植附観音寺層塔	1294	胎蔵界四仏種子	大阪府東大阪市	Ⅲ	13?
慈眼寺九重塔	1294	金剛界四仏種子	大阪府大東市	Ⅲ	9
旧馬町十三重塔	1295	無地	京都府京都市	Ⅲ	13
涌泉寺九重塔	1295	四方仏坐像	滋賀県蒲生町	Ⅱ	13
高貴寺十三重塔	1297	金剛界四仏種子	大阪府河南町	Ⅲ	13
談山神社十三重塔	1298	金剛界四仏種子	奈良県桜井市	Ⅲ	13
辻墓地十三重塔	1298	舟形光背仏坐像半肉彫	京都府加茂町	Ⅲ	13
常念寺五重塔	1299	舟形光背仏坐像半肉彫	滋賀県野洲町	Ⅲ	?
三昧尾十三重塔	1299	金剛界四仏種子	大阪府東大阪市	Ⅲ	13
引摂寺十三重塔	1304	舟形光背仏坐像	兵庫県津名町	Ⅲ	13
来迎寺十三重塔	1304	舟形光背仏坐像	大阪府守口市	Ⅲ	13
長寿寺十三重塔	1306	金剛界四仏種子	山口県萩市(元位置不明)	Ⅲ	13
旧浄土寺九重塔	1306	金剛界四仏種子	京都府京都市(元千早赤阪村)	Ⅲ	13
福田寺層塔	1313	舟形光背四仏半肉彫と種子	兵庫県加古川市	Ⅲ	13?
報恩寺十三重塔	1319	無地	兵庫県加古川市	Ⅲ	13
杵築神社十三重塔	1319	金剛界四仏種子	奈良県三宅町	Ⅲ	13
赤人寺七重塔	1318	金剛界四仏種子	滋賀県蒲生町	Ⅲ?	7
須佐男神社十三重塔	1320	光背形仏坐像半肉彫	兵庫県尼崎市	Ⅲ	13
八坂神社九重塔	1323	舟形光背四方仏半肉彫	滋賀県米原市	Ⅲ?	9
白峯寺十三重塔	1324	不動明王、二童子種子	香川県坂出市	Ⅲ	13
正俊寺十三重塔	1327	四方仏種子	大阪府枚方市	Ⅲ	13
仏隆寺十三重塔	1330	金剛界四仏種子	奈良県宇陀市	Ⅲ	13

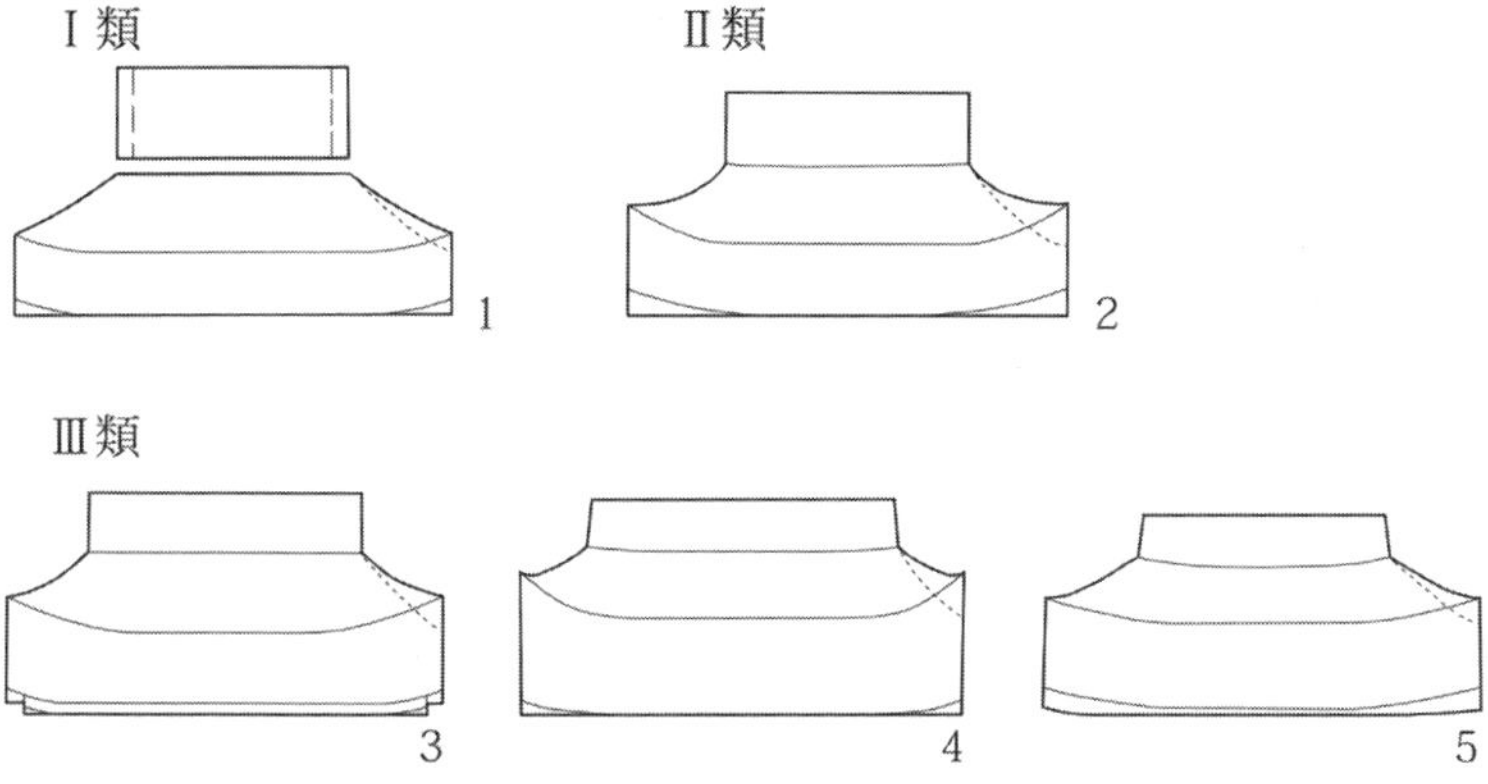

1: 岡山県本久寺五重塔　2: 岡山県備前国分寺五重塔　3: 広島県薬師寺七重塔
4: 岡山県石蓮寺十三重塔　5: 弁天島層塔

図４　層塔初層屋根と軸部による分類

を含む）においては十三世紀中葉には後に畿内定型層塔となるⅢ類層塔が広く展開してゆく。なおこのタイプは塔身に金剛界四仏の種子を刻み、十三重のものが圧倒的に多いことも特徴である。

これに対しⅠ・Ⅱ類の形状を持つ層塔は十三世紀代の京都・近江地域を中心に分布し、層数も五～九重塔が中心である。しかし、正応四年（一二九一）銘京都府亀岡市宝林寺九重塔以降、急速にこの地域でもⅢ類が主体となり、永仁三年（一二九五）銘京都国立博物館蔵旧馬町十三重層塔(31)以降、十三重のⅢ類層塔へ収斂してゆく。このように畿内ではⅢ類層塔に代表される畿内定型層塔が一二九〇年前後に確立してゆく。

ところで、畿内における一二九〇年代以前の層塔において、屋根形態Ⅲ類のものはいずれも大和もしくはその周辺部で見られることがわかる。さらに一二九〇年代以前に笠形態Ⅲ類で金剛界四仏の種子を刻むものは大蔵寺十三重塔、宇治浮島十三重塔(32)、地黄丸山九重塔(33)があげられるが、大蔵寺十三重塔の製作者は重源が東大寺復興に際し中国より将来した石工の一人で、伊派と呼ばれる南都系石工の祖となった伊行末であり、宇治浮島十三重塔は伊派を多用した西大寺流律宗の開祖、叡尊

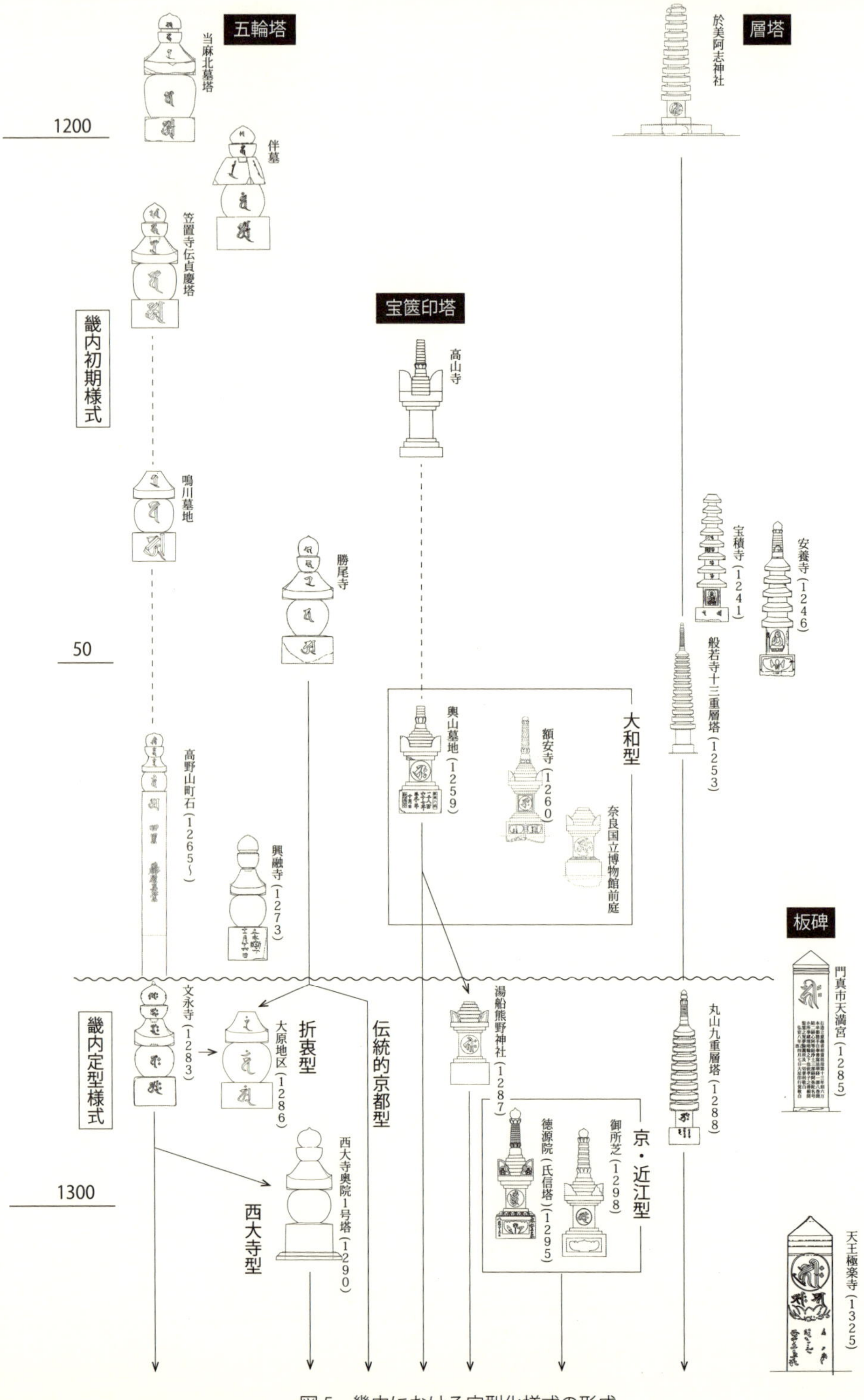

図5　畿内における定型化様式の形成

が指導して建立した塔であるなど、いずれも南都とのつながりを明白に読み取ることができる。

地黄丸山九重塔は建立者が明確ではないが、石塔が所在する大阪府能勢町地黄周辺は摂津多田源氏の根拠地であり、その後も大和の影響を受けた石造物が展開する地域である。本塔が建てられた弘安年間は摂津多田源氏の紐帯の要である多田院の復興が、叡尊高弟である忍性によって大々的に勧められている最中であり〔熱田 一九七四〕、推定の域を出ないものの、本塔の建立に南都系石工の関与を推定することが可能である。畿内における層塔の定型化には大和系石工と西大寺流律宗の関与が窺える。

(4)板碑

畿内における石造板碑は平安時代後期から自然石板碑が散見されるが、刻みを持ち頭部圭頭状を呈する板碑の出現は滋賀県大津市比叡山無動寺谷の建長三年(一二五一)銘弥陀種子板碑(17、現在は国宝殿に収蔵)がその初見であるが、この段階では二条線のみを刻み、定型化に至っていない。また、近畿圏でこれに続く有紀年銘資料もみられず、本格的な定型化板碑の成立は弘安八年(一二八五)銘大阪府池田市天満宮弥陀種子板碑(34)以降となる。これ以外に建長八年(一二五六)銘兵庫県小野市青野が原町薬師堂圭頭弥陀三尊種子板碑など播磨地域では石棺材利用の板碑が古くから展開するが、畿内地域のものと形状における共通点がなく、十三世紀段階の板碑は共通規範を持たないものが各地に存在すると考えられる。

十三世紀後半に定型化板碑の成立が確認できるが、この段階ではまだ板碑の資料数が少なく、型式としての安定性を欠く。これらが型式的安定性を獲得するのは正中二年(一三二五)銘京田辺市天王極楽寺弥陀種子板碑(35)に代表される十四世紀前半頃と考えられる。畿内における板碑のありかたは五輪塔や層塔・宝篋印塔とは異なり、地域的偏在を見せるなど特殊な状況である。

2　石造物展開の諸相

前節までに畿内における石造物の定型化を概観してきた。畿内においては概ね十三世紀後半（第4四半期）を中心に定型化現象がみられること、畿内定型石造物群の普及後も、それ以前の地域型を引きついだ伝統的要素を持つ石造物が生産されることが確認できた。こうした伝統的石造物群と定型石造物群の二重構造で定型様式が形成されることが（場所によってはこれに折衷型石塔が加わる）、中世石造物の定型化の実態であると考えられる。こうした展開状況は他地域ではどのように整理できるのであろうか。西日本を例にとって検討してみたい。

（1）山陽・西部瀬戸内地域

四国・瀬戸内地域の石造物の展開については松田朝由氏の総括的研究が参考となる［松田 二〇一三ａｂ・二〇一五］。松田氏によると四国・瀬戸内地域には平野石（安山岩：山口）、岡山石灰岩（岡山）、天霧石（凝灰岩：香川西部）、火山石（凝灰岩：香川県東部）、結晶片岩（徳島）、白石（凝灰岩：愛媛）、芸予花崗岩（広島・愛媛）、岡山東部・西部花崗岩（岡山）の地域圏が存在し、その空白地帯である四国南岸地域にはいわゆる六甲花崗岩製石造物が搬入されると指摘する。また、瀬戸内の花崗岩地域の製品には畿内の影響が色濃くみられるとのことである。

まず、周防・長門の十三世紀末以前の初期様式は石塔そのものの数が少なく、山口県新南陽市浄真寺五輪塔（47）のように、それぞれの石塔形態において多彩なバリエーションを持つ。定型化した石造物の成立は永仁二年（一二九四）銘観察院五輪塔（65）に代表される花崗岩製畿内定型五輪塔の成立以降と考えられる。なお、当地の花崗岩製五輪塔については六甲地域からの搬入品の可能性が指摘されているが［古川 二〇〇三］、宇部市浄名寺厚東氏墓所には明らかに六甲地域のものとは異なる花崗岩製五輪塔も存在し、当地域の花崗岩製石造物のあり方には更なる検討が必要である。その後、当地では十五世紀以降、石灰岩を用いた在地産石塔が展開するが、その総数は少ない。

備後・安芸は文永八年(一二七一)銘福山市鞆の浦弁天島層塔(51)や、弘安元年(一二七八)銘尾道市浄土寺宝塔(36)など、十三世紀代に点的に花崗岩製石造物が造立されるが、いずれも畿内初期様式石造物の形態が導入されている。その後、永仁二年(一二九四)と考えられる三原市宗光寺層塔(48)、同じく永仁二年銘尾道市光明坊層塔(49)に見られる大和系層塔が展開する。これについては以前より律宗系集団に関連の深い大工心阿による造立が指摘されているが[日野 一九八〇]、石塔の形状からも大和系技術者集団の関与が推定できる。このほか、尾道市浄土寺には西大寺叡尊の弟子定証の供養塔とされる畿内定型五輪塔(おそらく西大寺型五輪塔(46))が存在しており、十三世紀末〜十四世紀初頭の当地域には大和系石工の存在が色濃くうかがえる。しかし十四世紀に入ると、こうした大和系石工の活動は下火となり、三原市米山寺宝篋印塔(53)や正安二年(一三〇〇)銘広島県三原市佐木島和霊石地蔵、文保二年(一三一八)銘愛媛県今治市大三島大山祇神社宝篋印塔(54)に名を残す念心の活動が著しくなる。念心の石造物の特徴は、宝篋印塔における基礎格狭間や隅飾り三弧輪郭巻、基礎上別石造りなど京都型の特徴を色濃く持つ点にある。その後十四世紀第2四半期以降、芸備地域では大和と京都の折衷型石造物群が成立し、地域定型様式が確立してゆく。

ところで、地域定型様式が確立する十四世紀前半には、これと並行して石灰岩製石造物(59)が出現する。石灰岩製宝篋印塔は基礎無地で基礎上を段形に彫成することを基本とし、花崗岩製宝篋印塔と形態的共通性を持たないことから、岡山地域からの搬入を考えたいが、この点についてはなお検討が必要である。

岡山県では建仁三年(一二〇三)銘倉敷市王子権現社宝塔(37)や寛元元年(一二四三)銘倉敷市藤戸寺層塔(50)など、十三世紀半ば以前に花崗岩製石造物の造立が見られる。この段階の花崗岩製石造物は畿内初期様式における京都・近江の特徴が色濃い。この系譜はその後、元亨二年(一三二二)銘本久寺九重層塔や、元亨四年(一三二四)銘同寺五重層塔

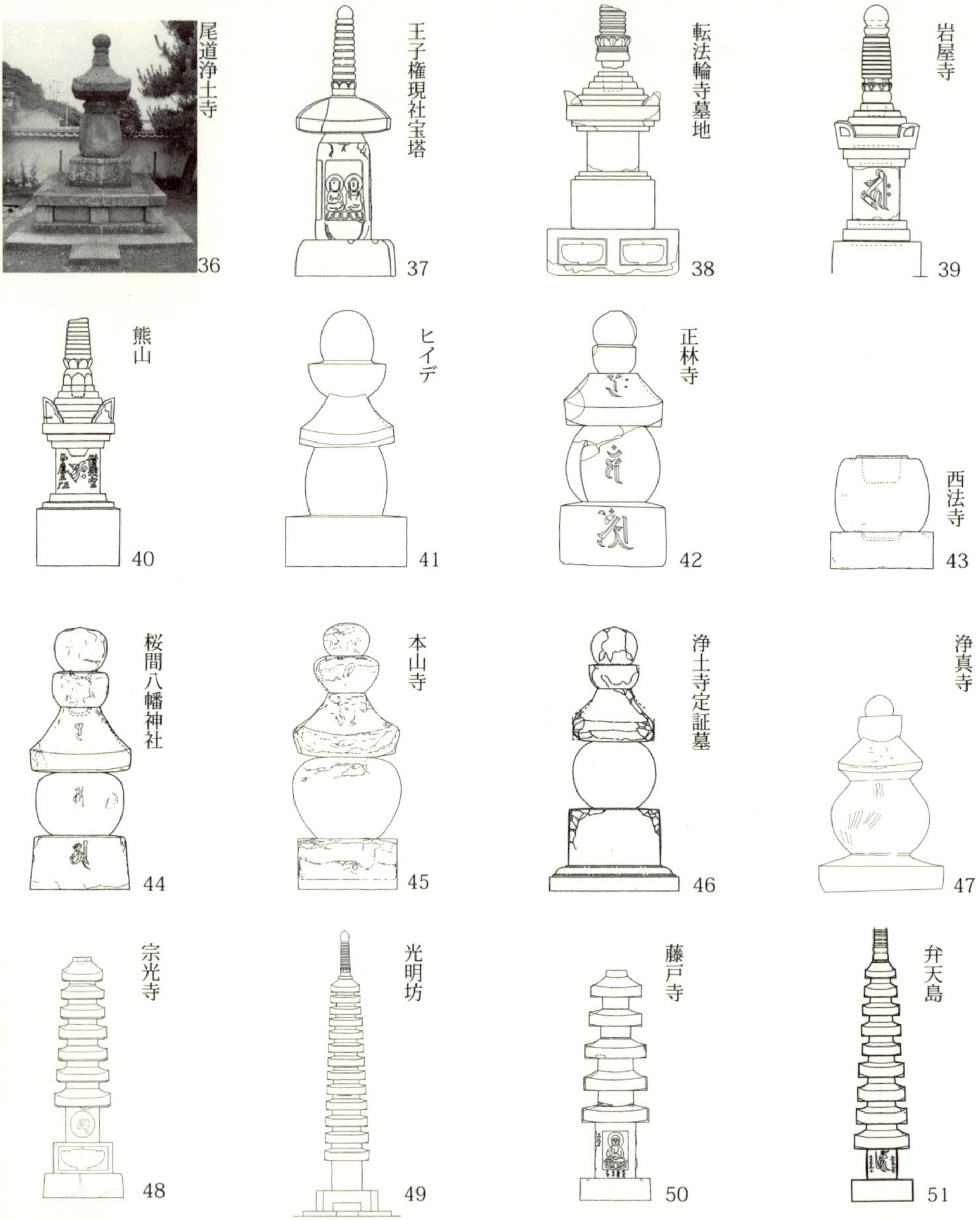

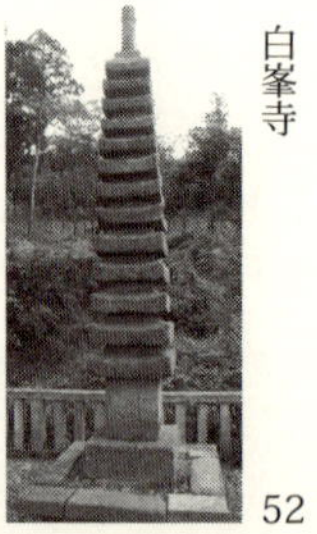

【図出典】

36 筆者撮影／37・40・48・50 福澤邦夫 2007『福澤邦夫石造文化財拓本集』(1)／38・41・42・47 今岡利江 2012「中国」『中世石塔の考古学』／39 今岡 稔 2002「山陰の石塔二三について - 10 -」『島根考古学会誌第 19 集』／43・44・45 海邉博史「四国」『中世石塔の考古学』／46 佐藤昭嗣 2005「尾道石工の成立と展開 - 残された石造物から -」『岡山商大論叢』第 40 巻第 3 号／49 山川 均 2011『日本石塔資料集』／51 筆者実測／52 筆者撮影

図6 西日本の初期様式石造物

【図出典】

53・56・57・63・65　今岡利江　2012「中国」『中世石塔の考古学』／54・64　海邉博史「四国」『中世石塔の考古学』／55・59　元興寺文化財研究所　1996　競輪公益資金補助事業『中世荘園における自社の研究調査報告書』／58　今岡利江　2001「山陰の日引石製品についての一考察」石造物研究会第2回研究会資料『来待石を中心とした日本海文化』／60・67・68　筆者撮影／61　今岡利江　2001「山陰の中世石造物についての一考察」『島根県考古学会誌第18集』　島根県考古学会／62　佐藤昭嗣　2002「西國寺の中世石造塔婆」広島県立歴史博物館展示図録第28冊『尾道西國寺の寺宝展』／66　松田朝由　2014「火山石製層塔の編年」『香川史学』第41号

図7　西日本の定型様式石造物

などへと受け継がれ、伝統的石造物群として命脈を保ってゆく。こうした様相は広島県域においても確認でき（三原市赤石観音寺層塔（67））、山陽地域の特徴といえる。

十三世紀末から十四世紀前半には、正応五年（一二九二）銘熊山宝篋印塔（40）に代表される大和系石造物が造立され、その後十四世紀前半には高梁市有漢町保月石造物群に名を残す伊行恒に代表される大和系石工の活動が見られる。この段階で導入された花崗岩製石造物は、十四世紀半ば以降、大和に類似する形態を持ちながら基礎格狭間に開蓮華を持つなど、京都・近江と大和双方の要素を取り込んだ独自の形態で展開してゆく。また、総社市清音嘉暦三年（一三二八）銘宝篋印塔を最古として、十四世紀第2四半期には石灰岩製石塔が大和的な形態で成立し、広く分布するようになるなど、初期様式を取り込んで地域定型様式が成立してゆく。

（2）四国北岸地域

山陽・西部瀬戸内地域と対照的な様相を見せるのが四国北岸地域である。伊予・讃岐はともに凝灰岩の産出地で、ほぼ凝灰岩によって石造物文化が築かれる。伊予では白石と呼ばれる軟質凝灰岩による石造物が一二五〇年代には成立し、瀬戸内各地に搬出される［黒川 二〇一一、海邉 二〇一二］。宝篋印塔は少ないが、五輪塔についてみると、宇和島市明石寺五輪塔や、東温市西法寺五輪塔（43）のように十三世紀中葉には空風輪別石成形で軒反りの小さな火輪、太鼓形の水輪を持つ地域型が確立する。また層塔も初層軸部の高さが高く裾広がりの形状であることを特徴とするなど、独自形態の石造物により地域初期様式が形成される。十三世紀半ばという早い時期に定型化の志向を有しているという点では西日本でも稀有な存在であるといえよう。これに対し、十四世紀前半からは芸予諸島から今治付近を中心に花崗岩製五輪塔・宝篋印塔が多数造立されるようになる。これらは地域初期様式と相関性を持たず、備後との類似が指摘されるが、海邉博史氏が指摘するように五輪塔については水輪の形状などに備後地域とは差がある［海邉 二〇一二〕。また、宝篋印塔にも、基礎上の反花が少ないなどの差異が見られ、備後とは異なる地域色を生み出している。京都・近江・大和の混合した独自の特徴を備えた独自の花崗岩文化を見出すことができると言えよう。

讃岐では凝灰岩(火山石・天霧石)製石塔が十三世紀半ば以降多数造立される。それぞれ石材に対応した形態を有し、十三世紀後半には三豊市本山寺五輪塔(45)のように空風輪別石で肩の張る水輪など、その後に継続する要素が確立し、地域初期様式を確立させる。これにオーバーラップする形で讃岐では文永四年(一二六七)銘白峯寺頓証寺燈籠、弘安元年(一二七八)銘白峯寺層塔(52)に代表される花崗岩製石造物が十三世紀第3四半期に出現する。層塔については松田朝由氏の指摘通り大和系のものであり〔松田 二〇一三b〕、定型化層塔の古い事例であるが、頓証寺燈籠の反花は弁央の分割線が蓮弁上部まで突抜けるタイプで、これは京都・近江系統の反花である。このように香川県の初期花崗岩製品はやはり大和系、京都・近江系の複数の要素が看取できる。しかし畿内定型様式系花崗岩製石塔はその後広く展開することはなく、香川でも坂出周辺のみで細々と展開してゆき、非常に限定的な小地域様式を形成してゆく。また、天霧石製品と火山石製品(ex: 海南市浄土寺火山石製層塔(66))双方が没交渉のまま展開してゆくなど、初期様式以来の保守性を色濃く残してゆく。とはいえ、こうした畿内定型様式系花崗岩石造物は、讃岐伝統的石造物群にも影響を与えたと考えられ、天霧産凝灰岩製五輪塔は空風輪別石であったものが、十四世紀代には空風輪を一石で彫成するものが出現し、両者が並存して定型化してゆく。

(3)若狭・北近畿～山陰

北近畿では平安末～鎌倉時代初期には石仏を中心に若干の石造物が見られるが、十三世紀代の石造物造立は低調である。最初の画期は徳治二年(一三〇七)銘京都府京丹後市大宮売神社石燈籠、応長二年(一三一二)銘宮津市如願寺五輪塔、元応二年(一三二〇)銘舞鶴市海臨寺宝篋印塔のような十四世紀第1四半期にはじまる花崗岩製石造物の造立である。五輪塔については系譜を断言できないが、燈籠、宝篋印塔については京都からの系譜が明白であり、特に基礎格狭間・基礎上反花座もしくは段形・二弧輪郭巻、塔身月輪配置を持つ宝篋印塔、および、古川久雄氏が「誠心院型宝篋印塔」［古川 二〇〇二］と名付ける基礎上、屋根石材の分割、三弧巻別石造り隅飾りを持つ宝篋印塔は、畿内定型様式の中でも京都型の直接影響下で成立すると考えられる。

こうして十四世紀第1四半期に、京都からの直接的影響で始まった若狭・北近畿における石造物造立の流れは、与謝野町雲巌院宝篋印塔(60)など前段階の伝統的形式に加えて十四世紀半ばに日引石製石造物（ex. 応安七年（一三七四）銘舞鶴市久多美薬師堂宝篋印塔(61)）、伊根石製石造物などの在地産安山岩製の製品を加えて地域様式である若狭・北近畿定型様式石造物を生み出す。そして、十四世紀後半以降、この若狭・北近畿定型様式の石造物は山陰〜九州への広い流通圏を形成してゆく。

山陰地域では十三世紀代に鳥取県倉吉市や鳥取県琴浦町赤崎周辺などで独自の凝灰岩や大山角閃石安山岩を用いた石造物文化が展開（ex. 鳥取県倉吉市ヒイデ五輪塔(41)、鳥取県大山町転法輪寺墓地宝篋印塔(38)、島根県安来市坂本五輪塔(63)）、島根県域でも白来待石製石造物（ex. 島根県松江市岩屋寺宝篋印塔、同市正林寺五輪塔(42)）が出雲地域を中心に比較的広範に展開するが［佐藤利 二〇一四、福澤 一九九二］、一国程度の地域をカバーする共通性が見出せず、初期様式の実態が摑みにくい。そして十四世紀後半以降は若狭・北近畿定型様式の石造物が広範に搬入され（ex. 鳥取市布勢町日吉神社花崗岩製宝篋印塔(57)、島根県益田市東仙道土居遺跡出土日引石製宝篋印塔(58)）、多様な在地系石造物と二重構造を形成して定型様式を形成してゆく。さらに詳細は不明であるが、十五世紀以降日引石製品模倣の宝篋印塔が作られている可能性もあり、在地と搬入品が互いに影響を与えながら展開してゆく［今岡 二〇〇一・二〇一二、佐藤利 二〇一五］。

（4）定型様式形成の類型（図8）

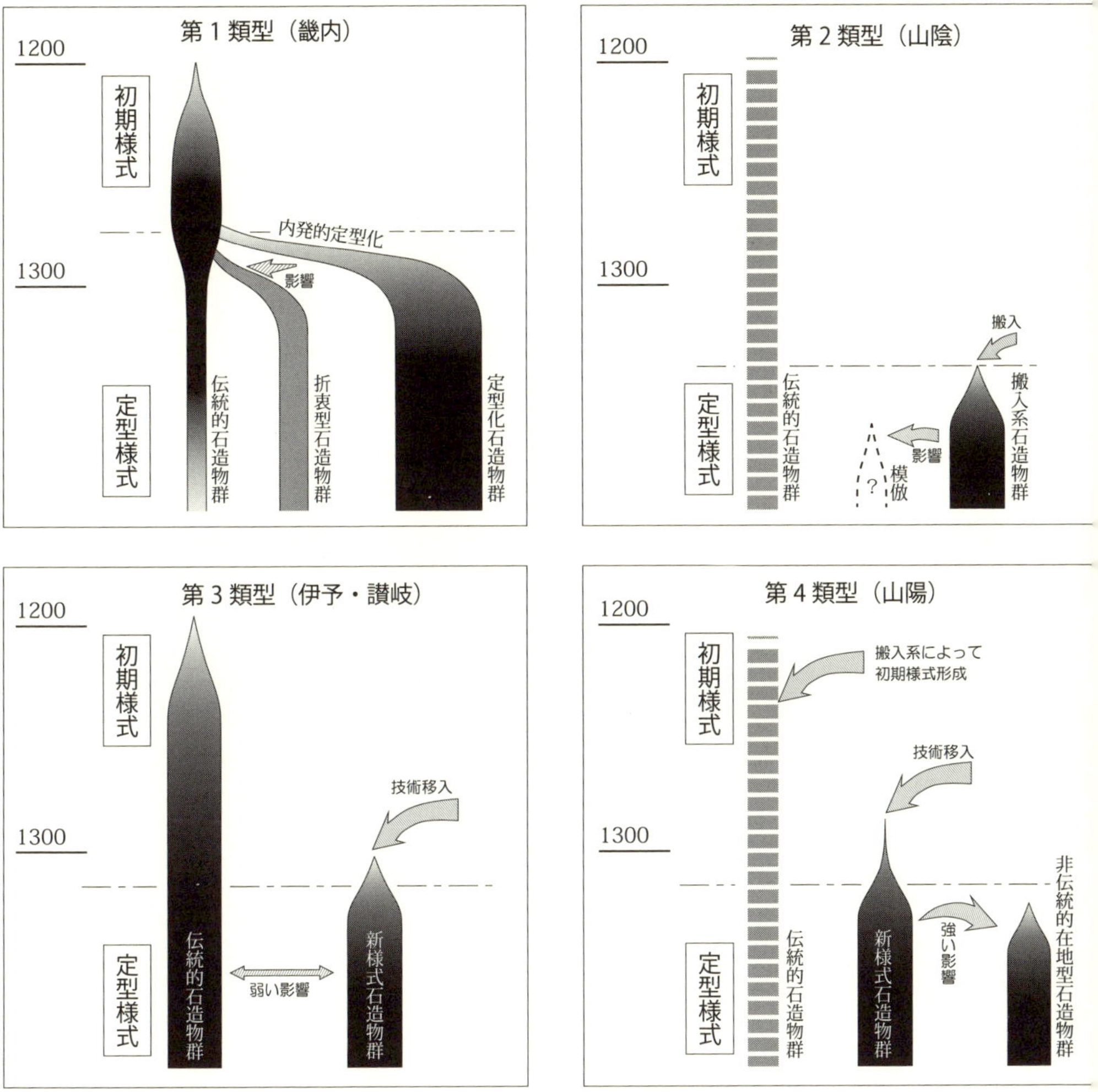

図8　石塔定型化の類型

以上のように、西日本における石造物定型様式の形成については、以下の類型が設定できる。

【第1類型】初期様式内から内発的に定型石塔群が成立し、大半がこれに転換、伝統的地域様式がきわめて客体的である地域。畿内が相当する。

【第2類型】在地における石造物生産が低調で、細分化された初期様式石造物に、搬入系定型石造物群が加わり地域定型様式が形成される地域。山陰地域が該当する。

【第3類型】在地石材を用いた初期様式の上に、搬入系定型石造物群とその系譜に連なる新石造物群がオーバーラップし、両者の関係が希薄なまま地域定型様式が成立する地域である。第1類型に類似するが、初期様式が強固で定型様式形成後も伝統的石造物群の比率が高い点が特徴である。伊予・讃岐が該当する。

【第4類型】　搬入系石造物群が地域初期様式を形成し、これに新たな搬入系定型石造物群とその系譜に連なる新石造物群が加わる。新たに加わった搬入系定型石造物群の影響を受けて非伝統的在地石造物が成立し、伝統的石造物とともに地域定型様式を形成する地域である。山陽地域が該当する。

3　石塔の定型化と様式形成

(1)様式形成の諸段階

次に、石造物の定型化と様式形成について、時期別に整理したい。

【第1期】十三世紀後半以前

初期様式形成期にあたる。地域単位で不安定な石造物様式が形成される。こうした地域様式圏を超えて、瀬戸内地域には主に京都・近江系の畿内初期様式石造物が展開する。

【第2期】十三世紀第４四半期

畿内における石造物の定型化が進展し、畿内定型様式が成立する。瀬戸内には大和系花崗岩製石造物が点的に広まる。

【第3期】十四世紀第1～２四半期

石造物定型化の最大の画期である。瀬戸内地域では特に芸備地域において畿内定型様式(特に京都系)石造物の影響下、定型石造物が成立し、京都・近江系の初期様式石造物群を祖形とする伝統的石造物群との二重構造を内包する定型様式を完成させる。備前地域では大和系石造物を母体に成立した花崗岩製と石灰岩製石造物による地域定型様式が形成される。

若狭・北近畿では京都系の影響下、独自の花崗岩製石造物が展開する。

【第4期】十四世紀第2〜3四半期

若狭・北近畿において前段階の花崗岩製石造物の意匠をもとに地域定型様式が成立し、広く日本海沿岸部を西へと拡散してゆく。これにより山陰地域で伝統的石造物群と搬入系定型石造物群(若狭・北近畿定型様式)の二重構造を内包する地域定型様式が確立する。

以上のように、石造物の定型化は、まず十三世紀における地域初期様式形成によって最初の画期を迎える。そして、十三世紀第4四半期頃に畿内において畿内定型様式が成立し、十四世紀はこの畿内定型様式石造物が西日本各地へと展開することで、畿内系石造物及びその影響を受けた在地産石造物と、それまでの伝統的石造物群の二重構造を内包する定型化様式が確立し、中世後期に続く安定した石造物様式構造が達成されると言えよう。

(2)様式形成と石工

さて、こうした畿内定型様式の拡散という現象はどのようにして起きるのであろうか。西日本で最も畿内系石造物の影響が濃密な安芸・備後・伊予の状況を見てみると、先に述べたように西大寺流律宗の布教拠点となったと考えられる尾道市浄土寺や、同市光明坊周辺に、律宗と関連の深い「心阿」銘石造物が建てられる(三原市宗光寺層塔(48)、尾道市光明坊層塔(49)など。ただし光明坊石塔の心阿銘は別材に刻まれる)。また尾道浄土寺の中興定証の供養塔(46)は、西大寺叡尊塔と同じ巨大な壇上積み基壇上に乗る、繰方座を持つ西大寺型五輪塔である。尾道浄土寺は備後内陸に所在する高野山領大田荘の倉敷地を管理したとされる寺院であり、大田荘には荘園経営の拠点である今高野山内に西大寺末の金剛寺が置かれる。そして大田荘内には、畿内で律宗集団が推進したような〔佐藤亜二〇〇六a〕、名単位での石塔造立が勧められ〔国立歴史民俗博物館 一九八六〕、十四世紀の繰方座を持つ石造物が数多く建立される（ex．広島県世羅町妙覚寺宝篋印塔(55)、同町廃万福寺宝篋印塔(56)）。このように、大田荘を中心とした西大寺流律宗がこの地域の石造物の展開に重要な役割を果たしたと考えられるが、これらの石造物の詳細を見ると、尾道浄土寺定証五輪塔に続くと考えられる福善寺五輪塔や西国寺三重塔脇五輪塔(62)は、定証塔と同じ繰方座を持つものであるが、その繰方は端部が高く、畿内ではみられない形状のものである。また、その後広く大田荘内で展開する繰方座を持つ石造物も、ほとんどが京都・近江の影響を受けた在地型宝篋印塔であるなど（畿内では一般的に繰方座を持つのは五輪塔であり、宝篋印塔が乗ることはない）、大和を震源としながら、大和そのものの製品が展開しない。おそらく畿内定型様式石造物の展開は、モノが移動することは少なく、大和や京都・近江の石工が移動し、その場に定着する、もしくは技術指導を行い、かなり初期の段階から在地化していったものと考えられる。また、これらの地域の石造物は京都・近江の影響が強いものの、京都・近江そのものではなく、五輪塔におけるホゾの多用や、宝篋印塔における繰方座の採用など、京都・近江・大和の混在した独特の様式を早い段階から形成している。石造物の広域展開、定型化は予想以上に柔軟な側面を有していたと言えよう。

(3)「律宗系五輪塔」に関して

さて、こうした石造物の様式構造とその展開過程が明らかになると、注意しておきたいのはいわゆる「律宗系五輪塔」の問題である。八尋和泉氏は九州の律宗系寺院の中に、在地の五輪塔とは異なり西大寺叡尊塔の系譜にある大型五輪塔が数多く存在することを指摘した〔八尋 一九七六〕。この指摘は律宗の地方展開とその役割をめぐって広く関心を得ることになり、こうした西大寺叡尊塔の形態に類似する五輪塔を「律宗系五輪塔」とし、律宗集団が持つ専属石工集団によってこの形態の五輪塔が製作されたとする見解も見られる[松井 二〇一一]。しかし、ここで注意しておきたいのは、各地の律宗寺院における五輪塔は、大半がいわゆる西大寺型五輪塔ではなく、畿内定型五輪塔の影響を受けた在地型五輪塔である点である。つまり、西大寺流律宗集団は畿内定型五輪塔を採用(模倣)することが多い、ということは確実だが、畿内定型五輪塔もしくはその模倣品が全て律宗の五輪塔ではないことを強調しておきたい。したがって「律宗系五輪塔」はあくまで律宗寺院に存在する五輪塔の総称であって、考古学的石造物用語ではないことを確認しておきたい。また、畿内定型五輪塔は畿内においては様々な宗派が使用する形状であり、必ずしも律宗に限定される形態ではない点も強調しておきたい。

おわりに

以上、雑駁に論を展開してきたが、本論では各地に存在した初期様式を背景に、石塔の定型化の画期が畿内においては十三世紀第4四半期、畿内・九州以外の西日本各地においては十四世紀にあることを指摘した。そして畿内・九州以外の西日本各地における「定型化」が、主に畿内定型様式とそれに影響を受けた地域型石塔群、およびそれに内包される伝統的石塔群によって構成される、「安定化した地域定型様式の形成」という内容を持つものであったことを明らかにした。こうした様式構造の形成と変化の背景については別稿が必要であろうが、ここで簡単に見通しを述べておきたい。

初期様式の形成についてはいずれの地域も平安時代後期にその萌芽があり、十三世紀前半には確立している。型式的近似性を欠くにもかかわらず、いずれの地域においても石塔が様式として存在することは、石造塔普及以前の平安後期文化の中に塔婆建立の素地が広く展開していたことを意味する。山口博之氏は板碑の展開を検討する中で、多様な石造塔婆が多元的に発生する背景に、前段階における木製塔婆の広範な展開を想定しているが［山口 二〇一四］、平安期に畿内と直結する地方寺院を核として造塔思想そのものが一定の広がりをもったうえで、十二世紀中葉〜十三世紀前半に塔を石造化する思想が上積みされた可能性が考えられる。その後、十四世紀には畿内を震源とした畿内定型様式が硬質石材加工技術とともに拡散し、地域様式・伝統的石塔群と組み合わさって地域定型様式を形成してゆく。この時期の石塔の需要を支えたのは積極的に供養仏事を受け入れ始めた在地の武士たちや名主などの中間階層であった［佐藤 二〇〇六ａ］。十四世紀に石造物定型様式が展開する背景には、こうした中間階層による供養形態の確立と、彼らを壇越とした聖などの僧侶集団の地域への定着・地方展開があったと考えられる。

このように石塔の定型化には地域社会と宗教集団の関係性の変化があると考えられるが、難しいのは石塔形態と宗教勢力が一対一の関係で対応していないことである。これは石工と宗教集団の関係が単純な隷属関係にないことを意味している。一例をあげてみると、播磨における天台信仰の拠点である書写山円教寺山内の石塔は、十三世紀代は四国や畿内など様々な地域のものが搬入されているが、十四世紀に入ると地元産の定型様式石塔一色となる［大手前大学史学研究所 二〇一五］。これは円教寺に結縁した人々が、十三世紀から十四世紀にかけて、国許から石塔を持参して奉納する形態から地元で石塔を購入して奉納する形態に変化したことを意味し、宗教環境が石塔形態を変えたのではなく、石工の地域への定着が石塔形態の変化を生み出したことになる。もちろんこうした地域への石工の定着を導いたのが宗教勢力である場合もあり、慎重な検討が必要であるが、石工と宗教勢力の関係には地域ごとの脈絡を捉える必要があるだろう。

さて、本論では石造物文化の大枠を捉えることを目的としたが、畿内を中心として山陽・山陰・四国のみしか検討することができなかった。本論で検討できなかった九州や東日本もまた、豊かな石造物文化が展開する地域である。これらの地域についてはいずれ別稿を期したい。

参考引用文献

大手前大学史学研究所　二〇一五年『播磨六箇寺の研究Ⅱ―書写山円教寺の歴史文化遺産(二)―』大手前大学史学研究所研究報告　第14号
今岡利江　二〇一二年「中国」『中世石塔の考古学』高志書院
今岡利江　二〇〇一年「山陰の中世石造物についての一考察―日引石製品を中心に―」『島根考古学会誌』第18集　島根考古学会
熱田　公　一九七四年「中世前期の川西地方」『川西市史』第1巻　川西市史編集専門委員会
岡本智子　二〇一二年「近畿〈宝篋印塔〉」『中世石塔の考古学』高志書院
海邉博史　二〇一二年「四国」『中世石塔の考古学』高志書院
黒川信義　二〇一一年「伊予の白石で造られた石造物」『石造物が語る中世の佐田岬半島』岩田書院
国立歴史民俗博物館　一九八六年『国立歴史民俗博物館研究報告』第9集
狭川真一　二〇〇五年「嚙合式五輪塔考」『日引』第6号　石造物研究会
狭川真一　二〇一二年「九州〈五輪塔〉」『中世石塔の考古学』高志書院
狭川真一　二〇一五年「奈良の古式宝篋印塔実測記」『元興寺文化財研究所研究報告』二〇一四　公益財団法人元興寺文化財研究所
佐藤亜聖　二〇〇六年ａ「石塔の成立と展開」『鎌倉時代の考古学』高志書院
佐藤亜聖　二〇〇六年ｂ「西大寺様式五輪塔の成立」『戒律文化』第4号　戒律文化研究会
佐藤亜聖　二〇〇七年「中世的石塔の成立と定着」『墓と葬送の中世』高志書院
佐藤亜聖　二〇一一年ａ「大和における宝篋印塔の展開―鎌倉～南北朝期資料の基礎整理―」『石造物の研究』高志書院
佐藤亜聖　二〇一一年ｂ「鞆の浦弁天島石造層塔考」『芸備地方史研究』二七五・二七六　芸備地方史研究会
佐藤利江　二〇一四年「山陰の石造物概観と倉吉古石塔の編年について」『西日本における中世石造物の成立と地域的展開―石材と形態・様式に着目して―』平成23～25年度科学研究費補助金基盤研究(B)研究成果報告書(研究代表者　市村高男)
佐藤利江　二〇一五年「山陰の石塔における鰐淵寺資料の位置づけ」『出雲鰐淵寺埋蔵文化財報告書』出雲市教育委員会
日野一郎　一九八〇年「奈良西大寺系の石大工」『古代探叢』滝口宏先生古希記念考古学論集編集委員会
福澤邦夫　一九九二年「伯耆赤崎町の石造文化財(上)(下)」『史迹と美術』六二四・六二五　史迹と美術同攷会
福澤邦夫　二〇一一年「伯耆の石造文化財の諸相」『石造物の研究』高志書院
古川久雄　二〇〇一年「「誠心院型」宝篋印塔と中世京都石工の動向―茨木市馬場教円寺と近江八幡市東川公民館宝篋印塔の調査から―」『実証の地域史　村川行弘先生頌寿記念論集』村川行弘先生頌寿記念会

古川久雄　二〇〇三年「石材から見た益田市の中世石造物」『市内遺跡発掘調査報告書』Ⅰ　益田市教育委員会
松井一明　二〇一一年「東海地域における律宗系五輪塔の出現と展開」『日引』第12号　石造物研究会
松田朝由　二〇一三年ａ「御影石石造物の流通の特徴」『御影石と中世の流通』高志書院
松田朝由　二〇一三年ｂ「白峯寺の石造物」『白峯寺調査報告書』第2分冊　香川県
松田朝由　二〇一三年ｃ「関西地域の中世石造物圏と瀬戸内海域への影響について」『丹羽佑一先生退任記念論文集』
松田朝由　二〇一五年「芸予花崗岩製石造物圏の成立過程について」『四国中世史研究』第13号　四国中世史研究会
馬淵和雄　二〇〇四年「叡尊・忍性教団の考古学」『叡尊・忍性』日本の名僧10　吉川弘文館
桃崎祐輔　二〇〇〇年「忍性の東国布教と叡尊諸大弟子の活動」『叡尊・忍性と律宗系集団』同シンポジウム実行委員会
山口博之　二〇一四年「板碑と木製塔婆―山形県と大分県の板碑の類似から―」『中世人の軌跡を歩く』高志書院
八尋和泉　一九七六年「筑前飯盛神社神宮寺文殊菩薩堂文殊菩薩騎獅像および豊前大興善寺如意輪観音像について」『研究論集』２　九州歴史資料館
山川　均　二〇〇二年「石塔三題―いわゆる西大寺様式五輪塔をめぐって―」『日引』第3号　石造物研究会
山川　均　二〇〇六年『石造物が語る中世職能集団』日本史リブレット29　山川出版社

変革する土器様式

森島 康雄

はじめに

本稿で取り上げる十四世紀は、鎌倉幕府の滅亡から南北朝動乱の時期で、中世前期と中世後期を隔てる大きな社会変動が起こった時期とされ、土器様式もこの社会変動の中で大きく変化した。中世は、器種構成の単純化と製作技法の簡略化の達成に基づいて、規格化された少器種が各専業工人によって大量生産された時代で、その変化は、貢納的生産から商品的生産への変化でもあった。畿内では、供膳具は瓦器椀と土師器皿、調理具・貯蔵具は、土釜類と東播系須恵器と常滑(知多)産の焼締陶器といった単純な器種構成による土器様式が十一世紀後半から十二世紀にかけて成立していた。この中世前期的土器様式が、瓦器椀と東播系須恵器の消滅、白土器と赤土器の分化、多様な瓦質土器の登場、常滑焼の減少と備前焼の増加などという形で十四世紀に大きく変容する。この変化自体はすでに認識されているところであるが、それぞれの変化が十四世紀の中でいつ頃、どのように起こるのかについては、十分な共通認識に至っていないのが現状である。その大きな理由は、畿内における十四世紀の土器の年代観についての共通認識が不十分であることと考える。

畿内で中世土器の編年の大枠ができあがった一九八〇年代の前半には、十四世紀末頃まで広く存在すると考えられていた瓦器椀が、現在では十四世紀前半のうちに終焉を迎えることが明らかとなっている［森島 一九九二］。瓦器椀の終焉の年代が十四世紀前半まで引き上げられたことによって、南北朝時代の土器様式の理解は、瓦器椀の時代から、瓦器椀がほぼ消滅した後の時代へと全く異なる像を結ぶこととなった。

一方、中世都市京都では、瓦器椀がほとんど出土しないためか、瓦器椀の年代観が見直された後も、土師器皿を軸とする京都の中世土器編年の年代観の見直しが行われなかった。京都では土師器皿が、瓦器椀の分布圏では瓦器椀が、それぞれ考古学的調査・研究の「ものさし」として使われていたため、相互の併行関係には注意が払われることがなかったのである。そこで筆者は、京都でわずかに出土する瓦器椀との共伴関係などから京都の土器編年を再検討し、十三世紀以降の年代観を引き上げる必要性を指摘した［森島 二〇〇一］が、共通認識には至っておらず、京都の土師器皿と瓦器椀の双方が出土する遺跡では、年代観の齟齬が指摘されたり、京都の土師器皿の年代観の方が採用されたりしている［京都市埋文研 二〇〇五、奈良市教委 二〇一四］。

本稿では、十四世紀に起こった土器様式の変革の中身を議論する前に、前稿では十分に検討できなかった十四世紀代の京都の土器の年代観を見直し、新たな年代観に基づいて土器様式の変革の時期と内容を明らかにしたい。

1　京都の土器編年

(1)年代観のズレ

中世京都の土器編年は一九八〇年代の初頭にその骨格ができあがった。それは、一九七〇年代後半を中心に相次いで行われた発掘調査によるものであり、同志社大学構内遺跡［松藤 一九七八］、地下鉄烏丸線建設［京都市高速鉄道烏丸線内遺跡調査会 一九八〇ａｂ・八二］、平安京跡左京内膳町［京都府教委 一九八〇］、平安京左京五条三坊十五町［横田 一九八一］、京都大学構内遺跡〔宇野 一九八二〕などの報告書で編年案が公表された。これらの編年案は、各時代を通じて安定的に大量に出土する土師器皿を時間軸の「ものさし」としている。これは、京都の遺跡から出土する中世の土器・陶磁器の大半が土師器皿であることを考えれば当然の選択であり、どの編年案でも土師器皿の型式変化についてはほぼ共通する認識が示されている。

一方、年代観についてはかなり大きな認識の違いがある。それは、暦年代決定の根拠となる資料が少ない十三世紀以降について顕著である。例えば、平安京跡左京内膳町ＳＫ154は、報告書では十四世紀前半とされているが、地下鉄烏丸線の編年を当てはめれば十三世紀後葉に位置付けられることになる。この年代観の認識の違いは、当事者間でもほとんど意識されていなかったが、筆者が十三世紀を中心とした烏丸線と内膳町の土器編年相互の年代観の差異を検討したところ、最大六〇年もの開きが認められた〔森島 二〇〇二〕。

(2)暦年代資料の検討

ここでは、前稿〔森島 二〇〇一〕で十三世紀代を中心に行った暦年代の再検討を十四世紀代を中心に行う。検討にあたっては、瓦器椀は筆者の編年〔森島 一九九二〕の年代観、京都系土師器皿は、小森俊寛・上村憲章両氏の編年〔小森・上村 一九九六〕(以下、小森・上村編年と呼ぶ)を用いるが、年代観については後に微修正されたもの〔小森 二〇〇五〕を用いる。

小森・上村編年は、地下鉄烏丸線建設に伴う発掘調査の成果を基盤とし、その後の調査成果を加えて㈶京都市埋蔵文化財研究所の職員によって整備された編年案をまとめた労作で、近年発行される調査報告の多くでこの編年案が採用されている。なお、十三世紀代については、小森・上村編年は、前稿で検討した筆者の年代観よりも二〇年程度新しく見積もっている。

十四世紀代の土器編年の暦年代を決めるうえで基準資料となり得るものに、東大阪市西ノ辻遺跡出土の元徳二年

（一三三〇）銘木簡と共伴した資料、相楽郡笠置町史跡及び名勝笠置山の元弘の乱（一三三一年）の焼土層から出土した資料、貞和元年（一三四五）の本圀寺創建に伴って埋められた楊梅小路南側溝から出土した資料がある。

①西ノ辻遺跡58—7区井戸7出土遺物（図1）［大阪府教委　一九八四］　直径三・二㍍の大きな素掘り井戸で、検出面から約一㍍までに、大量の焼土・灰とともに、土師器羽釜・瓦質土器羽釜・土師器皿・瓦器椀などが出土した。土器の下からは、「奉伽持仏頂尊勝陀羅尼一千遍砌也　元徳二年（一三三〇）正月廿七日」と記された木簡が出土した。

瓦器椀（1・2）のうち、1は器壁が薄く、内面に細いヘラミガキが施され、口縁内端部には沈線の痕跡がわずかに残る大和型瓦器椀（大和Ⅳ—B型式）である。2は、器壁が厚く、やや太いヘラミガキが施された和泉型瓦器椀（和泉Ⅳ

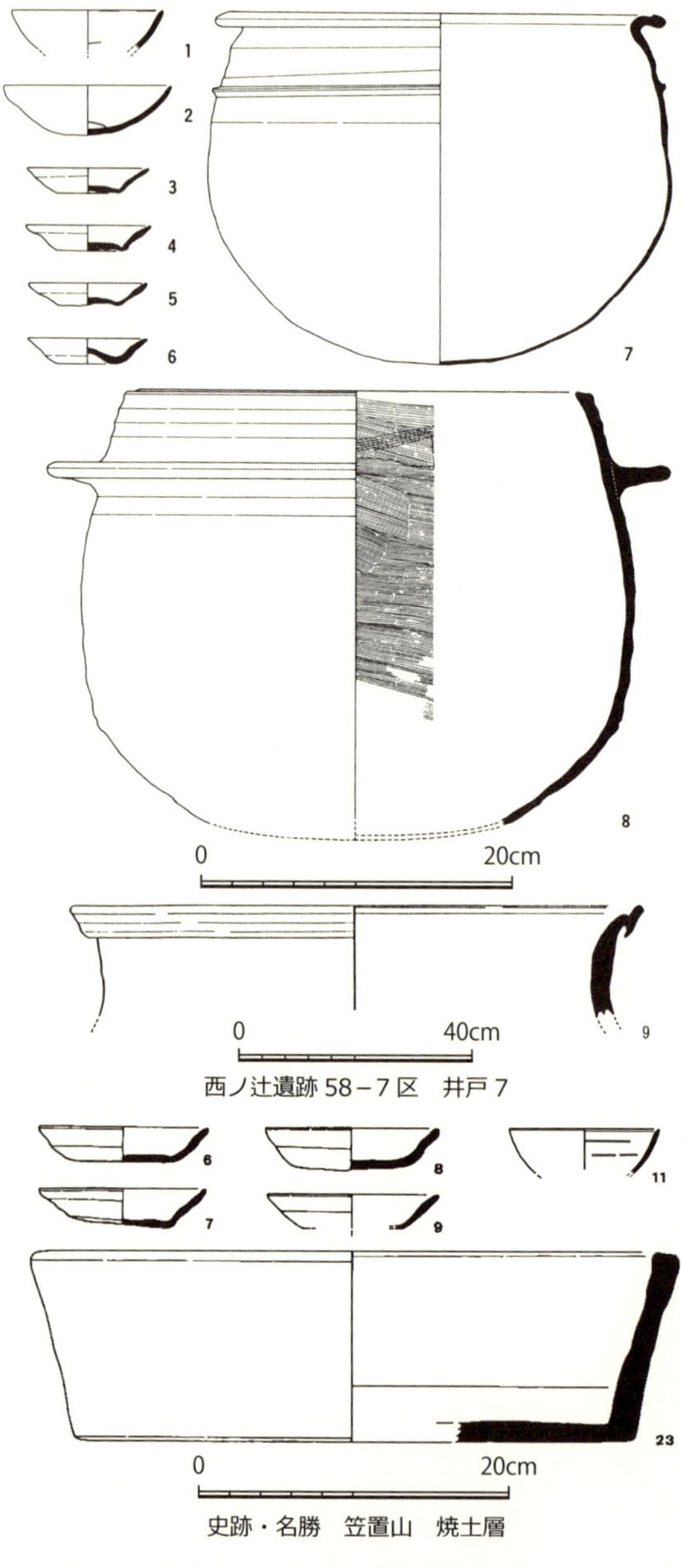

図1　14世紀の暦年代資料(1)

―4期)である。全体に整った丁寧なつくりは、この時期の和泉型瓦器椀の特徴である。土師器皿(3~6)のうち、3~5は口縁部の立ち上がり部分が強く屈曲して器壁が薄くなっている。3の口縁部は、端部までほぼ同じ厚さで外反して終わるが、4・5は口縁部のナデの下端付近で外面が肥厚し、端部は内端部がわずかに凹み、上向きにやや尖り気味に納める。6は底部を少し押し上げたへそ皿状であるが、暗灰褐色を呈し、白色系ではない。

土師器皿の口縁部外面のナデの下端が肥厚し、赤色系の土師器皿に底部を押し上げた皿が現れるのは、京都の土器編年ではⅧ期古の特徴である。

7は大和産の土師器羽釜で、断面方形の低い突帯状に矮小化した鍔の付く形態は、大和でも瓦器椀の終末期に見られる器形である。8は瓦質土器羽釜である。9は常滑焼で6b型式期にあたる。

②笠置山焼土層出土遺物(図1)〔京都府埋文セ 二〇〇八〕 笠置寺本堂の南約三〇〇㍍の谷部分で行われた発掘調査で発見された、元弘の乱に伴う焼土層の出土遺物である。11は痕跡的な沈線とヘラミガキが残る大和型瓦器椀(大和型Ⅳ―B型式)の小片である。6~9は土師器皿で、6・7が白色系、8・9が赤色系である。いずれも京都近郊産ではないが、赤色系の皿の低平化が進んでおらず、Ⅷ期古に併行するものとみて良いだろう。

③本圀寺跡SD19出土遺物(図2・3)〔京都市埋文研 二〇一二〕 楊梅小路南側溝SD19の出土遺物である。この溝は、貞和元年(一三四五)に日静が光明天皇から堀川西・六条坊門南・大宮東・七条北の十二町を賜って本國寺を創建した際に、楊梅小路が境内に組み込まれたことによって埋められたと推定されるので、大量に出土した遺物はこの時期以前のものである。溝という遺構の性格上、古い時期の資料が混じっている。埋没時期の遺物の様相はⅧ期古の資料が中心であるが、土師器皿S(白色系の土師器皿)のやや深めのものや、土師器皿N(橙色~赤色系の土師器皿)の低平化したものを含むのは新しい傾向で、Ⅷ期中の資料を含むとみられる。

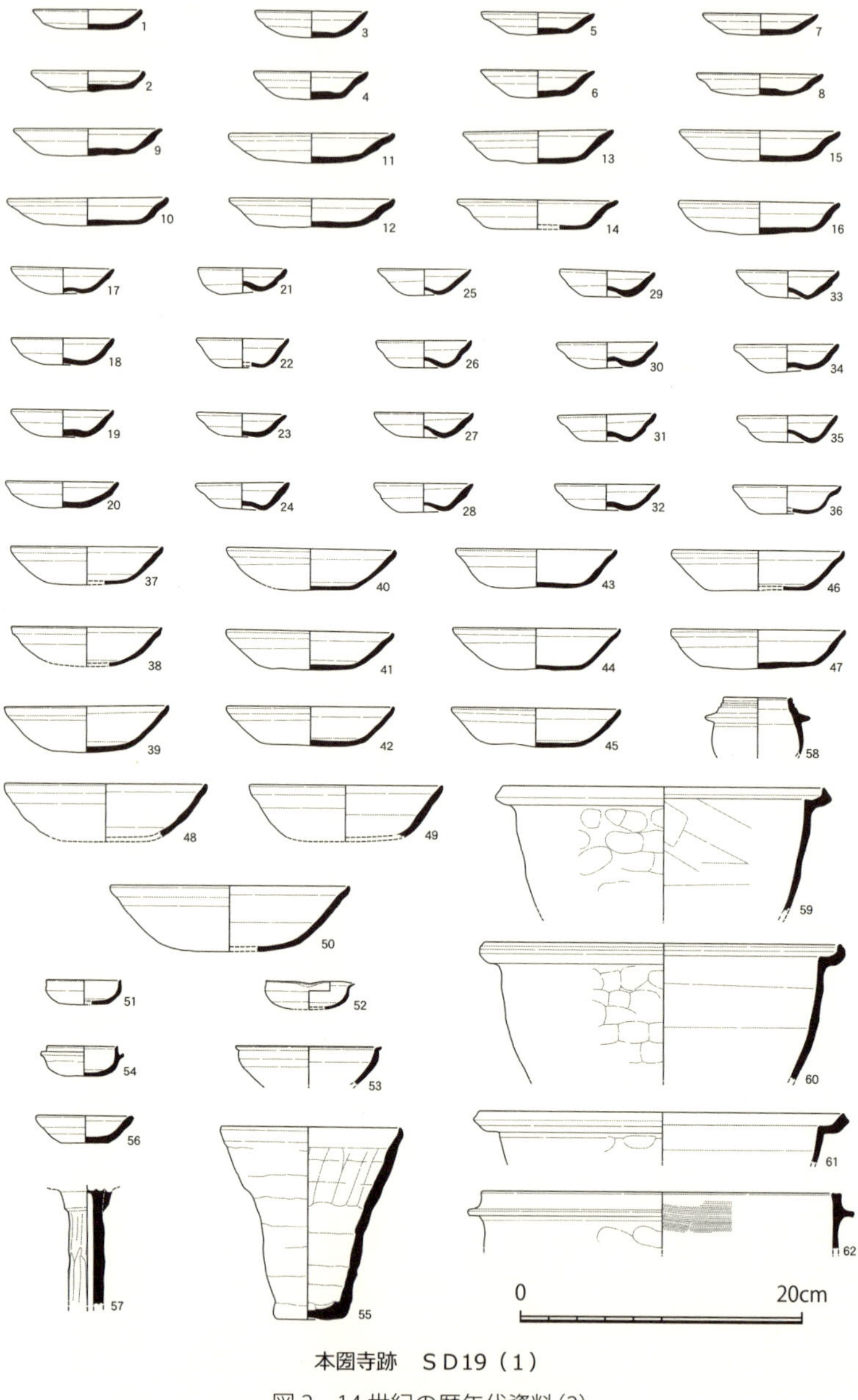

図２　14 世紀の暦年代資料(2)

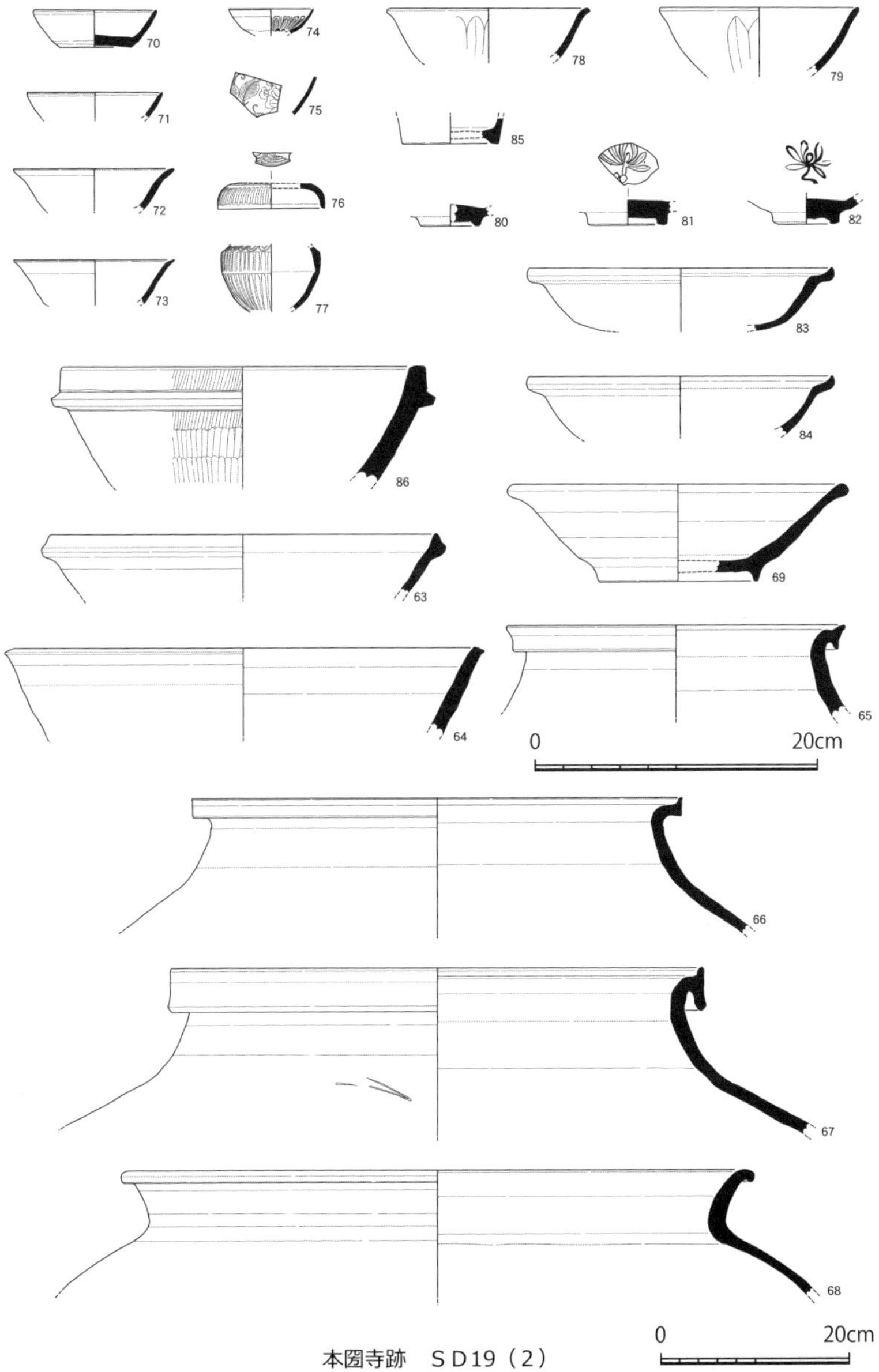

本圀寺跡　ＳＤ19（２）

図３　14世紀の暦年代資料(3)

小　括　西ノ辻遺跡の資料は、筆者が瓦器椀の終末年代を検討する際に根拠とした資料のひとつであるが、井戸出土の木簡との共伴資料であるから、土器の年代が木簡に記された年代よりも新しい可能性があり、共伴の大和型瓦器椀(大和Ⅳ—B型式)の年代を一三三〇～一三五〇年と考えた。一方、笠置山の資料は焼土層の出土であり、一三三一年に大和Ⅳ—B型式が存在していたことが確実であるから、大和Ⅳ—B型式の上限は一三三〇年よりもやや古くなると考えられる。

これらと共伴する土師器皿は前述のとおりⅧ期古に併行するものであるが、Ⅷ期古は、小森の年代観では一三五〇年頃以降の約三〇年間を想定している[1]［小森 二〇〇五］。逆に、小森の年代観で一三三〇年頃はというと、Ⅶ期新に含まれると想定されている。二〇年余り、一小期ほどのズレがあることになろうか。

本圀寺跡の資料は、寺地を与えられてから寺地に含まれる楊梅小路の側溝を埋めるまでにどの程度の期間があったかはわからないため、直接的に暦年代を推定できる資料とは言えないが、出土した資料に西ノ辻遺跡58—7区井戸7や笠置山の焼土層の資料と隔絶するほどの型式差がないことからすると、大きな年代差は考えにくく、寺地を与えられた後、ほどなく埋められたとみられる。したがって、この資料のうち、もっとも新しい一群の示す年代の一点が一三四五年とみて大過ないだろう。

出土した資料は、Ⅷ期古を中心にⅧ期中にかかるものとみられるが、小森・上村編年の年代観ではⅧ期古と中の境を一三八〇年頃とみている。逆に、小森・上村編年の年代観で一三四五年頃はというと、Ⅶ期新と想定されている。三五年、一小期余りのズレがあることになる。

(3)十四世紀の土器編年の年代観

前項の検討から年代観をまとめると、十四世紀はⅦ期中と新の境あたりに始まり、Ⅷ期古のうちに一三三〇年、Ⅷ

期中のうちに一三四五年が含まれることになろう。とすれば、Ⅷ期古の始まりは一三二〇年頃、Ⅷ期中の始まりは一三四〇年頃と考えられる。

　このようにⅧ期中の始まりを一三四〇年頃と考えると、小森・上村編年の年代観ではⅧ期とⅨ期の境が一四四〇年頃とされているので、Ⅷ期中とⅧ期新の二小期に約一〇〇年もの期間を見積もることになり、現実的ではない。

　したがって、十四世紀後半以降の年代観も見直しが必要であるのだが、十四世紀後半以降は、暦年代の決め手となる資料に乏しい。小森氏は、北山殿造営に伴うとされる整地層の出土遺物を参考資料として挙げているが、Ⅷ期中までの小破片の資料であり、小森氏自身も記すように足利義満が西園寺を入手した応永四年（一三九七）頃を下限とする状況証拠に過ぎない。したがって、天文法華の乱（一五三二年）の被災資料などから一五三〇年頃であることがほぼ確実視されるⅩ期古と中の境までの約一九〇年をⅧ期中～Ⅹ期古までの六小期でほぼ均等に割らざるを得ないのが現状

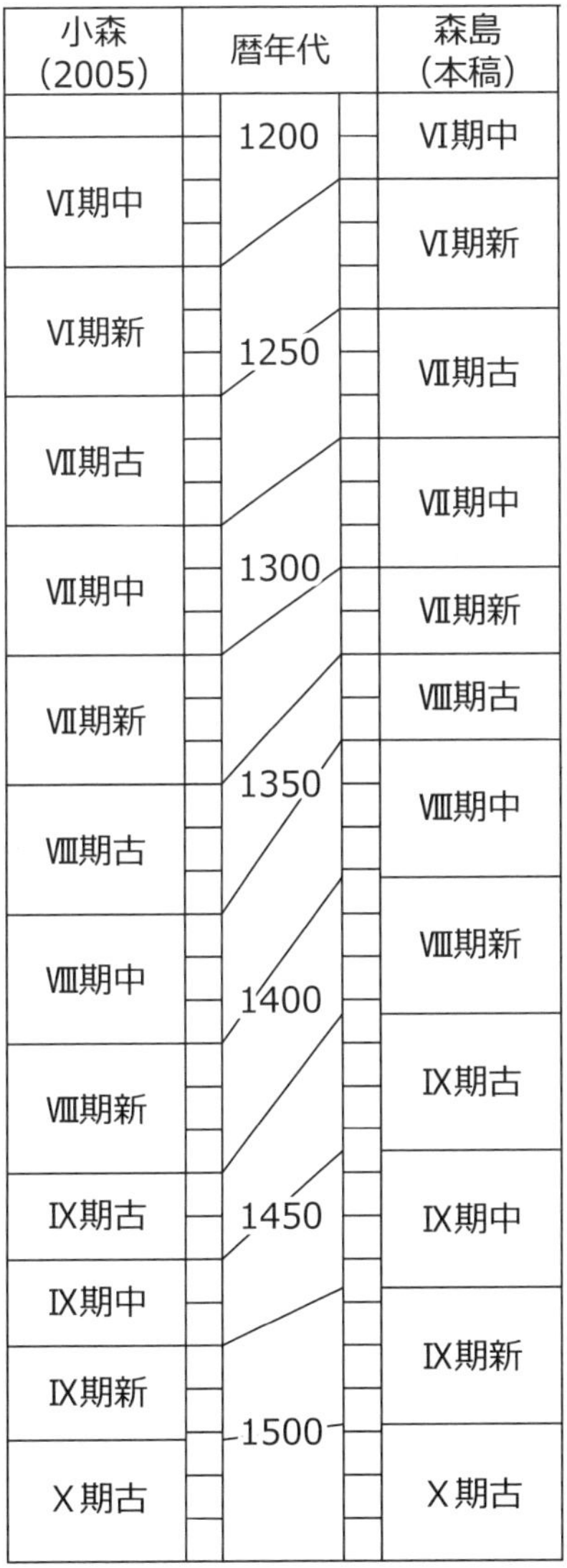

表1　暦年代対照表
左列は小森2005で示された年代観、右列は本稿の年代観である。

であり、Ⅷ期とⅨ期の境を一四〇〇年前後、Ⅸ期がほぼ十五世紀代に相当するとみておきたい（表1）。

なお、十五世紀代の資料では、天龍寺の旧境内で行われた史跡・名勝嵐山の調査で見つかった土壙170出土資料（図4）〔京都市埋文研 二〇〇四〕が暦年代の基準資料となりえる。この土壙は二㍍×二㍍以上、深さ一・五㍍の大きな土壙で焼土や焼灰とともに大量の土器類や瓦が出土した。一時期に埋められた良好な一括資料で、出土した資料はⅨ期古～中に位置付けられるものである。天龍寺は、応仁の乱によって応仁二年（一四六八）に焼けた記録があり、報告では、この時に被災した資料を片付けたゴミ穴の可能性が指摘されている。一見、小森・上村編年で一四四〇～一四八〇年頃と推定される出土資料の年代観とも整合的で矛盾なく理解できるように思われる。

しかしながら、この資料が応仁の乱の被災後の後片付けに伴うものであると特定できる根拠はない。天龍寺は確かに応仁二年に焼けているが、文安四年（一四四七）にも雲居庵を残して全焼するという大火に遭っている[2]。二〇年ほどの間に二度の火災に遭っているにもかかわらず、報告では文安四年の火災には触れられていない。仮に土壙170の資料が文安四年の大火で焼けたものであれば、小森・上村編年の年代観ではⅨ期中の資料は含まれないはずであり、たちまち矛盾が生じてしまうのである。一方、前述の筆者とは整合的である。

改めて土壙170出土資料を見れば、備前焼擂鉢は口縁端部の上下への拡張が始まった中世3期b〔乗岡 二〇〇五〕で、暦年代は一四〇〇年前後とみて良いであろう。古瀬戸は、もっとも新しい天目茶碗Ⅱ類と灰釉平椀が後Ⅲ期であり、生産地の年代観では十五世紀前葉に位置付けられる。古瀬戸製品は後Ⅰ期から後Ⅲ期までが偏りなく含まれており、この土壙の資料が応仁二年（一四六八）の火災で被災したものであれば、天龍寺旧境内という遺跡の立地からしても、十五世紀中葉に位置付けられる後Ⅳ期の古瀬戸が含まれているのが自然であろう。もちろん、後Ⅳ期の古瀬戸が一点も含まれていないことが直ちに応仁二年の火災による被災資料であることを否定するものではないが、この土壙が後Ⅳ期の古瀬戸が到来する前に埋没したことを示唆しているのではないだろうか[3]。

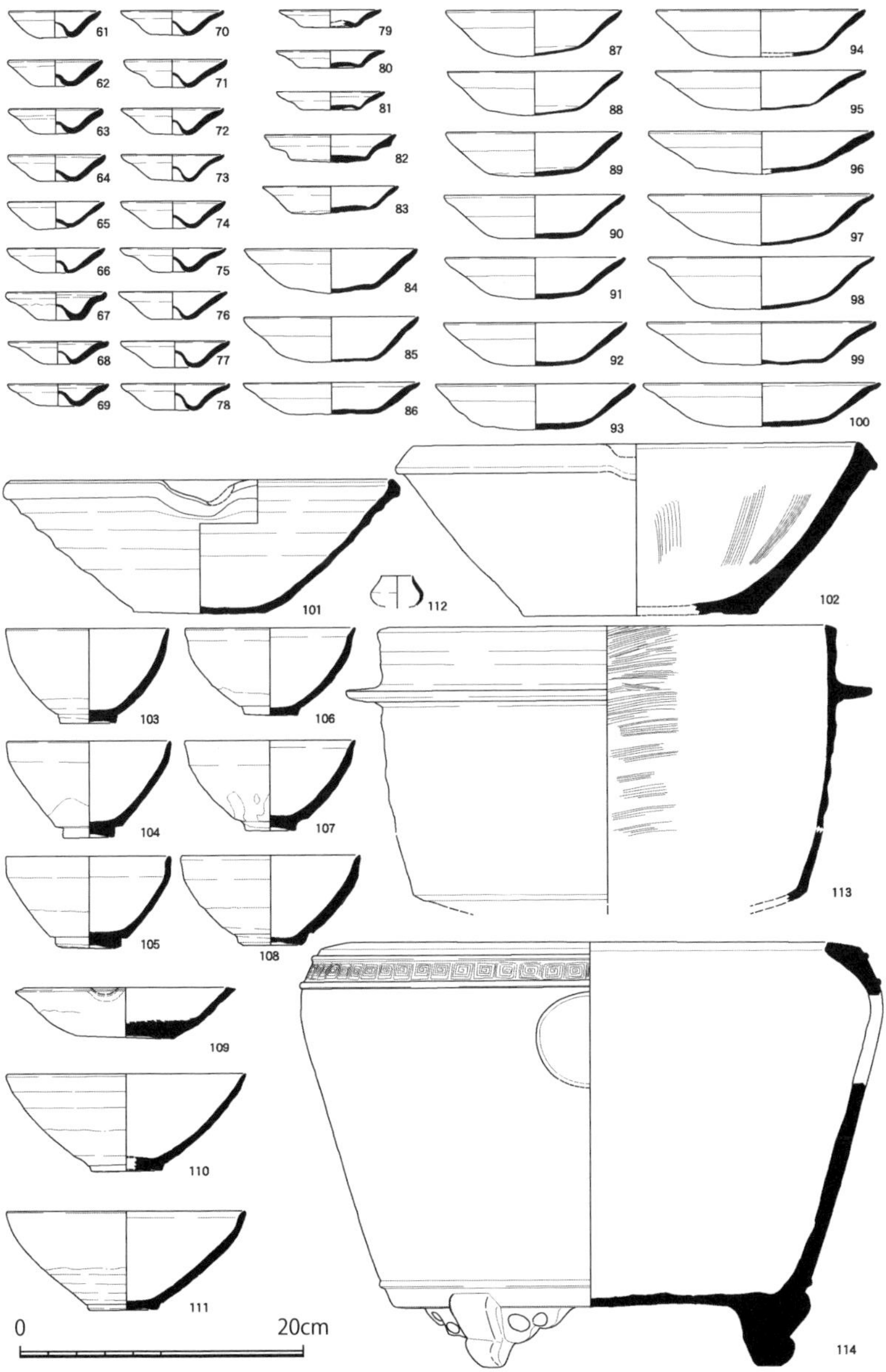

史跡・名勝　嵐山　土壙 170

図 4　15 世紀の暦年代資料（1）

この調査地から二〇〇㍍ほど東側の天龍寺旧境内で行われた発掘調査では、石で護岸された南北方向の堀60から多量の焼瓦などが出土している[京都市埋文研 二〇〇六]。堀60の資料(図5)は前述の土壙170の資料よりも新しく、Ⅸ期中~新に比定できる。短期間に修復・埋没が繰り返された状況からも、堀60こそが、応仁二年の被災によって最終的に埋められた堀とみることができるのではないだろうか。

このように考えれば、Ⅸ期中の年代の一点に一四四七年、Ⅸ期新の年代の一点に一四六八年を与えることができ、表1に示した筆者の年代観と矛盾なく理解できる。

(4)京都系土師器皿の変遷

ここでは、前項での検討を踏まえて十四世紀代の京都系土師器皿の変遷をまとめる。京都系土師器皿の形態や法量の変化などについては、小森・上村両氏が述べている[小森・上村一九九六]が、筆者の観点も加味して改めて整理しておく。

①京都Ⅶ期新(一三〇〇~一三二〇)　赤色系の皿Nでは、口縁部の立ち上がり部分の指押さえが強くなって丸みを帯びるものが主体となる。この傾向はⅦ期中から顕在化してくるもので、

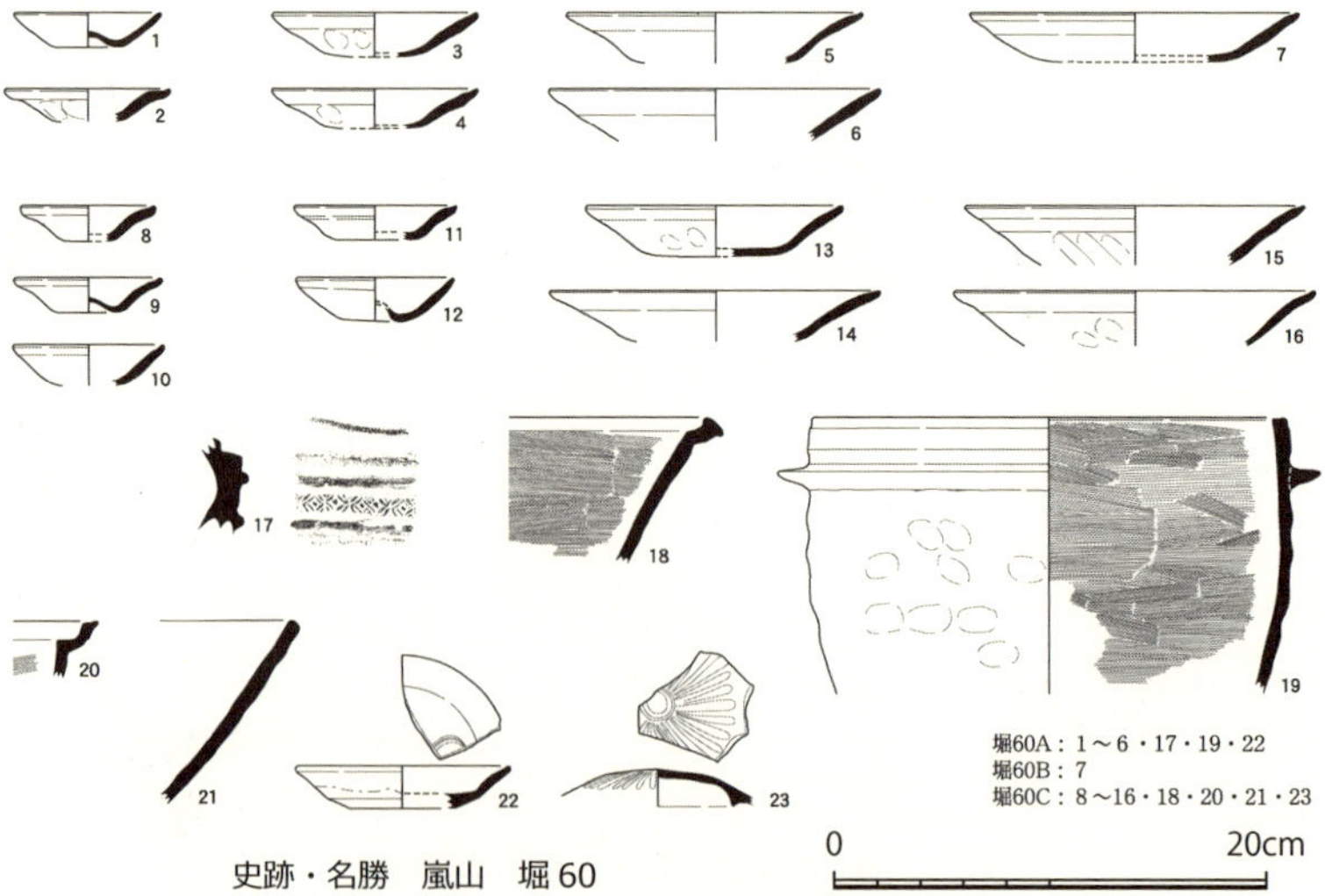

図5　15世紀の暦年代資料(2)

大皿で顕著である。口縁部上半は外反し、端部は上方に小さく尖り気味に丸く納める。色調は赤褐色を呈するものが増えてくる。口径は八センチ前後と一一センチ強の二法量にまとまっている。

白色系の皿Sは、底径がやや縮小し、椀形を呈するものが主体となり、器壁は薄い。大皿の口縁部はわずかに内湾しながら外上方に開き、外反しない。小皿は底部中央を緩やかに押し上げたいわゆる「へそ皿」（皿Sh）が中心であるが、底部の突出は緩やかなものが多い。口径は七センチ前後と一二センチ前後の二法量を基本とする。

②**京都Ⅷ期古**（一三二〇～一三四〇）　赤色系の皿Nの色調がⅦ期に主体を占めていた橙褐色から赤褐色主体に変わり、白色系の皿Sとの対比が明瞭になる。皿Nは口縁部の立ち上がり部分の指押さえが強く、この部分の器壁が薄くなるものが主体となる。口縁部は外反して尖り気味に丸く納めるものが多いが、ナデの下端が外側に肥厚して、断面形が低いかまぼこ状や三角形状に張り出すものが現れる。口径は八センチ前後、一一センチ前後が中心だが、一三センチ前後のものが少量ながら安定的に現れるようになり、Ⅶ期までの大小二法量を基本とする分布に変化が見られる。小皿に底部をやや押し上げたへそ皿状を呈するものがわずかに見られるようになるのは、皿Sh（白色系のへそ皿）の影響と思われる。

白色系の皿Sは、底径が小さくなって椀形を呈するものが大半になる。口縁部は中位でやや外反し、端部は内端がやや内湾して尖り気味に納めるものが多い。器壁はⅦ期に比べるとやや厚いものが増える。小皿はへそ皿Shが中心で平底の小皿は少なくなる。口径はへそ皿が七センチ前後、大皿が一一センチ強の大小二法量を基本とするが、八センチ弱のもの、一三センチ強のものが一定量みられる。

③**京都Ⅷ期中**（一三四〇～一三七〇）　赤色系の皿Nでは、口縁部の立ち上がり部分が強く屈曲して薄くなり、口縁部はナデの下端が外側に肥厚して、断面形が低いかまぼこ状や三角形状に張り出すものが増える。口縁内端部は小さく内反して尖り気味に納めるものが多い。口径は八センチ弱と一一センチ弱が中心で、やや小さくなっている。大皿では器高

が二センチ弱となって低平化が進む。また、口径一三センチ前後のやや深手のものが少量ある。

白色系の皿Sは口縁部が伸びてやや深手のものが多く、器壁のやや厚いものが主体となる。小皿は大半がへそ皿である。口径は七センチ弱、一一センチ強の二法量が中心だが、九センチ弱のもの、一四センチ前後のものが少量あり、分化の傾向が見られる。

④京都Ⅷ期新（一三七〇～一四〇〇）　赤色系の皿Nでは、器壁が薄くなるとともに口径がさらに小さくなったものが多くなり、口径は七センチ強と一〇センチ前後が主体となる。さらに、口径一二センチ前後の深手のものが一定量ある。

白色系の皿Sは口縁部がやや開き気味に外上方に伸び、口径がやや大きくなる。色調が淡い橙褐色を帯びるものが増えて、赤土器との色調差があいまいになる傾向が見てとれるようになるとともに、器壁の厚いものが大半となる。小皿は大半がへそ皿で、底部中央のへその範囲が小さくて高く盛り上がるものが現れ、これらにはへその外面中央に爪の痕跡が残る。口径は七センチ弱と一二センチ前後の二法量が主体であるが、九センチ弱、一二センチ前後、一五センチ前後、一八センチ前後のものなどがあり、大型品で法量分化が進む傾向が窺われる。

2　土器様相の変化

ここでは、編年の「ものさし」となる土師器皿と共伴する資料を用いて、まず、京都の土器様相について在地土器を中心に述べ、ついで、大阪・奈良などの資料から併行する時期の土器様相についても検討したい。

ただ、Ⅷ期中以降は、遺構・遺物が少なくなり、良好な一括資料は限られる。報告書で出土遺物の破片数が公表されている遺構を見ると、Ⅶ期新では、総破片数で四万片を超えるのに対して、Ⅷ期古では約一万七〇〇〇点に減り、Ⅷ期中～新の合計で約四四〇〇点に過ぎない（表2）。膨大な調査事例のうち、遺構別の破片数が報告されているごく一部の資料に基づく集計であるため、偏りがある可能性もあるが、Ⅷ期には出土遺物が減少すること、特に、Ⅷ期中～新には激減することは否定できない。この傾向は京都以外でも同様で、中世前期の集落遺跡はⅧ期古段階に併行する時期で途絶える例が多い。したがって、京都周辺の十四世紀後半については、京都と同じ時間幅で検討できる資料が乏しい。

(1)十四世紀の土器様相

Ⅶ期新にあたる資料には烏丸線No.41井戸2(図6)〔烏丸線調査会 一九八〇b〕、平安京左京四条二坊十四町跡SX2459(図7)・SE2527(図8)〔京都市埋文研 二〇〇三〕、平安京左京四条三坊八町跡・烏丸御池遺跡地下室581(図9)〔京都市埋文研 二〇一三〕などがある。

この時期の遺構では、土師器皿が出土破片数の九五%以上を占める。土師器皿以外では、楠葉型瓦器椀(Ⅳ―2期)、瓦器皿、瓦質土器三足羽釜・火鉢・銚子(さしなべ)、京都の瓦質土器鍋や瓦質土器羽釜、大和産の土師器羽釜(大和H型)、東播系須恵器鉢などが出土している。瓦質土器鍋は口縁部の受け口状の立ち上がりがなくなって、短く上方につまみあげて断面三角形状になっている。寸胴形で短い口縁部をもつ瓦質羽釜は口縁端部を内上方に引き出す形態となり、大和H型の羽釜は口縁部が短くなり鍔が断面方形の突帯状に退化した形態となっている。東播系須恵器鉢は口縁端部が外側に肥厚して玉縁状を呈するものである。

表2　14世紀京都の器種構成(破片数)

	VII期新		VIII古		VIII中～新	
土師器	39458	96.00%	16364	97.70%	4106	94.48%
瓦器・瓦質土器	642	1.56%	130	0.78%	71	1.63%
須恵器・山茶椀	316	0.77%	66	0.39%	26	0.60%
白色土器	44	0.11%	0	0.00%	0	0.00%
瀬戸・美濃	7	0.02%	34	0.20%	51	1.17%
焼締陶器	321	0.78%	117	0.70%	81	1.86%
輸入陶磁器	316	0.77%	38	0.23%	11	0.25%
合計	41104	100.00%	16749	100.00%	4346	100.00%

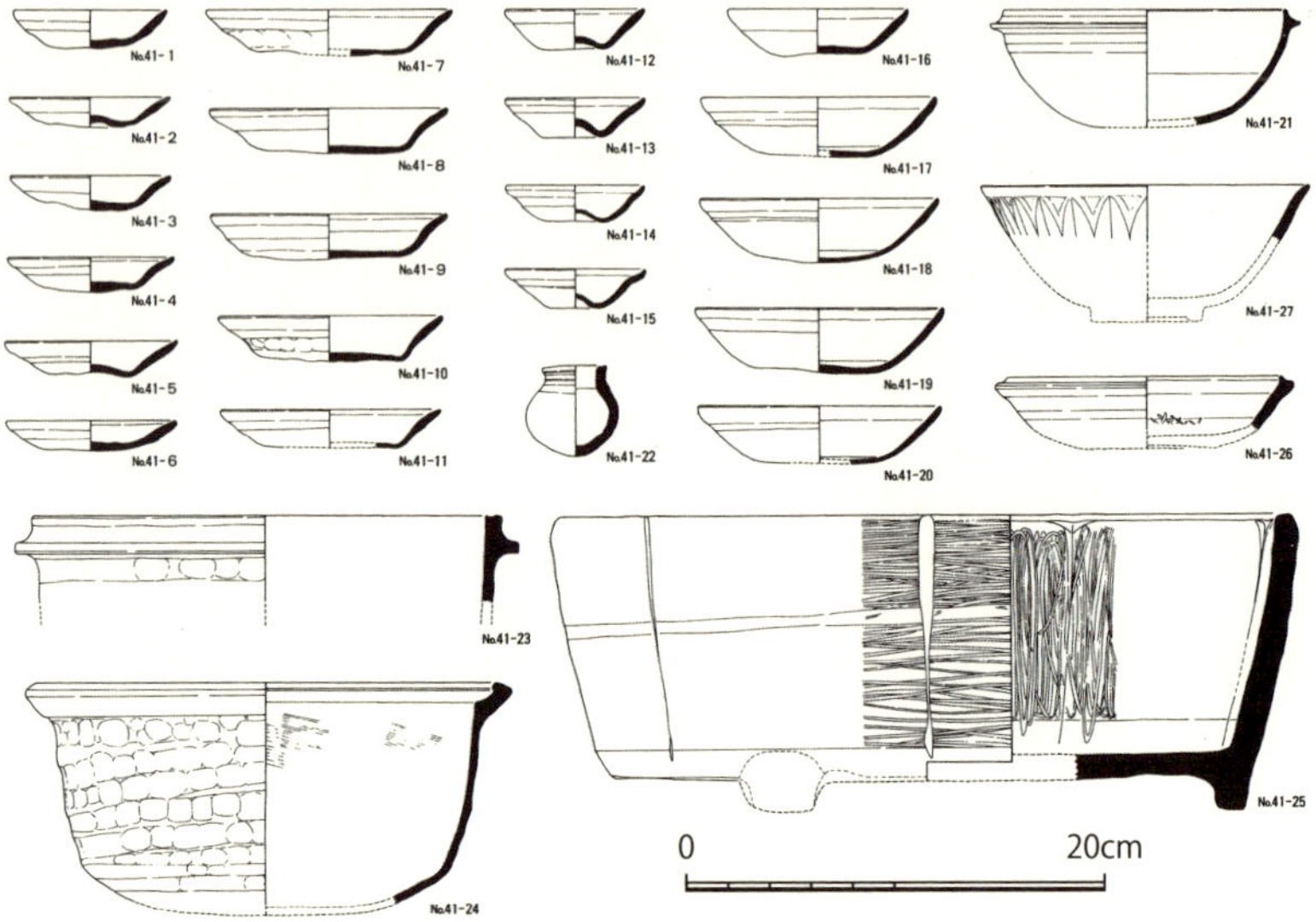

烏丸線No.41 井戸２

図６　Ⅶ期新の資料(1)

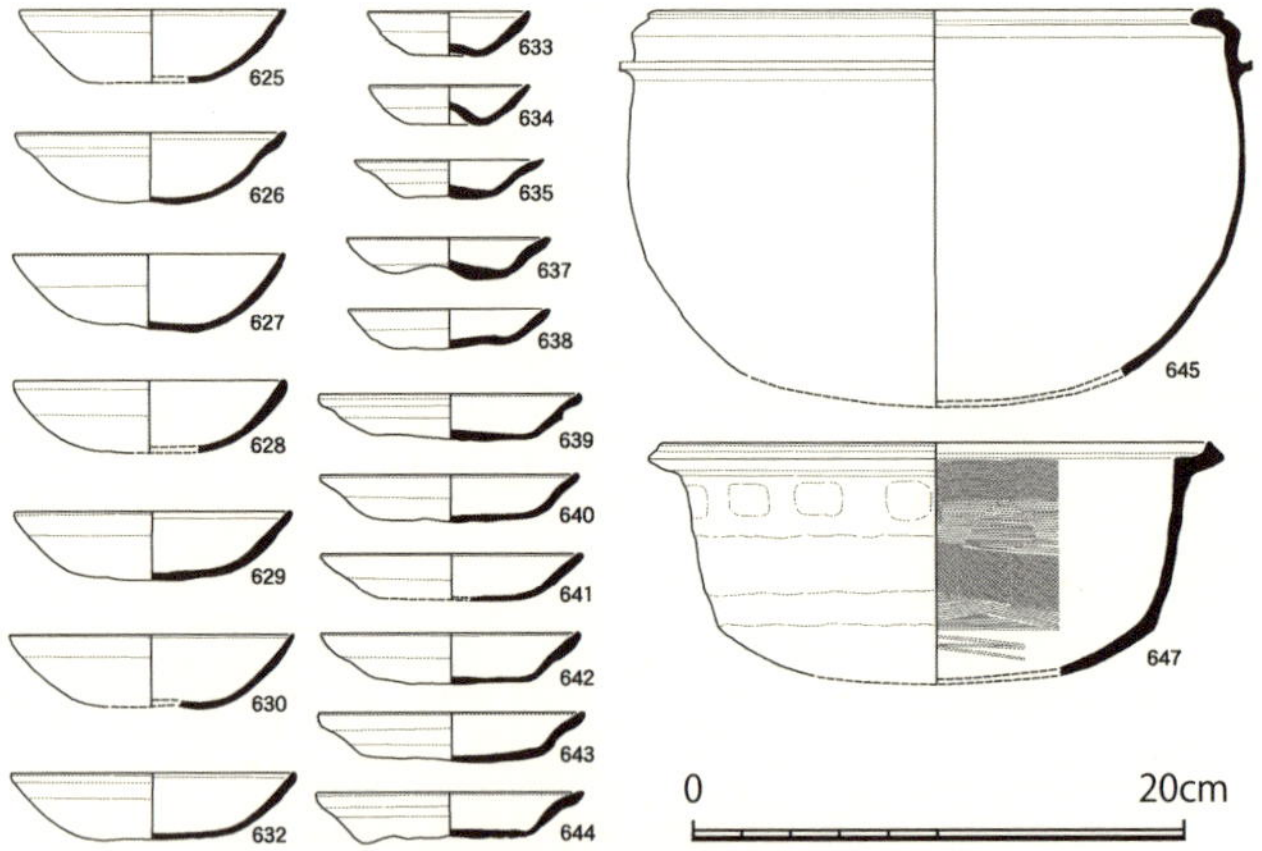

平安京左京二条四坊十町　SX2459

図７　Ⅶ期新の資料(2)

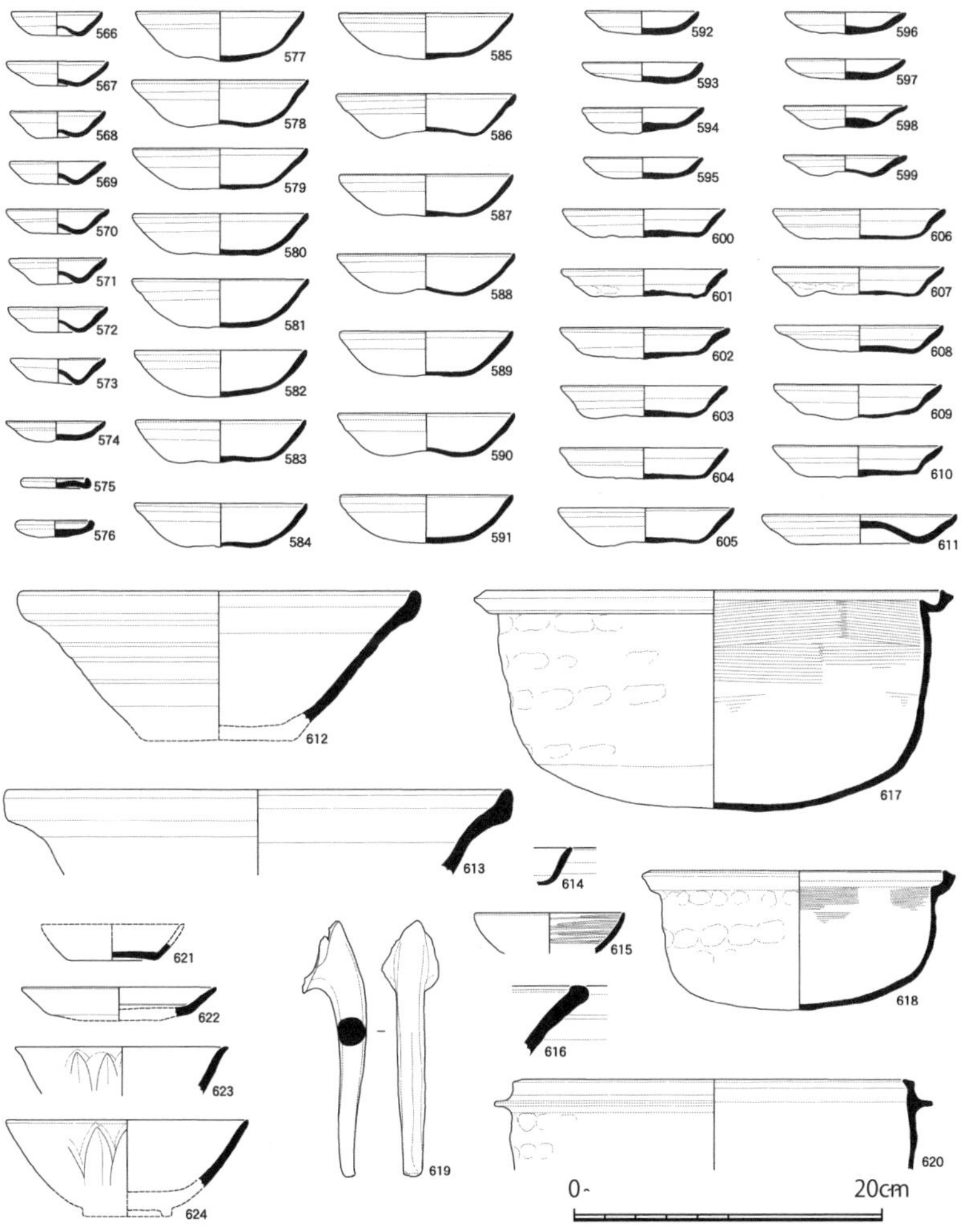

平安京左京二条四坊十町　SE2527

図８　Ⅶ期新の資料(3)

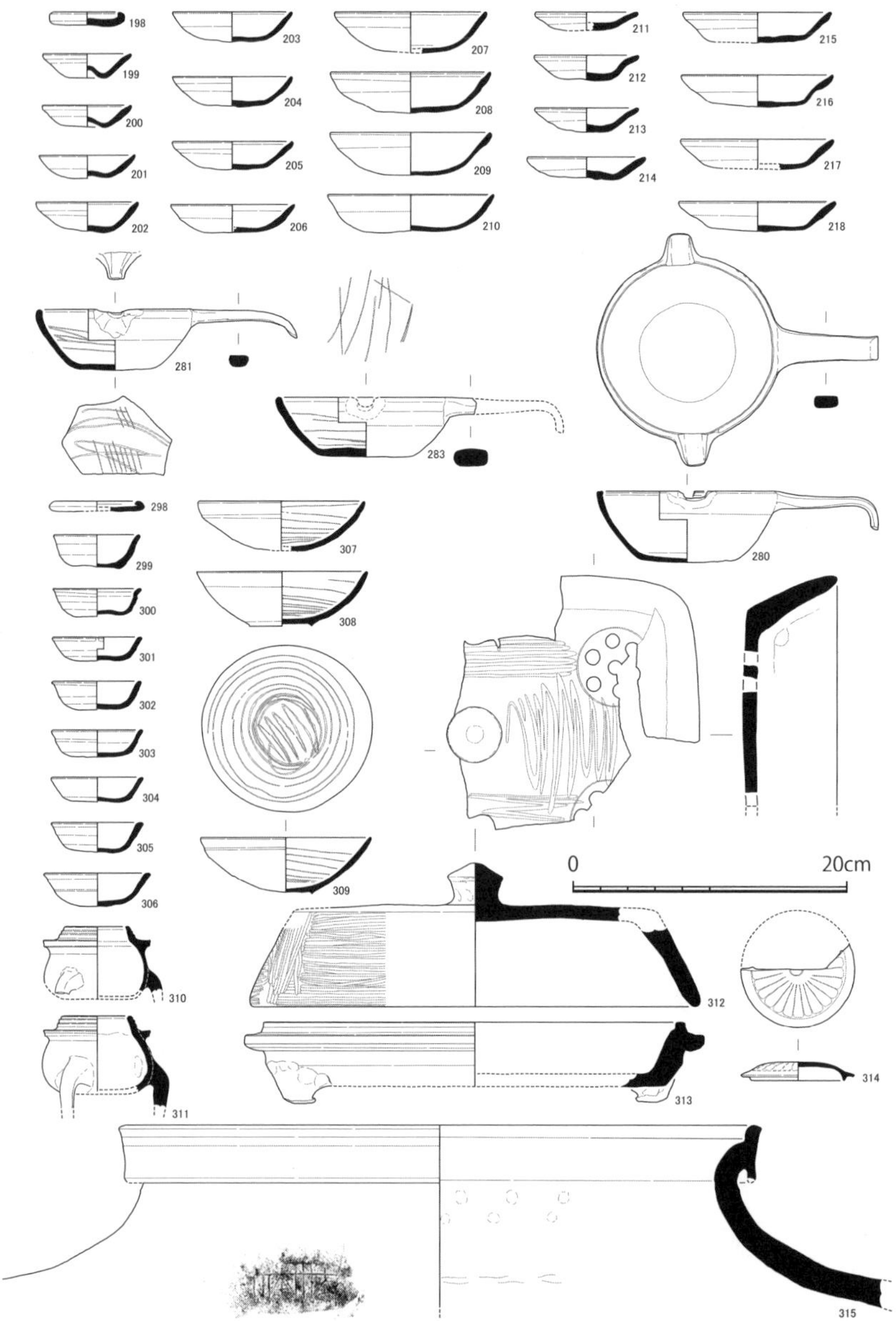

平安京左京四条三坊八町・烏丸御池遺跡　地下室 581

図 9　Ⅶ期新の資料（4）

Ⅶ期新に併行する周辺地域の資料としては、大阪府東大阪市西ノ辻遺跡59―4区井戸4（図10）〔大阪府教委 一九八七a〕、京都府精華町椋ノ木遺跡5トレンチSK61（図10）〔京都府埋文 一九九八a〕などがあり、奈良の資料では、奈良町GG第31次調査SK03（図10）〔奈良市教委 二〇一四〕がこの時期にあたる。

河内の西ノ辻遺跡周辺では、瓦器椀は、和泉型Ⅳ―3期・大和型Ⅲ―E型式が共伴し、土師器皿は口縁部の立ち上がり部分の指押さえが強くて口縁部上半が外反するものが多い。煮炊具では、古代以来の河内の土師器羽釜が消滅して、十三世紀後葉頃から増加した瓦質土器羽釜・三足羽釜が伴う。大和の土師器羽釜（B型）は古代以来の系譜をつないでいるが、この時期から胎土が一変して精良化するとともに胴部の器壁が薄くなる。

南山城の椋ノ木遺跡では、瓦器椀は大和型Ⅲ―E型式で、土師器皿は口縁部の立ち上がり部分の指押さえが強くて口縁部上半が外反するものが多い。煮炊具は、大和の土師器羽釜（B型・H型）と瓦質土器羽釜があるが、大和の土師器羽釜は鍔が断面方形の突帯状に退化している。

奈良でも、瓦器椀は大和型Ⅲ―E型式である。土師器皿は赤土器と白土器がある。赤土器は口径八㌢強の小皿と一一㌢弱の大皿の二法量であるが、この時期から現れる白土器は口径七㌢前後と一一㌢強の二法量を中心としながら、一六㌢を超えるものなどいくつかの法量がある。赤土器には底部をわずかに押し上げたものも見られるが、口縁部のナデの下端が外側に肥厚するものは含まれない。土師器皿が赤白の二系統あり、白土器の方が深手であること、小皿は赤土器の方が大きくて、大皿は白土器の方が大きいことなども含めて、京都と共通する部分が多い。煮炊具は鍔が断面方形の突帯状に退化した土師器羽釜（B型・H型）がある。

Ⅷ期古にあたる資料には平安京左京四条二坊十四町跡SK0344（図11）〔京都市埋文研 二〇〇三〕、平安京左京四条三坊十二町跡SK737（図12）〔京都市埋文研 二〇〇七〕、東寺（教王護国寺）旧境内溝2400下層（図12）〔京都市埋文研 二〇〇二〕などがある。

この時期の遺構では土師器皿が出土破片数の九七％以上を占める。土師器皿以外では京都の瓦質土器鍋、大和産の

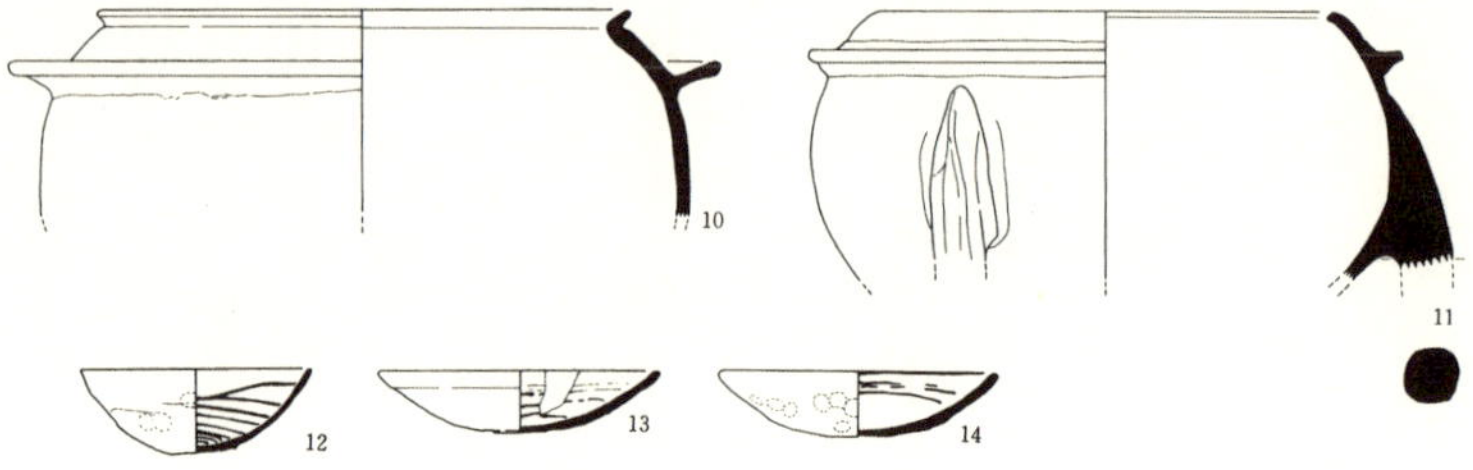

西ノ辻遺跡59－4区　井戸4

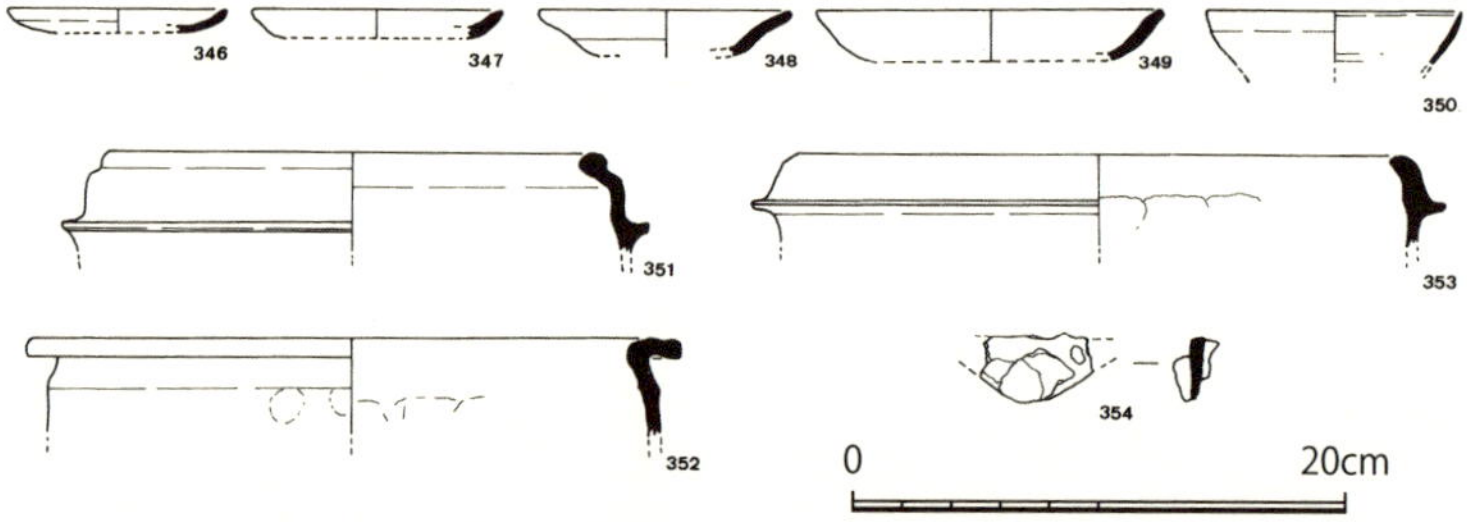

椋ノ木遺跡5トレンチ　SK61

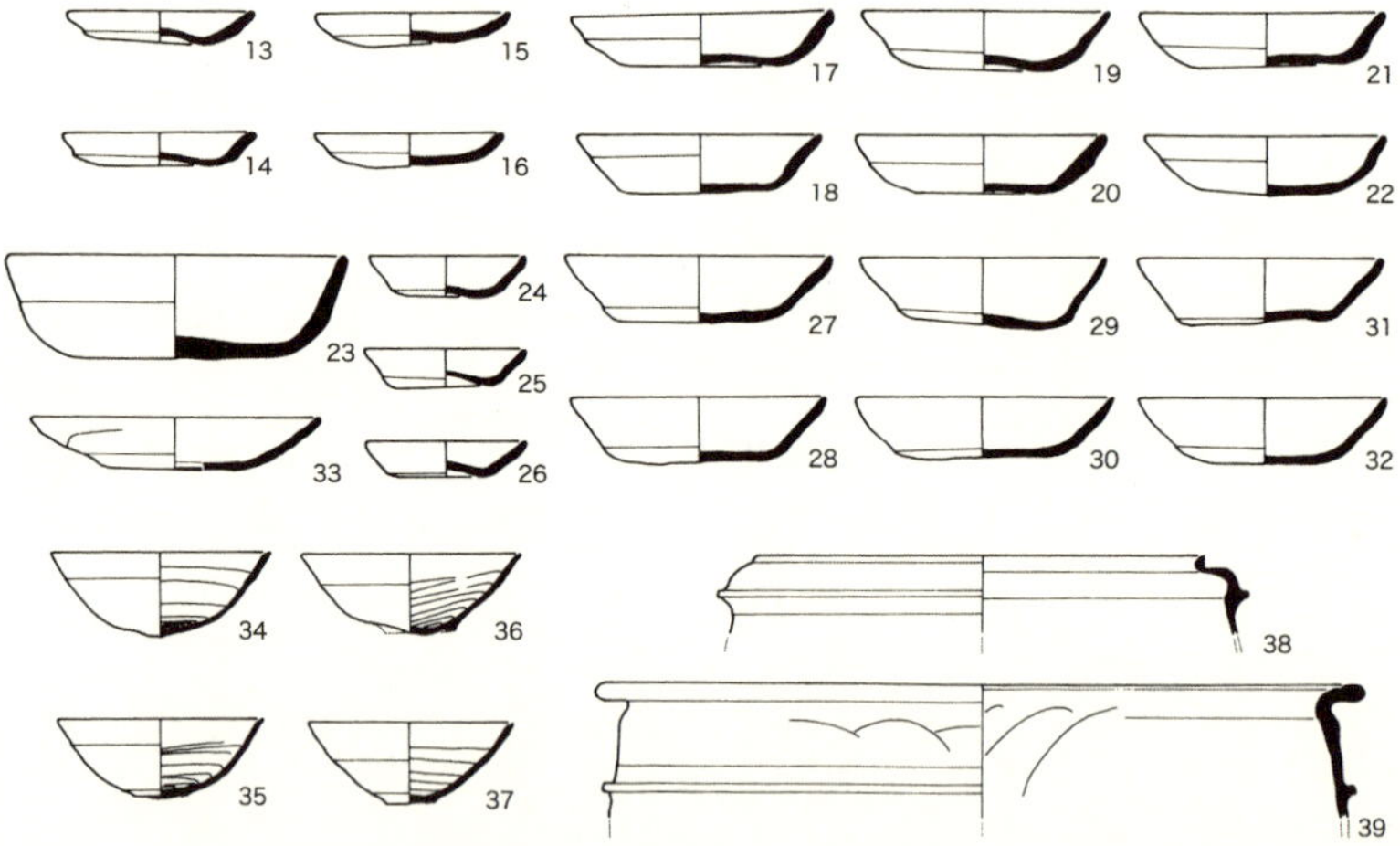

奈良町GG第31次　SK03

図10　Ⅶ期新に併行する資料

瓦質火鉢、東播系須恵器鉢などがある。瓦質土器鍋は口縁部がわずかに下がりながら内湾して端部を断面三角形状に上方につまみあげるため、体部と口縁部の境が上方に小さく突出したようになる。大和産の瓦質火鉢はていねいなヘラミガキを施し、外面に菊花文を押す。東播系須恵器鉢は口縁端部が大きく肥厚したものである。中世陶器では、信楽焼甕、備前焼擂鉢のほか、古瀬戸では卸目皿・仏供・柄付片口などがある。

Ⅷ期古に併行する周辺地域の資料としては、長岡京右京一条四坊十五町（石見城跡）土壙2380（図13）〔京都市埋文研 二〇〇五〕、西ノ辻遺跡井戸1（図13）〔東大阪市文化財協会・東大阪市教委 二〇〇二〕、椋ノ木遺跡3トレンチＳＫ177（図14）、ＳＤ521・522（図14）などがある。暦年代資料の西ノ辻遺跡58—7区井戸7（図1）や笠置山の焼土層（図1）ももちろんこの時期の資料である。奈良の資料では奈良町ＧＧ38次調査ＳＫ03（図15）、奈良町周辺のＳＤ第26次調査ＳＤ05・ＳＫ03（図16）などがある。このうち、石見城跡土壙2380では楠葉型瓦器椀が出土している。これらは、小さな底部から外上方にわずかに内湾しながら立ち上がる深手の椀形の器形で、高台がなく、内面のヘラミガキは渦巻き状に数条施されるのみの終末期（Ⅳ—3期）のものである。石見城跡の報告では、土壙2380や溝2001で十四世紀中頃とされる終

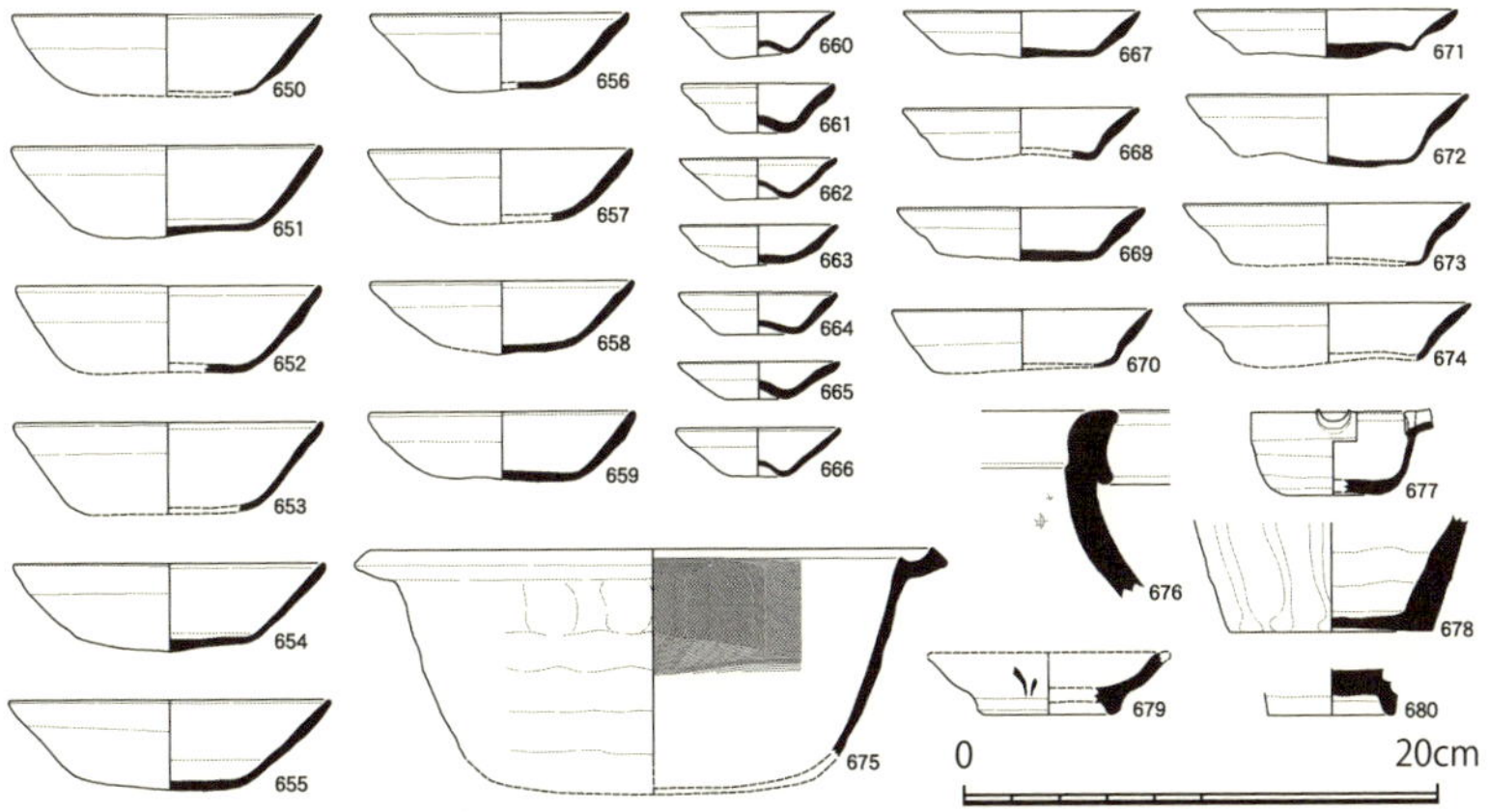

平安京左京四条二坊十四町跡　SK0344

図11　Ⅷ期古の資料（1）

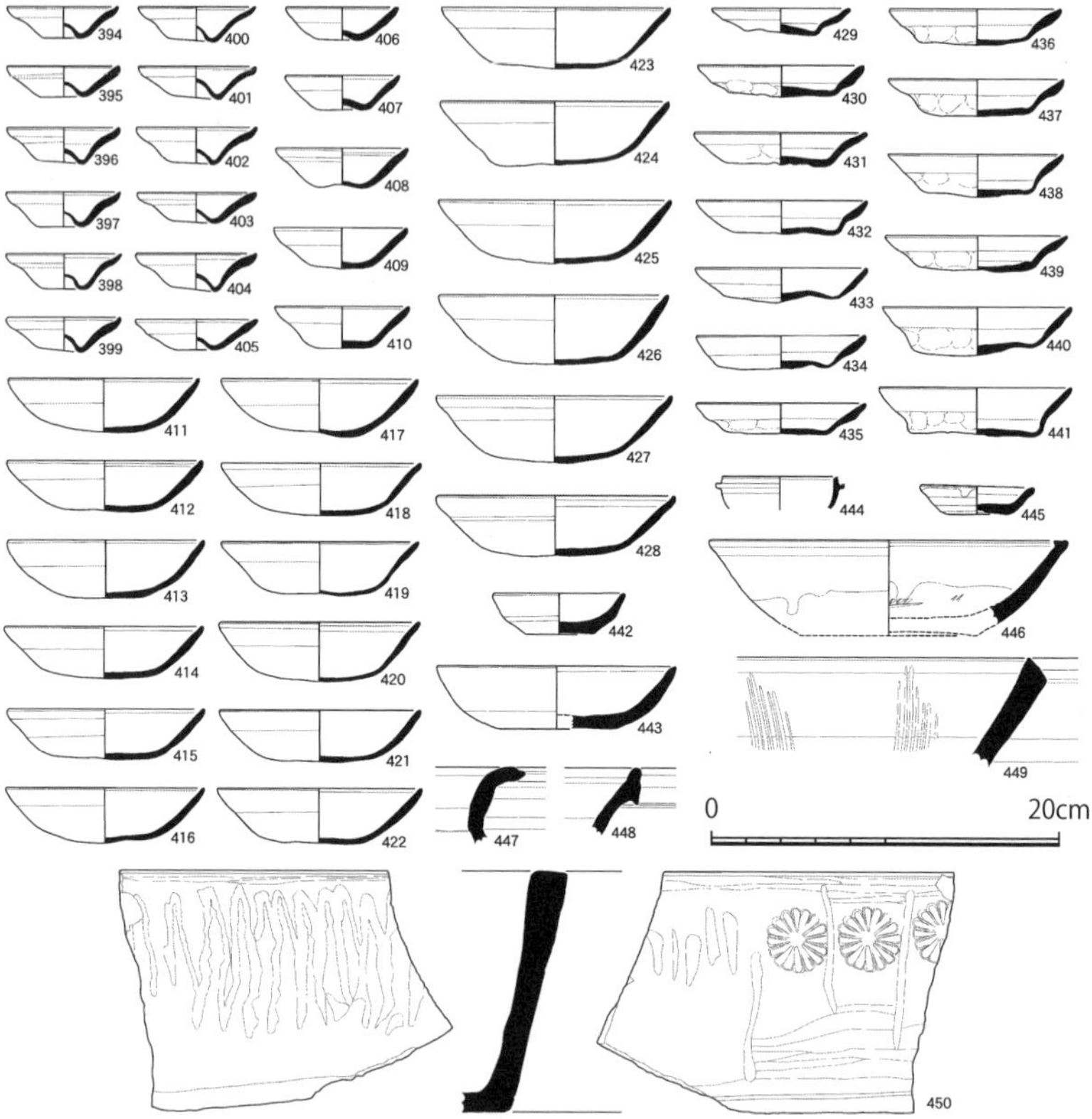

平安京左京四条三坊十二町跡 SK737

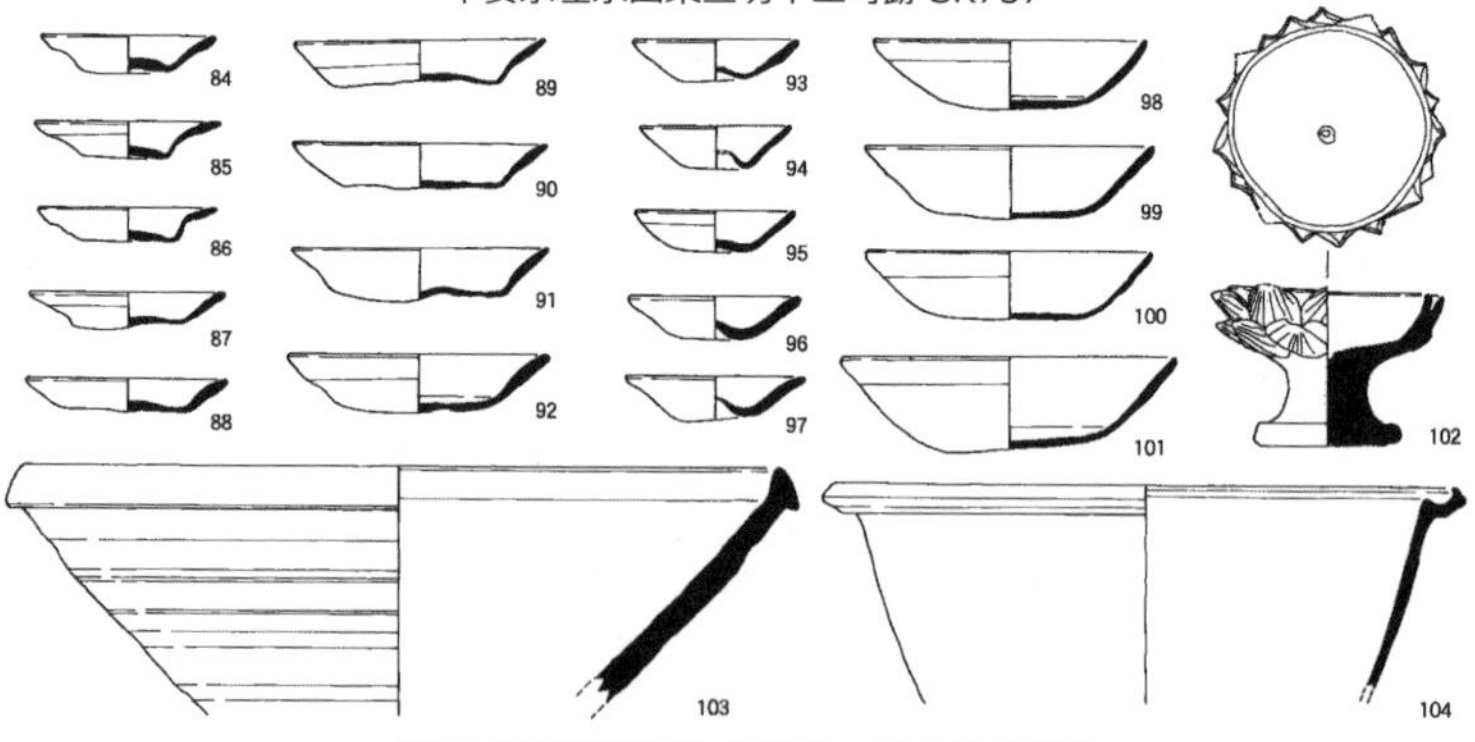

東寺（教王護国寺）旧境内　溝 2400 下層

図 12　Ⅷ期古の資料（2）

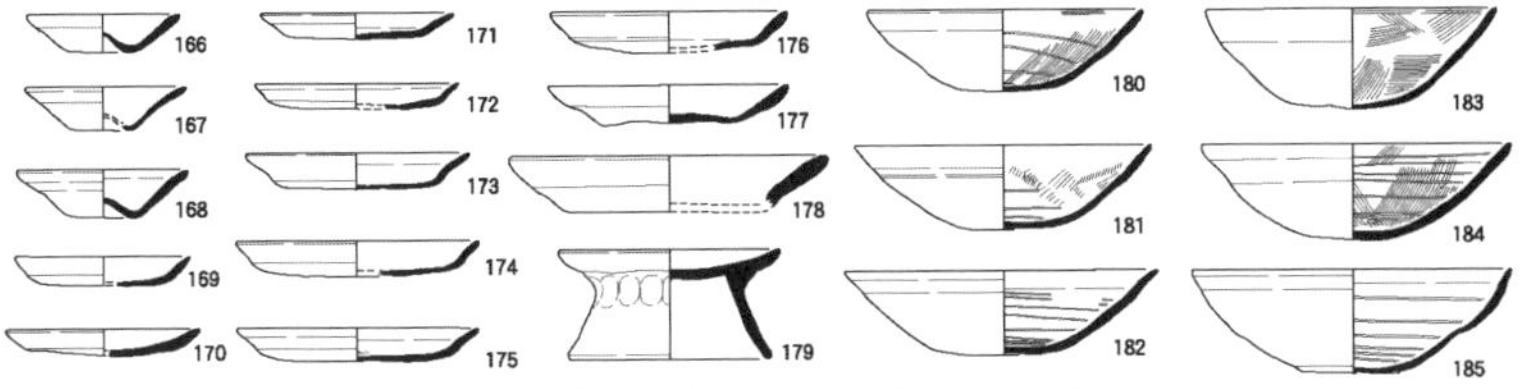

長岡京右京一条四坊十五町（石見城跡） 土壙 2380

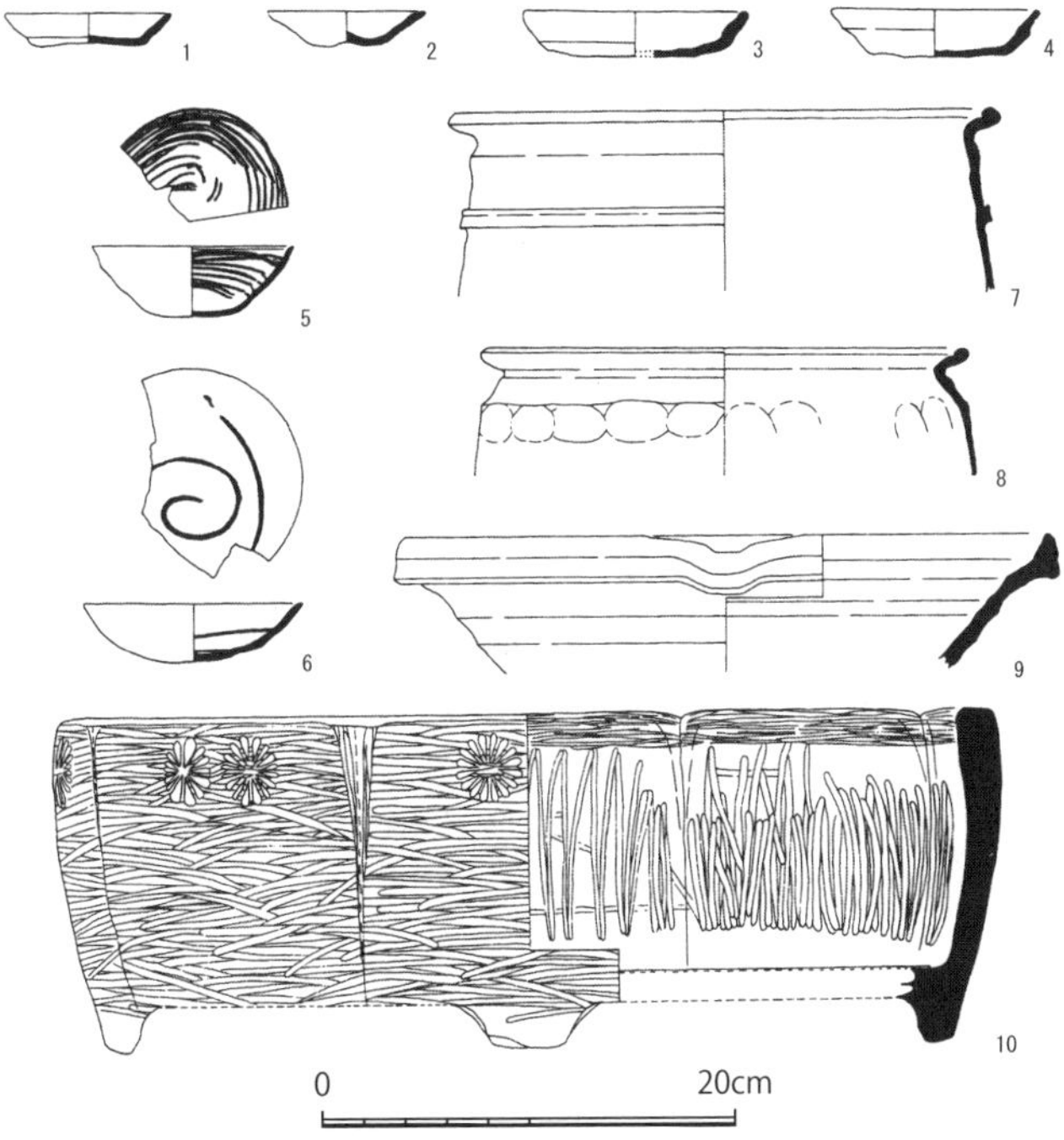

西ノ辻遺跡 井戸 1

図 13 Ⅷ期古に併行する資料（1）

末期の楠葉型瓦器椀とⅧ期（小森・上村編年の年代観では一三六〇～一四四〇年）に位置付けられる土師器皿とが共伴していることから、「それぞれの土器の年代観を再考する必要がある」として、これらの遺構を十四世紀後半から十五世紀初頭に位置付けている［京都市埋文研 二〇〇五］。ところが、前述のとおり、Ⅷ期古は一三二〇～一三四〇年頃と考えられるので、西ノ辻遺跡や笠置山で見られたように、終末期の瓦器椀と共伴するのは自然である。再考すべきは京都系土師器皿の年代観の方であった(4)。

奈良の資料についても、小森・上村編年の年代観を採用して十四世紀前半の新しい時期に位置付けられているが、GG38次調査SK03ではⅣ―4期の和泉型瓦器椀がまとまって出土し、SD第26次調査SD05・SK03からはⅣ―B型式の大和型瓦器椀が出土していることや、土師器皿・羽釜、瓦

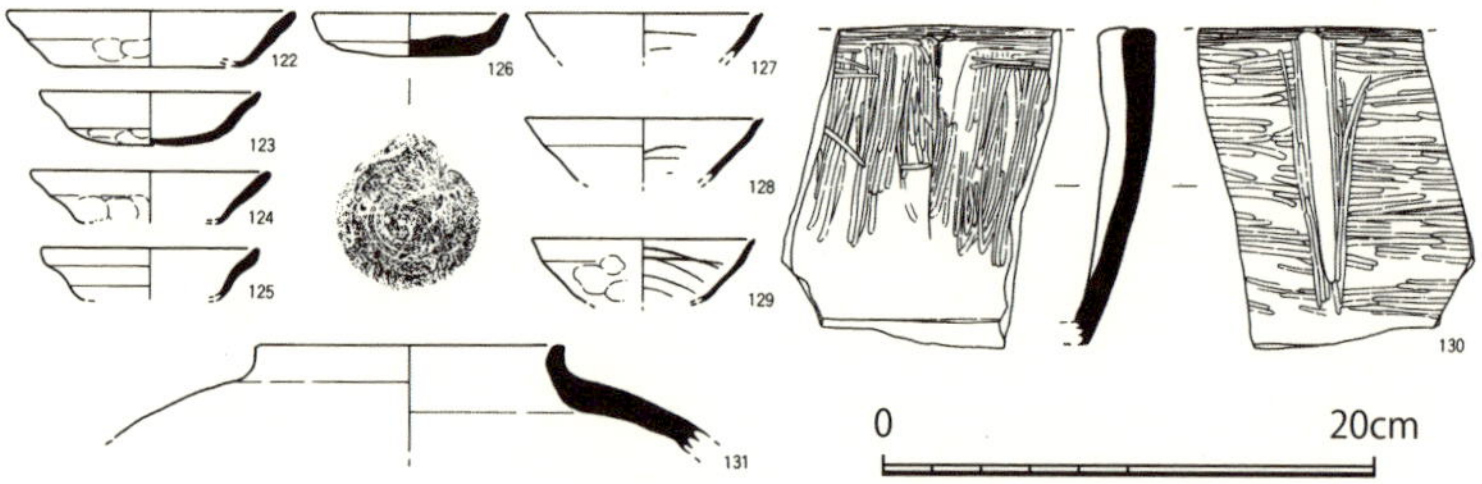

椋ノ木遺跡3トレンチ　SK177

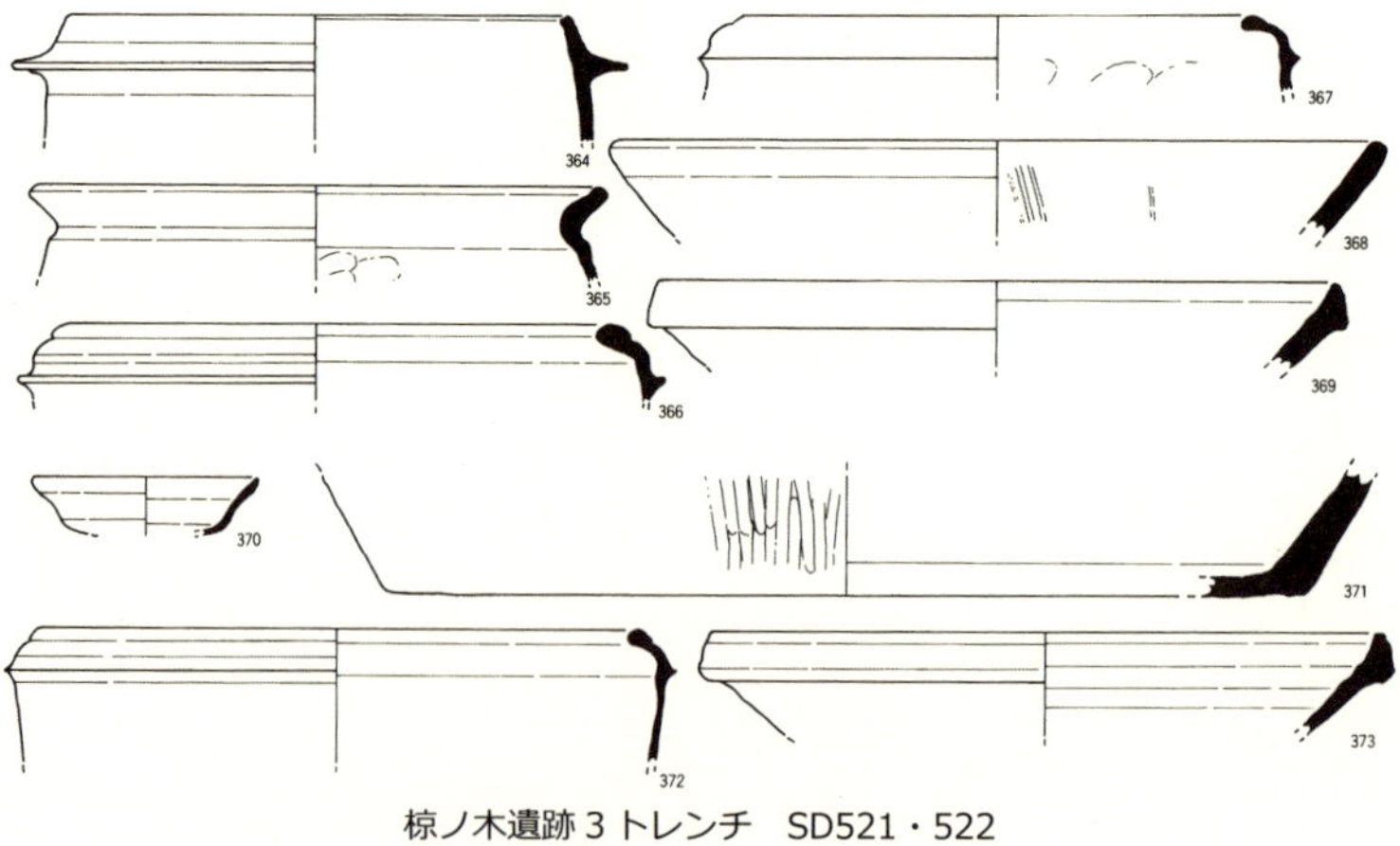

椋ノ木遺跡3トレンチ　SD521・522

図14　Ⅷ期古に併行する資料(2)

質土器などの共伴遺物の形態から考えて、GG38次調査SK03は一三三〇年以前に、SD第26次調査SD05・SK03は一三三〇年代頃に少し引き上げるべきであろう。

河内の西ノ辻遺跡では、土師器皿の立ち上がり部分の指押さえが強く、口縁部のナデの下端が外側に肥厚して、断面形が低いかまぼこ状や三角形状に張り出すものが現れ、同形態の小皿には底部をわずかに押し上げたへそ皿を呈するものも現れる。煮炊具では大和の土師器羽釜（B型・H型）と瓦質土器羽釜があるが、大和の土師器羽釜の鍔が粘土を擦りつけたような断面三角形状に退化したものが現れる。また、土師器羽釜B型は、鍔が消滅して鍋となったものも見られる。すり鉢は、東播系須恵器鉢のほかに瓦質土器が加わる。瓦質土器すり鉢は、河内・和泉に分布する口縁端部が外側に肥厚した東播系須恵器鉢の形態を写したものと大和の端部を丸く納めるものの二者がある。大和産の瓦質土器輪花形火鉢もこの時期に増加する。

南山城の椋ノ木遺跡や奈良町などでも、河内・和泉の瓦質すり鉢を欠くことを除いて、土師器皿、大和の土師

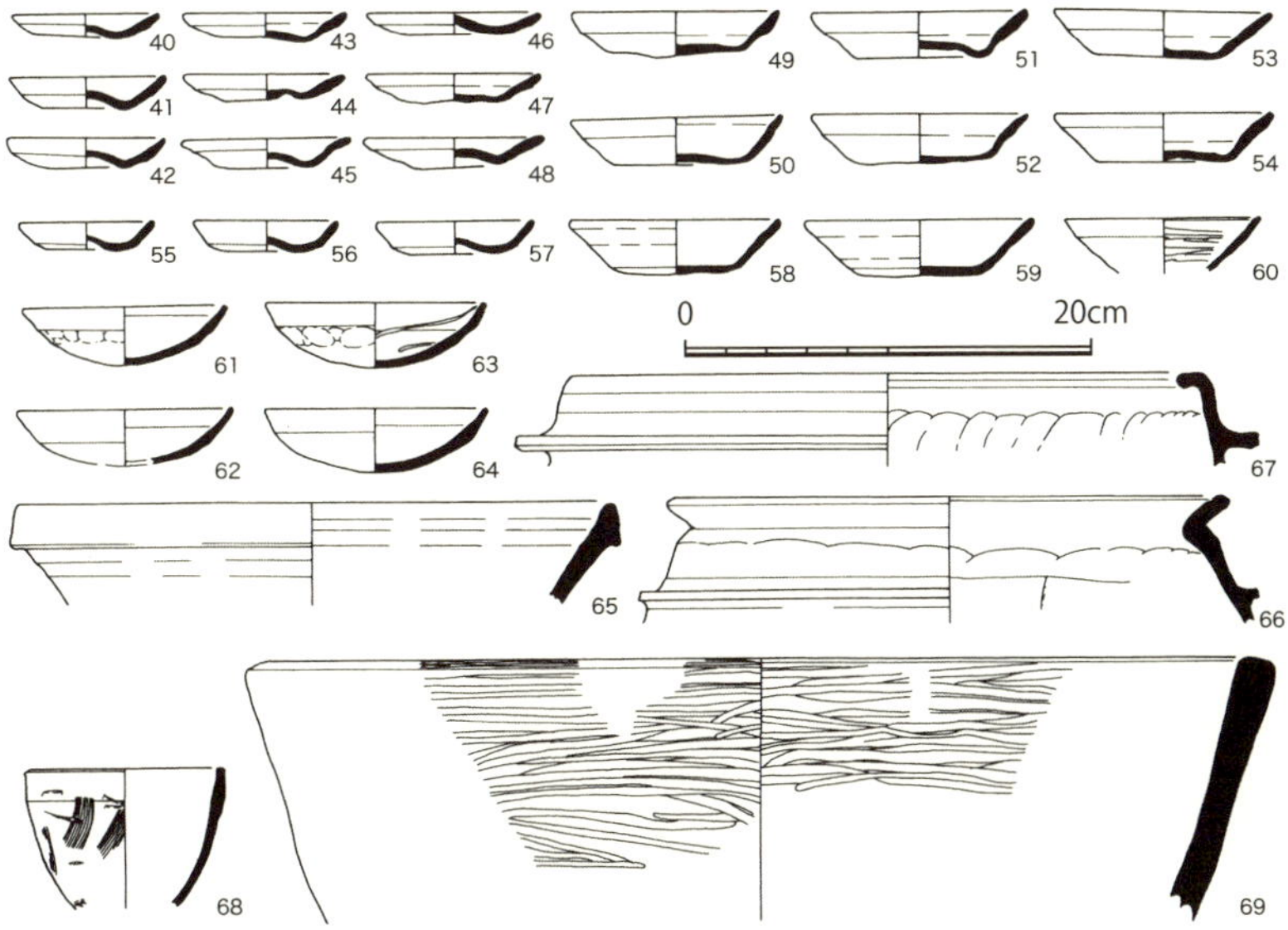

奈良町 GG38次 SK03

図15　Ⅷ期古に併行する資料（3）

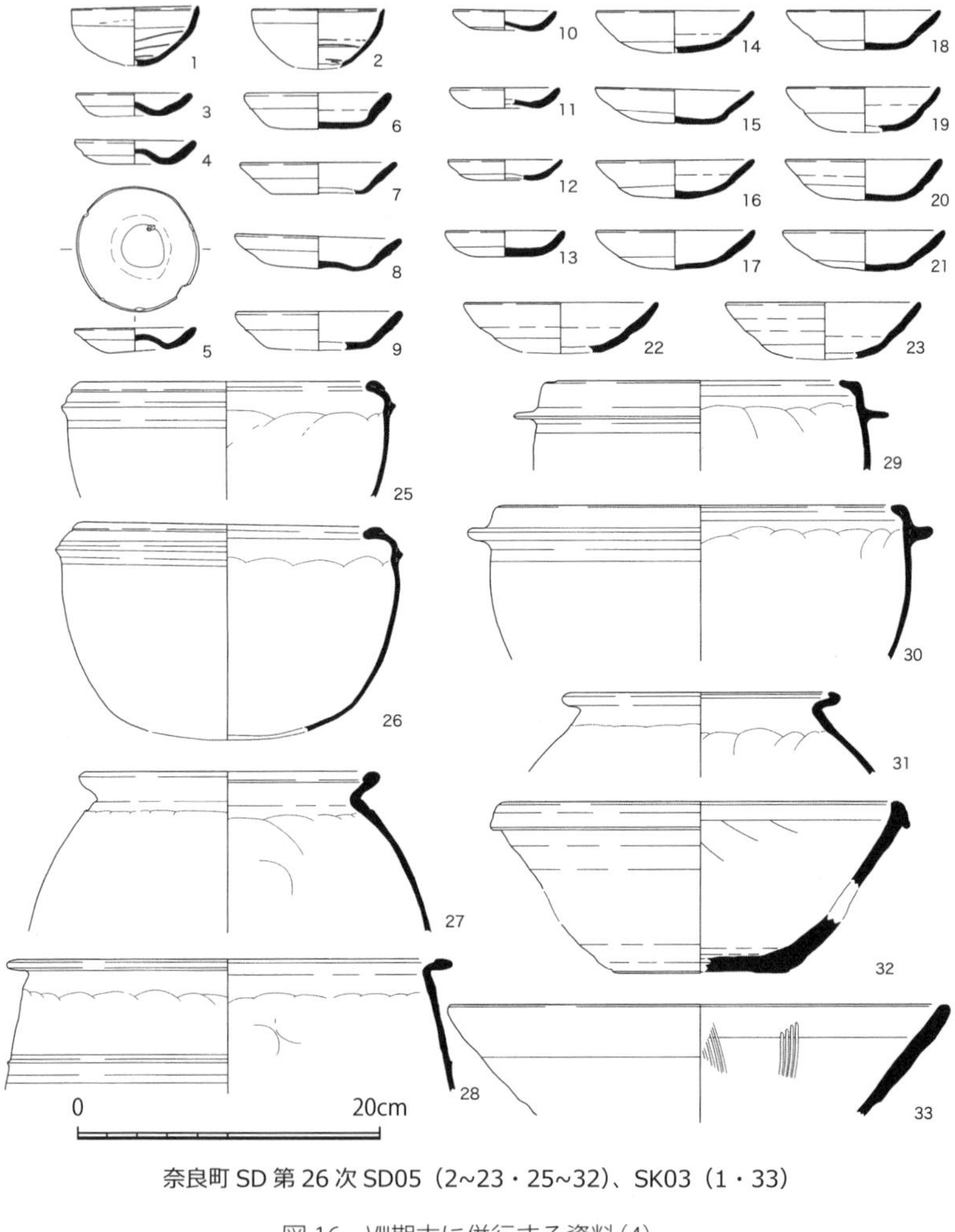

奈良町 SD 第 26 次 SD05（2~23・25~32）、SK03（1・33）

図 16　Ⅷ期古に併行する資料（4）

器羽釜・鍋、瓦質土器火鉢などに、西ノ辻遺跡と同じ様相が見られる。

Ⅷ期中にあたる資料には烏丸線G区22EⅡ土壙1（図17）〔烏丸線調査会 一九八〇b〕、平安京左京四条三坊十三町SK388（図17）〔古代學協會 一九八四〕などがある。平安京左京五条三坊九町跡・烏丸綾小路遺跡土坑418（図18）〔京都市埋文研 二〇〇八〕はⅧ期古～中の資料であり、前述の本圀寺跡SD19（図2・3）もこの時期を下限とする資料である。Ⅷ期中～新の時期の遺構では、土師器皿が出土破片数の九五％近くを占める。土師器皿以外では、瓦質土器鍋・羽釜・火鉢・銚子などがあるが、この時期になると混入資料や前代のものが廃棄された資料を除いて瓦器椀は伴わない。東播系須恵器鉢は少量出土するが、形態から見て、大半は前代のものが使用期間を経て廃棄されたものとみられる。国産陶器では、備前焼甕、常滑焼甕などがある。

Ⅷ期新にあたる資料には烏丸線No.3土壙6

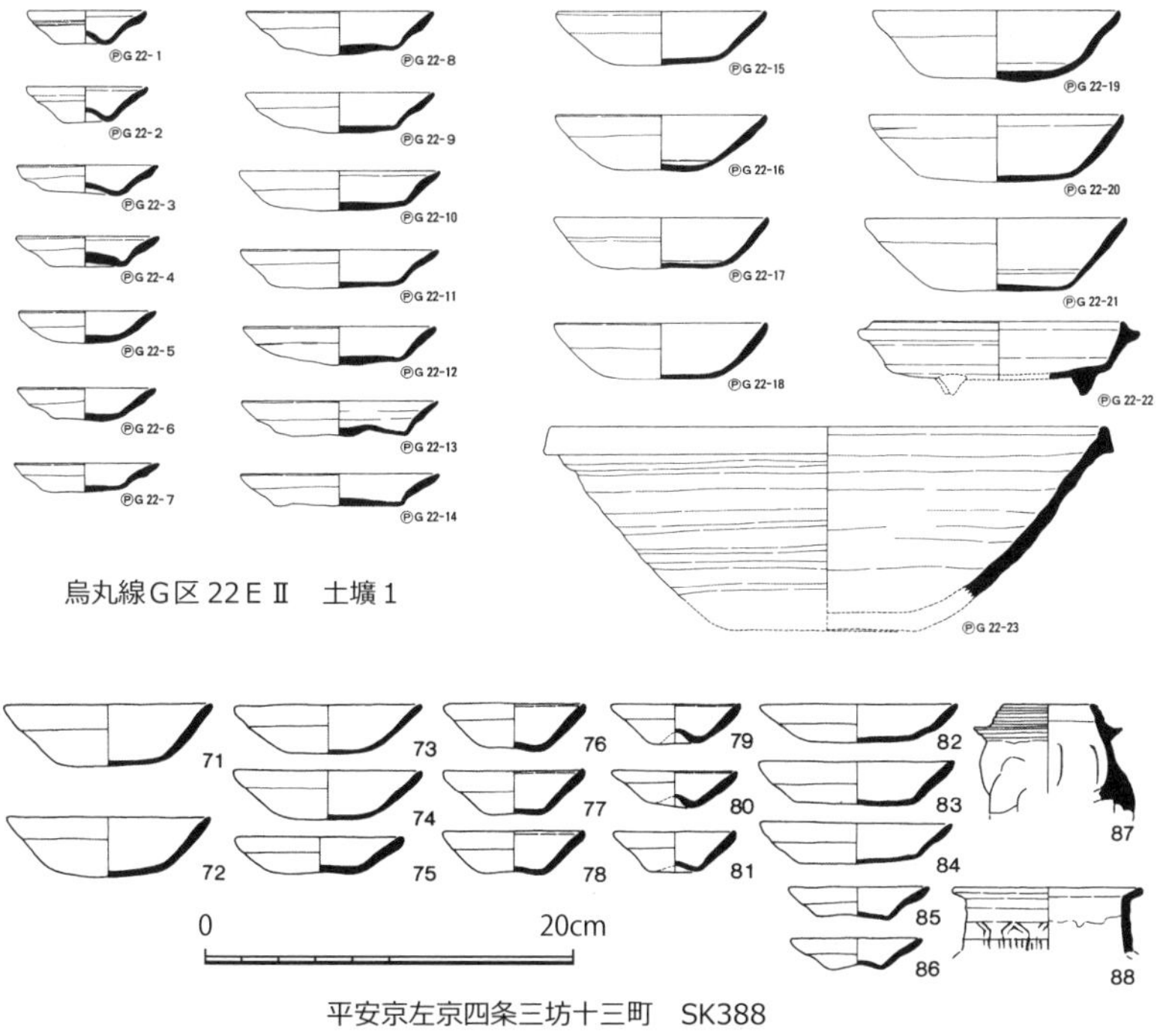

図17　Ⅷ期中の資料

（図19）［烏丸線調査会 一九八〇a］、平安京左京八条三坊SK14（図19）［京都市埋文研 一九八二］、平安京左京四条三坊十三町SE379（図19）［古代學協會 一九八四］などがある。平安京左京三条三坊十町（押小路殿・二条殿）跡土壙139（図20）［京都市埋文研 二〇〇二b］、平安京左京二条四坊十町跡土壙1870（図20）［京都市埋文研 二〇〇二］はⅧ期中～新の資料である。土師器皿以外では、瓦質土器鍋・羽釜・火鉢、東播系須恵器鉢C類［中土研 二〇一五］、国産陶器では備前焼甕、常滑焼甕などがある。

（2）土器様相の変化と画期

十四世紀代の土器様相を概観すると、いくつかの変化と画期を指摘することができる。

①赤土器と白土器の時代　京都の土師器皿では、赤色系と白色系の対比がはっ

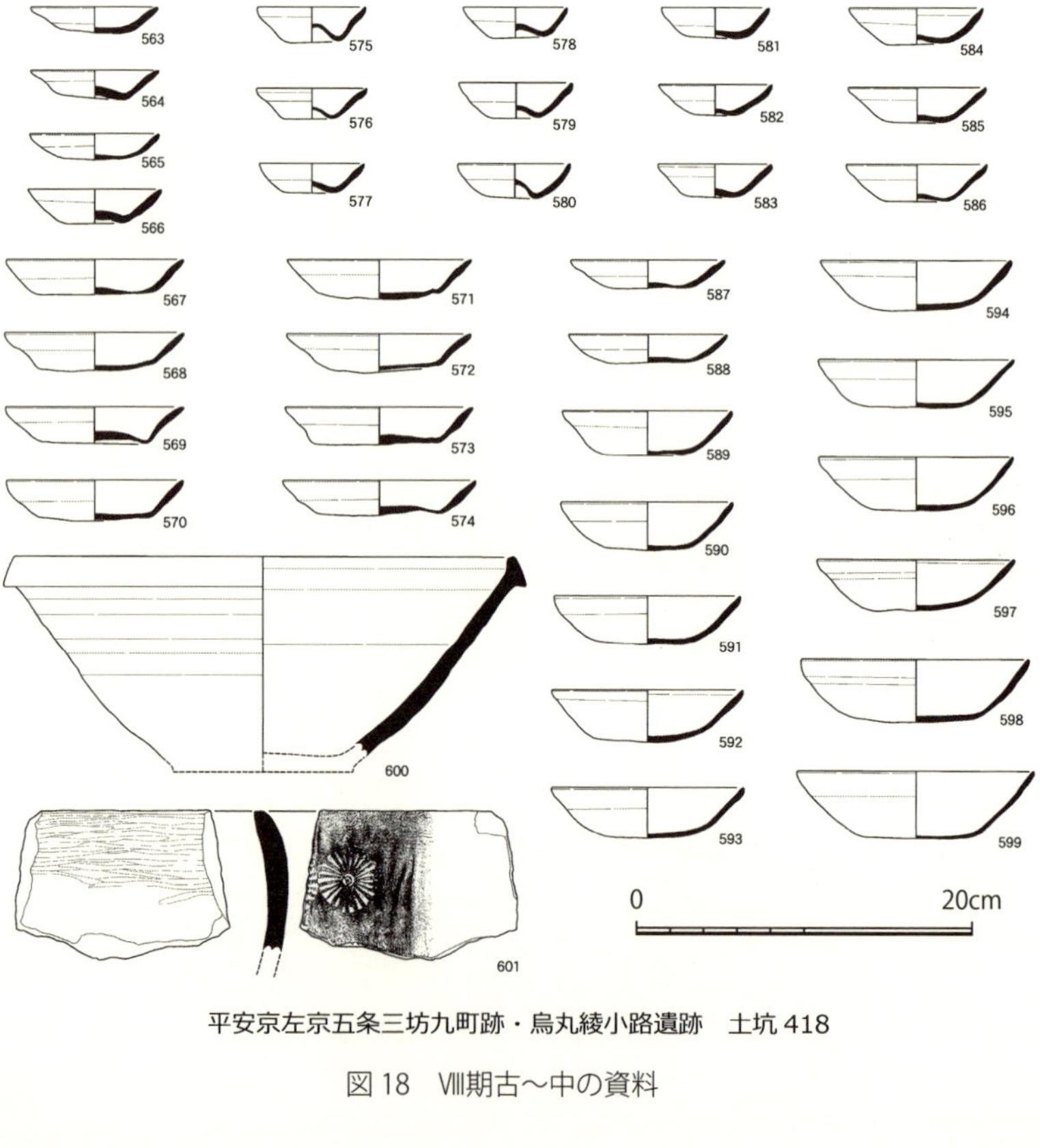

平安京左京五条三坊九町跡・烏丸綾小路遺跡　土坑418

図18　Ⅷ期古～中の資料

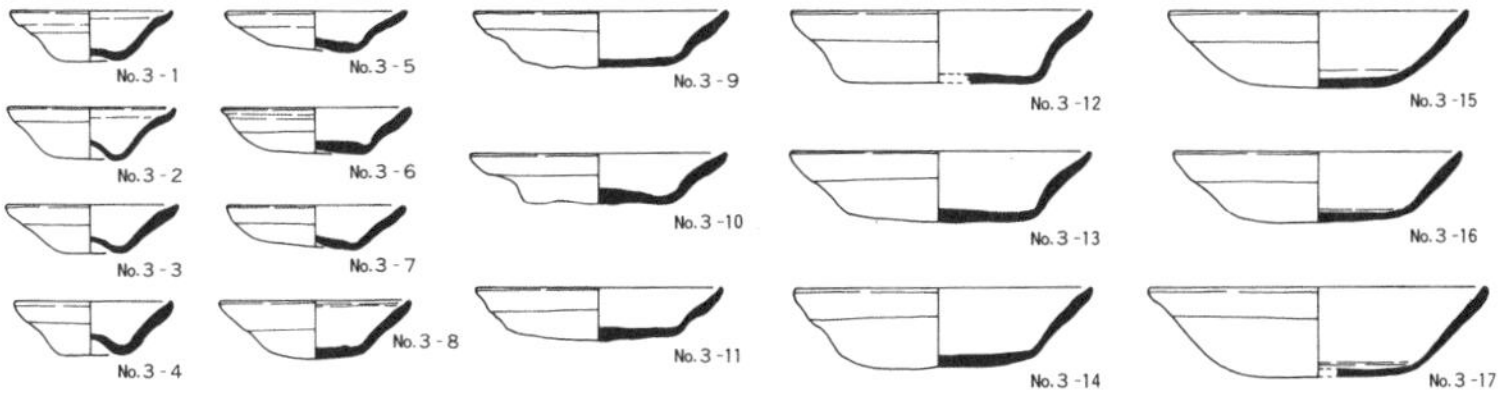

烏丸線No.3 土壙 6

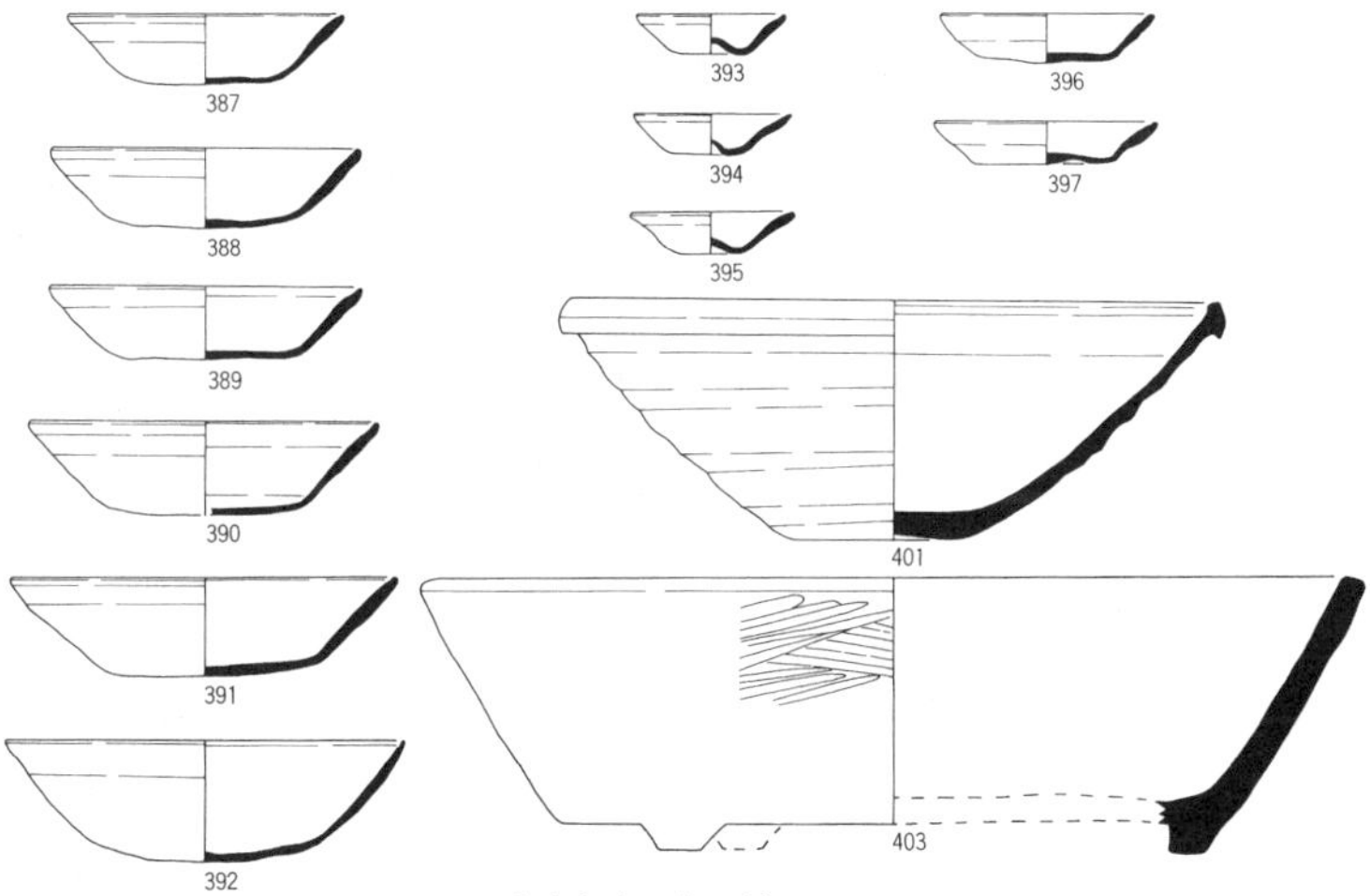

平安京左京八条三坊　SK14

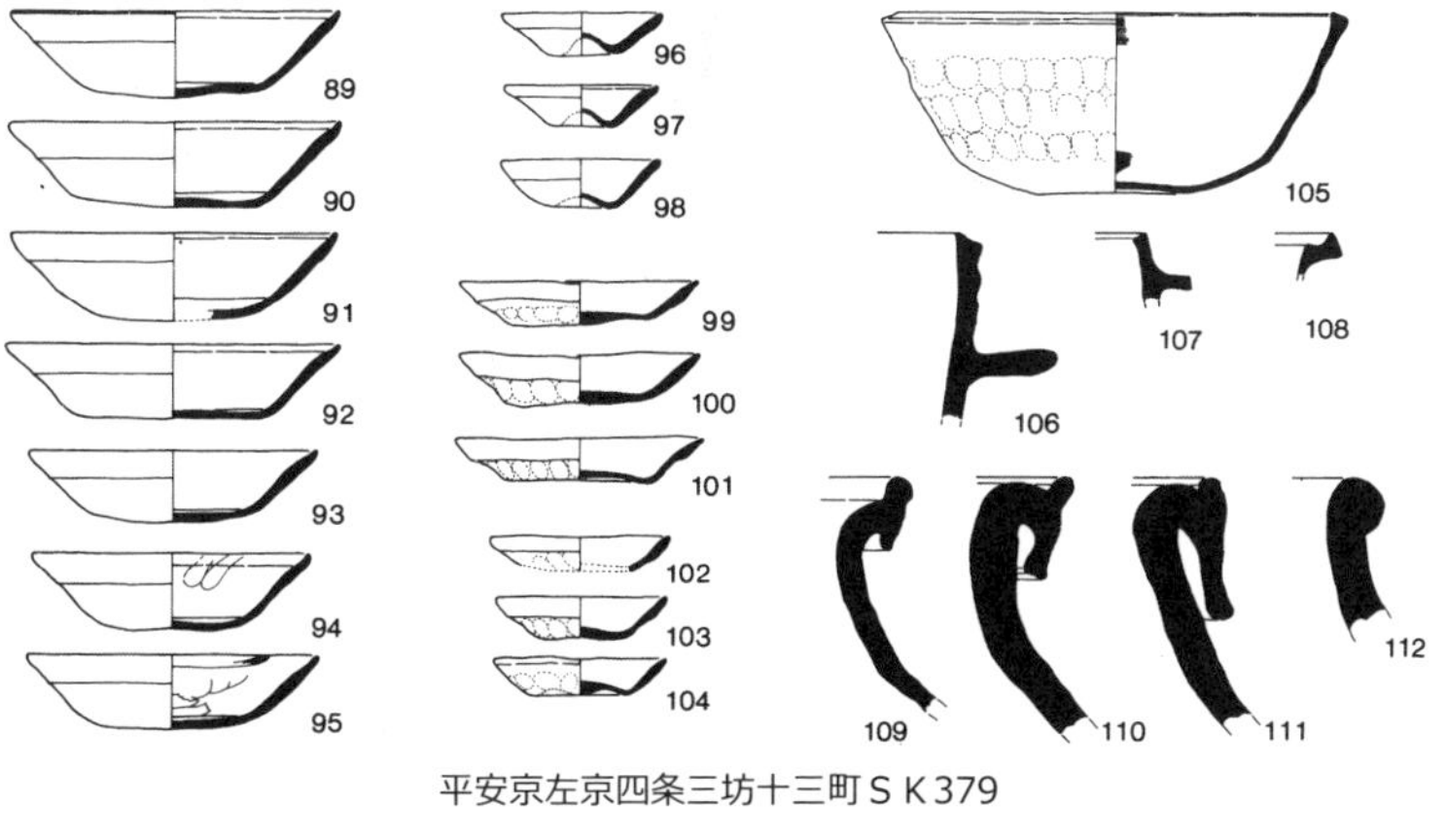

平安京左京四条三坊十三町ＳＫ379

図 19　Ⅷ期新の資料

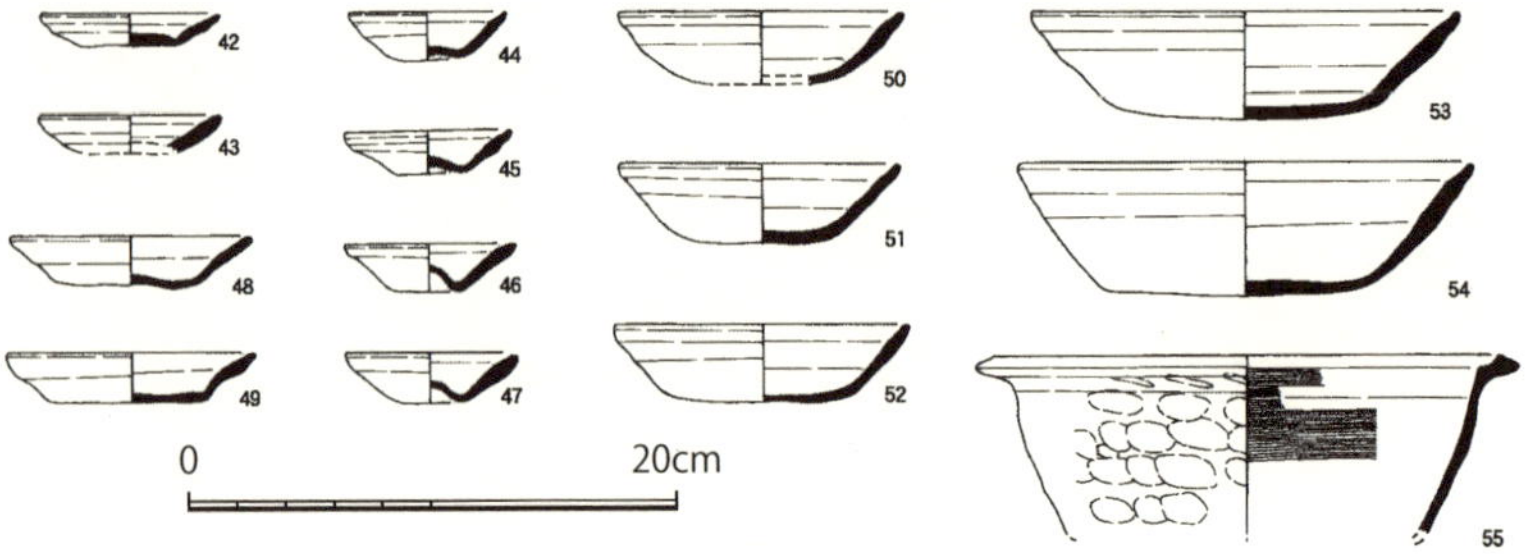

平安京跡左京三条三坊十町　土壙 139

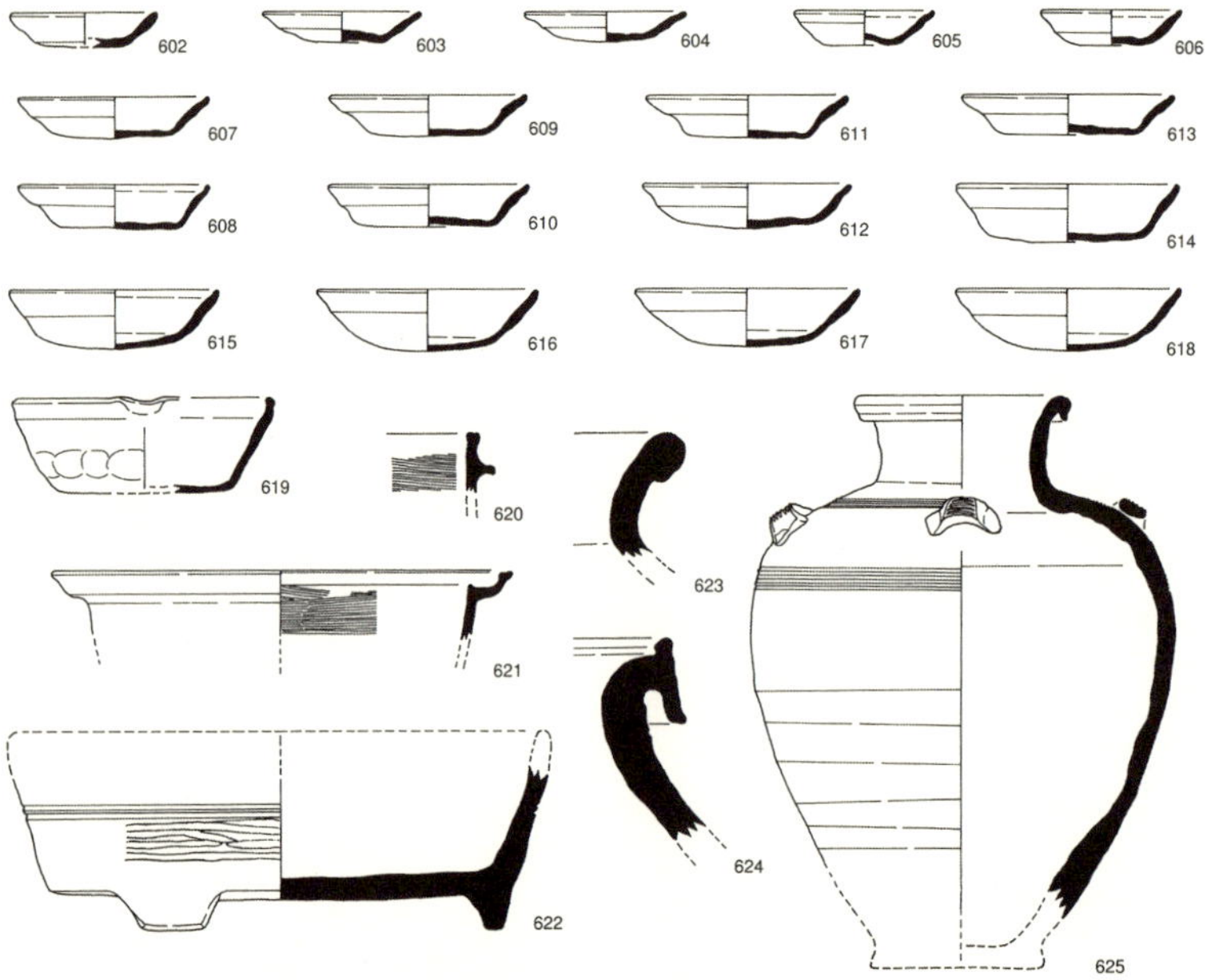

平安京跡二条四坊十町　2 区土壙 1870

図 20　Ⅷ期中〜新の資料

きりすることが第一の特徴である。この変化はⅦ期新から皿Nの赤褐色化によって顕在化し、Ⅷ期古には皿Nの主体が赤褐色となって、赤土器・白土器の時代になるが、Ⅷ期新になると白色系の皿Sが褐色を帯びて赤色系と白色系の対比がしだいに不明瞭になってゆく。したがって、おおよそ南北朝時代が赤土器・白土器の時代と言えるだろう。

奈良でもⅦ期新に併行する時期から深手の白土器が現れて赤土器・白土器の時代となるので、京都とほぼ同時期に赤土器・白土器の時代が始まるとみて良いが、そこに至る道筋は全く異なる。京都ではⅥ期中に白色の皿Sが定型化した後、Ⅶ期新頃から赤褐色化した皿Nが増加して赤土器・白土器の時代となるのに対して、奈良では十三世紀後葉に赤色系の土師器皿が斉一化し、十四世紀初頭に新たに白土器が加わって赤土器・白土器の時代になるのである。京都と奈良の土師器皿の分布圏はそれぞれ独立しており、製品そのものが流通することはほとんどなかったが、奈良の赤い土師器皿の情報が京都の土師器皿Nの赤褐色化を促し、京都の土師器皿Sが奈良の白土器の誕生を促した可能性は考えられよう。

十三世紀後葉から赤褐色化した土師器皿が現れ、Ⅷ期古に併行する時期からは外反する口縁部の下端部が肥厚する形態の赤色系土師器皿が顕在化し、やがて主体を占めるようになる傾向は、広い地域で共通してみられる。一方、京都に近い乙訓や南山城の北部では高台を失った終末期の瓦器椀の形態に似た灰白色の土師器皿(杯)などに、京都の土師器皿Sの影響が現れる。

②土師器皿の法量分化　土師器皿の口径は、中世前期を通じて大小二法量で、それぞれ縮小化の傾向で推移していた。ところが、Ⅷ期古から法量分化の兆しが現れ、Ⅷ期中〜新にかけて定着する。特に一八センチもの大型の皿が少量とはいえ安定的に作られ続けるようになることは、これまでにない土師器皿を使う場面が生まれたことを示していると考えられる。

③へそ皿の優越　底部を押し上げた土師器皿を「へそ皿」と呼ぶが、その出現はⅦ期古の皿Shである。皿ShはⅦ期

中には定型化し白色系の小皿の過半を占めるようになり、Ⅶ期新以降では平底の小皿はわずかで、大半が皿Shとなる。Ⅶ期新からは、赤色系の皿Nにも底部をわずかに押し上げたものが現れるが、主体を占めることはなく、Ⅷ期新にはほとんどなくなる。皿Shがその後もⅨ期を通じて白色系の小皿の主体を占めるのと対照的である。

京都以外では「へそ皿」はⅦ期中に併行する十三世紀後葉頃に赤色系の土師器皿に現れる。奈良では白土器の出現とともに白土器の「へそ皿」も現れるが、「へそ皿」の主体は赤土器である。また、京都の皿Shがていねいな調整で整った形をしているのに対して、赤色系の「へそ皿」は歪みの大きな粗製のものが大半で、同じ用途とは思えない。(5)

④瓦器椀・東播系須恵器鉢の消滅　瓦器椀は楠葉型・大和型・和泉型ともにⅧ期古に併行する時期でほぼなくなる。瓦器椀の系譜をひく小椀や小皿が、大和南部や和泉の一部で継続して作られるが、他の地域ではほぼ同時に消滅する。手づくねの土師器皿とともに畿内の中世土器様相を構成する主要器種であった瓦器椀が消滅することは、中世土器の大きな画期となる出来事である。この時期には、草戸千軒町遺跡などでも瓦器椀の影響を強く受けた吉備系土師器椀Aが消滅する。(6)

西日本に広く分布した東播系須恵器鉢もⅧ期古に併行する時期を最後にほぼ姿を消す。Ⅷ期中以降には、使用期間を経て廃棄されたものと、口縁部を巻き込むC類がわずかに残るのみで、河内や和泉では口縁端部が拡張した東播系須恵器鉢の器形を写した瓦質土器擂鉢、大和では口縁端部を丸く納める瓦質土器擂鉢に変わる。(7)

⑤中世陶器の増加　瓦器椀の消滅と前後して、古瀬戸や焼締陶器などの出土量が増え始める。出土遺物の破片数が報告されているものを遺構の時期別に集計すると、国産施釉陶器(当該期においては古瀬戸と同義)はⅦ期新の〇・〇二%からⅧ期古に〇・二〇%、Ⅷ期中〜新には一・一七%に急増し、焼締陶器はⅦ期新の〇・七八%、Ⅷ期古の〇・七〇%からⅧ期中〜新には一・八六%となっている(表2)。

焼締陶器では、Ⅶ期新までは大半を常滑焼が占めていたが、次第に備前焼や信楽焼が増えてくる。ただ、中世陶器は使用期間が長く、出土する遺構の時期が生産年代とは隔たった時期であることが多いので、生産地編年の型式ごとに、消費地でどの時期以降の遺構から出土するのかを追及するためには、短期間で廃棄されることの多い在地土器とは違う資料操作が必要であるが、十分な検討ができていないのが現状である。例えば、常滑焼7型式期の甕はⅦ期中以降の資料と共伴するが、生産地の年代観では7型式期は十四世紀前半とされる［中野 二〇一三］。筆者の年代観ではⅦ期中は十三世紀後葉であり、若干のズレがある。筆者は、常滑焼7型式期の年代観を引き上げる必要があるとみている。常滑焼7型式期の年代観については、瀬戸美濃窯製品との共伴関係や尾張型山茶椀の年代観などから十三世紀第4四半期に遡るとする考えが示されている［簗瀬 二〇〇八、藤澤ほか 二〇一五］。在地土器との共伴関係から消費地でこの点を検討できれば、生産地での研究と合わせることで、より正確な生産地の編年に資することができ、逆に生産年代と廃棄年代の差から使用期間を含めた消費地での使用実態に迫ることができると考えられるが、今後の課題である。

おわりに

本稿の目的は、十四世紀に起こった土器様式の変革を叙述することであった。「へそ皿」が優越するようになり、赤土器・白土器の時代が始まり、土師器皿の法量分化が始まり、瓦器椀・東播系須恵器鉢が消滅するという変化が、十四世紀に起こることは早くから共通の認識であったが、これらの変化が、京都の土器編年のⅧ期古に併行する、およそ一三三〇年を前後する短期間に相次いで、しかも、京都とその周辺でほぼ同時に起こったことが明らかとなった(8)。この時期が、中世前期と中世後期を分ける土器様式の最大の変革期であり、中世前期的土器様式の終焉ととらえることができる。この変革は、まさに鎌倉幕府の滅亡に相前後して起こったことになる。

京都の土師器皿の編年、京都を除く畿内各地の瓦器椀の編年、奈良の土師器皿の編年などの相互の併行関係と年代観に共通認識がなかったために、十四世紀代に起こるさまざまな変化が各地でほぼ同時に起こるのか、時期差をもって起こるのか、さらには、何年頃に起こるのかを明確にすることができていなかった。この課題を解消するために不可欠な、各地の土器編年の同時期性の検証、すなわち、別々の「ものさし」で構築された各地の土器編年を交差年代決定法でつないで同時期性を確認し、暦年代を決める作業を、本稿の前半部分で行った。

十四世紀代中葉以降については資料不足もあって検討が不十分であり、古瀬戸などの中世陶器の検討によってより精度を高める必要があることは否めないが、筆者が一五年前に、十三世紀を中心に始めた瓦器椀と京都の土師器皿との併行関係と暦年代を検討する作業が本稿によって十五世紀まで進み、織豊期の瓦研究から派生して暦年代の見直しを行っていた十六世紀の編年と曲がりなりにも繋がって、京都を中心とした畿内では、ようやく中世全体を見通すことができるようになったと考えるが、畿内以外の地域の様相の検討は今後の課題である。

草戸千軒町遺跡では、畿内における筆者の年代観の見直しを受けて研究が進んだ結果、多数の遺構が認められるのはⅡ期後半新段階（一三三〇年代）までで、Ⅱ期後半最新段階になると急激に遺構が減って、Ⅲ期（十五世紀前半）の始まりまでの半世紀以上にわたって、ほとんど遺構のない時期が続くことが明らかとなっている［鈴木 二〇〇四］し、鎌倉では、十四世紀前葉の基準資料とされていた今小路西遺跡北谷3面焼土層の下から出土した遺物群を、十三世紀後半頃に引き上げ、鎌倉幕府滅亡とともに鎌倉が衰退したとする見方がある［服部 二〇〇一、藤澤 二〇〇二］。いずれも今回は検討ができなかったが(9)、草戸千軒町遺跡のⅡ期後半新段階や鎌倉幕府の滅亡は、京都のⅧ期古に併行する時期である。本稿で取り上げた西ノ辻遺跡や椋ノ木遺跡を含めて、この時期を最後に急激に衰退する遺跡が多いことや、京都・奈良でもⅧ期中～新の時期に遺構数が減少することなどは、Ⅷ期古の時期前後に大規模な社会変動が起こったことを示していると考えられ、土器様式の変革もこの社会変動の一側面ととらえることができるだろう。

本稿では、京都のⅧ期古にあたる一三三〇年前後の短期間に土器様式の大きな変化が相次いで起こり、中世前期的土器様式が終焉したことを述べたが、その背景については全く明らかにできていない。政治史的には、鎌倉幕府の滅亡の時期であるが、社会経済史的には、元の紙幣専用政策によって一二七〇年代から始まった中国銭の大量流入とそれに伴う米年貢の代銭納化の急速な進展の時期にあたる。代銭納化の進展は生産物の商品化を促す。この点については、考古資料のさらなる分析によって文献ではわからない商品生産・流通の実態を解明することで考古学からの発言が可能であるが、考古資料によって中世史を語る際には、暦年代の正確な比定が極めて重要である。考古資料で明らかとなった変化や画期が、何年頃に起こったものであるのかによって、結ばれる歴史像は全く異なってしまうからである。暦年代比定は、時代が新しくなればなるほど高い精度が要求される。三十年の違いは縄文時代では同時期でも、中世では全く異なる時代である。今後も、暦年代にこだわった土器研究を進めていきたい。

註

（1）小森・上村［一九九六］では一三六〇年頃とされていたⅦ期とⅧ期の境が、小森［二〇〇五］では一三五〇年頃に変更されている。変更の根拠については記されていない。

（2）『臥雲日件録抜尤』文安四年七月五日条「今夜天龍寺回祿云々、（中略）雲居庵之外、不残一云々、言語道断事也、」

（3）当該期は暦年代決定の根拠に欠ける時期であり、土壙170の資料が応仁二年の火災に伴うものなのか、文安四年の火災に伴うものなのか、あるいはどちらとも関係のないものなのかを確実に決めることは難しいのが現状である。こうした状況の中で、文安四年の火災の記事には触れず、応仁二年の火災だけに触れる報告のあり方は、研究をミスリードする恐れがある。

（4）なお、石見城跡溝2001は土師器皿や瓦質土器鍋に新しい特徴が表れているので時期の下がるものを含むやや時期幅のある資料とみられる。

（5）底部の押し上げ方や器形も全く異なるので、両者を同じ「へそ皿」と呼称することは適当でないと考えるが、現状では両者とも「へそ皿」とよばれている。

（6）東海地方の土器椀である山茶椀は、東濃窯・瀬戸窯・藤岡窯を除いて十三世紀のうちにほとんど終焉を迎えるとされるので、瓦器椀よりも一足早く消滅するようであるが、畿内と東海の併行関係についての研究は未だ十分ではない。二〇一五年、中世土器研究会で畿内系土器類と東海系陶器類の併行関係に焦点を当てた研究集会を開催しており、近い将来、その成果が表れると思われる。

（7）河内・和泉・大和などでは、瓦質土器擂鉢は備前焼擂鉢が増加する十五世紀末頃まで擂鉢の主体を占めるが、瓦質土器擂鉢を欠く京都では、十四世紀後半の土器擂鉢が存在しない。

（8）中世陶器の増加については、前述のように、もう少し検討が必要である。

（9）鎌倉の様相については本書掲載の古田土論文に詳しい。

参考文献

伊野近富　一九八七年「「かわらけ」考」㈶京都府埋蔵文化財調査研究センター『京都府埋蔵文化財論集』第一集

宇野隆夫　一九八一年「白河北殿北辺の土器・陶磁器」京都大学埋蔵文化財研究センター『京都大学埋蔵文化財調査報告Ⅱ―白河北殿北辺の調査―』

大阪府教育委員会　一九八四年『神並・西ノ辻・鬼虎川遺跡発掘調査概要・Ⅱ』

大阪府教育委員会　一九八七年『神並・西ノ辻・鬼虎川遺跡発掘調査整理概要・Ⅳ』

京都市高速鉄道烏丸線内遺跡調査会　一九八〇年a『京都市高速鉄道烏丸線内遺跡調査年報』Ⅰ

京都市高速鉄道烏丸線内遺跡調査会　一九八〇年b『京都市高速鉄道烏丸線内遺跡調査年報』Ⅱ

京都市高速鉄道烏丸線内遺跡調査会　一九八二年『京都市高速鉄道烏丸線内遺跡調査年報』Ⅲ

㈶京都市埋蔵文化財研究所　一九八二年『平安京左京八条三坊』(『京都市埋蔵文化財研究所調査報告』第六冊)

㈶京都市埋蔵文化財研究所　二〇〇一年『平安京左京二条四坊十町』(『京都市埋蔵文化財研究所調査報告』第一九冊)

㈶京都市埋蔵文化財研究所　二〇〇二年a『東寺(教王護国寺)旧境内』(『京都市埋蔵文化財研究所発掘調査概報』二〇〇一―七)

㈶京都市埋蔵文化財研究所　二〇〇二年b『平安京左京三条三坊十町(押小路殿・二条殿)跡』(『京都市埋蔵文化財研究所発掘調査概報』二〇〇二―七)

㈶京都市埋蔵文化財研究所　二〇〇三年『平安京左京四条二坊十四町跡』(『京都市埋蔵文化財研究所発掘調査概報』二〇〇三―五)

㈶京都市埋蔵文化財研究所　二〇〇四年『史跡・名勝　嵐山』（『京都市埋蔵文化財研究所発掘調査概報』二〇〇四―七）
㈶京都市埋蔵文化財研究所　二〇〇五年『長岡京右京一条四坊十五町跡』（『京都市埋蔵文化財研究所発掘調査概報』二〇〇四―一五）
㈶京都市埋蔵文化財研究所　二〇〇六年『史跡・名勝　嵐山』（『京都市埋蔵文化財研究所発掘調査報告』二〇〇六―九）
㈶京都市埋蔵文化財研究所　二〇〇七年『平安京左京四条三坊十二町跡』（『京都市埋蔵文化財研究所発掘調査報告』二〇〇六―二六）
㈶京都市埋蔵文化財研究所　二〇〇八年『平安京左京五条三坊九町跡・烏丸綾小路遺跡』（『京都市埋蔵文化財研究所発掘調査報告』二〇〇八―一〇）
㈶京都市埋蔵文化財研究所　二〇一二年「平安京左京六条二坊五町・猪熊殿跡・本國寺跡」『昭和五四年度京都市埋蔵文化財調査概要』
㈶京都市埋蔵文化財研究所　二〇一三年『平安京左京四条三坊八町跡・烏丸御池遺跡』（『京都市埋蔵文化財研究所発掘調査報告』二〇一三―一二）
京都府教育委員会　一九八〇年「平安京跡（左京内膳町）昭和五四年度発掘調査概要」（『埋蔵文化財発掘調査概報（一九八〇―三）』）
㈶京都府埋蔵文化財調査研究センター　一九九八年a「椋ノ木遺跡平成七・八年度発掘調査概要」（『京都府遺跡調査概報』第八一冊）
㈶京都府埋蔵文化財調査研究センター　一九九八年b「椋ノ木遺跡平成九年度発掘調査概要」（『京都府遺跡調査概報』第八五冊）
㈶京都府埋蔵文化財調査研究センター　二〇〇八年「史跡及び名勝笠置山発掘調査報告」（『京都府遺跡調査報告集』第一二七冊）
㈶古代學協會　一九八四年『平安京左京四条三坊十三町―長刀鉾町遺跡―』（『平安京跡研究調査報告第一一輯』）
小森俊寛・上村憲章　一九九六年「京都の都市遺跡から出土する土器の編年的研究」『研究紀要』第3号　㈶京都市埋蔵文化財研究所
小森俊寛　二〇〇五年『京から出土する土器の編年的研究』京都編集工房
鈴木康之　二〇〇四年「南北朝期の草戸千軒―十四世紀後半における集落の衰退について―」『考古論集―河瀬正利先生退官記念論文集―』
中世土器研究会事務局　二〇一五年「東播系須恵器鉢の分類と編年」『中近世土器の基礎研究』二六
中野晴久　二〇一三年『中世常滑窯の研究』
奈良市教育委員会　二〇一四年『南都出土中近世土器資料集』
乗岡　実　二〇〇五年「備前」『全国シンポジウム　中世窯業の諸相～生産技術の展開と編年～』資料集
服部実喜　二〇〇一年「鎌倉と周辺地域における南北朝・室町期の土器・陶磁器―鎌倉編年の見直しを中心として―」『中近世土器の基礎研究』XVI　日本中世土器研究会
㈶東大阪市文化財協会・東大阪市教育委員会　二〇〇二年『神並・西ノ辻・鬼虎川・水走遺跡調査報告書』
藤澤良祐ほか　二〇一五年「付編　中世常滑窯編年の再検討―5型式期以降を中心に―」『上県2号窯跡第9次発掘調査概要報告書』愛

知学院大学文学研究科
藤澤良祐　二〇〇二年「中世都市鎌倉における古瀬戸と輸入陶磁―中世前期の補完関係について―」『国立歴史民俗博物館研究報告』第九四集
松藤和人　一九七八年「同志社キャンパス内出土の土器・陶磁器の編年―中・近世を中心として―」同志社大学校地学術調査委員会編『同志社キャンパス内出土の遺構と遺物　同志社校地内埋蔵文化財調査報告書資料編Ⅱ』
馬淵和雄　二〇〇一年「鎌倉・今小路西・北谷3面焼土層下」『季刊考古学』第七五号　雄山閣
森島康雄　一九八七年「西ノ辻遺跡周辺における中世土器の編年」『神並・西ノ辻・鬼虎川遺跡発掘調査整理概要』Ⅳ　大阪府教育委員会
森島康雄　一九九二年「畿内産瓦器椀の併行関係と暦年代」『大和の中世土器』Ⅱ　大和古中近研究会
森島康雄　二〇〇一年a「南山城の中世土器」『京都府埋蔵文化財論集』第四集　㈶京都府埋蔵文化財調査研究センター
森島康雄　二〇〇一年b「瓦器椀編年からみた京都系土師器皿の年代観―13世紀を中心に―」『中世土器研究論集』
簗瀬裕一　二〇〇八年「中世後期の常滑焼片口鉢の編年について―東国の消費地遺跡における検討から―」『芹沢長介先生追悼　考古・民族・歴史学論叢』六一書房
横田洋三　一九八一年「出土土師皿編年試案」㈶古代學協會『平安京跡研究調査報告第五輯　平安京左京五条三坊十五町』

鎌倉の消費動向

――陶磁器組成の変化を読む――

古田土俊一

はじめに

鎌倉は十二世紀後半に源頼朝が大倉の地に御所を構えて以来、東国政権の中心地として発展した都市であり、鎌倉幕府が元弘三年(一三三三)に滅亡を迎えても、当地は鎌倉公方の治府のもと都市としての機能を維持し続けた。これは足利成氏が古河に移る享徳四年(一四五五)の十五世紀中ごろまで続いたと見られる[石井 一九九四ほか]。本稿の主題は、この二世紀半強継続した都市鎌倉の転換点が、消費された陶磁器に表れるかどうかを検証することにある。

本書のテーマである十四世紀代を視野に入れて、発掘調査成果による出土陶磁器の組成変化をもとに、変容する鎌倉を見ていきたいが、南北朝から室町期の鎌倉の中心地とされる「公方屋敷跡」(浄明寺)周辺や、山ノ内、犬懸ヶ谷、宅間ヶ谷、扇ガ谷などの上杉屋敷が所在したといわれる地域は、そもそも調査事例の絶対数が少なく、隆盛期に相当する上層遺構が削平を受けている地点も多い。そのため、考古学的見地から所在地を限定していくことさえ検討できない状況であり、現状で指摘可能な成果に限界があることをご理解いただきたい。

1　出土遺物組成の研究史と方法

鎌倉で出土する土器・陶磁器の研究には多くの蓄積があるが、出土遺物の組成から鎌倉の都市構造を検証した論考は意外に少ない。一九九七年に発表された馬淵和雄氏の論考が初めての試みであり、都市中核部、武家屋敷、町屋、海岸部の四種類に分類した遺跡から、食器消費の動向が検討された。馬淵氏は詳細な遺跡内総破片数を用いて、中核部など「格」の高い場所で「かわらけ」の消費量が高く、海浜部などは少ないことを示している［馬淵 一九九七］。

陶磁器組成分析ではまず藤澤良祐氏の研究が挙げられる。従来認識されていた舶載陶磁と古瀬戸におけるモデルとコピーの関係、古瀬戸が舶載陶磁の補完的役割を担っていた実態について明らかにしている［藤澤 二〇〇二］。舶載陶磁と古瀬戸の廃棄量のピークには時期的な差があり、量的な補完が確かに存在し、モデルとコピーの関係が想定される器種のうち特に古瀬戸前Ⅲ期に登場し中期以降量産される折縁鉢・盤類や、中Ⅰ期碗皿、天目茶碗、香炉にこれが顕著であることが示された。またモデルとコピーの関係の中でも、四耳壺・瓶子・水注などの器種は生産年代と廃棄年代に時期差が見られ、古瀬戸製品でも威信財としての価値を持ち伝世する可能性が提示されている。さらに舶載陶磁器の青磁・白磁の碗皿をモデルとしたコピー製品を古瀬戸前期には未だ生産しておらず、大量に出土する入子、卸皿、柄付片口などはモデルとなる製品が舶載品にないことを理由に、舶載陶磁と古瀬戸は競合関係ではなく、一種の住み分けが行われていたことが指摘されている。

宗基富貴子氏は南関東における陶磁器流通の具体的様相を①「受容者の社会的階層を表示する」舶載と瀬戸窯の四耳壺・瓶子・水注と、②「鎌倉遺跡群内では日常什器」である青磁蓮弁文碗と白磁口兀碗・皿を材料に検討を試みている［宗基富 二〇〇四］。鎌倉遺跡群の検討では、高い身分にある武家の屋敷跡が想定される今小路西遺跡（御成小学校）、杉本寺周辺遺跡と、それらとは対照的な由比ヶ浜集団墓地遺跡を比較して、次のように指摘している。瀬戸窯の四耳壺は古瀬戸前期前半の搬入が多く、中期以降に激減すること、瓶子は前期より中期になってから増加すること、さらにこの様相は、希少品を除けば御家人クラスの屋敷でも、倉庫地帯と考えられる浜地でも、同様であることを示した。なお遺物の組成に差がない理由を、浜地の遺跡は高位の人物に納品するための陶磁器が収納された倉庫であったことに求めている。

他方、水澤幸一氏は鎌倉遺跡群のうち層位的調査がなされ、新製品が数点は廃棄されると予測する五〇㎡以上の調査を対象に、最下層の遺物組成から遺跡を分類している［水澤 二〇〇六］。青磁劃花文・同安・青磁蓮弁文・白磁口兀といった舶載陶磁器を材料に、それぞれの遺物が鎌倉に搬入される時期をおよそ十二世紀後半、一二二〇年以降、一二五〇年以降とみて、鎌倉の土地利用が拡大していく様を読み取っている。

このほか宗臺秀明・手塚直樹両氏は十二世紀後半から十三世紀前半に日本にもたらされた舶載陶磁が出土する遺跡地の集成を行っている［宗臺秀・手塚 二〇〇八］。供献品や副葬品の類となる「やぐら」出土遺物を対象外とし、集成した遺物も遺構内出土のものに限るなど作業は厳密で、八幡宮や大倉幕府が位置する鎌倉の北側の地域の開発が早く、海浜地域は十三世紀中ごろまで遅れること、遅れた中にも一部開発の早い地点が含まれることなどが明示されている。

以上の先行研究をふまえ、本稿では管見に入ったおよそ七〇〇地点を越える鎌倉遺跡群から層位的調査がなされている遺跡を対象として、出土陶磁器を層位ごとに抽出した。このうち墓と「やぐら」から出土した遺物は除外している。埋葬に関連する遺物は良品を選ぶ傾向があり、街中の生活空間から出土する遺物とは性格が異なるためである。また収集した遺物は、遺構内に限らず生活面上の遺物も対象とした。本来は宗臺・手塚両氏の検討と同様、客土の危険性を排除するため遺構出土の遺物に限定して抽出すべきなのだろうが、一部の検討では絶対量が少なく資料不足も発生したためこれを断念した。筆者にとっては不本意であったが、一方で海砂が敷かれるなど特異な例を除けば、実際に他所からの土壌が持ち込まれる場合、近接する土地から土を運んでいた状況が多かったのではないかとも考えている。また遺跡の年代比定には在地土器のかわらけを用いた。鎌倉のかわらけ編年はいくつかの案が提示されているものの、いまだ統一見解はなく、報告者によって依拠する編年が違い遺跡の評価も分かれる。このため本稿では、最も新しい宗臺秀明編年を用いて遺跡の年代観を統一した［宗臺 二〇〇五］。

なお分布図の検討につきまとう問題として、調査されていない地域は、「遺跡が無いように見えてしまう」点には注意しなければならない［河野 二〇〇五］。年次ごとに増加する調査は現代の開発に基づく緊急調査が多く、どうしても調査地点には偏りが出てしまう。そもそも先述した浄明寺や材木座付近、鎌倉外周部となる地域は調査の絶対数が少ないことや、長谷地域は近世近代の開発により十四世紀後半〜十五世紀の遺構が攪乱されてしまっているため、分布図には長谷の交差点付近はこの時代に展開していないように示されるなど問題は多い。したがって、遺跡分布図の結果は漠然としたものとなるかもしれないが、鎌倉の全体的な様相をつかむ一端になればと考えている。

2　鎌倉遺跡群出土遺物の組成

図1は、一例として今小路西遺跡（御成町一七一―一）より出土した土器・陶磁器の総破片数を生活面ごとに百分率でグラフ化したものである［菊川 二〇〇八］。本遺跡は今小路から無量寺ヶ谷へ向かう道の入り口付近に位置し、質の高い武家住宅と遺物が出土しており、出土木札から安達氏の関係者が居住していたと目される［松吉 二〇一四］。馬淵氏が指摘するように、武家屋敷と推定される遺跡からすべての土器・陶磁器を採取した場合、出土遺物総数のおよそ九割をかわらけが占める。この現象は海浜地域で示されるかわらけ占有率六割を最小値として鎌倉中の調査地点で見られる［馬淵前掲］。本稿の主題は陶磁器にあるため、図1よりかわらけを除外し、陶磁器のみで百分率化したのが図

2である。すると今度は常滑窯と渥美窯がおよそ九割を占める様相が現れる。十三世紀中ごろの鎌倉中にすでに大量の「壺」が存在していたことは『吾妻鏡』建長四年（一二五二）九月三十日条「於鎌倉中所々民家所註酒壺三万七千二百七十四口云々」の記事が示すところであり、宮瀧交二氏は鎌倉遺跡群の出土遺物量の報告からこの「壺」の大半を常滑、渥美と判断している〔宮瀧 一九九五〕。当時、宮瀧氏が使用した資料の遺跡数は一一四であったが〔服部 一九九三〕、

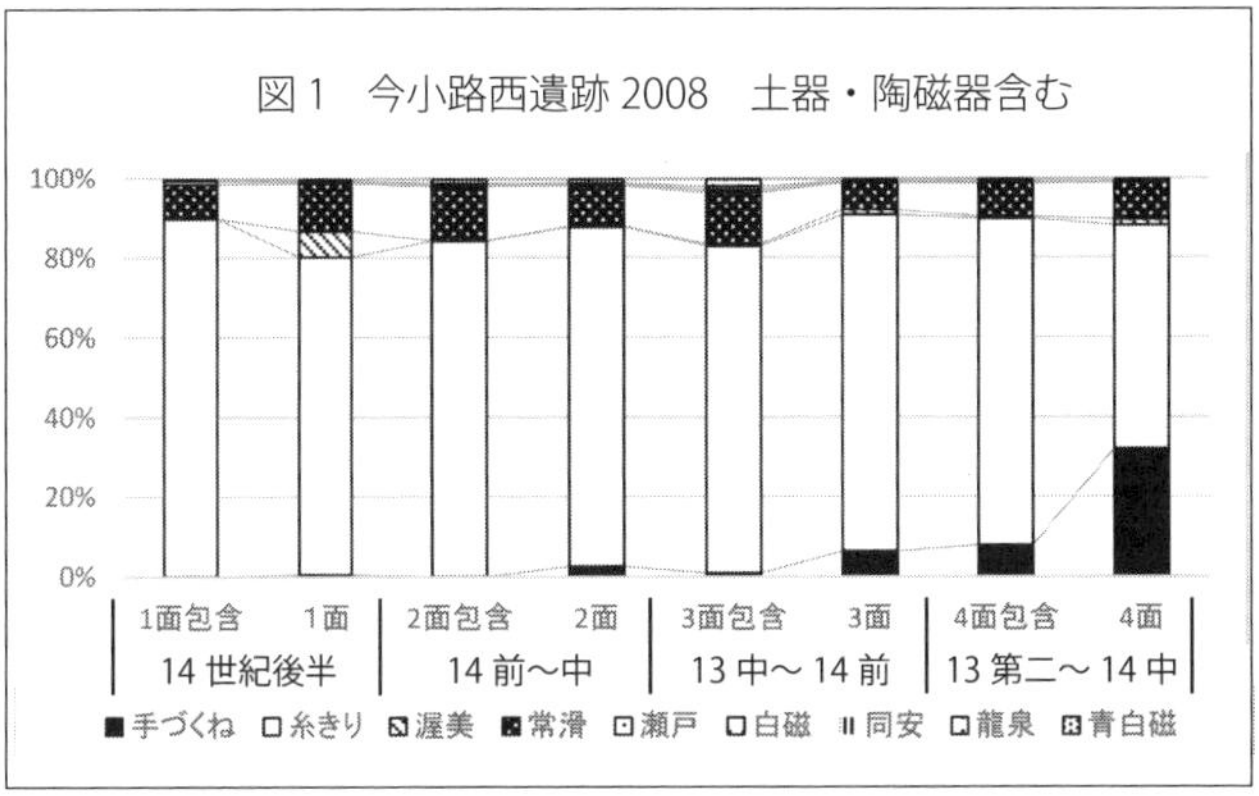

図 1　今小路西遺跡 2008　土器・陶磁器含む

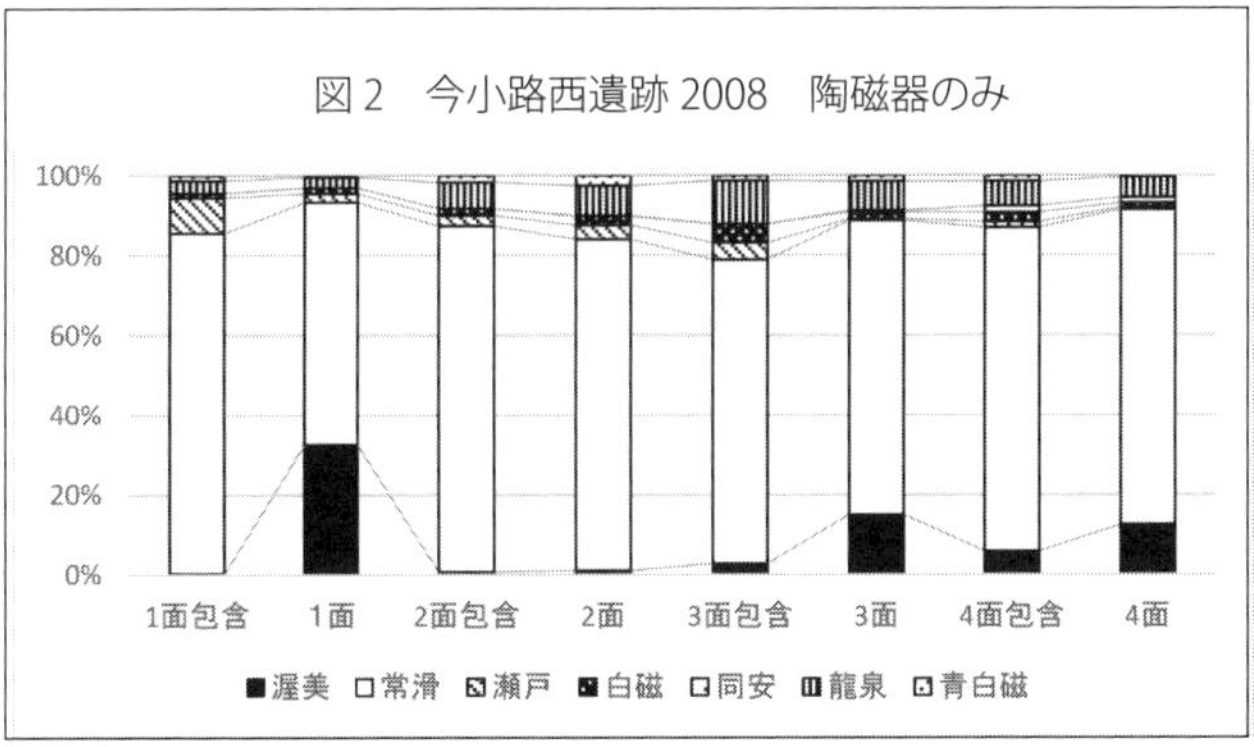

図 2　今小路西遺跡 2008　陶磁器のみ

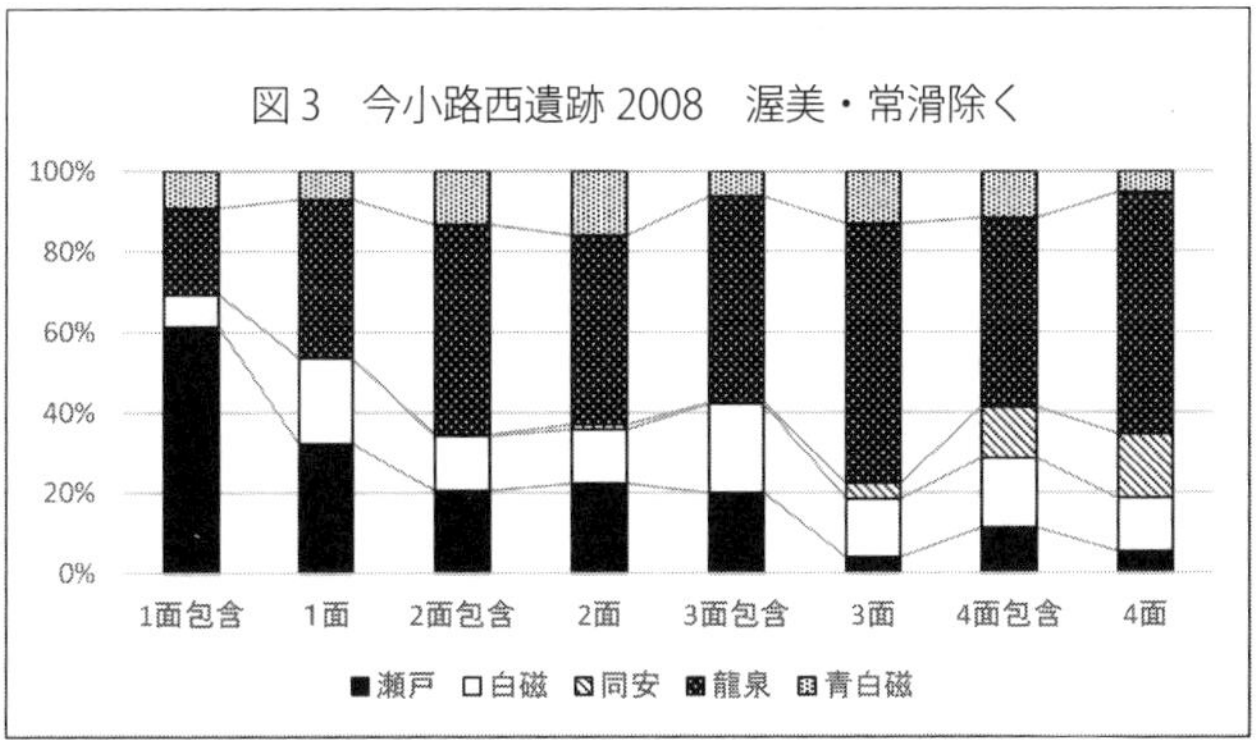

図 3　今小路西遺跡 2008　渥美・常滑除く

図 4-1　鎌倉遺跡群陶磁器組成の一例

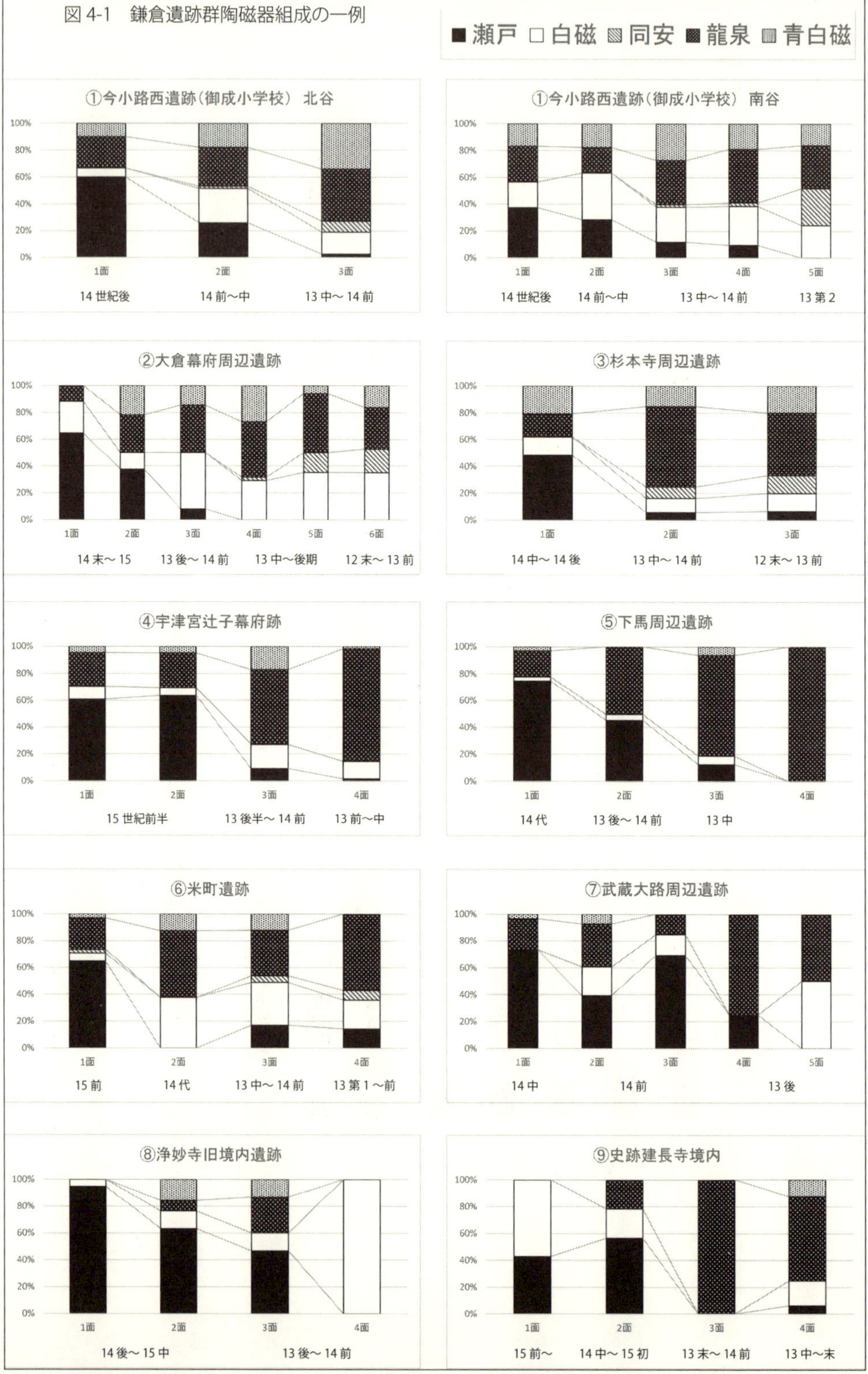

図4-2　鎌倉遺跡群陶磁器組成の一例

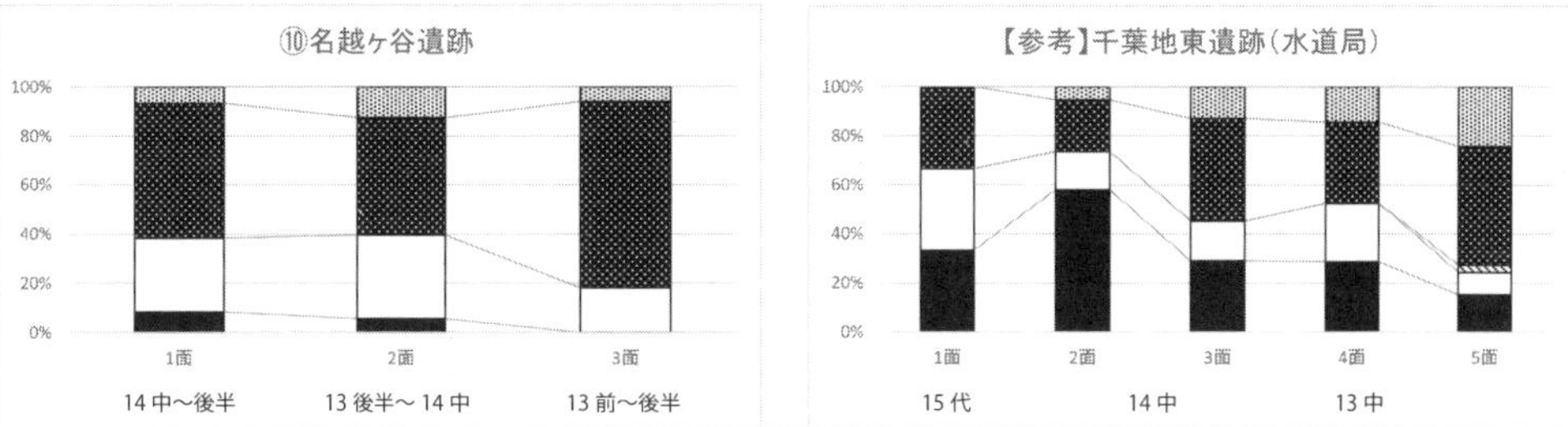

概算で八〇〇地点を越える現在でもこの評価は変わらない。鎌倉遺跡群の出土陶磁器全体の様相を確認するには重要な指摘であろうが、常滑・渥美以外の資料の組成変化が認識しづらいこともあり、本稿の検討からは除外し、青磁・白磁・青白磁・瀬戸を主体とするグラフを作成した（図3）。遺跡の存続年代後半にかけて舶載陶磁器の減少と、これを補完する形で瀬戸製品が増加していく様相が看取される。

この方法は藤澤氏が分析対象とした資料とほぼ同じものだが、より多くの地域に適用することで詳細な都市の実態を把握できるものと考える。本稿で取りあげる遺跡は層序が明確な地点に限り、調査地点を選別した（図4）。なお、遺跡別の出土遺物の組成と器種、年代を一覧表に示した（図5）。図4では組成の変化をグラフ化し、年代を明記しなかったので、図5中の「面」の欄とあわせて、各面の年代を確認してほしい。

①今小路西遺跡（御成小学校）は鎌倉遺跡群内でも高級武家屋敷の建物跡と遺物が出土したことから、幕府要人が居住していたと目される北谷と、屋敷の規模や遺物の質量が北谷に及ばないながら、上級クラスの御家人の邸宅と目される南谷を中心に構成される遺跡である［河野 一九九〇］。調査面積は全体で九〇〇〇㎡におよび、鎌倉遺跡群中最大の面積を誇る。周囲にはこれらの屋敷に従属していた庶民の居住区と考えられる区画があり、街並みを概観できる遺跡でもある。層位は北谷が遺跡保存のため3面までの調査となったが、南谷は中世5面のほか古代律令期に遡る鎌倉郡衙の建物跡を確認している。北谷・南谷ともに中世面は十三世紀第2四半期～十四世紀後半ごろとみられる。北谷では十四世紀初頭ごろの3B面遺構が火災により断絶した後、十四世紀後半にかけての3A面、さらに2面

図5　鎌倉遺跡群陶磁器組成の比較

		12世紀末	13世紀前半	中	13世紀後半	14世紀前半	中	14世紀後半	15世紀
今小路西遺跡　北谷	面			3		2		1	
(御成小学校)	瀬戸			壺2卸1入子1		壺1盤2碗1卸4入子7柄付1		壺3水注1卸4入子	
調査面積6000㎡	白磁			壺1碗11皿13合子1		碗7皿9		皿2	
【面積は北谷南谷の	青磁			壺2水差2酒9盤1香炉碗38皿14(双魚文含む)鉢5合子1水滴2		壺1華1香炉2碗5皿1鉢9		壺1碗4鉢9	
合計。五次調査の面	青白磁			壺19水注1酒5華1器台3碗12合子12水滴1		壺5皿2合子2器台2		壺3	
	その他			褐釉壺1茶入2緑釉盤2		褐釉壺2緑釉壺1黄釉盤1			
今小路西遺跡　南谷	面		5	4	3	2		1	
(御成小学校)	瀬戸			壺2花2洗4盤3皿1卸1入子8柄付1	壺3盤3卸3入子7柄付2	壺7仏7盤9水注5天目1香炉1碗1皿1卸12入子20水滴1柄付2		壺12仏3盤19洗4天目2香炉1碗4皿5卸24入子24合子1	
調査面積同上	白磁		壺2碗9皿3合子1	壺6水注3碗17皿41合子1	壺1碗8皿30合子1	壺7水注1碗14皿43合子3		壺6碗8皿36合子1	
	青磁		碗23皿12鉢2	酒1水注1花1碗66大皿4皿1鉢19	酒1花1天目台1碗29皿6鉢15双魚文盤1合子1水滴2	香炉1天目2碗43大皿1皿4鉢15		壺3水注1酒1花2香炉1碗42大皿1鉢12双魚文盤5合子1	
	青白磁		壺2碗2皿5合子1	壺11水注8香炉1碗1皿15合子4水滴1陶枕2人形1	壺12水注4花1香炉1碗4皿13合子4水滴2陶枕1	壺11水注3酒1花5香炉1碗1皿5合子6水滴1馬1		壺12花2香炉2器台1碗2皿6合子14	
	その他		黄釉盤2緑釉盤2	天目2褐釉壺1高麗1黄釉3緑釉水注4	黄釉盤1	天目2褐釉壺2緑釉盤6		天目1褐釉壺1高麗1黄釉1	
大倉幕府周辺遺跡	面	6		5	4	3	2		1
(二階堂荏柄58-4)	瀬戸					壺2卸1入子2	水注1盤3天目5入子3		盤1碗5天目1入子4
調査面積281㎡	白磁	壺8碗14皿1合子3		壺1碗2皿4合子5	壺3碗3皿4合子3	四2壺4碗6皿19	壺3皿1		水注1碗2皿1
	青磁	碗26皿10		碗18皿2	碗16皿2鉢1	壺1碗8皿7鉢6	碗8鉢1		香炉1鉢1
	青白磁	壺3碗4皿2合子3		皿1合子1	壺2碗3皿4合子2	壺6皿2合子1	壺3水注1皿1合子2		壺16蓋1
	その他			緑釉盤1	緑釉盤1	緑釉盤1絞胎1	緑釉盤3		
杉本寺周辺遺跡	面	3		2			1		
(二階堂杉本912-1)	瀬戸	壺1		壺1水注1盤2			壺3水注2洗1盤1碗2卸5		
調査面積1490㎡	白磁	碗1皿1		壺1碗2皿8			皿4		
	青磁	碗7皿2		碗64皿1鉢7			碗4鉢1		
	青白磁	碗1合子2		壺6水注1碗1皿4合子4			壺2水注1花1合子2		
	その他			褐釉壺1黄釉盤1			天目2無釉舶載1		
宇津宮辻子幕府跡	面		4		3			2	1
(小町2-389-1)	瀬戸		壺1		壺5水注1盤5皿1卸1入子1			壺4盤38碗7皿11卸3入子4仏1	壺4水注1盤16碗2皿4卸5仏2香炉1
調査面積150㎡	白磁		四2碗3皿3		四9碗8皿2合子2			四1碗1皿5	碗1皿4
	青磁		碗44皿6		碗73皿8鉢3			碗25皿2鉢2	碗15鉢1
	青白磁								
	その他								
下馬周辺遺跡	面			3	2		1		
(由比ガ浜2-106-6・7)	瀬戸				碗2卸1		皿1		
調査面積48㎡	白磁								
	青磁			碗1	碗2鉢1				
	青白磁								
	その他				褐釉壺4泉州系盤1				
米町遺跡	面		4	3			2		1
(大町2-2320-1)	瀬戸		四1壺1	壺2盤1碗2卸1入子1					壺2水注1仏1天目1盤6碗1皿5卸2入子
調査面積950㎡	白磁		壺2皿1	壺3碗2皿8			皿3		皿2
	青磁		碗7皿1	碗13皿3			碗4		碗2皿2鉢5
	青白磁			壺2合子3			合子1		合子1
	その他		三彩盤1	緑釉壺1					
武蔵大路周辺遺跡	面			5	4	3	2		1
(扇ガ谷2-298-イ)	瀬戸				入子1	入子9	水注2碗1皿1卸4入子2		壺4坏1仏1皿8卸4入子1柄付1
調査面積122㎡	白磁			皿1		皿2	皿6		
	青磁			碗1	碗2鉢1	碗2	碗6鉢2双魚文盤1		碗4鉢3
	青白磁			水滴1			皿1合子1		壺1
	その他					天目1	褐釉壺1		
浄妙寺旧境内遺跡	面				4	3		2	1
(浄明寺3-126)	瀬戸					四1香炉1入子5		四1壺2香炉1盤2仏1洗1碗1天目1皿1卸7入子6	水注1盤8天目1皿1卸3入子2柄付2
調査面積85㎡	白磁				合子1	皿1合子1		碗1皿3合子1	壺1
	青磁					碗2		酒2皿3	
	青白磁					壺1香炉1碗2		壺5香炉1	
	その他								
史跡建長寺境内	面			4	3		2		1
(山ノ内8)	瀬戸			壺1			香炉1天目2盤1碗3皿2卸1入子1植木鉢2		香炉1鉢1入子1
調査面積780㎡	白磁			碗1皿2			皿4坏1		碗2皿2
	青磁			香炉1天目1碗5皿1鉢2	皿1		花2香炉1碗1皿1		
	青白磁			壺1皿1					
	その他			天目2褐釉壺1無釉舶載3	釣窯1緑釉1褐釉香炉1		天目4褐釉壺2緑釉器台2		天目1
名越ヶ谷遺跡	面		3		2		1		
(大町4-1901-16)	瀬戸				壺3水注1入子4		壺3入子1仏1		
調査面積1056㎡	白磁		壺3四1碗3皿4合子4		碗17皿31合子1		碗5皿12合子1		
	青磁		水注1碗52皿9鉢1		壺1碗53皿1鉢14(双魚文・牡丹文含む)		碗20鉢13		
	青白磁		碗1皿3合子1		壺6水注1碗3皿3合子4水滴1		壺1碗2合子1		
	その他		褐釉壺1緑釉盤1		緑釉水注1盤4黄釉盤2		緑釉盤1黄釉盤1		
今小路西遺跡2008	面			4	3	2	1		
(御成町171-1)	瀬戸			壺42卸1入子9	壺80盤4碗2卸7入子30	壺42盤13碗1卸21入子25	壺58盤14碗7皿3卸18入子9		
調査面積1640㎡	白磁			壺17碗21皿43	壺20碗16皿145	壺8碗7皿52合子1	壺3碗3皿13		
【総破片数を掲載】	青磁			碗222皿54鉢29	壺5碗460皿24鉢89	碗178皿3鉢75	碗35皿2鉢9		
	青白磁			壺36碗5皿11合子1	壺57碗3皿10合子4人形1	壺62皿1香炉3合子1水滴1	壺16蓋1		
	その他			天目3褐釉壺14盤6高麗1	天目1褐釉壺27盤5高麗1	褐釉壺19盤1	褐釉壺24		
千葉地東遺跡	面			6	5	4	3	2	1
(御成町12-18水道局)	瀬戸			卸2入子1	盤1皿1卸1入子4	盤1卸2入子1合子1	壺1盤1皿1卸1入子3合子1香炉1	盤1皿1卸5入子1仏3	皿1
調査面積1400㎡	白磁			壺1碗1	壺1皿2	碗2皿3	碗1皿4	壺1皿1合子1	皿1
【参考資料】	青磁			碗2皿1	碗13皿2鉢2	碗7	碗12鉢1	碗2鉢2	鉢1
	青白磁			壺1	壺2皿2合子4	壺3	壺2碗1皿1	壺1	
	その他			天目1黄釉盤1	緑釉盤1	褐釉壺1	褐釉壺2緑釉盤1黄釉盤1	盤1	

以降の建物や遺物は良質ながら全盛期の3AB面には及ばない質の低下を見せる。この遺跡の陶磁器組成が鎌倉遺跡群の基準になる。

②**大倉幕府周辺遺跡**（二階堂荏柄五八―四）は荏柄天神に近い東御門に所在する、大倉幕府推定地に近い調査地である。調査面積は二八一㎡で生活面は六面確認され、遺跡の年代は十二世紀末から十五世紀ごろと見られる〔原 二〇〇二〕。十二世紀末ごろから十四世紀前半にかけて掘立柱建物や区画溝などが幾度も造り替えられ、長期間屋敷地の様相を呈するが、それ以降、十五世紀にかけては礎石建物が建てられ、遺物の様相も大きな変化を見せる。鎌倉初期から白磁壺や合子が出土し、十五世紀代まで安定的に良質の陶磁器が消費されるが、瀬戸製品が見られるのは3面の十四世紀前半以降である。器種も袋物や天目などが多く、袋物は前期様式が多い。この時期を境に舶載品と瀬戸の消費量が逆転する様相が看取できる。

③**杉本寺周辺遺跡**（二階堂字杉本九一二―一）は杉本寺門前の六浦道沿いに位置し、十二世紀末から十四世紀後半にわたる三時期の生活面が一四九〇㎡の調査によって確認されている。南北道から目隠しするように設置された柵列の内側には、大型の掘立柱建物や付属建物遺構が規模を変えつつ何時期もわたって検出されており、有力御家人クラスの邸宅が想定されている〔馬淵 二〇〇二〕。鎌倉初期からの遺跡であるが、初期の袋物は瀬戸製品のみで、十三世紀中ごろ以降の白磁壺や青磁碗の出土量は他の遺跡に引けをとらない。舶載品と瀬戸製品の需要の逆転が十四世紀中ごろから後半で表れる。

④**宇津宮辻子幕府跡**（小町二―三八九―一）は宇津宮稲荷の小町大路沿いに位置し、一五〇㎡の調査地から四時期の生活面が確認された遺跡である〔原 一九九六〕。小町大路側溝と考えられる溝や掘立柱建物、井戸などが検出され、大きな屋敷地の一部と推定されている。十三世紀前半から十四世紀前半までの三面・四面と、十五世紀前半を中心とする一・二面では建築遺構に大きな変化が見られ、遺物組成も舶載陶磁を瀬戸が補完する様相が表れる。十三世紀前半

より瀬戸壺、白磁四耳壺が用いられているほか、青磁碗の多さが際立つのに対し、十五世紀代には豊富な器種ながらも多くが瀬戸製品に置き換えられる様が看取できる。

⑤**下馬周辺遺跡**（由比ガ浜二―一〇六―六・七）は六地蔵交差点の南側に位置する。調査面積は四八㎡で遺構は板壁建物を中心とし、遺物は碗・皿類が多く、加工痕を残す獣骨などが出土する。居住者は職人などの庶民層が想定される［汐見 二〇〇二］。年代は十三世紀中ごろから十四世紀代と考えられる。図5には記していない器種不明の総破片数を追加した図4のグラフでは十四世紀以降の1面で瀬戸製品の出土量が舶載品よりも高い数値を示している。瀬戸のほかは日常使いの舶載碗皿が陶磁器の大部分を占めるなか、泉州系盤が出土している点は注目される。

⑥**米町遺跡**（大町二―二三二〇―一）は名越へ延びる県道三一一号線沿い、安養院門前に位置する。調査面積は九五〇㎡で四期の生活面を確認している。十三世紀中ごろから十四世紀前半の3面を最盛期とし、十三世紀前半代から十五世紀代までを包括する遺跡である［齋木 二〇〇五］。最盛期の遺構は調査区北面の東西道路とそれに伴う溝があり、以南に板壁建物が並ぶ。遺物も漆刷毛や傘ロクロなど職人を想起させる木製品が多数を占めるなか、白磁壺や瀬戸四耳壺が鎌倉でも早い時期で出土している。十四世紀中ごろより衰退するが、十五世紀になると瀬戸の良質な遺物が目立つ。

⑦**武蔵大路周辺遺跡**（扇ガ谷二―二九八―イ）は浄光明寺の裏手、伝相馬師常墓の参道に位置する［大河内 二〇〇二］。この参道に沿うかたちで出土した道路状遺構は、鎌倉幕府滅亡直後に作成されたと考えられている『浄光明寺敷地絵図』に記載された「地蔵堂路」との指摘があり、鎌倉期に土地を区分していた道路であることが知られている［鈴木 二〇〇八、大三輪 二〇一二］。一二二㎡の調査面積で三時期の生活面が確認されており、板壁建物や漆器を含む多量の木製品は職人の居住を想起させる。年代は十三世紀後半から十五世紀ごろまでと考えられ、十四世紀前半までの遺物は舶載の碗皿が主体となる中に、舶載の天目茶碗や青白磁の水滴など文化的志向の高い遺物を含む点が注目できる。十

四世紀後半にかけての遺物は瀬戸が主体となり、碗・皿、仏華瓶のほか壺、瓶子、水注と袋物も多く、居住者や使用目的の転換が想定される。

⑧**浄妙寺旧境内遺跡**（浄明寺三―一二六）は浄妙寺境内地の東に位置し、四時期の生活面を確認している。調査面積は八五㎡で、遺構は十三世紀後半ごろからの溝が確認されるほかは、十五世紀ごろの小型建物が検出されるに留まるものの、遺物は十四世紀前半を主体とし、袋物こそ瀬戸四耳壺であるが、白磁合子や青白磁香炉を含む良質な遺物が出土する。また十四世紀後半以降は遺物が増加し、四耳壺、天目、香炉、水注など多彩な瀬戸製品が消費されている。青磁酒会壺や青白磁香炉など舶載陶磁も高級品であり、十四世紀後半以降に発展する数少ない遺跡として注目される。

⑨**史跡建長寺境内**（山ノ内八）は山ノ内に所在する建長寺境内のうち得月楼建設予定地で行われた調査である。調査面積は七八〇㎡で、年代は建長寺開創となる十三世紀中ごろから十五世紀前半と考えられる。遺構はほぼすべてが池の中で、建長寺の開創となる十三世紀中ごろより青磁香炉・天目、舶載天目に加え瀬戸壺が出土している。高級な陶磁器が出土する様相はすべての年代を通じて継続するが、全体の出土量は十五世紀初頭ごろには減少傾向となる。瀬戸の増加は十四世紀中ごろより見られる。

⑩**名越ヶ谷遺跡**（大町四―一九〇一―一六）は名越に所在する安国論寺の北側で行われた調査である。調査面積は一〇五六㎡で、調査区中央に大型の東西溝が走り、周囲に掘立柱建物や井戸が出土した。生活面は三時期が確認され、年代は十三世紀前半から十四世紀後半と考えられる。開発の時期が鎌倉の中では早いようで、白磁四耳壺や青磁水注、青磁双魚文鉢や青白磁の水注、緑釉水注などの出土が十三世紀前半～十四世紀前半まで続き、十四世紀後半までの面で瀬戸を主体とする袋物があり、存続年代すべてを通して高級志向が漂う遺跡である。

小　結　以上、鎌倉遺跡群各所の出土遺物組成を概観した。結果として、まず先に述べたように藤澤氏が示す舶載陶磁器の減少と瀬戸の増加という補完関係は、鎌倉遺跡群内では場所や性格を問わず確認できることがわかった。また、宗臺富貴子氏の言うように武家屋敷や町屋とみられる場所で陶磁器組成の差が無いように見えることも追認できた。これは陶磁器が居住者の違いを判断する材料として単体では弱いことを示しているが、わずかな傾向は見出せる。遺物出土量が多く、多様な高級陶磁器と数量のまとまった舶載碗皿を含む遺跡に対して、遺物出土量が少なく、舶載の碗皿を主体とする遺跡の違いである。前者は御家人クラス、後者は職能民などの下層民の居住を想定できる。

しかし、はっきりとした差を見出すことは困難で、当然ながら、各面を構成する地業の厚さや出土する建築遺構、金属、骨、木製品などの遺物を優先して判断しなければならない［河野 一九九五］。本稿で取り上げた遺跡で言えば、報告書でも職人の居住が示唆されているように、米町遺跡、武蔵大路周辺遺跡、下馬周辺遺跡を下層民の例と判断することができる。判断を困難にする最大の問題は、これらの下層民が営んだ遺跡から出土する遺物の中に、白磁壺や青白磁水滴、泉州系盤などの高級陶磁器が含まれることであろう。

本稿で再三述べている高級陶磁器はいわゆる威信財としての意味を有する。小野正敏氏は威信財を「その所有や使用により行為者の権威や富を表徴する資財」と定義し、「質的に表現される場合と量的に表現される場合がある」とする［小野 二〇〇三］。鎌倉遺跡群の出土傾向を概観して判断すれば、威信財は、白磁四耳壺、青磁酒会壺のほか白磁・青磁・青白磁の水注・梅瓶・花生・香炉・合子、天目、高麗青磁、緑釉・黄釉などの舶載陶磁が挙げられ、これよりやや価値は下がるだろうが国産陶器の瀬戸の四耳壺・水注などの袋物も含まれると考えられる。なお先述のように瀬戸の袋物は出土層位の年代より古手である古瀬戸前期の出土例が多い傾向にあり、前期様式の方が高い価値を持つと見られる［藤澤、宗臺富前掲］。今小路西遺跡を基準として考えるならば、数量と器種の多様さ、希少品の所持が権威を示しているように思われる。

十一世紀末より舶載陶磁の主体である白磁の中でも、四耳壺、水注、梅瓶を所持することがステイタス・シンボルとなっていたことは多くの論者が述べるところであり［矢部 一九九四ほか、飯村 二〇〇二］、この「袋物志向」という価値観が奥州平泉から鎌倉に引き継がれたことは、鎌倉における梅瓶の異常に高い組成率が示すところでもある［小野二〇〇三、八重樫二〇〇三］。

また室町後期ごろには調度品として扱われる酒会壺・梅瓶はそれ以前、ハレの場ではなく、ケの場の日常道具として用いることでステイタスをひけらかす威信財であったようだが［小野二〇〇三］、酒会壺に限って言えば、鎌倉での出土例は白磁四耳壺より多いとは言えず、日常使いとは考えにくい。少数であることが価値を高めるという意味も加味すれば、鎌倉ではハレの威信財として珍重されたのではなかろうか。酒会壺は今小路西遺跡北谷の武家屋敷から出土する鎌倉最高級の陶磁器セットに含まれることや、称名寺において金沢顕時の蔵骨器に使用されている点からも、希少価値の高い威信財であったように思う。なお、同じように鎌倉遺跡群の新善光寺跡では白磁四耳壺が蔵骨器として用いられており、四耳壺は鎌倉でも重要性と需要が高いことを示す［平井二〇〇八］。

逆に大量に消費された青白磁梅瓶は、日常使いという指摘に賛同できる。大雑把な言い方をすれば「鎌倉遺跡群であればどこでも出土する」とさえ言える状況は、たとえハレの威信財だとしても「最低でもこれくらい」というレベルであったのではないだろうか。また緑釉・黄釉など泉州系洗と青白磁合子についても鎌倉期の東国において威信財であったとの指摘がある［荒川一九九八］。

では、なぜこうした威信財となる陶磁器が鎌倉の町屋と判断される遺跡からも出土するのだろうか。職人など下層民の居住が想定できるいわゆる「町屋」は、武士の土地が給人に貸し出され、さらに下層の人々へ又貸しされる重層的な土地利用が指摘されている［保立一九九〇］。先述した下層民の居住者が想定される地点のうち武蔵大路周辺遺跡は『浄光明寺敷地絵図』が示す「高坂地類」に当たり、出土した町屋的様相から武士が庶民に土地を貸し出す実態が推測されている［鈴木二〇〇八］。また秋山哲雄氏によれば、鎌倉の土地利用には武士がその土地に家人とともに住む場合もあったようで［秋山二〇〇九］、絵図内に記される「高坂」「高坂地類」の地が、大三輪龍哉氏が指摘するように隣接する「土州」「刑部」と同様、鎌倉期に摂津氏の土地であるならば〔大三輪 二〇一二〕、武士が家人とともに居住するスペースに隣接して、職人など下層の人々を集住させる屋地が存在する様相が想定される。これは従来指摘される「混住状態」「貴賤雑居」の居住形態を示す好例であると言えよう〔石井 一九九〇、保立 一九九〇、高橋 一九九九〕。

そうした土地で屋地内の造成が行われた場合、用いられる土壌は隣接する同じ土地所有者の屋地から運ばれることが多いと考えられる。また、屋地全体を一度に造成し直す状況もあったことだろう。そうした行為が一般的に行われたのであれば、高位の人物の消費した遺物が土壌とともに職人居住地に紛れ込むことも自然に起こる現象として予測できる。もちろん、直接高価な品を貰ったり、これらを廃棄する場所に住まわせてもらうという場合もあったのだろうが、鎌倉遺跡群各所で見られる似通った遺物組成、下層民の住む建物には似つかわしくない高級陶磁器の出土には、そうした背景もあるのではないだろうか。なお、後述するように米町という商業地域でも高位の人物が居住したことを示す史料があり、威信財を多く含む遺跡が検出されている。今後、詳細な検討が必要な課題であろう。

3　幕府存続期の土地利用——十二世紀後半〜十三世紀代の変遷——

さて、これまでの検討を地図の上から見ていきたい。まず都市鎌倉の初期段階となる幕府存続期の土地利用の変遷を、前述の宗臺・手塚両氏の集成に一部遺跡を追加、改変するかたちで一枚の地図に示した（図6）。資料は白磁端反碗、青磁櫛掻文、劃花文碗皿といった鎌倉初期の白磁・青磁で、遺跡において消費が開始される年代を示している。地図は国土地理院発行二万五千分の一地図を下地に、等高線二〇㍍、五〇㍍、七〇㍍、九〇㍍ごとに濃淡をつけ、海岸線と道路は『迅速測図』をもとに明治期の様相を再現したものを用いている。

「〇」で示した十二世紀末までに土地利用が開始された遺跡地は、鶴岡八幡宮や大倉幕府地域のほか、永福寺方面、

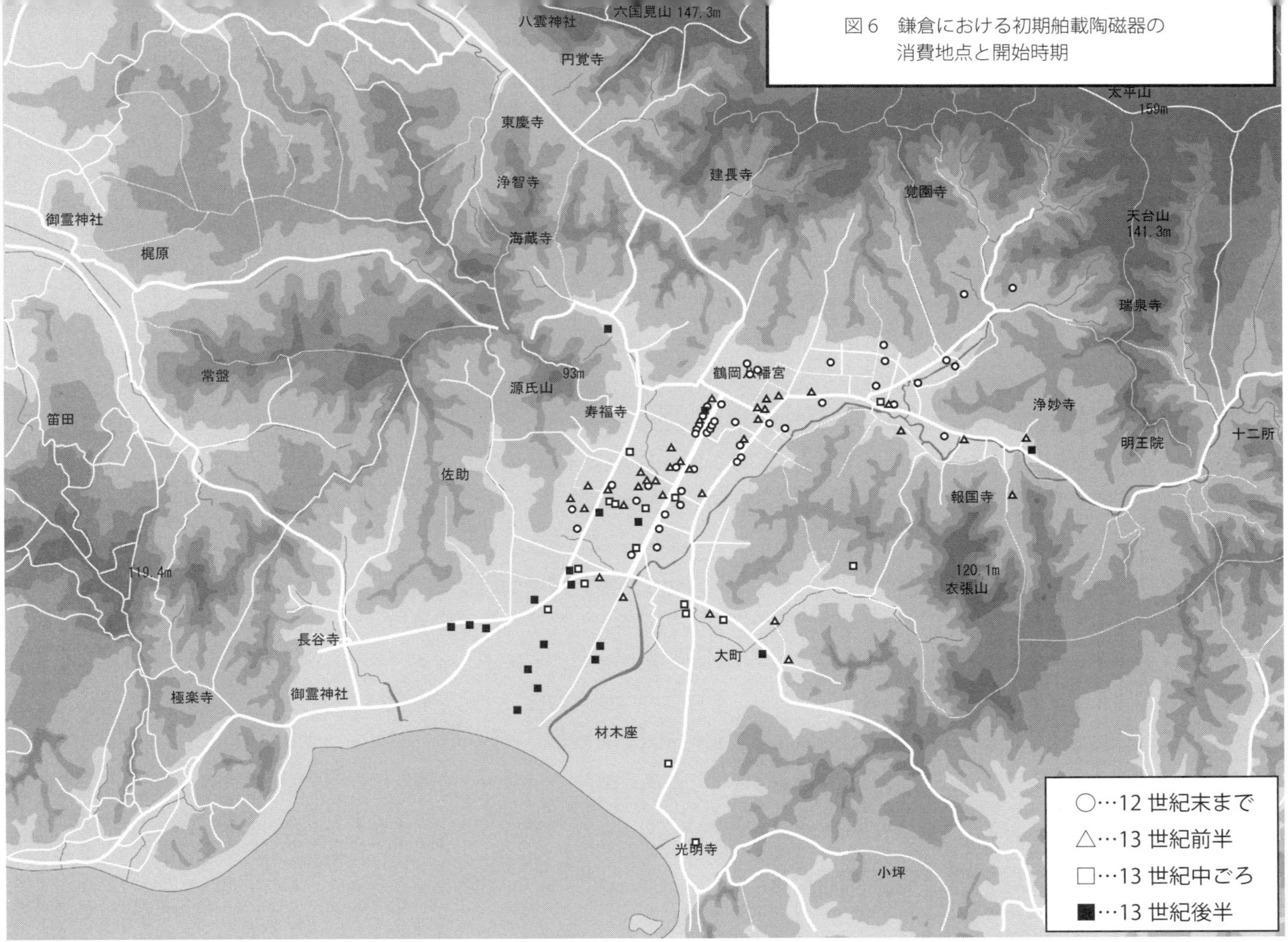

図 6　鎌倉における初期舶載陶磁器の消費地点と開始時期

杉本寺金沢方面に分布が見られる。また八幡宮寄りの若宮大路沿い、のちの宝戒寺周辺とそれに沿う小町大路、今小路の南に分布が見られるなど、総じて下馬より北側の地域に収まる。治承四年（一一八〇）に八幡宮を由比から現在地となる小林郷北山へ移して以後、若宮大路の築造、公文所、問注所、政所の設置、勝長寿院、永福寺の創建など、史料上にみえる十二世紀後半の開発地域との相違は感じられない。これらの場所は、一様に鎌倉の平地部では希少な標高一〇㍍を超える土地であり、水捌けの良い良質の土地であることも土地選定には重要であったのだろう。また今小路付近は古代より郡衙のあった地域であるため、中世における利用が鎌倉初期から行われることも、矛盾のない結果である。同様に杉本寺周辺も平安期の仏像を有し鎌倉最古の寺院が存在することから見れば、初期から重用された土地と見ることができ、六浦道の存在もこの地の重要性を裏付ける。

一方、十三世紀前半代（△で表示）になると二之鳥居（中の下馬）周辺の利用が増加し、今小路の御成小学校周辺にまで開発は広がる。また特徴的なのは六浦道沿いと名越の道沿いの開発が進むことである。金沢方面は浄明寺付近まで利用が見られ、名越は安国論寺付近や大町の安養院・別願寺付近など逗子、三浦半島ひいては千葉方面へとつながる古代道がこの時期あらためて発展する傾向を見出すことができる。なお土地利用は下馬を越え南へ延びはじめている。名越の谷戸奥に土地利用が見られる要因には、三善氏や北条氏の居住がまず挙げられるが、犬懸ヶ谷からの道が用いられていることも無視できないだろう。

十三世紀中ごろ（□で表示）は六地蔵付近、大町四つ角といった幹線道路との交差点や材木座九品寺、光明寺方面の利用が特徴的である。鎌倉には東西を貫く道が二本走っており、そのうち古代の旧東海道とも言われる東西路（県道三二号線）は鎌倉の南側を通り、もう一本が鎌倉の北側を走る六浦—山内間の東西路だが、これらは鎌倉中の二つの南北道でむすばれている。十三世紀中ごろに発展するのは、その南側東西道にかかる交差点であるが、同じころ北条泰時、時頼の行った山内、六浦の道の整備が影響しているのだろうか（『吾妻鏡』建長二年六月三日条）。また今回用いた地図には反映されていないが、材木座方面の開発地域は、周囲より標高が高くなった砂丘の一部である点が重要なのであろう。開発地域が拡大するなかで、先行して利用されるのは標高の高い場所からという傾向が見える。ほかは前代に続き、中の下馬から今小路周辺、名越地域の開発も増加しているようだ。

十三世紀後半(■で表示)に鎌倉は最盛期を迎えるが、土地利用は砂丘を越えて浜に延びることが最大の特徴と言える。そのほか扇ガ谷の土地利用が見え、浄明寺、名越、長谷と現在につながる各方面への道が開発され、土地の利用が行われ始めたと見てよいだろう。

以上、十二世紀から十三世紀後半という時期にかけての土地利用は、大倉、八幡宮、二階堂、北条小町邸遺跡→六浦道・名越→浜地という内から外への発展とともに、内部の拡充といった様相が読み取れる。都市が拡大する状況を陶磁器の分布は示しているのである。

4　威信財から探る鎌倉——十三世紀後半～十四世紀代——

図7は威信財の出土地をもとに十三世紀後半から十四世紀前葉の有力者の居住地推定を試みた図である。先の検討をもとに、白磁四耳壺・水注(□で表示)を頂点とし、青磁酒会壺・水注(■で表示)、青白磁水注(○で表示)の順で出土する遺物に順位付けを行った。また混乱を避けるため遺跡内で白磁四耳壺・水注が出土していれば青磁酒会壺・水注、青白磁水注が確認できても□だけで表示し、■や○は用いていない。地図上に○が示してあれば、その遺跡内で青白磁水注以上に順位付けした遺物が出土していないことになる。

地図に示された大倉、御成小付近、北条小町邸付近といった幕府の中心地、要人居住地への集中は当然の結果であり、和田塚から塔の辻付近以南の浜地は竪穴建物に共伴する遺物である。注目すべきは六浦道沿いの杉本寺、浄明寺、

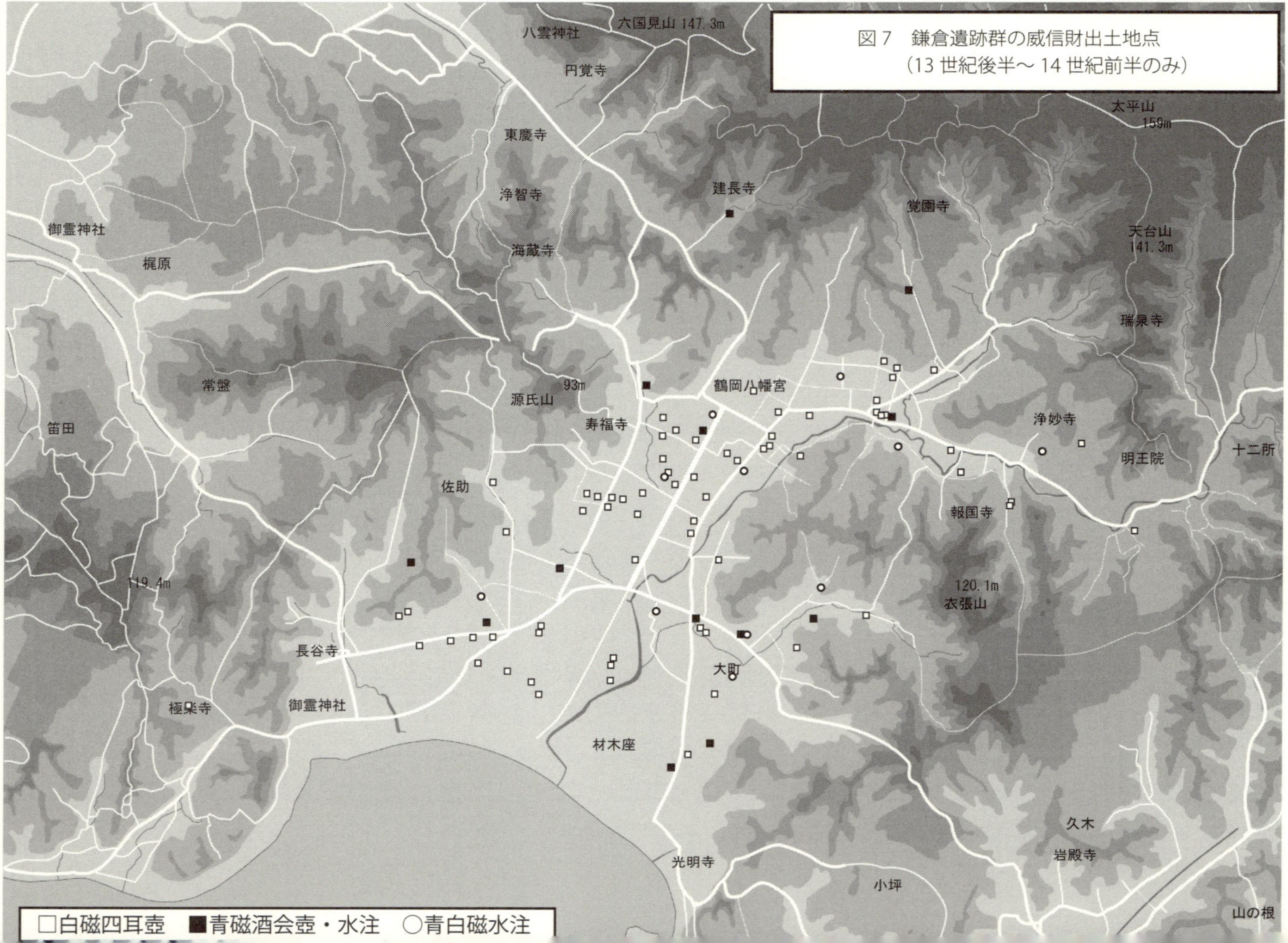

図 7　鎌倉遺跡群の威信財出土地点
（13 世紀後半～ 14 世紀前半のみ）

報国寺以外に十二所の泉水橋付近や田楽辻子付近に出土が見られる点、米町や名越のほか佐助などの谷戸内に点在するところである。六浦道沿いは鎌倉初期には和田が勢力を持っていたと言われるが、検討年代の鎌倉後期には足利の勢力が指摘されている〔石井 一九八六〕。

また米町は幕府が町屋を許可した七ヶ所の商業地域のひとつとして知られるが(『吾妻鏡』建長三年十二月三日条)、人家が立て込む賑やかな商業地域である一方で、有力御家人の屋敷もある場所とされる。十三世紀前半には中条家長の名が見え(同書 寛喜三年正月十六日条)、十三世紀中ごろには小早川氏による屋地の相伝も見える。本稿で用いた米町遺跡に隣接する調査地点(大町二丁目二三三八―一)では、堀と塀で地割りされた屋地内に高級遺物が多く含まれ、最終面の年代となる十三世紀中ごろから有力者が居住していたと考えられる〔滝澤 一九九九〕。先の検討で述べたように、隣接する屋地に権力者と下層庶民が居住する状況がここでも見え、鎌倉各地で身分が混在した様子が想像できる。考古学から検討できる鎌倉の職能民居住地が分散傾向にあるのも〔鈴木絵美 二〇〇八〕、こうした土地利用のあり方が要因となっているのではないだろうか。

5 瀬戸窯製品から探る十四世紀以降の変遷

第1節の検討から確認できたように、鎌倉内部で消費される陶磁器は舶載品が減少するとともに瀬戸の増加が認められる。また図5に示されるように瀬戸製品は舶載陶磁の多様な器種を補うかたちで器種が増加していく。そのため威信財から日用品までを包括する瀬戸製品を追うことで、十四世紀以降の消費動向と地域差が表れるのではないかと考えた。方法は図7の検討と同様に器種の順位付けを行っている(図8―1・2・3・4)。舶載陶磁と同じように威信財として用いられたと判断できる四耳壺、水注(■で表示)、出土傾向から古瀬戸前期の四耳壺などより価値は劣る

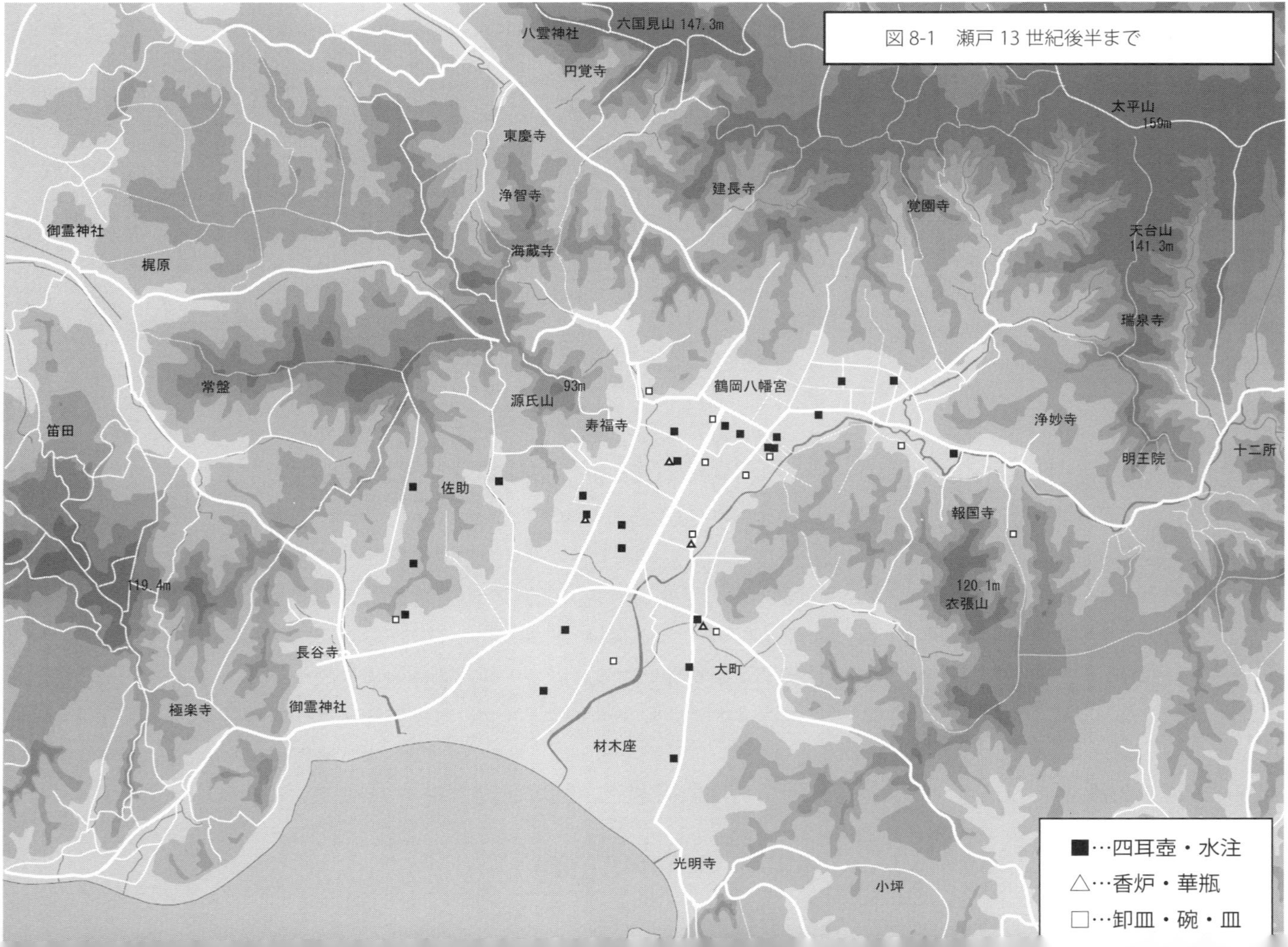

図 8-1　瀬戸 13 世紀後半まで

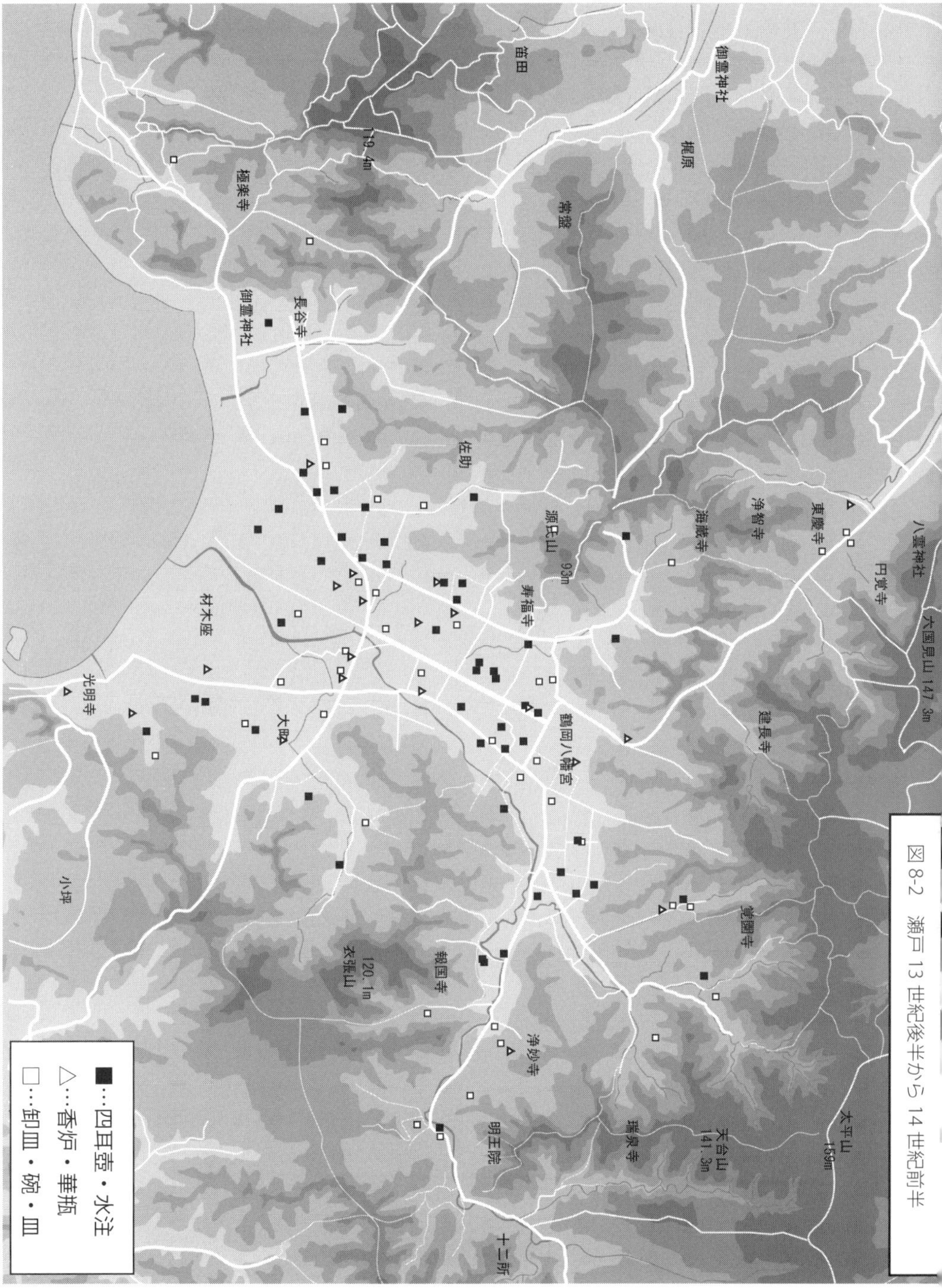

図 8-2　瀬戸 13 世紀後半から 14 世紀前半

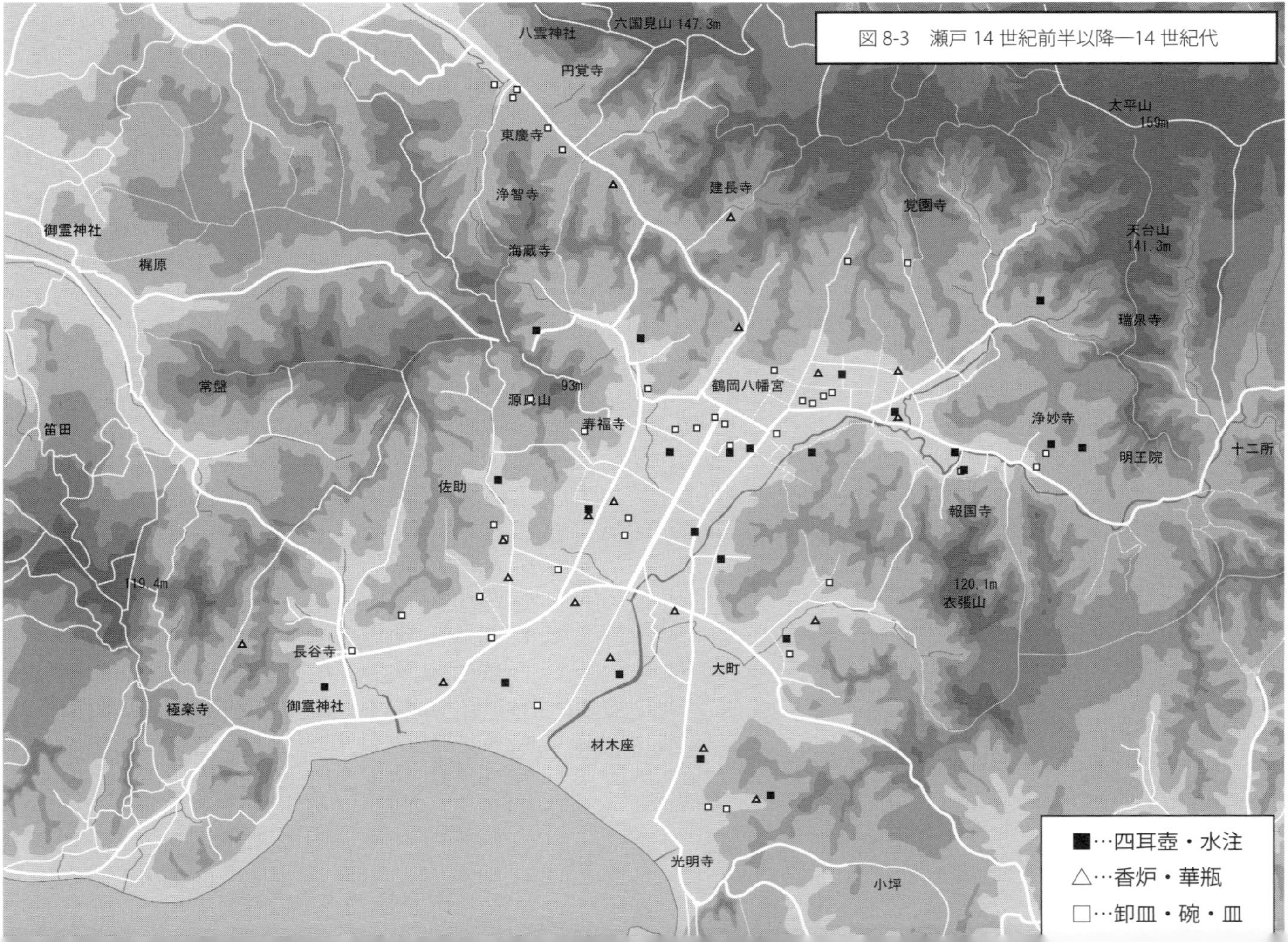

図 8-3　瀬戸 14 世紀前半以降―14 世紀代

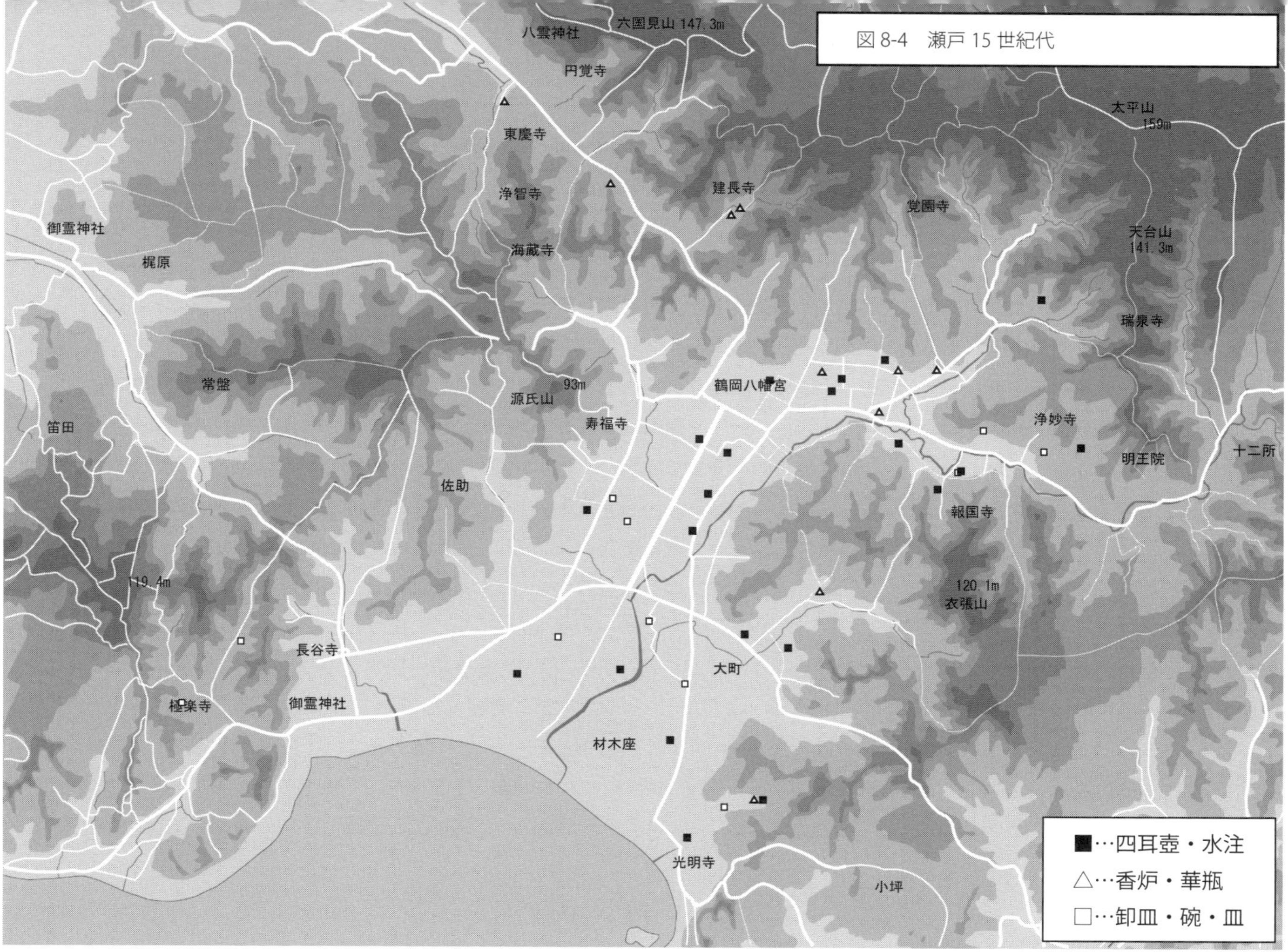
六国見山 147.3m
八雲神社
円覚寺
東慶寺
浄智寺
建長寺
覚園寺
太平山
159m
天台山
141.3m
瑞泉寺
御霊神社
梶原
海蔵寺
常盤
笛田
源氏山
93m
鶴岡八幡宮
寿福寺
浄妙寺
明王院
十二所
佐助
報国寺
119.4m
120.1m
衣張山
長谷寺
大町
極楽寺
御霊神社
材木座
光明寺
小坪
■…四耳壺・水注
△…香炉・華瓶
□…卸皿・碗・皿
図 8-4　瀬戸 15 世紀代

と見受けられるものの、威信財が出土する遺跡での共伴は多い香炉、華瓶（△で表示）などの仏具、また日用品に分類される卸し皿・碗・皿類（□で表示）の三種とした。なお、表示方法は図7と同様で、四耳壺、水注が出土していれば、仏具、日用品が出土していても■で表示している。

十四世紀の変化を読み取るため、比較材料として十三世紀中・後半までの時代で瀬戸が出土した地点の地図を作成した（図8―1）。全体的に出土地が少なく、出土している地点では四耳壺、水注を有するところが多い印象である。鎌倉ではまず舶載陶磁のコピーとしての需要が高いものと判断される。鎌倉遺跡群の出土遺物組成に見られる傾向として、高級屋敷地であるほど白磁四耳壺とともに瀬戸四耳壺を所持する事例が多い点が気にかかる。良品があるなら同種の下位製品は必要ないのではなく、手に入る器種はすべて所持することがステイタスであったのだろうか。また浜地は倉庫としての竪穴建物に伴って出土する例と考えられるが、大倉や北条小町邸跡など宝戒寺付近、御成小付近の出土はこの地域に身分の高い人物が居住していた様相を想定させる。

一方、十三世紀後半から十四世紀前半までの鎌倉最盛期には山ノ内方面や十二所方面へと、出土地域が拡大している様が看取される（図8―2）。中心地においても出土地点が密集しており、内部での土地利用が増加し都市として拡充していく様相が示される。現在の県道三一一号線より南に仏具の出土が並ぶ点は気になるが、すべてが竪穴建物に属するわけではない。単純に仏具を有する階層の居住と見るべきか、浜の葬送、仏事に関わると見るべきかなどは今後検討する必要があるだろう。

さて、鎌倉幕府が滅亡した後の時期を含む十四世紀代には、瀬戸の出土する地点が減少を見せはじめる（図8―3）。この結果は、そもそもこの時期くらいから生活面が残存している遺跡が少なくなってくることを考慮しなければならないが、それでも十三世紀後半から継続して威信財を持ち続けている大倉や北条小町邸遺跡などの幕府旧跡のほかに浄明寺、名越、建長寺、扇ガ谷方面での出土は注目される。またこの時期から碗皿のみの出土が目立ち始め、四耳壺を持つ地域が限られるように見受けられる。

十五世紀代になると、生活面が残存する遺跡はさらに少なくなるが、出土地もピーク時に比べ大きく減退する(図8―4)。しかし大倉や北条小町邸遺跡、浄明寺、名越、山ノ内地区で継続して高級品が出土するほか、宇津宮辻子幕府跡や田楽辻子遺跡地点などでも同様の出土が見られる。浄明寺付近はいわゆる公方屋敷推定地であり、十四世紀中ごろからの室町政権下における鎌倉公方の力が影響していると見るべきであろうが、鎌倉幕府滅亡後に大倉や宇津宮辻子などの幕府跡地に需要があることは興味深い。図5に示されるように、これらの地点の十五世紀における陶磁器組成は、威信財を中心に袋物や天目など多彩な器種の瀬戸製品の需要があり、おそらくは権力者の居住が想定される。『梅松論』によれば中先代の乱ののち鎌倉に入った足利尊氏は、若宮小路にある代々の将軍家の旧跡に御所を建築し、高師直以下の家臣たちの屋形が軒を並べたという。長塚孝氏によれば、鎌倉公方の御所は何度か移転しており、御所が複数存在していたか、あるいは御所に準ずる建築物があった可能性もあるらしい[長塚 二〇〇九]。史料からは貞治二年(一三六三)には亀谷、応永十四年(一四〇七)には「大蔵」、文安五年(一四四八)には宇津宮辻子、享徳三年(一四五四)には西御門に造営されていたことがわかるほか、大倉幕府跡や若宮幕府跡に御所があった可能性もあるという。

政治を行う場所として幕府跡地を使用するという居抜きのような構造があったのか、詳細は不明だが、幕府滅亡後から十五世紀にいたるまで高級品が消費されたという事実は、不明瞭な部分が多い室町期の鎌倉で、重視すべき結果であろう。そのほか山ノ内地区も仏具を中心に出土量は少なからず確認でき、建長寺など寺院勢力の存在、あるいは田楽辻子遺跡付近を含めて上杉氏の居住などが関連しているものと解釈される。他の結果と同様に、無視することはできない。

おわりに

以上、雑駁ではあるが中世鎌倉の都市の変容を出土陶磁器から概観した。結論の多くは、従前より言及されていることの踏襲・追認となっているが、鎌倉の形成期から、充実・拡大する最盛期を迎え、幕府の滅亡により少なからぬ打撃を受けつつも新政権を許容、順応し、継続する都市鎌倉のしたたかな姿をわずかながら垣間見ることができたと考える。また、都市に住む人々の階層は陶磁器組成のみでの判断は避けるべきだが、重要な判断材料となる威信財について鎌倉の志向を論じてみた。これに関連して鎌倉の屋地の貸借関係から貸主と借主が隣接して居住する事例があることを示し、鎌倉の各地で身分の混在する様相を提示した。下層庶民の居住地から威信財が出土するのは、身分の混在した居住形態を表していると考える。

このほか出土陶磁器の示す鎌倉の開発推移を地図の上から見通した。幕府存続期に拡大し続けた都市鎌倉は、幕府滅亡の後も都市として陶磁器を消費し続け、鎌倉期から継続して大倉や宇津宮辻子幕府跡などの土地が重用されるとともに、公方屋敷となる浄明寺、山ノ内方面の活性化が見られる点は文献史料も示すところであろう。

元弘三年（一三三三）、新田義貞を中心とする軍勢の攻撃により鎌倉幕府は滅亡し、全国の武家を統括する政庁機関としての鎌倉は終焉を迎える。それまで政治・経済上の要地であった鎌倉は足利氏の占領下となりつつも長らく不安定な状態が続くが、観応の擾乱後（一三五三）、尊氏の鎌倉下向による平定と室町幕府から付与された権限によって、東国十か国を支配する政権の実態を備えるようになっていった［江田 二〇〇三］。

鎌倉における輸入陶磁器の流通量が減少傾向を見せるのは十四世紀前葉ごろからとみられるが、この現象の背景の一つには政権交代時の不安定な情勢と、それによる経済の停滞という消費者側の要因が少なからずあったのだろう。

その一方で生産者である中国サイドの要因もありはしないだろうか。元寇後となる十四世紀初頭には、社寺造営費用獲得のための貿易船として寺社造営料唐船が幕府認可のもと社寺よりたびたび派遣されているが、康永元年(一三四二)の室町幕府によって天龍寺船が渡航した際にはすでに前期倭寇による被害が発生しており、元による厳しい入港規制が行われていた。この規制は明代になると紅巾軍残存勢力に対する政策と重なり海禁政策として強化され、明代初頭となる洪武四年(一三七一)より明代を通して継続するが、無断出国の禁止や海外への無断交通の禁止のほか、私貿易商品への言及があることから、武装私貿易集団としての倭寇対策の意味も有していた[檀上 二〇〇五ほか]。たびたび出される禁制はこの禁を犯す者が多かったことを示すが、日本への陶磁器輸出に及ぼした影響は大きかったとみられる[金沢 二〇一三]。こうした生産者側や流通の問題も、鎌倉の消費動向に影響を及ぼしたのではないだろうか。

鎌倉期以降、上層階層の間で「唐物」を賞玩する行為が全国へと浸透していくことになるが[森 二〇一三]、流通量の減少や代替品の増産などもあるなかで、伝世品など一部の舶載陶磁は希少という意味でもその価値をより高めることになったとみられる。鎌倉府の年中行事には「唐物」が御剣と並び八朔の祝いの進上物となっており、「重宝」の典型として位置づけられていることはそれを示す一例となろう(『鎌倉年中行事』)。そして他の要因には室町期に発展した茶道、香道、華道、室礼(座敷飾り)があり[田中 二〇一二]、それら文化の萌芽が鎌倉期にもすでに表れ始めていたことを出土遺物の傾向は示しているのではないだろうか。

十四世紀の鎌倉では、東国支配の核となる鎌倉府が公方を頂点として、上杉氏を筆頭とする足利氏の直臣らによって新たに組織された。その中では鎌倉幕府政所執事であった二階堂氏が鎌倉府の同職に就任するなどの人事が行われたほか、東国各地の大名は鎌倉幕府でも屈指の有力御家人であった「家」であり、南北朝・室町期の鎌倉に詰める要人は、鎌倉時代以来の「家」筋を引いているものが多い。社寺についても、トップの鶴岡八幡宮につづき勝長寿院、永福寺、明王院が格式を有し、拮抗する勢力に五山・十刹の禅宗寺院、律宗寺院、尼寺が続く序列で、そのほとんどは鎌倉時代からの勢力を誇る寺院である。

依然として鎌倉は一大集住地であり、鎌倉中は人家が飽和状態であったため、鎌倉中に住むことができなかった東国大名もいるなど(『余目氏旧記』)、人、モノが流れ込む求心的な構造は室町時代にかえって強化されたとさえいわれる[山田二〇一四]。この状態は公方の力が失われていくことで解体を迎えるのである。

本来であれば、本稿で示した鎌倉の結果を関東各地の出土量と比較し、東国全体の中での鎌倉の権威を相対的に確認する作業も行うべきであったが、筆者の力不足ゆえ検討することはできなかった。今後の課題としたい。

参考文献

秋山哲雄　二〇〇九年「都市の地主―敷地絵図に見る鎌倉の寺院―」『中世の都市』東京大学出版会
荒川正夫　一九九八年『大久保山』VI　早稲田大学
飯村　均　二〇〇一年「やきものから見える「価値観」」『中世土器研究論集―中世土器研究会20周年記念論集』中世土器研究会
石井　進　一九八六年「中世六浦の歴史」『三浦古文化』四〇号　京浜急行電鉄
石井　進　一九九〇年「日本の中世都市」『歴史と社会』一〇号
石井　進　一九九四年「文献から見た中世都市鎌倉」『中世都市鎌倉を掘る』日本エディタースクール出版部
内野　正　一九九二年「青白磁梅瓶小考」『東京都埋蔵文化財センター研究論集XI』東京都埋蔵文化財センター
江田郁夫　二〇〇三年「南北朝・室町期の東国大名」『中世東国の世界I北関東』高志書院
江田郁夫　二〇〇八年『室町幕府東国支配の研究』高志書院
大三輪龍哉　二〇一一年「浄光明寺敷地絵図に見る屋地」『鎌倉遺文研究』第二七号　吉川弘文館
小野正敏　二〇〇三年「威信財としての貿易陶磁と場―戦国期東国を例に―」『戦国時代の考古学』高志書院
金沢　陽　二〇一三年「中国明清時代の陶磁器生産と海外輸出」『陶磁器流通の考古学』高志書院
河野眞知郎　一九九五年『中世都市鎌倉―遺跡が語る武士の都―』講談社
河野眞知郎　二〇〇五年「「分布図」をつくるということ」『鶴見考古』第五号　鶴見大学文化財学科
宗臺秀明　二〇〇五年「中世鎌倉出土の土器・陶磁器」『全国シンポジウム中世窯業の諸相～生産技術の展開と編年～資料集』同シンポ

ジウム実行委員会
宗臺秀明・手塚直樹　二〇〇八年「日本中世における貿易陶磁の生産と需要の構造解明」『持続する京都・隆盛する鎌倉・衰退する平泉』（鎌倉地方資料集成編　平成十九年度調査報告書）青山学院大学文学部史学科手塚直樹研究室
宗臺富貴子　二〇〇四年「南関東の陶磁器流通」『中世東国の世界2　南関東』高志書院
鈴木絵美　二〇〇八年「中世鎌倉の職能活動—分布図と出土点数、個別事例から探る職能民の存在形態—」『考古論叢神奈河』第一六集　神奈川県考古学会
鈴木弘太　二〇〇八年「『浄光明寺敷地絵図』からみる鎌倉の『町屋』—「町屋」管理の一様相をめぐって—」『文化財学雑誌』第四号　鶴見大学文化財学会
鈴木弘太　二〇一三年『中世鎌倉の都市構造と竪穴建物』同成社
高橋慎一朗　一九九九年『中世の都市と武士』吉川弘文館
田中浩司　二〇一一年「中世後期の「財産」とたからもの—その具体相と意識をめぐって」『中世人のたからもの』高志書院
檀上　寛　二〇〇五年「明代「海禁」の実像」『港町と海域世界』青木書店
長塚　孝　二〇〇九年「鎌倉御所に関する基礎的考察」『禅と地域社会』吉川弘文館
服部実喜　一九九三年「中世都市鎌倉出土の常滑窯容器」『知多半島の歴史と現在』五　校倉書房
平井里永子　二〇〇八年「鎌倉・新善光寺出土の白磁四耳壺」『鶴見考古』第七号　鶴見大学文化財学科
藤澤良祐　二〇〇二年「中世都市鎌倉における古瀬戸と輸入陶磁」『国立歴史民俗博物館研究報告　第九四集』国立歴史民俗博物館
藤原良章　二〇〇四年「中世のみち探訪」『中世のみちを探る』高志書院
保立道久　一九九〇年「町の中世的展開と支配」『日本都市史入門Ⅱ　町』東京大学出版会
松吉大樹　二〇一四年「鎌倉市今小路西遺跡出土の結番交名木札について」『都市史研究』山川出版社
馬淵和雄　一九九七年「食器から見た中世鎌倉の都市空間」『国立歴史民俗博物館研究報告　第七十一集』国立歴史民俗博物館
水澤幸一　二〇〇六年「出土層位からみた鎌倉遺跡群の遺物様相」『陶磁器の社会史』桂書房
宮瀧交二　一九九五年「中世東国における陶磁器の流通と海上・河川交通」『中世東国の物流と都市』山川出版社
森　達也　二〇一三年「日本出土の中国唐宋元代の陶磁」『陶磁器流通の考古学』高志書院
八重樫忠郎　二〇〇三年「奥羽における輸入陶磁器の需要」『中世奥羽の土器陶磁器』高志書院
矢部良明　一九八五年「総説・日本の陶磁」『日本の陶磁』東京国立博物館
矢部良明　一九九四年『日本陶磁の一万二千年』平凡社

山田邦明　二〇一四年『鎌倉府と地域社会』同成社

発掘報告書

大三輪龍彦ほか　二〇〇三年『史跡　建長寺』鶴見大学史跡建長寺境内発掘調査団ほか
大河内勉　二〇〇二年「武蔵大路周辺遺跡」（扇ガ谷二―二九八―イ）『鎌倉市埋蔵文化財緊急調査報告書18』第一分冊　鎌倉市教委
河野眞知郎　一九九〇年『今小路西遺跡（御成小学校内）発掘調査報告書』鎌倉市教委
菊川政英　二〇〇八年『今小路西遺跡』（御成町一七一―一）齋藤建設
齋木秀雄　二〇〇五年『米町遺跡発掘調査報告書　第一〇地点』鎌倉遺跡調査会
汐見一夫　二〇〇二年「下馬周辺遺跡」（由比ガ浜二―一〇六―六・七）『鎌倉市埋蔵文化財緊急調査報告書18』第一分冊　鎌倉市教委
滝澤晶子　一九九九年『米町遺跡発掘調査報告書』米町遺跡発掘調査団
中田英ほか　一九八六年『千葉地東遺跡』神奈川県埋蔵文化財センター
原　廣志　一九九六年「宇津宮辻子幕府（小町二―三八九―一地点）」『鎌倉市埋蔵文化財緊急調査報告書12』第一分冊　鎌倉市教委
原　廣志　二〇〇二年「大倉幕府周辺遺跡群」（二階堂荏柄五八―四地点）『鎌倉市埋蔵文化財緊急調査報告書18』第一分冊　鎌倉市教委
原　廣志　二〇〇五年「浄妙寺旧境内遺跡」（浄明寺三―一二六）『鎌倉市埋蔵文化財緊急調査報告書21』第一分冊　鎌倉市教委
馬淵和雄　二〇〇二年『杉本寺周辺遺跡』鎌倉市教委

あとがき

もともと本書の企画は、高志書院の濱久年氏が五味文彦氏と話している折、「近年、十四世紀を論ずる研究書がない」という話題が出たことから始まった。「これは面白い《しょうばいになる》」と思った濱氏は、まず高橋典幸氏に声をかけ、典幸氏の提案で高橋一樹・村木二郎・中島圭一の三名が加わって、誰に執筆を依頼するかを二〇一二年秋に典幸氏の研究室で話し合い、その年のうちに正式な依頼を行った。。以上のような経緯から、本来、本書の編者としては濱氏か典幸氏、もしくは両高橋・村木・中島の四人の名前を出すのが適当かと思うが、年長者を立てていただいたのか、何となく中島ひとりの編というような体裁になってしまった。

たまたま自分が代表者となっている科学研究費補助金基盤研究(B)「中世を終わらせた「生産革命」—量産化技術の広がりと影響—」による共同研究が進行中で、本書のテーマとも関わりが少なくないことから、二〇一四年五月に行われた研究成果シンポジウムには本書執筆者の参加を得たのだが、その機会に執筆者会議をもち、企画の趣旨を改めて説明した上で、それぞれの論文構想を披露しあった。本書の各論考の間における一定の問題関心の共有と、一書としてのまとまりが認められるとすれば、このシンポジウムと執筆者会議が大きな役割を果したと考えられ、その意味において本書は右記科研の研究成果の一部を含んでいると言ってよい。

とはいえ、その後スムーズに本書の編集が進んだわけではない。締切を一年間違えた方から最初の入稿がとんでもなく早い時期にあったという珍事を除けば(その原稿は早く発表したいという理由で直ちに引っ込められた)、当初設定された締切日に間に合った原稿は一本だけであった（もちろん編者のものではない）。それでも、各執筆者には多忙な中にありながら意欲的に書き進めていただき、取り下げられたものに代わる二本目の原稿も届けられるなど、昨年秋には概ね刊行の目途が立った。その後も遅れていた原稿が何本か入り、最終的には今月初めに最後の一本も入稿されて、三年半前に依頼状を送ったすべての執筆者に約束を果たしてもらえたのは有難い限りである。

編者の方はその務めを果たす能力が十分ではなかったが、念校のためにＧＷまでつぶそうという濱氏の熱心な仕事のおかげで、本書はこうして何とか形を成すに至った。やはり、編者として背表紙に刻むのには、私よりも濱久年の名前がふさわしかったように思う。

二〇一六年四月

熊本地震の本震から一週間後に被災地の早期復旧・復興を祈りつつ

中島　圭一

執筆者一覧

中島圭一　奥付上掲載

高橋典幸（たかはし のりゆき）　一九七〇年生れ、東京大学人文社会系研究科准教授。［主な著書論文］『鎌倉幕府軍制と御家人制』（吉川弘文館）、『源頼朝』（山川出版社）、『生活と文化の歴史学5　戦争と平和』（編著・竹林舎）

関　周一（せき しゅういち）　一九六三年生れ、宮崎大学教育学部准教授。［主な著書］『中世日朝海域史の研究』（吉川弘文館）、『対馬と倭寇―境界に生きる中世びと―』（高志書院）、『中世の唐物と伝来技術』（吉川弘文館）

川本慎自（かわもと しんじ）　一九七五年生れ、東京大学史料編纂所助教。［主な論文］「中世後期関東における儒学学習と禅宗」（『禅学研究』八五号）、「江西龍派の農業知識」（『アジア遊学』一四二号）、「足利学校の論語講義と連歌師」（高橋秀樹編『婚姻と教育』竹林舎）

湯浅治久（ゆあさ はるひさ）　一九六〇年生れ、専修大学文学部教授。［主な著書論文］『中世後期の地域と在地領主』（吉川弘文館）、『蒙古合戦と鎌倉幕府の滅亡』（吉川弘文館）、「惣村と土豪」（『岩波講座日本歴史 第9巻 中世4』岩波書店）

七海雅人（ななみ まさと）　一九六八年生れ、東北学院大学文学部教授。［主な著書論文］『躍動する東北「海道」の武士団』（蕃山房）、『東北の歴史2　鎌倉幕府と東北』（編著・吉川弘文館）、「鎌倉時代の糠部」（『新編八戸市史　通史編Ⅰ』八戸市）

落合義明（おちあい よしあき）　一九六七年生れ、山形大学学術研究院准教授。［主な著書論文］『中世東国の「都市的な場」と武士』（山川出版社）、「中世駿河国の都市的な場と茶」（中世都市研究会編『中世都市研究　都市的な場』山川出版社）、「中世武蔵武士の成立―高麗郡の高麗氏の場合―」（藤原良章編『中世人の軌跡を歩く』高志書院）

坂田　聡（さかた さとし）　一九五三年生れ、中央大学文学部教授。［主な著書］『日本中世の氏・家・村』（校倉書房）、『苗字と名前の歴史』（吉川弘文館）、『家と村社会の成立』（高志書院）

五味文彦（ごみ ふみひこ）　一九四六年生れ、東京大学名誉教授。［主な著書］『文学で読む日本の歴史』（山川出版社）、『源実朝』（角川選書）、『枕草子の歴史学』（朝日選書）

苅米一志（かりこめ ひとし）　一九六八年生れ、就実大学人文科学部教授。［主な著書論文］『荘園社会における宗教構造』（校倉書房）、「荘鎮守における組織と祭祀」（『民衆史研究』六八号）、「中世前期における地域社会と宗教秩序」（『歴史学研究』八二〇号）

呉座勇一（ござ ゆういち）　一九八〇年生れ、国際日本文化研究センター客員准教授。［主な著書論文］『日本中世の領主一揆』（思文閣出版）、「南北朝期の戦術と在地領主」（高橋典幸編『戦争と平和』竹林舎）、「永享九年の「大乱」」（『鎌倉』一一五）

黒田　智（くろだ さとし）　一九七〇年生れ、金沢大学人間社会学域学校教育学類教授。［主な著書論文］「「肖像画の時代」の肖像画」（加須屋誠編『日本美術全集』8、小学館）、「本多平八郎の兜」（『民衆史研究』八九）、「水の神の言説、天の河の表象」（『人民の歴史学』一一九）

大薮　海（おおやぶ うみ）　一九八二年生れ、お茶の水女子大学基幹研究院人文科学系助教。［主な著書論文］『室町幕府と地域権力』（吉川弘文館）、「中世後期の地域支配―幕府・守護・知行主―」（『歴史学研究』九一一号）、「室町期興福寺別当職の補任―康正2年大乗院尋尊任別当をめぐる相論から―」（『慶應義塾大学考古学研究会創立50周年記念誌』慶應義塾大学考古学研究会）

石原比伊呂（いしはら ひいろ）　一九七六年生れ、聖心女子大学講師。［主な著書］『室町時代の将軍家と天皇家』（勉誠出版）

高橋一樹（たかはし かずき）　一九六七年生れ、武蔵大学人文学部教授。［主な著書論文］『中世荘園制と鎌倉幕府』（塙書房）、『東国武士団と鎌倉幕府』（吉川弘文館）、「中世史料学の現在」（『岩波講座日本歴史 第21巻 史料論』岩波書店）

村木二郎（むらき じろう）　一九七一年生れ、国立歴史民俗博物館准教授。［主な著書論文］『時代を作った技―中世の生産革命―』（編著・国立歴史民俗博物館）、「都市領域と経塚」（『中世都市研究』16、山川出版社）、「中世鋳造遺跡からみた鉄鍋生産」（『金属の中世』高志書院）

佐藤亜聖（さとう あせい）　一九七二年生れ、公益財団法人元興寺文化財研究所　主任研究員。［主な著書論文］「大和における瓦質土器の展開と画期」（『中近世土器の展開と画期』ＸＩ　日本中世土器研究会）、「中世都市奈良の成立と変容―考古資料を中心として―」（吉井敏幸・百瀬正恒編『中世の都市と寺院』高志書院）、「石材加工技術の交流」（『寧波と宋風石造文化』汲古書院）

森島康雄（もりしま やすお）　一九六一年生れ、京都府立丹後郷土資料館資料課長。［主な著書論文］『概説　中世の土器・陶磁器』（共編共著・真陽社）、「大和型瓦器椀の展開」（『中世西日本の流通と交通』高志書院）、「織豊期の基準資料と暦年代の再検討―京都を中心に―」（『織豊城郭』第7号、織豊期城郭研究会）

古田土俊一（こたと しゅんいち）　一九七九年生れ、浄光明寺執事、鎌倉考古学研究所所員。「江の島の中世石碑―「大日本国江島霊迹建寺之記」碑の紹介と分析」（大塚紀弘共著・『鎌倉』一一六号）、「中世鎌倉のみちと造塔」（『鎌倉研究の未来』山川出版社）「鎌倉の中世石造物と建長寺開山塔―その造立背景―」（村井章介編『東アジアのなかの建長寺』勉誠出版）

【編者略歴】
中島圭一（なかじま けいいち）
1964年生れ、慶應義塾大学文学部教授

〔主な著書論文〕
「日本の中世貨幣と国家」（『越境する貨幣』青木書店、1999年）
「室町時代の経済」（『日本の時代史11　一揆の時代』吉川弘文館、2003年）
「京都における「銀貨」の成立」（『国立歴史民俗博物館研究報告』113、2004年）
「十五世紀生産革命論序説」（『中世東アジアにおける技術の交流と移転―モデル、人、技術』平成18年度～平成21年度科学研究費補助金（基盤研究（(A)）研究成果報告書、2010年）
「中世の寺社金融」（『新体系日本史15　宗教社会史』山川出版社、2012年）

十四世紀の歴史学―新たな時代への起点―

2016年6月15日第1刷発行

編　者　中島圭一
発行者　濱　久年
発行所　高志書院

〒101-0051 東京都千代田区神田神保町2-28-201
TEL03(5275)5591　FAX03(5275)5592
振替口座　00140-5-170436
http://www.koshi-s.jp

印刷・製本／亜細亜印刷株式会社
ISBN978-4-86215-159-9